LES
GRANDS ÉCRIVAINS
DE LA FRANCE

NOUVELLES ÉDITIONS

PUBLIÉES SOUS LA DIRECTION

DE M. AD. REGNIER

Membre de l'Institut.

A LA MÊME LIBRAIRIE

COLLECTION DES GRANDS ÉCRIVAINS DE LA FRANCE

PREMIÈRE SÉRIE. — DIX-SEPTIÈME SIÈCLE.
PUBLIÉE SOUS LA DIRECTION DE
M. AD. RÉGNIER
Membre de l'Institut.

Bossuet : *Correspondance.* Nouvelle édition augmentée de lettres inédites et publiée avec des notes et des appendices sous le patronage de l'Académie française, par MM. Ch. Urbain et E. Levesque. 15 volumes.

Corneille (P.), par M. Ch. Marty-Laveaux. 12 volumes et 1 album.

Fénelon, par M. A. Cahen. *Les aventures de Télémaque.* Deux volumes.

La Bruyère, par M. G. Servois. 6 volumes et un album.

La Fontaine, par M. Henri Régnier. 11 volumes et un album.

La Rochefoucauld, par MM. D.-L. Gilbert et J. Gourdault. 4 volumes et un album.

Malherbe, par M. Ludovic Lalanne. 4 volumes et un album.

Molière, par MM. Eug Despois et P. Mesnard. 13 volumes et un album.

Pascal (Blaise) : *Œuvres* publiées suivant l'ordre chronologique, avec documents, introduction et notes. 14 volumes.
   Première série : Œuvres jusqu'au Mémorial de 1654 par MM. Léon Brunschwicg et Pierre Boutroux. 3 volumes.
   Deuxième série : Œuvres depuis le Mémorial de 1654. Lettres provinciales. Traité de la Roulette, etc., par MM. L. Brunschwicg. Pierre Boutroux et Félix Gazier. 8 volumes.
   Troisième série : *Les Pensées*, par M. Léon Brunschwicg. 3 volumes.

Racine (Jean), par M. P. Mesnard. 8 volumes et un album.

Retz (Cardinal de), par MM. A. Feillet, J. Gourdault et R. Chantelauze. 10 volumes.

— Supplément à la Correspondance, par M. Claude Cochin. 1 volume.

Saint-Simon : *Mémoires.* Nouvelle édition, collationnée sur le manuscrit autographe et augmentée des additions de Saint-Simon au Journal de Dangeau et de suites et appendices par M. de Boislisle, avec la collaboration de MM. Lecestre et J. de Boislisle. En vente : Tomes I à XLI, et tables des 28 premiers volumes (2 vol.).

Sévigné (Mme de). Lettres de Mme de Sévigné, de sa famille et de ses amis, par M. Monmerqué. 14 volumes et un album.

DEUXIÈME SÉRIE. — XVIIIe ET XIXe SIÈCLES
PUBLIÉE SOUS LA DIRECTION DE
M. G. LANSON
Professeur à la Faculté des Lettres de l'Université de Paris,
Directeur de l'École Normale supérieure.

Lamartine : *Méditations poétiques*, par M. G. Lanson. 2 volumes.

Victor Hugo : *La Légende des Siècles*, par M. Paul Berret. 5 volumes.

— *Les Contemplations*, par M. Joseph Vianey. 3 volumes.

J.-J. Rousseau : *La Nouvelle Héloïse*, par M. Daniel Mornet. 4 volumes.

ŒUVRES

DE

J. RACINE

TOME IV

DEUXIÈME ÉDITION

ŒUVRES

DE

J. RACINE

NOUVELLE ÉDITION

REVUE SUR LES PLUS ANCIENNES IMPRESSIONS
ET SUR LES AUTOGRAPHES

ET AUGMENTÉE

de morceaux inédits, de variantes, de notices, de notes, d'un lexique des mots
et locutions remarquables, d'un portrait, d'un fac-similé, etc.

PAR M. PAUL MESNARD

TOME QUATRIÈME

DEUXIÈME TIRAGE

LIBRAIRIE HACHETTE

BOULEVARD SAINT-GERMAIN, 79, PARIS

1929

PLAN

DU PREMIER ACTE

D'IPHIGÉNIE EN TAURIDE

NOTICE.

Le *Plan du premier acte d'Iphigénie en Tauride* fait naturellement suite au théâtre de Racine ; il devait donc prendre place en tête de notre quatrième volume.

La date de ce fragment est incertaine. On le trouve écrit de la main de Racine parmi les manuscrits de ce poëte que possède la Bibliothèque nationale ; il y est précédé d'une note que, dans notre première édition, nous avons, à tort, attribuée à Jean-Baptiste Racine, et qui n'est point très-ancienne. Il n'eût donc pas fallu la citer, mais plutôt le passage suivant des *Mémoires sur la vie de Jean Racine*, auquel on l'avait empruntée : « Après *Phèdre*, il avoit encore formé quelques projets de tragédies, dont il n'est resté dans ses papiers aucun vestige, si ce n'est le plan du premier acte d'une *Iphigénie en Tauride*. Quoique ce plan n'ait rien de curieux, je le joindrai à ses lettres pour faire connoître de quelle manière, quand il entreprenoit une tragédie, il disposoit chaque acte en prose. Quand il avoit lié toutes les scènes entre elles, il disoit : « Ma tragédie est faite, » comptant le reste pour rien. Il avoit encore eu le dessein de traiter le sujet d'*Alceste*. M. de Longepierre m'a assuré qu'il lui en avoit entendu réciter quelques morceaux ; c'est tout ce que j'en sais. » Louis Racine n'avait sans doute pas recueilli des informations de tout point exactes : il est invraisemblable, Geoffroy était de cet avis, qu'après *Phèdre*, le poëte, découragé par la cabale, et de plus en plus obsédé des scrupules qui lui conseillaient de renoncer au théâtre, ait tracé le plan de nouvelles tragédies. Il a d'ailleurs toujours été en progrès ; et l'on aurait peine à croire que celui qui avait écrit *Phèdre*, eût pu être seulement égal à lui-même dans cette *Iphigénie*, s'il est permis d'en juger le dessein par l'ébauche insuffisante qui nous en reste. Dans le témoignage de la Grange-Chancel, on trouverait une preuve plus décisive encore, une preuve positive, de l'erreur de date commise par le fils de Racine. On sait que le sujet d'*Iphigénie en Tauride* a été traité par la Grange-Chancel sous le titre d'*Oreste et Pylade*. Dans un passage de la *Préface* qu'il a mise en tête de sa tragédie, cet auteur parle ainsi : « J'entendois dire à M. Racine, qui ne me refusoit point ses bons avis, qu'il avoit été longtemps à se déterminer entre *Iphigénie sacrifiée* et *Iphigénie sacrifiante*, et qu'il ne s'étoit déclaré en faveur de la première qu'après avoir connu que la seconde n'avoit point de matière pour un cinquième acte[1]. » Le plan inachevé qu'on a trouvé dans les papiers du poëte aurait donc été conçu, puis abandonné, avant la composition d'*Iphigénie en Aulide*, sans doute vers 1673. Il est difficile, nous l'avouons, de tenir toujours pour certain ce que la Grange-Chancel, dans quelques-unes de ses préfaces, a raconté de ses relations avec Racine; par exemple, lorsque se vantant lui-même avec une humeur toute gasconne, il prétend que Racine, après avoir lu une de ses pièces, parla de lui à la princesse de Conti comme d'un jeune auteur qui porterait sans aucun doute le théâtre « à un point de perfection où ni Corneille ni lui ne l'avoient pu mettre[2] ». Mais il n'y a pas les mêmes raisons de révoquer en doute ce qu'il atteste avoir entendu dire à Racine sur son projet d'une *Iphigénie en Tauride*; et la date qui, d'après ce qu'il raconte, serait celle du plan du premier acte de cette tragédie, nous paraît fort probable.

Un canevas à peine commencé ne se prête guère à un jugement. Ce qui peut être le plus intéressant à y remarquer, c'est que cette fois encore le poëte se proposait de compliquer d'une intrigue d'amour le sujet emprunté à *Euripide*.

---

1. *Œuvres de M. de la Grange-Chancel* (à Paris, M.DCC.XXXIV, 3 vol. in-12), tome I, p. 94.

2. *Préface de Jugurtha*, au tome I des *Œuvres de la Grange-Chancel*, p. xxxi et xxxii.

Voltaire, dans l'*Epître à la duchesse du Maine* qui se lit en tête de son *Oreste* (1750), a dit, en parlant de Racine : « S'il avait cultivé un talent qui seul avait fait sa fortune et sa gloire, et qu'il ne devait pas abandonner, il eût rendu au théâtre son ancienne pureté, il n'eût point avili par des amours de ruelle les grands sujets de l'antiquité. Il avait commencé l'*Iphigénie en Tauride*, et la galanterie n'entrait point dans son plan[1]. » On doit s'étonner de l'inattention avec laquelle Voltaire avait lu les quelques pages d'un si court fragment : nous y voyons le fils de Thoas épris d'Iphigénie. Tant que Racine travailla pour nos théâtres publics, il ne crut pas, et peut-être jugeait-il bien de ce qui plaisait à son siècle, qu'une tragédie sans amour pût réussir. Les comédiens d'ailleurs ne lui laissaient pas toute sa liberté ; et sans doute un rôle où cette passion ne fût pas entrée aurait été difficilement accepté par la Champmeslé. M. Patin a pensé que l'amour du prince scythe devait être dans la pensée de Racine un des ressorts nécessaires de l'action de sa pièce. « Je m'imagine, dit-il dans ses *Études sur les tragiques grecs*[2], que l'amant d'Iphigénie aurait généreusement protégé son évasion, et que Racine, dans ce rôle, se ménageait pour son dénoûment un ressort plus conforme à nos idées que la machine mythologique d'*Euripide*. N'avait-il pas trouvé le moyen d'effacer de son avant-scène la merveilleuse intervention des Dieux, en supposant la princesse transportée en Tauride, non plus par Diane, mais simplement par des pirates ? » Tout cela semble fort juste. On est bien sûr que Racine n'aurait jamais fait la faute d'introduire dans une de ses tragédies un amour qui pût y paraître purement épisodique, et qui ne fût pas lié essentiellement à l'action. Ce que l'on a appelé l'épisode d'Ériphile ne pourrait se retrancher du plan d'*Iphigénie en Aulide* sans le détruire ; et de même le plan de *Phèdre* a été conçu de telle manière que le rôle d'Aricie y est nécessaire. Tel était l'art du poëte, qui n'eût sans doute pas été moindre dans son *Iphigénie en Tauride*. Ce n'est point d'ailleurs cet art si habile qui doit lui faire pardonner d'avoir altéré par la peinture de l'amour la sim-

1. *OEuvres de Voltaire* (édition Beuchot), tome VI, p. 155.
2. Tome III, p. 307.

plicité des sujets antiques. Racine combinait et liait admirablement toutes les parties de ses plans : il était cependant maître de les concevoir tout autres. Sa véritable excuse est dans l'exigence du goût de son époque.

Si, comme nous, on trouve très-naturelle la conjecture à l'aide de laquelle M. Patin a tenté de prévoir le dénoûment d'*Iphigénie en Tauride*, il semblera que le cinquième acte ne devait pas si fort embarrasser notre poëte. Dans les renseignements que nous donne la *Préface* d'*Oreste et Pylade*, cet embarras prétendu n'est pas ce qui nous paraît le plus clair, ni le plus aisé à admettre. Racine savait vaincre de plus grandes difficultés. La Grange-Chancel donne à entendre que ce qui fit juger à Racine le cinquième acte impossible, c'est que nous n'avons plus sur notre théâtre moderne la ressource, permise sur le théâtre antique, de dénouer une tragédie par l'intervention d'un dieu qui sort de la machine. Mais dans la pièce même d'*Euripide* le dénoûment n'est-il pas déjà à peu près complet et satisfaisant, quand Minerve intervient ? la Déesse n'a plus qu'à obtenir de Thoas qu'il se résigne, et qu'il cesse de vouloir poursuivre les fugitifs, dont les dangers d'ailleurs ne semblent plus très-grands. Sans avoir désespéré de se satisfaire dans l'achèvement de son plan, Racine a pu l'abandonner par la seule raison que le sujet d'*Iphigénie en Aulide* lui parut encore plus beau ; peut-être se réservait-il pour un autre temps l'*Iphigénie en Tauride*, comme l'*Alceste*.

On comprend la préférence donnée à l'*Iphigénie sacrifiée*. Il n'est pas douteux cependant que, si Racine avait exécuté le projet qu'il a seulement ébauché, il eût su mettre de grandes beautés dans un sujet qui avait déjà si heureusement inspiré *Euripide*. Le combat de générosité entre Pylade et Oreste, la dernière lutte de ce même Oreste contre les assauts des Furies, et, à la fin de la tragédie, la paix divine rentrant, comme une vie nouvelle, dans son âme, la touchante reconnaissance du frère et de la sœur, qui remplit, suivant la *Poétique* d'Aristote, les meilleures conditions d'une action tragique, auraient assurément fourni à Racine les scènes les plus pathétiques, où, sans être le servile imitateur d'*Euripide*, ce qu'il n'a jamais été, il l'aurait égalé, peut-être surpassé. Le succès qu'eut beaucoup plus tard, en 1757, l'*Iphigénie en Tauride* de Guimont de la Touche, qui a eu le mérite de n'introduire aucune intrigue d'amour dans sa tragédie, mais qui en a développé les situations avec une grande pauvreté d'imagination, et l'a écrite d'un style sans couleur et sans vérité, montre assez quel parti un grand poëte pouvait tirer d'un tel sujet. Faut-il croire que la tragédie même de la Grange-Chancel, cet *Oreste et Pylade* joué en 1697, ait produit tout l'effet dont l'auteur réclamait la gloire? « Mlle de Champmêlé, dit-il dans sa *Préface*, qui représentoit Iphigénie dans un âge où l'on n'a plus les agréments de la jeunesse, ne fit pas verser plus de larmes dans le rôle de M. Racine qu'elle en fit verser dans le mien. » Une telle comparaison nous ferait soupçonner la Grange-Chancel de s'être flatté d'avoir égalé *Iphigénie en Aulide*. Il était homme à croire que l'abandon par Racine du plan dont les difficultés l'avaient arrêté, n'était plus très-regrettable, depuis qu'un autre avait su être plus hardi. Rien cependant de plus malheureux que les inventions de la Grange-Chancel dans cette pièce. Thoas y est très-épris d'Iphigénie; Pylade n'a pas moins d'amour pour elle; Thomiris, princesse du sang royal des Scythes, est jalouse de la prêtresse, qui lui ravit le cœur de Thoas. Si l'on compare à un roman si compliqué ce que l'on entrevoit du plan de Racine, l'amour aurait dans ce plan tenu bien moins de place. Les imitateurs de Racine étaient bien faits pour lui inspirer le regret de lui en avoir donné une trop grande encore dans ses tragédies. Lorsque la Grange-Chancel nous dit que la découverte qu'il avait faite du rôle de Thomiris eut l'approbation de Racine, nous ne pouvons voir là qu'une vanterie, ou supposer que Racine, alors désintéressé du théâtre, et croyant d'ailleurs inutile de critiquer de telles aberrations, avait trouvé commode de se débarrasser de l'auteur par une politesse.

La Grange-Chancel et Guimond de la Touche ne sont pas les seuls qui, depuis Racine, aient voulu transporter sur notre scène ce sujet emprunté à la Grèce tragique. Avant eux, le Clerc et Boyer s'en étaient emparés en 1681, dans un *Oreste*. Le théâtre de l'Opéra eut, au commencement du dix-huitième siècle, son *Iphigénie en Tauride*. Il est plus intéressant de rappeler qu'une tragédie de *Gœthe* porte le même titre. Elle eût été un digne objet de comparaison avec celle de Racine, si notre poëte avait donné suite à son projet. Mais en face d'un chef-d'œuvre de Racine, Gœthe aurait-il eu la pensée d'engager la lutte? Quoi qu'il en soit, dans la voie qu'il a suivie, il aurait couru peu de risque de se rencontrer avec le tragique français. S'il y a quelque chose dans sa pièce qui au premier abord rappelle notre théâtre, c'est seulement l'amour de Thoas pour Iphigénie. A cela près, l'élément moderne, qu'on y distingue sans peine, est tout allemand : et pour ce qui est de l'imitation du théâtre grec, elle a chez Gœthe un caractère qu'elle n'a jamais eu chez Racine. Gœthe traduisait de plus près, quoique avec originalité, ce qu'il y a de particulier dans le tour de pensée des anciens, dans l'accent de leur poésie. André Chénier, parmi nous, a été de cette école habile à reproduire la forme des Grecs ; Racine leur dérobait d'autres secrets.

Louis Racine a le premier publié le *Plan d'Iphigénie en Tauride*, en 1747, parmi les ouvrages de son père qu'il a donnés à la suite des *Mémoires*[1]. Son texte a quelques légères inexactitudes, qui ont passé dans les diverses éditions des *Œuvres* de notre poëte. Ces éditions en outre ont donné des indications de personnages et marqué des divisions du dialogue où il n'y en a pas dans le manuscrit. Nous reproduisons fidèlement le texte de l'autographe, conservé, comme nous l'avons dit, à la Bibliothèque nationale (fonds français, 12887, f. 94-97).

1. En le publiant, il l'a fait précéder de quelques lignes qui répètent en partie ce qu'il en dit dans ses *Mémoires*, et de la note suivante : « Ce plan découvre le nœud et l'intérêt de toute la pièce. Il paroît par ce premier acte que la tragédie sera aussi simple que celle d'*Euripide*, à la réserve qu'on y verra le fils de Thoas ; mais quand ce fils saura que le Grec qu'il a sauvé est le frère d'Iphigénie, on prévoit de quelle manière le trouble augmentera. »

PLAN

DU PREMIER ACTE

D'IPHIGÉNIE EN TAURIDE.

ACTE I.

SCÈNE I[1].

Iphigénie vient avec une captive grecque, qui s'étonne de sa tristesse. Elle demande si c'est qu'elle est affligée de ce que la fête de Diane se passera sans qu'on lui immole aucun étranger[2].

« Tu peux croire, dit Iphigénie, si c'est là un sentiment digne de la fille d'Agamemnon. Tu sais avec quelle répugnance j'ai préparé les misérables que l'on a sacrifiés depuis que je préside à ces cruelles cérémonies. Je me faisois une joie de ce que la fortune n'avoit amené aucun Grec pour cette journée, et je triomphois seule[3] de

---

1. Toute cette première scène ne forme dans le manuscrit qu'un seul alinéa.
2. Louis Racine a ainsi refait ce passage : « et lui demande si elle est affligée de ce que la fête de Diane se passera sans qu'on immole aucun étranger. »
3. Louis Racine a omis le mot *seule*.

la douleur commune qui est répandue dans cette île, où l'on compte pour un présage funeste de ce que[1] nous manquons de victimes pour cette fête. Mais je ne puis résister à la secrète tristesse dont je suis occupée depuis le songe que j'ai fait cette nuit. J'ai cru que j'étois à Mycène, dans la maison de mon père : il m'a semblé que mon père et ma mère nageoient dans le sang, et que moi-même je tenois un poignard à la main pour en égorger mon frère Oreste[2]. Hélas ! mon cher Oreste !

— « Mais, Madame[3], vous êtes trop éloignés l'un de l'autre pour craindre l'accomplissement de votre songe.

—[4] « Et ce n'est pas aussi ce que je crains ; mais je crains avec raison qu'il n'y ait de grands malheurs dans ma famille : les rois sont sujets à de grands changements. Ah ! si je t'avois perdu, mon cher frère Oreste, sur qui seul j'ai fondé mes espérances ! Car enfin j'ai plus de sujet de t'aimer que tout le reste de ma famille : tu ne fus point coupable de ce sacrifice où mon père m'avoit condamnée dans l'Aulide ; tu étois un enfant de dix ans. Tu as été élevé avec moi, et tu es le seul de toute la Grèce que je regrette tous les jours.

— « Mais, Madame, quelle apparence qu'il sache l'état où vous êtes ? Vous êtes dans une île détestée de tout le

---

1. Tel est bien le texte du manuscrit. Racine emploie ici *de ce que* comme nous emploierions *que* avec le subjonctif.

2. Dans le Prologue de l'*Iphigénie en Tauride* d'Euripide (vers 44-55), Iphigénie raconte un songe qu'elle a eu, et dont le sens est à peu près le même.

3. Dans l'autographe, comme dans le texte de Louis Racine, il n'y a avant ces mots : « Mais, Madame, » ni indication de personnage, ni alinéa, ni aucun signe qui indique que ce n'est plus Iphigénie qui parle. Le sens est d'ailleurs assez clair.

4. Racine a marqué par deux traits ce que nous marquons par un tiret, qu'Iphigénie reprend la parole. Les divisions suivantes du dialogue, dans cette première scène, sont indiquées de la même manière.

monde : si le hasard y amène quelque Grec on le sacrifie. Que ne renoncez-vous à la Grèce? que ne répondez-vous à l'amour du Prince?

— « Et que me serviroit de m'y attacher? Son père Thoas lui défend de m'aimer; il ne me parle qu'en tremblant; car ils ignorent tous deux ma naissance, et je n'ai garde de leur découvrir une chose qu'ils ne croiroient pas; car quelle apparence qu'une fille que des pirates ont enlevée dans le moment qu'on l'alloit sacrifier pour le salut de la Grèce, fût la fille du général de la Grèce! Mais voici le Prince. »

SCÈNE II.

IPHIGÉNIE[1].

Qu'avez-vous, Prince? D'où vient ce désordre et cette émotion qui vous reste[2]?

LE PRINCE.

Madame, je suis cause du plus grand malheur du monde. Vous savez combien j'ai détesté avec vous les sacrifices de cette île : je me réjouissois de ce que vous seriez aujourd'hui dispensée de cette funeste occupation; et cependant je suis cause que vous aurez[3] deux Grecs à sacrifier.

IPHIGÉNIE.

Comment, Seigneur?

LE PRINCE.

On m'est venu avertir que deux jeunes hommes

1. C'est évidemment Iphigénie qui parle; son nom n'est pas indiqué ici dans l'autographe.
2. Louis Racine a retranché les mots « qui vous reste ».
3. Dans le texte de Louis Racine il y a : « que vous avez aujourd'hui ».

étoient environnés d'une grande foule de peuple contre lequel ils se défendoient. J'ai couru sur le bord de la mer : je les ai trouvés à la porte du temple, qui vendoient chèrement leur vie, et qui ne songeoient chacun qu'à la défense l'un de l'autre. Leur courage m'a piqué de générosité. Je les ai défendus moi-même ; j'ai désarmé le peuple ; et ils se sont rendus à moi. Leurs habits les ont fait passer pour Grecs : ils l'ont avoué. J'ai frémi à cette parole ; on les a menés malgré moi à mon père ; et vous pouvez juger quelle sera leur destinée. La joie est universelle, et on remercie les Dieux d'une prise qui me met au désespoir. Mais enfin, Madame, ou je ne pourrai, ou je vous affranchirai bientôt de la malheureuse dignité qui vous engage à ces sacrifices. Mais voici le Roi mon père.

SCÈNE III.

LE ROI.

Quoi? Madame, vous êtes encore ici! Ne devriez-vous pas être dans le temple pour remercier la Déesse de ces deux victimes qu'elle nous a envoyées[1]? Allez préparer tout pour le sacrifice, et vous reviendrez ensuite, afin qu'on vous remette entre les mains ces deux étrangers.

SCÈNE IV.

Iphigénie sort, et le Prince fait quelque effort[2] pour obtenir de son père la vie de ces deux Grecs, afin qu'il ne les ait pas sauvés inutilement. Le Roi le maltraite, et lui

---

1. Il y a *envoyés*, au masculin, dans le manuscrit.
2. « Quelques efforts » dans le texte de Louis Racine.

dit que ce sont là des sentiments qui lui ont été inspirés par la jeune Grecque; il lui reproche la passion qu'il a pour une esclave.

LE PRINCE.

Et qui vous dit, Seigneur, que c'est une esclave?

LE ROI.

Et quelle autre qu'une esclave auroit été choisie par les Grecs pour être sacrifiée?

[LE PRINCE[1]].

Quoi? ne vous souvient-il plus des habillements qu'elle avoit lorsqu'on l'amena ici? Avez-vous oublié que les pirates l'enlevèrent dans le moment qu'elle alloit recevoir le coup mortel? Nos peuples eurent plus de compassion pour elle que les Grecs n'en avoient eu[2]; et au lieu de la sacrifier à Diane, ils la choisirent pour présider elle-même à ses sacrifices.

Le Prince sort, déplorant sa malheureuse générosité, qui a sauvé la vie à deux Grecs, pour la leur faire perdre plus cruellement.

SCÈNE V.

Le Roi témoigne à son confident qu'il se fait violence de maltraiter[3] son fils.

---

1. Nous suivons ici la division du dialogue telle que l'ont donnée Geoffroy et M. Aimé-Martin. Le texte de l'autographe et celui de Louis Racine n'indiquent pas que Thoas a cessé de parler. Mais le sens ne permet pas de douter qu'il n'y ait une indication omise dans le manuscrit, ainsi que nous en avons vu un exemple dans la scène I (voyez ci-dessus, p. 10, note 3).

2. Dans le manuscrit : *n'en avoient eue*, avec accord.

3. Louis Racine a substitué « en maltraitant » à « de maltraiter ».

« Mais quelle apparence de donner les mains à une passion qui le déshonore? Allons, et demandons tantôt[1] à la Déesse, parmi nos prières, qu'elle donne à mon fils des sentiments plus dignes de lui. »

1. Louis Racine a supprimé *tantôt*.

FIN DU PREMIER ACTE.

POÉSIES DIVERSES

NOTICE.

Dans les éditions de la *Collection des grands écrivains de la France* l'ordre chronologique a été généralement adopté pour les Poésies diverses de chaque auteur. Nous ne pouvions mieux faire que de suivre cette règle, et de classer chaque pièce soit à sa date certaine, soit, quand celle-ci n'est pas bien connue, à sa date vraisemblable et approximative. Toutefois il se présentait une difficulté pour les petites pièces de la première jeunesse de Racine, que cet ordre eût placées en tête des *Poésies*, quoiqu'elles ne demandent qu'une place plus modeste et à part; et pour les épigrammes, qu'il eût été bizarre de ne pas présenter à la suite les unes des autres, et qui d'ailleurs, n'ayant jamais été avouées par leur auteur, devaient, ne fût-ce que pour cette raison, être classées dans une catégorie distincte.

Pour tenir compte à la fois, autant qu'il se pouvait, et de l'ordre chronologique et de convenances évidentes, nous avons divisé les Poésies diverses en trois parties. Dans la première nous avons placé toutes les pièces de quelque étendue, à l'exception des badinages sans valeur que Racine a écrits dans son enfance; dans la seconde, les *épigrammes* et les autres petites pièces auxquelles on pourrait appliquer le même nom d'*épigrammes*, si on le prenait dans son vieux sens; dans la troisième, les vers tant français que latins de la première jeunesse du poëte, qu'on aimera sans doute à trouver ici, mais à la condition qu'ils ne figurent que dans un appendice, à titre de simples curiosités, et ne soient pas considérés comme faisant réellement partie des *Œuvres de Racine*. Nous avons cru devoir non-seulement les rejeter à la fin des poésies, mais aussi les faire imprimer en plus petit texte. L'ordre chronologique a été respectivement observé dans chacune de ces trois divisions.

Le Catalogue de la bibliothèque de l'Oratoire, qui se trouve aujourd'hui à celle de l'Arsenal, fait mention d'une *Ode sur la solitude*, imprimée sans nom d'auteur dans le format in-8°, et qu'il donne pour un ouvrage de Racine. Cette ode aurait nécessairement trouvé place dans la *première partie* des *Poésies diverses* ; mais nous n'avons pu la découvrir. On pourrait croire que sous ce titre il s'agirait des sept Odes sur les beautés champêtres de la solitude de Port-Royal ; mais nous regardons comme tout à fait invraisemblable que Racine ait jamais fait imprimer ces vers de sa première jeunesse. Pierre de Villiers a composé des *Stances sur la solitude de la campagne*, qu'on trouve parmi ses *Poëmes et autres poésies* publiés en 1712. Les avait-il d'abord fait imprimer à part, en gardant l'anonyme, et les avait-on attribués à Racine? Nous ne donnons pas cette conjecture comme très-satisfaisante. Quoi qu'il en soit, nous devions signaler l'indication donnée par le Catalogue de l'Oratoire ; si elle n'est pas erronée, d'autres seront peut-être plus heureux que nous dans leurs recherches.

Les éditeurs précédents nous avaient laissé beaucoup à faire pour l'exactitude du texte des *Poésies diverses*, pour les variantes, qu'ils avaient données incomplètement, pour l'éclaircissement des questions d'authenticité. Cette partie des œuvres de Racine avait été publiée avec bien moins de soin que son théâtre ; on se l'explique sans peine ; et cependant là non plus le soin n'est pas superflu. Parmi les erreurs que nous avons eu à rectifier il y en a qu'on ne saurait regarder comme tout à fait indifférentes.

POÉSIES DIVERSES.

PREMIÈRE PARTIE.
ODES, HYMNES ET CANTIQUES.

I

LE PAYSAGE, OU LES PROMENADES DE PORT-ROYAL-DES-CHAMPS.

Nous n'avons pas cru qu'il fallût rejeter dans la *troisième partie*, parmi les petites pièces de la jeunesse de Racine, les sept odes réunies sous le titre de *Paysage, ou les Promenades de Port-Royal-des-Champs.* De bons juges y ont reconnu des germes de talent; et depuis longtemps on est habitué à les trouver dans des éditions complètes des *Œuvres de Racine.* Elles ont été publiées pour la première fois, dans leur entier, par Geoffroy [1], en 1808. Il les tenait de M. Jacobé de Naurois, arrière-petit-fils du poëte, et la copie sur laquelle elles ont été alors imprimées était encore, au temps de notre première édition, entre les mains de M. Auguste de Naurois, qui avait eu l'obligeance de nous la communiquer. Elle fait partie d'un manuscrit qui s'est trouvé dans les papiers de Louis Racine, et qui est tout entier de sa main. On y lit cette note à la suite des *Odes*: « Quelle différence entre l'auteur de ces vers et des vers d'*Athalie !*

1. *Œuvres de Racine*, tome V, p. 457-478.

C'est ainsi que commencent les grands hommes. Avec les vers foibles qui sont dans ces odes, elles ne disent rien que de général à toute campagne, et n'ont rien de particulier à Port-Royal. D'ailleurs on y trouve beaucoup de pointes, que l'auteur aimoit dans sa jeunesse et qu'il a depuis évitées avec tant de soin. On trouve cependant, dans ces odes, de l'imagination et du feu. C'est un jeune homme qui se plaît à décrire la solitude dans laquelle il vit, et le fait avec de perpétuelles exclamations, en style de Malherbe et de Racan, dont il pouvoit être alors rempli. » Dans ses *Mémoires*[1], Louis Racine avait fait connaître quatre strophes de la quatrième de ces odes. D'un autre côté, le *Journal général de France*, publié par l'abbé Fontenai de 1776 à 1792, donna, dans son numéro du 14 octobre 1788, d'autres fragments des mêmes odes, extraits d'un manuscrit communiqué par Mercier[2]. Ce manuscrit était évidemment différent de celui que MM. de Naurois ont recueilli dans l'héritage de Louis Racine. Non-seulement la version imprimée dans le *Journal général de France* offre quelques légères variantes, que nous indiquerons, mais elle donne un vers qui est resté en blanc dans le manuscrit de Louis Racine. Mercier affirmait que le manuscrit, dont il avait tiré quelques-uns des vers sur Port-Royal parmi plusieurs pièces de vers latins et français, était une copie de petites compositions de la jeunesse de Racine. Il ne mettait donc pas en doute l'attribution à ce poëte des *Odes* sur Port-Royal; et en cela il était parfaitement d'accord avec Louis Racine. Cependant, au tome VII, p. 110 et 111 des *Œuvres de Racine*, avec le commentaire de la Harpe (1807), les éditeurs, dans une note sur la lettre de Racine du 17 janvier 1662, ont prétendu que « ces pitoyables odes » ont été sans doute attribuées faussement à Racine. Ils donnent de cette opinion les raisons suivantes. Les vers que Racine jetait, sans travail et sans prétention, au milieu de ses lettres familières, contrastent, par leur grâce et leur légèreté, avec la mauvaise poésie de ces odes. Racine

1. Voyez notre tome I, p. 220 et 221.
2. Il s'agit de Barthélemy Mercier, abbé de Saint-Léger de Soissons, ainsi qu'on peut le voir dans le *Bulletin du Bibliophile belge* (1852), tome IX de la 1re série, p. 462. C'était un savant bibliographe; comme il sera notre seule autorité pour l'attribution à Racine de quelques petites pièces, il n'est pas inutile de dire ici que ce qu'il attestait ne doit pas être accueilli avec trop de défiance.

avait supprimé, autant qu'il avait pu, les faibles productions de sa première jeunesse. L'auteur des *Mémoires* était mal informé des faits relatifs à la vie et aux ouvrages de son père ; il lui a attribué sans examen les *Odes* sur Port-Royal, seulement pour en avoir trouvé dans ses papiers une copie d'une main étrangère. Les notes de J. B. Racine, que les éditeurs de 1807 avaient sous les yeux, ne disent pas un mot de ces odes.

Dans ces objections, rien ne nous paraît solide. Louis Racine n'attribuait pas à son père, aussi légèrement qu'on le dit, des écrits dont l'authenticité ne lui fût pas démontrée, et Jean-Baptiste Racine a pu, sans qu'il y ait rien à en conclure, se taire sur des productions de la jeunesse de notre poëte. Le double fait que les *Odes* sur Port-Royal ont été trouvées dans les papiers de Racine par un de ses fils, et que Mercier en a eu une autre copie, qui passait également pour être celle de petits opuscules composés par Racine dans ses jeunes années, ne nous semble pas permettre facilement le doute. Lorsque les éditeurs de 1807 disent que les vers dont les premières lettres de Racine sont remplies « annonçaient déjà un poëte supérieur, » et que les *Odes* sur Port-Royal sont au contraire *pitoyables*, ils nous paraissent porter à la fois deux jugements fort singuliers, outre qu'ils auraient dû remarquer que, dans des lettres écrites en 1661 et 1662, il ne serait pas étonnant de trouver un goût plus formé que dans une production poétique antérieure à 1658. M. Sainte-Beuve n'a pas parlé avec tant de dédain des *Promenades de Port-Royal-des-Champs*. Dans ces vers faibles d'un poëte enfant, il trouve qu'en quelques endroits « il y a pourtant déjà de l'accent des chœurs d'*Esther*, » et que « l'on reconnaît.... à cette description abondante et complaisante du paysage, des bois, de l'étang, des prairies, quel vif et vrai sentiment, quel amour de la nature nourrissait cette jeune âme [1]. » Personne toutefois ne songe à nier les fautes qui déparent ces essais. Plusieurs passages sont vraiment obscurs, et d'un sens si difficile à saisir, par exemple les derniers vers de la seconde stance de l'ode V, qu'on serait porté à croire à quelque inexactitude du copiste.

1. *Port-Royal* (3ᵉ édition), tome VI, p. 89 et 90.

ODE PREMIÈRE.

LOUANGE DE PORT-ROYAL EN GÉNÉRAL.

Saintes demeures du silence,
Lieux pleins de charmes et d'attraits,
Port où, dans le sein de la paix,
Règne[1] la Grâce et l'Innocence ;
Beaux déserts qu'à l'envi des cieux, 5
De ses trésors plus précieux
   A comblé[2] la nature,
Quelle assez brillante couleur
   Peut tracer la peinture
De votre adorable splendeur ? 10

Les moins éclatantes merveilles
De ces plaines ou de ces bois
Pourroient-elles pas mille fois
Épuiser les plus doctes veilles ?
Le soleil vit-il dans son tour[3] 15
Quelque si superbe séjour
   Qui ne vous rende hommage ?
Et l'art des plus riches cités
   A-t-il la moindre image
De vos naturelles beautés ? 20

---

1. Ce verbe ne s'accorde qu'avec celui des deux sujets qui est le plus proche. Voyez l'*Introduction grammaticale* du *Lexique* à l'article *Accord du verbe*.

2. Le défaut d'accord de ce participe est conforme à la règle du P. Bouhours (*Remarques nouvelles*, 2ᵉ édition, p. 520).

3. Dans l'édition de Geoffroy, on a imprimé *cour*, au lieu de *tour*, qui est dans le manuscrit de Louis Racine.

Je sais que ces grands édifices
Que s'élève la vanité
Ne souillent point la pureté
De vos innocentes délices.
Non, vous n'offrez point à nos yeux 25
Ces tours qui jusque dans les cieux
  Semblent porter la guerre,
Et qui, se perdant dans les airs,
  Vont encor sous la terre
Se perdre dedans les enfers. 30

Tous ces bâtiments admirables,
Ces palais partout si vantés,
Et qui sont comme cimentés
Du sang des peuples misérables,
Enfin tous ces augustes lieux 35
Qui semblent faire autant de dieux
  De leurs maîtres superbes,
Un jour trébuchant avec eux,
  Ne seront sur les herbes
Que de grands sépulcres affreux. 40

Mais toi, solitude féconde,
Tu n'as rien que de saints attraits,
Qui ne s'effaceront jamais
Que par l'écroulement du monde :
L'on verra l'émail de tes champs 45
Tant que la nuit de diamants
  Sèmera l'hémisphère ;
Et tant que l'astre des saisons
  Dorera sa carrière,
L'on verra l'or de tes moissons. 50

  Que si parmi tant de merveilles

Nous ne voyons point ces beaux ronds,
Ces jets où l'onde par ses bonds
Charme les yeux et les oreilles,
Ne voyons-nous pas dans tes prés 55
Se rouler sur des lits dorés
   Cent flots d'argent liquide,
Sans que le front du laboureur
   A leur course rapide
Joigne les eaux de sa sueur? 60

La nature est inimitable ;
Et quand elle est en liberté,
Elle brille d'une clarté
Aussi douce que véritable.
C'est elle qui sur ces vallons, 65
Ces bois, ces prés et ces sillons
   Signale sa puissance ;
C'est elle par qui leurs beautés,
   Sans blesser l'innocence,
Rendent nos yeux comme enchantés. 70

ODE II.

LE PAYSAGE EN GROS.

Que je me plais sur ces montagnes,
Qui s'élevant jusques aux cieux,
D'un diadème gracieux
Couronnent ces belles campagnes !
O Dieu ! que d'objets ravissants 5
S'y viennent offrir à mes sens !
   De leurs riches vallées,

Quel amas brillant et confus
  De beautés rassemblées
Éblouit mes yeux éperdus !

Delà j'aperçois les prairies,
Sur les plaines et les coteaux,
Parmi les arbres et les eaux,
Étaler leurs pompes fleuries ;
Deçà je vois les pampres verts
Enrichir cent tertres divers
  De leurs grappes fécondes,
Et là les prodigues guérets
  De leurs javelles blondes
Border les prés et les forêts.

Dessus ces javelles fertiles,
[Et]¹ dessus cet or tout mouvant,
Je vois aussi l'air et le vent
Promener leurs souffles tranquilles ;
Et comme on voit l'onde en repos
Souvent refriser de ses flots
  La surface inconstante,
Je vois de ces pompeux sillons
  La richesse flottante
Ondoyer dessus ces vallons.

Je vois ce sacré sanctuaire,
Ce grand temple, ce saint séjour
Où Jésus encor chaque jour
S'immole pour nous à son père.
Muse, c'est à ce doux Sauveur
Que je dois consacrer mon cœur,

---

1. A l'exemple de M. Aignan nous avons ajouté cet *et*, que la mesure du vers demande.

Mes travaux et mes veilles :
C'est lui de qui le puissant bras
  Fit toutes ces merveilles
Qui nous fournissent tant d'appas.   40

Ainsi, d'un tacite[1] langage,
L'on voit ce temple spacieux
S'élevant dessus tous les lieux,
Leur demander un humble hommage,
Et semble aller au firmament   45
Publier encor hautement
  A ces sphères roulantes,
Qu'ainsi qu'en l'azur lumineux
  De leurs voûtes brillantes,
Dieu loge en son sein bienheureux.   50

Je vois ce cloître vénérable,
Ces beaux lieux du ciel bien-aimés,
Qui de cent temples animés
Cachent la richesse adorable.
C'est dans ce chaste paradis   55
Que règne, en un trône de lis,
  La virginité sainte ;
C'est là que mille anges mortels
  D'une éternelle plainte
Gémissent aux pieds des autels.   60

Sacrés palais de l'innocence,
Astres vivants, chœurs glorieux,
Qui faites voir de nouveaux cieux
Dans ces demeures de silence,
Non, ma plume n'entreprend pas   65

1. Tel est le texte de la copie de Louis Racine. La leçon *facile* nous paraît moins autorisée.

De tracer ici vos combats,
  Vos jeûnes et vos veilles :
Il faut, pour en bien révérer
  Les augustes merveilles,
Et les taire et les adorer.   70

Je vois les altières futaies,
De qui les arbres verdoyants
Dessous leurs grands bras ondoyants
Cachent les buissons et les haies :
L'on diroit même que les cieux   75
Posent sur ces audacieux
  Leur pesante machine,
Et qu'eux, d'un orgueil nompareil,
  Prêtent leur forte échine
A ces grands trônes du soleil.   80

Je vois les fruitiers innombrables
Tantôt rangés en espaliers,
Tantôt ombrager les sentiers
De leurs richesses agréables.
Mais allons dans tous ces beaux lieux   85
Voir d'un regard plus curieux
  Leur pompe renfermée ;
Et vous, souffrez, riches déserts,
  Que mon âme charmée
Contemple vos trésors divers.   90

ODE III.

DESCRIPTION DES BOIS.

Que ces vieux royaumes des ombres,

Ces grands bois, ces noires forêts,
Cachent de charmes et d'attraits
Dessous leurs feuillages si sombres!
C'est dans ce tranquille séjour
Que l'on voit régner nuit et jour
　　La paix et le silence;
C'est là qu'on dit que nos aïeux,
　　Au siècle d'innocence,
Goûtoient les délices des cieux.

C'est là que cent longues allées
D'arbres toujours riches et verts
Se font voir en cent lieux divers,
Droites, penchantes, étoilées.
Je vois mille troncs sourcilleux
Soutenir le faîte orgueilleux
　　De leurs voûtes tremblantes;
Et l'on diroit que le saphir
　　De deux portes brillantes
Ferme ces vrais lieux de plaisir.

C'est sous ces épaisses feuillées
Que l'on voit les petits oiseaux,
Ces chantres si doux et si beaux,
Errer en troupes émaillées;
C'est là que ces hôtes pieux
Par leurs concerts harmonieux
　　Enchantent les oreilles,
Et qu'ils célèbrent sans souci
　　Les charmantes merveilles
De ces lieux qu'ils ornent aussi.

Là, d'une admirable structure,
On les voit suspendre ces nids,

Ces cabinets si bien bâtis,
Dont l'art étonne la nature.
Là, parfois, l'un sur son rameau 35
Entraîne le petit fardeau
  D'une paille volante ;
L'autre console, en trémoussant,
  Sa famille dolente
De quelque butin ravissant. 40

Là l'on voit la biche légère,
Loin du sanguinaire aboyeur,
Fouler, sans crainte et sans frayeur,
Le tendre émail de la fougère.
Là le chevreuil, champêtre et doux, 45
Bondit aussi dessus les houx,
  En courses incertaines ;
Là les cerfs, ces arbres vivants,
  De leurs bandes hautaines
Font cent autres grands bois mouvants. 50

C'est là qu'avec de doux murmures
L'on entend les petits zéphyrs,
De qui les tranquilles soupirs
Charment les peines les plus dures.
C'est là qu'on les voit tour à tour 55
Venir baiser avec amour
  La feuille [tremblotante[1]] ;
Là, pour joindre aux chants des oiseaux
  Leur musique éclatante,
Ils concertent sur les rameaux. 60

---

1. Nous adoptons ici encore la conjecture très-vraisemblable de M. Aignan. La copie de Louis Racine a *tremblante*. Il manque une syllabe.

Là cette chaleur violente
Qui dans les champs et les vallons
Brûle les avides¹ sillons,
Se fait voir moins fière et plus lente.
L'œil du monde voit à regret 65
Qu'il ne peut percer le secret
  De ces lieux pleins de charmes :
Plus il y lance de clartés,
  Plus il leur donne d'armes
Contre ses brûlantes beautés. 70

ODE IV.

DE L'ÉTANG.

Que c'est une chose charmante
De voir cet étang gracieux,
Où, comme en un lit précieux,
L'onde est toujours calme et dormante !
Mes yeux, contemplons de plus près 5
Les inimitables portraits
  De ce miroir humide ;
Voyons bien les charmes puissants
  Dont sa glace liquide
Enchante et trompe tous les sens. 10

Déjà je vois sous ce rivage
La terre jointe avec les cieux
Faire un chaos délicieux
Et de l'onde et de leur image.
Je vois le grand astre du jour 15

---

1. N'est-il pas vraisemblable que Racine avait écrit *arides* ?

Rouler dans ce flottant séjour
    Le char de la lumière ;
Et sans offenser de ses feux
    La fraîcheur coutumière,
Dorer son cristal lumineux.

Je vois les tilleuls et les chênes,
Ces géants de cent bras armés,
Ainsi que d'eux-mêmes charmés,
Y mirer leurs têtes hautaines ;
Je vois aussi leurs grands rameaux
Si bien tracer dedans les eaux
    Leur mobile peinture,
Qu'on ne sait si l'onde, en tremblant,
    Fait trembler leur verdure,
Ou plutôt l'air même et le vent.

Là l'hirondelle voltigeante,
Rasant les flots clairs et polis,
Y vient, avec cent petits cris,
Baiser son image naissante.
Là mille autres petits oiseaux
Peignent encore dans les eaux
    Leur éclatant plumage :
L'œil ne peut juger au dehors
    Qui vole ou bien qui nage
De leurs ombres et de leurs corps.

Quelles richesses admirables
N'ont point ces nageurs marquetés,
Ces poissons au[1] dos argentés,
Sur leurs écailles agréables !

---

1. *Aux* dans Geoffroy. La leçon donnée par la copie de Louis Racine s'explique bien, et ne devrait pas être changée.

Ici je les vois s'assembler, 45
Se mêler et se démêler
　Dans leur couche profonde ;
Là je les vois (Dieu ! quels attraits !)
　Se promenant dans l'onde,
Se promener dans les forêts. 50

Je les vois, en troupes légères,
S'élancer de leur lit natal ;
Puis tombant, peindre en ce cristal
Mille couronnes passagères.
L'on diroit que comme envieux 55
De voir nager dedans ces lieux
　Tant de bandes volantes,
Perçant les remparts entr'ouverts
　De leurs prisons brillantes,
Ils veulent s'enfuir dans les airs. 60

Enfin ce beau tapis liquide
Semble enfermer entre ses bords
Tout ce que vomit de trésors
L'Océan sur un sable aride ·
Ici l'or et l'azur des cieux 65
Font de leur éclat précieux
　Comme un riche mélange ;
Là l'émeraude des rameaux
　D'une agréable frange
Entoure le cristal des eaux. 70

Mais quelle soudaine tourmente,
Comme de beaux songes trompeurs,
Dissipant toutes les couleurs,
Vient réveiller l'onde dormante ?
Déjà ses flots entre-poussés 75

Roulent cent monceaux empressés
  De perles ondoyantes,
Et n'étalent pas moins d'attraits
  Sur leurs vagues bruyantes
Que dans leurs tranquilles portraits.   80

ODE V.

DES PRAIRIES[1].

Mon Dieu, que ces plaines charmantes,
Ces grands prés si beaux et si verts,
Nous présentent d'appas divers
Parmi leurs richesses brillantes !
Ce doux air, ces vives odeurs,   5
Le pompeux éclat de ces fleurs
  Dont l'herbe se colore,
Semble-t-il pas dire à nos yeux
  Que le palais de Flore
Se fait voir vraiment en ces lieux ?   10

C'est là qu'on entend le murmure
De ces agréables ruisseaux
Qui joignent leurs flots et les eaux[2]
Au vif émail de la verdure.
C'est là qu'en paisibles replis,   15
Dans les beaux vases de leurs lits,

---

1. C'est dans le *Journal général de France* qu'ont paru d'abord les quatre premiers vers de la seconde strophe, la troisième strophe et la quatrième strophe de cette ode.
2. Dans le *Journal général*, il y a *leurs eaux*, au lieu de *les eaux*.

Ils arrosent les herbes,
Et que leurs doux gazouillements
    De leurs ondes superbes
Bravent les bruits les plus charmants. 20

Je les vois, au[1] haut des montagnes,
Venir d'un cours précipité
Offrir leur tribut argenté
Dans le beau sein de ces campagnes[2] ;
Et là, d'un pas respectueux, 25
Traîner en cercles[3] tortueux
    Leurs sources vagabondes ;
Et comme charmés des beautés
    De ces plaines fécondes,
S'y répandre de tous côtés. 30

Là ces méandres agréables,
Descendant et puis remontant,
Font dans leur voyage inconstant,
Cent labyrinthes délectables.
Tantôt[4] leurs flots, en s'entr'ouvrant, 35
Se fuyant et se retrouvant[5],
    Font cent îles fleuries ;
Tantôt, quittant leur lit natal,

---

1. Le *Journal général* donne ce vers ainsi :
    Je les vois, du haut des montagnes.
2. Dans le *Journal général*, on a imprimé :
    Dans le beau sein des campagnes.
3. *Cercle* est au singulier dans le *Journal général*.
4. Geoffroy a substitué *souvent* à *tantôt*, qui est la leçon de la copie manuscrite de Louis Racine, comme du *Journal général*.
5. Ce vers manque dans le manuscrit de Louis Racine, et, par suite, dans l'édition de Geoffroy. Nous l'avons rétabli d'après le *Journal général*.

Ils bordent les prairies
D'une ceinture de cristal.

Là, quand le jour rapporte au monde
Le beau tribut de sa clarté,
Et que l'ombre et l'obscurité
Rentrent dans leur grotte profonde,
Là, dis-je, des portes du ciel,
On voit de perles[1] et de miel
  Choir une riche pluie,
Et Flore, pour ce doux trésor,
  Ouvrir, toute ravie,
Cent petits bassins d'ambre et d'or.

Là l'on voit aussi sur les herbes
Voltiger ces vivantes fleurs,
Les papillons, dont les couleurs
Sont si frêles et si superbes ;
C'est là qu'en escadrons divers,
Ils répandent dedans les airs
  Mille beautés nouvelles,
Et que les essaims abusés
  Vont chercher sous leurs ailes
Les pleurs que l'Aurore a versés.

C'est là qu'en nombreuses allées
L'on voit mille saules épais
De remparts superbes et frais
Ceindre ces plaines émaillées :
Oui, je les vois de tous côtés,
Abaissant[2] l'éclat argenté

De perles est une correction de Geoffroy ; elle paraît nécessaire.
manuscrit de Louis Racine et le *Journal général* ont *des perles*.
En laissant, que donne le manuscrit de Louis Racine, et que

De leurs feuillages sombres,
Comme vouloir à ces ruisseaux,
Qui dorment sous leurs ombres,
Faire d'officieux rideaux. 70

ODE VI.

DES TROUPEAUX, ET D'UN COMBAT DE TAUREAUX[1].

C'est dans ces campagnes fleuries
Qu'on voit mille troupeaux errants
Aller en cent lieux différents
Ronger les trésors des prairies :
Les uns, charmés par leur aspect, 5
En retirent avec respect
Leurs dents comme incertaines ;
Les autres, d'un cours diligent,
Vont boire en ces fontaines,
Qui semblent des coupes d'argent. 10

Là l'on voit les grasses génisses,
Se promenant à pas comptés,
Par des cris cent fois répétés
Témoigner leurs chastes délices ;
Là les brebis sur des buissons 15
Font pendre cent petits flocons
De leur neige luisante ;
Les agneaux aussi, bondissant

---

toutes les éditions ont conservé, nous paraît une faute évidente de copie. La correction *abaissant* se présente naturellement.

1. Le *Journal général de France* a le premier donné la quatrième et la sixième strophe de cette ode.

Sur la fleur renaissante,
Lui rendent leur culte innocent. 20

Là l'on voit, en troupes superbes,
Les jeunes poulains indomptés
Dessous leurs pas précipités
Faire à peine courber les herbes.
Je vois ces jeunes furieux 25
Qui semblent menacer les cieux
   D'une tête hautaine,
Et par de fiers hennissements,
   S'élançant sur la plaine,
Défier les airs et les vents. 30

Mais quelle horrible violence
Pousse ces[1] taureaux envieux
A troubler la paix de ces lieux,
Sacrés aux charmes du silence?
Déjà, transportés de courroux, 35
Et sous leurs pieds et sous leurs coups
   Ils font gémir la terre;
Déjà leur mugissante voix,
   Comme un bruyant tonnerre,
Fait trembler les monts et les bois. 40

Je vois déjà leur poil qui fume;
Leurs yeux semblent étincelants;
Leurs gosiers secs et pantelants
Jettent plus de feu que d'écume;
La rage excite leur vigueur; 45
Le vaincu redevient vainqueur;
   Tout coup fait sa blessure :

---

1. *Les*, au lieu de *ces*, dans le *Journal général*.

Leur front entr'ouvert et fendu
  Fait rougir la verdure
D'un sang pêle-mêle épandu. 50

Parfois l'un fuyant en arrière
Se fait voir plus foible et plus lent;
Et puis revient, plus violent,
Décharger son âpre colère :
De même un torrent arrêté, 55
D'abord suspend[ant] sa fierté[1],
  Remonte vers sa source,
Et puis, redoublant en fureur
  Son indomptable course,
Traîne le ravage et l'horreur[2]. 60

Pendant cette rude tempête,
L'on voit les timides troupeaux
Attendre qui des deux rivaux
Les doit faire enfin sa conquête;
Mais déjà l'un tout glorieux 65
Fait, d'un effort victorieux,

---

1. Une syllabe manque à ce vers, tel qu'il se lit dans le manuscrit de Louis Racine et dans les éditions de Geoffroy et de M. Aimé-Martin :

    D'abord suspend sa fierté.

M. Aignan l'a ainsi corrigé :

    Qui d'abord suspend sa fierté.

On peut choisir entre cette correction et celle que nous proposons.

2. Ces vers sont ainsi ponctués dans Geoffroy :

    Et puis, redoublant en fureur,
      Son indomptable course
    Traîne le ravage et l'horreur.

La ponctuation que nous avons suivie, d'après le *Journal général*, nous a paru préférable.

Triompher sa furie;
L'autre morne et plein de douleur
 Va loin de la prairie
Cacher sa honte et son malheur. 70

Mais quittons ces tristes spectacles,
Qui n'offrent rien que d'odieux,
Pour aller visiter des lieux
Où l'on ne voit que des miracles.
Muse, si ce combat affreux 75
T'a presque fait, malgré mes vœux,
 Abandonner ces plaines,
Viens dans ces jardins, non de fleurs
 Inutiles et vaines,
Mais d'inestimables douceurs. 80

ODE VII.

DES JARDINS.

Mes yeux, pourrai-je bien vous croire?
Suis-je éveillé? Vois-je un jardin?
N'est-ce point quelque songe vain
Qui me place en ce lieu de gloire?
Je vois comme de nouveaux cieux 5
Où mille astres délicieux
 Répandent leur lumière,
Et semble qu'en ce beau séjour
 La terre est héritière
De tous ceux qu'a chassés le jour. 10

Déjà sur cette riche entrée

Je vois les pavis[1] rougissants
Étaler les rayons luisants
De leur belle neige empourprée.
Dieu! quels prodiges inouïs!
Je vois naître dessus les lis
   L'incarnat de la rose,
Je vois la flamme et sa rougeur
   Dessus la neige éclose
Embellir même la blancheur.

Je vois cette pomme éclatante,
Ou plutôt ce petit soleil,
Ce doux abricot sans pareil,
Dont la couleur est si charmante.

---

1. Richelet, dans son *Dictionnaire* (1679), définit ce mot : « une sorte de pêche qui ne se fend pas. » Il donne ces trois formes : *pavie, pavi, pavis*; il ajoute : « Je n'ai trouvé écrit *pavi* ni *pavis* dans aucun bon auteur. » Ménage, dans son *Dictionnaire étymologique de la langue françoise* (1694), cite des vers de Charles Perrault, où se trouve la forme *pavis* au pluriel : « *Pavis*, dit-il, sorte de pêche ainsi appelée de la ville de Pavie, d'où elle nous est venue. Messieurs de l'Académie ont décidé qu'il falloit dire *un pavie*.... M. Perrault, surnommé *le moderne*, qui est M. Perrault de l'Académie françoise, a dit *un pavi*; c'est dans son excellent poëme sur le livre de M. de la Quintinie :

   Là brilloit le teint vif des pêches empourprées ;
   Ici le riche émail des prunes diaprées ;
   Là des rouges pavis le duvet délicat.

Nous disons aussi en Anjou : *un pavi*. » A l'exemple cité par Ménage, nous pouvons joindre le suivant, tiré d'un poëme de des Marets, qui a pour titre : *les promenades de Richelieu* :

   Là sont les blonds pavis de pourpre colorés.

Dans l'édition de M. Aignan et dans la *Bibliothèque critique des poëtes français* par le P. Cahour (tome III, p. 232), on a imprimé :

   Je vois les parvis rougissants,

ce qui fait un contre-sens assez ridicule.

Fabuleuses antiquités,
Ne nous vantez plus les beautés
  De vos pommes dorées :
J'en vois qui, d'un or gracieux
  Également parées,
Ravissent le goût et les yeux.

Je vois, sous la sombre verdure,
Ces deux fruits brillants et pompeux
Parer les murs, comme orgueilleux
D'une inimitable bordure ;
C'est là qu'heureusement pressés,
Et l'un près de l'autre entassés
  Sur cent égales chaînes,
Ils semblent faire avec éclat
  De leurs branches hautaines
Cent sillons d'or et d'incarnat.

Je viens à vous, arbres fertiles,
Poiriers de pompe et de plaisirs,
Pour qui nos vœux et nos desirs
Jamais ne se sont vus stériles :
Soit vous, qui, sans chercher d'appuis,
Voyez sous vos superbes fruits
  Se courber vos branchages,
Soit vous, qui des riches habits
  De vos tremblants feuillages
Faites de si vastes tapis.

Mais quelle assez vive peinture
Suffit pour tracer dignement
Tout le pompeux ameublement
Dont vous a parés la nature ?
Vous ne présentez à nos yeux

Que les fruits les plus précieux
    Qu'ait cultivés Pomone ;
Ils ont eu le lis pour berceau,
    L'émeraude est leur trône,
L'or et la pourpre leur manteau. 60

Je les vois, par un doux échange,
Ici mûris, et là naissants,
De leurs fruits blonds et verdissants
Faire un agréable mélange ;
J'en vois même dedans leur fleur 65
Garder encore la splendeur
    De leur blanche couronne,
Et joindre l'espoir du printemps
    Aux beaux fruits dont l'automne
Rend nos vœux à jamais contents. 70

Je sais quelle auguste matière
Pouvoit sur mes sombres crayons
Jeter encore les rayons
De son éclatante lumière ;
Mais déjà l'unique flambeau, 75
Allant se plonger dedans l'eau,
    A fait place aux ténèbres ;
Et les étoiles à leur tour,
    Comme torches funèbres,
Font les funérailles du jour. 80

J'entends l'innocente musique
Des flûtes et des chalumeaux
Saluer l'ombre en ces hameaux
D'une sérénade rustique.
L'ombre qui, par ses doux pavots, 85
Venant enfin faire aux travaux

Une paisible guerre,
Fait que ces astres précieux,
Pâlissant sur la terre,
Semblent retourner dans les cieux.　　　90

FIN DES PROMENADES DE PORT-ROYAL.

II

STANCES A PARTHÉNICE.

L'authenticité des *Stances à Parthénice* peut paraître un peu plus contestable que celle des *Odes sur Port-Royal*. Cependant, comme elle a en sa faveur des indices qui ne sont pas à dédaigner, comme ces stances sont dans la mémoire de bien des personnes, qui ne doutent point qu'elles ne soient de Racine et ne les jugent pas indignes de lui, nous avons cru qu'il y avait lieu à une seconde exception en leur faveur, et nous ne les avons pas reléguées parmi les petites pièces attribuées à Racine avec moins de vraisemblance, ni parmi celles qui sont trop faibles pour trouver ici leur place. Elles sont de date incertaine. M. Sainte-Beuve, qui en a parlé dans son *Port-Royal*, tome VI, p. 102, croit qu'elles ont pu être composées vers le temps du séjour de Racine à Uzès; un peu plus loin, se ravisant (voyez sa note à la page 103), il se demande si elles n'auraient pas été inspirées au poëte par son amour pour la comédienne du Parc ; dans ce cas les *Stances* seraient à peu près du même temps qu'*Andromaque*, et se rapprocheraient de la date de 1667. Mais quelque charme mélancolique qui s'y mêle au bel esprit, il ne nous semble pas qu'elles appartiennent à un temps où le goût de Racine était devenu presque irréprochable. Le nom de *Parthénice*, il est bon de le remarquer, se trouve dans une lettre de Racine à l'abbé le Vasseur, en date du 3 juin 1661, et paraît, d'après cette lettre, avoir été le nom poétique donné à Mlle Lucrèce, parente peut-être du jeune abbé, et certainement l'objet de ses galanteries. Racine composa-t-il ces vers pour son ami ? les adressa-t-il en son propre nom à celle qu'il appelait, dans sa lettre, la « charmante Parthénice, » et qu'il aurait lui-même aimée ? Comment le savoir ? Reconnaissons d'ailleurs que ces noms en l'air, les Iris, les Climène, les Parthénice, étaient à l'usage de tous les poëtes, pour déguiser le vrai nom de leurs belles. Si l'on tenait à la Parthénice de le Vasseur, un soupçon pourrait venir à l'esprit. Serait-ce l'œuvre du jeune ami de Racine que l'on aurait trouvée dans les papiers de celui-ci ? Nous ne le croyons pas :

ces stances, avec leur harmonie, leur douceur, laissent une impression de sensibilité et de tendresse, qui semble nous défendre d'en déposséder Racine. Ajoutons que Racine, dans ses lettres, ne nous paraît pas avoir une haute idée du talent poétique de le Vasseur. Nous pencherions à admettre la première supposition qui s'était offerte à M. Sainte-Beuve, et à croire les *Stances* composées par Racine, en 1661 ou en 1662, pendant son séjour à Uzès. Si Parthénice est bien la demoiselle Lucrèce de ses lettres, qu'il avait connue à Paris, ce n'est que loin d'elle qu'il a pu dire :

> Vous qui n'avez point vu l'illustre Parthénice,
> Bois, fontaines, rochers, agréable séjour,
> Souffrez que jusqu'ici son beau nom retentisse.

Les *Stances à Parthénice* ont été publiées pour la première fois par le *Journal général de France*, dans le numéro du 2 octobre 1788. Elles y sont attribuées à Racine par Mercier, dont nous avons parlé ci-dessus à l'occasion des *Odes sur Port-Royal;* et comme il ne s'est pas certainement trompé pour ces odes, ni pour un madrigal, ouvrages que Louis Racine aussi regardait comme étant de son père, nous croyons qu'il avait puisé à une bonne source. Cependant le *Journal général* donna le 9 octobre suivant une lettre d'un de ses abonnés, qui élevait des doutes. « En lisant ces stances, disait cette lettre, elles ne m'ont pas paru nouvelles : je crois les avoir lues dans quelques recueils de poésies manuscrites ou imprimées, mais sans nom d'auteur.... Puisque M. Mercier assure que cette pièce est réellement de Racine, il en a probablement de bonnes preuves, et il aurait fait plaisir au lecteur de les donner. » Mercier fit une réponse qui ne put être aussi catégorique que s'il avait possédé, au lieu d'une copie, le manuscrit autographe de Racine lui-même. Cette réponse ne parut point dans le *Journal général de France*, mais dans le *Journal de Paris*, qui avait reproduit les *Stances à Parthénice* dans son numéro du 9 octobre 1788, et avait annoncé en même temps que M. Mercier possédait d'autres petites pièces encore attribuées à Racine et tirées du même manuscrit. La lettre que Mercier adressa aux auteurs du *Journal de Paris* fut insérée dans le numéro du 20 octobre, et porte la date du 15 de ce même mois. Après avoir plaisanté sur les « dégustateurs de vers, » qui croyaient facilement reconnaître de quel cru ils peuvent venir, et qui avaient exercé la subtilité de leur goût sur les *Stances à Parthénice*, il continue ainsi :

« Il me faut dire aux gourmets incrédules que j'ai copié ces stances sur un manuscrit où était une attestation écrite de la propre main de Racine le fils, laquelle était conçue en ces termes : *Ces vers sont de mon père*. Mais pour avoir voulu faire un petit présent qui fût agréable au public, me voilà en proie aux connaisseurs qui demandent des preuves juridiques.... N'eût-il pas été plus sage, pour ne pas dire plus poli, de suspendre ou de retarder le *doute incrédule* jusqu'après la publication des morceaux subséquents ?... » Ces autres opuscules de Racine qui devaient suivre, Mercier, impatienté par les doutes qu'on avait élevés, ne les publia pas. Il n'essaya pas non plus, pour appuyer l'authenticité des vers qu'il avait donnés, de fournir de plus amples preuves, qui lui manquaient peut-être ; mais s'il est vrai, et pourquoi ne l'en croirait-on pas ? que le manuscrit de *Parthénice* portait, écrite de la main d'un des fils de Racine, la note que sa lettre fait connaître, ce témoignage est d'un grand poids.

Le *Journal général de France* avait d'abord imprimé *Parthémie*, au lieu de *Parthénice*. Cette faute se trouve non-seulement dans le titre, mais dans tout le courant de la pièce. Un errata du numéro suivant (4 octobre) avertit qu'il fallait lire *Parthémice*, la rime ne permettant pas que le premier vers de la dernière stance finît par le nom de *Parthémie*. Dans la lettre de l'abonné, insérée le 9 octobre, et dont nous avons parlé plus haut, on proposa de lire *Parthénice*, nom connu, disait le correspondant, par les poésies latines de Baptiste Mantouan. Les œuvres de Battista de Mantoue, poëte latin du quinzième siècle, dans lesquelles se trouvent, entre autres poésies, sept pièces, en l'honneur d'autant de vierges chrétiennes, que l'auteur a intitulées : *Parthenice prima, Parthenice secunda*, etc., n'étaient peut-être pas fort à propos alléguées pour appuyer la correction qu'on suggérait à Mercier. Une meilleure raison pour l'adopter, c'est qu'elle s'accorde avec l'orthographe que Racine lui-même donne au nom de *Parthénice* dans la lettre déjà citée du 3 juin 1661. Nous ignorons pourquoi M. Aimé-Martin, qui le premier a réuni ces stances aux *Œuvres de Racine*, a imprimé *Parthénisse*.

L'incertitude des conjectures sur la date de ces stances nous autorise à ne pas tenir compte trop rigoureusement de l'ordre chronologique, et à les placer avant les *Odes* composées pour la cour, dont la première au moins doit cependant être d'une date antérieure, mais qu'il eût été peu naturel de ne pas donner de suite.

STANCES A PARTHÉNICE.

Notre texte des Stances *est, à l'exception de l'orthographe du nom de* Parthénice, *conforme à celui du* Journal général de France.

Parthénice, il n'est rien qui résiste à tes charmes :
Ton empire est égal à l'empire des Dieux ;
Et qui pourroit te voir sans te rendre les armes,
Ou bien seroit sans âme, ou bien seroit sans yeux.

Pour moi, je l'avoûrai, sitôt que je t'ai vue[1],
Je ne résistai point, je me rendis à toi :
Mes sens furent charmés, ma raison fut vaincue,
Et mon cœur tout entier se rangea sous ta loi.

Je vis sans déplaisir ma franchise asservie ;
Sa perte n'eut pour moi rien de rude et d'affreux ;
J'en perdis tout ensemble et l'usage et l'envie :
Je me sentis esclave, et je me crus heureux.

Je vis que tes beautés n'avoient pas de pareilles :
Tes yeux par leur éclat éblouissoient les miens ;
La douceur de ta voix enchanta mes oreilles ;
Les nœuds de tes cheveux devinrent mes liens.

Je ne m'arrêtai pas à ces beautés sensibles,
Je découvris en toi de plus rares trésors ;
Je vis et j'admirai les[2] beautés invisibles
Qui rendent ton esprit aussi beau que ton corps.

Ce fut lors que voyant ton mérite adorable,
Je sentis tous mes sens t'adorer tour à tour :
Je ne voyois en toi rien qui ne fût aimable,
Je ne sentois en moi rien qui ne fût amour.

---

1. M. Aimé-Martin a substitué « sitôt que je t'eus vue » à « sitôt que je t'ai vue ».
2. M. Aimé-Martin a imprimé *ces*, au lieu de *les*.

Ainsi je fis d'aimer l'heureux apprentissage ; 25
Je m'y suis plu depuis, j'en aime la douceur ;
J'ai toujours dans l'esprit tes yeux et ton visage,
J'ai toujours Parthénice au milieu de mon cœur.

Oui, depuis que tes yeux allumèrent ma flamme,
Je respire bien moins en moi-même qu'en toi : 30
L'amour semble avoir pris la place de mon âme,
Et je ne vivrois plus, s'il n'étoit plus en moi.

Vous qui n'avez point vu l'illustre Parthénice,
Bois, fontaines, rochers, agréable séjour,
Souffrez que jusqu'ici son beau nom retentisse, 35
Et n'oubliez jamais sa gloire et mon amour.

III

LA NYMPHE DE LA SEINE A LA REINE.

ODE.

1660.

On s'est borné jusqu'ici, dans les diverses éditions des *Œuvres de Racine*, à imprimer cette ode telle qu'on la trouve dans le *Recueil de poésies diverses, dédié à Monseigneur le Prince de Conty*, M.DC.LXXI (tome III, p. 217 et suivantes). Ce recueil avait été formé par Loménie de Brienne et par quelques-uns des solitaires de Port-Royal. La nouvelle édition qu'ils y donnèrent de *la Nymphe de la Seine* diffère beaucoup de deux éditions antérieures de la même ode, dont l'une est de 1660, l'autre de 1666, et qui ont été toutes deux négligées par nos devanciers. Quelques-uns de ceux-ci ont indiqué une variante tirée de la lettre de Racine à l'abbé le Vasseur en date du 5 septembre 1660. Il y en avait un bien plus grand nombre à recueillir dans les deux premières éditions. Dans la *Revue des provinces* (15 juillet 1864), M. Édouard Fournier a publié un article intitulé : *Histoire de la première* ODE *de Racine, avec six stances inédites*. Il avait trouvé ces stances nouvelles dans un manuscrit de Loménie de Brienne, qui appartient à la bibliothèque de l'Arsenal, et qu'après lui nous avons consulté. Loménie de Brienne y a d'abord écrit cette note : « Elle (*l'ode de Racine*) est dans le *Recueil de la Fontaine* (*c'est-à-dire dans le* Recueil *de* 1671...., *dont il a été parlé plus haut*), de la nouvelle révision de l'auteur, qui en a retranché les stances que je mettrai ici ; car il ne faut rien perdre des ouvrages d'un si grand homme. » Outre les stances retranchées qu'il rétablit, Loménie de Brienne indique plusieurs variantes, annote quelques passages, et fait à la fin cette remarque : « Cette belle ode avait donc vingt-cinq strophes, qui faisaient deux cent cinquante vers, dans la première édition ; et elle n'en a plus que dix-neuf, qui font cent quatre-vingt-dix vers ; c'est soixante vers de moins. M. Racine est très-louable d'en user ainsi. Son ode d'excellente est devenue par ce moyen parfaite, merveilleuse, accomplie, incomparable. » Loménie de Brienne se trompe en nommant la *première édition*; il paraît ne l'avoir pas connue : fait assez étrange, lorsqu'on voit qu'il s'était mis en rapport avec Racine au sujet de la révision de l'*Ode*, dont il fut l'éditeur dans le *Recueil* de 1671. L'édition dont il a tiré les variantes et les six strophes supprimées, n'est pas la première, mais la seconde, celle que l'on trouve dans le beau volume in-folio connu sous le nom de *Recueil de Vitré*, et intitulé : *Elogia Julii Mazarini cardinalis. Parisiis. Excudebat Antonius Vitré.* M.DC.LXVI. — *La Nymphe de la Seine* y est imprimée de la page 209 à la page 217. Quant à la première édition, elle est de 1660. Racine en parle dans sa lettre à le Vasseur en date du 13 septembre 1660 : « L'*Ode* étant presque imprimée, vous arriveriez maintenant trop tard. » Voici le titre de cette première édition : « LA NYMPHE DE LA SEINE A LA REYNE[1]. ODE. *A Paris, chez Augustin Courbé, au Palais, en la Galerie des Merciers, à la Palme.* M.DC.LX. *Avec Permission.* » C'est une pièce in-4° de quinze pages, imprimée en italique. Elle est sans nom d'auteur. Comparée avec l'édition de 1666, elle offre de notables différences. Les variantes que nous donnons, après avoir collationné les trois éditions, feront connaître les états successifs par lesquels a passé cet épithalame, qui n'a jamais été, même après la dernière révision de l'auteur, le chef-d'œuvre *parfait* et *merveilleux* dont parle Loménie de Brienne, mais qui fut remarqué parmi les nombreuses œuvres poétiques inspirées par le mariage du Roi, et eut l'approbation des hommes qu'on regardait en ce temps-là comme les juges du Parnasse.

Racine, dans les deux lettres à le Vasseur que nous avons déjà citées, a lui-même laissé quelques détails sur l'histoire de cette ode. Dans la première il écrivait que l'ode était faite, et qu'il l'avait donnée à M. Vitart pour la faire voir à M. Chapelain ; dans la seconde, qu'elle avait été reçue avec la plus grande bonté par M. Chapelain, qui avait remarqué quelques changements à faire. Chapelain garda trois jours l'œuvre du jeune poëte, fit des re-

---

1. Dans une lettre à M. Vitart, du 15 novembre 1661, Racine parle de *la Nymphe de la Seine* sous le nom d'*Ode de la paix*. L'éditeur de 1807 dit en note qu'elle avait, en effet, paru sous ce titre ; on voit que cela n'est pas exact.

marques par écrit, et prononça ce jugement : « L'ode est fort belle, fort poétique, et il y a beaucoup de stances qui ne se peuvent mieux. Si l'on repasse ce peu d'endroits marqués, on en fera une belle pièce. » Les paroles de Chapelain passaient alors pour des oracles. Racine, dans ses lettres, dit avoir fidèlement suivi ses conseils. Il nous apprend aussi que, parmi les changements qui lui furent indiqués, il y en eut un qui lui donna surtout de la peine. Une stance entière fut à refaire. Le poëte avait logé des Tritons dans la Seine. Nous n'avons plus la stance des Tritons.

Vitart avait en même temps porté l'ode à Charles Perrault, qui fit, comme Chapelain, ses critiques, auxquelles Racine eut aussi égard, avec un peu moins de docilité toutefois. Il y en eut une ou deux qu'il n'accepta pas. Perrault, du reste, approuva généralement la pièce qui lui était soumise ; et beaucoup plus tard, quand il écrivit dans ses *Hommes illustres* sa courte notice sur Racine, il ne rétracta pas cette approbation. « Étant venu, dit-il, à Paris à l'âge de dix-sept ou dix-huit ans, il composa une très-belle ode sur le mariage du Roi, où il introduit *la Nymphe de la Seine*, qui fait une espèce d'épithalame très-fin et très-ingénieux. » Perrault a eu bonne grâce à juger si favorablement ces vers de Racine : ils auraient pu lui inspirer quelque jalousie ; car il avait lui-même pris part au concours poétique sur le même sujet. Après avoir fait une ode *Sur la paix des Pyrénées*, il en composa aussi une *Sur le mariage du Roi*, que Lefort de la Morinière a insérée dans le tome III (p. 45) de sa *Bibliothèque poétique*. Elle est très-inférieure à celle de Racine. Notre poëte, lorsqu'il composa *la Nymphe de la Seine*, était un peu plus âgé que ne le dit Perrault ; il avait près de vingt et un ans. On lit dans les *Mémoires* de Louis Racine (voyez notre tome I, p. 224 et 225) que Colbert, à qui Chapelain avait parlé avantageusement de l'ode et de son auteur, envoya à celui-ci cent louis de la part du Roi.

Le 3 juin 1660, don Louis de Haro avait épousé l'infante Marie-Thérèse, au nom du roi de France, dans l'église de Fontarabie. Le 9 du même mois, les noces royales furent célébrées dans l'église de Saint-Jean-de-Luz. Le 26 août suivant, le Roi et la nouvelle reine firent leur entrée dans Paris.

Le texte que nous donnons est celui du *Recueil de poésies diverses*

(1671). Nous y joignons, comme nous l'avons dit, les variantes de 1660 et 1666.

   Grande Reine, de qui les charmes
   S'assujettissent tous les cœurs,
   Et de nos discordes vainqueurs,
   Pour jamais ont tari nos larmes ;
Princesse, qui voyez soupirer dans vos fers   5
Un roi qui de son nom remplit tout l'univers[1].
Et faisant son destin, faites celui du monde,
Régnez, belle TÉRÈSE, en ces aimables lieux
   Qu'arrose le cours de mon onde,
Et que doit éclairer le feu de vos beaux yeux.   10

   Je suis la Nymphe de la Seine :
   C'est moi dont les illustres bords
   Doivent posséder les trésors
   Qui rendoient l'Espagne si vaine.
Ils sont des plus grands rois l'agréable séjour,   15
Ils le sont des Plaisirs, ils le sont de l'Amour ;
Il n'est rien de si doux que l'air qu'on y respire.
Je reçois les tributs de cent fleuves divers ;
   Mais de couler sous votre empire[2],
C'est plus que de régner sur l'empire des mers[3].   20

   Oh ! que bientôt sur mon rivage
   On verra luire de beaux jours !
   Oh ! combien de nouveaux Amours
   Me viennent des rives du Tage !
Que de nouvelles fleurs vont naître sous vos pas[4] !   25

1. *Var.* Le plus grand conquérant qui soit en l'univers. (1660 et 1666.)
2. *Var.* Mais couler dessous votre empire. (1660 et 1666.)
3. *Var.* M'est plus que de régner sur l'empire des mers. (1660.)
4. Racan, dont Racine paraît avoir imité quelques passages dans cette ode, a dit dans le premier et dans le dernier couplet

Que je vois après vous de Grâces et d'Appas
Qui s'en vont amener une saison nouvelle !
L'air sera toujours calme, et le ciel toujours clair ;
 Et près d'une saison si belle
L'âge d'or seroit pris pour un siècle de fer.   30

  Oh ! qu'après de rudes tempêtes
  Il est agréable de voir
  Que les Aquilons, sans pouvoir,
  N'osent plus gronder sur nos têtes[1] !
Que le repos est doux après de longs travaux[2] !   35
Qu'on aime le plaisir qui suit beaucoup de maux[3] !
Qu'après un long hiver le printemps a de charmes !
Aussi, quoique ma joie excède mes souhaits[4],

de sa *Chanson de Berger*, à la louange de la Reine mère du Roi :
  N'épargnez point les fleurs,
 Il en revient assez sous les pas de Marie ;

et Malherbe, dans l'ode *A la Reine mère du Roi, sur sa bienvenue en France* (Poésies, xiii, vers 73 et 74) :
  Les fleurs naissent à sa rencontre
  Dans les cœurs, et dans les esprits.

1. *Var.* Ne grondent plus dessus nos têtes ! (1660.)
— On peut comparer encore ce passage de Racan dans la pièce déjà citée :
 Nous ne reverrons plus nos campagnes désertes....
 L'Innocence et la Paix régneront sur la terre,
  Et les Dieux apaisés
 Oubliront pour jamais l'usage du tonnerre.

2. *Var.* Que le repos est doux après de grands travaux ! (1666.)
— « Il a mis *longs travaux*, encore qu'il ait laissé *long hiver* dans le septième vers. Il avoit mis dans la copie : *un rude hiver ;* mais l'imprimeur a oublié de mettre sa correction. » (*Note manuscrite* de Loménie de Brienne.)

3. *Var.* Qu'on aime le repos après de grands travaux !
 Que le plaisir est doux qui suit beaucoup de maux ! (1660.)

4. *Var.* Aussi, quoique nos vœux soient contents désormais. (1660.)
 Var. Ainsi, quoique mes vœux soient contents désormais. (1666.)

Qui n'auroit point senti d'alarmes
Pourroit-il bien juger des douceurs de la paix¹ ? 40

    J'avois perdu toute espérance,
      Tant chacun croyoit malaisé
      Que jamais le ciel apaisé
    Dût rendre le calme à la France² :
Mes champs avoient perdu leurs moissons et leurs fleurs ;
Je roulois dans mon sein moins de flots que de pleurs ;
La tristesse et l'effroi dominoient sur mes rives ;
Chaque jour m'apportoit quelques malheurs nouveaux ;
      Mes Nymphes pâles et craintives
A peine s'assuroient dans le fond de mes eaux³. 50

    De tant de malheurs affligée,
      Je parus un jour sur mes bords,
      Pensant aux funestes discords
    Qui m'ont si longtemps outragée⁴,
Lorsque d'un vol soudain je vis fondre des cieux⁵ 55
Amour, qui me flattant de la voix et des yeux⁶ :
« Triste Nymphe, dit-il, ne te mets plus en peine ;
Je te prépare un sort si charmant et si doux,
      Que bientôt je veux que la Seine
Rende tout l'univers de sa gloire jaloux⁷. 60

    1. *Var.* Ne pourroit bien juger des douceurs de la paix.
                                                             (1660 et 1666.)
    2. *Var.* Dût rendre la paix à la France. (1660.)
    3. *Var.* De peur qu'on ne les vît, troubloient toutes mes eaux.
                                                                    (1660.)
    4. *Var.* Qui m'avoient tellement changée. (1660 et 1666.)
    5. *Var.* Lorsque d'un vol subit je vis fondre des cieux.
                                                              (1660 et 1666.)
    6. *Var.* Amour, qui m'adressant et sa voix et ses yeux. (1660.)
    7. *Var.* Rende les plus heureux de sa gloire jaloux. (1660.)
    Après ce vers, au lieu de la stance : « Je t'amène, etc., » dont il

« Je t'amène, après tant d'années[1],
  Une paix de qui les douceurs,
  Sans aucun mélange de pleurs,
  Feront couler tes destinées[2].
Mais ce qui doit passer tes plus hardis souhaits, 65
Une reine viendra sur les pas de la Paix,
Comme on voit le soleil marcher après l'Aurore.
Des rives du couchant elle prendra son cours[3];
  Et cet astre surpasse encore
Celui que l'Orient voit naître tous les jours[4]. 70

est suivi dans les éditions de 1666 et de 1671, on lit celle-ci dans l'édition de 1660 :

> Je sais bien l'ennui que te donne
> La longue absence de la Paix ;
> Je sais les tragiques effets
> De l'impitoyable Bellone.
> J'ai vu toute l'Europe en proie à sa fureur
> Devenir un séjour de massacre et d'horreur ;
> J'ai vu ses champs pillés, ses villes dans les chaînes,
> Et ses fleuves perdant la couleur de leurs eaux,
>   Et se débordant dans les plaines,
> Avec des flots de sang arroser des tombeaux.

Puis vient immédiatement la stance :

> Non que j'ignore la vaillance, etc.

1. *Var.* Je t'apporte, après tant d'années. (1666.)
2. *Var.* Feront fleurir tes destinées. (1666.)
3. Racine s'est peut-être souvenu ici du commencement des stances de Malherbe *Sur le mariage du Roi* (Louis XIII) *et de la Reine* (*Poésies*, LXXIV, vers 1-8), où la même idée est exprimée, mais avec plus de recherche :

> Mopse, entre les devins l'Apollon de cet âge,
>   Avoit toujours fait espérer
> Qu'un soleil qui naîtroit sur les rives du Tage
> En la terre du lis nous viendroit éclairer.
>
> Cette prédiction sembloit une aventure
>   Contre le sens et le discours,
> N'étant pas convenable aux règles de nature
> Qu'un soleil se levât où se couchent les jours.

4. Après cette stance, on lisait, dans l'édition de 1666, les deux

« Non que j'ignore la vaillance
    Et les miracles de ton roi,
    Et que dans ce commun effroi
    Je doive craindre pour la France :
Je sais qu'il ne se plaît qu'au milieu des hasards ;   75
Que livrer des combats et forcer des remparts
Sont de ses jeunes ans les délices suprêmes ;
Je sais tout ce qu'a fait son bras victorieux,
    Et que plusieurs de nos dieux mêmes
Par de moindres exploits ont mérité les cieux.   80

« Mais c'est trop peu pour son courage

stances suivantes, dont la seconde est, à l'exception du second et du troisième vers, semblable à celle que nous avons citée à la page précédente (fin de la note 7 de la page 54), d'après l'édition de 1660 :

    N'attends pas de mes seules veilles
    Ces inestimables trésors :
    Il faut que par d'autres ressorts
    JULES achève ces merveilles,
JULES, l'honneur du Tibre et ton illustre appui.
Déjà tous les mortels jettent les yeux sur lui.
Seul il peut avec moi les sauver du naufrage :
Nymphe, ne doute pas du succès glorieux
    D'une paix qui sera l'ouvrage
Du plus grand des héros et du plus grand des Dieux.

    Je sais bien l'ennui que te donne
    L'affreuse image des combats
    Qui te font gémir sous le bras
    De l'impitoyable Bellone.
J'ai vu toute l'Europe en proie à sa fureur
Devenir un séjour de massacre et d'horreur ;
J'ai vu ses champs pillés, ses villes dans les chaînes,
Et ses fleuves perdant la couleur de leurs eaux,
    Et se débordant dans les plaines,
Avec des flots de sang arroser des tombeaux.

— Brienne, après avoir cité ces deux strophes, dit : « Il faut être aussi riche poëte que M. Racine pour pouvoir perdre de si beaux vers sans s'appauvrir. Aussi a-t-il rendu son ode parfaite : *minuendo fecit auctiorem.* »

De tous ces exploits inouïs :
Il faut désormais que Louis
Entreprenne un plus grand ouvrage.
Il n'a que trop tenté le hasard des combats ; 85
L'Espagne sait assez la valeur de son bras ;
Assez elle a fourni de lauriers à sa gloire :
Il faut qu'il en exige autre chose en ce jour ;
Et que pour dernière victoire
Elle fournisse encore un myrte à son amour[1]. 90

« TÉRÈSE est l'illustre conquête
Où doivent tendre tous ses vœux :
Jamais un myrte plus fameux
Ne sauroit couronner sa tête.
Le ciel, qui les avoit l'un pour l'autre formés, 95
Voulut que d'un même or leurs jours fussent tramés.
Elle est digne de lui, comme il est digne d'elle.
Des reines et des rois chacun est le plus grand[2] ;
Et jamais conquête si belle
Ne mérita les vœux d'un si grand conquérant[3]. 100

---

1. Dans l'ode de Perrault dont nous avons parlé ci-dessus, on trouve la même antithèse du myrte et des lauriers ; mais les vers sont moins élégants et moins ingénieux :

> Elle est de ce héros la dernière conquête
> Et le prix éclatant de ses actes guerriers.
> Ah ! qu'un myrte si beau pare bien une tête,
> Quand on le sait mêler avec tant de lauriers !

2. *Var.* Le soleil en son tour ne voit rien de plus grand. (1666.)
— La leçon de 1671 est celle de 1660.

3. Après cette stance, Racine a retranché les deux suivantes, qui sont dans les deux premières éditions, mais avec une variante dans celle de 1666. Les voici telles que les donne l'édition de 1660 :

> Ce sera cette belle Reine
> Par qui tous ces vents irrités

« A son exemple tous les princes
Ne songeront plus désormais
Qu'à faire refleurir la paix
Et le calme dans leurs provinces.
L'abondance partout ramènera les jeux ;   105
Les regrets et les soins s'enfuiront devant eux ;
Toutes craintes seront pour jamais étouffées.
Les glaives renfermés ne verront plus le jour,
Ou bien se verront en trophées
Par les mains de la Paix consacrés à l'Amour.   110

« Cependant Louis et Térèse

Qui désolent tant de cités
Seront sans force et sans haleine.
Ses yeux désarmeront par leurs puissants regards
La fierté de ton jeune et redoutable Mars,
Et de son bras vainqueur feront tomber les armes.
Ce héros se verra subjuguer à son tour :
Son cœur nourri dans les alarmes
Ne se nourrira plus que de pensers d'amour.
Tel, après quelque grand carnage,
Mars revient souvent dans les cieux,
Épouvantant les autres dieux
Par la fierté de son visage.
S'il aperçoit Vénus, il dépouille soudain
Ce visage farouche et cet œil inhumain
Qui le rendoient d'abord plus craint que le tonnerre.
Il soupire à ses pieds, languissant et confus,
Et ce grand foudre de la guerre
Demeure foudroyé par les yeux de Vénus. »

— Cette dernière stance est celle que Perrault voulait faire supprimer à Racine, qui ne fut pas d'abord de son avis (voyez la lettre à le Vasseur du 13 septembre 1660). Perrault trouvait mauvais que l'on comparât la Reine à Vénus, qui était, disait-il, une prostituée. Si plus tard Racine a retranché la stance, ce ne fut sans doute pas pour se rendre à une critique si ridicule. Les trois derniers vers de la première de ces deux stances se lisent ainsi dans l'édition de 1666 :

Ce héros apprendra l'usage des soupirs ;
Son cœur nourri dans les alarmes
Goûtera sous mes lois de tranquilles plaisirs.

LA NYMPHE DE LA SEINE A LA REINE.

    Passeront leur âge en ces lieux ;
    Et plus satisfaits que les Dieux,
    Boiront le nectar à leur aise.
Je leur ferai cueillir, par de longues faveurs,   115
Tout ce que mon empire a de fruits et de fleurs ;
Je bannirai loin d'eux tout sujet de tristesse ;
Je serai dans leur cœur, je serai dans leurs yeux ;
    Et c'est pour les suivre sans cesse[1]
Que tu me vois quitter la demeure des cieux.   120

    « Les Plaisirs viendront sur mes traces
    Charmer tes peuples réjouis.
    La Victoire suivra Louis,
    Térèse amènera les Grâces.
Les Dieux mêmes viendront passer ici leurs jours.   125
Ton repos en durée égalera ton cours[2].
Mars de ses cruautés n'y fera plus d'épreuves[3] ;
La gloire de ton nom remplira l'univers ;
    Et la Seine sur tous les fleuves
Sera ce que Thétis est sur toutes les mers.   130

    « Mais il est temps que je me rende
    Vers le bel astre de ton roi :
    Adieu, Nymphe, console-toi
    Sur une espérance si grande.
Térèse va venir, ne répands plus de pleurs.   135
Prépare seulement des lauriers et des fleurs,
Afin d'en faire hommage à sa beauté suprême. »
Ainsi finit l'Amour, me laissant à ces mots ;

---

1. *Var.* Autour d'eux je serai sans cesse,
Et quitterai pour eux la demeure des cieux. (1660.)
2. *Var.* Ton repos durera tout autant que ton cours. (1660.)
3. *Var.* Mars de ses cruautés n'y fera plus de preuves.
    (1660 et 1666.)

>   Et je courus à l'heure même[1]
> Conter mon aventure aux Nymphes de mes flots.   140
>
>   O Dieux ! que la seule pensée
>   De voir un astre si charmant
>   Leur fit oublier promptement
>   Toute leur misère passée !
> Que le Tage souffrit ! quels furent ses transports[2]   145
> Quand l'Amour lui ravit l'ornement de ses bords !
> Et que pour lui la guerre eût été moins à craindre !
> Ses Nymphes de regret prirent toutes le deuil ;
>   Et si leurs jours pouvoient s'éteindre,
> La douleur auroit pu les conduire au cercueil[3].   150
>
>   Ce fut alors que les nuages
>   Dont nos jours étoient obscurcis,
>   Devant vous furent éclaircis,
>   Et n'enfantèrent plus d'orages.

1. *Var.* Et moi je fus à l'heure même. (1660 et 1666.)
2. *Var.* Que le Tage au contraire eut d'ennuis à souffrir !
   Que l'Amour l'affligea lorsqu'il fut vous querir,
   [Et que pour lui la guerre eût été moins à craindre !] (1660.)
3. *Var.* La douleur auroit pu les réduire au cercueil. (1660.)
   Var. La douleur auroit pu leur ouvrir le cercueil. (1666.)
— Après cette stance on lit la suivante dans les éditions de 1660 et de 1666 :
>   Mais en vain ses Nymphes plaintives
>   Témoignèrent tant de douleurs :
>   Amour se moqua de leurs pleurs
>   Et vous enleva de ses rives.
> On dit que devant vous il portoit son flambeau,
> Et que pour vous conduire il ôta son bandeau,
> Comme lorsqu'il s'apprête à conduire sa mère.
> Dans les bras de Louis il vous remit soudain,
>   Après qu'Hymen, à sa prière,
> Eut achevé le nœud qu'avoit ourdi sa main.

— « Je crois, dit Brienne, que l'auteur a bien fait de retrancher cette stance ; c'est la plus foible de la pièce. »

Nos maux de votre main eurent leur guérison ; 155
Vos yeux d'un nouveau jour peignirent l'horizon[1] ;
La terre, sous vos pas, devint même fertile.
Le soleil, étonné de tant d'effets divers,
    Eut peur de se voir inutile,
Et qu'un autre que lui n'éclairât l'univers. 160

    L'impatiente Renommée,
    Ne pouvant cacher ses transports,
    Vint m'entretenir sur ces bords[2]
    De l'objet qui l'avoit charmée.
O Dieux ! que ses discours accrurent mes desirs ! 165
Que je sentis dès lors de joie et de plaisirs
A vous ouïr nommer si charmante et si belle !
Sa voix seule arrêta la course de mes eaux,
    Les Zéphyrs en foule autour d'elle
Cessèrent pour l'ouïr d'agiter mes roseaux[3]. 170

---

1. « M. Ménage orthographie *orizon* avec un *z*, et M. Racine avec un *s* : *orison*. » (*Note manuscrite* de Loménie de Brienne.)
2. *Var.* Vient m'entretenir sur mes bords. (1660 et 1666.)
3. Voici deux stances qui suivaient celle-ci dans l'édition de 1660 :

    « Ah ! me dit-elle, que ta reine
    Mérite de se faire aimer,
    Et que Louis doit estimer
    La gloire d'une telle chaîne !
Que l'on brûle aisément à son divin aspect !
Mais qu'elle imprime aussi de crainte et de respect,
Et que de majesté sa douceur accompagne !
Que l'éclat de vos lis s'accorde bien aux siens !
    Ah ! France, est-il vrai que l'Espagne
Ait pu t'en envoyer d'aussi beaux que les tiens. »

    Mais enfin sauroit-on dire
    Pour égaler les moindres traits
    Du nombre infini des attraits
    Qui rangent tout sous votre empire ?
Qu'il vous faisoit beau voir en ce superbe jour
Où, sur un char conduit par la Paix et l'Amour,

> Tout l'or dont se vante le Tage,
> Tout ce que l'Inde sur ses bords
> Vit jamais briller de trésors,
> Sembloit être sur mon rivage.
> Qu'étoit-ce toutefois de ce grand appareil, 175
> Dès qu'on jetoit les yeux sur l'éclat nompareil
> Dont vos seules beautés vous avoient entourée ?
> Je sais bien que Junon parut moins belle aux Dieux,
> Et moins digne d'être adorée,
> Lorsqu'en nouvelle reine elle entra dans les cieux [1]. 180
>
> Régnez donc, Princesse adorable,
> Sans jamais quitter le séjour
> De ce beau rivage, où l'Amour
> Vous doit être si favorable.
> Si l'on en croit ce dieu, vous y devez cueillir 185

> Votre illustre beauté triompha sur mes rives !
> Les Discords après vous se voyoient enchaînés ;
> Mais, hélas ! que d'âmes captives
> Virent aussi leurs cœurs en triomphe menés !

— Cette dernière stance, dont les six derniers vers sont cités par Racine dans sa lettre à le Vasseur du 5 septembre 1660, se trouve aussi dans l'édition de 1666, avec cette variante pour les deux vers qui la terminent :

> Mais, parmi ces troupes captives
> Qu'on vit aussi de cœurs en triomphe menés !

1. *Var.* Quand brillante d'attraits elle entra dans les cieux. (1666.) — Loménie de Brienne s'attribue le changement de ce vers, tel qu'on le trouve dans l'édition de 1671 : « Cette correction est de moi, et je la dis (sans penser qu'elle dût être suivie) à M. Racine ; mais il me fit l'honneur de l'agréer, et l'a mise dans son ode revue et achevée de tout point. » Comment donc se fait-il que ce vers :

> Lorsqu'en nouvelle reine elle entra dans les cieux,

inspiré par Brienne, après 1666 apparemment, se trouve dans l'édition de 1660 et dans la citation que Racine fait de la stance entière dans la lettre déjà citée du 5 septembre 1660, lettre dont nous avons vu l'autographe à la Bibliothèque nationale ?

Des roses que sa main gardera de vieillir[1],
Et qui d'aucun hiver ne craindront l'insolence,
Tandis qu'un nouveau Mars, sorti de votre sein,
  Ira couronner sa vaillance
De la palme qui croît aux rives du Jourdain[2].   190

1. « Cette phrase est de Malherbe, et M. Racine l'a remise en grâce et en crédit. Je ne ferai plus de difficulté de m'en servir après lui. Elle est fort commode en poésie. » (*Note manuscrite* de Loménie de Brienne.) — C'est dans la dernière strophe de l'ode *A la Reine mère du Roi, sur les heureux succès de sa régence* (*Poésies*, LIII, vers 141 à 144), que Malherbe a dit :

> Apollon à portes ouvertes
> Laisse indifféremment cueillir
> Les belles feuilles toujours vertes
> Qui gardent les noms de vieillir.

2. La destinée que Racine prédisait au *nouveau Mars*, qui était encore à naître, a été annoncée également au Dauphin, à sa naissance, par Charles Perrault, dont les vers, dans son ode *Sur la naissance de Monsieur le Dauphin*, sont comme un développement des trois derniers vers de *la Nymphe de la Seine* :

> La noble et sainte Palestine,
> Après tant de tourments soufferts
> Sous le tyran qui la domine,
> Verra par lui rompre ses fers.
> Sur les brûlants sablons des plaines Iduméees
> Cent bachas tomberont par ses vaillants efforts,
> Et n'auront assemblé tant de grandes armées
> Que pour croître sa gloire et le nombre des morts.
> Au creux de sa grotte profonde
> Le Jourdain mollement couché,
> Apercevant rougir son onde,...
> Croira voir Josué, qui sur ces mêmes rives
> Revient exterminer les ennemis de Dieu.

— Cet horoscope d'ailleurs, dont l'accomplissement était alors peu vraisemblable, était depuis longtemps un lieu commun poétique à l'usage des Dauphins. Voyez Malherbe dans l'ode *A la Reine mère du Roi, sur sa bienvenue en France* (*Poésies*, XII, vers 101-120) :

> Par vous un Dauphin nous va naître....
> O combien lors aura de veuves
> La gent qui porte le turban ! etc. ;

et dans l'ode *Au roi Henri le Grand, sur l'heureux succès du voyage de Sedan* (*Poésies*, XXI, vers 131-140) :

> Je sais bien que les oracles
> Prédisent tous qu'à ton fils
> Sont réservés les miracles
> De la prise de Memphis, etc.

Maynard a dit aussi, dans une ode *Au Roi Henri le Grand*, en parlant du Dauphin :

> Je vois déjà, ce me semble,
> Qu'il succède à tes travaux,
> Et que la campagne tremble
> Sous les pieds de ses chevaux.
> Je vois le Turc infidèle,
> A l'effroyable nouvelle
> De ce puissant appareil,
> Le craindre avant le connoître,
> Et son croissant disparoître
> Au lever d'un tel soleil.

IV

ODE SUR LA CONVALESCENCE DU ROI.

1663.

Cette ode a été pour la première fois recueillie parmi les *Œuvres de Racine* dans l'édition donnée par Geoffroy en 1808. Il en devait la communication à M. Capperonnier, conservateur de la Bibliothèque royale. L'exemplaire dont il a fait usage est encore aujourd'hui à la même bibliothèque, et nous avons pu le collationner sur l'édition de Geoffroy. C'est une pièce détachée, de quatre feuillets in-4° (huit pages, dont la première seule, où se trouve le titre, n'est pas numérotée). Elle est imprimée en caractères italiques. Voici le titre :

ODE

SUR LA

CONVALESCENCE

DU ROY

A PARIS

Chez Pierre le Petit, Imprimeur et Libraire ordinaire du Roy.

M.DC.LXIII.

M. Beaucousin, qui était propriétaire de ce volume, a écrit sur un des feuillets de garde la note suivante : « J'en ai un autre exemplaire en un de mes *Recueils de poésies*, in-4° en parchemin, commençant par l'ode de Chapelain au cardinal de Richelieu (1637). » Sur un autre feuillet se lit cette seconde note, qui est sans doute de la main de M. Capperonnier : « Le nom de Racine est au bas, en lettres capitales. On peut regarder cette pièce comme très-authentique. L'avocat Issali, ami de Racine, l'avait insérée dans son catalogue manuscrit des œuvres de ce grand poëte. Il n'est point surprenant que son fils n'en fasse aucune mention, puisque dans la *Vie* de son père il y a une lacune depuis le 26 juin 1662, jusqu'à son arrivée à Paris au printemps de 1664, et que dans les lettres du père il y a une semblable lacune à la même époque. L'ode fut composée à l'occasion de la rougeole dont Louis XIV fut attaqué le 9 juin 1663. » Cette note, que Geoffroy a copiée, en grande partie, dans sa *Préface du commentateur*, en tête des *Poésies diverses* (tome V, p. 452), renferme quelques légères inexactitudes. Ce fut dans le courant de 1663 que Racine revint d'Uzès à Paris, où il était lorsqu'il écrivit cette ode. La lacune de ses lettres de jeunesse, et nous parlons de celles qui sont depuis longtemps connues, s'arrête au mois de novembre 1663 ; mais on les avait d'abord mal datées. Il n'est pas tout à fait exact non plus que Louis XIV ait été attaqué de la rougeole le 9 juin ; nous avons fait remarquer dans une note de notre *Notice biographique* (p. 57) que la maladie s'était déclarée à la fin de mai. On a raison de dire que l'authenticité de la pièce n'est pas douteuse. Le nom de Racine, imprimé en lettres capitales à la fin de l'ode, dispense de toute autre preuve. Voici un passage d'une lettre de Chapelain qui en aurait fourni également une irrécusable, si elle avait été nécessaire. Cette lettre, qui fait partie du Recueil autographe ayant appartenu à Sainte-Beuve, est adressée *à Monsieur Colbert, intendant général des finances, à Paris*, et datée du 22 juin 1663. C'est un véritable rapport au ministre sur les *gratifiés* et les *non gratifiés*, sur l'enrôlement des hommes de talent les plus propres à bien louer le Roi. On y lit : « J'aurai dans peu de jours une ode françoise d'un jeune homme appelé Racine, qu'il m'a apportée, et qu'il repolit sur mes avis. La matière en est la guérison de Sa Majesté. » Chapelain, on le voit, continuait, trois ans après l'ode de *la Nymphe de la Seine*, à protéger le jeune poëte, et à lui prêter les lumières de son expérience. Il est vrai que Chapelain jugeait avec plus de goût qu'il n'écrivait.

   Revenez, troupes fugitives,
   Plaisirs, Jeux, Grâces, Ris, Amours,
   Qui croyiez[1] déjà sur nos rives
   Entendre le bruit des tambours :
   Louis vit, et la perfidie   5
   De l'insolente maladie
   Qui l'avoit osé menacer,

1. Dans l'édition de 1663, il y a *croyez*.

Pareille à ces coups de tonnerre
Qui ne font que bruire et passer,
N'a fait qu'épouvanter la terre. 10

Mais vous ne sauriez vous résoudre
A venir sitôt en des lieux
Où vous avez cru que la foudre
Étoit prête à tomber des cieux ;
Et dans la frayeur où vous êtes, 15
Vous avez beau voir sur vos têtes
Le ciel tout à fait éclairci,
Vous ne vous rassurez qu'à peine,
Et n'osez plus paroître ici
Que Louis ne vous y ramène[1]. 20

Tel sur l'empire de Neptune
Paroît le timide nocher
Qu'un excès de bonne fortune
A sauvé d'un affreux rocher :
Ses yeux, où la mort paroît peinte, 25
Regardent longtemps avec crainte
L'horrible sommet de l'écueil ;
Et le voyant si redoutable,
Il tremble encore, et le cercueil
Lui paroît presque inévitable. 30

Mais à moins que d'être insensible,
Pouvoit-on n'être point troublé ?
Malgré leur constance invincible,
Les Vertus mêmes ont tremblé :

---

1. Il y a *rameine* dans l'édition de 1663. Du reste l'orthographe est la même au vers 61 de *la Nymphe de la Seine* (édition de 1671), où le mot (*ameine*) ne se trouve pas à la rime.

Elles craignoient que l'Injustice, 35
Levant toute barrière au Vice,
Ne leur fît des maux inouïs ;
Et sous la conduite d'Astrée,
Si nous eussions perdu Louis,
Alloient quitter cette contrée. 40

Vous savez que s'il vous caresse
Pour se délasser quelquefois,
Il donne toute sa tendresse
Aux vertus dignes des grands rois,
Et qu'il suit bien d'autres maximes 45
Que ces princes peu magnanimes,
Qui n'aspirent à rien de beau,
Qu'un honteux loisir empoisonne,
Et qu'on voit descendre au tombeau
Sans être pleurés de personne. 50

En cette aventure funeste
Tout le monde a versé des pleurs ;
Jamais la colère céleste
N'avoit plus effrayé les cœurs :
Non pas même au temps de nos pères, 55
Lorsque les destins trop sévères
Éteignirent ce beau soleil,
HENRI, dont l'éclat admirable
Promettoit un siècle pareil
A celui que chante la fable. 60

Ce que ni l'aïeul ni le père
N'ont point fait au siècle passé,
Aujourd'hui la France l'espère
Du grand roi qu'ils nous ont laissé ;
Et si la Fortune irritée 65

Par une fin précipitée
Eût traversé notre repos,
Nous pourrions bien dire à cette heure
Que le ciel donne les héros
Seulement afin qu'on les pleure. 70

Je sais que sa gloire devance
Le cours ordinaire du temps,
Et que sa merveilleuse enfance
Est pleine d'exploits éclatants ;
Qu'il a plus forcé de murailles, 75
Plus gagné d'illustres batailles,
Que n'ont fait les plus vieux guerriers :
Aussi les Parques étonnées
Croyoient, en comptant ses lauriers,
Qu'il avoit vécu trop d'années. 80

Mais enfin, quoique la Victoire
S'empresse à le couvrir d'honneur,
Il n'est point content de sa gloire,
S'il n'achève notre bonheur :
Il veut que par toute la France 85
La paix ramène l'abondance,
Et prévienne tous nos besoins ;
Que les biens nous cherchent en foule,
Et que sans murmures ni soins
Son aimable règne s'écoule. 90

Qu'il vive donc, et qu'il jouisse
Des fruits de sa haute valeur ;
Que devant lui s'évanouisse
Toute apparence de douleur ;
Qu'auprès des beaux yeux de Térèse 95
Son grand cœur respire à son aise,

Et que de leurs chastes amours
Naisse une famille féconde
A qui, comblé d'heur et de jours,
Il puisse partager le monde[1].

Et vous, conspirez à sa joie,
Amours, Jeux, Ris, Grâces, Plaisirs,
Et que chacun de vous s'emploie
A satisfaire ses desirs.
Empêchez que son grand courage,
Qui dans mille travaux l'engage,
Ne le fasse trop tôt vieillir.
Rendez ses beaux jours toujours calmes,
Et faites-lui toujours cueillir
Autant de roses que de palmes.

---

1. Malherbe exprime un vœu semblable pour Henri IV et Marie de Médicis dans son ode *sur l'attentat commis en la personne de Henri le Grand* (*Poésies*, xix, vers 195-200) :

> Bénis les plaisirs de leur couche,
> Et fais renaître de leur souche
> Des scions si beaux et si verts,
> Que de leur feuillage sans nombre
> A jamais ils puissent faire ombre
> Aux peuples de tout l'univers.

V

LA RENOMMÉE AUX MUSES.

1663.

Dans une lettre de Racine à l'abbé le Vasseur, lettre non datée, mais où il est question de *la Thébaïde* qui s'achevait, et de divers événements qui se rapportent au mois de novembre 1663, entre autres de la cérémonie du renouvellement de l'alliance avec les Suisses, préparée à Notre-Dame pour le dimanche suivant (18 novembre), on lit : « *La Renommée* a été assez heureuse. M le comte de Saint-Aignan l'a trouvée fort belle. Il a demandé mes autres ouvrages et m'a demandé moi-même. Je le dois aller saluer demain. » *La Renommée aux Muses* fut donc écrite la même année que l'*Ode sur la convalescence du Roi*, mais un peu plus tard. Le jeune poëte avait déjà reçu une gratification du Roi, dont on trouve la mention sur la liste dressée par l'ordre de Colbert au commencement de 1663. Sans parler d'ailleurs de ce motif personnel de reconnaissance, il pouvait voir combien Louis XIV se faisait gloire d'agir en protecteur des lettres, des arts et des sciences, et avec quelle bienveillance il accueillait à sa cour ceux qui se distinguaient par les talents de l'esprit. Dans la même lettre où il parle de son ode, Racine raconte qu'il vient de se trouver au lever du Roi.

Des remarques faites sur l'ode de *la Renommée* par Boileau, que Racine en ce temps-là n'avait encore jamais vu, auraient été, dit-on, la première occasion d'une liaison destinée à devenir si intime et si indissoluble entre les deux poëtes. C'est du moins ce que Louis Racine a rapporté dans ses *Mémoires* (voyez notre tome I, p. 229), et dans une note sur un passage de la lettre de son père à le Vasseur, que les éditeurs ont datée du mois de décembre 1663. Nous avons toutefois fait remarquer dans la *Notice biographique* (p. 61) que la lettre de Racine ainsi annotée par son fils laisse dans le doute si c'était l'ode de *la Renommée*, ou la tragédie des *Frères ennemis*, que le Vasseur avait soumise à la critique de Boileau, et que, d'après Brossette, il s'agirait de la tragédie.

Nous avons comparé le texte que les divers éditeurs de Racine ont donné de cette ode avec celui de la première édition, que M. Cousin possédait et qu'il avait bien voulu nous communiquer. Cette collation n'était pas inutile. L'édition de 1728, qui a la première, à notre connaissance, réimprimé l'ode de *la Renommée*, l'a défigurée par plusieurs fautes très-graves ; et ces fautes ont été reproduites dans les éditions suivantes, de 1736, de 1768 (Luneau de Boisjermain), de la Harpe, de Geoffroy, de M. Aimé-Martin, etc. Nous aurions pu, même sans les secours de la première édition, les corriger presque toutes d'après le texte d'une copie qui fait partie des manuscrits de Louis Racine, et que possédait M. Auguste de Naurois.

La première édition de *la Renommée aux Muses* a quatre feuillets in-4°, dont un sans pagination. Le titre est :

LA RENOMMÉE
AVX
MVSES.
ODE.

sans date et sans nom d'imprimeur. Au-dessous du titre on a écrit au crayon, dans l'exemplaire de M. Cousin : *par Racine*, 1664. Cette ode doit plutôt avoir été imprimée en 1663, année où elle fut remise entre les mains du duc de Saint-Aignan. Quelques éditeurs des *Œuvres de Racine* ayant daté de 1664 les lettres qu'il écrivait en 1663, c'est de là probablement qu'on aura tiré un renseignement erroné. — Le nom de Racine est imprimé à la fin de l'ode.

On alloit oublier les Filles de Mémoire ;
  Et parmi les mortels
L'Ignorance et l'Erreur alloient ternir leur gloire,
  Et briser leurs autels :

Il falloit qu'un héros, de qui la terre entière   5
  Admire les exploits,
Leur offrît un asile, et fournît de matière
  A leurs divines voix[1].

---

1. Dans la copie de Louis Racine : « à leur divine voix ». — Geof-

Elles étoient au ciel ; et la Nymphe qui vole
Et qui parle toujours
Ne les vit pas plus tôt, qu'elle prit la parole,
Et leur tint ce discours :

« Puisqu'un nouvel Auguste aux rives de la Seine
Vous appelle en ce jour,
Muses, pour voir Louis, abandonnez sans peine
Le céleste séjour.

« Aussi bien voyez-vous que plusieurs des Dieux même,
De sa gloire éblouis,
Prisent moins le nectar que le plaisir extrême
D'être auprès de Louis.

« A peine marchoit-il que la fille sacrée
Qui se plaît aux combats[1],

froy, dans une note sur le vers précédent, dit, au sujet de l'expression *fournit de matière* : « Cette faute contre la langue est sans excuse. » M. Aimé-Martin prononce également qu' « il fallait *et servit de matière* ». Mais Racine est justifié par l'usage de son temps. Boileau, dans la satire V, s'est exprimé de même, au vers 10 :

Je veux que la valeur de ses vertus antiques
Ait fourni de matière aux plus vieilles chroniques.

Les commentateurs modernes ne l'auraient pas accusé d'avoir fait une faute, s'ils avaient rapproché son vers de notre passage de Racine, de divers endroits de Corneille, entre autres des vers 1432 et 1433 de l'*Agésilas*, représenté en 1666 :

Ne cherchons-nous ici que les occasions
De fournir de matière à leurs divisions ?

enfin de plusieurs autres exemples tirés des meilleurs écrivains du dix-septième siècle. Voyez le *Lexique de Corneille*.

1. Dans la copie de Louis Racine : « qui préside aux combats ».

Et Thémis, qui préside aux balances d'Astrée[1],
　　　Conduisirent ses pas.

« Les Vertus, qui dès lors suivirent leur exemple,　　25
　　　Virent avec plaisir
Que le cœur de Louis étoit le plus beau temple
　　　Qu'elles pussent choisir.

« Aussi prompte que tout[2], nous vîmes la Victoire
　　　Suivre ses étendards,　　　　　　　　　　30
Jurant qu'à si haut point elle mettroit sa gloire
　　　Qu'on le prendroit pour Mars.

« On sait qu'elle marchoit devant cet Alexandre,
　　　Et que plus d'une fois
Elle arrêta la Paix toute prête à descendre　　　35
　　　Dans[3] l'empire françois.

« Mais enfin ce héros plus craint que le tonnerre,
　　　Après tant de hauts faits,
A trouvé moins de gloire à conquérir la terre
　　　Qu'à ramener la Paix.　　　　　　　　　40

« Ainsi, près de Louis cette aimable déesse
　　　Établit son séjour;

---

1. *Astrée*, ou la *Vierge*, une des constellations du zodiaque, était considérée comme déesse de la justice. Suivant certains mythologues, Thémis était sa mère, et Jupiter son père. On la représente parfois, et Thémis de même, avec des balances.

2. Dans les éditions de 1728 et de 1750 : « Aussi prompte que *tous* ». Dans la copie de Louis Racine : « Aussi prompte que *nous* ».

3. L'édition de 1728, celles de 1736, de 1768 (Luneau de Boisjermain), de 1807 (la Harpe), de 1808 (Geoffroy) et de M. Aimé-Martin, ont *sur*, au lieu de *dans*.

LA RENOMMÉE AUX MUSES.

Et de mille autres dieux qui la suivent sans cesse
  Elle peupla sa cour.

« Entre ces déités, dont l'immortelle gloire   45
  Parut en ces beaux lieux[1],
On vit venir Térèse ; et sa beauté fit croire
  Qu'elle venoit des cieux.

« Vous-même, en la voyant, avoûrez que l'aurore
  Jette moins de clartés,   50
Eût-elle tout l'éclat et les habits encore
  Dont vous la revêtez.

« Mais quoique dans la paix Louis semble se plaire,
  Quel orgueil aveuglé
Osera s'exposer aux traits de sa colère   55
  Sans en être accablé ?

« Ah ! si ce grand héros vous paroît plein de charmes
  Dans le sein de la Paix,
Que vos yeux le verront terrible sous les armes,
  S'il les reprend jamais !   60

« Vous le verrez voler, plus vite que la foudre,
  Au milieu des hasards,
Faire ouvrir les cités, ou renverser en poudre
  Leurs superbes remparts.

---

1. Dans les éditions qui viennent d'être citées à la note du vers 36 :

  Parut en ces bas lieux ;

et au vers précédent : « les déités ». Le manuscrit de Louis Racine a, comme la première impression de cette ode, les vraies leçons : « ces déités », et « en ces beaux lieux ».

« Qu'il fera beau chanter tant d'illustres merveilles   65
    Et de faits inouïs !
Et qu'en si beau sujet vous plairez aux oreilles
    Des peuples de Louis !

« Songez de quelle ardeur vous serez échauffées,
    Quand, pour vous écouter,   70
Vous trouverez ce prince à l'ombre des trophées
    Qu'il viendra de planter.

« Ainsi le grand Achille assis près des murailles
    Où l'on pleuroit Hector,
De ses braves aïeux écoutoit les batailles,   75
    Et les siennes encor[1].

« Quoi que fasse Louis, soit en paix, soit en guerre,
    Il vous peut inspirer
Des chants harmonieux qui de toute la terre
    Vous feront admirer.   80

« Qu'on ne nous parle plus de l'amant d'Eurydice :
    Quoi qu'on dise de lui,
Le Strymon n'a rien vu, que la Seine ne puisse
    Voir encore aujourd'hui.

« Je vous promets bien plus : la Fortune, sensible   85
    A des charmes si doux,

---

1. Nous n'avons pu rien trouver de semblable chez les auteurs anciens. Il nous paraît pourtant peu probable que Racine ait lui-même imaginé ceci dans le seul intérêt d'une comparaison qui n'est pas très-frappante. Comme cet Achille, écoutant, près des murs de Troie, les chants des Aèdes, forme un tableau, nous croirions volontiers que le jeune poëte l'a emprunté à quelque peinture, à quelque dessin de son temps.

Laissera désarmer¹ la rigueur inflexible
  Qu'elle eut toujours pour vous.

« En vain de vos lauriers on se paroit la tête ;
  Et vos chantres fameux   90
Étoient les plus sujets aux coups de la tempête,
  Et les plus malheureux.

« C'est en vain qu'autrefois les lions et les arbres
  Vous suivoient pas à pas :
La Fortune, toujours plus dure que les marbres,   95
  Ne s'en émouvoit pas.

« Mais ne la craignez² plus : Louis contre sa haine
  Vous protége aujourd'hui ;
Et près de cet Auguste un illustre Mécène³
  Vous promet son appui.   100

« Les soins de ce grand homme apaiseront la rage
  De vos fiers ennemis ;
Et quoi qu'il vous promette, il fera davantage
  Qu'il⁴ ne vous a promis.

---

1. *Désarmer* est le texte de la première édition et du manuscrit de Louis Racine. L'édition de 1728 et les suivantes y ont substitué *désormais*.

2. On lit : « Mais ne la craignons plus », dans l'édition de 1728 et dans les suivantes. Ici encore le manuscrit de Louis Racine est conforme à la première édition de l'ode.

3. Colbert.

4. Geoffroy a noté ce *que*, après *davantage*, comme « un véritable solécisme ». — « Les grammairiens modernes, dit M. Littré dans son *Dictionnaire*, ont décidé que *davantage* ne pouvait être suivi de *que*. Toutefois cette décision est en contradiction avec l'usage des meilleurs écrivains ; » et il cite des exemples de Descartes, de Malherbe, de Molière, de Pascal, de la Bruyère, de Massillon. Voyez les divers lexiques de la *Collection des grands écrivains*.

« Venez donc, puisqu'enfin vous ne sauriez élire   105
        Un plus charmant séjour
Que d'être près¹ d'un roi dont le mérite attire
        Tant de dieux à sa cour.

« Moi-même auprès de lui je ferois ma demeure,
        Si ses exploits divers   110
Ne me contraignoient pas de voler à toute heure
        Au bout de l'univers. »

Là finit son discours; et la troupe immortelle
        Qui l'avoit écouté
Voulut voir ce² héros que la Nymphe fidèle   115
        Leur avoit tant vanté.

Sa présence effaça dans leur âme charmée
        Le souvenir des cieux;
Et dans le même instant la prompte Renommée
        L'alla dire en tous lieux.   120

---

1. L'édition de 1728 et les suivantes donnent *auprès*, au lieu de *près*, qui est la leçon du manuscrit de Louis Racine comme de la première édition.
2. *Le héros*, dans l'édition de 1728 et dans les suivantes, au lieu de *ce héros*, que donnent la première édition et le manuscrit de Louis Racine.

VI

IDYLLE SUR LA PAIX.

1685.

Dans l'édition des *OEuvres de Racine* publiée en 1687, l'*Idylle sur la paix* est précédée de ces quelques lignes d'avertissement, qu'ont reproduites plusieurs des éditions suivantes : « Ces vers furent faits pour être chantés dans l'Orangerie de Sceaux, le jour que le Roi fit l'honneur à M. le marquis de Seignelay de venir se promener dans cette agréable maison. C'étoit en 1685, peu de temps après la conclusion de la trêve. » Racine, depuis 1677, n'ayant jamais publié d'autres vers profanes que ceux-là (car ses épigrammes n'étaient pas ouvertement avouées), Louis Racine a pensé qu'une sorte d'apologie était nécessaire. « En 1685, dit-il[1], M. le marquis de Seignelay, devant donner dans sa maison de Sceaux une fête au Roi, demanda des vers à mon père, qui, malgré la résolution qu'il avoit prise de n'en plus faire, n'en put refuser, dans une pareille occasion, à un ministre auquel il étoit fort attaché, fils de son bienfaiteur. » La fête de Sceaux aurait été donnée au Roi, suivant Voltaire, à l'occasion du mariage de M. le duc de Bourbon avec Mademoiselle de Nantes; il est certain du moins qu'elle ne précéda que d'une semaine ce mariage, qui fut célébré le 23 juillet 1685 ; le contrat avait été signé le 24 mai. Voici le passage du *Siècle de Louis XIV* (chapitre XXVII) où Voltaire parle de la fête et de l'*Idylle* : « Avant la célébration du mariage de Monsieur le Duc avec Mademoiselle de Nantes, le marquis de Seignelay, à cette occasion, donna au Roi une fête digne de ce monarque, dans les jardins de Sceaux, plantés par le Nôtre avec autant de goût que ceux de Versailles. On y exécuta l'*Idylle de la paix*, composée par Racine. » Cette petite scène, ou plutôt ce chœur lyrique, dont Lulli écrivit la musique,

---

[1]. *Mémoires sur la vie de Jean Racine.* Voyez notre tome I, aux pages 293 et 294.

est mentionné par plusieurs contemporains sous le nom d'opéra. Mme de Coligny écrivait le 3 juillet 1685[1] au comte de Bussy, son père : « M. de Seignelay se prépare à une grande fête à Sceaux la semaine qui vient. Il y aura un opéra, dont Racine a fait les paroles. » On trouve l'*Idylle* désignée de la même manière dans le *Journal* de Dangeau : *Mardi 29 juin 1685, à Versailles*. Nous sûmes qu'à la fête qu'on préparoit à Sceaux pour le Roi, il y auroit un petit opéra sur la paix, dont Racine fait les vers, et Lulli à son ordinaire fera la musique ; » et dans la *Gazette*, lorsqu'elle rendit compte de la fête : « *De Paris, le 21 juillet* 1685. Le 16 de ce mois, le Roi, accompagné de Monseigneur le Dauphin, de Madame la Dauphine, de Monsieur et de Madame, alla à Sceaux. Sa Majesté y eut d'abord le divertissement d'un opéra, dont les vers ont été faits par le sieur Racine, trésorier de France, de l'Académie françoise. Le marquis de Seignelay, secrétaire d'État, traita ensuite le Roi et toute sa cour avec une magnificence extraordinaire. »

Nous avons quelques détails dans les *Mémoires secrets et inédits de la cour de France sur la fin du règne de Louis XIV*, par le marquis de Sourches[2] : « Le 16ᵉ de juillet, le Roi avec toute sa cour alla à Sceaux chez M. de Seignelay. En arrivant, il se promena et vit tout le jardin, qui est un des plus beaux de l'Europe, et si grand qu'il étoit plus de huit heures du soir quand il eut achevé de le voir. En rentrant dans la maison, Sa Majesté alla droit à l'Orangerie, dans laquelle on avoit dressé un théâtre pour y chanter une idylle à la louange du Roi, dont les vers étoient de la composition de Racine, et la musique de celle de Lulli : ce dernier réussit mieux que le poëte, et le Roi trouva sa musique si agréable qu'il en fit recommencer une bonne partie. » Nous ne savons s'il est exact que Racine ait été alors moins goûté que Lulli[3]. Le médiocre plaisir que

---

1. Voyez la *Correspondance de Roger de Rabutin comte de Bussy*, tome V, p. 443.

2. Un volume in-8º (Paris, 1836), tome I, p. 218.

3. L'*Idylle* mise en musique par Lulli a paru en 1685, chez Christophe Ballard. Geoffroy dit que la musique des deux strophes : *Déjà grondoient...*, et *Ses ennemis offensés...*, passait pour un des chefs-d'œuvre de Lulli. L'épître dédicatoire du musicien au Roi nous apprend qu'en cette même année 1685 son œuvre fut exécutée plusieurs fois devant Louis XIV : « Je présente à Votre Majesté ce petit ouvrage avec d'autant plus de confiance qu'Elle a bien voulu

ses vers firent à la cour, à supposer qu'il y faille croire, s'expliquerait-il par le sujet qu'il avait choisi, et où l'on pouvait penser qu'un conseil, une respectueuse doléance, était enveloppé dans une louange? Quoi qu'il en soit, Racine plus tard fut mieux apprécié. Louis Racine nous fait connaître[1] en ces termes le jugement de d'Aguesseau : « J'ai plus d'une fois entendu dire à Monsieur le Chancelier que l'antiquité.... ne nous offroit rien, dans un pareil genre, de si parfait que cette *Idylle sur la paix*. Il admire comment le poëte, en faisant parler des bergers, a su réunir aux sentiments tendres et aux peintures riantes les grandes et terribles images, dans un style toujours naturel, et sans sortir du ton de l'idylle. »

Des nombreuses relations qui ont été écrites de la fête de Sceaux, la plus complète est celle du *Mercure galant* du mois de juillet 1685. Nous en citerons les passages où l'on nomme les personnes les plus marquantes venues à Sceaux le même jour, et ceux qui se rapportent à l'*Idylle* de Racine : « .... Le Roi arriva à Sceaux environ sur les six heures et demie du soir, accompagné de Monseigneur le Dauphin, de Madame la Dauphine, de Monsieur, de Madame, de Monsieur le Duc, de Madame la Duchesse, de Monsieur le duc de Bourbon, de Mademoiselle de Bourbon, de Monsieur le duc du Maine, de Mademoiselle de Nantes, de plusieurs ducs et pairs, maréchaux de France, et des plus qualifiés seigneurs de la cour. Quelques personnes étoient arrivées avant le Roi, du nombre desquelles étoient M. le cardinal de Bonzi et Monsieur le nonce du pape. Sa Majesté fut reçue à la descente de son carrosse par M. le marquis de Seignelay, Monsieur le coadjuteur de Rouen, MM. les ducs de Chevreuse et de Beauvilliers, MM. les marquis de Maulevrier et de Blainville, et M. le bailli Colbert. Mmes les duchesses de Chevreuse, de Villeroy, de Beauvilliers et de Mortemart, Mmes les marquises de Seignelay, de Croissy, de Beuvron, de Medavy, et Mme la comtesse de Saint-Geran, vinrent recevoir Madame la Dauphine et Madame[2]. » Un peu plus loin[3] le *Mercure* nomme Mme de Main-

---

l'honorer plusieurs fois de son attention, et m'assurer même qu'elle lui avoit plu. » — On y trouve les vers de Racine entièrement conformes au texte de l'impression à part, publiée également en 1685, et dont il sera parlé plus loin.

1. *Mémoires* (tome I, p. 294).
2. Pages 265-268. — 3. Page 270.

tenon parmi les personnes qui assistaient à la fête. Après avoir raconté la promenade dans le parc, il continue ainsi : « Le Roi [se rendit] dans l'Orangerie, où un concert étoit préparé. Il entra par le bout opposé à l'endroit où étoient ceux qui devoient faire ce concert. Ainsi ce prince les vit tous d'abord en face. On avoit pris sept toises de profondeur pour les places. Elles étoient séparées du côté de l'Orangerie par de grands pilastres de marbre, qui portoient une façade où cinq lustres étoient attachés. Le même ordre suivoit jusques au fond, où paroissoient deux manières d'escaliers de chaque côté, qui rampoient suivant la pente d'un amphithéâtre qui étoit dans le fond, et qui paroissoit conduire à une galerie, qui étoit aussi dans le fond au-dessus de l'amphithéâtre. Tout ce fond étoit éclairé par beaucoup de petits lustres, et toutes les faces des pilastres étoient ornées de quantité de plaques portant plusieurs bougies. Tout le reste de l'Orangerie étoit paré d'une très-belle tapisserie, représentant toutes les chasses des douze mois de l'année, et de deux rangs de lustres qui régnoient depuis un bout jusqu'à l'autre. Je vous envoie les vers qui y furent chantés ; ils sont de M. Racine, trésorier de France, de l'Académie françoise[1]. » Après avoir donné l'*Idylle* dans son entier, le *Mercure* reprend la relation : « Ces vers avoient été mis en musique par M. de Lulli. Il n'a jamais mieux réussi qu'en cette occasion. Les grands airs étoient si bien mêlés avec les airs champêtres, que chacun y trouvoit de quoi se satisfaire selon son goût. Cet idylle fut chanté par les plus belles voix de l'Opéra[2]. »

La note de l'édition de 1687, que nous avons reproduite au commencement de cette notice, explique le choix du sujet traité dans l'*Idylle*, en faisant remarquer que la fête de Sceaux eut lieu « peu de temps après la conclusion de la trêve ». Il y avait toutefois près d'un an que la trêve de Ratisbonne avait été signée (15 août 1684) entre l'Espagne, l'Empire et la France. Ce n'était donc pas précisément un événement de la veille que Racine avait choisi pour sujet de ses vers ; mais la trêve subsistait, et l'à-propos pouvait paraître assez justifié. Célébrer cette trêve comme une paix définitive, c'était une manière d'exprimer les vœux de tous ceux qui pensaient, comme Racine, qu'il était temps pour Louis XIV de modérer sa soif de conquêtes, après les agrandissements qu'il s'était procurés

---

1. Pages 285-288. — 2. Pages 295 et 296.

par les arrêts des chambres de réunion et par son heureuse entreprise contre Luxembourg. L'à-propos d'ailleurs et la convenance devaient particulièrement frapper dans le lieu où le poëte chantait ainsi les louanges de la paix, dans la demeure des Colbert; et quoique Seignelay, entraîné par son ambition à rivaliser avec Louvois sur le propre terrain de ce ministre, l'eût naguère égalé en cruelle violence dans le bombardement de Gênes, il ne lui déplaisait peut-être pas d'afficher une politique qui parût le mettre en opposition avec lui, et de faire entendre dans sa fête ce qu'on n'entendit sans doute pas dans celle qui venait d'être donnée à Meudon, des protestations contre les fureurs de la guerre. C'étaient comme les couleurs de sa maison. Il est certain que les deux ministres, sous les apparences frivoles d'un divertissement à offrir au Roi, poursuivirent dans cette circonstance une lutte de courtisans qui se disputent la faveur. Seignelay avait imaginé la fête de Sceaux, qu'il préparait avec une rare splendeur, pour en prendre avantage sur Louvois. Celui-ci voulut parer le coup; il prit les devants, et reçut le premier à Meudon, au commencement du même mois de juillet, le Roi et les princes. Il déploya une grande magnificence; mais « le vilain temps, dit Dangeau[1], gâta un peu » la fête; « et celle de Sceaux, du consentement de tous les courtisans, est la plus belle fête qu'on ait jamais donnée au Roi. » L'avantage resta donc à Seignelay; et il n'eut pas seulement pour lui un plus beau temps, il eut les vers de Racine, qui ont jeté un éclat durable sur cette fête d'un jour.

On a pu remarquer, dans les citations que nous avons faites des divers témoignages contemporains, qu'ils s'accordent à attribuer l'*Idylle sur la paix* au seul Racine; et ce qui les confirme avec une autorité plus décisive encore, Racine lui-même l'a fait insérer dans deux éditions de ses *Œuvres*, sans avertir qu'un autre que lui y ait eu part. Que faut-il donc penser d'un autre témoignage, fort ancien aussi, que rappelle une note de l'édition de M. Aimé-Martin? M. Renouard possédait un exemplaire in-12 de la tragédie d'*Esther*, relié en maroquin bleu, que le hasard lui avait fait trouver à un étalage de libraire. Voici la description qu'il en a donnée dans son *Catalogue de la bibliothèque d'un amateur*[2], au tome III,

---

1. Tome I, p. 198.
2. A Paris, chez Antoine-Augustin Renouard, M.DCCC.XIX.

p. 67 : « Sur les marges sont écrits de la main de Racine les passages de l'Écriture sainte par lui imités dans cette pièce. A la fin est l'*Idylle de la paix*, écrite par une de ses filles, et dont le titre apprend qu'elle est de Racine et de Despréaux. Ce précieux volume fut examiné chez moi par M. de Naurois, qui reconnut et vénéra l'écriture de son illustre trisaïeul et de sa bisaïeule. » Nous ne savons si l'authenticité de la note écrite, dit-on, de la main d'une des filles de Racine est aussi assurée qu'on le prétend. En fût-il ainsi, la fille du poëte a peut-être copié l'*Idylle* sur cet exemplaire d'*Esther* longtemps après la mort de son père, et par conséquent à une époque où elle n'était pas beaucoup plus qu'un autre à l'abri d'une erreur dans ses souvenirs. Que Boileau ait été consulté sur l'*Idylle*, qu'il ait donné quelques avis, rien de plus vraisemblable; mais personne ne croira qu'on soit fondé à l'en dire l'auteur au même titre que Racine. Celui-ci n'aurait pas revendiqué pour lui seul un ouvrage sur lequel son ami aurait eu des droits aussi incontestables que les siens.

L'*Idylle* a été imprimée à part dans le format in-4°, en caractère italique. Cette édition, qui est sans doute la première, a seulement deux feuillets, quatre pages non numérotées. En tête de la première page est le titre :

IDYLLE

SUR LA PAIX.

Pour estre chantée dans l'Orangerie de Sceaux.

Il n'y a point de nom d'auteur, ni d'imprimeur, point de signature à la fin de la pièce. Au dos de la quatrième page on lit : « Permis d'imprimer. Fait ce 27 juin 1685. DE LA REYNIE. »

Un autre texte de la même année 1685, mais qui ne saurait faire foi au même degré, est celui du *Mercure galant*, dans le numéro dont nous avons parlé ci-dessus.

On a réimprimé en 1689 l'*Idylle sur la paix* dans un petit volume in-4° qui a pour titre : *l'Idylle et les festes de l'Amour et de Bacchus, Pastorale représentée par l'Académie royale de musique.* A Paris, par Christophe Ballard. M.DC.LXXXIX. On lit dans l'Avant-propos : « Voici un essai qu'elle (*l'Académie royale de musique*) s'est hâtée de préparer pour l'offrir à l'impatience du public. Elle a rassemblé ce qu'il y avoit de plus agréable dans les divertissements de Chambord, de Versailles et de Saint-Germain ; elle a cru devoir

IDYLLE SUR LA PAIX.

s'assurer que ce qui a pu divertir un monarque infiniment éclairé ne sauroit manquer de plaire à tout le monde. On a essayé de lier ces fragments choisis par plusieurs scènes nouvelles ; on y a joint des entrées de ballet, on y a mêlé des machines volantes, et des décorations superbes ; et de toutes ces parties on a formé une Pastorale en trois actes, précédée d'un grand Prologue. » L'*Idylle* est en tête du volume, après l'Avant-propos, et suivie de scènes lyriques empruntées à Quinault et à Molière. Il résulte évidemment de là qu'elle a été chantée sur le théâtre de l'Académie royale de musique.

Enfin l'on trouve aussi l'*Idylle sur la paix* réimprimée du vivant de Racine dans les éditions de 1687 et de 1697, au tome III de l'édition de 1692 (Amsterdam), et dans le *Recueil de vers choisis* qui parut en 1693 (un volume in-12) et qui a été formé par le P. Bouhours. L'*Idylle* y est à la page 165, sous ce titre : *Idylle sur la paix, pour estre chanté dans l'Orangerie de Sceaux*.

Le texte que nous avons suivi a été naturellement celui de l'édition donnée à part en 1685. Nous n'avons pas négligé la collation des autres impressions ; elles n'en diffèrent guère que par la coupe des strophes, par la manière dont sont placés les intervalles qui séparent ces strophes ou les refrains. L'impression du *Mercure* et celle de 1689 offrent une petite variante, mais qui ne doit être qu'une faute de l'imprimeur.

Un plein repos favorise vos vœux :
Peuples, chantez la Paix, qui vous rend tous heureux.

Un plein repos favorise nos vœux :
Chantons, chantons la Paix, qui nous rend tous heureux.

Charmante Paix, délices de la terre, 5
Fille du ciel, et mère des plaisirs,
Tu reviens combler nos desirs,
Tu bannis la terreur et les tristes soupirs,
Malheureux enfants de la guerre.

Un plein repos favorise nos vœux : 10
Chantons, chantons la Paix, qui nous rend tous heureux.

Tu rends le fils à sa tremblante mère.
Par toi la jeune épouse espère
D'être longtemps unie à son époux aimé.
De ton retour le laboureur charmé
Ne craint plus désormais qu'une main étrangère
Moissonne avant le temps le champ qu'il a semé.

Tu pares nos jardins d'une grâce nouvelle.
Tu rends le jour plus pur, et la terre plus belle.

Un plein repos favorise nos vœux :
Chantons, chantons la Paix, qui nous rend tous heureux.

Mais quelle main puissante et secourable
A rappelé du ciel cette Paix adorable ?

Quel Dieu, sensible aux vœux de l'univers,
A replongé la Discorde aux enfers ?

Déjà grondoient les horribles tonnerres
Par qui sont brisés les remparts.
Déjà marchoit devant les étendards
Bellone les cheveux épars,
Et se flattoit d'éterniser les guerres
Que sa fureur souffloit de toutes parts.

Divine Paix, apprends-nous par quels charmes
Un calme si profond succède à tant d'alarmes.

Un Héros, des mortels l'amour et le plaisir,
Un Roi victorieux vous a fait ce loisir[1].

---

1. C'est l'expression de Virgile, dans sa première *Églogue*, vers 6 :
.... *Deus nobis hæc otia fecit.*

Un Héros, des mortels l'amour et le plaisir,
Un Roi victorieux nous a fait ce loisir.

 Ses ennemis offensés de sa gloire,
 Vaincus cent fois, et cent fois suppliants,
 En leur fureur de nouveau s'oubliants,   40
Ont osé dans ses bras irriter la Victoire[1].
 Qu'ont-ils gagné, ces esprits orgueilleux,
 Qui menaçoient d'armer la terre entière?
Ils ont vu de nouveau resserrer leur frontière.
  Ils ont vu ce roc sourcilleux[2],   45
 De leur orgueil l'espérance dernière,
De nos champs fortunés devenir la barrière.

Un Héros, des mortels l'amour et le plaisir,
Un Roi victorieux nous a fait ce loisir.

 Son bras est craint du couchant à l'aurore.   50
La foudre, quand il veut, tombe aux climats gelés,
 Et sur les bords par le soleil brûlés.
De son courroux vengeur, sur le rivage more,
  La terre fume encore[3].

---

1. Racine s'est souvenu de ce passage de son *Alexandre* (acte II, scène II, vers 461 et 462) :
 Mais vous-mêmes, trompés d'un vain espoir de gloire,
 N'allez point dans ses bras irriter la Victoire.

2. Luxembourg. (*Note* de l'impression de 1685.) — Le siége de cette ville avait été conduit par Vauban. Elle se rendit au maréchal de Créqui le 4 juin 1684.

3. Alger avait été bombardé par Duquesne en 1682 et 1683. L'opiniâtreté des Algériens fut enfin vaincue, et Tourville leur accorda la paix le 25 avril 1684. Il se peut aussi que par ces mots : « La terre fume encore », Racine fasse allusion à des événements beaucoup plus récents. Tripoli avait été bombardé pendant trois jours, 22, 23 et 24 juin 1685, par l'escadre de Tourville ; et l'on avait obtenu des Tripolitains les satisfactions réclamées par la France.

Malheureux les ennemis 55
De ce prince redoutable !
Heureux les peuples soumis
A son empire équitable !

Chantons, bergers, et nous réjouissons :
  Qu'il soit le sujet de nos fêtes. 60
  Le calme dont nous jouissons
  N'est plus sujet aux tempêtes[1].

Chantons, bergers, et nous réjouissons :
  Qu'il soit le sujet de nos fêtes.
  Le bonheur dont nous jouissons 65
Le flatte autant que toutes ses conquêtes.

De ces lieux l'éclat et les attraits,
  Ces fleurs odorantes,
  Ces eaux bondissantes[2],
  Ces ombrages frais. 70
Sont des[3] dons de ses mains bienfaisantes.
De ces lieux l'éclat et les attraits
Sont des fruits de ses bienfaits.

Il veut bien quelquefois visiter nos bocages.
  Nos jardins ne lui déplaisent pas. 75
Arbres épais, redoublez vos ombrages.
  Fleurs, naissez sous ses pas.

---

1. Cette strophe et les deux suivantes sont réunies en une seule dans l'édition de 1687.
2. La cascade de Sceaux. (*Note* de l'édition de 1687.)
3. Dans l'édition de 1692 (Amsterdam), il y a *les*, au lieu de *des*; on y a fait le même changement au dernier vers de la strophe, qui se lit ainsi :

    Sont les fruits de ses bienfaits.

IDYLLE SUR LA PAIX.

O ciel, ô saintes destinées,
Qui prenez soin de ses jours florissants[1],
   Retranchez de nos ans
  Pour ajouter à ses années[2].

Qu'il règne, ce héros, qu'il triomphe toujours!
Qu'avec lui soit toujours la paix ou[3] la victoire;
Que le cours de ses ans dure autant que le cours
   De la Seine et de la Loire!
Qu'il règne, ce héros, qu'il triomphe toujours;
  Qu'il vive autant que sa gloire!

---

1. *Fleurissans*, dans l'impression de 1689 (*l'Idylle et les festes de l'Amour*).

2. Racine semble avoir imité les vers 1749 et 1750 de *Cinna* :

Puisse le grand moteur des belles destinées,
Pour prolonger vos jours, retrancher nos années!

Peut-être n'a-t-il fait que se souvenir, aussi bien que Corneille, de cette acclamation dont le peuple romain, suivant Tertullien (*Apologétique*, chapitre XXXV), saluait les Césars :

De nostris annis tibi Juppiter augeat annos.

Mais Tertullien jugeait de telles flatteries indignes d'un chrétien : « Hæc christianus.... enuntiare non novit. »

3. *Et*, au lieu de *ou*, dans le *Mercure* (1685) et dans l'impression de 1689.

VII

HYMNES TRADUITES DU BRÉVIAIRE ROMAIN.

Dans l'ordre chronologique des *Poésies diverses* les *Hymnes* de Racine ne seraient pas ici à leur rang, si nous n'avions dû avoir égard qu'à l'époque de leur première composition ; mais sous la dernière forme que l'auteur leur a donnée, et qui est la seule que nous connaissions, elles peuvent bien, comme on le verra par ce que nous dirons plus loin, être postérieures en date à l'*Idylle sur la paix*; et d'ailleurs il semblera naturel de les trouver rapprochées des autres poésies sacrées.

Lorsque Louis Racine fit imprimer en 1747 les *Mémoires contenant quelques particularités sur la vie et les ouvrages de Jean Racine*, il donna à la suite de ces *Mémoires* plusieurs ouvrages de son père qui n'avaient pas encore été publiés dans les recueils des *Œuvres* du grand poëte, entre autres les *Hymnes* traduites *du Bréviaire romain;* elles se trouvent au tome II, p. 62-78 de cette publication de 1747. Louis Racine les a fait précéder (p. 61) de ce court avertissement : « On met ici les *Hymnes* suivantes, quoique déjà imprimées, parce qu'elles sont peu connues, et ne se trouvent que dans un livre devenu fort rare, où elles sont confondues avec d'autres traductions d'hymnes d'un style différent. Ceux qui dans celles-ci ne trouveront point la poésie qu'ils attendent de l'auteur, doivent faire attention que le poëte n'est que traducteur de pièces latines dans lesquelles il règne plus de piété que de poésie, et où les mêmes choses sont très-souvent répétées. »

Nous devons aussi remettre sous les yeux du lecteur le passage des *Mémoires* du même Louis Racine où il est question de ces *Hymnes du Bréviaire*[1] : « En parlant des ouvrages de sa première jeunesse..., je ne dois pas oublier sa traduction des hymnes des Féries du *Bréviaire romain*. Boileau disoit qu'il l'avoit faite à Port-Royal, et que M. de Saci, qui avoit traduit celles des dimanches et de toutes les

---

1. Voyez notre tome I, p. 223.

fêtes pour les *Heures* de Port-Royal, en fut jaloux, et voulant le détourner de faire des vers, lui représenta que la poésie n'étoit point son talent. Ce que disoit Boileau demande une explication. Les hymnes des Féries imprimées dans le *Bréviaire romain* traduit par M. le Tourneux ne sont pas certainement l'ouvrage d'un jeune homme ; et celui qui faisoit les odes (*les Promenades de Port-Royal*) dont j'ai rapporté quatre strophes, n'étoit pas encore capable de faire de pareils vers. Je ne doute pas cependant qu'il ne soit auteur de la traduction de ces hymnes ; mais il faut qu'il les ait traduites dans un âge avancé, ou qu'il les ait depuis retouchées avec tant de soin, qu'il en ait fait un nouvel ouvrage. On lit, en effet, dans *les Hommes illustres* de M. Perrault, que longtemps après les avoir composées, il leur donna la dernière perfection. La traduction du *Bréviaire romain* fut condamnée par l'archevêque de Paris pour des raisons qui n'avoient aucun rapport à la traduction de ces hymnes. Cette condamnation donna lieu dans la suite à un mot que rapportent plusieurs personnes, et que je ne garantis pas. Le Roi, dit-on, exhortoit mon père à faire quelques vers de piété. *J'en ai voulu faire*, répondit-il, *on les a condamnés.* » Plus loin, nous aurons à revenir sur la condamnation du *Bréviaire romain*, et sur ce que Louis Racine en dit dans ce passage des *Mémoires* ; mais nous voulons d'abord nous occuper de l'authenticité des hymnes. Nous n'appelons donc pour le moment l'attention que sur ce qui se rapporte à cette question dans le témoignage de Louis Racine, auquel il convient de joindre, en le citant textuellement, celui que lui-même rappelle, et qui est de date beaucoup plus ancienne que le sien. Perrault parle ainsi au tome II, p. 81, de ses *Hommes illustres*, publié en 1700 : « (*Jean Racine*) avoit été élevé à Port-Royal-des-Champs, où ayant lu, en y faisant ses études, les excellentes poésies de M. d'Andilly, la traduction du poëme de saint Prosper par M. de Saci, et surtout les traductions admirables des hymnes de l'Église du même auteur, il s'appliqua à faire des traductions en vers de quelques hymnes qui n'avoient pas encore été traduites, lesquelles furent trouvées si belles et si dignes d'être imprimées, qu'elles l'ont été depuis, lorsque dans un âge plus avancé il leur eut donné la dernière perfection. »

Le *Bréviaire* de le Tourneux, où les dix-huit hymnes attribuées par Louis Racine à son père ont été imprimées pour la première fois (c'était du vivant de notre poëte), en contient en outre un grand nombre d'autres également traduites en vers français. Est-il certain que parmi celles qui ont été laissées de côté par Louis Racine il n'y en ait pas quelques-unes que Racine ait aussi traduites? Nous savions que plusieurs personnes se l'étaient demandé. En même temps un doute tout différent peut être soulevé. Est-il suffisamment établi que les dix-huit hymnes attribuées à Racine soient toutes réellement de lui?

Ces questions ne semblent pas avoir été jusqu'à présent examinées d'assez près. Elles méritent cependant de l'être. Perrault nous apprend que Racine avait traduit « quelques hymnes »; il ne dit pas lesquelles. Louis Racine n'explique pas assez comment il a su quelles étaient les traductions de son père, comment il les a distinguées dans un livre « où elles sont, suivant son expression, confondues avec d'autres traductions d'hymnes d'un style différent ». Serait-ce cette différence de style qui l'aurait seule guidé dans un choix, toujours en pareil cas périlleux, et sujet à contestation? Il est à remarquer qu'il s'exprime ainsi : « Je ne doute pas qu'il ne soit auteur de la traduction de ces hymnes. » Ce n'est pas là tout à fait l'affirmation précise et formelle que l'on eût eu droit d'attendre, s'il avait trouvé ces hymnes écrites de la main de Jean Racine, ou s'il eût pu dire tout au moins que l'authenticité lui en était certifiée par des copies conservées dans sa famille. Il est vrai qu'en un passage d'une des hymnes une différence considérable entre le texte du *Bréviaire* de le Tourneux et celui que donne Louis Racine ferait penser au premier abord que celui-ci a eu sous les yeux, non ce bréviaire, mais plutôt le manuscrit autographe ou quelque ancienne copie. Dans ce cas, il serait fâcheux qu'il eût négligé d'en avertir le lecteur. Mais nous trouverons bientôt l'occasion de parler de la seconde strophe de l'hymne du mardi à Matines, où se trouve cette importante variante; et l'on pourra voir alors combien il est vraisemblable que la correction n'est pas de Racine, mais de son fils.

Pour éclairer la question d'authenticité, sur laquelle Louis Racine n'a rien dit qui pût écarter toutes les objections, les recherches sont devenues aujourd'hui difficiles. Cette difficulté ne devait pas cependant nous décourager.

Dans l'examen que nous avons entrepris, la comparaison des hymnes attribuées à Racine avec celles qui, dans le *Bréviaire* de le Tourneux, ne passent pas pour être de lui, n'était sans doute point à négliger. Nous l'avons faite, et il est incontestable qu'il y aurait à écarter un certain nombre de ces dernières hymnes, où l'on trouve des locutions ou des tours surannés, qui ne sont pas de la langue de Racine, au temps surtout où très-évidemment il a fait la révision de ces ouvrages de sa jeunesse. Mais ces hymnes écartées, il en reste encore beaucoup qui n'ont pas la même marque d'une date trop ancienne; parmi celles-là, il est vrai, la plupart sont, pour l'élégance et la force poétique, bien loin des hymnes recueillies par Louis Racine. La différence cependant serait moins à l'abri de toute controverse si l'on s'attachait d'une part à quelques-unes d'entre elles beaucoup mieux versifiées, et de l'autre aux parties les moins remarquables d'un travail où le poëte des chœurs d'*Esther* et d'*Athalie* et des *Cantiques spirituels* est encore très-loin d'être entièrement lui-même. Il est toujours sage d'ailleurs de se défier des décisions du goût littéraire dans les questions d'authenticité. Jusque-là donc quelque hésitation semblait prudente.

M. Paul Lacroix, dans le *Bulletin du bouquiniste* (numéro du 1er mai 1844), avait signalé une note que l'on trouve dans les papiers de Tralage, et dans laquelle trente-neuf hymnes du *Bréviaire romain*, indiquées par leur premier vers, sont attribuées les unes à Racine, les autres à d'Aubigny [1]. L'abbé de Tralage (Jean-Nicolas), mort en 1699, la même année que Racine, avait laissé à l'abbaye de Saint-Victor des recueils de pièces manuscrites et imprimées qui sont aujourd'hui à la bibliothèque de l'Arsenal. Il s'y trouve toutes sortes de petites pièces de diverses écritures, que Tralage avait réunies, et qui sont accompagnées quelquefois de notes soit de sa propre main, soit de celle de quelque autre personne. Il faut user avec circonspection de ce recueil assez indigeste, et où généralement on ne sait à quelle autorité on a affaire. On peut essayer cependant d'en tirer sur les faits littéraires contemporains quelques renseignements, à la condition qu'on les contrôlera. Nous avons voulu y voir la note sur les hymnes du *Bréviaire romain*. Loin de nous guider, comme on nous l'a fait espérer, pour retrouver plusieurs pièces de Racine négligées par les précédents éditeurs, elle n'attribue à notre poëte que les sept hymnes suivantes : *Source inef-*

---

[1]. Il s'agit sans doute de Stuart d'Aubigny, chanoine de Notre-Dame, plus tard grand aumônier de la reine d'Angleterre, et qui avait eu de grandes liaisons avec Port-Royal. Il mourut en 1665.

fable de lumière, — *L'oiseau vigilant nous réveille*, — *Sombre nuit, aveugles ténèbres*, — *Les portes du jour sont ouvertes*, — *Astre que l'Olympe révère*, — *L'Aurore brillante et vermeille*, — *Verbe égal au Très-haut, notre unique espérance*, c'est-à-dire toutes les hymnes des Féries à Laudes, puis l'hymne du mardi à Matines. Les trente-deux hymnes qui sont ensuite mentionnées sont attribuées à d'Aubigny ; de ce nombre il y en a neuf de celles que Louis Racine dit être de son père. Les deux hymnes : *Tandis que le sommeil réparant la nature*, et *Source éternelle de lumière*, ne sont attribuées par le manuscrit de Tralage ni à Racine ni à d'Aubigny [1].

Nous avons rencontré un autre document contemporain. Quoique Louis Racine ait dit que les hymnes rééditées par lui « ne se trouvent que dans un livre devenu fort rare » (il veut parler du *Bréviaire de le Tourneux*), cependant six d'entre elles, ce qui lui avait échappé, avaient été réimprimées du vivant même de Racine, en 1694, à Carpentras, chez Dominique la Barre, dans un petit livre qui a pour titre : *le Portefeuille de M.L.D.F...*, et qui est, dit-on, de Germain

---

[1]. On pourrait soutenir que les papiers de Tralage ont été mis en désordre, et qu'on en a mal rapproché les fragments épars. Cela est, selon nous, improbable ; ces fragments doivent avoir été collés sur chaque feuillet, dans l'ordre où ils sont, par celui même qui a formé le recueil. Voici toutefois ce que l'on remarque pour cette liste des hymnes. Elle est dressée sur plusieurs petits papiers d'écriture et de couleur différentes. Si, au lieu de lire ces papiers dans l'ordre où ils ont été collés, on rapprochait et l'on lisait à la suite les uns des autres ceux qui sont de la même couleur et de la même main, la liste des hymnes de Racine deviendrait plus longue. A celles que nous avons dit lui être attribuées par le manuscrit de Tralage, il faudrait ajouter les suivantes : *Magnæ Deus potentiæ*, — *Plasmator hominis Deus*, — *Orbis patrator optime*, — *Custodes hominum psallimus Angelos*, — *Virginis proles opifexque matris*, — *Jesu redemptor omnium*, — *Angularis fundamentum Lapis*, — *Æterna Christi munera* (pour les apôtres). Les six dernières seraient pour la première fois attribuées à notre poëte ; mais on arriverait ainsi à un résultat inacceptable, parce que plusieurs de ces hymnes qu'on ôterait à d'Aubigny ont une traduction de leur dernière stance qui se retrouve dans d'autres pièces attribuées sans équivoque à ce même d'Aubigny par le manuscrit, lequel serait ainsi en contradiction avec lui-même.

de la Faille[1]. On ne nomme pas dans ce recueil l'auteur des hymnes ; mais il semble probable que le compilateur n'a pas ignoré qu'elles étaient de Racine ; car il a surtout recherché pour son *Portefeuille* les vers de ce poëte, et il y a donné place à plusieurs petites pièces qui passent pour être de lui. Les six hymnes qu'il cite sont celles des Féries à Laudes. En cela il serait d'accord avec la liste de Tralage, si celui-ci n'avait ajouté l'hymne du mardi à Matines.

Tout cela était bien insuffisant pour éclairer nos recherches ; mais nous avons tiré plus de lumières de la lecture des hymnes de Saci dont Perrault et Louis Racine nous parlent à l'occasion de celles de notre poëte. Les hymnes traduites par M. de Saci (Isaac le Maistre) ont été imprimées dans le livre connu sous le nom d'*Heures de Port-Royal*, et que Racine nomme ainsi dans son *Abrégé de l'histoire de Port-Royal*, mais qui a réellement pour titre : *l'Office de l'Église et de la Vierge, en latin et en françois.... dédié au Roy*. La première édition est de 1650[2]. L'Achevé d'imprimer est du 9 avril. En étudiant ce livre, voici les remarques que nous avons faites. D'abord il est fort exact, comme Boileau l'avait dit à Louis Racine, que M. de Saci n'avait traduit que les hymnes des dimanches et des fêtes ; celles des Féries manquent dans les *Heures de Port-Royal*. Ensuite l'hymne *O lux beata Trinitas*, qui n'appartient pas seulement aux vêpres du samedi, mais aussi aux vêpres *pour la très-sainte Trinité*, a été traduite par de Saci ; et dans l'édition de 1650, les deux premières strophes (l'hymne n'en a que trois) sont exactement telles qu'on les trouve dans la traduction qui, depuis Louis Racine, a été attribuée à notre poëte. La date du livre ne laisse aucune incertitude. Quand il a été imprimé, Racine n'était âgé que de dix ans ; il n'a donc pu être l'auteur de ces deux premières strophes. Reste la différence de la strophe finale ; mais cette strophe a été plus tard changée dans l'*Office de l'Église*. Nous ne savons dans quelle édition le changement s'est fait pour la première fois ; les *Heures de Port-Royal* ont eu des éditions très-nombreuses. Dans celle de 1659[3], la plus ancienne que nous ayons eue sous les yeux

---

1. Germain de la Faille, auteur des *Annales de la ville de Toulouse*, était en 1694 secrétaire perpétuel de l'Académie des Jeux floraux.

2. 1 vol. in-12, Paris, chez la veuve Jean Camusat et Pierre le Petit.

3. Cette édition est la seizième.

après celle de 1650, l'hymne est tout entière, y compris la strophe finale, semblable à celle que Louis Racine croyait être de son père. A supposer que Saci n'ait donné cette nouvelle version qu'en 1659, il n'y aurait sans doute nul empêchement chronologique à croire que la dernière strophe a pu être empruntée à Racine ; mais est-il vraisemblable, surtout si, comme le disait Boileau, Saci ne goûtait pas, ou affectait de ne pas goûter le talent poétique de son jeune émule, est-il vraisemblable qu'il ait admis dans son œuvre une correction de l'écolier de Port-Royal ? Il faut donc restituer tout entière à son véritable auteur l'hymne *Source éternelle de lumière*. Nous sommes en droit aussi, par les mêmes raisons, de dépouiller Racine de la strophe finale, qui, dans l'édition de 1659 de l'*Office de l'Église* (elle n'est pas dans l'édition de 1650), est celle de l'hymne *Jam lucis orto sidere* :

> Règne, ô Père éternel, Fils, Sagesse incréée,
> Esprit saint, Dieu de paix,
> Qui fais changer des temps l'inconstante durée,
> Et ne changes jamais.

Cette strophe se retrouve dans les hymnes du lundi, du mardi, du mercredi, du jeudi et du vendredi à Vêpres, qui font partie de celles dont Racine est regardé comme l'auteur. M. Aignan, dans son édition des *Œuvres de Racine*, l'a beaucoup admirée. « Cette fin, dit-il, est sublime. » Il y a aussi, quand on compare les hymnes de Saci, même en les prenant dans l'édition de 1650, avec celle de Racine, quelques vers où les deux traducteurs se sont singulièrement rencontrés. Ainsi, dans la traduction de Racine, voici la strophe par laquelle commence l'hymne du samedi à Matines :

> O toi qui d'un œil de clémence,
> Vois les égarements des fragiles humains ;
> *Toi, dont l'Être un en trois, et le même en puissance,*
> A créé ce grand tout soutenu par tes mains.

Le texte latin est le même que celui de la première strophe de l'hymne pour la fête de la Trinité à Matines, où Saci l'a rendu de cette manière :

> Dieu d'incomparable clémence,
> Qui formas ce grand monde en sa rare beauté,
> *Dont l'Être unique en trois, et le même en puissance,*
> Possède avant les temps la même éternité.

Racine et Saci ont eu à traduire la strophe *Tu Trinitatis unitas* (hymne de la fête de la Trinité à Laudes, et hymne du vendredi à Matines). Le premier vers de la traduction de Racine est :

Auteur de toute chose, essence en trois unique ;

et le premier vers de celle de Saci :

Essence unique en trois personnes.

Nous venons d'exposer au lecteur les faits que nous avons rencontrés ; il nous reste à dire à quelle conclusion on doit, selon nous, s'arrêter.

Les sept hymnes que le manuscrit de Tralage donne à Racine sont du nombre de celles qui lui ont été aussi plus tard attribuées par Louis Racine ; et six d'entre elles, nous l'avons vu, se retrouvent dans un livre imprimé en 1694, où on les a choisies parmi tant d'autres du *Bréviaire* et réunies comme l'ouvrage d'un même auteur. Il y avait donc jusque-là quelque chose d'exact dans les renseignements communiqués à Tralage. Mais en même temps on peut démontrer que sur d'autres points ils ne méritent pas confiance ; l'hymne *Exultet cœlum laudibus*, dont ils attribuent la traduction à d'Aubigny, est dans l'*Office de l'Église*, et par conséquent a été traduite par de Saci. Si Tralage a dépouillé celui-ci d'une hymne qui lui appartient, il a pu, et plus aisément encore, tomber dans une semblable erreur lorsqu'il s'agissait des hymnes de Racine qui n'avaient pas été, commes celles des *Heures de Port-Royal*, publiées avant l'impression du *Bréviaire romain*. Que parmi les hymnes des Féries Racine n'ait traduit que celles des Laudes, on pourrait tout au plus le trouver vraisemblable, si à celles-ci le manuscrit de Tralage n'avait ajouté l'hymne du mardi à Matines. Cette hymne accordée, comment s'expliquerait-on le choix arbitraire qu'aurait fait notre poëte, son travail incomplet ? D'ailleurs les hymnes du lundi, du mercredi, du jeudi et du vendredi à Matines ont le même rhythme et la même strophe finale que celle du mardi ; et puisque celle-ci est attribuée à Racine par Tralage, les autres s'ensuivent. Il y a un peu plus de difficulté, il est vrai, pour le samedi : l'hymne de ce jour à Matines n'a plus le même rhythme que les précédentes, et la traduction de la strophe finale est toute différente. Nous ferions la même remarque sur l'hymne du samedi à Vêpres, si nous ne savions déjà qu'elle n'est pas de Racine, mais de Saci.

La question maintenant se réduit à ceci : Retrancherons-nous à

Racine l'hymne du samedi à Matines, par cette raison qu'elle n'a pas été jetée dans le même moule que les hymnes des autres jours de la semaine à Matines ? Lui retrancherons-nous toutes les hymnes des Féries à Vêpres, parce que Tralage ne lui en attribue aucune, parce qu'il y en a une qui est de Saci, et parce qu'à l'exception de celle-là, elles se terminent toutes par une strophe qui doit être également revendiquée pour le traducteur des *Heures de Port-Royal*? Nous sommes convaincu que ce serait à tort. D'abord Saci n'ayant pas traduit les cinq premières hymnes des Féries à Vêpres, il faudrait, comme l'a fait le manuscrit de Tralage, les attribuer à d'Aubigny ; mais elles ont des qualités poétiques que ce traducteur, si inférieur partout ailleurs, non-seulement à Racine, mais à Saci, n'aurait donc rencontrées que cette fois. Une raison de lui refuser ces hymnes pour les Vêpres, que nous croyons plus forte encore, c'est que les faits, tels que les a rapportés Louis Racine, d'après un témoignage d'un poids aussi grand que l'est celui de Boileau, nous paraissent pleinement confirmés par les emprunts mêmes faits à Saci, où l'on serait porté à trouver une difficulté et une objection. Ces emprunts donnent à la traduction des hymnes des Féries comme le caractère d'un supplément à la traduction de Saci, d'un supplément dû à quelqu'un qui devait le regarder comme son maître, et marquer par sa déférence qu'il le reconnaissait pour modèle et pour guide. Une telle docilité désigne le jeune Racine. Nous le tenons donc pour l'auteur de toutes les hymnes des Féries, à l'exception d'une seule ; et il est clair qu'il faut, à l'exemple de Louis Racine, entendre le mot de *Féries* dans un sens assez large pour que le samedi y soit compris. Traduites sans doute, comme le disait Boileau, au temps où Racine était encore dans les petites écoles, ces hymnes n'ont pas dû plus tard être remplacées par une traduction entièrement nouvelle, mais seulement corrigées ; c'est maintenant une œuvre moitié de première jeunesse, avec quelques endroits faibles, moitié d'un âge beaucoup plus mûr, et dans laquelle se fait reconnaître à de beaux vers la touche d'un vrai poëte.

Quand on a retranché du *Bréviaire* de le Tourneux les hymnes de Saci, et celles que nous venons de reconnaître pour la légitime propriété de Racine, il n'y reste plus rien qu'on puisse avec vraisemblance attribuer à celui-ci. D'Aubigny peut garder le reste. Nous avons, pour régler ainsi les parts, et toutes les vraisemblances littéraires et le témoignage recueilli de la bouche de Boileau.

Le résultat de nos recherches, tel que nous venons de le proposer, ne s'écarte de la tradition qu'en un point, mais qui mérite d'être remarqué. On peut trouver là une leçon de circonspection. Une hymne de Saci a longtemps été acceptée sans contestation pour une hymne de Racine, et louée, comme une œuvre digne de lui, par la Harpe et par Geoffroy, qui n'y ont repris que le dernier vers. Nous ne voulons pas dire d'ailleurs que la prévention leur ait dicté un mauvais jugement. Il y a réellement de l'harmonie et de l'élégance dans cette hymne. Elle n'est pas la seule dans la traduction de Saci où l'on puisse trouver ce mérite. L'humble tâche qui fut acceptée, dit-on, par Saci, de rimer, pour aider la mémoire des enfants, les *Racines grecques* de Lancelot, a fait peut-être plus de tort qu'il n'était juste à son talent poétique dans l'opinion de quelques juges, dans celle même d'un critique aussi exempt d'ordinaire de toute prévention que l'est Sainte-Beuve[1]. L'auteur de *Port-Royal* a cependant reconnu que de nos jours même les hymnes de Saci ont eu des admirateurs qui trouvaient plein de charmes tel de ces petits poëmes[2]. Ce qu'il est surtout impossible de nier, c'est leur premier succès, et il fut d'assez longue durée. Nous avons tout à l'heure entendu Perrault traiter ces hymnes d'admirables. Goujet, dans sa *Bibliothèque françoise* (tome XVIII, p. 137 et 138), a rappelé que d'applaudissements elles avaient reçus. Segrais, dans la préface qu'en 1678 il a mise en tête de sa *Traduction de l'Énéide* (tome I, p. 63), cite « la belle *traduction des hymnes de l'Église* » parmi *les belles copies* qui « sont bien au-dessus de leurs originaux ». Le P. Labbe, jésuite, qui avait dirigé contre les *Heures de Port-Royal* des accusations théologiques[3], y avait mêlé des injures littéraires, déclarant que « ces poëtes tourneurs du Port-Royal sont les plus ignorants ou les plus malicieux de tous les interprètes », et traitant leurs vers de *rimaillerie*. L'abbé le Roy de Saint-Aubin prit la défense de Saci dans sa *Lettre à une personne de condition*[4], et

1. Voyez son *Port-Royal*, tome II, p. 325.
2. *Ibidem*, tome VI, p. 92 et 93, à la note.
3. Dans le libelle intitulé : *le Calendrier des Heures surnommées à la janséniste, reveu et corrigé par François de Saint-Romain, prestre catholique*, à Paris, M.DC.L. (59 pages in-12.)
4. Elle a été imprimée en 1651, et est datée du 10 janvier de cette année. C'est une pièce in-4° de 17 pages, dont voici le titre complet : *Lettre à une personne de condition, par laquelle on justifie*

s'éleva contre une critique qu'il nommait une présomption odieuse. « Les plus illustres des auteurs de notre temps, dit-il[1], ont rendu des témoignages si publics et si avantageux à ces hymnes, que si je les rapportois, il y auroit de quoi confondre la malignité du P. Labbe. » On a sans doute le droit, malgré tant de suffrages, de reprocher trop souvent à la traduction de Saci une facilité un peu molle, d'y noter bien des vers prosaïques; mais que de strophes vraiment heureuses, et auxquelles ne manquent ni l'expression poétique ni l'harmonie! Insister trop longtemps sur ce point paraîtrait hors de propos. Cependant, ce qui est là de quelque intérêt pour nous, c'est que ces hymnes, dont le jeune Racine prit plaisir à se faire le continuateur, dont il s'appropria même quelques vers, purent lui plaire assez pour déposer dès lors dans son imagination le germe de la poésie religieuse; c'est aussi qu'il y aurait peut-être quelque chose de fâcheux pour Racine lui-même, si l'on jugeait avec trop de dédain des vers dont quelques-uns ont pu lui être attribués sans que les critiques aient été jusqu'ici frappés de la différence des styles.

On ne sait pas au juste en quel temps Racine a remanié ces essais de sa jeunesse. Ce fut probablement lorsqu'on l'engagea à donner ses hymnes pour le *Bréviaire* de le Tourneux. Ce bréviaire, qui est en quatre volumes in-8º, et qui a pour titre : « *Le Bréviaire romain en latin et en françois.... divisé en quatre parties*, à Paris, chez Denys Thierry, rue Saint-Jacques, avec approbation et privilége, M.DC.LXXXVIII », fut achevé d'imprimer le 15 novembre 1687. Mais le privilége avait été « donné à Saint-Germain-en-Laye, le 6. jour de Juillet, l'an de grâce mil six cens soixante quinze ». Le texte était sans doute dès lors fixé. Ce serait donc au plus tard vers le commencement de 1675 que Racine aurait retouché les hymnes des Féries. Et ce pourrait être beaucoup plus tôt. Nous avons suivi le texte du *Bréviaire* de le Tourneux, qui est l'édition originale. Ce *Bréviaire* reproduit trois fois, sans aucune variation de texte, les hymnes traduites par Racine; on ne les trouve pas dans la *Partie de printemps*, qui a pour les Féries ses hymnes différentes de celles

la traduction des hymnes en vers françois dans les nouvelles Heures *contre les reproches injurieux du P. Labbe et d'autres jésuites qui ont accusé le traducteur d'avoir voulu ôter à Jésus-Christ la qualité de Rédempteur de tous les hommes.*

1. Page 15.

des autres temps de l'année, mais dans la *Partie d'hiver*, dans la *Partie d'été* et dans la *Partie d'automne*. Elles y sont placées dans l'ordre que nous avons conservé, qui est celui que Louis Racine a aussi adopté, et dont se sont depuis écartés plusieurs éditeurs.

Nous n'avons pas jusqu'ici parlé des autographes de quelques-unes de ces hymnes, qu'on a eu l'obligeance de nous communiquer, et que nous avons confrontés avec notre texte. Nous aurions dû, ce semble, nous appuyer avant tout sur ces autographes, lorsque nous avons examiné si toutes les hymnes attribuées à Racine devaient lui être conservées. Les autographes seraient l'autorité la plus décisive, et nous auraient épargné toute autre démonstration ; car nous en avons rencontré deux des hymnes à Matines, deux des hymnes à Laudes, trois des hymnes à Vêpres. Mais nous devons dire que leur authenticité nous paraît difficile à admettre. Toutes ces pièces, écrites sur des feuilles détachées, portent au bas la signature de Racine, ce qui est assez étrange, lorsqu'on sait que ses lettres mêmes, ses lettres authentiques, ne sont presque jamais signées. Le *British Musæum* possède deux de ces manuscrits ; dans l'un (c'est l'hymne du lundi à Vêpres), le troisième vers se lit ainsi :

Tu séparas les eaux, leur *marquas* pour barrière ;

telle est aussi la leçon des éditeurs modernes, avec lesquels il est singulier que l'autographe soit d'accord, quand le texte du *Bréviaire* de le Tourneux et celui de Louis Racine portent :

Tu séparas les eaux, leur *marquant* pour barrière.

L'autre manuscrit du *British Musæum* a, comme nous le dirons dans les notes, une leçon qui n'est point dans le *Bréviaire romain*, et dont nous croyons Louis Racine le véritable auteur ; nous voulons parler de celle dont il a déjà été dit quelques mots[1], et sur laquelle nous reviendrons tout à l'heure.

Ce qui est plus difficile encore peut-être à expliquer, c'est qu'une personne possède, écrite aussi de la main de Racine, l'hymne du samedi à Vêpres (*Source éternelle de lumière*), qui n'est pas de lui, nous l'avons montré, mais de Saci. Dira-t-on que Racine la regardant comme le complément nécessaire de celles qu'il a traduites, a cru devoir la copier et la joindre aux manuscrits de celles-ci[2] ? Il

1. Voyez ci-dessus, p. 92.
2. En tout cas Racine n'a jamais pu songer à se l'approprier

nous semble qu'il faudrait quelque complaisance pour se trouver satisfait de cette supposition.

Nous avons promis de donner quelques explications sur la condamnation du *Bréviaire* de le Tourneux, que Louis Racine a rappelée dans ses *Mémoires*. Elles ne sont pas inutiles ici ; car dans le passage que nous avons cité au commencement de la notice des hymnes, Louis Racine a commis une grave inexactitude, qu'il est difficile de ne pas croire un peu volontaire. Et puis il est piquant d'apprendre que quelques vers des hymnes traduites par Racine ont été particulièrement visés dans les motifs de la condamnation.

Nous avons rapporté cette phrase de Louis Racine : « La traduction du *Bréviaire romain* fut condamnée par l'archevêque de Paris pour des raisons qui n'avaient aucun rapport à la traduction de ces hymnes. » Il ajoute dans une note sur ce passage : « Elle fut condamnée uniquement comme version en langue vulgaire. » Rien n'est plus loin de la vérité. Nous avons entre les mains la *Sentence rendue en l'officialité de Paris, portant condamnation de la traduction du Bréviaire romain en langue françoise*. C'est une pièce in-4° imprimée à Paris, en 1688, chez François Muguet, premier imprimeur du Roi et de Monseigneur l'Archevêque. Elle porte à la fin ces mots : « Fait à Paris, en l'officialité, le dixième d'avril mil six cens quatrevingt-huit. Signé Cheron[1]. » On y lit d'abord que le promoteur a remontré que de l'impression aussi bien que de la version de ce livre il est « obligé, pour l'intérêt public, de se plaindre, tant parce qu'elles sont faites contre les saints décrets et les ordonnances du Roi, que parce qu'elle contient (*sic*) plusieurs choses très-préjudiciables au salut des âmes, se trouvant dans cette version plusieurs propositions erronées et contraires à la foi ».

Les divers *moyens*, ou chefs d'accusation, sont ensuite exposés. Le

dans le vrai sens du mot. Il est superflu de dire qu'il était trop au-dessus d'un pareil larcin. Qui d'ailleurs, au dix-septième siècle, ne connaissait cette hymne pour l'œuvre de M. de Saci ? Dans son *Abrégé de l'histoire de Port-Royal*, Racine dit que les *Heures* de cette maison sont « encore (*au moment où il écrivait*) le livre que presque toutes les personnes de piété portent à l'église, n'y en ayant point dont il se soit fait tant d'éditions ». Arnauld écrivait en 1688 qu'il s'en était vendu plus de soixante mille exemplaires.

1. M. Cheron était official de Paris, abbé de la Chalade, prieur de Saint-Jean de Brou.

premier et le second nous intéressent peu. On reproche dans le premier au livre d'être anonyme, l'auteur n'étant pas sérieusement désigné par ce seul titre de *Prieur de Saint-Georges* qui le désigne dans le privilége. Le troisième a quelque rapport avec ce que dit Louis Racine, toutefois avec une notable différence. Il se fonde sur ce que « toutes les versions en langue vulgaire de l'Écriture sainte, aussi bien que celles des ouvrages des saints Pères et des offices divins, qui ne sont pas approuvées par les évêques, ont été réprouvées ». La suite nous regarde davantage. « Enfin, dit la sentence, le quatrième et dernier moyen est que cette traduction non-seulement n'est pas fidèle, mais qu'elle contient des erreurs et des hérésies, particulièrement celles qui ont été condamnées de nos jours et dans le dernier siècle ; qu'elle est extraite de plusieurs livres composés par des personnes suspectes, dont les ouvrages ont été condamnés, ou n'ont pas été approuvés par l'Église ; que dans l'hymne de Tierce le traducteur a rendu ces paroles : *Dignare promptus ingeri*, *Règne au fond de nos cœurs par la force invincible de tes charmes si doux*, ce qui n'est pas conforme au texte, et qui n'étant pas bien expliqué, peut avoir un mauvais sens ; qu'à l'hymne de la férie troisième (*hymne de Racine*) il tourne ces paroles : *Aufer tenebras mentium*, *Répands sur nous l'attrait*[1] *de ta grâce invincible*, dans le même esprit et contre le texte ; qu'à l'hymne du samedi (*encore une hymne de Racine*), il traduit ces paroles : *Quo corde puro sordibus Te perfruamur largius*, *Et que puisse ta grâce où brillent tes doux charmes Te préparer un temple en nos cœurs épurés*, ce que le texte ne dit pas. » La *Sentence* allègue encore divers passages de la traduction des oraisons, qui nous sont étrangers ; puis revenant aux hymnes, fait observer « que dans tous les endroits l'auteur marque une affectation continuelle à faire entrer partout la seule grâce efficace par des traductions fausses ou forcées, comme il paroît particulièrement dans l'hymne du dimanche à Matines, dans celles de la férie seconde et de la férie quatrième à Laudes, dans celle de la férie sixième à Vêpres (*toutes ces hymnes de féries sont de Racine*), dans celle du temps pascal, dans celle du jour de la Trinité à Matines et dans plusieurs autres ». Les vers de Racine avaient donc aussi peu trouvé grâce que ceux de M. de Saci.

Voilà par quels motifs fut prononcée la sentence qui ordonnait

---

1. Le texte du *Bréviaire* porte *le feu*, et non *l'attrait*.

la suppression de ce bréviaire, faisait défense à toutes personnes de le débiter, de le lire, enfin devait être lue et publiée par les curés aux prônes de leurs paroisses, et affichée à toutes les portes des églises.

Dans les hymnes de la seconde férie et de la quatrième férie à Laudes, dans celle de la sixième férie à Vêpres, les passages qui avaient paru de mauvais aloi ne sont pas désignés ; il nous a semblé qu'il fallait des yeux assez subtils pour les découvrir. Où Racine avait donné le plus de prise aux censeurs qui avaient tant de bonne volonté pour y regarder de près, et pour interpréter dans le plus mauvais sens, c'est assurément dans ce vers de l'hymne du mardi à Matines :

Répands sur nous le feu de ta grâce invincible ;

aussi ne le trouve-t-on plus dans le texte de Louis Racine. Il a été remplacé par celui-ci :

Répands sur nous le feu de ta grâce puissante ;

ce qui a nécessité quelques changements dans le reste de la strophe. Il serait difficile de s'expliquer que Louis Racine n'eût jamais connu le texte de la sentence, ne fût-ce que par la réfutation qu'en fit Arnauld, et qu'il n'eût pas su que le fameux vers y avait été noté ; et quand on supposerait qu'il l'eût ignoré, il ne lui était pas difficile de remarquer que les soupçonneux pouvaient bien trouver là un peu de jansénisme. Une variante de la nature de celle qu'il a donnée peut donc lui être attribuée à lui-même avec vraisemblance, et ne suffit nullement pour nous faire croire qu'il ait connu un autre texte que celui de le Tourneux.

Quoiqu'une accusation d'hérésie portée contre des vers de Racine ne nous laisse pas indifférent, nous ne devons, dans une affaire de théologie, être ici que rapporteur. Mais nous ne sortirons pas de ce rôle ni de celui d'historien, si nous rappelons que la sentence de l'official, les moyens exposés par le promoteur, et une requête qu'il présenta le 3 mai 1688 pour les expliquer et les justifier, causèrent un étonnement assez général, et nous pouvons ajouter, beaucoup de scandale. Sainte-Beuve cite[1] cette phrase d'une lettre qu'écrivait le 26 avril 1680 à Bossuet, l'archevêque de Reims le Tellier, ancien condisciple, il est vrai, de M. le Tourneux, et toujours fidèle

---

1. *Port-Royal*, tome V, p. 229, à la note.

à ses sentiments d'affection pour lui : « Il faut en vérité que Monsieur de Paris ait l'esprit de vertige. » Il nous indique aussi[1] un passage des *Mémoires* de du Fossé, où il est dit que jamais ordonnance ne fit plus de bruit dans Paris ; et que le prélat convaincu lui-même que la passion des envieux avait eu la plus grande part à cette affaire, ne put refuser à son libraire la permission qu'il lui demanda de vendre le *Bréviaire* de le Tourneux. Arnauld prit fait et cause pour le livre condamné. Il écrivit un volume qui a pour titre : « *Défense des versions de l'Écriture sainte, des offices de l'Église, et des ouvrages des Pères, et en particulier de la nouvelle traduction du Bréviaire, contre la sentence de l'Official de Paris du 10. avril 1688. Avec l'Avocat du public contre la Requête du Promoteur du III mai. A Cologne, chez Nicolas Schouten, 1688.* » Il s'y fit fort de prouver « qu'il n'y eut jamais de sentence ecclésiastique plus indigne du tribunal de l'Eglise, et plus pleine de nullités et d'erreurs intolérables[2] ». Passons sur tout ce qui, dans cette polémique, n'a pas un rapport direct avec nos hymnes. Arrivant à ce qu'il appelle la sixième et la septième chicanerie, qui consistent, la sixième, en cette critique, « qu'en traduisant deux hymnes on a mis dans l'une la *grâce invincible*, et dans l'autre la *force invincible de la grâce* », et la septième, en celle-ci, « qu'on a affecté.... de faire entrer partout la *grâce efficace* par des traductions fausses ou forcées », Arnauld rapproche de la *grâce invincible* des deux hymnes cette phrase de saint Augustin dans le *Livre de la Correction et de la Grâce* : « Subventum est igitur « infirmitati voluntatis humanæ ut divina gratia *indeclinabiliter et* « *insuperabiliter* agereturˌ *cap.* XII ; » et, ce qui était assez piquant, la traduction qu'un jésuite, le P. Simon le Bossu, avait donnée du *Dignare promptus ingeri Nostro refusus pectori* dans l'hymne du dimanche à Tierce : « Entrez et régnez au fond de nos cœurs par votre force également *invincible* et charmante. »

On se rappelle que le promoteur, dans ses *moyens*, avait signalé l'hymne du dimanche à Matines, celles de la férie seconde et de la férie quatrième à Laudes, celle de la sixième férie à Vêpres, celle du temps pascal, celle du jour de la Trinité à Matines, comme suspectes par l'affectation avec laquelle on y avait fait entrer la grâce efficace. « Je les viens de voir, dit Arnauld[3] ; et je ne puis dire combien j'ai

---

1. *Port-Royal*, tome V, p. 228 et 229.
2. Page 18. — 3. Pages 227 et 228.

été surpris d'une si effroyable hardiesse. Car bien loin qu'on ait affecté de fourrer dans toutes ces hymnes la *grâce efficace*, il n'y en a que deux où le mot de *grâce* se trouve, celle de Laudes au temps de Pâques.... et celle de la Trinité à Matines. » Arnauld oubliait seulement la sixième férie à Vêpres où se lisent ces deux vers :

> Seigneur, qu'ainsi *ta grâce* à nos vœux accordée
> Règne dans notre cœur ;

mais l'on cherche en vain sous quel prétexte deux autres hymnes de Racine, celles de la seconde et de la quatrième férie à Laudes, se sont trouvées englobées dans la singulière accusation du promoteur.

Nous trouvons dans le livre d'Arnauld quelques détails sur la publication de la sentence : « Il faut, dit-il, que le lecteur sache de quelle manière cette sentence a été reçue dans la ville de Paris. La précipitation de la publier fut si extraordinaire, qu'on ne voulut pas attendre que les fidèles, appliqués à solenniser la plus grande fête de l'année, l'eussent passée en repos et dans une dévotion tranquille. On ne se soucia pas de les troubler par une nouveauté si peu attendue ; et on obligea tous les curés de Paris d'interrompre le service divin le propre jour de Pâques, par une scandaleuse publication [1].... La clameur du public contre cette injuste sentence est un grand préjugé ; car il est certain qu'il en a été indigné, et que rien n'a pu le retenir de faire éclater son indignation [2]. »

Racine, qu'avait atteint, pour sa petite part, une condamnation si solennelle et si bruyante, pouvait se consoler en disant comme Boileau :

> Arnauld, le grand Arnauld fit mon apologie.

Sa conscience ne fut sans doute pas très-effrayée du reproche de *fourrer partout la grâce*, puisque cette même année 1688, composant *Esther*, il mit le nom, presque proscrit, de la *grâce* comme au frontispice de cette tragédie, commandée et protégée par le Roi, et prit soin de le faire entendre dès le second vers de son *Prologue* :

> Je descends dans ce lieu, par la Grâce habité.

Ce qui aurait suffi, ce nous semble, pour rassurer, au besoin, ses scrupules, c'étaient les paroles mêmes du promoteur, dans sa Requête du 3 mai, paroles qui paraissaient trahir un grand embarras.

---

1. Page 262. — 2. Page 264.

Arnauld les rapporte ainsi[1] : « Qu'il ne doute pas que la grâce efficace par elle-même, pourvu qu'elle soit bien entendue, et dans un sens catholique, ne soit une opinion très-orthodoxe et approuvée dans l'Église ; mais que de la vouloir insérer dans des bréviaires pour en faire un dogme de foi universellement reçu, bien que l'Église, après plusieurs examens, n'ait jusques ici rien déterminé sur ce sujet ; ou bien encore ne vouloir admettre que la seule grâce efficace dans l'état de la nature corrompue, et ne parler de la grâce, comme fait l'auteur de cette version, qu'avec l'épithète d'*invincible*, ou d'une manière qui marque avec affectation cette efficacité absolue, sans en reconnoître aucune autre, ce sont deux erreurs qui rendent cette version suspecte. » Racine devait penser qu'elle n'était suspecte que parce qu'elle venait de Port-Royal.

On pourra être curieux de comparer avec la traduction de Racine celle de Corneille qui parut en 1670. Corneille a traduit en vers toutes les hymnes du *Bréviaire romain*, et par conséquent, comme Racine, celles des Féries. La version qu'il a faite de celles-ci se trouve au tome IX de ses Œuvres (édition de la *Collection des grands écrivains*), de la page 461 à la page 488. Il ne pouvait connaître les vers de Racine, qui sans doute n'existaient pas encore sous leur dernière forme, et, en tout cas, étaient inédits. Racine, s'il a revu ses hymnes après 1670, avait lu certainement alors celles de Corneille ; mais dans les deux traductions il ne se rencontre rien de semblable pour le tour ni pour l'expression. Non-seulement on n'y peut rien surprendre qui dans le détail indique une imitation, mais le caractère général du style est entièrement différent.

LE LUNDI.

A MATINES[2].

Tandis que le sommeil, réparant la nature,

AD MATUTINUM.

Somno refectis artubus,

---

1. Page 332.
2. Cette hymne est dans le *Bréviaire romain* de le Tourneux, *Partie d'hiver*, p. 80 ; *Partie d'été*, p. 74 ; *Partie d'automne*, p. 77.

Tient enchaînés le travail et le bruit,
Nous rompons ses liens, ô clarté toujours pure,
Pour te louer dans la profonde nuit.

Que dès notre réveil notre voix te bénisse ; 5
Qu'à te chercher notre cœur empressé
T'offre ses premiers vœux ; et que par toi finisse
Le jour par toi saintement commencé.

L'astre dont la présence écarte la nuit sombre
Viendra bientôt recommencer son tour : 10
O vous, noirs ennemis qui vous glissez dans l'ombre,
Disparoissez à l'approche du jour.

Nous t'implorons, Seigneur ; tes bontés sont nos armes :
De tout péché rends-nous purs à tes yeux ;
Fais que t'ayant chanté dans ce séjour de larmes, 15
Nous te chantions dans le repos des cieux.

      Spreto cubili surgimus :
      Nobis, Pater, canentibus
      Adesse te deposcimus.

      Te lingua primum concinat,
      Te mentis ardor ambiat,
      Ut actuum sequentium
      Tu, sancte, sis exordium.

      Cedant tenebræ lumini,
      Et nox diurno sideri,
      Ut culpa quam nox intulit
      Lucis labascat munere.

      Precamur idem supplices,
      Noxas ut omnes amputes,
      Et ore te canentium
      Lauderis in perpetuum.

Exauce, Père saint, notre ardente prière,
  Verbe, son fils, Esprit, leur nœud divin,
Dieu qui, tout éclatant de ta propre lumière,
  Règnes au ciel sans principe et sans fin.

A LAUDES[1].

  Source ineffable de lumière,
Verbe en qui l'Éternel contemple sa beauté ;
Astre dont le soleil n'est que l'ombre grossière,
Sacré jour, dont le jour emprunte sa clarté ;

  Lève-toi, soleil adorable,
Qui de l'éternité ne fais[2] qu'un heureux jour ;
Fais briller à nos yeux ta clarté secourable,
Et répands dans nos cœurs le feu de ton amour.

Præsta, Pater piissime,
Patrique compar unice,
Cum Spiritu Paraclito
Regnans per omne sæculum.

AD LAUDES.

Splendor paternæ gloriæ,
De luce lucem proferens ;
Lux lucis, et fons luminis,
Diem dies illuminans ;

Verusque sol illabere,
Micans nitore perpeti ;
Jubarque sancti Spiritus
Infunde nostris sensibus.

1. Cette hymne est dans le *Bréviaire romain, Partie d'hiver*, p. 106 ; *Partie d'été*, p. 97 ; *Partie d'automne*, p. 100.
2. Dans le texte donné par Louis Racine, il y a *fait*, à la troisième personne.

POÉSIES DIVERSES.

  Prions aussi l'auguste Père,
Le Père dont la gloire a devancé les temps,   10
Le Père tout-puissant en qui le monde espère,
Qu'il soutienne d'en haut ses fragiles enfants.

  Donne-nous un ferme courage ;
Brise la noire dent du serpent envieux ;
Que le calme, grand Dieu, suive de près l'orage ;   15
Fais-nous faire toujours ce qui plaît à tes yeux.

  Guide notre âme dans ta route ;
Rends notre corps docile à ta divine loi ;
Remplis-nous d'un espoir que n'ébranle aucun doute,
Et que jamais l'erreur n'altère notre foi.   20

  Que Christ soit notre pain céleste ;
Que l'eau d'une foi vive abreuve notre cœur :

    Votis vocemus et Patrem,
    Patrem perennis gloriæ,
    Patrem potentis gratiæ :
    Culpam releget lubricam.

    Confirmet actus strenuos ;
    Dentes retundat invidi ;
    Casus secundet asperos ;
    Donet gerendi gratiam.

    Mentem gubernet et regat,
    Casto, fideli corpore ;
    Fides calore ferveat ;
    Fraudis venena nesciat.

    Christusque nobis sit cibus,
    Potusque noster sit fides :

Ivres de ton esprit, sobres pour tout le reste[1],
Daigne à tes combattants inspirer ta vigueur.

  Que la pudeur chaste et vermeille   25
Imite sur leur front la rougeur du matin ;
Aux clartés du midi que leur foi soit pareille ;
Que leur persévérance ignore le déclin.

  L'aurore luit sur l'hémisphère :
Que Jésus dans nos cœurs daigne luire aujourd'hui,   30
Jésus, qui tout entier est dans son divin Père,
Comme son divin Père est tout entier en lui.

  Gloire à toi, Trinité profonde,
Père, Fils, Esprit saint : qu'on t'adore toujours,

    Læti bibamus sobriam
    Ebrietatem spiritus.

    Lætus dies hic transeat :
    Pudor sit ut diluculum,
    Fides velut meridies,
    Crepusculum mens nesciat.

    Aurora cursus provehit :
    Aurora totus prodeat,
    In Patre totus Filius,
    Et totus in Verbo Pater.

    Deo Patri sit gloria,
    Ejusque soli Filio,

---

1. Geoffroy a fait remarquer que cette traduction de *sobriam ebrietatem* n'était pas heureuse. On aimera à comparer la traduction que Corneille a donnée de la même strophe :

  Que la foi soit notre breuvage,
  Que pour viande en tous lieux nous ayons Jésus-Christ :
  Qu'une sincère joie y goûte l'avantage
  De cette sobre ivresse où s'épure l'esprit.

Tant que l'astre des temps éclairera le monde, 35
Et quand les siècles même auront fini leur cours.

LE MARDI.

A MATINES[1].

Verbe égal au Très-Haut, notre unique espérance,
  Jour éternel de la terre et des cieux[2],
De la paisible nuit nous rompons le silence :
  Divin Sauveur, jette sur nous les yeux.

Répands sur nous le feu de ta grâce invincible ; 5
  Que tout l'enfer fuie au son de ta voix ;
Dissipe ce sommeil qui rend l'âme insensible,
  Et la conduit dans l'oubli de tes lois[3].

    Cum Spiritu Paraclito,
    Et nunc et in perpetuum.

AD MATUTINUM.

    Consors paterni luminis,
    Lux ipse lucis et dies,
    Noctem canendo rumpimus :
    Assiste postulantibus.

    Aufer tenebras mentium ;
    Fuga catervas dæmonum ;
    Expelle somnolentiam,
    Ne pigritantes obruat.

1. Cette hymne est dans le *Bréviaire romain, Partie d'hiver*, p. 110 ; *Partie d'été*, p. 101 ; *Partie d'automne*, p. 104. On la trouve manuscrite au *British Musæum* : voyez plus bas la note 3, et ci-dessus, p. 101.
2. Corneille a traduit plus littéralement *Lux ipse lucis et dies* :
  Jour du jour, clarté des clartés.
3. On lit ainsi cette strophe dans l'édition de Louis Racine :
  Répands sur nous le feu de ta grâce puissante ;

O Christ, sois favorable à ce peuple fidèle,
  Pour te bénir maintenant assemblé ;
Reçois les chants qu'il offre à ta gloire immortelle ;
  Et de tes dons qu'il retourne comblé.

Exauce, Père saint, notre ardente prière,
  Verbe, son fils, Esprit, leur nœud divin,
Dieu qui, tout éclatant de ta propre lumière,
  Règnes au ciel sans principe et sans fin.

A LAUDES[1].

L'oiseau vigilant nous réveille,

> Sic, Christe, nobis omnibus
> Indulgeas credentibus,
> Ut prosit exorantibus,
> Quod præcinentes psallimus.
>
> Præsta, Pater piissime,
> Patrique compar unice,
> Cum Spiritu Paraclito
> Regnans per omne sæculum.

AD LAUDES.

Ales diei nuntius

Que tout l'enfer fuie au son de ta voix ;
Dissipe ce sommeil d'une âme languissante,
  Qui la conduit dans l'oubli de tes lois.

Nous avons dans la notice (p. 104) parlé de cette variante, que nous ne croyons pas de Racine. Si en effet elle n'est pas de lui, que penser du manuscrit du *British Musæum*, prétendu autographe, où la strophe est conforme à la leçon adoptée par Louis Racine et par les éditeurs qui sont venus après lui ?

1. Cette hymne est dans le *Bréviaire romain*, *Partie d'hiver*, p. 130 ; *Partie d'été*, p. 121 ; *Partie d'automne*, p. 124.

Et ses chants redoublés semblent chasser la nuit :
Jésus se fait entendre à l'âme qui sommeille,
Et l'appelle à la vie, où son jour nous conduit.

    « Quittez, dit-il, la couche oisive
Où vous ensevelit une molle langueur :
Sobres, chastes et purs, l'œil et l'âme attentive,
Veillez : je suis tout proche, et frappe à votre cœur. »

    Ouvrons donc l'œil à sa lumière,
Levons vers ce Sauveur et nos mains et nos yeux,
Pleurons et gémissons : une ardente prière
Écarte le sommeil, et pénètre les cieux.

    O Christ, ô soleil de justice,
De nos cœurs endurcis romps l'assoupissement ;
Dissipe l'ombre épaisse où les plonge le vice,
Et que ton divin jour y brille à tout moment.

    Lucem propinquam præcinit ;
Nos excitator mentium
Jam Christus ad vitam vocat.

    « Auferte, clamat, lectulos
Ægro sopore desides ;
Castique, recti, ac sobrii
Vigilate : jam sum proximus. »

    Jesum ciamus vocibus,
Flentes, precantes, sobrii :
Intenta supplicatio
Dormire cor mundum vetat.

    Tu, Christe, somnum discute ;
Tu rumpe noctis vincula ;
Tu solve peccatum vetus,
Novumque lumen ingere.

Gloire à toi, Trinité profonde,
Père, Fils, Esprit sain : qu'on t'adore toujours,
Tant que l'astre des temps éclairera le monde,
Et quand les siècles même auront fini leur cours. 20

LE MERCREDI.

A MATINES [1].

Grand Dieu, par qui de rien toute chose est formée,
   Jette les yeux sur nos besoins divers ;
Romps ce fatal sommeil par qui l'âme charmée
   Dort en repos sur le bord des enfers.

Daigne, ô divin Sauveur que notre voix implore, 5
   Prendre pitié des fragiles mortels,
Et vois comme du lit, sans attendre l'aurore,
   Le repentir nous traîne à tes autels.

      Deo Patri sit gloria,
      Ejusque soli Filio,
      Cum Spiritu Paraclito,
      Et nunc et in perpetuum.

AD MATUTINUM.

      Rerum creator optime,
      Rectorque noster, aspice ;
      Nos a quiete noxia
      Mersos sopore libera.

      Te, sancte Christe, poscimus,
      Ignosce tu criminibus :
      Ad confitendum surgimus,
      Morasque noctis rumpimus.

---

1. Cette hymne est dans le *Bréviaire romain, Partie d'hiver,* p. 131 ; *Partie d'été,* p. 122 ; *Partie d'automne,* p. 125.

C'est là que notre troupe affligée, inquiète,
    Levant au ciel et le cœur et les mains,   10
Imite le grand Paul, et suit ce qu'un prophète
    Nous a prescrit dans ses cantiques saints.

Nous montrons à tes yeux nos maux et nos alarmes,
    Nous confessons tous nos crimes secrets ;
Nous t'offrons tous nos vœux, nous y mêlons nos larmes :
    Que ta bonté révoque tes arrêts.

Exauce, Père saint, notre ardente prière,
    Verbe, son fils, Esprit, leur nœud divin,
Dieu qui, tout éclatant de ta propre lumière,
    Règnes au ciel sans principe et sans fin.   20

A LAUDES[1].

Sombre nuit, aveugles ténèbres,

    Menses manusque tollimus,
    Propheta sicut noctibus
    Nobis gerendum præcipit,
    Paulusque gestis censuit.

    Vides malum quod gessimus,
    Occulta nostra pandimus ;
    Preces gementes fundimus :
    Dimitte quod peccavimus.

    Præsta, Pater piissime,
    Patrique compar unice,
    Cum Spiritu Paraclito
    Regnans per omne sæculum.

AD LAUDES.
Nox et tenebræ et nubila,

---

1. Cette hymne est dans le *Bréviaire romain*, *Partie d'hiver*, p. 150 ; *Partie d'été*, p. 141 ; *Partie d'automne*, p. 144.

Fuyez : le jour s'approche et l'Olympe blanchit ;
Et vous, démons, rentrez dans vos prisons funèbres :
De votre empire affreux un Dieu nous affranchit.

  Le soleil perce l'ombre obscure ;   5
Et les traits éclatants qu'il lance dans les airs,
Rompant le voile épais qui couvroit la nature,
Redonnent la couleur et l'âme à l'univers.

  O Christ, notre unique lumière,
Nous ne reconnoissons que tes saintes clartés.   10
Notre esprit t'est soumis ; entends notre prière,
Et sous ton divin joug range nos volontés.

  Souvent notre âme criminelle
Sur sa fausse vertu téméraire s'endort ;
Hâte-toi d'éclairer, ô lumière éternelle,   15
Des malheureux assis dans l'ombre de la mort.

    Confusa mundi, et turbida
    (Lux intrat, albescit polus,
    Christus venit), discedite.

    Caligo terræ scinditur,
    Percussa solis spiculo,
    Rebusque jam color redit
    Vultu nitentis sideris.

    Te, Christe, solum novimus,
    Te mente pura et simplici,
    Flendo et canendo quæsumus,
    Intende nostris sensibus.

    Sunt multa fucis illita,
    Quæ luce purgentur tua ;
    Tu, lux eoi sideris,
    Vultu sereno illumina.

Gloire à Toi, Trinité profonde,
Père, Fils, Esprit saint : qu'on t'adore toujours,
Tant que l'astre des temps éclairera le monde,
Et quand les siècles même auront fini leur cours.   20

LE JEUDI.

A MATINES[1].

De toutes les couleurs que distinguoit la vue
   L'obscure nuit n'a fait qu'une couleur :
Juste juge des cœurs, notre ardeur assidue
   Demande ici tes yeux et ta faveur.

Qu'ainsi prompt à guérir nos mortelles blessures,   5
   Ton feu divin, dans nos cœurs répandu,

    Deo Patri sit gloria,
    Ejusque soli Filio,
    Cum Spiritu Paraclito,
    Et nunc et in perpetuum.

AD MATUTINUM.

    Nox atra rerum contegit
    Terræ colores omnium :
    Nos confitentes poscimus
    Te, juste judex cordium,

    Ut auferas piacula,
    Sordesque mentis abluas ;

---

1. Cette hymne est dans le *Bréviaire romain*, *Partie d'hiver*, p. 152 ; *Partie d'été*, p. 143 ; *Partie d'automne*, p. 146. M. le marquis de Biencourt la possède manuscrite : voyez ci-dessus, p. 101.

Consomme[1] pour jamais les passions impures,
  Pour n'y laisser que l'amour qui t'est dû.

Effrayés des péchés dont le poids les accable,
  Tes serviteurs voudroient se relever :
Ils implorent, Seigneur, ta bonté secourable,
  Et dans ton sang cherchent à se laver.

Seconde leurs efforts, dissipe l'ombre noire
  Qui dès longtemps les tient enveloppés ;
Et que l'heureux séjour d'une immortelle gloire
  Soit l'objet seul de leurs cœurs détrompés.

Exauce, Père saint, notre ardente prière,
  Verbe, son fils, Esprit, leur nœud divin,
Dieu qui, tout éclatant de ta propre lumière,
  Règnes au ciel sans principe et sans fin.

>   Donesque, Christe, gratiam,
>   Ut arceantur crimina.
>
>   Mens ecce torpet impia,
>   Quam culpa mordet noxia :
>   Obscura gestit tollere,
>   Et te, Redemptor, quærere.
>
>   Repelle tu caliginem
>   Intrinsecus quam maxime,
>   Ut in beato gaudeat
>   Se collocari lumine.
>
>   Præsta, Pater piissime,
>   Patrique compar unice,
>   Cum Spiritu Paraclito
>   Regnans per omne sæculum.

1. Louis Racine, et à son exemple les éditeurs modernes, ont substitué *consume* à *consomme*.

A LAUDES[1].

Les portes du jour sont ouvertes,
Le soleil peint le ciel de rayons éclatants :
Loin de nous cette nuit dont nos âmes couvertes
Dans le chemin du crime ont erré si longtemps.

Imitons la lumière pure 5
De l'astre étincelant qui commence son cours,
Ennemis du mensonge et de la fraude obscure ;
Et que la vérité brille en tous nos discours.

Que ce jour se passe sans crime,
Que nos langues, nos mains, nos yeux soient innocents ;
Que tout soit chaste en nous, et qu'un frein légitime
Aux lois de la raison asservisse les sens[2].

AD LAUDES.

Lux ecce surgit aurea :
Pallens fatiscat cæcitas
Quæ nosmet in præceps diu
Errore traxit devio.

Hæc lux serenum conferat,
Purosque nos præstet sibi :
Nihil loquamur subdolum,
Volvamus obscurum nihil.

Sic tota decurrat dies,
Ne lingua mendax, ne manus,
Oculive peccent lubrici,
Ne noxa corpus inquinet.

1. Cette hymne est dans le *Bréviaire romain*, *Partie d'hiver*, p. 180 ; *Partie d'été*, p. 171 ; *Partie d'automne*, p. 174. Comme la précédente, elle se trouve manuscrite dans la collection de M. le marquis de Biencourt.
2. Dans le *Portefeuille de M. L. D. F****, on lit : *nos sens*, au lieu de : *les sens*.

Du haut de sa sainte demeure
Un Dieu toujours veillant nous regarde marcher ;
Il nous voit, nous entend, nous observe à toute heure ; 15
Et la plus sombre nuit ne sauroit nous cacher.

Gloire à Toi, Trinité profonde,
Père, Fils, Esprit saint : qu'on t'adore toujours,
Tant que l'astre des temps éclairera le monde,
Et quand les siècles même auront fini leur cours. 20

LE VENDREDI.

A MATINES[1].

Auteur de toute chose, essence en trois unique,
   Dieu tout-puissant, qui régis l'univers,
Dans la profonde nuit nous t'offrons ce cantique :
   Écoute-nous, et vois nos maux divers,

      Speculator adstat desuper,
      Qui nos diebus omnibus
      Actusque nostros prospicit,
      A luce prima in vesperum.

      Deo Patri sit gloria,
      Ejusque soli Filio,
      Cum Spiritu Paraclito,
      Et nunc et in perpetuum.

AD MATUTINUM.

      Tu Trinitatis unitas,
      Orbem potenter qui regis,
      Attende laudum cantica,
      Quæ excubantes psallimus ;

---

1. Cette hymne est dans le *Bréviaire romain, Partie d'hiver*, p. 181 ; *Partie d'été*, p. 172 ; *Partie d'automne*, p. 175.

Tandis que du sommeil le charme nécessaire 5
    Ferme les yeux du reste des humains,
Le cœur tout pénétré d'une douleur amère,
    Nous implorons tes secours souverains.

Que tes feux de nos cœurs chassent la nuit fatale ;
    Qu'à leur éclat soient d'abord dissipés 10
Ces objets dangereux que la ruse infernale
    Dans un vain songe offre à nos sens trompés.

Que notre corps soit pur ; qu'une indolence ingrate
    Ne tienne point nos cœurs ensevelis ;
Que par l'impression du vice qui nous flatte 15
    Tes feux sacrés n'y soient point affoiblis.

Qu'ainsi, divin Seigneur, tes lumières célestes,
    Dans tes sentiers affermisssant nos pas,

        Nam lectulo consurgimus,
        Noctis quieto tempore,
        Ut flagitemus vulnerum
        A te medelam omnium.

        Quo fraude quidquid dæmonum
        In noctibus deliquimus,
        Abstergat illud cœlitus
        Tuæ potestas gloriæ.

        Ne corpus adsit sordidum,
        Nec torpor instet cordium,
        Nec criminis contagio
        Tepescat ardor spiritus.

        Ob hoc, Redemptor, quæsumus,
        Reple tuo nos lumine,

Nous détournent toujours de ces piéges funestes
    Que le démon couvre de mille appas.   10

Exauce, Père saint, notre ardente prière,
    Verbe, son fils, Esprit, leur nœud divin,
Dieu qui, tout éclatant de ta propre lumière,
    Règnes au ciel sans principe et sans fin.

A LAUDES[1].

    Astre que l'Olympe révère,
Doux espoir des mortels rachetés par ton sang,
Verbe, Fils éternel du redoutable Père,
Jésus, qu'une humble Vierge a porté dans son flanc,

    Affermis l'âme qui chancelle ;   5
Fais que levant au ciel nos innocentes mains,

        Per quod dierum circulis
        Nullis ruamus actibus.

        Præsta, Pater piissime,
        Patrique compar unice,
        Cum Spiritu Paraclito
        Regnans per omne sæculum.

        AD LAUDES.

        Æterna cœli gloria,
        Beata spes mortalium,
        Celsi tonantis unice,
        Castæque proles virginis,

        Da dexteram surgentibus,
        Exsurgat ut mens sobria,

---

1. Cette hymne est dans le *Bréviaire romain*, *Partie d'hiver*, p. 203 ; *Partie d'été*, p. 194 ; *Partie d'automne*, p. 197.

Nous chantions dignement et ta gloire immortelle,
Et les biens dont ta grâce a comblé les humains.

  L'astre avant-coureur de l'aurore,
Du soleil qui s'approche annonce le retour[1];   10
Sous le pâle horizon[2] l'ombre se décolore :
Lève-toi dans nos cœurs, chaste et bienheureux jour[3].

  Sois notre inséparable guide ;
Du siècle ténébreux perce l'obscure nuit ;
Défends-nous en tout temps contre l'attrait perfide   15
De ces plaisirs trompeurs dont la mort est le fruit.

  Que la foi dans nos cœurs gravée

    Flagrans et in laudem Dei
    Grates rependat debitas.

    Ortus refulget Lucifer,
    Sparsamque lucem nuntiat ;
    Cadit caligo noctium :
    Lux sancta nos illuminet ;

    Manensque nostris sensibus,
    Noctem repellat sæculi,
    Omnique fine diei
    Purgata servet pectora.

    Quæsita jam primum fides

---

1. Dans le *Portefeuille de M. L. D. F****, on lit :

  Du soleil qui s'approche avance le retour.

Ce doit être une faute d'impression.

2. Dans le *Bréviaire romain* : « orizon ». Voyez ci-dessus, p. 61, note 1.

3. On peut comparer ces deux derniers vers à ceux-ci de Corneille, qui ont un autre genre de beauté :

  La nuit tombe : répands sur notre vive ardeur
    Les rais de ta lumière sainte.

D'un rocher immobile ait la stabilité ;
Que sur ce fondement l'espérance élevée
Porte pour comble heureux l'ardente charité.   20

Gloire à Toi, Trinité profonde,
Père, Fils, Esprit saint : qu'on t'adore toujours,
Tant que l'astre des temps éclairera le monde,
Et quand les siècles même auront fini leur cours.

LE SAMEDI.

A MATINES[1].

O Toi qui d'un œil de clémence
Vois les égarements des fragiles humains ;
Toi dont l'être un en trois et le même en puissance
A créé ce grand tout soutenu par tes mains,

> Radicet altis sensibus ;
> Secunda spes congaudeat,
> Qua major exstat charitas.
>
> Deo Patri sit gloria,
> Ejusque soli Filio,
> Cum Spiritu Paraclito,
> Et nunc et in perpetuum.
>
> ### AD MATUTINUM.
>
> Summæ Deus clementiæ,
> Mundique factor machinæ,
> Unus potentialiter,
> Trinusque personaliter,

---

1. Cette hymne est dans le *Bréviaire romain*, *Partie d'hiver*, p. 204 ; *Partie d'été*, p. 195 ; *Partie d'automne*, p. 198.

Éteins ta foudre dans les larmes 5
Qu'un juste repentir mêle à nos chants sacrés ;
Et que puisse ta grâce, où brillent tes doux charmes,
Te préparer un temple en nos cœurs épurés.

Brûle en nous de tes saintes flammes
Tout ce qui de nos sens excite les transports, 10
Afin que toujours prêts, nous puissions dans nos âmes
Du démon de la chair vaincre tous les efforts.

Pour chanter ici tes louanges,
Notre zèle, Seigneur, a devancé le jour :
Fais qu'ainsi nous chantions un jour avec tes anges 15
Les biens qu'à tes élus assure ton amour.

Père des anges et des hommes,
Sacré Verbe, Esprit saint, profonde Trinité,
Sauve-nous ici-bas des périls où nous sommes,
Et qu'on loue à jamais ton immense bonté. 20

>
> Nostros pius cum canticis
> Fletus benigne suscipe,
> Quo corde puro sordibus
> Te perfruamur largius.
>
> Lumbos jecurque morbidum
> Adure igni congruo,
> Accincti ut sint perpetim,
> Luxu remoto pessimo ;
>
> Ut quique horas noctium
> Nunc concinendo rumpimus,
> Donis beatæ patriæ
> Ditemur omnes affatim.
>
> Præsta, Pater piissime,
> Patrique compar unice,
> Cum Spiritu Paraclito
> Regnans per omne sæculum.

A LAUDES[1].

L'aurore brillante et vermeille
Prépare le chemin au soleil qui la suit ;
Tout rit aux premiers traits du jour qui se réveille :
Retirez-vous, démons, qui volez dans la nuit.

Fuyez, songes, troupe menteuse, 5
Dangereux ennemis par la nuit enfantés ;
Et que fuie avec vous la mémoire honteuse
Des objets qu'à nos sens vous avez présentés.

Chantons l'auteur de la lumière,
Jusqu'au jour où son ordre a marqué notre fin, 10
Et qu'en le bénissant notre aurore dernière
Se perde en un midi sans soir et sans matin.

AD LAUDES.

Aurora jam spargit polum,
Terris dies illabitur,
Lucis resultat spiculum :
Discedat omne lubricum.

Phantasma noctis decidat ;
Mentis reatus subruat ;
Quidquid tenebris horridum
Nox attulit culpæ, cadat ;

Et mane illud ultimum
Quod præstolamur cernui
In lucem nobis effluat,
Dum hoc canore concrepat.

1. Cette hymne est dans le *Bréviaire romain, Partie d'hiver*, p. 234 ; *Partie d'été*, p. 225 ; *Partie d'automne*, p. 228. M. Boutron-Charlard la possède manuscrite : voyez ci-dessus, p. 101.

Gloire à Toi, Trinité profonde,
Père, Fils, Esprit saint : qu'on t'adore toujours,
Tant que l'astre des temps éclairera le monde, 15
Et quand les siècles même auront fini leur cours.

LE LUNDI.

A VÊPRES[1].

Grand Dieu, qui vis les cieux se former sans matière,
    A ta voix seulement,
Tu séparas les eaux, leur marquant[2] pour barrière
    Le vaste firmament.

Si la voûte céleste a ses plaines liquides, 5
    La terre a ses ruisseaux,

    Deo Patri sit gloria,
    Ejusque soli Filio,
    Cum Spiritu Paraclito,
    Et nunc et in perpetuum.

AD VESPERAS.

    Immense cœli conditor,
    Qui mixta ne confunderent,
    Aquæ fluenta dividens,
    Cœlum dedisti limitem,

    Firmans locum cœlestibus,
    Simulque terræ rivulis,

1. Cette hymne est dans le *Bréviaire romain*, *Partie d'hiver*, p. 244 ; *Partie d'été*, p. 235 ; *Partie d'automne*, p. 238. Elle se trouve manuscrite au *British Musæum* : voyez ci-dessus, p. 101.

2. Il y a *leur marquas* dans le manuscrit du *British Musæum*, comme dans l'édition de Luneau de Boisjermain, dans celles de 1807, de 1808 et de M. Aimé-Martin.

Qui contre les chaleurs portent aux champs arides
    Le secours de leurs eaux :

Seigneur, qu'ainsi les eaux de ta grâce féconde
    Réparent nos langueurs ;   10
Que nos sens désormais vers les appas du monde
    N'entraînent plus nos cœurs.

Fais briller de ta foi les lumières propices
    A nos yeux éclairés ;
Qu'elle arrache le voile à tous les artifices   15
    Des enfers conjurés.

Règne, ô Père éternel, Fils, Sagesse incréée,
    Esprit saint, Dieu de paix,
Qui fais changer des temps l'inconstante durée,
    Et ne changes jamais.   20

    Ut unda flammas temperet,
    Terræ solum ne dissipent :

    Infunde nunc, piissime,
    Donum perennis gratiæ,
    Fraudis novæ ne casibus
    Nos error atterat vetus.

    Lucem fides inveniat ;
    Sic luminis jubar ferat,
    Ut vana cuncta terreat,
    Hanc falsa nulla comprimant.

    Præsta, Pater piissime,
    Patrique compar unice,
    Cum Spiritu Paraclito
    Regnans per omne sæculum.

LE MARDI.

A VÊPRES[1].

Ta sagesse, grand Dieu, dans tes œuvres tracée,
    Débrouilla le chaos,
Et fixant sur son poids la terre balancée,
    La sépara des flots.

Par là, son sein fécond de fleurs et de feuillages
    L'embellit tous les ans,
L'enrichit de doux fruits, couvre de pâturages
    Ses vallons et ses champs.

Seigneur, fais de ta grâce à notre âme abattue
    Goûter les fruits heureux ;
Et que puissent nos pleurs de la chair corrompue
    Éteindre en nous les feux.

AD VESPERAS.

Telluris ingens conditor,
Mundi solum qui eruens,
Pulsis aquæ molestiis,
Terram dedisti immobilem,

Ut germen aptum proferens,
Fulvis decora floribus,
Fecunda fructu sisteret,
Pastumque gratum redderet,

Mentis perustæ vulnera
Munda virore gratiæ,
Ut facta fletu diluat,
Motusque pravos atterat.

1. Cette hymne est dans le *Bréviaire romain, Partie d'hiver*, p. 248; *Partie d'été*, p. 239; *Partie d'automne*, p. 242. M. Gautier de la Chapelle la possède manuscrite. Voyez ci-dessus, p. 101.

HYMNES DU BRÉVIAIRE ROMAIN. 131

Que sans cesse nos cœurs, loin du sentier des vices,
　　Suivent tes volontés ;
Qu'innocents à tes yeux, ils fondent leurs délices 15
　　Sur tes seules bontés.

Règne, ô Père éternel, Fils, Sagesse increéée,
　　Esprit saint, Dieu de paix,
Qui fais changer des temps l'inconstante durée,
　　Et ne changes jamais. 20

LE MERCREDI.

A VÊPRES[1].

Grand Dieu, qui fais briller sur la voûte étoilée
　　Ton trône glorieux,
Et d'une blancheur vive, à la pourpre mêlée,
　　Peins le centre des cieux,

> Jussis tuis obtemperet,
> Nullis malis approximet,
> Bonis repleri gaudeat,
> Et mortis actum nesciat.
>
> Præsta, Pater piissime,
> Patrique compar unice,
> Cum Spiritu Paraclito
> Regnans per omne sæculum.
>
> AD VESPERAS.
>
> Cœli Deus sanctissime,
> Qui lucidum centrum poli
> Candore pingis igneo,
> Augens decoro lumine ;

1. Cette hymne est dans le *Bréviaire romain, Partie d'hiver*, p. 252 ; *Partie d'été*, p. 243 ; *Partie d'automne*, p. 246.

Par toi roule à nos yeux sur un char de lumière 5
    Le clair flambeau des jours ;
De tant d'astres par toi la lune en sa carrière
    Voit le différent cours.

Ainsi sont séparés les jours des nuits prochaines
    Par d'immuables lois ; 10
Ainsi tu fais connoître à des marques certaines
    Les saisons et les mois.

Seigneur, répands sur nous ta lumière céleste,
    Guéris nos maux divers ;
Que ta main invincible[1], aux démons si funeste, 15
    Brise enfin tous nos fers.

    Quarto die qui flammeam
    Solis rotam constituens
    Lunæ ministras ordinem,
    Vagosque cursus siderum,

    Ut noctibus vel lumini
    Diremptionis terminum,
    Primordiis et mensium
    Signum dares notissimum,

    Illumina cor hominum,
    Absterge sordes mentium,
    Resolve culpæ vinculum,
    Everte moles criminum.

---

1. On lit dans le texte donné par Louis Racine et par tous les éditeurs des *Œuvres de Racine* :

    Que ta main secourable, aux démons si funeste.

On reconnaît dans cette correction un scrupule craintif, tel que celui qui a décidé le changement de la seconde strophe de l'hymne du mardi à Matines. Mais ce scrupule est ici plus étonnant.

Règne, ô Père éternel, Fils, Sagesse incréée,
 Esprit saint, Dieu de paix,
Qui fais changer des temps l'inconstante durée,
 Et ne changes jamais.   20

LE JEUDI.

A VÊPRES [1].

Seigneur, tant d'animaux par toi des eaux fécondes
 Sont produits à ton choix,
Que leur nombre infini peuple ou les mers profondes,
 Ou les airs et les bois [2].

Ceux-là sont humectés des flots que la mer roule ;   5
 Ceux-ci, de l'eau des cieux ;

   Præsta, Pater piissime,
   Patrique compar unice,
   Cum Spiritu Paraclito
   Regnans per omne sæculum.

    AD VESPERAS.

   Magnæ Deus potentiæ,
   Qui ex aquis ortum genus
   Partim remittis gurgiti,
   Partim levas in aera,

   Demersa lymphis imprimens,
   Subvecta cœlis irrigans [3],

---

1. Cette hymne est dans le *Bréviaire romain, Partie d'hiver*, p. 259 ; *Partie d'été*, p. 250 ; *Partie d'automne*, p. 253.

2. Les éditions de Luneau de Boisjermain, de 1807 (la Harpe), de Geoffroy et de M. Aimé-Martin ont ainsi changé ce vers :

  Ou les airs ou les bois.

3. Nous avons généralement suivi le texte latin du *Bréviaire* de

Et de la même source ainsi sortis en foule,
   Occupent divers lieux.

Fais, ô Dieu tout-puissant, fais que tous les fidèles
   A ta grâce soumis, 10
Ne retombent jamais dans les chaînes cruelles
   De leurs fiers ennemis;

Que par toi soutenus, le joug pesant des vices
   Ne les accable pas;
Qu'un orgueil téméraire en d'affreux précipices 15
   N'engage point leurs pas.

Règne, ô Père éternel, Fils, Sagesse incréée,
   Esprit saint, Dieu de paix,
Qui fais changer des temps l'inconstante durée,
   Et ne changes jamais. 20

   Ut stirpe ab una prodita
   Diversa rapiant loca :

   Largire cunctis servulis
   Quos mundat unda sanguinis,
   Nescire lapsus criminum,
   Nec ferre mortis tædium,

   Ut culpa nullum deprimat,
   Nullum levet jactantia,
   Elisa mens ne concidat,
   Elata mens ne corruat.

   Præsta, Pater piissime,
   Patrique compar unice,
   Cum Spiritu Paraclito
   Regnans per omne sæculum.

le Tourneux, qui offre quelques différences avec celui qu'ont donné Geoffroy et M. Aimé-Martin. Mais ici, au lieu de *erigens*, nous adoptons, comme ces éditeurs, la leçon *irrigans*, qui paraît bien, par la traduction que Racine a donnée de ce vers, être le texte qu'il avait sous les yeux.

LE VENDREDI.

A VÊPRES[1].

Créateur des humains, grand Dieu, souverain maître
  De ce vaste univers,
Qui du sein de la terre, à ton ordre, vis naître[2]
  Tant d'animaux divers,

A ces grands corps sans nombre et différents d'espèce, 5
  Animés à ta voix,
L'homme fut établi par ta haute sagesse
  Pour imposer ses lois.

Seigneur, qu'ainsi ta grâce à nos vœux accordée
  Règne dans notre cœur; 10
Que nul excès honteux, que nulle impure idée
  N'en chasse la pudeur.

AD VESPERAS.

Plasmator hominis, Deus,
Qui cuncta solus ordinans,
Humum jubes producere
Reptantis et feræ genus;

Qui magna rerum corpora,
Dictu jubentis vivida,
Ut serviant per ordinem,
Subdens dedistis homini :

Repelle a servis tuis
Quidquid per immunditiam
Aut moribus se suggerit,
Aut actibus se interserit.

---

1. Cette hymne est dans le *Bréviaire romain, Partie d'hiver*, p. 266 ; *Partie d'été*, p. 257 ; *Partie d'automne*, p. 260.
2. Dans le texte de Louis Racine : « vit naître ». Voyez ci-dessus, p. 109, note 2.

Qu'un saint ravissement éclate en notre zèle ;
 Guide toujours nos pas ;
Fais d'une paix profonde à ton peuple fidèle
 Goûter les doux appas.

Règne, ô Père éternel, Fils, Sagesse incréée ;
 Esprit saint, Dieu de paix,
Qui fais changer des temps l'inconstante durée,
 Et ne changes jamais.

> Da gaudiorum præmia,
> Da gratiarum munera,
> Dissolve litis vincula,
> Astringe pacis fœdera.
>
> Præsta, Pater piissime,
> Patrique compar unice,
> Cum Spiritu Paraclito
> Regnans per omne sæculum.

Nous avons dit ci-dessus, page 95, que l'hymne du samedi à Vêpres, qui compléterait les hymnes des féries, n'a pas été traduite par Racine, mais par le Maître de Saci. Comme elle a été cependant donnée par tous les précédents éditeurs des *Œuvres de Racine*, depuis l'attribution que Louis Racine lui en avait faite, nous la plaçons ici en appendice :

LE SAMEDI
A VÊPRES.

 Source éternelle de lumière,
Trinité souveraine et très-simple unité,
Le visible soleil va finir sa carrière :
Fais luire dans nos cœurs l'invisible clarté.

 Qu'au doux concert de tes louanges
Notre voix et commence et finisse le jour ;
Et que notre âme enfin chante avec tes saints anges
Le cantique éternel de ton céleste amour.

 Adorons le Père suprême,
Principe sans principe, abîme de splendeur,

Le Fils, Verbe du Père, engendré dans lui-même,
L'Esprit des deux, qu'il lie, amour, don, paix, ardeur.

Cette hymne est dans le *Bréviaire romain*, Partie d'hiver, p. 273 ; Partie d'été, p. 264 ; Partie d'automne, p. 267 ; et dans l'*Office de l'Église* (édition de 1659), p. 470. Les deux premières strophes, telles qu'elles sont ici, se trouvent également dans l'édition de 1650 de l'*Office de l'Église*, à la page 418, mais la dernière strophe y est différente. La voici :

Gloire à Dieu, roi de l'Empyrée ;
Gloire à l'unique Fils ; gloire à l'Esprit de paix !
Que leur haute grandeur soit crainte et révérée
En terre, dans le ciel, maintenant, à jamais.

VIII

ODE TIRÉE DU PSAUME XVII,

Diligam te, Domine, etc.

Dans sa *Préface du commentateur sur les poésies diverses*, au tome V des *Œuvres de Racine*, p. 453, Geoffroy nous apprend qu'il a donné cette ode d'après le manuscrit autographe de Racine. « L'ode tirée du psaume XVII, *Diligam te Domine*, est, dit-il, publiée dans cette édition (1808) pour la première fois. Elle a été trouvée, ainsi que les notes qui l'accompagnent, à la vente de Racine le fils, et déposée à la Bibliothèque impériale par M. Capperonnier. Le manuscrit est de la main même du grand Racine. Il est impossible de fixer l'époque précise à laquelle cette ode a été faite. » Nous avions dit dans notre première édition que l'on ne retrouvait plus le précieux manuscrit que Geoffroy avait eu entre les mains. Depuis, la Bibliothèque nationale l'a recouvré ; nous l'y avons vu dans les *Acquisitions nouvelles françaises*, sous le n° 160. Il n'offre aucune différence avec le texte donné par Geoffroy.

Puisque cette ode était dans les papiers de Louis Racine, il y a lieu de s'étonner qu'il ne l'ait pas publiée, qu'il n'en ait même jamais parlé comme d'un ouvrage de son père. Comment surtout a-t-il lui-même hasardé une nouvelle traduction du même psaume ? Mais alors peut-être ne connaissait-il pas encore le manuscrit qu'on a trouvé à sa vente.

Supérieure aux *Hymnes*, inférieure aux *Cantiques spirituels*, l'*Ode tirée du psaume XVII* doit avoir été composée plus tard que les premières et avant les derniers. Il est vraisemblable, comme l'a fait remarquer Geoffroy, que, dans les notes jointes au manuscrit, c'était Boileau que Racine consultait.

Si l'on veut comparer aux vers de Racine l'imitation du psaume XVII par son fils, on la trouvera au tome I des *Œuvres de Louis Racine*, p. 355 (édition de 1808, in-8°). Quoique l'*Ode* de notre poëte ne

ODE TIRÉE DU PSAUME XVII.

soit pas un de ses plus beaux ouvrages, on y reconnaît la touche d'un maître ; et peut-être, pour en être encore plus frappé, est-il bon de lire, à côté de l'œuvre du père, celle du fils, modeste disciple, qui n'a jamais pu suivre que de bien loin ces traces paternelles qu'il cherchait pieusement.

    Je t'aimerai, bonté suprême,
    Mon défenseur et mon salut[1].
    Grand Dieu, d'un cœur plein de toi-même
    Daigne accepter l'humble tribut.
    De mes rivaux la haine impie   5
    Attaquoit mon sceptre et ma vie ;
    Tu sauves ma gloire et mes jours :
    En rendre grâce à ta tendresse,
    C'est assurer à ma foiblesse
    Un nouveau droit à tes secours.   10

    Déjà, dans mon âme éperdue
    La mort répandant ses terreurs,
    Présentoit partout à ma vue
    Et ses tourments et ses horreurs[2] :
    Ma perte étoit inévitable ;   15
    J'invoquai ton nom redoutable,
    Et tu fus sensible à mes cris :
    Tu vis leur trame sacrilége,
    Et ta pitié rompit le piége

1. « Diligam te, Domine, fortitudo mea : Dominus firmamentum « meum, et refugium meum, et liberator meus. Deus meus adjutor « meus, et sperabo in eum. Protector meus, et cornu salutis meæ, « et susceptor meus. » (Psaume XVII, versets 2 et 3.)

2. Racine, dans une de ses notes, propose la variante :

    Tout l'appareil de ses horreurs.

« Lequel, dit-il, aimeriez-vous mieux, Monsieur ? Dit-on *présenter des tourments à la vue de quelqu'un* ? D'un autre côté, *partout* et *tout l'appareil*. » — « Circumdederunt me dolores mortis... Dolores « inferni circumdederunt me : præoccupaverunt me laquei mortis. » (Psaume XVII, versets 5 et 6.)

Où leurs complots m'avoient surpris[1]. 20

Tu dis, et ta voix déconcerte
L'ordre éternel des éléments.
Sous tes pas la terre entr'ouverte
Voit chanceler ses fondements.
Dans sa frayeur le ciel s'abaisse; 25
Devant ton trône une ombre épaisse
Te dérobe aux yeux des vivants;
Des chérubins, dans le silence,
L'aile s'étend : ton char s'élance
A travers les feux et les vents[2]. 30

Au-devant des pâles victimes
Que poursuit ton glaive perçant,
Prête à sortir de ses abîmes,
La mer accourt en mugissant,
Intéressés à ta vengeance[3], 35
Tous les fléaux, d'intelligence,
S'unissent pour leur châtiment :
Du monde, près de se dissoudre,
Le chaos en proie à la foudre
N'est plus qu'un vaste embrasement. 40

Quand tu soulèves la nature

1. « Eripuit me de inimicis meis fortissimis, et ab his qui ode-
« runt me. » (Psaume XVII, verset 18.)
2. « Commota est et contremuit terra : fundamenta montium
« conturbata sunt, et commota sunt, quoniam iratus est eis.... In-
« clinavit cœlos, et descendit ; et caligo sub pedibus ejus. Et ascen-
« dit super cherubim, et volavit; volavit super pennas ventorum.
« Et posuit tenebras latibulum suum, in circuitu ejus tabernaculum
« ejus. » (Ibidem, versets 8 et 10-12.)
3. « Et apparuerunt fontes aquarum, et revelata sunt fundamenta
« orbis terrarum : ab increpatione tua, Domine, ab inspiratione
« spiritus iræ tuæ. » (Ibidem, verset 16.)

Contre leurs projets inhumains,
Tu récompenses ma droiture
Et l'innocence de mes mains[1].
Malgré le siècle et ses maximes, 45
Tu vis mon cœur exempt de crimes :
Pouvoit-il en vain t'implorer?
Dans mon transport vif et sincère,
Quels seront mes soins à te plaire,
Et mon ardeur à l'épurer ! 50

De ton amour et de ta crainte
Ce cœur à jamais pénétré
Sera fidèle à ta loi sainte[2],
Et mon triomphe est assuré.
L'impie aux traits de ta justice 55
Croit échapper ; mais le supplice
Tôt ou tard atteint les pécheurs.
Toujours propice aux âmes pures,
C'est sur nos mœurs que tu mesures
Tes châtiments et tes faveurs[3]. 60

Tel est l'arrêt de ta sagesse :
Tu soutiens l'humble vertueux,
Et tu confonds la folle ivresse
Du criminel présomptueux.
C'est pour toi que je prends les armes : 65
Parmi le trouble et les alarmes

---

1. « Et retribuet mihi Dominus secundum justitiam meam, et
« secundum puritatem manuum mearum in conspectu oculorum
« ejus. » (Psaume XVII, verset 25.)
2. « Et ero immaculatus cum eo ; et observabo me ab iniquitate
« mea. » (*Ibidem*, verset 24.)
3. « Cum sancto sanctus eris, et cum viro innocente innocens
« eris ; et cum electo electus eris ; et cum perverso perverteris. »
(*Ibidem*, versets 26 et 27.)

Éclaire ma foible raison ;
Guide mes pas ; et dans mon zèle
Il n'est rempart ni citadelle
Que je ne force en ton saint nom.   70

Tu me reprends, tu me consoles ;
Et le miel a moins de douceur[1],
L'or est moins pur que les paroles
Que tu fais entendre à mon cœur.
Quel Dieu plus saint, plus adorable,   75
Dans ses conseils plus admirable,
Plus magnifique en ses bienfaits ?
Même au milieu de ta vengeance,
Combien de fois ton indulgence
M'en a-t-elle adouci les traits !   80

Tu mets un terme à ta justice,
Et ton courroux s'est apaisé ;
Ta main m'enlève au précipice
Que les méchants m'avoient creusé :
Tel ils m'ont vu dans ma jeunesse,   85
Par les secours de ta tendresse,
Renverser leurs desseins pervers,
Tromper leur rage, et sur ton aile[2]
Prendre l'essor de l'hirondelle[3],

---

1. Psaume xviii, verset 11. *(Note de Racine.)* — « Desiderabilia
« super aurum et lapidem pretiosum multum (*judicia Domini*) ; et
« dulciora super mel et favum. »

2. Ou pour éviter la liaison des deux tercets :
   Tel jadis, porté sur ton aile,
   Je pris l'essor de l'hirondelle,
   Et m'envolai dans les déserts. *(Note de Racine.)*

3. Psaume x, verset 1. *(Note de Racine.)* — « In Domino confido :
« quomodo dicitis animæ meæ : « Transmigra in montem sicut
« passer ? »

Et m'envoler dans les déserts. 90

Dieu des batailles, Dieu terrible,
Tu m'instruis dans l'art des combats[1].
Je te dois la force invincible
Qui soutient mon cœur et mon bras[2] :
Ce bras, armé pour leur supplice, 95
Ne cessera, sous ton auspice,
De triompher et de punir[3].
Oui, dans le sang de tes victimes,
De leur blasphème et de leurs crimes
J'abolirai le souvenir. 100

Tandis qu'en proie à l'anathème,
Ils pousseront en vain des cris
Vers les humains, vers le Dieu même
Dont la fureur les a proscrits,
Sous mon règne heureux et tranquille 105
Je verrai mon peuple docile
M'offrir le tribut de son cœur.
L'étranger, forcé de me craindre,
Sera réduit lui-même à feindre
Un zèle ardent pour son vainqueur. 110

Tous ces succès sont ton ouvrage ;
Et tu me vois en ce grand jour,
Dieu d'Israël, en rendre hommage

---

1. « Et præcinxisti me virtute ad bellum ; et supplantasti insur-
« gentes in me subtus me. » (Psaume XVII, verset 40.)
2. Psaume X, verset 1. (*Note de Racine.*) Racine n'a pu vouloir renvoyer qu'aux premiers mots de ce verset : *In Domino confido.*
3. « Persequar inimicos meos, et comprehendam illos ; et non
« convertar, donec deficiant. » (Psaume XVII, verset 38.)

A ton pouvoir, à ton amour[1].
Étends tes soins jusqu'à ma race ; 115
A mes enfants, avec ta grâce,
Transmets ma gloire et mes Etats[2] ;
Peux-tu signaler ta puissance
Avec plus de magnificence
Qu'en protégeant les potentats ? 120

[1]. « Propterea confitebor tibi in nationibus, Domine ; et nomini « tuo psalmum dicam. » (Psaume xvii, verset 50.)
[2]. « Magnificans salutes regis ejus, et faciens misericordiam « christo suo David, et semini ejus usque in sæculum. » (*Ibidem*, verset 51.)

IX

CANTIQUES SPIRITUELS.

Louis Racine, dans ses *Mémoires*[1], dit que les *Cantiques spirituels* ont été composés la même année qu'*Esther*, c'est-à-dire en 1689. D'Olivet leur assigne la même date dans la liste des *Ouvrages de M. Racine*, à la page 371 de son *Histoire de l'Académie françoise* (3e édition, 1743). C'est une erreur. Écrits pour la maison de Saint-Cyr, comme les deux tragédies sacrées, ils les ont suivies à une distance de quelques années : ils sont de 1694. Geoffroy ne s'est pas trompé sur leur date, et les a très-bien nommés « le chant du cygne ». Parmi les odes que les livres saints ont inspirées à nos poëtes, celles-ci demeureront toujours au premier rang. Ce serait trop peu d'y admirer la parfaite élégance d'un génie qui possédait tous les secrets de son art : Racine, et c'est par là qu'il s'élève au-dessus de l'art le plus accompli, y a mis son âme. Il faut répéter, parce qu'on ne saurait aussi bien dire, ces paroles du P. Quesnel : « Qu'ils sont beaux! qu'ils sont admirables, tendres, naturels, pleins d'onction! Ils élèvent l'âme, et la portent où l'auteur l'a voulu porter, jusqu'au ciel, jusqu'à Dieu[2]. » On ne peut s'étonner assez du mauvais goût et de l'outrecuidance de la Beaumelle, qui a osé dire : « Racine fit à l'usage de Saint-Cyr quelques cantiques qui prouvèrent que le lyrique n'était pas son genre[3]. » Mais généralement au dix-huitième siècle la beauté des *Cantiques spirituels* ne paraît pas avoir été bien sentie. La Harpe, lorsque, dans son *Cours de littérature*, il place Racine au premier rang de nos poëtes lyriques, ne cite à l'appui de son sentiment que les chœurs d'*Esther* et d'*Athalie*. Marmontel, dans ses *Éléments de littérature*, aux mots *Cantique*, *Ode*, *Lyrique*, oublie entièrement les *Cantiques* de Racine.

---

1. Voyez notre tome I, p. 318.
2. Voyez, dans notre tome VII (*Lettres de divers à divers*), la seconde lettre du P. Quesnel à M. Willard.
3. *Mémoires de Mme de Maintenon*, tome II, p. 241.

Les quatre *Cantiques spirituels* ont été imprimés pour la première fois en 1694[1], chez Denys Thierry. Ce ne serait pas une preuve suffisante qu'ils n'eussent été composés que cette même année. Mais le témoignage de Racine lui-même est décisif. Le 28 septembre 1694, il écrivait à Boileau une lettre datée de Fontainebleau, où la cour était arrivée depuis le 16 du même mois : « Je suppose, y disait-il, que vous êtes de retour de votre voyage, afin que vous puissiez bientôt m'envoyer vos avis sur un nouveau cantique que j'ai fait depuis que je suis ici, et que je ne crois pas qui soit suivi d'aucun autre. Ceux que Moreau a mis en musique ont extrêmement plu. Il est ici, et le Roi doit les lui entendre chanter au premier jour. Prenez la peine de lire le cinquième chapitre de *la Sagesse* d'où ces derniers vers ont été tirés. » Ainsi nul doute pour le cantique *Sur le bonheur des justes et sur le malheur des réprouvés*. Il a été composé à Fontainebleau, en 1694, du 16 au 28 septembre. Bien qu'on l'ait placé le second, lorsqu'on imprima les cantiques, il avait été précédé de deux autres ; et l'on ne peut croire que ceux-ci eussent été écrits depuis longtemps : Racine en parle comme d'ouvrages tout nouveaux, qui venaient d'avoir l'approbation de ceux à qui il les avait lus, et n'avaient pas encore été chantés devant le Roi. Le *Journal* de Dangeau nous apprend à quelle date ils le furent : « *Samedi, 2 octobre* 1694, *à Fontainebleau*. Le Roi, après dîner, entendit dans sa chambre (*où il était retenu par la goutte*) des paraphrases qu'a faites Racine sur quelques chapitres de saint Paul (*il s'agit des cantiques I et III*). Moreau a fait la musique. » Le lendemain, 3 octobre, en effet, Racine écrivait à Boileau : « Le Roi a entendu chanter les deux autres cantiques, et a été fort content de

---

1. En voici le titre :

CANTIQUES SPIRITUELS
Faits par Monsieur R..., pour estre mis en musique.
A Paris,
Chez Denys Thierry, rüe S. Jaques, devant la rüe
du Plâtre, à la Ville de Paris.
M.DC.XCIV.

Ils sont imprimés en caractères italiques, sur huit feuillets (16 pages), in-4°.

M. Moreau, à qui nous espérons que cela pourra faire du bien. »
Ces deux cantiques tirés de saint Paul n'ont donc été connus
qu'alors, pendant ce séjour à Fontainebleau, en 1694. Quant au
quatrième cantique : *Sur les vaines occupations des gens du siècle*, on
voit qu'il n'en était pas encore question. Il est évidemment de date
moins ancienne ; et comme il a été imprimé en 1694 avec les trois
autres, c'est vers la fin de cette année qu'il a été composé.

Les trois premiers *Cantiques spirituels* ont été réimprimés, mais
avec des fautes, la même année 1694, à la Haye, chez Adrian
Moetjens, dans le tome II du *Recueil des pièces curieuses et nouvelles
tant en prose qu'en vers* (5 volumes petit in-12) ; et le quatrième au
tome III du même *Recueil*, en 1695. Ils ont été insérés dans les
Œuvres de Racine, à partir de l'édition de 1697, qui en a reproduit le texte avec exactitude.

Parmi les manuscrits de la Bibliothèque nationale, on trouve le
premier cantique (*A la louange de la charité*) écrit de la main de
Racine [1]. On y peut lire encore sans trop de peine, sous les ratures,
une stance entière que Racine a retranchée avant l'impression, et,
dans la stance qui suivait celle-ci, les trois premiers vers un peu
différents de ceux qui y ont été substitués ; ils étaient plus heureux
peut-être sous leur première forme ; mais la suppression d'une stance
exigeait un raccord. Nous donnons ces changements dans les notes.

Nous avons pu tirer de la lettre de Racine à Boileau, en date du
3 octobre 1694, quelques variantes pour le second cantique. Cette
lettre est une preuve, parmi tant d'autres, de la scrupuleuse sévérité avec laquelle Racine examinait ses vers, et les corrigeait, soit
de lui-même, soit pour tenir compte des « difficultés » que Boileau lui proposait.

Nous avons donné dans l'*Album* la musique des cantiques sacrés,
qui a été imprimée à Paris chez Ballard en 1695. Il y en a un,
le dernier, dont la musique n'est pas de Moreau, mais de Michel-Richard de Lalande, maître de chapelle du Roi.

---

1. Au tome II des manuscrits autographes de Racine (F. fr. 12887),
folios 101 et 102.

CANTIQUE PREMIER.

A LA LOUANGE DE LA CHARITÉ[1].

(Tiré de saint Paul, I *Corinth.*, chap. 13.)

Les méchants m'ont vanté leurs mensonges frivoles ;
  Mais je n'aime que les paroles
  De l'éternelle Vérité.
  Plein du feu divin qui m'inspire,
  Je consacre aujourd'hui ma lyre   5
  A la céleste Charité.

En vain je parlerois le langage des anges ;
  En vain, mon Dieu, de tes louanges
  Je remplirois tout l'univers :
  Sans amour, ma gloire n'égale   10
  Que la gloire de la cymbale
  Qui d'un vain bruit frappe les airs[2].

Que sert à mon esprit de percer les abîmes
  Des mystères les plus sublimes,
  Et de lire dans l'avenir ?   15
  Sans amour, ma science est vaine
  Comme le songe dont à peine
  Il reste un léger souvenir.

Que me sert que ma foi transporte les montagnes,

---

1. Nous avons collationné ce cantique sur l'autographe appartenant à la Bibliothèque nationale. Il est intitulé, de la main de Racine : *Cantique spirituel. A la louange de la charité.*

2. « Si linguis hominum loquar, et angelorum, charitatem autem « non habeam, factus sum velut æs sonans, aut cymbalum tin- « niens. » (*Épître I aux Corinthiens*, chap. XIII, verset 1.)

Que dans les arides campagnes 20
Les torrents naissent sous mes pas,
Ou que ranimant la poussière,
Elle rende aux morts la lumière,
Si l'amour ne l'anime pas[1] ?

Oui, mon Dieu, quand mes mains de tout mon héritage
Aux pauvres feroient le partage ;
Quand même pour le nom chrétien,
Bravant les croix les plus infâmes,
Je livrerois mon corps aux flammes,
Si je n'aime, je ne suis rien[2]. 30

Que je vois de Vertus qui brillent sur ta trace,
Charité, fille de la Grâce !
Avec toi marche la Douceur,
Que suit, avec un air affable,
La Patience inséparable 35
De la Paix, son aimable sœur.

Tel que l'astre du jour écarte les Ténèbres,
De la Nuit compagnes funèbres,
Telle tu chasses d'un coup d'œil
L'Envie aux humains si fatale, 40
Et toute la troupe infernale
Des Vices, enfants de l'Orgueil[3].

---

1. « Et si habuero prophetiam, et noverim mysteria omnia et
« omnem scientiam, et si habuero omnem fidem, ita ut montes trans-
« feram, charitatem autem non habuero, nihil sum. » (*Épître I aux
Corinthiens*, chap. XIII, verset 2.) — La paraphrase de ce verset
commence dans la strophe précédente.

2. « Et si distribuero in cibos pauperum omnes facultates meas,
« et si tradidero corpus meum, ita ut ardeam, charitatem autem non
« habuero, nihil sum. » (*Ibidem*, verset 3.)

3. « Charitas patiens est, benigna est ; charitas non æmulatur, non
« agit perperam, non inflatur. » (*Ibidem*, verset 4.)

Libre d'ambition, simple, et sans artifice,
 Autant que tu hais l'injustice,
 Autant la vérité te plaît.   45
 Que peut la colère farouche
 Sur un cœur, que jamais ne touche
 Le soin de son propre intérêt[1]?

Aux foiblesses d'autrui loin d'être inexorable,
 Toujours d'un voile favorable   50
 Tu t'efforces de les couvrir.
 Quel triomphe manque à ta gloire?
 L'Amour sait[2] tout vaincre, tout croire,
 Tout espérer, et tout souffrir[3].

Un jour Dieu cessera d'inspirer des oracles ;   55
 Le don des langues, les miracles,
 La science aura son déclin.
 L'Amour, la Charité divine,
 Éternelle en son origine,
 Ne connoîtra jamais de fin[4].   60

1. « Non est ambitiosa, non quærit quæ sua sunt, non irritatur....
« Non gaudet super iniquitate, congaudet autem veritati. » (*Épître I aux Corinthiens*, chap. xiii, versets 5 et 6.)

2. Dans le *Recueil des pièces curieuses et nouvelles* (1694), on a imprimé ici *fait*, au lieu de *sait*. Le manuscrit porte *sçait*.

3. « Omnia suffert, omnia credit, omnia sperat, omnia sustinet. » (*Épître I aux Corinthiens*, chap. xiii, verset 7.)

4. « Charitas numquam excidit, sive prophetiæ evacuabuntur,
« sive linguæ cessabunt, sive scientia destruetur. » (*Ibidem*, verset 8.)
— Dans le manuscrit autographe on peut encore, à la suite de cette strophe, lire sous les ratures la strophe suivante que Racine a cru devoir retrancher :

 L'enfant à peine sait exprimer ce qu'il pense,
  Et tout marque en lui l'impuissance
  Et l'enfance de sa raison ;
  Mais il en fait un plein usage

Nos clartés ici-bas ne sont qu'énigmes sombres ;
    Mais Dieu, sans voiles et sans ombres,
    Nous éclairera dans les cieux[1] ;
    Et ce Soleil inaccessible,
    Comme à ses yeux je suis visible,   65
    Se rendra visible à mes yeux[2].

L'Amour sur tous les dons l'emporte avec justice.
    De notre céleste édifice
    La Foi vive est le fondement ;
    La sainte Espérance l'élève,   70
    L'ardente Charité l'achève,
    Et l'assure éternellement[3].

Quand pourrai-je t'offrir, ô Charité suprême,
    Au sein de la lumière même,
    Le cantique de mes soupirs ;   75
    Et toujours brûlant pour ta gloire,

        Quand son esprit mûri par l'âge
        Est dans sa parfaite saison.

C'est une imitation du verset 11 : « Cum essem parvulus, loquebar « ut parvulus, sapiebam ut parvulus, cogitabam ut parvulus. Quando « autem factus sum vir, evacuavi quæ erant parvuli. »

1. Ici on lit également sous les ratures du manuscrit ces trois vers, d'un texte un peu différent :

    Ainsi l'homme ici-bas n'a que des clartés sombres ;
        Mais sans énigmes et sans ombres
        Dieu l'éclairera dans les cieux.

La suppression d'une strophe a forcé Racine à ces changements. La leçon nouvelle est écrite en interligne. L'ancienne était préférable, ce nous semble, au moins pour le premier vers.

2. « Videmus nunc per speculum in ænigmate ; tunc autem facie « ad faciem.... Tunc cognoscam, sicut et cognitus sum. » (*Epître I aux Corinthiens*, chap. XIII, verset 12.)

3. « Nunc autem manent fides, spes, charitas, tria hæc : major « autem horum est charitas. » (*Ibidem*, verset 13.)

Toujours puiser, et toujours boire
Dans la source des vrais plaisirs?

CANTIQUE II.

SUR LE BONHEUR DES JUSTES, ET SUR LE MALHEUR
DES RÉPROUVÉS.

(Tiré de *la Sagesse*, chap. 5.)

Heureux qui de la sagesse
Attendant tout son secours,
N'a point mis en la richesse
L'espoir de ses derniers jours!
La mort n'a rien qui l'étonne; 5
Et dès que son Dieu l'ordonne,
Son âme prenant l'essor,
S'élève d'un vol rapide
Vers la [1] demeure où réside
Son véritable trésor [2]. 10

De quelle douleur profonde
Seront un jour pénétrés
Ces insensés qui du monde,
Seigneur, vivent enivrés,
Quand par une fin soudaine 15

---

1. Le *Recueil des pièces curieuses et nouvelles* donne *sa*, au lieu de *la*.
2. Il semblerait que Racine avait d'abord commencé le cantique II par la strophe suivante; car celle qui est aujourd'hui la *troisième* est appelée par lui la *seconde*, et celle qui est la *quatrième* est appelée la *troisième*, dans sa *Lettre à Boileau*, dont nous allons avoir à citer quelques passages dans les notes de ce cantique.

Détrompés d'une ombre vaine
Qui passe et ne revient plus[1],
Leurs yeux du fond de l'abîme
Près de ton trône sublime
Verront briller tes élus[2] ! 20

« Infortunés[3] que nous sommes,
Où s'égaroient nos esprits[4] ?
Voilà, diront-ils, ces[5] hommes,
Vils objets de nos mépris.
Leur sainte et pénible vie 25

1. « J'ai choisi ce tour parce qu'il est conforme au texte qui parle de la fin imprévue des réprouvés, et je voudrois bien que cela fût bon et que vous puissiez passer et approuver *par une fin soudaine*, qui dit précisément la chose. Voici comme j'avois mis d'abord :

Quand déchus d'un bien frivole,
Qui comme l'ombre s'envole
Et ne revient jamais plus.

Mais ce *jamais* me parut un peu mis pour remplir le vers, au lieu que *qui passe et ne revient plus* me sembloit assez plein et assez vif. »
(*Lettre de Racine à Boileau*, 3 octobre 1694.)

2. « Videntes turbabuntur timore horribili, et mirabuntur in « subitatione insperatæ salutis. » (*La Sagesse*, chap. v, verset 2.)

3. Dans la *Lettre* déjà citée, Racine dit avoir ainsi refait ce premier vers :

Misérables que nous sommes.

« *Infortunés*, ajoute-t-il, m'étoit venu le premier. Mais le mot de *misérables*, que j'ai employé dans *Phèdre*, à qui je l'ai mis dans la bouche, et que l'on a trouvé assez bien, m'a paru avoir de la force en le mettant aussi dans la bouche des réprouvés qui s'humilient et se condamnent eux-mêmes. » — Voyez les vers 258 et surtout 1273 de *Phèdre*.

4. « J'avois mis :

Diront-ils avec des cris ;

mais j'ai cru qu'on pouvoit leur faire tenir tout ce discours sans mettre *diront-ils....* » On voit que le vers qui suit n'était pas alors tel que nous l'avons aujourd'hui ; mais Racine ne nous a pas conservé la variante.

5. *Les*, au lieu de *ces*, dans le *Recueil des pièces curieuses*.

Nous parut une folie;
Mais aujourd'hui triomphants[1],
Le ciel chante leur louange,
Et Dieu lui-même les range
Au nombre de ses enfants[2].   30

« Pour trouver un bien fragile
Qui nous vient d'être arraché,
Par quel chemin difficile
Hélas! nous avons marché!
Dans une route insensée   35
Notre âme en vain s'est lassée,
Sans se reposer jamais,
Fermant l'œil à la lumière
Qui nous montroit la carrière[3]
De la bienheureuse paix[4].   40

1. Dans sa *Lettre à Boileau*, Racine propose :

Et voilà que triomphants.

« Je me suis, dit-il, laissé entraîner au texte : *Ecce quomodo computati sunt inter filios Dei* (voyez la note suivante); et j'ai cru que ce tour marquoit mieux la passion; car j'aurois pu mettre : *Et maintenant triomphants*. »

2. « Dicentes intra se, pœnitentiam agentes, et præ angustia spi-
« ritus gementes : Hi sunt quos habuimus aliquando in derisum,
« et in similitudinem improperii. Nos insensati vitam illorum æsti-
« mabamus insaniam, et finem illorum sine honore. Ecce quomodo
« computati sunt inter filios Dei, et inter sanctos sors illorum est. »
(*La Sagesse*, chap. v, versets 3-5.)

3. « On dit *la carrière de la gloire, la carrière de l'honneur*, c'est-à-dire, par où on court à la gloire, à l'honneur. Voyez si l'on ne pourroit pas dire de même *la carrière de la bienheureuse paix*. On dit même *la carrière de la vertu*. » (*Lettre de Racine*, déjà citée.)

4. « Ergo erravimus a via veritatis, et justitiæ lumen non luxit
« nobis, et sol intelligentiæ non est ortus nobis. Lassati sumus in
« via iniquitatis et perditionis, et ambulavimus vias difficiles; viam
« autem Domini ignoravimus. » (*La Sagesse*, chap. v, versets 6 et 7.)

« De nos attentats injustes
Quel fruit nous est-il resté?
Où sont les titres augustes,
Dont notre orgueil s'est flatté[1]?
Sans amis et sans défense, 45
Au trône de la vengeance
Appelés en jugement,
Foibles et tristes victimes,
Nous y venons de nos crimes
Accompagnés seulement. » 50

Ainsi, d'une voix plaintive,
Exprimera ses remords
La pénitence[2] tardive
Des inconsolables morts.
Ce qui faisoit leurs délices, 55
Seigneur, fera leurs supplices;
Et par une égale loi
Tes saints trouveront des charmes
Dans le souvenir des larmes
Qu'ils versent ici pour toi. 60

---

1. « Quid nobis profuit superbia? aut divitiarum jactantia quid
« contulit nobis? » (*La Sagesse*, chap. v, verset 8.)
2. J'avois d'abord mis le mot de *repentance* ; mais outre qu'on
ne diroit pas bien *les remords de la repentance*, au lieu qu'on dit *les
remords de la pénitence*, ce mot de *pénitence*, en le joignant avec
tardive, est assez consacré dans le langage de l'Écriture, *sero pœnitentiam agentes*. On dit *la pénitence d'Antiochus*, pour dire une pénitence tardive et inutile. On dit aussi dans ce sens *la pénitence des
damnés*. » (*Lettre de Racine*, déjà citée.) — Il est à remarquer que
Racine, dans cette même lettre, appelle cette stance la *quatrième*,
quoiqu'elle soit aujourd'hui la *sixième*. Il n'a donc ajouté que plus
tard la précédente ; nous avons fait la même observation au sujet de
la première stance du cantique.

CANTIQUE III.

PLAINTE D'UN CHRÉTIEN, SUR LES CONTRARIÉTÉS
QU'IL ÉPROUVE AU DEDANS DE LUI-MÊME [1].

(Tiré de *saint Paul aux Romains*, chap. 7.)

Mon Dieu, quelle guerre cruelle !
Je trouve deux hommes en moi :
L'un veut que plein d'amour pour toi
Mon cœur te soit toujours fidèle.
L'autre à tes volontés rebelle 5
Me révolte contre ta loi [2].

L'un tout esprit, et tout céleste,
Veut qu'au ciel sans cesse attaché,
Et des biens éternels touché,
Je compte pour rien tout le reste ; 10
Et l'autre par son poids funeste
Me tient vers la terre penché [3].

Hélas ! en guerre avec moi-même,
Où pourrai-je trouver la paix ?

---

1. Nous donnons ce titre d'après l'édition de 1697. Il y a dans l'édition originale : CANTIQUE III, OU PLAINTE, etc. M. Aimé-Martin a changé PLAINTE en PLAINTES.
2. « Le Roi..., la première fois qu'il entendit chanter ces paroles..., se tourna vers Mme de Maintenon, en lui disant : *Madame, voilà deux hommes que je connois bien.* » (*Mémoires* de Louis Racine, p. 318.)
3. « Condelector enim legi Dei secundum interiorem hominem ;
« video autem aliam legem in membris meis, repugnantem legi
« mentis meæ, et captivantem me in lege peccati, quæ est in mem-
« bris meis. » (*Epître aux Romains*, chap. VII, versets 22 et 23.)

Je veux, et n'accomplis jamais. 15
Je veux, mais, ô misère extrême!
Je ne fais pas le bien que j'aime,
Et je fais le mal que je hais[1].

O grâce, ô rayon salutaire,
Viens me mettre avec moi d'accord; 20
Et domptant par un doux effort
Cet homme qui t'est[2] si contraire,
Fais ton esclave volontaire
De cet esclave de la mort[3].

CANTIQUE IV.

SUR LES VAINES OCCUPATIONS DES GENS DU SIÈCLE.

(Tiré de divers endroits d'Isaïe et de Jérémie[4].)

Quel charme vainqueur du monde
Vers Dieu m'élève aujourd'hui?
Malheureux l'homme qui fonde
Sur les hommes son appui[5]!

1. « Non enim quod volo bonum, hoc facio ; sed quod nolo ma-
« lum, hoc ago. » (*Épître aux Romains*, chap. VII, verset 19.)
2. *M'est*, au lieu de *t'est*, dans le *Recueil des pièces curieuses et nouvelles*.
3. « Infelix ego homo, quis me liberabit de corpore mortis hujus?
« Gratia Dei.... Igitur ego ipse mente servio legi Dei ; carne autem,
« legi peccati. » (*Épître aux Romains*, chap. VII, versets 24 et 25.)
4. On verra dans les notes que ce sont en effet Isaïe et Jérémie surtout, mais non pas eux seuls, qui ont inspiré Racine dans ce *cantique*.
5. « Maledictus homo qui confidit in homine, et ponit carnem
« brachium suum.... » (*Jérémie*, chap. XVII, verset 5.)

Leur gloire fuit, et s'efface
En moins de temps que la trace
Du vaisseau qui fend les mers,
Ou de la flèche rapide
Qui loin de l'œil qui la guide
Cherche l'oiseau dans les airs[1].

De la Sagesse immortelle
La voix tonne[2], et nous instruit[3].
« Enfants des hommes, dit-elle,
De vos soins quel est le fruit ?
Par quelle erreur, âmes vaines,
Du plus pur sang de vos veines
Achetez-vous si souvent,
Non un pain qui vous repaisse[4],
Mais une ombre qui vous laisse
Plus affamés que devant ?

« Le pain que je vous propose
Sert aux Anges d'aliment[5] :
Dieu lui-même le compose

---

1. Transierunt omnia illa.... tanquam navis quæ pertransit fluc-
« tuantem aquam, cujus, cum præterierit, non est vestigium inve-
« nire.... Aut tanquam sagitta emissa in locum destinatum, divisus
« aer continuo in se reclusus est, ut ignoretur transitus illius. »
(*La Sagesse*, chap. v, versets 9, 10, 12.)

2. Dans le *Recueil des pièces curieuses* (1695) on lit ainsi ce vers :

La voix touche, et nous instruit.

3. Voyez au chapitre viii des *Proverbes* le discours que la Sagesse adresse aux hommes, et à la fin duquel elle se proclame éternelle.

4. « Quare appenditis argentum non in panibus, et laborem ves-
« trum non in saturitate ? » (*Isaïe*, chap. lv, verset 2.)

5.   « Panis vivus et vitalis
        Hodie proponitur....
        Ecce panis angelorum. » (*Prose* Lauda, Sion.)

CANTIQUES SPIRITUELS.

De la fleur de son froment.
C'est ce pain si délectable
Que ne sert point à sa table
Le monde que vous suivez.
Je l'offre à qui me veut suivre[1].
Approchez. Voulez-vous vivre?
Prenez, mangez, et vivez[2]. »

O Sagesse, ta parole
Fit éclore l'univers,
Posa sur un double pôle
La terre au milieu des mers[3].
Tu dis, et les cieux parurent[4],
Et tous les astres coururent

---

1. Ce vers a été ainsi donné par Luneau de Boisjermain, qu'ont suivi les éditions de la Harpe, de Geoffroy et de M. Aimé-Martin :

Je l'offre à qui veut me suivre.

2. « Si quis manducaverit ex hoc pane, vivet in æternum. » (*Évangile de saint Jean*, chap. vi, verset 52.) — « Accipite et come- « dite. » (*Évangile de saint Matthieu*, chap. xxvi, verset 26.)

3. Luneau de Boisjermain et les éditeurs qui sont venus après lui ont ainsi altéré ce vers :

La terre au milieu des airs.

— « Je chantais devant Mme de Maintenon, dit Mlle d'Aumale, un cantique de Racine. Quand je fus à ces vers :

O Sagesse, ta parole
Fit éclore l'univers,

elle parut dans l'admiration, jeta quelques larmes et me les fit répéter. » (La Beaumelle, *Mémoires pour servir à l'histoire de Mme de Maintenon*, tome IV, p. 260.)

4. « Quis mensus est pugillo aquas, et cœlos palmo ponderavit? « Quis appendit tribus digitis molem terræ, et libravit in pondere « montes et colles in statera? » (*Isaïe*, chap. xl, verset 12.) Voyez aussi *Isaïe*, chap. xliv, verset 24, et chap. xlviii, verset 13 ; et, au chapitre viii des *Proverbes*, la fin du discours de la Sagesse mentionné plus haut (p. 158, note 3).

Dans leur ordre se placer.
Avant les siècles tu règnes[1] ;
Et qui suis-je, que tu daignes
Jusqu'à moi te rabaisser ? 40

Le Verbe, image du Père,
Laissa son trône éternel,
Et d'une mortelle mère
Voulut naître homme et mortel.
Comme l'orgueil fut le crime 45
Dont il naissoit la victime,
Il dépouilla sa splendeur,
Et vint, pauvre et misérable,
Apprendre à l'homme coupable
Sa véritable grandeur. 50

L'âme heureusement captive
Sous ton joug trouve la paix,
Et s'abreuve d'une eau vive
Qui ne s'épuise jamais.
Chacun peut boire en cette onde[2] : 55
Elle invite tout le monde[3] ;
Mais nous courons follement
Chercher des sources bourbeuses
Ou des citernes trompeuses
D'où l'eau fuit à tout moment[4]. 60

1. « Deus autem rex noster ante sæcula. » (*Psaume* LXXIII, verset 12.)
2. « Haurietis aquas in gaudio de fontibus salvatoris. » (*Isaïe*, chap. XII, verset 3.)
3. « Omnes sitientes venite ad aquas. » (*Isaïe*, chap. LV, verset 1.)
4. « ....Me dereliquerunt fontem aquæ vivæ, et foderunt sibi cis-
« ternas, cisternas dissipatas, quæ continere non valent aquas. »
(*Jérémie*, chap. 11, verset 13.)

POÉSIES DIVERSES

SECONDE PARTIE
ÉPIGRAMMES ET AUTRES PETITES PIÈCES

NOTICE.

Cette seconde partie des *Poésies diverses* ne renferme que des *épigrammes* et de petites pièces auxquelles on aurait autrefois, comme nous l'avons déjà fait remarquer, donné le même nom.

Racine a excellé dans l'épigramme; et son fils n'a fait que lui rendre justice, lorsque rappelant son « heureuse disposition à écrire dans tous les genres différents, » il a dit : « Fait-il des épigrammes? il les assaisonne du meilleur sel[1]. »

On croit qu'il en avait composé un assez grand nombre ; car il avait l'esprit très porté à la raillerie. Mais nous ne savons où l'abbé Irailh avait pris qu'il en avait fait près de trois cents, outre celles qu'on avait publiées. Des épigrammes, qu'on ne devrait pas supposer tout à fait indignes de celles qui sont reconnues avec certitude pour être de Racine, se seraient-elles perdues si facilement et en si grand nombre? Ce malheur a pu sans doute arriver à quelques-unes, que l'auteur aura pris plus de précautions pour tenir dans le secret ; mais c'est tout ce qu'il est raisonnable d'admettre. En général, celles que les contemporains n'ont pas ignorées ont dû évidemment être recueillies. Ce qui est à craindre en pareil cas, c'est, non pas qu'on n'en ait laissé échapper beaucoup, mais plutôt que le nombre n'en ait été grossi par de fausses attributions.

L'authenticité des épigrammes de Racine est souvent difficile à établir. L'auteur ne les a jamais avouées publique-

---

[1]. *Mémoires sur la vie et les ouvrages de Jean Racine*, tome I, p. 294.

ment : quelques-unes étaient trop hardies pour que la main de qui partaient leurs traits cruels ne se cachât pas plus ou moins ; plusieurs ont échappé à Racine dans un temps où sa piété sévère les lui aurait interdites, s'il n'était si difficile de retenir un bon mot ; il ne put donc mettre qu'un petit nombre d'amis dans la confidence de ces amusements peu charitables. De son vivant aucune de ses épigrammes n'a été publiée dans ses *Œuvres* imprimées en France ; une édition d'Amsterdam (1690-1692) en a donné deux. En 1722, une autre édition d'Amsterdam en a recueilli deux aussi, avec un quatrain à la louange de l'abbé de Villiers ; elle a laissé de côté une des épigrammes de l'édition de 1690-1692, et l'a remplacée par une autre. C'est seulement en 1728 que, dans les *Œuvres de Racine* imprimées à Paris, les épigrammes paraissent. Cette édition de 1728 en a cinq, auxquelles on a joint les vers sur le portrait d'Arnauld. Sur ces cinq épigrammes deux avaient été données soit par l'édition de 1690-1692, soit par celle de 1722 ; il y en a donc trois nouvelles. L'édition de 1736 s'est bornée à reproduire les épigrammes de celle de 1728. Dans l'édition de 1750 (Amsterdam), nous trouvons également avec les vers sur le portrait d'Arnauld, cinq épigrammes ; deux d'entre elles n'avaient pas encore eu place dans les *Œuvres de Racine ;* deux des plus anciennement connues avaient été négligées. On arrive ainsi à l'édition de 1768, publiée par Luneau de Boisjermain ; c'est à ce moment qu'éloignées des secours plus ou moins dignes de confiance de la tradition vivante, des éditions qui cherchaient à être complètes auraient dû être en même temps des éditions critiques. Mais Luneau de Boisjermain et ceux qui sont venus après lui ont trop négligé d'indiquer à quelles sources ils avaient puisé les épigrammes de Racine, quelle avait été la règle de leur choix.

On éprouve, nous devons l'avouer, quelque embarras pour s'en faire une bien assurée. Les deux éditions de Hollande que nous avons nommées, et dont l'une a été imprimée assez longtemps après la mort de l'auteur, et des éditions françaises publiées fort tard, ne font pas absolument foi. Ceux qui ont donné, comme le *Moréri*, quelques indications bibliographiques sur les *Œuvres de Racine*, renvoient pour les épigrammes aux « recueils du temps »; mais à quels recueils? Nous avons pu remonter rarement à des sources contemporaines. Louis Racine, dans ses *Mémoires*[1], ne nomme que trois épigrammes de son père, tout en reconnaissant qu'il y en avait d'autres; ces trois épigrammes sont celles sur l'*Aspar*, sur l'*Iphigénie* de le Clerc, et sur la *Judith* de Boyer. Après celles-là, qui, indépendamment du témoignage de son fils, portent avec évidence la marque de son talent, il n'y en a pas beaucoup dont une critique sérieuse puisse affirmer l'authenticité. Avec celles qui ne peuvent être contestées, nous n'en avons admis que d'au moins très-probables; et toujours nous faisons connaître sur quelles autorités nous nous appuyons; le lecteur reste ainsi juge des preuves.

Comme notre choix a été sévère, on aurait regretté de ne pas trouver dans notre édition quelques-unes des épigrammes ou petites pièces qu'on n'a point de motifs pour rejeter absolument et qui ne sont que douteuses. Nous les avons réservées pour un *Appendice* dans lequel nous donnons les *Pièces attribuées*. Mais il est clair que nous n'avions pas à emprunter soit aux précédentes éditions, soit aux divers recueils, les épigrammes dont l'attribution fausse peut être démontrée.

Il y en a une contre l'abbé Abeille que Petitot a donnée dans son édition (1807) :

    Abeille, arrivant à Paris, etc.

On la trouve aussi dans l'*Almanach des Muses de* 1806, p. 112, signée du nom de *Jean Racine*. Mais cette fausse attribution remonte plus haut; car d'Alembert, dans une des *Notes sur l'article de l'abbé Abeille* (*Histoire des membres de l'Académie françoise*, tome III, p. 413), en parlait déjà pour la repousser : « Cette épigramme, dit-il, ne sauroit être de Racine, à qui des faiseurs de brochures l'ont attribuée, puisque ce grand poëte étoit mort quand l'abbé Abeille fut reçu à l'Académie françoise. (*L'épigramme parle en effet de sa réception, qui n'eut lieu qu'en* 1704.) Mais on a cru rendre l'épigramme

1. Voyez notre tome I, p. 260, 304 et 327.

meilleure en la décorant d'un si beau nom, sans avoir même le bon sens de voir que Racine, membre de l'Académie, n'auroit pas eu la sottise de se qualifier lui-même d'ennuyeux écrivain. » L'évidence de l'anachronisme a été remarquée également par les éditeurs des *Œuvres de Racine*, avec commentaires de la Harpe (voyez leur tome V, p. 364); ils croyaient cette épigramme de Jean-Baptiste Rousseau ; elle a aussi passé pour être de Faydit.

Est-ce pour se consoler de ne pouvoir admettre cette épigramme sur Abeille, que M. Aimé-Martin en a donné parmi celles de Racine une autre sur le même académicien :

Ci-gît un auteur peu fêté, etc. ?

Si cette épigramme en forme d'*épitaphe* a été faite après la mort d'Abeille, l'anachronisme est plus ridicule encore que le précédent, Abeille ayant vécu jusqu'en 1718. Si c'est par anticipation qu'il est dit dans cette petite pièce que « sa gloire et son corps n'ont qu'une même bière », une raillerie de si mauvais goût ne sauroit être de Racine. L'épigramme tout entière est aussi peu digne de lui que la précédente. L'auteur de l'article ABEILLE, dans la *Biographie universelle*, pense qu'elle est de Claude Olivier, de l'Académie de Marseille; M. Aimé-Martin a négligé de nous dire sur la foi de quel témoignage il l'a imputée à Racine.

L'épigramme contre Perrault :

Sur quelque vain discours au hasard avancé, etc.,

a été placée par Luneau de Boisjermain (tome VI, p. 434) parmi les vers attribués à Racine. On la rencontre dans les *Variétés sérieuses et amusantes* de Sablier (Amsterdam, 1769), au tome III, p. 281, avec ce titre : *De Racine à Perrault*. Mais cette même épigramme a été insérée parmi les *Œuvres de Boileau* dès l'année 1694, au tome I de l'édition publiée chez Thierry et chez Barbin. Il faudrait donc la laisser à Boileau, quand même on supposerait que Racine y a eu quelque part ; et du reste des autorités assez anciennes nous manquent pour appuyer cette supposition. Nous ne sommes sans doute pas éloigné de croire que Racine et Boileau ont plus souvent qu'on ne l'a dit et qu'on ne l'a su, mis leur bien en commun, surtout dans ces petites productions satiriques qu'on improvisait dans les moments de gais entretiens ; mais à cette distance les preuves échappent.

Il n'y a point de doute, il est vrai, pour un de ces badinages dans lesquels Racine et Boileau mêlèrent leur improvisation. Boileau, dans une lettre à Brossette du 19 décembre 1701, reconnaît qu'ils avaient eu tous deux *quelque part* au *Chapelain décoiffé* ; mais il affirme en même temps que ceux qui avaient répandu cette pièce avaient seulement retenu quelques-unes de leurs pensées et y avaient mêlé « des bassesses insupportables ». Il y reconnaissait pour sa part quatre vers seulement dont il fût l'auteur. Rien ne donne à croire qu'on y puisse en trouver un plus grand nombre de Racine. Furetière, suivant Boileau, avait presque tout fait. M. Berriat-Saint-Prix a donc eu raison de ne pas admettre le *Chapelain décoiffé* parmi les *Œuvres de Boileau*, malgré l'exemple donné par la plupart des précédents éditeurs ; les mêmes motifs existent pour ne pas lui donner place dans une édition de Racine.

Ne quittons pas Boileau sans parler d'une de ses épigrammes que quelques personnes croient de Racine, sur la foi de Fayolle. On lit à la page 50 de l'*Acanthologie* de ce compilateur, que l'épigramme trop connue :

<blockquote>De six amants contents et non jaloux,</blockquote>

a été composée par Racine contre la Champmeslé sa maîtresse. « Nous tenons, dit-il, cette anecdote de le Brun, qui la tenait de Louis Racine. » Mais, nous l'avons dit ailleurs[1], s'il est très-possible que le bon mot qui a été mis en rime dans l'épigramme soit de Racine, il ne s'ensuit pas que l'épigramme elle-même doive lui être attribuée. Ce que Louis Racine a déclaré, c'est que de tels vers étaient indignes de Boileau ; cela suppose, ce semble, qu'il les croyait indignes de son père. A ce qu'il a écrit, on oppose ce qu'il aurait dit en confidence ; mais la critique repousse des témoignages chuchotés à l'oreille, et qu'il est toujours si commode d'alléguer.

---

1. Voyez la *Notice biographique*, au tome I de notre édition, p. 85 et 86, et la note 1 de la page 86.

Fayolle compilait avec beaucoup de légèreté. Il fallait qu'il se fût fait une singulière idée du caractère de Racine pour lui imputer le quatrain contre Mme de Maintenon, qu'il a cité dans l'*Acanthologie*, et qui se trouvait déjà signé du nom de *feu Racine père* dans l'*Almanach des Muses* de l'an ix (1801), p. 124. Fayolle, et sans doute aussi l'*Almanach des Muses*, l'avaient emprunté au *Conservateur, ou Recueil de morceaux inédits.... tiré des Portefeuilles de François de Neufchâteau* (Paris, an viii), tome I, p. 380. Nous avons encore trouvé dans un recueil manuscrit du dix-huitième siècle, qui appartient à la bibliothèque de l'Arsenal, une autre épigramme contre Mme de Maintenon, en forme de sonnet, avec ce titre : *Sonnet de M. Racine*. C'est une dégoûtante invective. Nous offenserions la mémoire d'un grand poëte, dont l'âme était honnête et noble, si nous insistions sur l'impossibilité de croire ces grossières satires de sa protectrice écrites de la même main qui a écrit *Esther*.

Nous ne pouvons évidemment mettre sur la même ligne que ces monstrueuses attributions, celle que l'*Acanthologie* fait aussi à Racine (p. 237) d'une *Épigramme sur le P. Renaud, prédicateur, à madame L*** qui vouloit que l'auteur entendît le P. Renaud*. Mais sans qu'il y ait rien d'odieux dans cette épigramme, il faudrait, pour en admettre l'authenticité, se faire une idée toute nouvelle du goût de Racine, et du genre de plaisanterie qui pouvait être dans ses habitudes. Qu'on en juge :

> Dans une église froide et sombre
> Où les badauds sont coudoyés,
> Je pourrois augmenter le nombre
> Des admirateurs ennuyés ;
> Non que pour faire un prosélyte
> Notre ami n'eût cent dons divers :
> Il a sûrement du mérite,
> Puisqu'autrefois il fit des vers.
> Mais quelque ardeur qui le transporte,
> Si jamais par ses tons hardis
> Son éloquence aimable et forte
> Me fait aller en paradis,
> Je veux que le diable m'emporte.

Quand on veut mettre sur le compte de Racine une épigramme, où bien peu de personnes croiront trouver son style, il faudrait au moins dire sur quelles autorités on s'appuie. Le compilateur de l'*Acanthologie* a négligé de nous éclairer sur ce point. Quel est d'ailleurs ce P. Renaud? On croit bien reconnaître le prédicateur de ce nom, le prêtre de l'Oratoire, dont le Fort de la Morinière a inséré une ode sacrée au tome III, p. 76, de son *Nouveau choix de poésies morales et chrétiennes* (3 volumes in-4°, M.DCC.XLVII). La foule se pressait à ses sermons; il avait fait des vers : l'Académie française lui décerna en 1737 un prix de poésie ; ce que dit l'épigramme lui convient donc parfaitement. Mais s'il s'agit réellement de lui, ce n'est pas Racine qui a pu écrire cette petite pièce contre un lauréat académique de l'année 1737, contre un prédicateur qui, en 1753, prêchait encore le carême dans l'église de Notre-Dame[1]. Après ce P. Renaud, nous n'en trouvons qu'un autre, célèbre également par ses prédications, mais non par ses vers. Il était dominicain ; comme son homonyme, il appartient au dix-huitième siècle.

Nous n'aurions pu placer à meilleur titre, même parmi les *Pièces attribuées*, une autre épigramme, que cependant M. Édouard Fournier, dans les notes de son *Racine à Uzès*, dit *être bien certainement* de notre poëte. C'est l'épigramme sur l'*Agamemnon* de Boyer. Elle ne renferme rien qu'il répugne d'attribuer à Racine; mais personne, avant M. Fournier, n'ayant dit qu'elle fût de lui, on ne saurait entrer dans une voie d'attribution aussi arbitraire. On trouve cette épigramme sans nom d'auteur dans le *Portefeuille de M. L. D. F**** (*de la Faille*), imprimé en 1694 à Carpentras, chez Dominique la Barre. Nous avons déjà eu l'occasion de citer ce petit livre, où se trouvent, également anonymes, plusieurs des hymnes de Racine. Il renferme aussi des épigrammes auxquelles nous donnons place parmi les *Pièces attribuées :* le quatrain sur la *Troade*, le sonnet sur la même pièce, un autre sonnet sur le *Genséric ;* mais nous n'aurions pas regardé leur insertion au *Portefeuille* de la Faille comme une

---

1. Voyez le *Dictionnaire des prédicateurs françois*, 1 vol. in-12, Lyon, M.DCC.LVII.

présomption en faveur de leur authenticité, si cette présomption n'avait été fortifiée par quelque témoignage d'une date un peu ancienne. Nous avons rencontré celui de Bruzen de la Martinière pour les épigrammes sur la *Troade* et sur le *Genséric*, mais nullement pour le sonnet sur l'*Agamemnon*. Le *Portefeuille* de la Faille a plusieurs autres petites pièces de vers anonymes qui sont reconnues pour être de divers auteurs; puisque tout n'est pas de Racine dans ce *Portefeuille*, quel témoignage reste-t-il en faveur de l'authenticité du sonnet sur *Agamemnon*? Nous pouvons toutefois le citer ici :

> On dit qu'Agamemnon est mort,
> Il court un bruit de son naufrage,
> Et Clytemnestre tout d'abord
> Célèbre un second mariage.
>
> Le Roi revient et n'a pas tort
> D'enrager de ce beau ménage :
> Il aime une nonne bien fort,
> Et prêche à son fils d'être sage.
>
> De bons morceaux par-ci par-là
> Adoucissent un peu cela ;
> Bien des gens ont crié merveilles.
>
> J'ai fort crié de mon côté ;
> Mais comment faire en vérité ?
> Les vers m'écorchoient les oreilles.

Un mot plaisant de Racine que son fils rapporte dans ses *Mémoires*[1] pourrait donner à penser à quelques personnes qu'il est l'auteur de l'épigramme sur Dacier et sa femme, souvent rapportée avec quelques variantes dans les anciens recueils, et où il est dit que, dans les productions d'esprit des deux époux, Mme Dacier était le père ; mais s'il avait mis lui-même en rimes ce trait de plaisanterie, que Louis Racine lui attribue, il aurait su lui donner un tour plus élégant, une expression plus délicate. Boileau, dans une lettre du 12 mars 1707, écrivait à Brossette que cette épigramme

1. Voyez notre tome I, p. 339, note 1.

(il semble du moins que ce soit celle-là qu'il désigne) passait pour être de l'abbé Tallemant.

Brossette nous a conservé une esquisse, malheureusement peu nette et tracée d'une plume bien lourde, d'une épigramme de Racine qui s'est perdue. Boileau, qui en avait parlé à Brossette, n'avait qu'un souvenir assez vague, paraît-il, de cette épigramme, où son frère aîné était cruellement raillé. Ses indications peu précises n'ont peut-être été recueillies par son commentateur qu'avec une fidélité imparfaite, ce qui n'en aura pas éclairci l'obscurité. Voici le passage de Brossette, tiré des pages 64 et 65 de son *Manuscrit sur la vie et les ouvrages de Boileau*, qui est à la Bibliothèque nationale : « Il (*M. Despréaux*) m'a dit.... que son frère l'académicien, Gilles Boileau, s'étoit déclaré hautement contre l'*Andromaque* de M. Racine. Celui-ci, pour se venger, railla Gilles Boileau par une épigramme sanglante qu'il fit sur ce que M. Boileau avoit coutume de s'arracher les poils de la barbe avec des pincettes, afin d'avoir le teint plus vif, parce qu'il vouloit plaire à Mme la présidente de Torri, dont il étoit aimé. Ce M. Boileau l'aîné avoit pris un goître à la gorge, ce qui le défiguroit beaucoup ; et pour faire passer cette tumeur, il se fit ouvrir la gorge ; mais cette opération ne lui réussit pas, car il en mourut quelque temps après. C'est ce qui donna occasion à l'épigramme dont M. Despréaux ne s'est pas souvenu ; mais il m'a dit que la pensée étoit que *Boileau, les pincettes en main, se va placer sur le théâtre, où il enrage de voir réussir la pièce, et que de dépit il s'en arrache la barbe ; et si la pièce n'eût fini, il se seroit arraché la gorge.* » Autant qu'on peut juger encore de cette épigramme, dont tout le sel s'est évaporé, elle en avait un d'une certaine âcreté. Le dernier trait sur le goître arraché paraît même avoir quelque chose d'odieux, lorsqu'on pense à l'opération et aux suites qu'elle eut ; mais Gilles Boileau ne mourut qu'en 1669 (le 22 octobre) ; l'épigramme doit être de 1667 ou du commencement de 1668. Il reste cependant ceci, qu'à l'époque d'*Andromaque*, où Racine tira aussi vengeance des critiques du comte d'Olonne et du duc de Créqui, il était en veine d'épigrammes cruelles.

Parmi les *vers attribués à Racine*, Luneau de Boisjermain

a admis dans le tome VI de son édition la traduction du *Santolius pœnitens*; nous n'avons pas dû l'imiter, la fausseté de cette attribution ne faisant l'objet d'aucun doute. Racine, qu'on avait voulu faire passer pour l'auteur de cette pièce, en désavoue formellement la paternité dans une lettre à Boileau du 4 avril 1696; et quand on a lu ces faibles vers, on n'est nullement tenté de contester la sincérité du désaveu de notre poëte. Ils ont d'ailleurs été reconnus pour être de Boivin.

Nous n'avons pas hésité non plus à exclure, même des *Pièces attribuées*, la *chanson* que M. Aimé-Martin a donnée le premier dans son édition, et qui commence ainsi :

> Vous faites des soldats au Roi,
> Iris, est-ce là votre emploi ?

L'éditeur a, dans une note, expliqué le sujet de cette petite pièce, et indiqué à quelle source il l'avait puisée. « Louis XIV, dit-il, ayant rendu une ordonnance par laquelle il conférait le grade de capitaine à tous ceux qui équiperaient une compagnie à leurs frais, Mme de Fougères se mit dans la tête de faire de son mari un capitaine. A cet effet, elle se rendit à Moulins, où elle réunit dans des fêtes brillantes tout ce qu'il y avait d'aimable et de galant. Racine, retenu alors à Moulins par sa charge de trésorier de France, chanta dans une de ces réunions les couplets suivants, qu'il improvisa. Cette pièce, conservée dans la mémoire de quelques personnes à Moulins, fut publiée dans le *journal de l'Allier* en mars 1826. » Nous avons pu, grâce à l'obligeance de M. l'archiviste de l'Allier, nous procurer l'article du *Journal de l'Allier*. Il est en date du 29 mars 1826, et sous la forme d'une lettre adressée le 12 du même mois au rédacteur. Il y est parlé d'une Mme de P***, et non pas de Mme de Fougères, dont M. Aimé-Martin a pris le nom nous ne pouvons deviner où. Le correspondant parle d'abord de l'ordonnance de Louis XIV dans les mêmes termes que M. Aimé-Martin, puis il continue ainsi : « Mme de P***, ennuyée du triste séjour de son château du C***, se mit dans la tête de faire de son mari un capitaine. A cet effet, elle se rend à Moulins, où elle réunit dans des fêtes brillantes et des soupers délicieux tout ce que l'on comptait alors d'aimable et de galant ; et une femme jeune et belle pouvait-elle manquer ainsi de composer en peu de temps une compagnie à son mari ? L'enthousiasme qu'elle inspira fut si grand, que Racine, retenu alors à Moulins par sa charge de trésorier de France, chanta dans une réunion les couplets suivants.... Vous dire comment cela est parvenu à ma connaissance serait trop long ; j'ajouterai seulement que la fortune de M. de P*** ne se borna pas au grade de capitaine, qu'il devint lieutenant général, amassa de grandes richesses, rebâtit son modeste château du C***, tant les femmes ont d'influence sur la destinée des hommes ! » Et c'est sur la foi d'une si ingénieuse narration que M. Aimé-Martin a accepté comme une improvisation de Racine des vers tels que ceux-ci :

> J'y veux rester, mais que l'argent
> Ne soit pas mon engagement.
> .... Cet avantage
> A la valeur ne fait en rien.

On peut remarquer aussi le troisième vers de la chanson :

> Pour vous en *éviter* la peine.

Il y a là une locution, généralement regardée comme vicieuse, contre laquelle, il est vrai, n'ont pas été en garde quelques bons écrivains du dix-huitième siècle ; mais nous ne croyons pas qu'au temps de Racine ceux qui savaient leur langue s'en permissent l'usage.

Les faits allégués dans le petit roman du correspondant anonyme ont-ils du moins quelque vraisemblance ? Qu'est-ce que cette prétendue ordonnance de Louis XIV ? Non-seulement on a le droit de la trouver bien étonnante, mais nous tenons des personnes les plus compétentes qu'on n'en trouve nulle trace dans les recueils d'ordonnances militaires que possède la bibliothèque du Dépôt de la guerre. Et à quelle date placerait-on l'ordonnance et les petites anecdotes de Moulins ? Dans les années sans doute où les ressources militaires et financières de la France commençaient à s'épuiser, c'est-à-dire dans un temps où Racine, père de famille et devenu très-austère, ne s'amusait pas à ces galantes fadaises. Si l'on objecte que Racine était déjà trésorier de France à

Moulins quelques années avant son mariage, comme le prouve le privilège de son *Iphigénie*, veut-on que l'ordonnance soit du temps de la guerre de 1672 à 1678 ? Mais rien alors ne pouvait la justifier ; et c'est sous l'administration de Louvois surtout que l'on peut affirmer qu'il n'en a pas été rendu de semblable. Il est au reste bien douteux que Racine ait jamais été à Moulins. Le 13 août 1687, Boileau, qui y était de passage, écrivait à Racine une lettre où il lui en parlait comme d'une ville qui était inconnue de son trésorier, mais où tout le monde *connoissoit fort son nom*.

Peut-être avons-nous insisté plus qu'il n'était nécessaire sur les preuves trop faciles de cette fausse attribution. Mais il importe de débarrasser les éditions des *Œuvres de Racine* de pièces qui ne sont pas dignes de lui.

Ce devoir de rejeter, sans toutefois méconnaître les droits de la vérité, tout ce qui n'est pas digne de notre auteur, surtout ce qui pourrait être une offense à sa mémoire, nous en sommes également pénétré aujourd'hui qu'il nous est permis de compléter, toutes les fois qu'il y a lieu, notre première édition. Nous ajouterons donc quelques mots sur une petite pièce attribuée à Racine dans le *Livre, Revue du monde littéraire*, imprimé à Vendôme, 4ᵉ année (1883), au tome de la *Bibliographie rétrospective*. Cette pièce, qui s'annonce comme *Une petite épave d'un grand poëte*, est intitulée : *Réponse à la chanson de Mme de Longueval par M. Racine*. M. Achille Duvau, qui l'a publiée, a cru reconnaître dans cette dame de Longueval la sœur de Manicamp, laquelle devint en 1663 la maréchale d'Estrées. Ce qui paraît la lui avoir fait choisir entre plusieurs contemporaines, du même nom de Longueval, c'est une lettre de Mme de Sévigné (20 avril 1672) où, à propos de certaines chansons satiriques, elle dit : « On soupçonne la maréchale d'Estrées des chansons ; mais ce n'est qu'une vision. » La maréchale passait donc pour avoir ce talent de chansonnière. Elle en a fait un singulier usage, si l'on admet qu'elle est l'auteur des couplets orduriers (les nommer *égrillards* est trop d'indulgence) connus sous le titre de *la Béquille du Père Barnaba* (ou *Barnabas*). Les *Mélanges historiques, satiriques et anecdotiques de B*** Jourdain* (tome III, p. 37) disent de cette chanson, qui redevint à la mode en 1737, qu'on la chantait dans le peuple depuis plus de cinquante ans. Ce n'est pas la faire remonter aussi haut que le temps de la jeunesse de Racine. On la croirait du dix-huitième siècle, à en juger par le style. Quoi qu'il en soit, nous ne voyons pas comment les vers attribués à Racine y peuvent être une réponse. Ils font seulement, en un endroit, une allusion au P. Barnabas et à sa béquille, allusion dont l'indécence est un peu plus enveloppée que celle des couplets, mais qui reste assez choquante et rappelle certaine poésie du Chevalier de Boufflers. Si nous entendons bien (et nous le craignons) cette graveleuse allusion, l'auteur de la prétendue *Réponse* parle en vieux libertin, dont les ans ont éteint les sens. Faudrait-il donc songer aux derniers temps de la vie de Racine? L'invraisemblable morale ne mériterait même pas d'être discutée.

On a cru pouvoir défier toute objection, parce qu'on s'appuyait sur une preuve, des plus fortes en apparence. M. Duvau a fait la découverte de ces vers à Vendôme parmi les papiers de M. Gédéon de Trémault, mari d'une descendante de la fille aînée de Louis Racine, et il a donné le fac-simile de la pièce, dont il engage à comparer l'écriture avec celle du *Cantique à la louange de la Charité*; d'où il suivrait que nous avons là un autographe de Racine, certifié par la plus respectable provenance. Il est peut-être un peu étrange que, l'écriture de Racine ayant changé notablement à différentes époques, on choisisse, comme objet de comparaison avec l'étonnant autographe, un spécimen de cette écriture qui est des dernières années du poëte, auxquelles par là nous reviendrions encore pour la composition de la *Réponse*.

La ressemblance de l'écriture du fac-simile (nous n'avons pas vu l'autographe lui-même) est réellement assez marquée avec celle du premier cantique spirituel, quoique certains autographes, reconnus faux, en offrent une beaucoup plus évidente. Sans qu'il soit besoin de recourir aux experts en écriture, examinons le fac-simile. Nous y voyons des mots tels que *modele, pere, austere, interprete*, dont l'*e*, aujourd'hui marqué d'un accent grave, l'est également ici, contrairement à l'usage de Racine et de son temps. Il écrivait *tous jours, estre*, et non, comme dans le fac-simile, *toujours, être.* S'il multipliait plus que nous ne le faisons les majuscules, il ne les employait jamais sans quelque raison, dont il est aisé de se rendre compte. Ici, au contraire, elles sont semées au hasard, par exemple dans ces hémistiches : « On dit qu'En amitié.... — Vous n'En voulez qu'au cœur. » Le titre *Réponse à la chanson de Mme de Longueval par M. Racine* est de la même main que la pièce. Cela ne suffirait-il pas pour trahir une pièce apocryphe? Nous n'hésitons pas à dire qu'il y a eu un faussaire (moins sévèrement disons un mauvais plaisant), et peu habile. Si son œuvre s'est trouvée parmi les papiers d'une famille, à l'abri de tout soupçon, et certainement jalouse de la gloire de l'aïeul, il n'est pas impossible de se l'expliquer. Depuis un siècle et demi, les précieuses reliques ont sans doute été souvent communiquées avec une confiance dont quelqu'un aura abusé pour y glisser l'autographe fabriqué.

POÉSIES DIVERSES.

SECONDE PARTIE.

ÉPIGRAMMES ET AUTRES PETITES PIÈCES.

I

ÉPIGRAMME SUR LA SIGNATURE DU FORMULAIRE
DU CLERGÉ DE FRANCE.

1664.

Les éditeurs de 1807 ont les premiers donné dans les *Œuvres de Racine* (voyez leur tome V, p. 358) cette épigramme, sous ce titre : *Impromptu fait dans la chambre de l'abbé Boileau, docteur de Sorbonne.* « Nous avons, disent-ils, trouvé dans les notes manuscrites de Jean-Baptiste Racine ce quatrain, qui est de la jeunesse de l'auteur, et qui fut fait à l'époque de la déclaration du Roi, portant injonction à tous les ecclésiastiques de signer le formulaire d'Alexandre VII, sous peine de perdre leurs bénéfices. » Une note à peu près semblable se lit dans un manuscrit dont nous devons la communication à M. de Naurois. Ce manuscrit est la copie d'une pièce de vers très-étendue, dont le quatrain donné par les éditeurs de 1807 n'est que le premier couplet. Voici la note : « Les quatre premiers vers de cette épigramme sont écrits de la main de Jean-Baptiste Racine dans un des cahiers manuscrits que j'ai de lui, avec cet intitulé : « Autre qu'il fit sur-le-champ dans la chambre de l'abbé Boileau, son ami, docteur en Sorbonne. » La longue pièce de vers en tête de laquelle se trouve le quatrain a été imprimée de fort bonne heure, vraisemblablement dès 1664. Nous l'aurions mise ici même sous les yeux du lecteur, si, en matière d'authenticité, une grande circonspection n'était notre loi. Il nous paraît assez probable que, dans toute son étendue, elle est de Racine ; mais comme cette probabilité pourrait ne pas être admise par tout le monde, nous avons cru nous mettre plus à l'abri de toute critique en plaçant cette suite du quatrain parmi les *Épigrammes attribuées*, où on la lira avec la notice qui en fait l'histoire.

Contre Jansénius j'ai la plume à la main,
Je suis prêt à signer tout ce qu'on me demande.
    Qu'il soit hérétique ou romain,
    Je veux conserver ma prébende.

II

SUR LES CRITIQUES QU'ESSUYA LA TRAGÉDIE
D'*ANDROMAQUE*.

Andromaque, comme nous l'avons dit dans la *Notice* sur cette tragédie, fut représentée pour la première fois le 17 novembre 1667. Il est très-vraisemblable que cette épigramme et la suivante, *sur le même sujet*, sont de 1668. Elles frappaient l'une et l'autre de traits trop sanglants des personnes de qualité, pour avoir pu circuler du vivant de Racine autrement que manuscrites; et nous ne pensons pas qu'il soit exact de dire, comme le fait une note de l'édition de 1807, que la première *parut* dès cette année 1668. Elles n'ont été imprimées que fort tard; nous croyons que la première l'a été d'abord dans le *Bolæana*, inséré en 1740 dans les *Œuvres de Boileau* (édition in-quarto de l'abbé Souchay). On l'y trouve au tome I, p. XLVII. « M. Despréaux, de qui je tiens cette épigramme, dit l'auteur du *Bolæana*, en trouvoit la malice digne de son auteur. » Louis Racine n'en parle pas dans ses *Mémoires*, non plus que de la seconde, ce qu'il faut attribuer à un sentiment de réserve; mais une note de l'édition de la Harpe (1807) nous apprend que la première était citée dans les manuscrits de Jean-Baptiste Racine. De son côté, Brossette en parle dans son *Recueil* (manuscrit) *des Mémoires touchant la vie et les ouvrages de Boileau Despréaux*. La première édition des *Œuvres de Racine* où nous l'ayons vue est celle de 1750 (Amsterdam). Luneau de Boisjermain l'a donnée (1768), ainsi que la seconde, pour laquelle nous ne rencontrons pas d'aussi anciens témoignages que pour la première, mais qui ne nous paraît pas toutefois d'une authenticité douteuse: le jugement que Boileau portait de l'une est aussi vrai de l'autre.

> La vraisemblance est choquée en ta pièce[1],
> Si l'on en croit et d'Olonne et Créqui :

1. Notre texte des deux premiers vers est celui que donne le *Bo-*

Créqui dit que Pyrrhus aime trop sa maîtresse ;
D'Olonne, qu'Andromaque aime trop son mari[1].

læana. Dans l'édition de 1750 (Amsterdam), dans celle de Luneau de Boisjermain et dans les suivantes, on lit ainsi le premier :

Le vraisemblable est peu dans cette pièce.

La main des arrangeurs semble se trahir dans cette leçon, qui n'est pas heureuse. Celle que nous avons adoptée nous paraît mériter plus de confiance. Les éditeurs de 1807 nous apprennent que dans les manuscrits de Jean-Baptiste Racine ils ont ainsi lu les deux premiers vers :

La vraisemblance est choquée en ta pièce,
Racine, si l'on croit et d'Olonne et Créqui.

A une légère différence près (*Racine* peut bien être une glose), cela est d'accord avec le *Bolæana*. Le premier vers est beaucoup mieux ainsi ; et certainement Monchesnay ni Jean-Baptiste Racine n'ont inventé que Racine s'était adressé à lui-même cette épigramme. C'était une manière de feindre qu'il n'était pas l'auteur d'une raillerie si hardie.

1. Louis de la Trémoille, comte d'Olonne, est surtout connu par les aventures galantes de sa femme, que Bussy a racontées dans son *Histoire amoureuse des Gaules*. L'autre détracteur d'Andromaque, le duc Charles de Créqui, était le frère aîné du maréchal de Créqui, avec lequel Monchesnay l'a confondu. « Le plaisant de l'épigramme, dit-il dans le *Bolæana*, c'est que le maréchal de Créqui n'avoit pas la réputation d'aimer trop les femmes ; et quant à M. d'Olonne, il n'avoit pas lieu de se plaindre d'être trop aimé de la sienne. » A part l'erreur qui lui a fait prendre le maréchal pour le duc, Monchesnay explique très-bien l'épigramme. Brossette, dans son *Recueil manuscrit*, en donne un commentaire tout semblable, mais dont les termes ont beaucoup plus de crudité ; il applique à chacun des deux grands seigneurs une épithète grossière, pour marquer le vice infâme de l'un, et la ridicule infortune de l'autre. M. Aimé-Martin a donc eu tort de dire que « Créqui avoit la réputation d'être trompé par sa maîtresse. » L'épigramme, avec cette explication, perd beaucoup de son sel.

III

SUR LE MÊME SUJET.

Créqui[1] prétend qu'Oreste est un pauvre homme
Qui soutient mal le rang d'ambassadeur ;
Et Créqui de ce rang connoît bien la splendeur :
Si quelqu'un l'entend mieux, je l'irai dire à Rome[2].

1. Le duc de Créqui, ambassadeur extraordinaire à Rome, avait été forcé de quitter cette ville, à la suite de l'outrage qu'il y avait reçu le 2 août 1662. La garde corse avait tiré sur le palais Farnèse, où logeait le duc, et sur le carrosse de l'ambassadrice. On accusait Créqui d'avoir provoqué par ses hauteurs l'affront fait à la *splendeur de son rang*, et que Louis XIV dut venger.

2. C'est le vers 1658 du *Menteur* de Corneille (acte V, scène v). Il est superflu de dire qu'il n'y a point plagiat, mais application singulièrement heureuse d'un vers très-connu, qui devient ici le trait le plus piquant.

IV

SUR L'*IPHIGÉNIE* DE LE CLERC.

Dans les éditions de 1728 et de 1736, on donne à cette épigramme la date de 1671. C'est une erreur évidente, qui sans doute a été d'abord le fait d'un imprimeur. L'*Iphigénie* de le Clerc fut jouée en tout cinq fois, depuis le 24 mai jusqu'au 9 juin 1675[1], et imprimée en 1676. Dans sa préface, le Clerc, loin de désavouer la pièce, comme le suppose Racine, prétendit que la part qu'y avait eue Coras se réduisait à « une centaine de vers épars çà et là » : ce qui pourrait faire penser que l'épigramme a été faite en 1675, avant la publication de cette préface ; mais s'il en était autrement, et si volontairement Racine n'a pas été un historien exact du différend qui s'éleva entre les deux poëtes, la plaisanterie n'en est pas moins excellente. Cette épigramme est une de celles que Louis Racine dans ses *Mémoires*[2] reconnaît pour être de son père, une aussi de celles que nous trouvons le plus anciennement imprimées. Furetière la cite dans son *Second Factum* (édition in-4° de 1685), p. 8 ; mais il y dit qu'on l'attribue à la Fontaine. Elle a été donnée aussi, du vivant de Racine, dans l'édition de ses *Œuvres* publiée à Amsterdam en 1690-1692, dans le *Menagiana* (1693), dans le *Recueil des plus belles épigrammes des poëtes françois* (1698). Toutes ces publications contemporaines s'accordent sur l'attribution à Racine. Si les éditeurs du *Menagiana* de 1715 ont dit « qu'elle est attribuée par quelques-uns à Racine, et par d'autres à la Fontaine », c'est qu'ils avaient sous les yeux le *Second Factum* de Furetière. Le *Menagiana* dit que cette épigramme « est en *bon marot* ». Il ajoute : « Voilà le cas où les épigrammes sans pointes sont excellentes, lorsque le sens en est beau, plein, et qu'il décrit une chose naïvement comme celle-ci, où la naï-

---

1. Voyez le *Registre de la Grange* et l'*Histoire du Théâtre françois* des frères Parfait, qui donnent l'épigramme aux pages 414 et 415 du tome XI.
2. Voyez notre tome I, p. 304.

veté fait une chute admirable, et où la vérité sert de pointe. » — Le texte varie beaucoup dans les diverses éditions. Nous avons suivi le plus ancien, celui de Furetière. Le texte de la première édition du *Menagiana* (1693) n'est pas très-différent, et mériterait aussi confiance.

> Entre le Clerc et son ami Coras,
> Tous deux auteurs rimants de compagnie[1],
> N'a pas longtemps sourdirent grands débats[2]
> Sur le propos de son *Iphigénie*[3].
> Coras lui dit : « La pièce est de mon cru ; »   5
> Le Clerc répond : « Elle est mienne, et non vôtre[4]. »

1. Telle est aussi la leçon de l'édition d'Amsterdam (1692), du *Menagiana* (1693), du *Recueil* de 1698, et de l'édition d'Amsterdam (1722). Dans les éditions de 1728 et de 1736, comme dans celles qui ont suivi, on lit :

> Deux grands auteurs rimants de compagnie.

2. Dans l'édition d'Amsterdam (1692) :

> N'a pas longtemps grands étoient les débats.

M. Aimé-Martin donne *sourdirent*, au lieu de *s'ourdirent*, comme une correction « qui n'a encore été faite dans aucune édition ». Il se trompe : *s'ourdirent* est une faute qui n'a été faite que depuis l'édition de 1736. Furetière, le *Menagiana*, le *Recueil* de 1698, les éditions de 1722 et de 1728 donnent très-correctement *sourdirent*.

3. Dans le *Recueil* de 1698, et dans le *Nouveau Recueil des épigrammistes françois* (Amsterdam, 1720), ce vers se lit ainsi :

> Sur le sujet de leur *Iphigénie*.

Partout ailleurs, excepté dans Furetière :

> Sur le propos de leur *Iphigénie*.

4. Dans l'édition de 1692 :

> Le Clerc disoit : « La pièce est de mon cru ; »
> Coras crioit : « Elle est mienne, et non vôtre. »

Dans le *Recueil des plus belles épigrammes*, l'ordre est interverti : *Coras disoit...., Le Clerc crioit....* L'édition de 1722 a : *Coras disoit.... Le Clerc répond.*

Mais aussitôt que l'ouvrage a paru[1],
Plus n'ont voulu l'avoir fait l'un ni l'autre[2].

1. On lit dans l'édition de 1692 :

Dès aussitôt que l'ouvrage a paru,

qui n'est pas une trop mauvaise leçon, *dès aussitôt que* étant de la vieille langue, et pouvant se trouver dans une épigramme marotique.
Dans le *Menagiana* (éditions de 1693 et de 1715) :

Mais aussitôt que l'ouvrage parut.

Pour rimer avec *parut*, les mêmes éditions du *Menagiana* écrivent au vers 5 : « La pièce est de mon *crud* ».
Les éditions de 1728, de 1736 et les suivantes (hormis celle des frères Parfait) donnent, jusqu'à celle de M. Aimé-Martin, une leçon qui demanderait *fait*, au lieu de *faite*, au dernier vers :

Mais aussitôt que la pièce eut paru.

M. Aimé-Martin a rétabli la leçon que nous avons adoptée, et qui est aussi celle des frères Parfait.

2. Ce vers ressemble singulièrement au vers 12 des *Deux amis*, conte que la Fontaine a tiré d'Athénée :

Plus n'en voulut l'un ni l'autre être père.

L'épigramme tout entière semblerait avoir été suggérée à Racine par le conte, dont il a pu trouver plaisant de faire une sorte de parodie. Le rapprochement a été fait par M. L. Moland dans son édition des *Œuvres de Racine*. Il croit qu'on peut expliquer par là l'erreur de ceux qui ont attribué l'épigramme à la Fontaine.

V

SUR L'*ASPAR* DE M. DE FONTENELLE.

L'ORIGINE DES SIFFLETS.

L'*Aspar* de Fontenelle, que l'auteur ne fit pas imprimer, fut joué pour la première fois le vendredi 27 décembre 1680. Les notes manuscrites de Jean-Baptiste Racine « portent, disent les éditeurs de 1807, que les comédiens ne purent achever la première représentation ». Toutefois, la pièce fut encore représentée le 29 du même mois et le premier jour de l'année 1681, comme l'atteste le *Registre de la Grange*. L'épigramme de Racine doit avoir été composée au moment de ces premières représentations si mal accueillies. Des amis de Fontenelle essayèrent de le venger, en répondant à Racine par ces vers, que l'on trouve dans le *Chansonnier Maurepas* (tome VII, p. 365) :

> Quand Racine avec aigreur
> Médit, méprise et querelle,
> Ce n'est pas vous, Fontenelle,
> Qui le mettez en fureur :
> En vous il poursuit la race
> De son plus grand ennemi,
> Et n'en aura, quoi qu'il fasse,
> De vengeance qu'à demi.

Il ne peut y avoir de contestation sur l'attribution de cette épigramme à Racine. Son fils la nomme dans ses *Mémoires*[1], avec celles Sur l'Iphigénie de le Clerc et Sur la Judith de Boyer, comme une des meilleures qu'il ait faites. Nous avons dit qu'elle avait été l'objet d'une note de Jean-Baptiste Racine, qui par conséquent savait aussi qu'elle était de son père. Elle est citée par le *Furetiriana* (1696); on

---

1. Voyez notre tome I, p. 304.

la trouve également dans les *OEuvres de Racine* publiées à Amsterdam en 1690-1692. Cependant Cizeron-Rival, dans ses *Récréations littéraires* (1765), p. 190, l'a donnée en avertissant qu'elle n'avait pas été imprimée dans les *OEuvres* de l'auteur, sans doute parce qu'il ne l'avait pas trouvée dans les éditions de Racine publiées en France du vivant de Fontenelle, c'est-à-dire avant 1757. Luneau de Boisjermain l'a placée dans son édition de 1768.

>   Ces jours passés, chez un vieil histrion[1],
>   Grand chroniqueur, s'émut en question[2]
>   Quand à Paris commença la méthode[3]
>   De ces sifflets qui sont tant à la mode.
>   « Ce fut, dit l'un, aux pièces de Boyer. »   5
>   Gens pour Pradon voulurent parier :
>   « Non, dit l'acteur, je sais toute l'histoire[4],

1. Cizeron-Rival donne ce vers ainsi :

>   Ces jours passés, chez un vieux histrion.

Nous ne tenons pas compte de la faute d'impression *historien* pour *histrion*.

2. Nous avons suivi la leçon que nous avons trouvée dans un manuscrit de Henri Besset de la Chapelle, petit-neveu de Boileau. Ce manuscrit appartient à la Bibliothèque nationale, et on y trouve la copie la plus ancienne sans doute que nous ayons de cette épigramme. Dans l'édition d'Amsterdam de 1692, et dans le *Furetiriana*, on lit :

>   Un chroniqueur mettoit en question,

et dans toutes les autres éditions :

>   Un chroniqueur émut la question.

3. Ici encore nous avons suivi la leçon du manuscrit de Besset de la Chapelle, qui est également celle du *Furetiriana* et de l'édition d'Amsterdam (de 1692). Cizeron-Rival et les éditions des *OEuvres de Racine* publiées en France donnent ce vers ainsi :

>   Quand dans Paris commença la méthode.

4. Dans le *Furetiriana* et dans l'édition d'Amsterdam (1692) :

>   Non, dit l'acteur, voici toute l'histoire.

Que par degrés je vais vous débrouiller :
Boyer apprit au parterre à bâiller ;
Quant à Pradon, si j'ai bonne mémoire,
Pommes sur lui volèrent largement ;
Or quand sifflets prirent commencement[1],
C'est, j'y jouois, j'en suis témoin fidèle,
C'est à l'*Aspar* du sieur de Fontenelle. »

1. Telle est la leçon du *Furetiriana*, de l'édition d'Amsterdam de 1692, et du manuscrit de Besset de la Chapelle. On lit dans les autres éditions :

Mais quand sifflets prirent commencement.

VI

SUR L'ASSEMBLÉE DES ÉVÊQUES, CONVOQUÉE A PARIS
PAR ORDRE DU ROI.

Les éditeurs des *Œuvres de Racine* qui ont donné cette épigramme n'ont pas dit quelle est celle des assemblées du clergé réunies sous ce règne à l'occasion de laquelle elle a été faite. Mais elle ne nous paraît pouvoir convenir qu'à celle de 1681 : tout s'y rapporte dans les circonstances que rappelle l'épigramme, excepté toutefois le nombre des prélats, qui se trouva de quarante-deux, et non de cinquante-deux ; et même si l'on suppose qu'un de ces nombres a été mis pour l'autre par une faute de copie, supposition qu'il serait facile d'admettre, l'exactitude du poëte ne serait pas encore complète ; car il y eut quarante-deux archevêques ou évêques à cette assemblée, en y comprenant l'archevêque de Paris, qui la présidait, tandis que, d'après l'épigramme, ce serait sans compter cet archevêque ; mais, dans une épigramme, on n'est pas tenu à la rigoureuse exactitude d'un procès-verbal. Une information incomplète, ou simplement le besoin du vers, suffirait à expliquer l'à-peu-près. Il n'y a d'ailleurs que cette petite difficulté ; tout le reste est d'accord. On peut voir dans la *Gazette* de 1681 qu'au moment de la réunion des prélats le Roi était à Saint-Germain. La même *Gazette*, sous la date du 29 mars 1681, annonce ainsi cette assemblée : « Le 19 de ce mois, les prélats qui se trouvent en cette ville pour la poursuite des affaires de leurs diocèses s'assemblèrent dans le palais archiépiscopal, convoqués, avec la permission du Roi, par les agents généraux du clergé de France. L'assemblée étoit composée de sept archevêques et de trente-cinq évêques. » Le *procès-verbal* de l'assemblée donne la liste des quarante-deux prélats. On y lit : « L'an 1681, le mercredi 19ᵉ mars, Messeigneurs les archevêques et évêques qui étoient à Paris pour les affaires de leurs diocèses, ayant été convoqués,... se sont rendus sur les deux heures de relevée chez Monseigneur l'Illustrissime et Révérendissime Messire François de

Harlay, archevêque de Paris. » Quarante et un prélats qui se trouvaient à la fois à Paris *pour les affaires de leurs diocèses!* Il y avait de quoi justifier les plaisanteries sur une telle manière de comprendre l'obligation de la résidence. L'épigramme paraît authentique : les éditeurs de 1807 nous apprennent qu'ils en ont trouvé le texte, un peu différent de celui qui était connu, dans les notes manuscrites de Jean-Baptiste Racine; il doit résulter de là qu'il la tenait pour être de son père. Elle est une des premières qui aient été insérées dans les *OEuvres de Racine;* on la trouve dans les éditions de 1728, de 1736 et de 1750.

    Un ordre, hier venu de Saint-Germain,
    Veut qu'on s'assemble. On s'assemble demain.
    Notre archevêque, et cinquante-deux autres
        Successeurs des apôtres
    S'y trouveront. Or de savoir quel cas   5
    S'y doit traiter, c'est encore un mystère :
    C'est seulement une chose très-claire
    Que nous avions cinquante-deux prélats
        Qui ne résidoient pas[1].

1. Les quatre derniers vers se lisent ainsi dans toutes les éditions des *OEuvres de Racine*, depuis celle de 1728 jusqu'aux plus récentes :

    S'y traitera, c'est encore un mystère :
      C'est seulement chose très-claire
    Que nous avons cinquante-deux prélats
      Qui ne résident pas.

N'exceptons pas l'édition de 1750, dans laquelle, au dernier vers, *qui ne résidèrent pas* est une simple faute d'impression. Nous avons suivi de préférence la leçon donnée en note par les éditeurs de 1807, comme trouvée dans les manuscrits de Jean-Baptiste Racine.

VII

SUR LE *GERMANICUS* DE PRADON.

La tragédie de *Germanicus* ne fut pas imprimée. Les frères Parfait (*Histoire du Théâtre françois*), tome XIII, p. 391, disent qu'elle fut représentée pour la première fois le mercredi 22 décembre 1694, et qu'elle n'alla pas au delà de la sixième représentation, qui fut donnée le mercredi 5 janvier 1695. L'épigramme est probablement de 1694. On n'en peut guère mettre en doute l'authenticité, parce qu'elle est une de celles qui ont trouvé le plus anciennement place dans les éditions des *Œuvres de Racine*. Elle est dans l'édition de 1728 (Paris), dans celle de 1736 (Paris) et dans celle de 1750 (Amsterdam); les frères Parfait l'ont aussi donnée dans leur tome XIII, qui est de 1748.

Que je plains le destin du grand Germanicus !
    Quel fut le prix de ses rares vertus ?
    Persécuté par le cruel Tibère,
    Empoisonné par le traître Pison,
Il ne lui restoit[1] plus, pour dernière misère,   5
    Que d'être chanté par Pradon.

1. Dans l'*Histoire du Théâtre françois*, il y a *manquoit*, au lieu de *restoit*. — A part cette variante, le texte de l'épigramme est partout le même, excepté dans l'édition de 1750, dont la leçon très-différente mérite d'être reproduite :

    Sous quel astre fatal naquit Germanicus ?
        Après tant d'ennemis vaincus,
      Persécuté par le cruel Tibère,
      Empoisonné par le traître Pison,
    Il ne lui restoit plus, pour disgrâce dernière,
        Que d'être chanté par Pradon.

VIII

SUR LA *JUDITH* DE BOYER[1].

Louis Racine, dans ses *Mémoires*[2], reconnaît que son père est l'auteur de cette épigramme. Les éditeurs de 1807 l'ont trouvée dans les manuscrits de Jean-Baptiste Racine. Brossette la rapporte, comme étant de Racine, dans ses *Mémoires* (manuscrits) *touchant la vie et les ouvrages de Boileau*. Elle est aussi dans les notes manuscrites de Tralage, où l'écriture et l'orthographe indiquent une copie très-ancienne. On y lit, à la fin de l'épigramme : « Par M. Racine. » On l'a placée parmi celles de J. B. Rousseau dans les *OEuvres du sieur Rousseau* (Rotterdam, M.DCC.XII, 2 vol. in-12), tome I, p. 381. Le *Menagiana* de 1715 signale l'erreur des éditeurs de Rousseau, et avertit que l'épigramme est de Racine. Elle a été donnée parmi les *OEuvres de Racine* dans les éditions de 1722, de 1728, de 1736 et dans les suivantes. Les frères Parfait l'ont insérée, comme la précédente, dans leur *Histoire du Théâtre françois* (tome XIII, p. 415).

A sa *Judith*, Boyer, par aventure,
Étoit assis près d'un riche caissier[3] ;

---

1. Cette tragédie fut, d'après les frères Parfait (*Histoire du Théâtre françois*, tome XIII, p. 402 et suivantes), représentée pour la première fois le vendredi 4 mars 1695. Elle eut d'abord un grand succès, surtout un succès de larmes. Mais la faveur du public, qui s'était soutenue pendant dix-sept représentations, abandonna cette mauvaise pièce, lorsqu'elle fut reprise après Pâques de la même année.
2. Voyez notre tome I, p. 304.
3. « M. Racine le fils m'a appris que ce riche caissier étoit M. de la Touanne (*Charles Renouard de la Touanne, trésorier de l'extraordinaire des guerres*), qui avoit fait à Boyer la réponse naïve exprimée dans cette épigramme. » (*Notes manuscrites* de Brossette.) — Les éditeurs de 1807 ont trouvé une note dans le même sens parmi les manuscrits de J. B. Racine.

Bien aise étoit ; car le bon financier
S'attendrissoit et pleuroit sans mesure.
« Bon gré vous sais, lui dit le vieux rimeur :   5
Le beau vous touche, et n'êtes pas d'humeur[1]
A vous saisir pour une baliverne. »
Lors le richard, en larmoyant, lui dit :
« Je pleure, hélas! de ce pauvre Holoferne[2],
Si méchamment mis à mort par Judith. »   10

1. Telle est la leçon du manuscrit de J. B. Racine et de celui de Tralage. Dans les diverses éditions des *Œuvres de Racine* on lit :

Le beau vous touche, et ne seriez d'humeur ;

ce qui est aussi la leçon des frères Parfait.

2. Luneau de Boisjermain et les éditeurs venus après lui ont ainsi changé ce vers :

Je pleure, hélas ! pour ce pauvre Holoferne.

La leçon que nous avons suivie est celle qui a été donnée par J. B. Racine, par le manuscrit de Tralage, par les frères Parfait, par le *Chansonnier Maurepas* (tome VII, folio 231), et par les éditions de 1722, de 1728 et de 1736.

IX

SUR LE *SÉSOSTRIS* DE LONGEPIERRE.

Le *Sésostris* n'eut que deux représentations : la première le mercredi 28 décembre 1695, la seconde le vendredi 30 du même mois. Il n'a pas été imprimé. (Voyez l'*Histoire du Théâtre françois*, tome XIII, p. 434.) — Nous avons, pour admettre l'authenticité de cette épigramme, l'autorité d'assez anciennes éditions : on la trouve dans celles de 1728, de 1736 et de 1750. L'*Histoire du Théâtre françois*, au tome XIII, qui est de 1748, ne met pas en doute que Racine n'en soit l'auteur, et la lui reproche assez sévèrement en ces termes : « Ce poëte avoit naturellement l'esprit malin et railleur. Nous sommes fâchés d'être obligés d'en rapporter ici la preuve, et en même temps d'une espèce d'ingratitude de sa part envers M. de Longepierre. Il semble qu'il avoit des raisons assez fortes pour devoir le ménager un peu plus. » Longepierre avait composé en 1686 un *Parallèle de MM. Corneille et Racine*, qui était tout à l'avantage de ce dernier. Il faut au reste reconnaître que l'épigramme n'est pas très-méchante.

Ce fameux conquérant, ce vaillant Sésostris,
Qui jadis en Égypte, au gré des destinées,
    Véquit de si longues années,
    N'a vécu qu'un jour à Paris.

X

POUR LE PORTRAIT DE M. ARNAULD.

Antoine Arnauld mourut en Flandre le 8 août 1694. Ce fut après sa mort, en cette même année 1694, que Racine composa ces vers, comme on doit le conclure d'un passage des *Mémoires* de Louis Racine. Celui-ci reconnaît cette petite pièce et la suivante pour être de son père[1]. Le *Nécrologe de Port-Royal* 1723 (p. 325) donne les vers *Pour le portrait de M. Arnauld*, en les faisant suivre des mots *par M. Racine*. Dans son *Abrégé de l'Histoire ecclésiastique* (1754), tome XI, p. 390 et 391, l'abbé Racine cite, en les nommant *épitaphes*, les deux pièces sur Arnauld comme étant de Racine le père. La première se trouve parmi les œuvres de ce poëte dans les éditions de 1728, de 1736, de 1750 et dans les suivantes.

Sublime en ses écrits, doux et simple de cœur,
Puisant la vérité jusqu'en son origine[2],
De tous ses longs combats Arnauld sortit vainqueur,
Et soutint de la foi l'antiquité divine[3],
De la grâce il perça les mystères obscurs ;   5
Aux humbles pénitents traça des chemins sûrs ;

---

1. Voyez notre tome I, p. 331.
2. Les éditions de 1728, de 1736, de 1750, celles de Luneau de Boisjermain et de la Harpe, donnent ainsi ce vers et le suivant :

> Puisant la vérité jusqu'à son origine,
> De tous ses longs travaux Arnauld sortit vainqueur.

La leçon que nous suivons est celle du *Nécrologe* et de l'abbé Racine ; elle avait déjà été rétablie par Geoffroy et par M. Aimé-Martin.
3. Les éditeurs de 1807 font remarquer que dans ce vers il y a une allusion au livre d'Arnauld sur *la Perpétuité de la foi*.

Rappela le pécheur au joug de l'Évangile.
Dieu fut l'unique objet de ses desirs constants :
L'Église n'eut jamais, même en ses premiers temps,
De plus zélé vengeur, ni d'enfant plus docile. 10

XI

ÉPITAPHE DE M. ARNAULD.

Cette épitaphe, qui paraît moins digne de notre poëte que les vers précédents, et à laquelle surtout s'appliquerait bien le mot de Boileau, rapporté par Brossette, que « Racine avait molli », pourrait par cela même sembler d'une authenticité douteuse, d'autant plus que dans le *Nécrologe de Port-Royal* (p. 325) elle est signée du nom de *M. l'abbé Regnier*. Mais Louis Racine, dans ses *Mémoires*[1], affirme que c'est une erreur du *Nécrologe*, et que l'épitaphe est bien de son père. Les éditeurs de 1807 l'ont trouvée dans les notes manuscrites de Jean-Baptiste Racine. Il faut se rendre à ces témoignages. On a imprimé, comme étant de Racine, l'épitaphe d'Arnauld dans l'édition de 1712 de la *Satire XII* de Boileau (1 vol. in-12, avec le type de la sphère, p. 43). L'abbé Racine, comme nous l'avons dit ci-dessus, à l'occasion de la pièce précédente, attribue celle-ci, aussi bien que l'autre, à notre poëte. Elle n'a trouvé place dans les éditions des *Œuvres de Racine* que depuis celle de Luneau de Boisjermain.

> Haï des uns, chéri des autres,
>   Admiré de tout l'univers[2],
> Et plus digne de vivre au siècle des apôtres
>   Que dans un siècle si pervers,

1. Voyez notre tome I, p. 331.
2. Telle est la leçon donnée par le *Nécrologe*, par l'édition de 1712 de la *Satire XII*, par l'abbé Racine, et, au témoignage des éditeurs de 1807, par les manuscrits de J. B. Racine. Louis Racine, dans ses *Mémoires*, y a substitué celle-ci :

> Estimé de tout l'univers ;

et c'est ainsi que ce vers a été imprimé dans l'édition de Luneau de Boisjermain et dans les suivantes.

Arnauld vient de finir sa carrière pénible. 5
Les mœurs n'eurent jamais de plus grave censeur,
    L'erreur d'ennemi plus terrible,
L'Église de plus ferme et plus grand défenseur.

XII

SUR LE PORT-ROYAL.

Les éditeurs des *Œuvres de Racine* n'ont point jusqu'ici donné ces vers, soit qu'il leur ait échappé que le *Nécrologe de Port-Royal* les attribue à Racine, soit que dans cette attribution ils aient vu un anachronisme. Dans le *Nécrologe* ils sont imprimés à la page LXVIII, avec les mots « par M. Racine » au bas de cette petite pièce. Ils sont précédés d'une ode (p. LXVII) *Sur la destruction de Port-Royal*, et ont eux-mêmes pour titre : *Sur le même sujet*. Or, quand Port-Royal a été détruit, Racine était mort depuis longtemps. Mais évidemment il ne faut pas trop s'attacher à un titre qui, pris à la lettre, est inexact. Le jour où il n'y eut plus que des ruines sur l'emplacement de Port-Royal, on ne put plus dire :

C'est là qu'on foule aux pieds les douceurs de la vie, etc.

Racine, dans les dernières années de sa vie, a vu Port-Royal-des-Champs assez persécuté, assez ruiné pour le dire changé en un *triste tombeau*. Malgré quelques exemples d'erreurs dans le *Nécrologe*, son autorité nous paraît ici d'un grand poids, d'autant plus que la simplicité énergique des vers *Sur le Port-Royal* fait reconnaître un véritable poëte. Avec Racine, il n'y avait peut-être que Boileau qui fût capable de les faire. Croire que le *Nécrologe* ait voulu désigner Louis Racine nous semble inadmissible. M. Racine ne peut être que le grand poëte ; et Louis Racine n'avait pas cette vigueur. Le titre que nous avons substitué à celui que donne le *Nécrologe* se trouve en tête de la même petite pièce, signée également du nom de Racine, dans un manuscrit qui appartient à la bibliothèque de l'Arsenal. Il vient de celle du marquis de Paulmy, et paraît être de la première moitié du dix-huitième siècle.

C'est là qu'on foule aux pieds les douceurs de la vie,
Et que dans une exacte et sainte austérité,
    A l'abri de la vérité

On triomphe des traits de la plus noire envie.
Mais, hélas! gémissons. De ce séjour si beau
Tu ne vois à présent que le triste tombeau,
Depuis que la Vertu, qui régnoit dans ce temple,
Succombe sous l'effort et sous la dureté
De ceux qui ne pouvant la prendre pour exemple
      L'immolent à leur lâcheté.

PREMIER APPENDICE

AUX POÉSIES DIVERSES[1].

PETITES PIÈCES EN VERS DE LA PREMIÈRE JEUNESSE DE RACINE.

I

BILLET EN VERS A ANTOINE VITART.

Ce billet en vers et le suivant sont de la première jeunesse de Racine, et rappellent ses amitiés de ce temps; c'est là seulement ce qui leur donne quelque intérêt. Nous en avons parlé dans la *Notice biographique*, p. 18-20, et nous y avons même cité le second billet presque entier. Tous deux sont adressés à Antoine Vitart, qu'il ne faut pas confondre avec Nicolas Vitart, son frère aîné. Antoine Vitart, cousin de Racine, ou, pour parler plus exactement, son oncle à la mode de Bretagne, était né à la Ferté-Milon, le 12 octobre 1638, un an et deux mois avant Racine. Il étudiait au collége d'Harcourt lorsque Racine avait avec lui cette correspondance en mauvaises rimes.

Le premier des deux billets a été probablement écrit par Racine lorsqu'il était encore aux écoles de Port-Royal, c'est-à-dire entre le mois d'octobre 1655 et le mois d'octobre 1658. Louis Racine, dans ses *Mémoires* (voyez notre tome I, p. 223 et 224), en a cité quelques vers, qu'il a arrangés, et dont il a même changé le sens. Le second billet, qui était resté entièrement inédit, est probable-

1. Ce *Premier Appendice*, composé de pièces dont l'authenticité ne paraît pas douteuse, forme réellement la *troisième partie* des *Poésies diverses*. Voyez ci-dessus, p. 17.

ment de l'année 1656 ; car il y est question des gazettes qui annonçaient les victoires de Charles-Gustave sur les Polonais, et de la censure prononcée contre Arnauld par la Sorbonne. La copie de ces petites pièces nous a été communiquée par M. Auguste de Naurois. A cette copie Louis Racine a joint la note suivante : « Ces vers sont si médiocres qu'on juge sans peine qu'ils sont de sa première jeunesse. Étant écolier, il écrivoit en vers qui lui coûtoient moins que la prose. » Les singulières incorrections qui s'y rencontrent ne prouvent pas que Racine ignorât alors les plus simples règles, puisqu'il n'y a pas de fautes semblables dans ses *Odes sur Port-Royal* composées au même âge ; mais il écrivait au courant de la plume un simple badinage auquel il n'attachait aucune importance. Quelques années plus tard, dans les vers dont il aimait à semer ses lettres à ses jeunes amis, il n'y avait certainement pas, au même point, absence de toutes prétentions littéraires.

   Lisez cette pièce ignorante
   Dont la phrase si peu coulante
   Ne fait voir que trop clairement,
   Pour vous parler sincèrement,
   Que je ne suis pas un grand maître   5
   En cette manière de lettre
   Dont les poëtes si renommés
   Ornent leurs écrits bien-aimés.
   Mais ce seroit une imprudence
   De vouloir que quand on commence   10
   On n'écrivît rien que de bon,
   Et qu'on vainquît même Apollon.
   J'ai reçu les feuilles volantes,
   Ces feuilles belles et savantes
   Où sont avec tant de clartés   15
   Les immortelles vérités [1] ;
   J'ai aussi le manche agréable
   D'une [2] étrille qui sent l'étable

1. Quoique les *Lettres provinciales* aient paru en 1656, qui est peut-être l'année où ce premier billet, aussi bien que le second, a été écrit, et quoiqu'elles aient circulé en feuilles volantes, les expressions dont se sert Racine les désigneraient difficilement. Il est probable qu'il s'agit du moins de quelque écrit de Port-Royal.

2. La copie porte *un*, au lieu de *une*. Si Racine a écrit *un étrille*, c'est sans doute une faute d'inattention ; jamais le mot *étrille*, que nous sachions, ne s'est employé au masculin.

Où le baudet de Molina [1]
A reçu ce qu'il mérita.   20
Les plumes m'ont été données
Que vous nous avez achetées.
Je ne sais point de compliments
Pour joindre à mes remerciments.
Mon extrême reconnoissance....   25
Je connois trop votre prudence
Pour affecter de vains propos
Qui troubleroient votre repos.
Je crains même que cette lettre
Ne soit trop longue pour paroître   30
Devant des yeux tant occupés
Et d'autres soins enveloppés.
Car quel temps peut être de reste
Dans une philosophe teste
Qui ne respire qu'arguments [2],   35
. . . .
Qui doit passer toutes les heures
Aux majeures et aux mineures
Par où les subtils logiciens
Sont craints comme des magiciens?
Il n'y a tête qui résiste   40
Aux traits de ces puissants balistes [3] ;
Et malgré vous, quand ils voudront,

1. *Molina*, jésuite espagnol, dont le traité du *Libre arbitre*, publié vers la fin du seizième siècle, contient des propositions contraires à celles qui furent plus tard condamnées dans Jansénius. — En 1654 avait paru une satire en vers, très-injurieuse, ayant pour titre : *l'Etrille du Pégase janséniste. Aux Rimailleurs de Port-Royal*. On la trouve attribuée au P. le Moyne dans un manuscrit de la bibliothèque de l'Arsenal (Belles-Lettres, n° 136), parmi des *Poésies diverses sur la bulle* UNIGENITUS. La pièce de vers dont parle Racine était sans doute une réponse de quelque poëte ami de Port-Royal.

2. Le vers qui rimait avec celui-ci a été omis dans la copie manuscrite. Louis Racine, qui a arrangé ce qu'il a cité de cette petite pièce, a remplacé les vers 6-37 par ceux-ci :

> Hélas! comment pourrois-je l'être?
> Je ne respire qu'arguments ;
> Ma tête est pleine à tous moments
> De majeures et de mineures.

3. Voici encore un mot dont le genre masculin ne se justifierait sans doute par aucun exemple. Il y a d'ailleurs à la rime une faute qui n'est pas moins grossière qu'un solécisme.

Des cornes ils vous donneront.
Mais, hélas! à qui je m'adresse?
Ma main tremble et sent sa foiblesse,   45
Quand je viens à considérer
Celui que je viens d'attaquer.
Il est maître, il est philosophe :
Malheur à celui qui l'accroche [1] !
Mais taisons-nous; ne disons mot,   50
De peur qu'il ne nous traite en sot,
Que ses arguments ne nous montrent
Que déjà les cornes nous montent :
Ceux-là certes sont bien prudents
Qui ne disent mot à ces gens.   55
Reconnoissez par cette feuille
Qui choque votre portefeuille,
Qu'à toute heure, enfin qu'en tout lieu
Racine est tout à vous. Adieu.

II

AUTRE BILLET A ANTOINE VITART.

Quoi donc? cher cousin, ce silence,
Ces froideurs, cette négligence
Ne pourront point avoir de fin?
Soit en françois, soit en latin,
Soit en poésie ou en prose,   5
Tout au moins j'écris quelque chose.
Pouvez-vous manquer de sujets
En lieu [2] plein de tant d'objets,
Où tous les jours mille merveilles
Frappent les yeux et les oreilles?   10
Quand vous n'iriez de vos fauxbour
Que jusqu'au collége d'Harcour,

---

1. Cette étrange rime, ainsi que celle qu'on a déjà vue aux vers 40 et 41, et celle qu'on verra plus bas aux vers 52 et 53, prouve avec quelle négligence Racine écrivait ces enfantillages.
2. Racine a fait ici *lieu* de deux syllabes, à moins qu'il n'y ait une faute du copiste, et qu'il ne faille lire : *en un lieu*.

AUX POÉSIES DIVERSES.

Ce qui se fait, ce qui se passe
En ce grand et ce long espace
Ne paroît-il pas vous fournir   15
Assez de quoi m'entretenir ?
Là l'on voit crier les gazettes
Des victoires et des défaites,
Les combats du roi polonois
Contre le prince suédois[1] ;   20
Ici l'on entend la censure,
La honte et la déconfiture
Des pauvres Augustiniens
Sous le nom de Jansénistes[2].
D'autre part on crie au contraire   25
La sentence du grand vicaire[3],
L'hymne[4], l'histoire et le journal
Des miracles de Port-Royal[5].
Enfin l'on ne voit que nouvelles,
Que livres, qu'écrits, que libelles.   30
En tous quartiers, de tous côtés,
On ne trouve que raretés.
Comment peux-tu donc, cher Antoine,
Sinon par mépris et par haine,
Vivre comme un silencieux   35
Dans le règne des curieux ?
Si ce soupçon n'est véritable,
Au moins il est bien vraisemblable.
Quoi qu'il en soit, de tout mon cœur
Je suis votre humble serviteur.   40

1. Ces événements se rapportent aux années 1655 et 1656.
2. La censure de la Sorbonne contre Antoine Arnauld fut lue dans l'assemblée du 1er février 1656, et signée le 18.
3. La sentence de M. de Hodencq, vicaire général, en date du 22 octobre 1656, fut un triomphe pour Port-Royal. Elle reconnaissait le miracle de la sainte Épine.
4. Il s'agit sans doute d'une hymne composée pour célébrer le miracle de la sainte Épine, peut-être de la prose

O Spina mirabilis
Cunctis venerabilis.

5. Le miracle arrivé à Port-Royal, et dont nous avons parlé dans les notes précédentes, avait eu lieu le 24 mars 1656.

III

SONNET POUR CÉLÉBRER

LA NAISSANCE D'UN ENFANT DE NICOLAS VITART.

Ce sonnet nous a été conservé par Louis Racine dans ses *Mémoires*. Quoiqu'on le trouve déjà par conséquent dans notre tome I, p. 225 et 226, nous avons cru devoir le reproduire ici parmi les essais poétiques de la jeunesse de Racine. Geoffroy lui avait aussi donné place dans son édition, tome V, p. 571. Il fut composé à l'occasion de la naissance de Marie-Charlotte Vitart, fille de Nicolas Vitart, née le 17 mai 1660. Cette même année Racine avait écrit un autre sonnet, dont il parle à l'abbé le Vasseur dans sa première lettre. Celui-là était adressé au cardinal Mazarin ; nous ne l'avons plus.

Il est temps que la nuit termine sa carrière :
Un astre tout nouveau vient de naître en ces lieux ;
Déjà tout l'horizon s'aperçoit de ses feux ;
Il échauffe déjà dans sa pointe première.

Et toi, fille du jour, qui nais devant ton père,　　　　5
Belle Aurore, rougis, ou te cache à nos yeux :
Cette nuit un soleil est descendu des cieux,
Dont le nouvel éclat efface ta lumière.

Toi qui dans ton matin parois déjà si grand,
Bel astre, puisses-tu n'avoir point de couchant !　　　10
Sois toujours en beautés une aurore naissante.

A ceux de qui tu sors puisses-tu ressembler !
Sois digne de Daphnis et digne d'Amarante[1] :
Pour être sans égal, il les faut égaler.

1.. *Daphnis* et *Amarante* sont les noms poétiques que, dans sa correspondance, Racine donne à M. et à Mme Vitart.

IV

MADRIGAL.

Cette petite pièce et les quatre suivantes ont été probablement composées soit à Uzès, soit plutôt avant le départ de Racine pour le Languedoc, mais lorsqu'il était déjà sorti de Port-Royal, vers 1659. Elles sont ici conformes à la copie que M. Auguste de Naurois en possédait, dans les papiers laissés par Louis Racine, et qui est tout entière de la main de celui-ci. Le madrigal que nous donnons le premier a été déjà imprimé dans le *Journal général de France* du 14 octobre 1788, où il est attribué à Racine par M. Mercier. Les quatre pièces qui le suivent sont inédites.

> Savantes Filles de Mémoire,
> Je ne vous importune pas
> Pour savoir chanter des[1] combats,
> Ou pour acquérir de la gloire.
> Hélas! je ne vous fais la cour   5
> Que pour mieux peindre mon amour
> Aux yeux de la belle Climène.
> Aussi, plein d'un juste courroux,
> Si vous ne touchez l'inhumaine,
> Je vais prendre congé de vous.   10

1. Dans le *Journal général de France*, il y a *les*, au lieu de *des*.

V

CHANSON[1].

L'on m'avoit dit, belle Climène,
De me garder de vos appas,
Et que vous étiez inhumaine :
Hélas ! en vous voyant il ne m'en souvint pas.

VI

CHANSON[2].

Le printemps est de retour ;
Fuyons le bruit de la ville[3] ;
. . . .
La campagne est plus tranquille :
Allons-y faire l'amour.

Quand on s'aime comme nous,   5
C'est agréable martyre ;
Mais que ce bien est plus doux[4],
Iris, lorsque l'on soupire
Éloigné de tout jaloux !

---

1. Voyez la notice de la pièce précédente. — La copie de Louis Racine donne à ce quatrain le titre de *Chanson*. Ce n'est cependant qu'un couplet. La même remarque s'applique à la pièce VII.
2. Voyez la notice de la pièce IV.
3. Les autres couplets de cette chanson ont cinq vers. Il manque donc un vers ici, quoique la copie de Louis Racine n'indique pas cette lacune.
4. Le manuscrit porte :

> C'est *un* agréable martyre,
> Mais que ce *lieu* est plus doux, etc.

Les deux corrections que nous avons faites se rapprochent beaucoup du texte que le copiste a sans nul doute altéré.

AUX POÉSIES DIVERSES.

[Ah!] jouissons des plaisirs[1] 10
Où le beau temps nous convie ;
Les oiseaux et les zéphirs,
Loin de nous porter envie,
Animeront nos soupirs.

VII

CHANSON[2].

L'Amour, charmé de vos beaux yeux,
Pour vous faire une offrande est descendu des cieux :
　Recevez-la, trop aimable personne,
　　Sans crainte de vous hasarder ;
　Et ne croyez pas qu'il vous donne 5
　　A dessein de vous demander.

VIII

RÉPONSE A UN POULET[3].

Tendres soupirs, retournez vers Climène.
Vous m'avez assez bien expliqué ses desirs.
Je voudrois que mon cœur, pour soulager sa peine,
　　Lui rendît soupirs pour soupirs ;
Mais, hélas ! dites-lui qu'il est à Célimène. 5

Célimène est cruelle, et je n'en dois attendre
　　Que des rigueurs pires que le trépas ;

---

1. Ici encore il doit y avoir une faute dans la copie. Une syllabe manque au vers, tel qu'elle le donne :

　　Jouissons des plaisirs.

2. Voyez la notice de la pièce IV, et la note de la pièce V.
3. Voyez la notice de la pièce IV.

210   PREMIER APPENDICE

  Mais le moyen de s'en défendre ?
L'amour donne nos cœurs à qui ne les veut pas,
  Et les refuse à qui les veut bien prendre. 10

IX

AD CHRISTUM.

PRO PORTUS REGII SALUTE VOTUM.

Louis Racine, dans ses *Mémoires*[1], a donné, mais en partie seulement, cette pièce latine. Geoffroy l'a publiée complétement d'après la copie manuscrite qui lui avait été communiquée par M. Jacobé de Naurois, et dont il a reproduit le sous-titre. Nous avons eu sous les yeux cette même copie, qui est dans les papiers de Louis Racine dont nous avons parlé ci-dessus, p. 207 ; et nous avons pu corriger ainsi une inexactitude de Geoffroy, qui avait transposé quelques vers. — Racine a apporté un soin particulier à cette pièce qui vaut beaucoup mieux que les suivantes. Elles ont toutes d'ailleurs leur intérêt ; elles montrent combien Racine était déjà familiarisé avec les anciens poëtes latins, et donnent une idée de la direction des études à Port-Royal.

  O qui perpetuo moderaris sidera motu,
    Fulmine qui terras imperioque regis,
  Summe Deus, magnum rebus solamen in arctis,
    Una salus famulis præsidiumque tuis,
  Sancte parens, facilem præbe implorantibus aurem, 5

AU CHRIST.

Vœu pour le salut du Port-Royal.

O toi qui règles le cours incessant des astres, qui, la foudre en main, gouvernes la terre par ta loi, Dieu souverain, puissant consolateur de l'affliction, toi en qui tes serviteurs trouvent leur unique salut et tout leur secours, Père

---

1. Voyez notre tome I, p. 222.

Atque humiles placida suscipe mente preces;
Huc adsis tantum, et propius res adspice nostras,
    Leniaque afflictis lumina mitte locis.
Hanc tutare domum, quæ per discrimina mille,
    Mille per insidias vix superesse potest. 10
Aspice ut infandis jacet objectata periclis,
    Ut timet hostiles irrequieta manus.
Nulla dies terrore caret, finemque timoris
    Innovat infenso major ab hoste metus.
Undique crudelem conspiravere ruinam, 15
    Et miseranda parant vertere tecta solo [1].
Tu spes sola, Deus, miseræ. Tibi vota precesque
    Fundit in immensis nocte dieque malis.
Quem dabis æterno finem, Rex magne, labori?
    Quis dabitur bellis invidiæque modus? 20
Nullane post longos requies speranda tumultus?
    Gaudia sedato nulla dolore manent?
Sicne adeo pietas vitiis vexatur inultis?
    Debita virtuti præmia crimen habet.
Aspice virgineum castis penetralibus agmen, 25
    Aspice devotos, sponse benigne, choros.

saint, prête à ceux qui t'implorent une oreille favorable; apaisant ton courroux, accueille nos humbles prières ; assiste-nous ; vois de plus près nos douleurs ; et laisse tomber un regard de miséricorde sur ces lieux désolés. Protége cette maison, qui, parmi tant de périls, parmi tant d'embûches, peut à peine subsister. Regarde à quels affreux dangers elle est en butte, à quelles craintes sans repos la condamnent ses ennemis conjurés. Pour elle pas un jour n'est exempt de terreur ; une hostilité croissante renouvelle ses alarmes. De toutes parts les cruels ont conspiré sa ruine, et ils s'apprêtent à détruire de fond en comble cette malheureuse demeure. Tu es, ô mon Dieu, la seule espérance d'une maison infortunée. C'est à toi que nuit et jour, au milieu de calamités sans mesure, elle adresse ses vœux et ses prières. Quelle fin, maître tout-puissant, donneras-tu à d'implacables souffrances? Quand mettras-tu un terme à la guerre et à la haine? Après de longs troubles ne faut-il espérer aucun repos? Aucune joie qui puisse calmer nos douleurs ne nous est-elle éservée? Est-ce donc ainsi que la piété est persécutée par le vice impuni? Le crime jouit des récompenses que méritait la vertu. Tourne les yeux, époux plein de bonté, vers la troupe virginale qui habite le chaste cloître, vers

---

1. Il prévoit dans sa jeunesse ce qui est arrivé cinquante ans après. (*Note de Louis Racine dans la copie manuscrite.*)

Hic sacra illæsi servantes jura pudoris,
    Te veniente die, te fugiente vocant [1],
Hic nemora, hic nullis quondam loca cognita muris,
    Hic horrenda tuis laudibus antra replent [2].   30
Huc tua dilectas deduxit Gratia turmas,
    Hinc ne unquam stygii moverit ira Noti [3].
Cœlestem liceat sponsum superare precando :
    Fas sentire tui numina magna Patris.
Huc quoque nos quondam tot tempestatibus actos   35
    Abripuit flammis Gratia sancta suis ;
Ast eadem insequitur mœstis fortuna periclis ;
    Ast ipso in portu sæva procella furit.
Pacem, summe Deus, pacem te poscimus omnes :
    Succedant longis paxqué quiesque [4] malis.   40
Te duce disruptas pertransiit Israel undas :
    Hos habitet portus, te duce, vera salus.

ces chœurs dévoués à ton service. Ici, fidèles à la loi sainte d'une inviolable chasteté, ces vierges t'invoquent à l'heure où le jour se lève, t'invoquent encore à l'heure où il s'enfuit ; ici elles font retentir de tes louanges les bois, le désert qu'autrefois nul édifice n'avait fait connaître, et les antres pleins d'horreur. C'est dans ces lieux que ta Grâce a amené la troupe de tes bien-aimées ; que la fureur des tempêtes de l'enfer ne puisse les en arracher. Permets à leurs prières de fléchir le céleste époux : il est juste qu'elles sentent le puissant secours de ton divin Père. Nous aussi, après tant d'orages dont nous avons été le jouet, les flammes saintes de la Grâce nous ont emportés jusque dans cet asile ; mais la mauvaise fortune continue à nous y assaillir des mêmes cruels dangers ; mais l'impitoyable tempête sévit jusque dans le port. La paix, grand Dieu, nous te demandons tous la paix. Qu'à de longues épreuves succèdent la paix et le repos. Sous ta conduite, Israël s'est frayé un chemin à travers les ondes qui se sont écartées ; sous ta conduite, que le vrai salut habite ce port.

1. Après ce vers, Geoffroy, intervertissant l'ordre, passe au vers

Cœlestem liceat sponsum superare precando.

Il rejette à la fin de la pièce les quatre vers qui précèdent ce dernier dans la copie manuscrite, à laquelle nous nous sommes conformé.

2. Geoffroy a changé *replent* en *sonant*.

3. Dans la copie de Louis Racine, il y a un point d'interrogation à la fin de ce vers.

4. Dans Geoffroy : *diesque*.

X

URBIS ET RURIS DIFFERENTIA.

Cette pièce est attribuée à Racine dans le *Recueil de pièces d'histoire et de littérature* (4 vol. in-12, Paris, Chaubert, M.DCC.XXXI-M.DCC.XLI), tome III, p. 124. Ce recueil est de l'abbé Granet et du P. Desmolets. Les *Vers latins de M. Racine* y sont précédés de cette note : « Tout le monde connoît le talent de feu M. Racine pour les vers françois ; mais personne, que je sache, ne nous a parlé de son talent pour la versification latine. Les vers que je donne aujourd'hui au public feront regretter sans doute qu'on n'en ait pu recouvrer un plus grand nombre, et lui feront donner place sur le Parnasse latin avec les Santeuls, les Commires et les Rapins. » Après de tels éloges, qui passent de beaucoup la mesure, on est étonné de lire dans la *Table des matières*, des tomes III et IV, que ces vers ont été faussement attribués à Racine, et dans l'*Avertissement* du tome IV, qu'ils « ne sont qu'une mauvaise copie de ceux d'Alexandre Remy, poëte célèbre sous Louis XIII ». C'est ce qu'on ne sauroit admettre après avoir lu la réponse d'Antoine Vitart, où le jeu de mots *Radix*, au vers 28, montre bien que cette correspondance poétique était engagée avec Racine.

> Quanquam Parisiæ celebrentur ab omnibus artes,
>   Et quisque in lato carcere clausus ovet,
> Nescio quid nostris arridet gratius arvis,
>   Quod non in tantæ mœnibus urbis habes.
> Illic assurgunt trabibus subnixa superbis   5
>   Atria, et aurato culmine fulget apex.
> Sed mihi dulcius est silvas habitare remotas,

DIFFÉRENCE DE LA VILLE ET DE LA CAMPAGNE.

Quoique tout le monde célèbre les agréments de Paris, et que chacun triomphe d'être renfermé dans cette vaste prison, nos champs ont je ne sais quel charme plus attrayant, qui vous manque dans l'enceinte de la ville immense. Là s'élèvent des palais, constructions orgueilleuses, et l'on voit briller l'or des dômes. Mais pour moi, il m'est plus doux d'avoir pour demeure les retraites des forêts, et ces humbles maisons que couvre le chaume aride. Là-

Tectaque quæ sicco stramine canna tegit.
Illic ultrices posuere sedilia curæ,
　　Illic insidiæ, crimina, furta latent ;　　　　　　　　　　10
Hic requies, fidum pietas hic inclyta portum
　　Invenit[1] ; his lucet sanctior aura locis.
Illic sæva fames laudum, hic contemptus honorum ;
　　Illic paupertas, hic fugiuntur opes.
Urbicolæ ruri, nil rusticus invidet urbi.　　　　　　　　　　15
　　Oppida plena dolis, ruraque fraude carent.
Quam miserum sacris viduas virtutibus urbes,
　　Quam miserum stygiis præda[2] manere lupis !
Sed quid non urbes habitent quoque numina, quæris ?
　　Non habitat fœdos Gratia pura locos.　　　　　　　　　　20
Arcet fumus apes, expellunt crimina Christum ;
　　Mors vitam, clarum nox fugat atra diem.
Hic blandum invitant tranquilla silentia somnum ;
　　Illic assiduo murmure rupta quies.
Nempe micant, inquis, diversis floribus horti,　　　　　　　25
　　Et lætos cantus plurima fundit avis.
Ergo dissimulas quam dulces ruris amœni
　　Deliciæ, ruris cui levis umbra placet.

bas les soucis vengeurs ont leur domicile, là-bas se cachent les embûches, les crimes, les larcins ; ici est le repos, et le port fidèle que trouve une illustre piété ; en ces lieux-ci une lumière plus sainte répand ses rayons. Là est la soif dévorante de la gloire, ici le mépris des honneurs ; là on fuit la pauvreté, ici la richesse. L'habitant des villes porte envie à la campagne ; le campagnard n'envie rien à la ville. Les cités sont pleines de ruses ; les champs ignorent la fraude. Oh ! misère ! les villes ne possèdent point les saintes vertus ! oh ! misère ! elles sont une proie réservée aux loups des enfers ! Mais tu demandes pourquoi les villes ne sont pas habitées aussi par la Divinité : une habitation souillée n'est point faite pour la Grâce sans tache. Comme la fumée repousse les abeilles, les crimes repoussent le Christ ; la vie fuit devant la mort, le jour brillant devant la nuit sombre. Ici le tranquille silence appelle un doux sommeil ; là sans cesse le bruit trouble le repos. Mais, dis-tu, dans nos jardins brille l'éclat varié des fleurs, et les oiseaux en foule y donnent leurs joyeux concerts. Tu ne veux donc pas avouer combien la riante campagne a de charmantes douceurs pour qui aime l'ombre paisible des bois rustiques. Oui, Muses, c'est dans ce séjour de la paix que vous régnez ; c'est ici

---

1. Nous croyons qu'on peut conclure de ce passage que ces vers ont été faits à Port-Royal.
2. La grammaire voudrait *prædam*.

Hic vos securis, Musæ, regnatis in oris ;
　　Hic vobis virtus jungitur alma comes.　　　　　　　　30
Oppida non fugiunt, fateor, non arma Camenæ :
　　Loricam Pallas induit atque togam.
At laxis vitium frenis grassatur in urbe,
　　Atque illic Musæ crimina sola docent.
Nequicquam pavidos circumdant mœnia reges ;　　　　　35
　　Frustra hæret lateri, nocte dieque, manus.
Non vera his, sed falsa quies ; miserosque tumultus
　　Mentis non lictor, non domus ampla movet.
Quisquis amas strepitus, per me licet, urbe potire ;
　　Me tamen ipsa magis rura nemusque juvant.　　　　　40

que vous avez pour compagne la vertu fortifiante. Les neuf sœurs, je l'avoue, ne fuient pas les villes, ne fuient pas les guerres : Pallas revêt la cuirasse et la toge. Mais le vice en liberté marche insolemment dans les villes, et les Muses n'y donnent que de criminelles leçons. En vain les rois tremblants s'y abritent derrière de fortes murailles ; inutilement une garde est nuit et jour à leur côté. Pour eux point de vraie tranquillité, malgré de mensongères apparences ; ni leurs satellites, ni la magnificence de leurs palais n'éloignent d'eux le misérable tumulte de l'âme. Qui que vous soyez, vous à qui plaît le vacarme, je vous abandonne la ville ; mais moi, je préfère la campagne et les bois.

RÉPONSE AUX VERS PRÉCÉDENTS[1].

Quam legis en[2] illa tibi littera venit ab urbe
　　Ludere quæ alternis versibus ante dedit.
Nunc ruere, atque tibi satis expugnata videtur,
　　Utraque dum posita cuspide Musa silet.
Stat tamen, et salvis medio tuta aggere gaudens　　　　　5

RÉPONSE AUX VERS PRÉCÉDENTS.

La lettre que tu lis t'est venue de cette ville qui déjà nous avait donné occasion de nous jouer dans un dialogue poétique. Cette ville aujourd'hui te paraît battue en brèche, et tu crois en avoir assez triomphé, tandis que se taisent nos deux Muses, qui ont mis bas les armes. Elle est debout cepen-

---

1. Cette *Réponse* est au même tome du *Recueil* de Granet que les vers précédents, p. 127. Vitart n'était pas de même force que Racine. Nous donnons aussi la traduction de sa petite pièce, mais sans nous flatter d'en avoir percé l'obscurité et d'avoir toujours bien rendu le sens.
2. Il y a *ex* dans le texte donné par Granet et le P. Desmolets. C'est évidemment une faute d'impression.

Mœnibus, agresti non pavet arte minas.
Majores gerit illa animos, majoraque servat
　Pectora, quam ut duplici victa pavore cadat.
Congressus petit ecce novos, tua sustinet arma
　Impatiens, tantas nescia ferre moras.　　　　　　　　　　10
Miles in excelsis nequicquam turribus adstat,
　Et queritur tardas hostis ad arma manus.
Otia tanta timet, quæ novit crescere virtus :
　Fortia sublato corda labore cadunt.
Ergo age, nec proprio pereant torpore, nec armis　　　　15
　Sumere quæ jussit Musa sit ulla quies.
Te sequimur, quocumque ruis : si despicis urbes,
　Altera quæ placeant Musa vocata dabit.
Arma mihi tua tela ferent : his militat unis
　Dextera, te solum gaudet habere ducem.　　　　　　　　20
Imbelles nec prima juvant certamina ; quique
　Te primo incœpi, te properante sequor.
Nunc animos tua Musa novos concepit, et ante
　Assiduo nimium fracta labore, viget.
Nascentes in corde tacens ne comprime fœtus ;　　　　　25
　Sæpe datos spernens nescit habere novos.
Angustas ne finge moras ; tantum impiger aude,

dant, ses murailles sont toujours solides ; derrière ses remparts, dont elle est fière, elle demeure en sûreté, et ne s'effraye pas des menaces d'un poëte campagnard. Son courage est trop grand, elle reste trop magnanime pour que la peur d'un double assaut triomphe d'elle et la fasse succomber. Voici qu'elle demande de nouveaux combats ; elle attend avec impatience le choc de tes armes ; tant de retards lui sont insupportables. Le soldat veille en vain au sommet des tours ; il se plaint d'un ennemi si lent à saisir ses armes. La vertu guerrière, qui sait croître, craint un si long repos : le courage s'affaisse, quand on le laisse languir sans exercice. Sus donc ! ne laissons pas ce courage s'engourdir et s'éteindre ; n'accordons point de repos aux armes que la Muse nous a fait prendre. De quelque côté que se portent tes attaques, nous te suivons : si tu dédaignes les villes, une autre Muse pourra te seconder à ton gré. Tes traits armeront mon bras, qui ne sait combattre qu'avec ceux que tu lui fournis ; je n'aime pas à suivre un autre chef. Ils sont lâches ceux pour qui est de trop même un premier combat ; moi qui me suis mis en campagne quand tu y es entré toi-même, je suis tes pas le jour où tu vas plus loin. Maintenant ta Muse s'est animée d'une nouvelle ardeur : des fatigues sans relâche l'avaient quelque temps abattue ; elle a repris ses forces. N'étouffe pas en silence dans ton sein les nouvelles productions qui y naissent ; souvent qui les méprise, quand elles lui sont accordées, ne peut plus, quand il veut, en avoir d'autres. Romps tous les retards qui

Cum sterilis *Radix* nesciat esse sibi.
Ecce tibi annuerunt gaudentes rure Camenæ,
  Jamque suos jactant te cecinisse lares. 30
Phœbus ovans ad bella vocat ; tibi tela ministrat :
  Hæc tuus exspectat ; vel moriturus, amat.

A. Vitart.

voudraient t'enchaîner ; sois seulement actif et hardi ; car jamais *Racine* ne peut se refuser des fruits. Voici que les Muses, amies des campagnes, t'ont promis leur faveur ; elles sont fières de t'avoir entendu chanter leurs demeures. Apollon triomphant t'appelle aux combats ; il te fournit des armes : ton ami attend la bataille ; il s'y plaît, quand il y devrait trouver la mort.

XI

JOANNES RACINE COGNATO SUO CARISSIMO VITART.

Cette pièce latine et les quatre suivantes ont été tirées du cahier manuscrit qui appartenait à M. Auguste de Naurois, et qui est de la main de Louis Racine.

Quem, precor, inter nos habitura silentia finem ?
  Cur tandem inceptum Musa relinquit opus ?
Tertia fraterno lustrat jam lumine terras
  Luna, sed e vestro littera nulla solo.
Quin age, nunc crebro festinet epistola cursu ; 5
  Nunc reddant solitas carmina nostra vices.
Ne pudeat longos interrupisse labores,
  Doctaque nobilibus fundere verba modis.
Jam silvas lusisse sat est : majora loquamur ;

JEAN RACINE A SON CHER COUSIN VITART.

Quand finira, je te prie, ce silence qui règne entre nous ? Pourquoi donc notre Muse abandonne-t-elle ce qu'elle avait commencé ? Voilà que la troisième lune éclaire la terre de son flambeau fraternel, et de votre pays pas une lettre. Allons ! du courage ! que les billets se hatent et s'échangent rapidement ! Reprenons ce commerce poétique dont nous avions l'habitude. N'ayons pas honte d'interrompre les longs travaux, et de parler la langue

Non Phœbum semper rura nemusque juvant. 10
Me modo detinuit divini Musa Maronis,
    Quæ magni Æneæ tristia bella canit.
O quantum cunctos visus superasse poetas!
    Quantum in Pieriis eminuisse choris!
Quem tanto conferre viro aut componere possis? 15
    Quod tandem in terris clarius exstat opus?
Si quæras artem et numeros, ubi copia fandi
    Largior, aut pariter verba rotunda fluunt?
Hic, fateor, summus, qui jucundo utile miscet :
    Pulchrius an quisquam recta Marone docet? 20
Undique figmentis sublimia dulcibus ornat
    Carmina, queis veri lux veneranda latet.
Exquisito alii celebrentur acumine mentis,
    Hic lingua, ingenio judicioque potens.
Ambitiosa suum frusta miratur Homerum 25
    Græcia, Lucanum Corduba magna suum :
Cedant Virgilio Graii, cedantque Latini ;
    Unum Fama omni nomen in orbe canat.
Sed quid ego hæc autem toties memorata revolvo?
    Desinat ascripto littera nostra vale. 30

harmonieuse des doctes Muses. Nous nous sommes assez longtemps amusés à chanter les bocages : que notre ton s'élève ; Apollon n'aime pas toujours les campagnes et les bois. Je viens de me laisser captiver par la Muse du divin Virgile, par cette Muse qui chante les guerres tragiques du grand Énée. Oh! combien ce poëte m'a paru surpasser tous les autres, et n'avoir près de lui personne de sa taille parmi les chœurs des Piérides! A un tel génie qui pourrais-tu comparer et égaler? Où trouver sur la terre un plus éclatant chef-d'œuvre? Si tu cherches l'art et les nombres harmonieux, est-il quelque part une plus abondante richesse de style? vit-on jamais couler un tel fleuve de mélodie? Je reconnais pour le plus grand maître celui qui à l'agrément sait joindre l'utile : qui mieux que Virgile a revêtu d'une brillante parure les belles leçons morales? Partout il donne à une sublime poésie l'ornement des agréables fictions, sous lesquelles se cache la sainte lumière de la vérité. Que l'on vante chez d'autres le brillant esprit qu'ils ont cherché ; pour lui, il est puissant par l'éloquence, par l'imagination, par le bon goût. En vain la Grèce ambitieuse admire son Homère, la grande Cordoue son Lucain : que les Grecs, que les Latins cèdent le pas à Virgile ; que dans tout l'univers la Renommée ne célèbre qu'un nom. Mais que fais-je de répéter ce qui a été dit tant de fois? Terminons cette lettre en disant : Adieu.

XII

LAUS HIEMIS.

Tandem importuni procul hinc cessere calores ;
    Invisi tandem præteriere dies.
Jam non pestiferis damnosa canicula flammis
    Æstuat ; haud rapido Phœbus ab axe furit.
Jam non perpetuis fervens micat ignibus æther ;   5
    Non jam fulminibus nubila scissa fremunt.
Non funesta lues misero spatiatur in orbe ;
    Morborum haud terris incubat atra cohors.
Libera non laxis ludit lascivia frænis ;
    Non movet infandos turba profana choros.   10
Non obscura truces nemorum tegit umbra latrones ;
    Non omnem insidiis detinuere viam.
Non jam vastatis miles dominatur in arvis ;
    Non miseranda urbes obsidione premit.
Non tristes furibunda ciet discordia pugnas ;   15
    Non dira insanus sævit in arma furor.
Immensis non rura jacent mutata sepulcris,
    Flumina nec pratis sanguinolenta fluunt.
Sed pax pulsa redit tandem, gladiosque recondit,
    Et dulces cornu divite fundit opes.   20

ÉLOGE DE L'HIVER.

Enfin les chaleurs importunes ont fui loin d'ici ; enfin est passée une odieuse saison. La pernicieuse canicule n'embrase plus de ses feux l'air empesté ; du haut de son char rapide Phébus n'exerce plus ses fureurs. Le ciel ne darde plus sur nous la continuelle ardeur de ses feux ; la foudre retentissante ne sillonne plus les nuages. Les contagions funestes ont cessé de promener leurs ravages sur la malheureuse terre ; et la noire cohorte des maladies de peser sur le monde. Ce n'est pas le temps où la licence déchaînée prend ses ébats, où une foule profane s'agite dans ses danses criminelles. L'ombre épaisse des bois ne protége plus les farouches brigands ; ils ne dressent plus leurs embuscades sur toutes les routes. Le soldat ne s'établit plus en maître au milieu des campagnes dévastées ; il ne tient plus les villes cruellement assiégées. La discorde en fureur n'excite plus les tristes combats, et la folle rage des guerres ne se déchaîne plus. Les champs désolés ne sont plus changés en vastes tombeaux ; on ne voit pas à travers les prairies couler les fleuves sanglants. La paix revient enfin de l'exil ; elle remet les glaives au fourreau, et de sa corne

Arva colonus habet; felix requiescit arator;
    Nec suaves somnos classica pulsa fugant.
Nunc duri optato clauduntur fine labores;
    Et rigidum posito vomere cessat opus.
Quam juvat immites recubantem audire susurros   25
    Ventorum, et somnos, imbre juvante, sequi !
Nunc remeat ludis studiosa caterva relictis,
    Et gestit Phœbum sollicitare suum.
Musarum nunc tecta patent, foribusque reclusis
    Reddunt jucundos templa diserta sonos.   30
Nunc divina sacris fumant altaria donis :
    Gaudet communi relligione Deus.
Autumni verisque alios æstusque voluptas
    Decipiat; sed nos unica ducit hiems.
Hæc verum pacis regnum placidæque quietis;   35
    Hæc summi adventu nobilitata Dei [1].

d'abondance elle nous verse ses doux trésors. Le cultivateur est en possession de ses champs; l'heureux laboureur se repose; et les bruyants clairons ne mettent plus en fuite l'agréable sommeil. Maintenant les durs travaux font place au repos souhaité ; la charrue est immobile, et les rudes labeurs ont cessé. Qu'il est doux d'entendre de sa couche le sifflement furieux des tempêtes, et de s'abandonner au sommeil auquel invite la pluie qui tombe ! Maintenant revient et se rassemble la studieuse jeunesse qui a laissé les jeux; elle brûle de chercher les inspirations de son Apollon. La demeure des Muses n'est plus fermée, et leur temple éloquent, dont les portes sont rouvertes, retentit de doux concerts. Voici que les autels, où l'encens fume, reçoivent les offrandes sacrées : Dieu aime les hommages de ses adorateurs réunis. Que d'autres se laissent séduire par les plaisirs de l'automne, du printemps et de l'été ; pour nous l'hiver seul a des charmes. Il est le véritable règne de la paix et du tranquille repos ; sur lui est répandu un noble éclat par la venue du Dieu suprême.

1. Quoique plus haut Racine ait parlé d'Apollon et des Muses, il paraît clair qu'il a mêlé aux souvenirs mythologiques une pensée chrétienne. C'est à l'avent, c'est à Noël qu'il fait allusion à la fin de cette petite pièce.

XIII

IN AVARITIAM[1].

Quid juvat ingentes ima tellure recondi
    Thesauros ? segni nullus in ære color.
Abdita quid prosunt argenti aurique talenta ?
    Non animo requiem plurima gaza parit.
Non vacuat curis mentem cumulata metallis   5
    Arca, nec immensi jugera magna soli.
Quid mare, quid terras omni ditione tenere,
    Cunctaque sub leges mittere regna juvat,
Cum te omnes terrent casus, sonus excitat omnis,
    Continuusque premit tristia corda pavor,   10
Dum trepidare metu exanimis noctesque diesque
    Cogeris, et lucris invigilare tuis ?
Infelix sequitur crescentes cura laborque
    Divitias ; major pectore crescit amor.
Nequicquam ingentes arenti gutture lymphas   15
    Hausit hydrops : nullo flumine pulsa sitis.
Acrior incensas depascit flamma medullas,
    Ni fugiat toto corpore dira lues.

CONTRE L'AVARICE.

A quoi bon d'immenses trésors enfouis dans les profondeurs de la terre ? les écus dont on ne fait point usage sont sans couleur. A quoi servent des sommes d'or et d'argent que l'on tient cachées ? des richesses accumulées ne donnent pas le repos à l'esprit. Un coffre où sont entassés les métaux, des champs qui s'étendent sans bornes, n'éloignent pas les soucis de notre âme. Que gagnes-tu à tenir sous ta puissance les mers et les terres, et à donner des lois à tous les empires, lorsque tu crains tous les coups du sort, que le moindre bruit te fait tressaillir, qu'une terreur continuelle pèse sur ton cœur inquiet, lorsqu'à demi mort de crainte tu ne peux t'empêcher de trembler jour et nuit, et que sans cesse tu veilles sur ton gain ? Les inquiétudes, les peines croissent avec les richesses ; et la cupidité grandit dans le cœur. En vain l'hydropique altéré s'est-il gorgé d'eau : aucun fleuve ne suffirait à éteindre sa soif. La flamme qui le brûle et le dévore jusqu'à la moelle des os ne fait que devenir plus ardente, tant que son corps n'est pas entièrement

---

1. Cette pièce est en grande partie une faible paraphrase d'une ode d'Horace (livre II, ode II).

Jam sileat nitidis sublimia tecta columnis,
    Jam non immensas jactet avarus opes : 20
Nam neque divitibus contingunt gaudia solis,
    Nec miser aut pejus divite vivit inops.
Nescia fortunæ virtus, nil indiga nummi,
    Ignota tentans astra subire via,
Huic uni regnum defert diademaque tutum 25
    Quem non sævus opum flectere possit amor,
Qui non ventosæ plebis suffragia captat,
    Cui pia paupertas hæret amica comes,
Qui natus moriensque omnes decepit, et orbi
    Ignotus, solum novit amare Deum. 30
Pauperis exiguum, sed veri pignus amoris
    Accipe, pars animæ, care Vitarde, meæ :
Splendida sincerum non dona fatentur amicum,
    Parvaque non refugit munera magnus amor.

délivré de la cruelle maladie. Que l'avare ne nous parle plus de ses palais altiers aux colonnes de marbre, qu'il cesse de vanter sa prodigieuse opulence : car la joie n'est point le privilége des riches, et pour être sans trésors on ne vit point malheureux ni plus mal que le riche. La vertu, qui ignore la fortune, qui se passe des écus, et tente de s'élever jusqu'aux astres par une route inconnue, ne donne la royauté et un diadème à l'abri des dangers qu'à l'homme capable de résister à la malheureuse passion des richesses, à l'homme dédaigneux des suffrages d'une multitude inconstante, et aux côtés duquel se tient toujours, comme une fidèle amie, l'honnête pauvreté, à celui dont la naissance et la mort ont échappé à tous les regards, et qui, inconnu au monde entier, sait n'aimer que Dieu seul. Cher Vitard, moitié de mon âme, reçois le modeste présent d'une amitié pauvre, mais sincère : un don brillant ne prouve pas la vérité de l'attachement, et une grande affection ne repousse pas une légère offrande.

XIV

IN AVARUM.

Quis furor, o demens, quæ te vesania turbat ?
    Quæque auri torquet turpia corda fames ?

CONTRE UN AVARE.

Insensé ! quelle fureur, quelle folie t'égare ? et quelle soif de l'or tour-

Qui cæcæ infandum Fortunæ numen adoras,
    Mendacique colis munera lata manu.
Heu ! quid sollicito tantum indulgere labori,
    Quid tantum lucris invigilare juvat,
Immensam si nulla sitim tibi copia pellat,
    Atque opibus magnis immoriaris inops ?
Nequicquam ingentes ima tellure recondis
    Thesauros, tectis plurima gemma micat ;
Nequicquam auratis surgunt tibi nixa columnis
    Atria, et augusto culmine celsa nitent ;
Nequicquam tibi mille rates super æquora currunt,
    Fecundique virent jugera vasta soli :
Nam requiem non gaza parit, miserosque tumultus
    Mentis non auri pondera fossa fugant ;
Æratas nec cura timet conscendere naves,
    Nec refugit nitidæ lumina magna domus.
Sed quo majores congesserit atra cupido
    Divitias, major vexat ubique metus.
O quæstus furiosa fames ! o turpis egestas !
    Quot nobis pestes quantaque damna creas !
Tu potes unanimes in bella accendere gentes,
    Tu summa immiti vertere regna manu.
Impietas tibi certa comes, fraudesque dolique ;
    Per te nunc toto regnat in orbe scelus.

mente honteusement ton cœur ? toi qui adores l'abominable divinité de la Fortune aveugle, et estimes les dons que te fait sa main trompeuse. He ! à quoi te sert de te livrer à tant d'efforts inquiets, de veiller si constamment sur ton gain, si nulle richesse ne peut te délivrer d'une soif inextinguible, et si, à côté de ton or, tu te consumes dans l'indigence ? En vain tu caches dans les entrailles de la terre tes immenses trésors, et les éblouissantes pierreries abondent dans ta demeure ; en vain s'élèvent tes palais que soutiennent des colonnes dorées, et que couronne un faîte majestueux ; en vain tu fais courir mille vaisseaux sur les mers, et la vaste étendue de tes champs étale une fertile verdure : car l'opulence ne procure pas le repos, et l'or qu'on enfouit est impuissant à chasser les cruels troubles de l'âme ; les soucis ne craignent pas de s'embarquer sur les navires garnis d'airain, et ne se retirent pas devant les splendeurs d'un magnifique palais. Mais plus la triste cupidité aura amassé de richesses, plus on sera de toutes parts assailli par les terreurs. O soif furieuse du gain ! ô misère honteuse ! que de fléaux, que de malheurs tu déchaînes sur nous ! C'est toi qui peux enflammer des nations entières de la fureur des combats, c'est toi qui ruines sans pitié les puissants empires. L'impiété, la mauvaise foi, la trahison, voilà tes compagnes inséparables ; c'est par toi que le crime règne maintenant dans le monde

Hic nimium felix, cui quod non desit habenti
  Nullus corda pavor curaque nulla premit;
Quem sors nulla movet, sed casu immotus ab omni
  Fallaces firmo pectore spernit opes.   30

entier. Trop heureux celui qui possédant le nécessaire n'a le cœur assiégé d'aucune crainte, d'aucun souci; celui qu'aucun des coups de la fortune n'ébranle, mais qui tenant toujours ferme contre le sort, a le courage de mépriser les trompeuses richesses !

XV

DE MORTE HENRICI MONTMORANCII.

Ante patris statuam, nati implacabilis ira
  Occubui, indigna morte manuque cadens.
Illorum ingemuit neuter mea fata videndo :
  Ora patris, nati pectora, marmor erant[1].

SUR LA MORT DE HENRI DE MONTMORENCI.

Frappé, devant la statue du père, par la colère du fils implacable, je suis tombé sous le coup d'une indigne mort, d'une indigne main. Ni le père ni le fils n'a gémi à la vue de mon malheur : le visage de l'un, le cœur de l'autre étaient de marbre.

[1]. Sur la copie de ces vers on a écrit à la marge: « Obiit ann. 1632. Ætat. 38. » — Ce fut en effet le 30 octobre 1632 que le duc Henri II de Montmorenci, âgé de trente-huit ans, fut décapité à Toulouse dans l'intérieur de l'hôtel de ville, devant la statue du roi Henri IV. — Racine est-il bien l'auteur de ce quatrain? ou l'aurait-on simplement trouvé copié de sa main parmi ses papiers? Quoi qu'il en soit, ses autres vers latins sont loin de cette manière.

SECOND APPENDICE

AUX POÉSIES DIVERSES.

ÉPIGRAMMES ET AUTRES PETITES PIÈCES
ATTRIBUÉES A RACINE.

I

VERS SUR LA SIGNATURE DU FORMULAIRE.

Nous avons déjà donné plus haut le quatrain qui commence cette épigramme, ou, si l'on veut, cette série d'épigrammes (voyez p. 177 et 178); et nous avons dit que Jean-Baptiste Racine le citait comme un *Impromptu* fait par son père dans la chambre de l'abbé Boileau. Si Racine a développé son *Impromptu*, il semble que son fils n'avait pas entendu parler de cette circonstance, ou n'y croyait pas. Il est cependant singulier que le quatrain reconnu pour être de Racine se retrouve, à un léger changement près au troisième vers, dans la longue pièce de vers que nous plaçons ici, et qui a été imprimée pour la première fois à la fin d'une lettre datée du 4 juin 1664. En 1813, M. de la Chapelle, ancien officier d'artillerie, qui s'était beaucoup occupé des éditions de Racine, et les avait étudiées avec le soin le plus attentif, transmit à M. Jacobé de Naurois la copie, que nous reproduisons, des *Vers sur la signature du Formulaire*. Il la tenait d'un bénédictin nommé D. Bernier, mort professeur au lycée de Metz, qui lui avait affirmé que la pièce entière était de Racine. M. Jacobé de Naurois le fit savoir à Germain Garnier, l'éditeur anonyme des *Œuvres de Racine*, avec commentaires de la Harpe (1807). Germain Garnier souleva des objections. Il ne voulait admettre comme l'œuvre de Racine que le quatrain, dont l'authenticité était attestée par le fils aîné du poëte. Il maintenait en même temps, au lieu de la date de 1664, celle de 1665, année où Alexandre VII avait imposé le formulaire. Sur ce dernier point il se trompait assurément. M. de la Chapelle écrivit le 5 mars 1813 à M. de Naurois : « Je sais très-bien que le formulaire d'Alexandre VII est de 1665 ; mais cela n'empêche pas que l'épigramme de Racine a été faite à l'occasion de la signature que l'on exigea en 1664 d'un autre formulaire qui avait été adopté par l'assemblée du clergé de France.... La dix-huitième strophe indique assez que le pape n'avait pas encore donné de formulaire.... Barbier d'Aucour, sous le nom d'un avocat, donna au public une *Lettre* datée du 4 juin 1664, adressée à un ami, *Sur la signature du fait contenu dans le Formulaire*. J'en connais deux éditions. La première, qui est de 1664, est à la bibliothèque de Metz, où elle est réunie avec plusieurs ouvrages du même genre en un gros volume. Une autre édition, qui est de 1670, se trouve à la suite d'un petit poëme intitulé : *Onguent à la brûlure*. Lorsque ces deux livres me sont tombés entre les mains, j'y ai trouvé l'épigramme de Racine telle à peu près que je vous l'avais envoyée, et qu'elle m'avait été donnée par un bénédictin. Barbier d'Aucour dit qu'il rapporte ces petits vers, parce qu'ils représentent assez naïvement les divers genres de personnes qui signent le formulaire. » L'exactitude de ce qu'écrivait M. de la Chapelle au sujet de la *Lettre d'un avocat*, datée du 4 juin 1664, et qui finit par la citation des *Vers sur la signature du Formulaire*, a pu être vérifiée dans les deux éditions dont il parle. Un exemplaire de la première, celui même qu'il a eu sous les yeux, est encore aujourd'hui à la bibliothèque de Metz. C'est une pièce qui fait partie d'un recueil porté au catalogue de cette bibliothèque sous le numéro 1443, et provenant du monastère de Saint-Vincent de Metz. M. Cattant, professeur de l'Université, a bien voulu autrefois l'examiner pour nous. L'épigramme y a pour titre : *Différents motifs de signer le Formulaire*. Nous avons trouvé à la Bibliothèque nationale un autre exemplaire de la *Lettre d'un advocat à un de ses amis sur la signature du fait contenu dans le Formulaire*. C'est la même édition in-4° que celle qui se trouve à Metz. L'autre édition de cette *Lettre*, dont parle M. de la Chapelle, fait partie du livre qui a pour titre : *l'Onguent à la brûlure et plusieurs autres pièces contenues en ce livre* (1 vol. in-12, M.DC.LXX). La *Lettre* y est intitulée un peu autrement : *Lettre à un amy*, etc., avec la suppression des mots *d'un advocat*. Le texte de l'*épigramme*, donnée cette fois sous le titre de *Vers sur la signature du Formulaire*, y présente quelques différences. Des chiffres romains, de I à XXXV, en distinguent les couplets, que nous avons simplement séparés avec des interlignes. Dans l'édition in-4°, les couplets sont distingués par le mot *autre*, comme s'il s'agissait, ainsi que nous l'avons dit, d'une série d'épigrammes. Il nous semble cependant qu'ils sont liés les uns aux autres, et forment un tout qui a son unité. Ni dans l'une ni dans l'autre édition l'auteur de la *Lettre* ni celui de l'*épigramme* ne sont nommés. Mais à la fin de l'exemplaire de Metz on lit cette note manuscrite : « M. Barbier est l'auteur de la *Lettre d'un advocat à un de ses amis sur la signature du fait contenu dans le Formulaire*. M. Racine, qui a été élevé à Port-Royal, est l'auteur des petits vers rapportés dans cette lettre. » On trouverait, ce nous semble, dans cette note, qui, à en juger par l'écriture et l'orthographe, paraît être d'un contemporain, un témoignage à ajouter à celui de D. Bernier ; car il n'est pas probable que celui-ci ait puisé ses informations dans l'exemplaire de Metz ; il semble ne l'avoir pas connu : la copie remise par lui à M. de la Chapelle diffère en plusieurs passages du texte de l'édition à laquelle appartient cet exemplaire ; quelque peu aussi, mais beaucoup moins, de celui de l'édition de 1670. La *Lettre* où sont cités les vers étant de 1664, Germain Garnier a eu tort évidemment, comme le fait remarquer M. de la Chapelle, de donner au quatrain qui en est le début la date de 1665. Il ne fallait pas oublier que l'assemblée du clergé de 1660 avait dressé un formulaire, et qu'en 1661 le Roi écrivit une lettre à tous les évêques pour qu'ils le fissent signer : ce qui fut exigé avec rigueur en 1664.

Nous n'oserions affirmer avec la même assurance que Germain Garnier se soit également trompé en refusant à Racine les vers de cette pièce qui suivent les quatre premiers. Nous n'avons osé nous-même placer que parmi les *Pièces attribuées* l'épigramme ainsi continuée. Le témoignage de D. Bernier et celui de la note manuscrite d'un anonyme, relevée sur un exemplaire de la *Lettre* de Barbier d'Aucour, méritent sans doute attention, mais sans avoir une autorité décisive ; et puis quelques-uns des couplets, plus faibles et moins corrects que les autres, peuvent faire penser que l'ouvrage est de plusieurs mains. Cependant le couplet reconnu comme authentique par le fils aîné de Racine n'est pas le seul dont la malice spirituelle ne paraît pas indigne de notre poëte. Si, dans la chambre de l'abbé Boileau, quelques amis ont, à frais communs, développé cette longue plaisanterie janséniste, une conjecture assez vraisemblable serait que Boileau Despréaux a été un de ceux-là : il y a plus d'une épigramme dans laquelle il est permis de supposer qu'il a été le collaborateur de Racine. Quoi qu'il en soit, et quelque part que Despréaux, d'autres aussi peut-être, aient pu prendre aux *Vers sur la signature du Formulaire*, nous trouvons dans la plus grande partie de la pièce des traits si finement aiguisés que nous ne voyons pas de difficulté à les croire de Racine. Nous laissons le lecteur en juger. Eût-il une impression différente de la nôtre, nous ne craignons pas qu'il nous sache mauvais gré d'avoir donné ici une petite place à une pièce agréablement mordante, qui n'est plus très-connue, et qui se rattache si bien à l'épigramme dont on ne conteste pas la paternité à Racine. Elle offrira tout au moins un point de comparaison qui pourra paraître de quelque intérêt.

Nous donnons le texte de la copie que M. de la Chapelle tenait de D. Bernier ; et nous indiquons les variantes de l'impression in-4° et de l'impression in-12 de 1670. L'impression in-4° ne peut être désignée par sa date, puisqu'elle n'en porte aucune. Il est probable qu'elle est l'édition originale, et, comme le disait M. de la Chapelle, de l'année 1664. Toutefois nous ne la citons que sous le nom d'édition in-4°.

> Contre Jansénius j'ai la plume à la main,
> Je suis prêt à signer tout ce qu'on me demande.
> Qu'il soit ce qu'on voudra, calviniste ou romain,
> Je veux conserver ma prébende[1].
>
> Contre Jansénius je signe sur-le-champ ;   5
> Tout mon bénéfice en dépend,
> Et je le perds si je m'obstine.
> Je signe donc de bonne foi.
> On voit assez que quand je signe,
> C'est moins contre lui que pour moi.   10

1. Nous avons donné à la page 178 ce quatrain, d'après les notes manuscrites de J.-B. Racine. Le troisième vers s'y lit ainsi :

> Qu'il soit hérétique ou romain.

La copie que M. de Naurois nous a communiquée de la pièce entière avait aussi d'abord cette première leçon, qui a été effacée et remplacée par celle que nous suivons ici.

Signer, ne signer pas, tout cela m'est égal,
    Le jansénisme n'étant rien ;
Il est aussi certain que ce n'est pas un mal,
Comme il est assuré que ce n'est pas un bien.

  Le Formulaire a deux défauts : 15
  Il est sans exemple, il est faux [1].
  On peut toutefois le souscrire.
  Ces ridicules faussetés
  Ne blessent point les vérités,
  Et c'est mentir bien moins que rire. 20

  A même temps que j'eus signé,
  Un de mes amis étonné
  Me vint accuser d'injustice.
  « Ami, dit-il, qu'avez-vous fait ?
  — Ami, lui dis-je, un fort bon trait : 25
  J'ai conservé mon bénéfice. »

  Je rêve sur le Formulaire
  Au milieu du contre et du pour.
Je ne sais pas encor ce qu'il me faudra faire,
  Je vais m'en instruire à la cour [2]. 30

Je signerai tout franc dans le sens qu'on ordonne ;
  Et quand ce seroit un péché,
  Il est si finement caché
  Qu'il ne sera su de personne.

  Je ne saurois tant m'obstiner : 35
  Je ne me fais jamais traîner,
  Et mon cœur va comme on le mene.
  « Mettez, dit-on, votre nom là.
  — Prenez-le, dis-je, le voilà.
  Pour si peu ce n'est pas la peine. » 40

1. Dans l'édition in-4° :
  Il est téméraire, il est faux.
2. Dans l'édition in-4° :
  Et je vais l'apprendre à la cour.
Dans celle de 1670 :
  Je vais le savoir à la cour.

Contre Jansénius je n'épargnerai rien :
Je suis tout résolu de signer sans réplique,
  Qu'il soit persan, turc ou chrétien,
 Je serai toujours politique.

Contre Jansénius cette main va souscrire :   45
C'est le plus hérétique et le plus dissolu....
  Non que je l'aye ou vu[1] ou lu ;
 Mais je le sais par ouï-dire.

  Certes c'est bien injustement
  Que l'on blâme la signature :   50
Sans elle on n'entre point dans la cléricature,
  Et l'on peut dire assurément
  Qu'elle est la seconde tonsure,
  Et le huitième sacrement.

  Je me trouve en un mauvais pas :   55
Si je signe une fois, je fais une injustice ;
Aussi d'autre côté, si je ne signe pas,
Il ne faut espérer ni rang ni bénéfice.
  Que faire en cette extrémité ?
  Il faut signer sans résistance,   60
  Et perdre un peu de charité,
  Pour se conserver l'espérance.

  Je ne crois point le Formulaire,
  Et toutefois je l'ai signé.
  De grands esprits m'ont condamné,   65
  Et m'ont dit que j'étois faussaire.
Mais pourtant, n'en déplaise à ces esprits si hauts,
  Lorsque par une signature
  On maintient sa prébende sûre,
  Ce n'est point là signer à faux.   70

 Et contre la justice et contre la raison
 Je vais condamner un grand homme ;

---

1. Si cet hiatus, que l'auteur a pu se permettre dans un badinage, ne semblait pas cependant excusable, on pourrait supposer une faute de copie et lire :
  Non que je l'aye onc vu ni lu.
Mais les deux éditions et la copie manuscrite sont d'accord, et d'ailleurs on trouvera plus bas un autre hiatus au vers 204.

Mais d'un crime qui plaît à Rome
On a facilement pardon.

.Quand j'écris pour mes intérêts,
Et que je suis touché de près,
Je veux savoir ce que je signe ;
Mais dans ce nouveau cas, ce qui m'est ordonné
Ne touchant que la foi, soit humaine ou divine,
Je veux bien faire un blanc signé[1].

« Quoi ? Prieur, me dit-on, vous faisiez l'obstiné.
Pourquoi donc avez-vous signé ?
— C'est pour faire enrager tout le corps moliniste,
Qui sans doute a plus mal au cœur
De ma qualité de prieur
Que de celle de janséniste. »

Enfin j'ai signé malgré moi,
Il a fallu céder aux lois des monastères.
Mais que n'ai-je signé d'une aussi bonne foi
Que la plupart de nos bons Pères !
Un que je crois des plus pieux,
Voyant souscrire tout le monde,
Ne détourna jamais les yeux
De dessus un papier qu'on portoit à la ronde[2] ;
Et tout surpris de cet effet,
Me dit tout bas cette parole[3] :
« Mon Père, qu'est-ce que l'on fait ?
— C'est, lui dis-je, qu'on nous enrôle. »
Il prit cela si bonnement,
Qu'au moment qu'il signa la brigue :
« Oui, dit-il, je crois fermement
Que nous aurons la sainte ligue. »

---

1. Au lieu de *blanc signé*, on dit plutôt aujourd'hui *blanc seing*, que Furetière, en 1690, nomme une locution provinciale : voyez son *Dictionnaire*, au mot BLANC.

2. Dans l'édition in-4ᵉ :

D'un papier qui faisoit la ronde.

3. Dans la même édition :

Il dit tout bas cette parole.

Mon gardien, à la barbe grise [1],
Me dit avec des mots pressants :
« Il faut condamner sans remise   105
Jansénius en son vrai sens.
— Il faut donc, dis-je, qu'on le nomme.
— Non, non, repartit ce bon homme,
N'attendez pas de moi de savoir ce que c'est ;
Je ne suis pas si téméraire   110
Que d'entreprendre ici de faire
Ce que le pape n'a pas fait. »

Un novice tout neuf et qui ne fait que naître,
Dit au Révérend Père maître :
« Enfin, Dieu merci, j'ai signé,   115
Et je tiens pour très-infaillible
Que ce Jansénius horrible
Est un hérétique obstiné.
Ah ! Dieu ! qu'il est plein de malice !
Je réponds qu'il n'y manque rien   120
Du mensonge et de l'artifice ;
Croyez que je le connois bien.
— Vous savez donc, lui dit le Père,
Que cet évêque étoit faux frère....
— Évêque, reprit à grands cris   125
Le petit novice entrepris.
Évêque ! reprit-il encore.
Ah ! Père, que je suis surpris !
Je le croyois ou turc ou more. »

Un vieux Père, tenant une vieille chronique,   130
Me dit en s'approchant de moi :
« Votre profession de foi.
Signez. Jansénius est un franc hérétique.
— Mais, dis-je, je ne l'ai point lu.
— Il n'est pas question de lire,   135
Dit le Père tout résolu :
Il n'est question que d'écrire. »

Dans moi-même j'ai bien souffert ;
Mais pourtant il l'a fallu faire :

---

1. Dans l'édition in-4° :

   Un gardien, à la barbe grise.

Tout le monde étoit de concert 140
Pour souscrire le Formulaire.
Le voyant donc aller grand train,
De main en main, de place en place :
« Que veut-on, dis-je, que je fasse ?
Tout ceci n'est qu'un jeu de main. » 145

Pour venir au point de signer,
Un prédicateur d'importance,
Apprêté pour nous sermonner,
Ne parla que d'obéissance.
« Sacrifiez vos actions, 150
Dit-il avec un zèle extrême,
Quittez vos inclinations,
Enfin renoncez à vous-même. »
J'ai si bien suivi cette loi,
Que je vous proteste et vous jure 155
Que dans toute ma signature
Je n'ai rien mis du tout de moi.

Quand au commencement d'un fâcheux catéchisme
J'entendis condamner la révolte d'Adam :
C'en est fait, dis-je alors, voici l'arrière-ban[1], 160
Où tout le monde ira contre le jansénisme. »
Mais je ne pus plus en douter,
Quand le prédicateur, se laissant emporter
Par une subite tempête,
Disoit à chaque bout de champ[2] 165
Qu'au sacrifice d'Abraham[3]
Isaac sans réplique avoit donné sa tête.
« Ah ! dis-je, je vois bien qu'on veut avoir ma main,
Et qu'il faudra signer sans attendre à demain. »
Je voudrois bien sans doute éviter ce faux pas ; 170
Mais voyant qu'il faudroit abandonner la ville,

1. Dans l'édition in-4°:

« C'en est fait, dis-je alors, et voici l'arrier ban,... »

2. Dans l'édition de 1670, au lieu de *champ*, on a imprimé *cham*, à cause de la rime.

3. Dans l'édition in-4° :

Qu'au grand sacrifice d'Abraham.

Les deux dernières syllabes sont contractées.

Que l'on proscrit tous ceux qui ne souscrivent pas,
Et que sans forme on les exile [1] :
« Soyons, dis-je, plutôt du nombre des souscrits,
Qu'au rang des malheureux proscrits [2]. » 175

Je voulois tout résolûment
Ne point signer le Formulaire ;
Mais je fus contraint de le faire
Par la force d'un compliment.
Je ne pus résister à la douceur extrême   180
Du Révérend Père gardien :
« Mon fils, dit-il, ne craignez rien,
Je vous aime autant que moi-même,
Je vous considère entre tous,
Et vous devez signer ce que je vous propose :   185
Vous le voyez, c'est une chose
Que j'ai fait [3] longtemps devant vous. »

Le Père maître, dont l'aspect
Imprime un sensible respect,
Tenant en main le Formulaire :   190
« Mes enfants, nous dit-il d'un esprit tout humain,
J'ai votre salut dans ma main ;
Et si vous le voulez, nous conclurons l'affaire.
Il n'y faut rien examiner,
Et cette affaire d'importance   195
Est dans une telle assurance
Qu'il ne reste plus qu'à signer. »
Aussitôt le zèle s'emporte,
Et l'on signe de bonne foi.
Cependant, quand ce fut à moi,   200

1. Ce passage est différent dans l'édition in-4º :
    Je tins ferme longtemps sur ce malheureux point ;
    Mais voyant qu'il faudroit abandonner la ville,
    Qu'on proscrivoit tous ceux qui ne souscrivoient point,
    Et qu'on les mettoit en *exile*.
Cette même édition a le mot *Autre* avant le premier de ces quatre vers.
2. Dans l'édition in-4º et dans celle de 1670 :
    Qu'au rang malheureux des proscrits.
3. L'accord du participe est violé ; mais la règle, surtout, on peut le dire, avec le participe du verbe *faire*, ne s'observoit pas alors aussi rigoureusement qu'aujourd'hui.

Je pensois faire voir une âme un peu plus forte [1],
    Et je voulus savoir pourquoi ;
Mais le noviciat se mit d'abord à braire :
    « Pourquoi [2] ? ô grand Dieu ! quel forfait !
Hé ! faut-il demander pourquoi l'on doit le faire,   205
    Quand le Père maître l'a fait ? »

Après que pour signer on eut fait l'oraison,
Et que chacun marchoit dans la mauvaise route,
    Je voulus proposer un doute,
    Et demander une raison.   210
« Mais, dit-on, pour trancher les discours les plus amples,
Vous avez vu signer trente religieux :
Soyez donc satisfait d'avoir eu trente exemples,
Et ne demandez point de raison dans ces lieux. »

    Un Père, avec empressement,   215
    Sans dire pourquoi ni comment,
    Alloit d'une vitesse extrême ;
Et comme en moins de rien nous fûmes tous souscrits :
    « Bon, dis-je tout bas dans moi-même ;
    A d'autres, tous ceux-là sont pris. »   220

    Si je ne fais la signature,
    Il faut que je perde ma cure.
    Je signe donc résolûment,
    Et je crois faire justement ;
    Car enfin, quoi que l'on m'oppose,   225
Si je ne signe pas je manque d'équité,
    Et je donne pour peu de chose
    Ce que j'ai beaucoup acheté.

Pour moi, je ne suis point de ces esprits si forts,
Qui pour ne point signer font les derniers efforts,   230
Jusqu'à sacrifier leurs biens à leurs caprices.
Je n'ai qu'une prébende et je signe une fois,
    Mais que ne dois-je signer trois,
    Et que n'ai-je trois bénéfices ?

---

1. Dans l'édition in-4° :

    Je n'ai pas une âme si sotte.

Il faut lire évidemment *forte*, au lieu de *sotte*, qui est une faute d'impression.

2. Voyez ci-dessus, p. 230, note 1.

En cas de la souscription 235
Je n'en veux qu'à mon bénéfice.
On dit que c'est une injustice,
Et moi, je crois que c'est une précaution.
Mais qu'on l'accorde ou qu'on le nie,
Je ne fais point difficulté 240
De conserver par fausseté
Ce que j'acquis par simonie.

Il est vrai que la signature
A bien étonné des esprits.
Pour moi, je n'en suis point surpris. 245
Par là j'ai conservé ma cure ;
Et quoiqu'on m'appelle parjure,
Il est évidemment certain
Que ce n'est point jurer en vain.

S'il s'agissoit ici de vivre, 250
Il faudroit aller sûrement ;
Et l'Évangile seulement,
Ce seroit ce qu'il faudroit suivre ;
Mais s'agissant dans cet endroit
D'écrire seulement un trait, 255
L'Évangile n'est pas ce qu'on suit davantage ;
Et sans qu'il faille contrôler,
En cas d'écrire ou de parler,
Il ne faut que suivre l'usage.

Je veux bien avouer ce point : 260
Si j'avois pu sans signature
Conserver ma petite cure,
J'aurois été de ceux qui ne signeront point ;
Car, à vous parler sans surprise,
Ils ont la vérité pour eux ; 265
Leur sentiment est généreux,
Et c'est tout l'esprit de l'Église.
Mais avec ce spirituel
Il faut un peu de temporel[1].

Ayant signé le Formulaire, 270
Un ami qui ne peut se taire

---

1. Dans l'édition in-4°
   Il faut un peu ce temporel.

M'accusa d'infidélité :
« Pourquoi, dit-il, pourquoi par une lâche feinte
　　Abandonner la vérité,
　　Puisqu'elle est éternelle et sainte ? 275
— Vous voulez donc, lui dis-je, en savoir le pourquoi ?
C'est parce qu'étant sainte et qu'étant éternelle,
　　Je ne dois rien craindre pour elle,
　　Et je ne dois penser qu'à moi. »

　　Puisque tout le monde a signé, 280
　　Je ne veux pas être obstiné :
　　Je prends le papier et la plume,
　　Je signe librement mon nom ;
Et sans examiner si c'est le droit ou non,
　　Il suffit que c'est la coutume. 285

II

CONTRE CHAPELAIN.

Geoffroy et M. Aimé-Martin ont placé cette épigramme parmi celles de Racine. Nous ne lui donnons rang que parmi les *Pièces attribuées*, non qu'il y ait, comme pour les suivantes, aucune obscurité sur la question d'authenticité. Tout est parfaitement clair dans les *Mémoires* de Louis Racine[1], d'où les éditeurs que nous venons de nommer ont tiré ces vers. Mais Racine n'y a pas seul travaillé ; et c'est pour le compte d'un autre qu'il s'est amusé avec ses amis à la rimer. Le trait de l'épigramme est de Pierre Boileau, sieur de Puy-Morin, frère de Despréaux ; Racine et Boileau Despréaux n'ont fait que l'aider à mettre en vers sa piquante repartie ; et Molière a été consulté. En l'attribuant, contrairement à la vérité, à Racine seul, et en donnant à supposer qu'il y parle en son nom, on la rend d'abord difficile à comprendre : comment Chapelain eût-il pu accuser Racine de « ne savoir pas lire ? » On laisse croire en outre à un trait d'ingratitude de notre poëte envers Chapelain, son protecteur, d'autant plus que, d'après les circonstances rapportées par Louis Racine, il est évident que l'épigramme a été faite avant la brouillerie de Racine

---

1. Voyez notre tome I, p. 234 et 235.

et de Molière, c'est-à-dire en un temps très-voisin des bons offices rendus par Chapelain à Racine. Il est bien différent d'avoir composé en son propre nom une épigramme contre Chapelain, ou de s'être laissé entraîner à polir quelques vers dont la pensée appartient à une autre personne, responsable surtout de la malice.

> Froid, sec, dur, rude auteur, digne objet de satire,
> De ne savoir pas lire oses-tu me blâmer?
> Hélas! pour mes péchés, je n'ai su que trop lire.
>   Depuis que tu fais imprimer.

III

CONTRE RICHELIEU, DÉTRACTEUR D'*IPHIGÉNIE*.

Cette épigramme a été attribuée à Racine par le bibliophile Jacob (M. Paul Lacroix), dans le *Bulletin du bouquiniste*, numéro du 1ᵉʳ septembre 1863. M. Lacroix l'avait trouvée dans les notes manuscrites de Tralage. Il nous paraît difficile d'en admettre l'authenticité. Des vers de Racine, même improvisés, ne sont pas si faiblement écrits, ne manquent pas ainsi à toutes les conditions d'une épigramme piquante. Racine d'ailleurs savait défendre ses pièces contre les critiques autrement qu'en les nommant lui-même de *bons ouvrages*. Si nous nous sommes cependant décidé à donner cette épigramme parmi les *Pièces attribuées*, c'est qu'elle nous apprend que la tragédie d'*Iphigénie* (1674) fut diffamée par un Richelieu. S'agit-il du duc de Richelieu, père du maréchal? Il n'est peut-être pas vraisemblable que l'ami de Mme de Maintenon et de Cavoie ait persécuté Racine. Nous penserions plutôt au marquis de Richelieu, frère cadet du duc. Celui-là était un homme d'esprit, mais très-décrié pour son caractère.

> Quand Chimène plaignoit son amoureux martyre,
> D'abord un Richelieu voulut la diffamer;
> A peine Despréaux publie une satire
> Que Richelieu d'abord s'efforce à la blâmer.
> Richelieu maintenant, achetant des suffrages,

Combat *Iphigénie* et l'attaque en tout lieu.
C'est le destin des bons ouvrages
D'avoir en tête un Richelieu.

IV

MADRIGAL COMPOSÉ POUR LE DUC DU MAINE.

L'AUTEUR AUX BEAUX ESPRITS.

Ce madrigal a été imprimé dans les *OEuvres diverses d'un auteur de sept ans* (1 vol. in-4° sans nom d'imprimeur et sans date). On sait que sous ce titre on avait recueilli quelques lettres et quelques petits écrits du duc du Maine pour en faire hommage à Mme de Montespan. Ce recueil parut le 1er janvier 1679. Le madrigal se trouve au cinquième feuillet. Il est attribué à Racine par Cizeron-Rival (*Récréations littéraires*, p. 184), par l'éditeur de *Mon petit Portefeuille* (2 vol. in-12, Londres, 1774), tome I, p. 5, et par de la Place, au tome IV de ses *Pièces intéressantes et peu connues* (8 vol. in-12, Bruxelles, 1785). Il a pris place dans l'édition des *OEuvres de Racine* donnée par Geoffroy, et depuis dans celles qui l'ont suivie. Son authenticité est probable ; car le témoignage de Cizeron-Rival, qui avait eu entre les mains les notes manuscrites de Brossette, a quelque poids. Il n'est pas douteux d'ailleurs que Racine ait prêté son concours à Mme de Maintenon, lorsqu'elle prépara la publication de ce petit livre. Il y a dans les *OEuvres diverses d'un auteur de sept ans* quatre madrigaux. Celui-ci est le premier ; le troisième et le quatrième sont trop faibles pour qu'on ait jamais songé à les attribuer à Racine ; mais le second, fort agréablement tourné, ne serait pas indigne de lui. C'est celui qui commence par ce vers :

Quel est cet Apollon nouveau... ?

On lit dans le *Catalogue des livres.... du cabinet de M**** (d'Ourches de Nancy), par M. J. Ch. Brunet fils, p. 192 : « Le premier (*madrigal*) est réimprimé sous le nom de Racine dans l'édition des *OEuvres* de ce poëte publiée par M. Geoffroy. Cependant ce n'est pas ce premier madrigal que l'on attribue à Racine dans notre exemplaire...; mais au contraire, c'est le second, au bout duquel le nom de ce grand homme se trouve signé d'une écriture du temps. Racine est-il l'auteur de ces deux madrigaux? ou, s'il n'a fait que l'un deux, lequel est véritablement de lui? C'est ce que nous ne chercherons pas à décider. » Sur la foi de cette note, qui n'a rien d'affirmatif, quelques personnes se sont hâtées de regarder comme démontré que le second madrigal est de Racine. Nous ne croyons pas cependant devoir le donner même parmi les *Pièces attribuées*, parce qu'il fait depuis longtemps partie des *Œuvres de Boileau*, auquel de bonnes autorités nous forcent de le laisser. Voyez dans l'édition de M. Berriat-Saint-Prix la note 5 de la page 440 du tome II. M. Aimé-Martin, dans une note (tome IV, p. 95), nous apprend que Charles Nodier était de ceux qui attribuent à Racine le second madrigal : « Voici, dit-il, sa raison : c'est que sur un exemplaire des *Œuvres d'un auteur de sept ans* dont il est possesseur, la signature de Racine se trouve précisément placée au-dessous de cette pièce. L'argument est fort, et nous serions très-disposé à adopter cet avis de M. Nodier, si nous-même ne possédions ce joli madrigal écrit tout entier de la main de Boileau et signé de lui. » L'exemplaire de M. Charles Nodier était sans doute celui du *Catalogue* de M. d'Ourches ; et dans ce catalogue il n'est pas dit que le nom de Racine soit écrit de sa main, mais d'une *écriture du temps*.

> Ne pensez pas, Messieurs les beaux esprits,
> Que je veuille par mes écrits
> Prendre ma place un jour au temple de Mémoire [1].

1. Dans les *Récréations* de Cizeron-Rival :

> Prendre ma place au temple de Mémoire.

Dans les *Pièces intéressantes et peu connues*, ainsi que dans les éditions de Geoffroy et de M. Aimé-Martin :

> Prendre une place au temple de Mémoire.

Dans un des exemplaires des *Œuvres diverses d'un auteur de sept ans* que possède la Bibliothèque nationale, des corrections à la main ont ainsi changé le second et le troisième vers :

> Que j'aspire par mes écrits
> A me placer un jour au temple de Mémoire.

Savez-vous de qui je suis fils[1]?
Il me faut bien une autre gloire[2]
Et des lauriers d'un plus grand prix[3].

V

SUR *LA TROADE*, TRAGÉDIE DE PRADON.

La Troade de Pradon fut jouée pour la première fois, sur le théâtre de l'Hôtel de Bourgogne, le mardi 17 janvier 1679. — Cette épigramme se trouve à la page 145 du *Portefeuille de M. L. D. F**** (de la Faille) imprimé en 1694 ; mais l'auteur n'y est point nommé. Dans les *Pièces intéressantes et peu connues* de de la Place, tome IV, p. 204, elle est donnée comme étant de Racine. Les frères Parfait la citent, ainsi que le sonnet suivant, au tome XII, p. 140 et 141 de l'*Histoire du Théâtre françois*; ils disent avoir tiré du *Portefeuille* de la Faille le quatrain et le sonnet. Bruzen de la Martinière avait-il aussi regardé l'insertion au *Portefeuille* de la Faille comme une preuve suffisante de l'authenticité de ces pièces et du sonnet *Sur la tragédie de Genséric?* ou avait-il quelque autre renseignement? Il attribuait à Racine l'épigramme *Sur la Troade*, et les deux sonnets. Voyez le *Nouveau Portefeuille poétique, historique et littéraire, ouvrage posthume de M. de la Martinière*, dans les *Passe-temps poétiques* de la Morinière (2 vol. in-12, M.DCC.LVII), tome II, p. 189 et 190. Dans les *OEuvres de Racine* de l'édition de la Harpe, le quatrain a été placé parmi les *Pièces attri-*

---

1. Dans les éditions de Geoffroy et de M. Aimé-Martin, et dans les *Pièces intéressantes et peu connues*:

    Vous savez de qui je suis fils.

2. Dans les *Pièces intéressantes et peu connues*:

    Donc il me faut une autre gloire.

Geoffroy et M. Aimé-Martin donnent ce vers ainsi:

    Il me faut donc une autre gloire.

3. Dans les *Récréations* de Cizeron-Rival, et dans *Mon petit Portefeuille*:

    Et des lauriers de plus grand prix.

buées. Geoffroy ne le donne pas. Dans l'*Acanthologie* (1817) il est signé du nom de Racine. M. Aimé-Martin lui a donné place dans son édition, sans avertir, comme les éditeurs de 1807, qu'il ne doit être considéré que comme *attribué*. Nous n'avons pas suivi son exemple, l'authenticité de ce quatrain ne nous ayant point paru démontrée par des témoignages tout à fait suffisants. D'ailleurs l'épigramme est plus drôle que fine.

> Quand j'ai vu de Pradon la pièce détestable,
> Admirant du destin le caprice fatal :
> « Pour te perdre, ai je dit, Ilion déplorable,
> Pallas a toujours un cheval. »

VI

SONNET

SUR LA MÊME TRAGÉDIE.

Ce sonnet est également dans le *Portefeuille* de la Faille, toujours sans nom d'auteur (p. 144 et 145), et dans l'*Acanthologie*, où il est signé du nom de Racine. On le trouve de plus dans *Mon petit Portefeuille* (Londres, 1774), tome I, p. 3, attribué aussi à notre poëte. Nous venons de dire dans la notice précédente que Bruzen de la Martinière le croyait de lui. M. Aimé-Martin l'a inséré le premier dans les *Œuvres de Racine*.

> D'un crêpe noir Hécube embéguinée
> Lamente, pleure, et grimace toujours ;
> Dames en deuil courent à son secours :
> Oncques ne fut plus lugubre journée.
>
> Ulysse vient, fait nargue à l'hyménée,   5
> Le cœur féru de nouvelles amours.
> Pyrrhus et lui font de vaillants discours ;
> Mais aux discours leur vaillance est bornée.
>
> Après cela, plus que confusion :
> Tant il n'en fut dans la grande Ilion,   10
> Lors de la nuit aux Troyens si fatale.

En vain Baron[1] attend le brouhaha,
Point n'oseroit en faire la cabale :
Un chacun bâille, et s'endort, ou s'en va.

VII

SONNET

SUR LA TRAGÉDIE DE *GENSÉRIC*.

DE MADAME DESHOULIÈRES.

Genséric, roi des Vandales, tragédie de Mme Deshoulières, fut représenté en janvier 1680 sur le théâtre de l'Hôtel de Bourgogne. — Cette épigramme est, sans nom d'auteur, à la page 146 du *Portefeuille de la Faille*. Dans *Mon petit Portefeuille* (1774), tome I, p. 4, et dans le *Nouveau Portefeuille* de Bruzen de la Martinière, elle est attribuée à Racine. Les frères Parfait l'ont donnée au tome XII, p. 164 et 165, de l'*Histoire du Théâtre françois*; ils y disent qu'elle fut composée par un poëte anonyme. La courte analyse qu'ils font de la tragédie de Mme Deshoulières au même endroit (p. 162-164) peut être consultée pour l'intelligence de ce que l'auteur du sonnet dit des différents rôles de la pièce. Le sonnet sur *Genséric* a été, comme le précédent, imprimé pour la première fois dans les *Œuvres de Racine* par M. Aimé-Martin. Si les preuves matérielles d'authenticité lui manquent aussi bien qu'au sonnet sur *la Troade*, il faut dire qu'on y croit reconnaître dans les deux tercets la spirituelle malice de Racine. Le trait dirigé contre le duc de Nevers, *l'auteur de qualité* qu'on soupçonnait d'avoir composé le *Genséric*, semble aussi déceler ou Racine ou Boileau, et le souvenir de l'affaire des sonnets de *Phèdre*.

La jeune Eudoxe est une bonne enfant,
La vieille Eudoxe une franche diablesse,
Et Genséric un roi fourbe et méchant,
Digne héros d'une méchante pièce.

[1]. « Il jouoit, disent en note les frères Parfait, le rôle de Pyrrhus, et Champmeslé celui d'Ulysse. »

Pour Trasimond, c'est un pauvre innocent[1]. 5
Et Sophronie en vain pour lui s'empresse ;
Hunneric est un homme indifférent,
Qui comme on veut et la prend et la laisse.

Et sur le tout le sujet est traité
Dieu sait comment ! Auteur de qualité, 10
Vous vous cachez en donnant cet ouvrage.

C'est fort bien fait de se cacher ainsi ;
Mais pour agir en personne bien sage,
Il nous falloit cacher la pièce aussi.

VIII

CHANSON

[CONTRE FONTENELLE].

Sur l'air : *Adieu donc, dame Françoise.*

Cette chanson fut faite à l'occasion de la chute de l'*Aspar* (1680), comme l'épigramme que nous avons donnée plus haut, p. 185-187. La Harpe la croyait de Racine, puisqu'il a dit, dans son *Cours de littérature* (3º partie, livre III, chapitre 1, section 1) : « Racine ne se refusa pas (à *l'occasion de l'*Aspar) une épigramme et une chanson, qui firent plus de fortune que la pièce. » Peut-être ne parlait-il ainsi que sur la foi de Luneau de Boisjermain, qui a inséré la chanson dans ses *OEuvres de Racine*, tome V, p. 409, en la faisant précéder de quelques mots de préface où il n'apporte aucune preuve de son authenticité. Les éditeurs qui sont venus après lui l'ont également donnée ; ceux de 1807 l'ont placée, comme nous le faisons ici, parmi les *Pièces attribuées* ; ils disent dans une note : « Ces deux couplets, qui parurent lors de la chute de l'*Aspar* de Fontenelle, furent attribués dans le temps à Racine, et cette opinion s'est conservée jus-

---

1. Il y a « jeune innocent » dans le texte des frères Parfait.

qu'à nos jours. » Selon M. Aimé-Martin, les couplets ont passé pour être de Racine et de Boileau. Ce qu'il y a de plus certain, c'est qu'ils sont fort jolis.

    Adieu, ville peu courtoise,
    Où je crus être adoré[1].
    Aspar est désespéré.
    Le poulailler de Pontoise[2]
    Me doit remener demain   5
    Voir ma famille bourgeoise,
    Me doit remener demain,
    Un bâton blanc à la main[3].

    Mon aventure est étrange.
    On m'adoroit à Rouen.   10
    Dans le *Mercure galant*
    J'avois plus d'esprit qu'un ange.
    Cependant je pars demain,
    Sans argent et sans louange ;
    Cependant je pars demain,   15
    Un bâton blanc à la main.

IX

SUR LES COMPLIMENTS QUI FURENT FAITS AU ROI

A L'OCCASION DE SA CONVALESCENCE.

De toutes les épigrammes de Racine ce serait celle-ci dont nous devrions tenir l'authenticité pour la plus incontestable, si nous n'avions aucun doute sur un billet autographe que M. le marquis de Bien-

---

1. Dans l'édition de 1807, avec commentaire de la Harpe, on lit :

    Où je crus être admiré.

2. Le *poulailler* est la petite messagerie conduite par les coquetiers.
3. C'est la marque de la déconfiture. On disait d'une garnison contrainte à sortir d'une place sans armes ni bagage, qu'elle en sortait *le bâton blanc à la main*.

court a eu l'obligeance de nous communiquer ; car c'est la seule pour laquelle il y aurait un témoignage de Racine lui-même. Voici ce billet, où l'écriture de Racine, si elle n'est qu'imitée, l'est parfaitement ; on peut le supposer adressé à Boileau :

« A Paris, le 28 [*janvier 1687*].

« Il n'y a rien de bien nouveau dans les pièces que vous me demandez. J'ai laissé à Versailles toutes les petites pièces que je vous ai montrées. Je n'ai sous la main que l'épigramme sur les compliments que le Roi reçut au sujet de sa convalescence. La voici. Je suis entièrement à vous.

« Racine. »

Suit une copie de l'épigramme, telle que nous la donnons, et que l'ont donnée les précédents éditeurs, depuis Luneau de Boisjermain. Mais il est trop facile de fabriquer une pareille lettre, sans qu'il soit besoin de grands frais d'imagination ; et ces petits billets signés du nom de Racine sont toujours suspects, quand on ne peut y joindre un certificat d'origine. N'osant pas regarder celui-ci comme un sérieux témoignage, quel garant d'authenticité nous reste-t-il ? Nous n'avons pu remonter plus haut que Luneau de Boisjermain, qui ne nous dit pas quelle raison il avait de croire Racine auteur de cette épigramme, dont la raillerie n'est ni très-neuve ni très-fine. — Il s'agit de la convalescence du Roi après les opérations qu'il avait subies dans les derniers mois de 1686. La première fut faite le 18 novembre ; mais la guérison ne fut complète qu'au mois de janvier suivant. Louis XIV alla solennellement rendre grâce à Dieu le 30 janvier. Le 27 du même mois, l'Académie avait célébré par deux harangues le retour de la santé du Roi ; l'une était de l'abbé Tallemant, l'autre de Barbier d'Aucour.

> Grand Dieu, conserve-nous ce roi victorieux
>   Que tu viens de rendre à nos larmes.
> Fais durer à jamais des jours si précieux :
>   Que ce soient là nos dernières alarmes.
>   Empêche d'aller jusqu'à lui   5
> Le noir chagrin, le dangereux ennui,
> Toute langueur, toute fièvre ennemie,
>   Et les vers de l'Académie.

X

COUPLETS

SUR LA RÉCEPTION DE FONTENELLE

A L'ACADÉMIE FRANÇOISE.

Fontenelle fut reçu à l'Académie française le 5 mai 1691. Racine et Boileau avaient fait opposition à son élection. — M. Aimé-Martin parle ainsi de cette petite pièce, qu'il a placée parmi les *Poésies diverses* de Racine : « Ces couplets se trouvent dans une édition des *OEuvres de Fontenelle* publiée à Amsterdam en 1764. (*Nous n'avons pas rencontré cette édition, dont parlent divers bibliographes, et qu'ils disent être en douze volumes in-8º.*) L'éditeur déclare dans une note que Racine le fils doute fort qu'ils soient de son père ; et sa raison d'en douter est que les amis les plus intimes de cet illustre poëte ne lui en ont jamais parlé : il ne les connoissoit même que depuis la mort de Fontenelle, par M. Thiriot, qui les donnoit sans balancer à Racine. » Thiriot, qui n'était pas contemporain de Racine, ne pouvait rien affirmer que par tradition sur ces couplets. Ils sont spirituels ; toutefois quelques expressions triviales peuvent paraître justifier les doutes de Louis Racine. Au tome I des *Querelles littéraires* par l'abbé Irailh (1761), on cite le second couplet comme étant de Racine ; c'est aussi le seul que l'on trouve dans l'*Acanthologie*, p. 112. Dans la *Vie de M. Charpentier, de l'Académie françoise*, par Boscheron, qui se trouve manuscrite à la Bibliothèque nationale, le couplet :

Boyer, le Clerc, couple inutile, etc.,

est attribué à Charpentier, qui « le composa, est-il dit, étant fort jeune ». Cette petite pièce aurait donc été formée de couplets empruntés à différents auteurs, et qui ne seraient pas tous du même temps. Cela est fort invraisemblable, car elle ne manque pas d'unité. Charpentier d'ailleurs faisait-il si bien que le couplet qu'on lui prête ? — Sur la séance académique où Fontenelle fut reçu, on peut voir le *Mercure galant* de mai 1691, p. 91-128 ; on y trouve l'explication de plusieurs passages de ces vers satiriques.

Or écoutez, noble assistance,

SECOND APPENDICE

  Ce qu'à l'Académie on fit
  Dans la mémorable séance
  Où l'on reçut un bel esprit.
   Ce qui fut dit
  Par ces modèles d'éloquence   5
  A bien mérité d'être écrit.

  Quand le novice académique
  Eut salué fort humblement,
  D'une normande rhétorique
  Il commença son compliment,   10
   Où sottement
  De sa noblesse poétique
  Il fit un long dénombrement.

  Corneille, diseur de nouvelles,
  Suppôt du *Mercure galant*,   15
  Loua son neveu Fontenelle[1],
  Et vanta le prix excellent
   De son talent ;
  Non satisfait des bagatelles
  Qu'il dit de lui douze fois l'an[2].   20

  Entêté de son faux système,
  Perrault, philosophe mutin[3],
  Disputa d'une force extrême ;
  Et coiffé de son avertin[4],   25
   Fit le lutin,

---

1. On devrait écrire ici *Fontenelles*, pour la rime. Du reste, à la fin du même couplet, la rime de *l'an* avec *talent* est également négligée ; mais nous en avons trouvé une semblable dans la *Chanson contre Fontenelle*, vers 10 et 11 ; on pouvait prendre ces libertés dans de tels badinages.

2. Le *Mercure* de mai 1691 donne aux pages 96-116 le discours de Thomas Corneille, qui fut obligé, dit-il, quoiqu'il ne fût alors que chancelier, de parler au lieu de l'abbé Têtu, directeur de la Compagnie, l'état de santé de celui-ci ne lui permettant pas de s'acquitter de ses fonctions.

3. On lut à cette séance « une lettre familière en vers de M. Perrault adressée à M. le président Rose, sur les alarmes où l'on étoit à Paris de ce que le Roi s'exposoit tous les jours pendant le siège (*de Mons*). » (*Mercure de mai* 1691, p. 127.)

4. « *Avertin*, maladie d'esprit qui rend opiniâtre, emporté, furieux. » (*Dictionnaire de l'Académie* de 1835.) — Les éditions antérieures ne donnent pas ce mot, celles de 1835 et de 1878 le disent « vieux ».

Pour prouver clairement lui-même
Qu'il n'entend ni grec ni latin.

Doyen de pesante figure [1],
Qui trouves le secret nouveau   30
De parler aux rois en peinture,
Et d'apostropher leur tableau [2],
   Ah ! qu'il fait beau
De te voir, dans cette posture,
Faire à Louis le pied de veau [3] !   35

Si tu ne savois pas mieux faire,
Lavau [4], falloit-il imprimer?
Ne sors point de ton caractère ;
Contente-toi de déclamer,
   Sans présumer   40
Que ton éloquence grossière
Sur le papier puisse charmer.

Boyer, le Clerc couple inutile,
Grands massacreurs de Hollandois,
Porteurs de madrigaux en ville,   45

---

1. « Ces deux discours (*celui de Fontenelle et celui de Thomas Corneille*) ayant été prononcés, M. Charpentier, doyen, prit la parole, et dit que devant avoir l'honneur de complimenter le Roi sur ses nouvelles conquêtes, comme le plus ancien de la Compagnie, si la modestie de Sa Majesté ne lui eût pas fait refuser toutes sortes de harangues, il alloit lire ce qu'il avoit préparé pour s'acquitter d'un devoir si glorieux. » (*Mercure* de mai 1691, p. 116.) — Le *Compliment de M. Charpentier au Roi* est cité dans le même *Mercure* aux pages 309-319.

2. Ce ne fut pas à cette séance, mais dans celle du 24 juin 1679, que Charpentier, prononçant le *Panégyrique du Roi sur la paix*, « adressa une partie de son discours au portrait du Roi qui étoit exposé dans la salle ». Voyez l'*Histoire des membres de l'Académie française*, par d'Alembert, tome II, p. 130.

3. « On dit figurément et bassement : *Faire le pied de veau*, pour dire : faire la révérence. » (*Dictionnaire de l'Académie* de 1694.)

4. L'abbé Lavau lut à cette séance une épître en vers de Mme Deshoulières, un ouvrage de Boyer sur la prise de Mons, et les vers de Perrault dont nous avons déjà parlé. Avant la lecture de ces pièces, il fit un petit discours où il loua Corneille, et dont le *Mercure* (p. 117-126) donne une analyse. On voit par le couplet que ce discours fut imprimé.

Moitié Gascons, moitié François,
  Vieux Albigeois[1],
Allez exercer votre style
Près du successeur d'Henri trois[2].

Touchant les vers de Benserade, 50
On a fort longtemps balancé
Si c'est louange ou pasquinade ;
Mais le bonhomme est fort baissé ;
  Il est passé ;
Qu'on lui chante une sérénade 55
De *Requiescat in pace*[3].

Prions donc, Messieurs, je vous prie,
Leur protecteur, le grand Louis,
Que du corps de l'Académie
Tous ignorants soient interdits, 60
  Comme jadis,
Quand Richelieu, ce grand génie,
Prit les premiers quatre fois dix.

XI

CONTRE BOYER.

Le *Menagiana*, dans son tome II (1694), p. 303 et 304, rapporte à propos de Boyer cette épigramme, dont il parle en ces termes :

1. Boyer et le Clerc étaient en effet tous deux nés à Albi. Le premier avait alors soixante-treize ans, l'autre soixante-neuf. — Nous avons dit que l'abbé Lavau avait donné lecture d'un ouvrage de Boyer. « M. le Clerc lut.... une ode, qui étoit la paraphrase d'un psaume sur cette même conquête (*de Mons*). » (*Mercure* de mai 1691, p. 127.)

2. Ils y auraient trouvé Malherbe et Regnier, qui n'étaient pas trop barbares, et le *successeur d'Henri III* ne leur eût pas donné lui-même de mauvaises leçons de style. Mais l'auteur de l'épigramme veut sans doute les renvoyer à la poésie de Dubartas, et au langage *moitié gascon, moitié françois*, de la cour du Béarnais.

3. Ce joli couplet ne serait pas indigne de Racine. — « M. de Benserade finit la séance par une pièce toute en quadrains (*sic*), dont chaque dernier vers, qui étoit seulement de quatre syllabes, faisoit une chute très-agréable. » (*Mercure* de mai 1691, p. 127.)

AUX POÉSIES DIVERSES.

« M. R.., fit contre lui (*contre Boyer*) l'épigramme que j'en vais vous dire sur ce qu'à la sortie d'une de ses pièces, où il n'y avoit pas eu grand monde, il en avoit rejeté la faute sur la pluie. » Il semble bien que M. R.... ne peut signifier ici que « M. Racine ». Au tome IV, p. 166, du *Menagiana* de 1715, et au tome I, p. 240, du *Nouveau Recueil des épigrammatistes françois* (Amsterdam, 1720), par M. B. L. M. (Bruzen de la Martinière), on attribue la même épigramme à Furetière. C'est peut-être seulement parce qu'elle est citée dans le *Second Factum* publié par Furetière en 1685 (voyez page 7 de l'édition originale in-4°). Mais Furetière la donne sans nommer l'auteur : « Les deux excuses, dit-il, qu'il (*Boyer*) allégua un jour à un de ses amis, qui lui demandoit des nouvelles d'une de ses comédies qui ne fut jouée qu'un vendredi et un dimanche, furent le sujet de cette épigramme. » Il faut remarquer qu'à la page suivante Furetière cite une autre épigramme qui n'est pas de lui, celle *Sur l'Iphigénie de le Clerc*. Le témoignage fort ancien du *Menagiana* de 1694 reste donc de quelque poids ; et cependant les deux premiers vers de l'épigramme, tournés, ce nous semble, d'une façon assez barbare, et très-étranges par leur enjambement, s'il n'y a pas là quelque parodie qui nous échappe, rendent invraisemblable l'attribution à Racine. Les éditeurs des *Œuvres de Racine* ont laissé de côté cette épigramme.

> Quand les pièces représentées
> De Boyer sont peu fréquentées,
> Chagrin qu'il est d'y voir peu d'assistants,
> Voici comme il tourne la chose :
> Vendredi la pluie en est cause,   5
> Et le dimanche le beau temps.

XII

SUR LES DÉMÊLÉS DE BOSSUET ET DE FÉNELON

DANS L'AFFAIRE DU QUIÉTISME.

Le dernier vers de cette épigramme ne serait, dit-on, que la réponse faite par Innocent XII aux cardinaux qui accusaient Fénelon de détruire l'espérance, Bossuet de détruire la charité. La Beaumelle, au tome V, p. 62, des *Mémoires pour servir à l'histoire de Mme de Maintenon* (édition de Hambourg, 1756), a cité cette petite pièce, parmi ses *Pièces justificatives* (n° VII), en avertissant qu'elle est de Racine, qui a rimé le mot du pape. Nous ne savons si l'on pourrait trouver un autre témoignage que celui-là, qui est sujet à caution.

> Dans ce combat où deux prélats de France
> Semblent chercher la vérité,
> L'un dit qu'on détruit l'espérance,
> L'autre que c'est la charité :
> C'est la foi qui se perd, et personne n'y pense.

XIII

STANCE

A LA LOUANGE DE LA CHARITE.

Dans le *Recueil des pièces curieuses et nouvelles* (la Haye, 1694, tome II, p. 640), à la suite du *Cantique à la louange de la charité par M. Racine*, on trouve ces vers, sous le titre de *Stance sur le même sujet*, par le même. M. Aimé-Martin les a pour la première fois insérés parmi les *Œuvres de Racine*, sans alléguer d'autre autorité. Comme nous ne connaissons non plus que celle-là, et qu'un recueil, contemporain il est vrai, mais imprimé à l'étranger, ne peut pas à lui seul faire entièrement foi, nous ne nous prononçons pas sur l'authenticité de cette stance. Dans le même recueil, elle est suivie d'une *Autre sur les effets de la charité*. Quoique mêlée à des pièces qui sont de Racine, celle-ci n'étant pas indiquée comme étant de lui, et finissant par ce vers :

> Porte tous ses desirs dedans l'éternité,

où l'emploi qui est fait de *dedans* a de bonne heure cessé d'être de la langue de notre poëte, il n'y avait pas lieu de l'admettre ici. Celle que nous donnons est tirée des trois premiers versets du chapitre XIII de l'*Épître I de saint Paul aux Corinthiens*, versets que

Racine a imités ailleurs : voyez ci-dessus, p. 148 et 149, les stances 2, 3 et 4 du premier de ses *Cantiques spirituels*.

>Quand tu saurois parler le langage des anges,
>Quand ta voix prédiroit tous les succès futurs,
>Et que perçant du ciel les voiles plus obscurs,
>Tu verrois du Seigneur les mystères étranges ;
>Quand ta foi te rendroit le maître des démons, 5
>Qu'elle auroit le pouvoir de transporter les monts,
>Et que de tous tes biens tu ferois des largesses ;
>Quand aux tourments du feu tu livrerois ton corps :
>Tu possèdes en vain tant de saintes richesses,
>Si la charité manque à tes rares trésors. 10

XIV

SUR *L'ART DE PRÊCHER* ET SUR LE POËME *DE L'AMITIÉ*

DE M. L'ABBÉ DE VILLIERS.

Ces vers se trouvent dans les *Œuvres de Racine* (Amsterdam, M.DCC.XXII), tome II, p. 509. On ne les a pas réimprimés dans les éditions suivantes. Nous ignorons sur quel fondement les éditeurs d'Amsterdam les ont crus de Racine. Ils n'ont rien de remarquable ; il se peut toutefois que notre poëte les ait écrits pour être agréable à l'abbé de Villiers, qui, dans son *Entretien sur les tragédies de ce temps* (1675), avait su rendre justice à notre poëte (voyez notre tome III, p. 113 et suivantes). Racine, dans une lettre à Boileau du 5 septembre 1687, tout en reprochant au P. de Villiers des écarts de goût, disait de lui : « En vérité, il a beaucoup d'esprit. » Le poëme de *l'Art de prêcher* ayant été publié en 1682, et celui *de l'Amitié* en 1692, cette dernière date est probablement celle du petit quatrain.

>Pour bien prêcher, pour être ami fidèle,
>Il a gardé les règles qu'il prescrit.
>Cœur noble en lui, cœur droit non moins excelle
>Que beau parler et gracieux esprit.

OEUVRES DIVERSES

EN PROSE

LETTRE A L'AUTEUR

DES *HÉRÉSIES IMAGINAIRES*

ET DES *DEUX VISIONNAIRES*

ET LETTRE

AUX DEUX APOLOGISTES DE PORT-ROYAL

NOTICE.

La *Lettre à l'auteur des Hérésies imaginaires*, les deux réponses qui y furent faites, et la riposte de Racine dans une seconde lettre, celle-ci adressée aux deux apologistes de Nicole, sont les pièces d'un même procès; nous devons donc rassembler ici, au lieu de le disperser en plusieurs notices distinctes, ce que nous avons à dire des divers écrits auxquels donna lieu la querelle du jeune poëte avec Port-Royal.

Dans cette querelle, Racine eut tout l'avantage, en ce sens du moins que, bien supérieur pour le talent, il y montra une finesse de raillerie qui fait de ses deux lettres des chefs-d'œuvre de polémique, en ce sens encore que la cause du théâtre, où il sentait l'avenir de son génie si intéressé, était bonne à défendre contre l'exagération du rigorisme. Mais il eut raison, sans mériter d'être approuvé : il devait reconnaissance et respect aux excellents maîtres sur qui il jetait si agréablement le ridicule. On le fit bientôt rentrer en lui-même : il reconnut que d'excellents écrits peuvent être de blâmables actions; et il fut honorable pour lui de s'être laissé désarmer au plus fort de la lutte, dans toute la vivacité de l'âge et de la passion, et lorsqu'il se voyait victorieux.

Il était sorti de Port-Royal en 1664 et 1665 de petites lettres anonymes en feuilles volantes, sous le titre de *Lettres sur l'Hérésie imaginaire*; Nicole en était l'auteur. Il avait successivement donné dix de ces lettres, dont la première était datée du 24 janvier 1664. Elles furent plus tard suivies de huit autres, ce qui en porta le nombre à dix-huit, de même qu'il y avait eu dix-huit *Petites lettres* de Pascal. Racine a dit malicieusement que l'auteur « avoit impatience de servir de seconde partie » au plus éloquent défenseur de Port-Royal. Les huit dernières *Imaginaires* ont le sous-titre de *Visionnaires*, parce qu'elles ont été écrites contre des Marets de Saint-Sorlin, auteur de la comédie des *Visionnaires*, et singulièrement visionnaire lui-même, comme il venait de le prouver dans son *Avis du Saint-Esprit au Roi*, libelle extravagant dirigé contre les jansénistes. Les deux premières *Visionnaires* parurent au mois de janvier 1666. Dans la première, qui est en date du dernier jour de décembre 1665, Nicole reproche en ces termes à des Marets ses premiers ouvrages : « Chacun sait que sa première profession a été de faire des romans et des pièces de théâtre, et que c'est par où il a commencé à se faire connoître dans le monde. Ces qualités, qui ne sont pas fort honorables au jugement des honnêtes gens, sont horribles étant considérées selon les principes de la religion chrétienne et les règles de l'Évangile. Un faiseur de romans et un poëte de théâtre est un empoisonneur public, non des corps, mais des âmes des fidèles, qui se doit regarder comme coupable d'une infinité d'homicides spirituels, ou qu'il a causés en effet ou qu'il a pu causer par ses écrits pernicieux. Plus il a eu soin de couvrir d'un voile d'honnêteté les passions criminelles qu'il y décrit, plus il les a rendues dangereuses, et capables de surprendre et de corrompre les âmes simples et innocentes. Ces sortes de péchés sont d'autant plus effroyables, qu'ils sont toujours subsistants, parce que ces livres ne périssent pas, et qu'ils répandent toujours le même venin dans ceux qui les lisent. »

Au moment où Port-Royal traitait si durement les poëtes du théâtre, Racine venait de faire représenter (décembre 1665) sa seconde tragédie, *Alexandre le Grand*. Ces anathèmes de Nicole devaient beaucoup ressembler à ceux que le jeune poëte, depuis qu'il s'était émancipé, avait maintes fois entendus, avec impatience, de la bouche soit de ses anciens maîtres, soit de la Mère Agnès de Sainte-Thècle sa tante. Il pensa que c'était tout particulièrement à lui-même que, sous le nom de des Marets, s'adressait la mercuriale qu'on rendait publique ; elle lui en rappelait trop bien de plus secrètes. Laissons ici parler Jean-Baptiste Racine, dont les éditeurs des *Œuvres de Racine* commentées par la Harpe (1807) nous ont conservé les paroles[1], extraites de notes manuscrites qu'ils avaient sous les yeux : « Mon père prit cela pour lui ; il écouta un peu trop sa vivacité naturelle ; il prit la plume ; et sans rien dire à personne, il fit et répandit dans le public une lettre sans nom d'auteur, où il turlupinoit ces Messieurs de la manière la plus sanglante et la plus amère. La lettre fit grand bruit ; les molinistes y battirent des mains, et furent charmés d'avoir enfin trouvé ce qu'ils cherchoient depuis si longtemps et si inutilement, c'est-à-dire un homme dont ils pussent opposer la plume à celle de M. Pascal, bien fâchés cependant de ne pas connoître l'auteur de la lettre. L'abbé Testu, qui vit que personne ne la réclamoit, crut qu'il pouvoit bien se l'approprier, et il s'en déclara tout haut l'auteur. Cela acheva de piquer mon père, qui ne put souffrir une pareille impudence, et ne fit plus difficulté de se nommer. Ce fut sans doute dans ce temps-là que l'archevêque de Paris[2] le fit solliciter d'écrire contre Port-Royal, et lui fit même offrir pour cela un canonicat. Je ne garantis pourtant pas ce fait, et je me contente de rapporter simplement ce que j'ai ouï dire. » La *Lettre* de Racine *à l'auteur des Hérésies imaginaires*, non datée dans la première édition, l'a été du mois de janvier 1666 par ceux qui l'ont réimprimée ; elle est certainement du commencement de cette année, car des deux réponses qui y furent faites, l'une porte la date du 22 mars, l'autre du 1er avril 1666. Il y a donc dans les *Mémoires de Trévoux* une erreur évidente au sujet des circonstances qui décidèrent Racine à écrire contre Port-Royal. Les auteurs de ces *Mémoires* étaient, comme on va le voir, beaucoup moins bien informés que Jean-Baptiste Racine. Voici comment ils ont parlé aux pages 1710 et 1711 (octobre 1714) : « La *Lettre à l'auteur des Hérésies imaginaires et des deux Visionnaires* est une réponse au *Discours contre le théâtre* que M. Nicole fit imprimer en 1667 à la fin de ses *Lettres* contre des Marets, intitulées *Imaginaires* et *Visionnaires*, parce que la plupart de ces lettres sont employées à montrer que le jansénisme est une hérésie imaginaire, et les

---

[1]. Voyez, au tome VI de l'édition de 1807, la fin de l'*Avertissement sur la première lettre*, p. 5 et 6.
[2]. Hardouin de Beaumont de Péréfixe.

dernières à prouver géométriquement que des Marets étoit un visionnaire. Le discours qui fut l'occasion de la lettre avoit été composé pour venger le Port-Royal du grand Corneille, qui se déclaroit hautement contre la nouvelle secte. M. Racine, élevé à Port-Royal, s'étoit donné au théâtre : il en prit la défense. » On voit aisément la confusion : l'édition donnée par Nicole de ses *Visionnaires* en 1667 n'avait pu être l'occasion de la lettre écrite par Racine au commencement de 1666. Nous avons sur le point de départ de la querelle, outre le témoignage de Jean-Baptiste Racine, celui de Racine lui-même, qui rappelle dans sa lettre les passages de la première *Visionnaire* dont il avait été blessé, et le témoignage de Nicole, qui, dans l'édition des *Imaginaires* imprimée en 1667, inséra les deux réponses que des amis de Port-Royal avaient adressées à Racine, et les fit précéder de quelques mots d'explication. Cette édition de 1667, qui forme deux volumes in-12, ayant pour titre l'un : *les Imaginaires, etc.*, par le Sr de Damvilliers (à Liége, chez Adolphe Beyers, M.DC.LXVII), l'autre : *les Visionnaires, etc.*, sans nom d'auteur, donne l'une des deux réponses à la page 394, et l'autre à la page 418 du tome second. L'*Avertissement* qui est en tête de ce même tome a le passage suivant aux pages 20 et 21 : « Pendant qu'on démêloit cette querelle avec le sieur des Marets, on en fit une à l'auteur des *Visionnaires* sur quelques mots qu'il avoit dits en passant, dans la première de ces lettres, contre les romans et les comédies. Un jeune poète s'étant chargé de l'intérêt commun de tout le théâtre, l'attaqua par une lettre qui courut fort dans le monde, où il contoit des histoires faites à plaisir, et il enveloppoit tout le Port-Royal dans ce différend particulier qu'il avoit avec l'auteur des *Visionnaires* ; car il y déchiroit fort M. le Maistre, la feue Mère Angélique, l'auteur des *Enluminures* et de la traduction de *Térence*. Tout étoit faux dans cette lettre et contre le bon sens, depuis le commencement jusques à la fin. Elle avoit néanmoins un certain éclat qui la rendoit assez proportionnée aux petits esprits dont le monde est plein : de sorte qu'il y eut deux personnes qui crurent à propos d'y répondre, et ils le firent en effet d'une telle manière que ceux qui avoient témoigné quelque estime pour cette lettre eurent honte d'en avoir ainsi jugé. On a cru que l'on seroit bien aise que l'on conservât ces deux réponses en les insérant dans ce recueil, d'autant plus que le monde fut partagé dans le jugement qu'il en fit, les uns ayant plus estimé celle qui parut la première, et qui par cette raison est imprimée la première dans ce recueil, et les autres s'étant hautement déclarés pour la seconde. Je ne préviendrai point le jugement des lecteurs en me déclarant plus pour l'une que pour l'autre ; mais il est vrai néanmoins que je ne suis aucunement partagé entre ces deux pièces, et qu'il me semble qu'elles sont assez visiblement inégales pour ne pas douter de celle à qui l'on doit donner l'avantage. Si ces deux personnes n'avoient pris soin de répondre pour l'auteur des *Visionnaires*, il étoit bien résolu de laisser ce jeune poëte jouir à son aise de la satisfaction qu'il avoit de son ouvrage. Mais pour montrer néanmoins qu'il n'avoit rien dit contre les romans et les comédies pour le seul désir de rabaisser le sieur des Marets, et qu'il a toujours eu les mêmes sentiments à l'égard de ces divertissements dangereux, on a cru qu'il ne seroit pas inutile de faire imprimer dans ce recueil un petit *Traité de la comédie* qu'il fit il y a quelques années. » Nicole ne fait point connaître les deux vengeurs de sa cause, restés anonymes suivant les habitudes de Port-Royal. Mais en pareil cas, les noms, qu'assez souvent on ne cherchait pas à bien cacher, circulaient toujours dans le public, bien ou mal devinés. Nous ne voyons pas que la première réponse ait été attribuée à d'autres qu'à Goibaud du Bois ; mais la seconde a passé pour être l'ouvrage tantôt de M. Saci, tantôt du duc de Luynes, tantôt de Barbier d'Aucour. Un exemplaire de cette seconde réponse, porté sous le numéro 116 dans le catalogue imprimé de la *Théologie* à la Bibliothèque nationale, a cette note manuscrite au-dessous du titre : *Par M. le duc de Luynes*. Elle est ancienne ; le catalogue lui-même lui a cru de l'autorité, puisqu'il accepte l'attribution qu'elle fait de la lettre au duc de Luynes. D'un autre côté, dans l'édition des *Œuvres de Nicolas Despréaux* donnée à la Haye en 1722, en quatre volumes in-12, une note, qui est à la page 148 du tome IV, dit que MM. du Bois et de Saci sont les auteurs des deux réponses. On s'explique que les conjectures se soient quelque temps arrêtées sur les noms de M. Saci et du duc de Luynes. Il est probable que l'un et l'autre s'étaient montrés très-irrités de la lettre de Racine : l'un avait dû souffrir impatiemment d'y être raillé pour ses *Enluminures* ; l'autre, si dévoué à Port-Royal, avait plus que personne le droit de morigéner un jeune homme longtemps protégé par lui, et qu'il voyait maintenant faire la guerre aux amis de son protecteur. Il est cependant à peu près certain que les premières suppositions du public s'étaient égarées. Le duc de Luynes n'aurait sans doute pas écrit une réponse aussi plaisante que l'est la seconde ; et Racine, s'il avait cru avoir affaire à un tel adversaire, l'aurait un peu plus ménagé qu'il ne l'a fait. Nicole pensait qu'on ne pouvait hésiter sur la préférence à donner à l'une des deux réponses. Il ne dit point quelle est celle qui lui paraît si incontestablement supérieure à l'autre ; mais il est difficile de ne pas croire que ce soit la première ; s'il n'eût voulu le donner à entendre, ce qu'il aurait eu de mieux à faire eût été de ne provoquer aucune comparaison entre leurs mérites, car l'infériorité de la seconde est évidente. Dès qu'il appelait l'attention sur cette infériorité, c'est apparemment qu'il savait bien qu'elle n'avait pas été écrite ni par le duc de Luynes, ni par M. de Saci. Pour ce qui est de celui-ci, quoiqu'il eût montré peu de bon goût dans les *Enluminures*, sa plume était trop bonne pour ne pas écrire quelque chose de mieux que la seconde réponse. On a bien moins de peine à y reconnaître Barbier d'Aucour, dont la plaisanterie n'était jamais très-fine. Il faut dire cependant que l'auteur de cette lettre fait bon marché de l'*Onguent pour la brûlure*, ouvrage du même Barbier d'Aucour : cela est un peu embarrassant ; mais par là peut-être d'Aucour cherchait-il à se mieux déguiser ; et en définitive, il y a d'assez fortes raisons pour s'en tenir à l'opinion qui a fini par s'établir sur les noms des deux auteurs, d'autant plus que le temps révèle toujours plus sûrement ces petits mystères. Jean-Baptiste Rousseau écrivait à Brossette le 24 décembre 1781[1] : « Vous savez que ces deux hommes sont M. Barbier d'Aucour et

---

1. *Lettres de Rousseau sur différents sujets* (2 vol. in-12, Genève, M.DCC.XLIX), tome I, 2ᵉ partie, p. 270.

LETTRE A L'AUTEUR DES *IMAGINAIRES*, ETC. 265

M. du Bois, qui ont été tous depuis confrères de M. Racine à l'Académie. » La même édition de 1722 des *OEuvres de Boileau*, où nous avons trouvé tout à l'heure l'attribution d'une des deux lettres à M. de Saci, constate un peu plus loin, à la page 193 du tome IV, note 2, que la copie manuscrite d'après laquelle les éditeurs ont donné la seconde lettre de Racine porte à la marge les noms de du Bois et de Barbier d'Aucour indiqués comme étant les deux Apologistes. Cela est également attesté par les auteurs des *Mémoires de Trévoux* (mars 1724, p. 475, note 2); la copie qu'ils avaient sous les yeux de la seconde lettre de Racine et qu'ils disaient tenir de bonne main était sans doute la même qu'avaient eue les éditeurs de Boileau. Enfin Louis Racine dans ses *Mémoires*[1], et d'Olivet dans sa lettre à Valincour (*Histoire de l'Académie*, tome II, p. 341), donnent les deux mêmes noms comme ceux des champions de Port-Royal à qui Racine avait répliqué.

L'histoire de la réplique de Racine est racontée par les éditeurs de 1807, au tome VI, p. 71-76, dans leur *Avertissement sur la seconde lettre et sur sa préface*. Racine, disent-ils, se contenta de la lire à quelques amis, mais ne la fit point imprimer. Cependant, lorsque Nicole eut, dans l'édition de 1667 de ses *Imaginaires*, inséré les deux réponses, et y eut joint des paroles de reproches et de dédain, « Racine, piqué de cette nouvelle provocation, se disposa alors à publier sa seconde lettre à la suite de la première, en faisant précéder cette édition de la *Préface*.... Mais Boileau, à qui il communiqua son projet, n'eut pas de peine à le lui faire abandonner. Ainsi l'on peut assurer que cette seconde lettre ne fut jamais publiée du vivant de l'auteur, quoique les journalistes de Trévoux aient avancé le contraire[2]. A leur assertion dé-

1. Voyez notre tome I, p. 240.
2. On ne peut douter en effet de l'inexactitude des assertions de ces journalistes, qui s'expriment ainsi sur la seconde lettre à la page 475, note 1, de leurs *Mémoires* (mars 1724) : « Cette lettre, qui n'a point paru dans les éditions précédentes des *OEuvres* de M. Racine, avoit été publiée à part dans le temps qu'elle fut composée. Mais elle devint bientôt rare, parce que l'auteur la supprima, ayant été regagné par M. N. (Nicole). »

nuée de fondement nous opposons le témoignage écrit de la main de Jean-Baptiste Racine dans les notes qui nous ont été communiquées : « Mon père, dit-il, se préparoit à faire
« imprimer sa seconde lettre à la suite de l'autre, et il y
« pensoit si sérieusement que j'ai entre les mains une *Préface* écrite de sa main, qu'il vouloit mettre en tête de l'édition. Son ami, M. Despréaux, qui n'étoit point pour lors
« à Paris, arriva heureusement, comme il se disposoit à
« donner cette édition. Mon père fut aussitôt lui communi-
« quer le tout ; l'autre écouta de grand sang-froid, loua extrê-
« mement le tour et l'esprit de l'ouvrage, et finit en lui di-
« sant : *Cela est fort joliment écrit, mais vous ne songez pas*
« *que vous écrivez contre les plus honnêtes gens du monde.* Cette
« parole fit aussitôt rentrer mon père en lui-même ; et comme
« c'étoit l'homme du monde le plus éloigné de toute ingra-
« titude, et le plus pénétré des devoirs de l'honnête homme,
« les obligations qu'il avoit à ces Messieurs lui revinrent
« toutes à l'esprit ; il supprima sa seconde lettre et sa pré-
« face, et retira le plus qu'il put des exemplaires de la pre-
« mière lettre : ce qui la rend si difficile à trouver, que je
« ne l'ai jamais vue qu'une seule fois, et cela dans un *Recueil de pièces fugitives* fait dans le temps. Si jamais faute
« a pu être réparée par un repentir sincère, ç'a été certai-
« nement celle-là. J'ai été témoin du regret qu'il en a eu
« toute sa vie ; il n'en parloit qu'avec une humilité et une
« confusion capables seules de l'effacer. L'abbé Tallemant
« s'avisa un jour, en pleine Académie, de lui reprocher cette
« faute. *Oui, Monsieur,* lui répondit mon père, *vous avez rai-*
« *son ; c'est l'endroit le plus honteux de ma vie, et je donnerois*
« *tout mon sang pour l'effacer* : ce qui fit taire l'abbé Talle-
« mant et tous les rieurs qui commençoient à lui applaudir. »
Tiré sans doute de ces notes manuscrites de Jean-Baptiste Racine, le passage des *Mémoires* de son frère Louis sur le même sujet[1] y est conforme en substance, et il serait superflu de le rappeler ici. Remarquons seulement qu'il insiste sur le caractère spontané qu'eut la résolution de Racine, et qu'une représentation de son plus intime ami ne lui ôte pas, de

---

1. Voyez notre tome I, p. 241-243.

supprimer sa seconde lettre et de retirer tous les exemplaires qu'il put trouver de la première. Il déclare entièrement erronée une note de Brossette sur la première lettre de Racine, dans son édition de 1716 des *Œuvres de Boileau* [1], où se trouvent ces paroles : « Ces messieurs, alarmés par cette lettre, qui les menaçoit d'un écrivain aussi redoutable que Pascal, trouvèrent le moyen d'apaiser le jeune Racine ; et même ils le regagnèrent tellement que jusqu'à sa mort il a été un de leurs plus zélés partisans. » Louis Racine dit au contraire : « Port-Royal garda toujours le silence, et ne fit aucune démarche pour la réconciliation. Mon père fit lui seul dans la suite toutes les démarches que je dirai. » C'est vraisemblablement de Brossette que les journalistes de Trévoux ont été les échos lorsqu'ils ont avancé, comme on l'a pu lire ci-dessus [2], que Nicole avait *regagné* Racine. Jean-Baptiste Rousseau crut devoir engager Brossette à reconnaître qu'il s'était trompé sur ce point. Son témoignage s'accorde avec celui des fils de Racine. Voici ce que, dans la lettre du 4 décembre 1718, déjà citée plus haut, il écrivait à Brossette, qui lui avait annoncé avoir entre les mains une copie de la seconde lettre de Racine : « Je n'avois point approuvé que vous eussiez fait revivre la première, que M. Racine avoit pris tant de soin de supprimer après sa réconciliation. Mais puisque ce pas est fait, autant vaut que vous donniez encore la seconde, pourvu que vous avertissiez le public que ce ne fut point Messieurs de Port-Royal qui cherchèrent à apaiser leur nouvel antagoniste, mais M. Despréaux qui lui fit honte de l'ingratitude qu'il marquoit pour des gens à qui il devoit son éducation, et qui lui fit envisager le péril où il s'exposoit en attaquant une compagnie de théologiens qui l'accableroit de volumes, dès qu'elle viendroit à le déterrer, et l'obligeroit de renoncer pour sa défense à une occupation plus convenable à son génie que le genre polémique. M. Racine se rendit ; il se dénonça lui-même, et donna toute sorte de marques de repentir à M. Arnauld, qui lui pardonna ; mais la Mère Angélique n'a jamais voulu le voir depuis ce

1. Elle est à la page 329 du tome II.
2. Page 265, note 2.

temps-là. » Il se peut que Rousseau ait été bien informé sur un des points où il diffère de Louis Racine ; nous n'avons du moins aucun moyen de contrôler la manière dont il rapporte les conseils de Boileau, qui aux raisons de sentiment en aurait, selon lui, ajouté quelques autres d'intérêt bien entendu ; mais il doit confondre les époques lorsqu'il place à ce moment la réconciliation avec Arnauld[1] ; et il se trompe gravement sur ce qu'il dit de la Mère Angélique, qui était morte bien avant cette querelle, en 1661. Il faut donc s'en tenir aux récits de cette affaire donnés par Jean-Baptiste Racine et par son frère.

Nous devons cependant ajouter quelque chose à ce qu'ils disent de la victoire remportée par les sages représentations de Boileau. Racine dut recevoir de plus d'un côté un semblable avertissement. Une lettre écrite à Nicolas Vitart par un des Messieurs de Port-Royal, ou par quelqu'un de leurs amis[2], et dont la copie nous a été communiquée[3], autorise à croire que le cousin de Racine, obéissant au conseil de

1. Il y a toutefois sur la date de la réconciliation de Racine avec Port-Royal quelque chose d'à peu près semblable, si ce n'est qu'il s'agit non pas d'Arnauld, mais de M. de Saci, dans une note mise à la fin de la première lettre par l'éditeur de 1722 des *OEuvres de Racine*. Après avoir raconté la suppression de la seconde lettre dans des termes qui sont tout à fait d'accord avec ceux du récit de Jean-Baptiste Racine, cet éditeur ajoute : « Il la resserra aussitôt dans son portefeuille, ne la communiqua à personne, et alla chez M. de Saci pour se réconcilier avec lui. M. l'abbé du Pin l'y accompagna. »

2. Dans la copie, la lettre n'est pas signée ; on l'avait d'abord intitulée *Lettre de M. de Saci* ; puis on a effacé le nom de Saci (l'erreur était évidente) pour y substituer celui de Lancelot : et cette dernière attribution est très-vraisemblable. Lancelot avait été le maître et était l'ami de Vitart. Il avait été aussi précepteur du jeune marquis de Luynes, devenu plus tard duc de Chevreuse ; ce qui explique les dernières lignes de la lettre. Cette lettre avait été fermée par un cachet rouge, dont il ne reste que la partie supérieure ; on y distingue une fleur avec une devise dont on lit fort bien quelques syllabes : « ... nistram. nec. ad. de.... », c'est-à-dire « nec ad sinistram, nec ad dexteram. » Nous regrettons de n'avoir pu savoir si c'était la devise de Lancelot.

3. Nous sommes redevables de cette communication à M. Gazier,

l'exhorter à ne pas continuer les hostilités, fut un de ceux qui le décidèrent à poser les armes. On peut aussi inférer de cette lettre que si l'on ne fit à Port-Royal aucune démarche directe auprès du jeune déserteur, on ne s'abstint pas tout à fait autant que l'ont dit Rousseau et Louis Racine de peser sur lui pour le faire rentrer dans le silence. En même temps elle est curieuse par quelques détails qui ne se trouvent pas ailleurs : entre autres celui-ci que l'on avait à Port-Royal un billet écrit par Racine, dans lequel il se défendait d'être l'auteur de la lettre à Nicole; et cet autre qu'en 1667 on le croyait encore dans l'intention d'entrer dans les *charges ecclésiastiques.*

Voici la lettre :

A Monsieur

Monsieur Vitart, intendant de Monseigneur le duc de Luynes, proche les petits Jacobins,

à Paris,

[et en travers, à gauche] : *Si vous avez la lettre que vous m'avez promis de me faire voir, obligez-moi de me l'envoyer par ce porteur.*

✠

Ce 8ᵉ mai 1667.

« Je n'ai point encore eu nouvelles de nos amis : ils sont maintenant un peu loin d'ici; et comme je ne puis me donner l'honneur de vous aller voir encore si tôt, j'ai cru vous devoir écrire ce mot, afin que vous ne vous imaginiez pas que je vous aie oublié. Depuis notre entrevue, j'ai reçu un livre de Flandre même, de la part de l'auteur, et comme il étoit venu tout relié, j'ai voulu aussitôt y voir le lieu dont vous m'aviez parlé. Je vous avoue, Monsieur, qu'il ne m'a

---

si bien renseigné sur tout ce qui touche à Port-Royal. La copie de la lettre a été trouvée par lui dans une bibliothèque particulière, très-riche en livres et manuscrits jansénistes, d'où il a tiré aussi des copies de plusieurs écrits de Racine. Nous aurons ci-après, dans la *Notice* sur l'*Abrégé de l'histoire de Port-Royal*, à parler de nouveau des grandes obligations que nous avons   M.G azier.

pas paru si choquant que vous me l'aviez représenté. Il me semble qu'il faut être un peu délicat pour s'offenser si fort de si peu de chose, et de ce qu'on appelle jeune poëte un jeune homme qui s'est joué des personnes de mérite pour qui il devoit avoir conservé plus d'estime ; qui a inventé des contes faits à plaisir pour les rendre ridicules, et qui n'a point craint de les nommer par leur propre nom : au lieu qu'on n'a jamais rien fait d'approchant de tout cela pour ce qui le regarde. Je voudrois que vous eussiez pu vous donner le loisir de considérer vous-même ces différences : elles vous auroient sans doute paru [consi]dérables, et vous auroient pu porter à prendre un autre biais pour nous venir parler de cette affaire que de nous menacer de votre cousin comme de la plume qu'on a plus sujet de redouter. Si vous ne vous étiez adressé qu'à moi, je m'en étonnerois moins : vous savez que vous avez toujours eu liberté de me tout dire. Mais je vous avoue que j'ai été surpris d'apprendre que vous ayez encore tenu les mêmes discours, chez M. G..., à une personne à qui je n'en avois pas même rien voulu dire, ce qui marque que vous êtes un peu préoccupé là-dessus. Cela vous nuit plus que vous ne pensez dans le monde ; permettez-moi, je vous supplie, de vous le dire, puisque je ne croirois pas être votre ami si je ne vous en donnois avis. Quelque admiration que vous ayez de M. R., il a des défauts qui ne sont pas à estimer, et l'on ne vous saura jamais gré de le soutenir dans une chose si insoutenable. Et en vérité, Monsieur, je ne sais si vous y avez bien pensé. S'il a tort, comme vous l'avouez vous-même, puisqu'il a nommé les personnes et qu'il a commencé le premier, où est la s[at]isfaction qu'il en a faite et qu'il est obligé de faire, non-seulement s'il veut mourir en chrétien, mais même s'il veut vivre en homme d'honneur ? Vous savez qu'on n'a jamais d'estime dans le monde pour ceux qui déchirent des personnes à qui ils ont de l'obligation ; et cependant c'est ce qu'a fait M. R., et ce que vous nous représentez vous-même qu'il est encore résolu de faire. Quand on a répondu à sa lettre, on a tenu tout un autre procédé ; on n'a point usé de fictions ni de mensonges, on a fait voir les défauts de la pièce sans rien marquer de la personne. On vous a même accordé ce que vous aviez demandé, de ne le point nommer, et on s'est contenté de la parole que vous aviez donnée, après un billet de sa main qu'on garde encore, qu'il n'en étoit pas l'auteur. Quoiqu'on fût assez assuré du contraire, on a bien voulu s'aveugler, et on prévoyoit néanmoins qu'il auroit la légèreté de s'en vanter lui-même dans la suite. Vous voyez que l'on ne s'est pas trompé, et qu'on le connoissoit bien. Ainsi l'auteur du recueil n'a pas pu ne point mettre les deux lettres qui lui servent de réponse, et, les mettant, il n'a pas pu n'en pas rendre raison dans sa préface. La suite de sa narration l'obligeoit nécessairement à dire ce qu'il a dit. Encore a-t-il épargné beaucoup votre cousin, puisque, après un aveu si public, il n'a pas même voulu le nommer. Et si lui, de son côté, fût toujours demeuré dans la négative, cela ne lui auroit pu faire aucune peine. Mais puisqu'il a assez peu d'honneur pour dire sans scrupule le *oui* et le *non* sur la même affaire, qu'il ne se plaigne que de lui, et qu'il prenne garde qu'en pensant si fort foudroyer les autres et faire sa fortune à leurs dépens, comme il s'en est vanté plus d'une fois, il ne se fasse plus de tort qu'il leur en sauroit faire. Le vrai honneur ne s'acquiert point par cette voie. Et d'ailleurs, si on se mettoit à faire l'anatomie des ouvrages où il se satisfait le plus lui-même, on y feroit voir des fautes de jugement qui assurément ne serviroient pas à relever cette vaine réputation dont il est si amoureux. C'est pourquoi, Monsieur, si vous aimez véritablement votre cousin, portez-le plutôt à demeurer dans le silence. C'est une affaire faite, dont apparemment on ne parlera plus, qu'autant qu'il en donnera sujet : qu'il s'en tienne là, s'il veut croire mon conseil. Ce n'est pas que je ne fusse très-aise d'y pouvoir faire quelque chose de plus pour l'amour de vous; mais j'apprends que c'est une impression dont on n'est pas maître, et dont l'imprimeur a déjà envoyé une partie de côtés et d'autres. M. R. aura toujours cette consolation, que dans les lieux éloignés, comme il n'est point nommé, on ne le connoîtra pas, au lieu qu'on ne peut pas dire la même [chose] de sa lettre. Mais, en vérité, il faut avoir un peu de présomption pour s'en faire tant accroire. Il faut être même bien aveugle pour se repaître des vaines idées de faire fortune aux dépens de ses amis, car il s'en vante, et d'entrer dans les charges ecclésiastiques par des voies si abominables ; et il faut avoir bien peu de conscience pour vouloir accorder Dieu et Bélial, et prétendre servir en même temps et l'Église et le théâtre. Je suis, nonobstant tout cela, tout à vous, et je souhaiterois que vous pussiez servir aussi véritablement M. R. en cette rencontre que j'aurois desir de vous servir vous-même dans toutes les autres, au péril même de ma vie.

« Assurez, je vous supplie, Monseigneur et Monsieur de Ch[evreuse] de mes très-humbles respects. »

Les exemplaires de la première édition de la *Lettre* de Racine *à l'auteur des Imaginaires* sont devenus rares ; les journalistes de Trévoux disaient qu'il n'en était peut-être pas resté dix. On en trouve encore quelques-uns. Cette édition, à laquelle est conforme le texte que nous donnons, a quatre feuillets in-4° (7 pages numérotées), sans date et sans nom d'auteur ni d'imprimeur. En tête de la lettre est ce titre : Lettre a l'Avtevr des Heresies imaginaires et des devx Visionnaires. On l'a d'abord réimprimée, avec quelques variantes sans importance, dans le *Recueil des pièces choisies, tant en prose qu'en vers, rassemblées en deux volumes* (in-12), à la Haye, chez Van-Lom, Pierre Gosse et Albers, M.DCC.XIV (première partie, p. 100-112)[1]. Ce recueil est dû à la Monnoye. La même année 1714, elle a été donnée aussi dans les *Mémoires de Trévoux* du mois d'octobre, que nous avons déjà cités. Deux ans après, Brossette l'a insérée dans les *Œuvres de Boileau* (Genève, M.DCC.XVI), tome II, p. 329-336. « J'ai cru, disait-il, pouvoir avec bienséance associer un ouvrage de M. Racine à ceux de M. Despréaux, son ami et son confrère. » Nous connaissons deux anciennes copies manuscrites de cette première lettre : l'une dans un volume de *Mélanges*, qui vient de la bibliothèque des Barnabites, et

1. A la suite de la page 112, la pagination reprend à 101, 102, etc., comme si la *Lettre* de Racine avait été insérée après coup dans le *Recueil*, entre les *Poésies diverses de M la Chapelle*, qui finissent à un recto, p. 99, et les *Poésies du cheva'ie* d'Aceilly* (de Cailly), qui commencent à un autre recto, p. 101.

appartient aujourd'hui à celle de l'Arsenal ; l'autre parmi les manuscrits de la bibliothèque de Troyes (liasse n° 2337). Comme nous avions l'impression originale, le secours de ces deux copies, qui d'ailleurs y sont conformes, la seconde avec une exactitude plus scrupuleuse encore que l'autre, nous devenait inutile pour la critique du texte. En tête de la copie de Troyes, que M. le Brun Dalbanne a bien voulu faire collationner pour nous, est la note suivante de la main du président Bouhier, qui confirme, avec un détail de plus, ce que nous avons trouvé ailleurs : « Cette lettre, qui est de M. Racine à M. Nicole, est devenue très-rare, parce que l'auteur s'étant réconcilié depuis avec Port-Royal, où il avoit été élevé, et où il avoit eu une tante de son nom, abbesse, a fait tout ce qu'il a pu pour en supprimer les copies, et le recommanda même en mourant à M. le docteur Boileau, qui l'assista à sa mort, et qui me l'a dit. »

Les deux réponses à la lettre de Racine parurent séparément en 1666. La première, celle que l'on attribue à du Bois, a dans l'édition originale six feuillets in-4° (12 pages numérotées). Elle est sans nom d'auteur, et a pour titre : Response a l'Avteur de la lettre contre les Heresies imaginaires et les Visionnaires. La seconde réponse, également anonyme, et attribuée à Barbier d'Aucour, a pour titre dans l'édition originale : Réponse a la lettre adressée a l'Avteur des Heresies imaginaires. Elle a, de même que l'autre, six feuillets in-4° (12 pages numérotées). Les deux réponses, comme nous avons eu occasion de le dire plus haut[1], ont été réimprimées dans *les Imaginaires* et *les Visionnaires*. Dans cette réimpression, les réponses ont à la fin deux dates qui ne sont point dans les éditions originales : la première a la date du 22 mars 1666, la seconde celle du 1er avril 1666.

La seconde lettre de Racine, c'est-à-dire la *Lettre aux deux apologistes de l'auteur des Hérésies imaginaires*, qu'il n'a pas publiée lui-même, a été, pour la première fois à notre connaissance, imprimée au tome IV, p. 193-204 des *Œuvres de Nicolas Despréaux*, à la Haye, M.DCC.XXII, d'après une copie qui avait été communiquée aux éditeurs. Elle

1. Voyez p. 262.

avait été trouvée, dit-on, dans les papiers de l'abbé du Pin, parent et ami de Racine. La même édition des *Œuvres de Nicolas Despréaux* donne aussi les deux *Réponses* à la première lettre de Racine, l'une à la page 148, l'autre à la page 171 du même tome. La seconde lettre de Racine a été réimprimée deux ans après dans les *Mémoires de Trévoux* (mars 1724, p. 474). Jean-Baptiste Rousseau, dans sa lettre à Brossette du 4 décembre 1718, écrivait que depuis dix ans il la possédait manuscrite, l'ayant copiée lui-même sur l'original écrit de la main de l'auteur, lequel original, ajoutait-il, « étoit entre les mains d'un vieux Port-Royaliste de ses amis et des miens, appelé M. de Junquière. »

Parmi les éditions des *Œuvres de Racine*, la première qui renferme les quatre pièces relatives à la querelle du jeune poëte avec Nicole est celle qui a été publiée *à Paris par la Compagnie des Libraires*, M.DCC.XXVIII. Les deux lettres de Racine, et celles de du Bois et de Barbier d'Aucour y sont au tome I, p. xxvi-lxxxvi. L'édition de 1722 (Amsterdam) avait déjà donné la première lettre de Racine.

Jean-Baptiste Racine regrettait la publication d'écrits que l'auteur lui-même aurait voulu anéantir ; il se proposait de les exclure de l'édition qu'il préparait des *Œuvres* de son père, ainsi qu'on le voit par ce fragment d'*Avertissement* que les éditeurs de 1807 nous ont conservé, dans leur tome VI, p. 74 et 75 : « Ces deux lettres, dit Jean-Baptiste Racine, ont depuis été publiées dans les *Œuvres* de M. Despréaux, je ne sais pas trop à quel titre, car on ne pouvoit les mettre en un endroit où elles fussent plus déplacées, et ensuite dans la dernière édition des *Œuvres* de mon père ; mais le public doit être bien persuadé que je n'y ai aucune part, non plus qu'à toutes les autres pièces qu'on y a fourrées,... et j'espère aussi que, bien loin de me savoir mauvais gré de ce que je ne lui donne pas ici la *Préface* en question, il me pardonnera mon scrupule et n'exigera jamais rien de moi qui puisse aller contre le respect dû à la mémoire d'un père que l'amitié me rendra toujours présent, tout mort qu'il est. Quelque chose qu'on me dise, et quelques raisons qu'on puisse m'alléguer, jamais je ne consentirai à régaler le public du sujet de ses larmes. » La *Préface* dont parle ici Jean-

Baptiste Racine, et qui devait être placée en tête des deux lettres, a été publiée pour la première fois dans les *Œuvres* du poëte par les éditeurs de 1807. Elle aurait pu y trouver place plus tôt ; car le manuscrit, qui est de la main de Racine lui-même, se trouvait à la bibliothèque du Roi depuis 1756 ; il y avait été déposé par Louis Racine, qui dans ses *Mémoires* en avait déjà inséré quelques fragments[1]. Il est aujourd'hui encore parmi les manuscrits de cette même bibliothèque, et nous en avons fait usage pour assurer l'exactitude de notre texte. Il est fort heureux que Louis Racine n'ait pas cru devoir supprimer cette préface, et qu'en la donnant à une bibliothèque publique, il l'ait désignée aux futurs éditeurs. Les scrupules de son frère, exprimés d'une manière touchante, méritent toute approbation, dès qu'il s'agissait d'une édition donnée par lui-même. Mais tout le monde n'avait pas les mêmes devoirs que lui ; et nous ne croyons pas qu'on ait commis une blâmable indiscrétion, lorsqu'on a pour la première fois publié sous le nom de Racine des lettres et une préface si dignes d'être conservées, à moitié connues déjà, et qui n'offensaient plus aucune personne vivante. Il va sans dire qu'aujourd'hui le respect de la mémoire de Racine commande encore bien moins qu'on les retranche de ses *Œuvres* ; d'Olivet disait très-bien dans sa *Lettre à Valincour*[2] : « Les monuments de cette querelle étant publics, et méritant de passer à la dernière postérité, c'est à tort, permettez-moi de vous le dire, que nous en voudrions effacer le souvenir. Car je ne sais, Monsieur, si nous avons rien de mieux écrit, rien de plus ingénieux en notre langue que sa première lettre, qui s'adresse à l'auteur des *Visionnaires* ; et quoique la seconde, qui s'adresse à MM. du Bois et d'Aucour, ne soit pas tout à fait d'une égale force, il faut avouer que si nous avions en ce genre dix-huit lettres de M. Racine, nous pourrions dire de lui et de M. Pascal ce qu'on a dit de Démosthène et de Cicéron : « Demosthenes tibi (*Marce Tulli*) præripuit ne « esses primus orator : tu illi, ne solus. (Saint Jérôme.) »

Nous avons trouvé dans le *Recueil Thoisy*, que possède la

---

1. Voyez notre tome I, p. 241.
2. *Histoire de l'Académie*, tome II, p. 379 et 380.

Bibliothèque nationale (tome XI, *Matières Ecclésiastiques*, p. 266) une lettre que ce *Recueil* a jointe à celles de Racine, de du Bois et de d'Aucour. Elle est adressée à Racine par un anonyme, à l'occasion de sa première lettre, et datée du 3o avril 1666. Aucune édition des *Œuvres de Racine* ne l'a encore donnée. Nous avons cru qu'elle pouvait prendre place ici à la suite des deux réponses des apologistes de Nicole. Écrite par un contemporain, qui paraît être un laïque, un homme du monde, mal disposé pour les jansénistes, sans être partisan des jésuites, elle constate le succès de la lettre à Nicole, et nous apprend que « jamais pièce anonyme ne causa un empressement plus général d'en découvrir l'auteur. » On y voit aussi que l'on ne savait encore trop sur qui faire tomber les conjectures, quoique la réponse de Barbier d'Aucour, antérieure en date, puisse donner à croire par quelques traits qu'il savait avoir affaire à Racine. Enfin elle nous apprend qu'il y avait alors un poëte du théâtre (dans ces termes, il ne peut être question de l'abbé Testu, dont parle Jean-Baptiste Racine) qui cherchait à s'attribuer faussement l'honneur d'un écrit si remarqué. Voilà à peu près, ce nous semble, ce qui donne quelque intérêt à cette pièce, et ce qui, joint à sa brièveté, nous fera pardonner de l'avoir tirée de son obscurité. Elle est d'ailleurs l'œuvre d'une plume très-inhabile.

Nous avons cru que la *Préface* devait précéder la première lettre de Racine, au lieu d'être rejetée immédiatement avant la seconde, comme dans les précédentes éditions. Il est plus naturel de lui laisser la place que Racine lui-même lui destinait, lorsqu'il préparait une édition de ses deux lettres en 1667.

PRÉFACE[1]

POUR UNE ÉDITION DES DEUX LETTRES A L'AUTEUR
DES *IMAGINAIRES*, ETC.

Je ne crois pas faire un grand présent au public en lui donnant ces deux lettres. Il en a vu une, il y a un an, et je lui aurois abandonné l'autre bientôt après, si quelques considérations ne m'avoient obligé de la retenir. Je n'avois point prétendu m'engager dans une longue querelle, en prenant l'intérêt de la comédie. Mon dessein étoit seulement d'avertir l'auteur des *Imaginaires* d'être un peu plus réservé à prononcer contre plusieurs personnes innocentes. Je crus qu'un homme qui se mêloit de railler tant de monde, étoit obligé d'entendre raillerie, et j'eus regret de la liberté que j'avois prise, dès qu'on m'eut dit qu'il prenoit l'affaire sérieusement.

Ce n'est pas que je crusse que son ressentiment dût aller bien loin[2]. J'avois vu ma lettre entre les mains de quelques gens de sa connoissance, qui en avoient ri comme les autres, mais qui l'avoient regardée comme une bagatelle qui ne pouvoit nuire à personne ; et Dieu sait si j'en avois eu la moindre pensée. Je savois que le Port-Royal[3] n'avoit pas accoutumé de répondre à tout le monde. Ils se vantoient assez souvent de n'avoir jamais

---

1. Nous donnons le texte de cette préface de Racine d'après l'autographe appartenant à la Bibliothèque nationale (fonds français 12887, f. 104 et 105).

2. « Dû aller loin, » dans l'édition de 1807.

3. Il y a ici *Port-Roial ;* mais dans la suite de la *Préface,* aux deux passages où le mot revient, il est seulement indiqué par les initiales P. R.

daigné accorder cet honneur à des personnes qui le briguoient depuis dix ans ; et je fus fort étonné quand je vis deux lettres qu'ils prirent la peine de publier contre la mienne.

J'avoue qu'elles m'encouragèrent à en faire une seconde ; mais lorsque j'étois prêt à la laisser imprimer, quelques-uns de mes amis[1] me firent comprendre qu'il n'y avoit point de plaisir à rire avec des gens délicats qui se plaignent qu'on les *déchire*[2] dès qu'on les nomme ; qu'il ne falloit pas trouver étrange que l'auteur des *Imaginaires* eût écrit contre la comédie, et qu'il n'y avoit presque point de régent dans les colléges qui n'exhortât ses écoliers à n'y point aller. Et d'autres des leurs me dirent que les lettres qu'on avoit faites contre moi étoient désavouées de tout le Port-Royal ; qu'elles étoient même assez inconnues dans le monde, et qu'il n'y avoit rien de plus incommode que de se défendre devant mille gens qui ne savent pas seulement que l'on nous ait attaqués. Enfin ils m'assurèrent que ces Messieurs n'en garderoient pas la moindre animosité contre moi ; et ils me promirent[3] de leur part un silence que je n'avois pas songé à leur demander.

Je me rendis facilement à ces raisons ; je crus qu'il ne seroit plus parlé ni de la lettre ni des réponses ; et sans m'intéresser davantage dans le parti des comédies ni des tragédies, je me résolus de leur laisser jouer à leur aise

---

1. Dans le manuscrit, Racine a rayé ce qui suit *quelques-uns de*. jusqu'à *me* (voyez la fin de la sixième des lignes suivantes), puis il a récrit dans les interlignes tout ce qu'il avait effacé, en remplaçant seulement « quelques-uns de leurs amis, » qu'il avait mis d'abord, par « quelques-uns de mes amis, » et à la fin : « Ils me dirent, » par « Et d'autres des leurs me dirent. »
2. Ce mot est souligné dans l'autographe.
3. Dans l'édition de 1807 : « et me promirent. »

celles qu'ils nous donnoient[1] tous les jours avec des Marets et les jésuites.

Mais je vois bien que ces bons solitaires sont aussi sensibles que les gens du monde ; qu'ils ne souffrent volontiers que les mortifications qu'ils se sont imposées à eux-mêmes : et qu'ils ne sont pas si fort occupés au bien commun de l'Église, qu'ils ne songent de temps en temps aux petits déplaisirs qui les regardent en particulier. Ils ont publié, depuis huit jours, un recueil de toutes leurs *Visionnaires*, imprimé en Hollande[2]. Ce n'est pas qu'on leur demandât cette seconde édition avec beaucoup d'empressement. La première, quoique défendue, n'a pas encore été débitée à Paris. Mais l'auteur s'est imaginé peut-être qu'on liroit plus volontiers en deux volumes des lettres qu'on n'avoit pas voulu lire en deux feuilles. Il a eu soin de les faire imprimer en même caractère que les dix-huit *Lettres provinciales*, comme il avoit eu soin de les pousser jusqu'à la dix-huitième, sans nécessité, et il avoit impatience de servir de seconde partie à M. Pascal.

Il dit déjà, dans l'une de ses préfaces, que *quelques personnes ont voulu égaler ses lettres aux Provinciales*[3]. Il leur répond modestement, à la vérité ; mais on trouve qu'il y avoit plus de modestie à lui, et même plus de bon sens, de ne point du tout parler de cette objection, qui apparemment ne lui avoit été faite que par lui-même. On voit peu de fondement à cette ressemblance affectée ; et l'on commence à dire que la seconde partie de M. Pascal sera aussi peu lue que *la Suite du Cid* et le *Supplément* de Virgile[4].

1. Dans l'édition de 1807 : « qu'ils nous donnent. »
2. Voyez ci-dessus, p. 262.
3. Ce qui est imprimé en italique dans cet alinéa et dans les deux suivants est souligné dans le manuscrit.
4. En 1637, il parut une tragi-comédie d'Urbain Chevreau, inti-

Quoi qu'il en soit, les réponses qu'on m'avoit faites n'avoient pas assez persuadé le monde que je n'avois point de bon sens. *On n'avoit point encore honte d'avoir ri en lisant ma lettre.* Mais aussi ne falloit-il pas qu'un homme d'autorité, comme l'auteur des *Imaginaires*, se donnât la peine de prouver[1] ce qui en étoit. C'est bien assez pour lui de prononcer, il n'importe que ce soit dans sa propre cause. L'intérêt n'est pas capable de séduire de si grands hommes. Ils sont les seuls infaillibles.

Il dit donc que je suis *un jeune poëte ;* il déclare *que tout étoit*[2] *faux dans ma lettre, et contre le bon sens, depuis le commencement jusqu'à la fin.* Cela est décisif. Cependant elle fut lue de plusieurs personnes, qui n'y remarquèrent rien contre le sens commun. Mais ces personnes étoient sans doute *de ces petits esprits dont le monde est plein.* Ils n'ont que le sens commun en partage ; ils ne savent pas qu'il y a un véritable bon sens qui n'est pas donné à tout le monde, et qui est réservé à ceux qui connoissent le véritable sens de Jansénius.

A l'égard des faussetés qu'il m'impute, je demanderois volontiers à ce vénérable théologien en quoi j'ai erré : si c'est dans le droit ou dans le fait[3] ? J'ai avancé que la

---

tulée *la Suite et le Mariage du Cid.* La même année, des Fontaines fit jouer *la Vraie Suite du Cid.* Le *Supplément* de Virgile est un poëme latin faisant suite au XIIe livre de l'*Énéide ;* il est de Maffée Vegio, mort en 1458. (*Note des éditeurs de* 1807.) — Le livre dans lequel Maffeo-Vegio a continué l'*Énéide* a été imprimé d'abord dans l'édition de Virgile de 1471, puis réimprimé dans plusieurs éditions du même poëte. On le trouve dans le *Virgile* des *Classiques latins* de Lemaire, au tome IV, p. 417-457.

1. Il y a ici, par erreur, *prononcer* dans l'édition de 1807.
2. *Est,* dans le texte de 1807.
3. Distinction sur laquelle se retranchaient alors les opposants au Formulaire : Les cinq propositions sont-elles condamnables ? C'était le *droit.* Sont-elles dans le livre de Jansénius ? C'était le *fait.* (*Note des éditeurs de* 1807.)

comédie étoit innocente ; le Port-Royal dit qu'elle est criminelle; mais je ne crois pas qu'on puisse taxer ma proposition d'hérésie : c'est bien assez de la taxer de témérité. Pour le fait, ils n'ont nié que celui des capucins[1]; encore ne l'ont-ils pas nié tout entier. Mais ils en croiront tout ce qu'ils voudront : je sais bien que quand ils se sont mis en tête de nier un fait, toute la terre ne les obligeroit pas de l'avouer.

Toute la grâce que je lui demande, c'est qu'il ne m'oblige pas non plus à croire un fait qu'il avance, lorsqu'il dit que le monde fut partagé entre les réponses qu'on fit à ma lettre, et qu'on disputa longtemps laquelle des deux étoit la plus belle. Il n'y eut pas la moindre dispute là-dessus ; et d'une commune voix elles furent jugées aussi froides l'une que l'autre. Il ne falloit pas qu'il les redonnât au public, s'il avoit envie de les faire passer pour bonnes. Il eût parlé de loin, et on l'auroit pu croire sur sa parole.

Mais tout ce qu'on fait pour ces Messieurs a toujours un caractère de bonté que tout le monde ne connoît pas. Il n'importe que l'on compare dans un écrit les fêtes retranchées avec les auvents retranchés[2], il suffit que cet écrit soit contre Monsieur l'Archevêque, ils le placeront tôt ou tard dans leurs recueils : ces impiétés ont toujours quelque chose d'utile à l'Église.

1. Voyez ci-après, p. 290-292.
2. Un arrêt du conseil du 19 novembre 1666, rendu sur une ordonnance du prévôt de Paris, avait fixé la hauteur et la saillie des auvents qu'on était alors dans l'usage de construire au devant des boutiques dans les rues de Paris. Ce fut dans ce même temps que parut l'ordonnance de l'archevêque de Paris qui supprimait un certain nombre de fêtes. L'auteur d'une lettre sur l'ordonnance de l'Archevêque avait cru trouver une plaisanterie ingénieuse, en faisant le rapprochement de ces deux circonstances. Cette lettre était en vers, et elle fut attribuée à Barbier d'Aucour. (*Note des éditeurs de* 1807.)

Enfin il est aisé de connoître, par le soin qu'ils ont pris d'immortaliser ces réponses, qu'ils y avoient plus de part qu'ils ne disoient. A la vérité, ce n'est pas leur coutume de laisser rien imprimer pour eux qu'ils n'y mettent quelque chose du leur. On les a vus plus d'une fois porter aux docteurs les *Approbations* toutes dressées. La louange de leurs livres leur est une chose trop précieuse. Ils ne s'en fient pas à la louange de la Sorbonne. Les *Avis de l'imprimeur* sont d'ordinaire des éloges qu'ils se donnent à eux-mêmes ; et l'on scelleroit à la chancellerie des *Priviléges* fort éloquents, si leurs livres s'imprimoient avec *Privilége*.

LETTRE A L'AUTEUR

DES *HÉRÉSIES IMAGINAIRES*

ET DES DEUX *VISIONNAIRES*.

Monsieur,

Je vous déclare que je ne prends point de parti entre M. des Marets et vous. Je laisse à juger au monde quel est le visionnaire de vous deux. J'ai lu jusqu'ici vos lettres avec assez d'indifférence, quelquefois avec plaisir, quelquefois avec dégoût, selon qu'elles me sembloient bien ou mal. écrites. Je remarquois que vous prétendiez prendre la place de l'auteur des *Petites Lettres*[1]; mais je remarquois en même temps que vous étiez beaucoup au-dessous de lui, et qu'il y avoit une grande différence entre une *Provinciale* et une *Imaginaire*.

Je m'étonnois même de voir le Port-Royal aux mains

---

1. C'est le nom que l'on donnait aux *Provinciales* de Pascal. Il est difficile de croire que Nicole n'ait pas eu jusqu'à un certain point la prétention dont Racine le raille en ce passage. Aussi le trait le piqua-t-il au vif; il essaya de le repousser dans l'*Avertissement* des *Imaginaires* de l'édition de 1667 (tome I, p. 14) : « Il y en avoit, dit-il, qui les égaloient aux *Provinciales*; et ils avoient grand tort, y ayant un tour et un génie dans les *Provinciales* auquel personne n'arrivera peut-être jamais. D'autres croyoient faire un reproche bien sensible à l'auteur de ces lettres, que de lui dire qu'il se donnât bien de garde de croire que ces *Imaginaires* fussent égales aux *Provinciales*; et ils avoient tort aussi, parce que d'une part cet avis étoit fort inutile à son égard, n'en ayant jamais eu la moindre pensée, et que de l'autre on peut écrire utilement pour l'Église sans arriver à la perfection des *Provinciales*. »

avec M. Chamillard[1] et des Marets. Où est cette fierté, disois-je, qui n'en vouloit qu'au pape, aux archevêques, et aux jésuites? Et j'admirois en secret la conduite de ces Pères, qui vous ont fait prendre le change, et qui ne sont plus maintenant que les spectateurs de vos querelles. Ne croyez pas pour cela que je vous blâme de les laisser en repos. Au contraire, si j'ai à vous blâmer de quelque chose, c'est d'étendre vos inimitiés trop loin, et d'intéresser dans le démêlé que vous avez avec des Marets cent autres personnes dont vous n'avez aucun sujet de vous plaindre.

Et qu'est-ce que les romans et les comédies peuvent avoir de commun avec le jansénisme? Pourquoi voulez-vous que ces ouvrages d'esprit[2] soient une occupation peu honorable devant les hommes, et horrible devant Dieu? Faut-il, parce que des Marets a fait autrefois un roman et des comédies, que vous preniez en aversion tous ceux qui se sont mêlés d'en faire? Vous avez assez d'ennemis : pourquoi en chercher de nouveaux? Oh! que le Provincial étoit bien plus sage que vous! Voyez comme il flatte l'Académie[3], dans le temps même[4] qu'il persécute la

---

1. M. Chamillard, docteur de Sorbonne, vicaire de Saint-Nicolas du Chardonnet, fut imposé aux religieuses de Port-Royal comme confesseur, par l'archevêque de Paris, Hardouin de Péréfixe, en 1664. Il publia l'année suivante une *Réponse aux raisons que proposent les religieuses de P. R. contre la signature du Formulaire* (Paris, 1665, in-4°). C'est contre lui qu'ont été écrites *les Chamillardes*, dont il va être parlé plus bas dans cette lettre, p. 286.

2. « Les ouvrages d'esprit, » dans les *Mémoires de Trévoux* (1714), et dans le *Recueil* de la Monnoye (1714).

3. Au commencement de la *Réponse du Provincial aux deux premières lettres de son ami*, on cite en faveur de la première de ces deux lettres le suffrage d'un académicien : « Voici ce que m'en écrit un de Messieurs de l'Académie, des plus illustres entre ces hommes tous illustres. »

4. Dans les deux textes de 1714, *même* est omis.

Sorbonne. Il n'a pas voulu se mettre tout le monde sur les bras. Il a ménagé les faiseurs de romans. Il s'est fait violence pour les louer ; car, Dieu merci, vous ne louez jamais que ce que vous faites ; et, croyez-moi, ce sont peut-être les seules gens qui vous étoient favorables.

Mais si vous n'étiez pas contents[1] d'eux, il ne falloit pas tout d'un coup les injurier. Vous pouviez employer des termes plus doux que ces mots d'*empoisonneurs publics*, et de *gens horribles parmi les chrétiens*. Pensez-vous que l'on vous en croie sur votre parole ? Non, non, Monsieur, on n'est point accoutumé à vous croire si légèrement. Il y a vingt ans que vous dites tous les jours que les cinq Propositions ne sont pas dans Jansénius ; cependant on ne vous croit pas encore.

Mais nous connoissons l'austérité de votre morale. Nous ne trouvons point étrange que vous damniez les poëtes : vous en damnez bien d'autres qu'eux. Ce qui nous surprend, c'est de voir que vous voulez empêcher les hommes de les honorer. Hé ! Monsieur, contentez-vous de donner les rangs dans l'autre monde : ne réglez point les récompenses de celui-ci. Vous l'avez quitté il y a longtemps : laissez-le juger des choses qui lui appartiennent. Plaignez-le, si vous voulez, d'aimer des bagatelles[2], et d'estimer ceux qui les font ; mais ne leur enviez point de misérables honneurs auxquels vous avez renoncé.

Aussi bien il ne vous sera pas facile de les leur ôter : ils en sont en possession depuis trop de siècles. Sophocle, Euripide, Térence, Homère et Virgile nous sont encore

1. Dans les deux textes de 1714, il y a *content*, au lieu de *contents*. Dans plusieurs autres endroits ils donnent ainsi, au lieu du pluriel, le singulier, comme si Racine ne s'adressait qu'à Nicole.

2. Il y a « les bagatelles » dans les *Mémoires de Trévoux* et dans le *Recueil* de la Monnoye.

en vénération, comme ils l'ont été dans Athènes et dans Rome. Le temps, qui a abattu les statues qu'on leur a élevées à tous, et les temples mêmes qu'on a élevés à quelques-uns d'eux, n'a pas empêché que leur mémoire ne vînt jusqu'à nous. Notre siècle, qui ne croit pas être obligé de suivre votre jugement en toutes choses, nous donne tous les jours les marques de l'estime qu'il fait de ces sortes d'ouvrages, dont vous parlez avec tant de mépris ; et malgré toutes ces maximes sévères que toujours quelque passion vous inspire, il ose prendre la liberté de considérer toutes les personnes en qui l'on voit luire quelques étincelles du feu qui échauffa autrefois ces grands génies de l'antiquité.

Vous croyez, sans doute, qu'il est bien plus honorable de faire des *Enluminures*, des *Chamillardes* et des *Onguents pour la brûlure*[1]. Que voulez-vous? tout le

---

1. *Les Enluminures du fameux Almanach des PP. Jesuites, intitulé la Deroute et la confusion des Jesuites, ou Triomphe de Molina, Jesuite, sur saint Augustin*, M.DC.LIV (sans indication de lieu), in-8°. C'est un poëme en vers libres, dont l'auteur était le Maître de Saci. On l'a réimprimé à Liège en 1683, avec l'*Onguent pour la Brûlure*. — *Les Chamillardes* sont trois lettres adressées sous ce titre « A Monsieur Chamillard, docteur de Sorbonne, sur sa *Réponse aux raisons que proposent les religieuses de P. R. contre la signature du Formulaire.* » Elles ont été imprimées in-4°, sans date ni indication de lieu. Elles parurent en 1665. Dans la seconde édition de la *Bibliothèque janséniste* du P. Colonia (1 vol. in-12, M.DCC.XXXI), on lit à l'article CHAMILLARDES : « Bien des gens les ont attribuées et les attribuent encore à M. Barbier d'Aucour ; mais je sais aujourd'hui de source qu'elles sont l'ouvrage de M. Nicole. » Nous verrons plus bas un passage de la seconde lettre de Racine, où il donne *les Chamillardes* à un autre auteur, qui doit être le docteur Saint-Amour. Cependant l'opinion qui maintenant est le plus généralement adoptée, peut-être à tort, est qu'elles sont de Barbier d'Aucour, qui a écrit aussi *les Gaudinettes* ou *Lettres à M. Gaudin, official de Paris, sur la signature du Formulaire* (1666). Pour être attribuées à cet auteur, *les Chamillardes* nous paraissent d'un ton presque toujours bien grave. Il ne

monde n'est pas capable de s'occuper à des choses si importantes ; tout le monde ne peut pas écrire contre les jésuites. On peut arriver à la gloire par plus d'une voie.

Mais, direz-vous, il n'y a plus maintenant de gloire à composer des romans et des comédies ; ce que les païens ont honoré est devenu horrible parmi les chrétiens. Je ne suis pas un théologien comme vous ; je prendrai pourtant la liberté de vous dire que l'Église ne nous défend point de lire les poëtes ; qu'elle ne nous commande point de les avoir en horreur. C'est en partie dans leur lecture que les anciens Pères se sont formés. Saint Grégoire de Nazianze n'a pas fait de difficulté de mettre la Passion de Notre-Seigneur en tragédie[1]. Saint Augustin cite Virgile aussi souvent que vous citez saint Augustin.

Je sais bien qu'il s'accuse de s'être laissé attendrir à la comédie, et d'avoir pleuré en lisant Virgile. Qu'est-ce que vous concluez de là ? Direz-vous qu'il ne faut plus lire Virgile, et ne plus aller[2] à la comédie ? Mais saint Augustin s'accuse aussi d'avoir pris trop de plaisir aux chants de l'Église. Est-ce à dire qu'il ne faut plus aller à l'église ?

Et vous autres, qui avez succédé à ces Pères, de quoi

---

faudrait pas les croire un ouvrage burlesque, quoique Racine les ait associées aux *Enluminures* et à l'*Onguent pour la brûlure*. — Ce dernier poëme, qui est bien de Barbier d'Aucour, avait paru en 1664 sous ce titre : *Onguent pour la brûlure, ou le secret pour empêcher les Jésuites de brûler les livres* (in-4°). Il a été réimprimé en 1670 dans un volume in-12, où il est intitulé : *l'Onguent à la brûlure*.

1. Cette tragédie, attribuée à saint Grégoire de Nazianze, mais qui, d'après plusieurs critiques, n'est probablement pas de lui, est intitulée Χριστός πάσχων, *le Christ souffrant*. Elle a été imprimée pour la première fois à Rome, en 1542.

2. Dans les *Mémoires de Trévoux* et dans le *Recueil* de la Monnoye, au lieu de « et ne plus aller, » on a mis : « ni aller. »

vous êtes-vous avisés de mettre en françois les comédies de Térence[1]? Falloit-il interrompre vos saintes occupations pour devenir des traducteurs de comédies? Encore si vous nous les aviez données avec leurs grâces, le public vous seroit obligé de la peine que vous avez prise. Vous direz peut-être que vous en avez retranché quelques libertés ; mais vous dites aussi[2] que le soin qu'on prend de couvrir les passions d'un voile d'honnêteté, ne sert qu'à les rendre plus dangereuses. Ainsi vous voilà vous-mêmes au rang des empoisonneurs.

Est-ce que vous êtes maintenant plus saints que vous n'étiez en ce temps-là? Point du tout ; mais en ce temps-là des Marets n'avoit pas écrit contre vous. Le crime du poëte vous a irrités contre la poésie. Vous n'avez pas considéré que ni M. d'Urfé[3], ni Corneille, ni Gomberville, votre ancien ami[4], n'étoient point responsables de

---

1. Corneille, dans sa *Préface d'Attila* (1667), s'est fait aussi de cette traduction de *Térence* un argument pour la justification du théâtre attaqué par les rigoristes ; mais il l'a présenté avec plus de ménagements : « La comédie est assez justifiée par cette célèbre traduction de la moitié de celles de Térence, que des personnes d'une piété exemplaire et rigide ont donnée au public. » Voyez le *Corneille* de M. Marty-Laveaux, tome VII, p. 106. C'est en 1647 que Saci avait publié, sous le nom de sieur de Saint-Aubin, les *Comedies de Terence traduites en françois auec le latin a costé et rendues tres-honnestes en y changeant fort peu de chose*, en un volume in-12, qui renferme seulement l'*Andrienne*, les *Adelphes* et le *Phormion*.

2. On lit : « mais dites aussi » dans le texte des *Mémoires de Trévoux* et dans celui du *Recueil* de la Monnoye.

3. Honoré d'Urfé, mort en 1625, est l'auteur du roman de l'*Astrée*, qui était encore très-estimé au temps où Racine écrivait cette lettre.

4. Marin Leroy de Gomberville, né en 1600, de l'Académie française à sa création (1636), fut très-lié avec les solitaires de Port-Royal, et, depuis cette liaison, se repentit des romans qu'il avait écrits. Cependant, un jour que M. Dodart le félicitait de pleurer le mal qu'il avait fait par ces détestables écrits : « Pas si détestables, »

la conduite de des Marets. Vous les avez tous[1] enveloppés dans sa disgrâce. Vous avez même oublié que Mlle de Scudéry avoit fait une peinture avantageuse du Port-Royal dans *Clélie*[2]. Cependant j'avois ouï dire que vous aviez souffert patiemment qu'on vous eût loués dans ce livre horrible. L'on fit venir au désert le livre qui parloit de vous. Il y courut de main en main, et tous les solitaires voulurent voir l'endroit où ils étoient traités d'*illustres*. Ne lui a-t-on pas même rendu ses louanges dans l'une des *Provinciales*, et n'est-ce pas elle que l'auteur entend lorsqu'il parle d'une personne qu'il admire sans la connoître[3] ?

---

répondit-il. Le plus célèbre des romans de Gomberville est *Polexandre* (1629). *La jeune Alcidiane*, dont il publia la première partie en 1651, et qu'il n'acheva pas, porte des traces de sa conversion. Il mourut le 14 juin 1674, à Paris, et non, comme le disent les éditeurs de 1807, à Port-Royal.

1. *Tous* est omis dans les deux textes de 1714.

2. On peut voir au tome VI de la *Clélie* (édition de 1658, p. 1138 et suivantes), le portrait d'Arnauld d'Andilly sous le nom de Timante. M. Sainte-Beuve en a cité une partie dans son *Port-Royal* (3e édition), tome II, p. 270-274. Ce portrait commence par la description d'une solitude, où se trouve cette phrase : « Ce n'est pas sans sujet que vous avez la curiosité de savoir quelle est la forme de vie de ces *illustres solitaires*. »

3. Le passage auquel Racine fait allusion est dans la *Réponse du Provincial aux deux premières lettres de son ami* (2 février 1656) : « Vous voudriez bien aussi savoir qui est la personne qui écrit de la sorte ; mais contentez-vous de l'honorer sans la connoître ; et quand vous la connoîtrez, vous l'honorerez bien d'avantage. » Ceci vient à la suite de la citation d'un billet écrit par *une dame* au sujet de la première lettre de Pascal. C'est Racine qui nous a appris que cette dame est Mlle de Scudéry. Mais, d'autres avant nous l'ont déjà remarqué, il intervertit l'ordre des faits, lorsqu'il dit que l'on a rendu ses louanges à l'auteur de *Clélie*. La *Réponse du Provincial* est de 1656, le portrait d'Arnauld d'Andilly de 1658. Voyez à ce sujet dans l'*Appendice* du tome II de la 2e édition de *Port-Royal* une note de M. Sainte-Beuve, p. 577-580.

Mais, Monsieur, si je m'en souviens, on a loué même des Marets dans ces lettres. D'abord l'auteur en avoit parlé avec mépris, sur le bruit qui couroit qu'il travailloit aux apologies des jésuites. Il vous fit savoir qu'il n'y avoit point de part. Aussitôt il fut loué comme un homme d'honneur, et comme un homme d'esprit[1].

Tout de bon, Monsieur, ne vous semble-t-il pas qu'on pourroit faire sur ce procédé les mêmes réflexions que vous avez faites tant de fois sur le procédé des jésuites? Vous les accusez de n'envisager dans les personnes que la haine ou l'amour qu'on avoit pour leur compagnie. Vous deviez éviter de leur ressembler. Cependant on vous a vus de tout temps louer et blâmer le même homme[2], selon que vous étiez contents ou mal satisfaits de lui. Sur quoi je vous ferai souvenir d'une petite histoire que m'a contée autrefois un de vos amis. Elle marque assez bien votre caractère.

Il disoit qu'un jour deux capucins arrivèrent au Port-Royal, et y demandèrent l'hospitalité. On les reçut d'abord assez froidement, comme tous les religieux y étoient reçus. Mais enfin il étoit tard, et l'on ne put pas se dispenser de les recevoir. On les mit tous deux dans une chambre, et on leur porta à souper. Comme ils étoient à table, le diable, qui ne vouloit pas que ces bons Pères soupassent à leur aise, mit dans la tête de quelqu'un de vos Messieurs que l'un de ces capucins étoit un certain

---

1. C'est apparemment des Marets que Pascal avait désigné dans un passage de sa *Quinzième Provinciale*, où il parle des romans qu'a faits l'apologiste des jésuites. Il se rétracta dans une espèce de post-scriptum qui est à la fin de sa seizième lettre : « Je devois penser, dit-il, qu'il avoit trop de jugement pour croire vos impostures, et trop d'honneur pour les publier sans les croire. »

2. Le *Recueil* de la Monnoye omet *homme*. — Deux lignes plus loin, il a, ainsi que les *Mémoires de Trévoux*, *ressouvenir*, au lieu de *souvenir*.

P. Maillard[1], qui s'étoit depuis peu signalé à Rome en sollicitant la bulle du pape contre Jansénius. Ce bruit vint aux oreilles de la Mère Angélique[2]. Elle accourut au parloir avec précipitation, et demande qu'est-ce qu'on a servi aux capucins, quel pain et quel vin on leur a donné? La tourière lui répond qu'on leur a donné du pain blanc et du vin des Messieurs. Cette supérieure zélée commande qu'on le leur ôte, et que l'on mette devant eux du pain des valets et du cidre. L'ordre s'exécute. Ces bons Pères, qui avoient bu chacun un coup, sont bien étonnés de ce changement. Ils prennent pourtant la chose en patience, et se couchent, non sans admirer le soin qu'on prenoit de leur faire faire pénitence. Le lendemain ils demandèrent à dire la messe, ce qu'on ne put pas leur refuser. Comme ils la disoient, M. de Bagnols[3] entra dans l'église, et fut bien surpris de trouver le visage d'un capucin de ses parents dans celui que l'on prenoit pour le P. Maillard. M. de Bagnols avertit la Mère Angélique de son erreur, et l'assura que ce Père étoit un fort bon religieux, et même dans le cœur assez ami de la vérité. Que fit la Mère Angélique? Elle donna des ordres tout contraires à ceux du jour de devant. Les capucins furent conduits avec honneur de l'église dans le réfectoire, où ils trouvèrent un bon déjeuner qui les attendoit, et qu'ils mangèrent de fort bon cœur, bénissant

---

1. Dans le texte des *Mémoires de Trévoux*, on a substitué le nom de *Mullard* à celui de *Maillard*.

2. La Mère Marie-Angélique Arnauld, sœur d'Antoine Arnauld, abbesse de Port-Royal, morte le 6 août 1661.

3. Guillaume du Gué, seigneur de Bagnols, maître des requêtes. Il avait acheté près de Chevreuse le château de Saint-Jean-des-Trous, qui servit d'asile aux petites écoles de Port-Royal. Il avait contribué avec le duc de Luynes aux réparations et augmentations de l'abbaye. Il était mort le 15 mai 1657. Voyez son épitaphe par M. Hamon, dans le *Nécrologe*, p. 202.

Dieu, qui ne leur avait pas fait manger leur pain blanc le premier.

Voilà, Monsieur, comme vous avez traité des Marets et comme vous avez toujours traité tout le monde. Qu'une femme fût dans le désordre, qu'un homme fût dans la débauche, s'ils se disoient de vos amis, vous espériez toujours de leur salut; s'ils vous étoient peu favorables, quelque[1] vertueux qu'ils fussent, vous appréhendiez toujours le jugement de Dieu pour eux. La science étoit traitée comme la vertu : ce n'étoit pas assez, pour être savant, d'avoir étudié toute sa vie, d'avoir lu tous les auteurs ; il falloit avoir lu Jansénius, et n'y avoir point lu les Propositions.

Je ne doute point que vous ne vous justifiiez[2] par l'exemple de quelque Père ; car qu'est-ce que vous ne trouvez point dans les Pères ? Vous nous direz que saint Hiérosme a loué Rufin comme le plus savant homme de son siècle, tant qu'il a été son ami ; et qu'il traita le même Rufin comme le plus ignorant homme de son siècle, depuis qu'il se fut jeté dans le parti d'Origène. Mais vous m'avouerez que ce n'est pas cette inégalité de sentiments[3] qui l'a mis au rang des saints et des docteurs de l'Église.

Et sans sortir encore de l'exemple de des Marets, quelles exclamations ne faites-vous point sur ce qu'un homme qui a fait autrefois des romans, et qui confesse, à ce que vous dites, qu'il a mené une vie déréglée, a la hardiesse d'écrire sur les matières de la religion ? Dites-moi, Monsieur, que faisoit dans le monde M. le Maistre[4] ?

1. *Quelques*, au pluriel, dans l'édition originale.
2. L'édition originale et les *Mémoires de Trévoux* ont *justifiez*, et non *justifiiez*. — Deux lignes plus bas, le *Recueil* de la Monnoye omet *nous* devant *direz*.
3. *Sentiment*, au singulier, dans les deux textes de 1714.
4. Antoine le Maître avait des droits, trop oubliés ici, à la reconnaissance de Racine, qu'il appelait *son fils* au temps où celui-ci était dans les écoles de Port-Royal. Il était mort le 4 no-

Il plaidoit, il faisoit des vers : tout cela est également profane, selon vos maximes. Il avoue aussi dans une lettre qu'il a été dans le déréglement, et qu'il s'est retiré chez vous pour pleurer ses crimes. Comment donc avez-vous souffert qu'il ait tant fait de traductions, tant de livres sur les matières de la grâce ? Ho, Ho ! direz-vous, il a fait auparavant une longue et sérieuse pénitence. Il a été deux ans entiers à bêcher le jardin, à faucher les prés, à laver les vaisselles. Voilà ce qui l'a rendu digne de la doctrine de saint Augustin. Mais, Monsieur, vous ne savez pas quelle a été la pénitence de des Marets. Peut-être a-t-il fait plus que tout cela. Croyez-moi, vous n'y regarderiez point de si près s'il avoit écrit en votre faveur. C'étoit là le seul moyen de sanctifier une plume profanée par des romans et des comédies.

Enfin je vous demanderois volontiers ce qu'il faut que nous lisions, si ces sortes d'ouvrages nous sont défendus. Encore faut-il que l'esprit se délasse quelquefois[1]. Nous ne pouvons pas toujours lire vos livres ; et puis, à vous dire la vérité, vos livres ne se font plus lire comme ils faisoient. Il y a longtemps que vous ne dites plus rien de nouveau. En combien de façons avez-vous conté l'histoire du pape Honorius[2] ? Que l'on regarde tout[3] ce que vous

vembre 1658. — Voyez, au tome I, la *Notice biographique*, p. 15 et 16.

1. Cette phrase est omise dans les *Mémoires de Trévoux* et dans le *Recueil* de la Monnoye.

2. Honorius Ier, élu pape le 14 mai 626. « Il faut apprendre à ceux qui pourroient ne pas le savoir que c'est celui qui se laissa surprendre par les monothélites. » (*Lettre de J. B. Rousseau à Brossette*, 24 décembre 1718.) L'erreur dans laquelle ce pape était tombé fut condamnée, et sa mémoire fut anathématisée par le sixième concile de Constantinople, en 680. Le second concile de Nicée confirma cette condamnation, en 767.

3. *Tout* manque dans les *Mémoires de Trévoux* et dans le *Recueil* de la Monnoye.

avez fait depuis dix ans, vos Disquisitions, vos Dissertations, vos Réflexions, vos Considérations, vos Observations, on n'y trouvera autre chose, sinon que les Propositions ne sont pas dans Jansénius. Hé! Messieurs, demeurez-en là, ne le dites plus. Aussi bien, à vous parler franchement, nous sommes résolus d'en croire plutôt le pape et le clergé de France que vous.

Pour vous, Monsieur, qui entrez maintenant en lice contre des Marets, nous ne refusons point de lire vos lettres. Poussez votre ennemi à toute rigueur. Examinez chrétiennement ses mœurs et ses livres. Feuilletez les registres du Châtelet. Employez l'autorité de saint Augustin et de saint Bernard, pour le déclarer visionnaire. Établissez de bonnes règles pour nous aider à reconnoître les fous. Nous nous en servirons en temps et lieu. Mais ne lui portez point de coups qui puissent retomber sur les autres. Surtout, je vous le répète, gardez-vous bien de croire vos lettres aussi bonnes que les *Lettres provinciales*: ce seroit une étrange vision que cela[1]. Je vois bien que vous voulez attraper ce genre d'écrire : l'enjouement de M. Pascal a plus servi à votre parti que tout le sérieux de M. Arnauld. Mais cet enjouement n'est point du tout votre caractère : vous retombez dans les froides plaisanteries des *Enluminures*. Vos bons mots ne sont d'ordinaire que de basses allusions. Vous croyez dire, par exemple, quelque chose de fort agréable, quand vous dites sur une exclamation que fait M. Chamillard, que *son grand O n'est qu'un o en chiffre*, et quand vous l'avertissez de ne pas suivre le grand nombre, *de peur d'être un docteur à la douzaine* : on voit bien que vous vous efforcez d'être plaisant ; mais ce n'est pas le moyen de l'être.

---

1. Plusieurs éditions, entre autres celle des *OEuvres de Despréaux* (1722), et la copie de Troyes, ont substitué *celle-là* à *cela*.

Retranchez-vous donc sur le sérieux. Remplissez vos lettres de longues et doctes périodes. Citez les Pères. Jetez-vous souvent sur les injures, et presque toujours sur les antithèses. Vous êtes appelé à ce style. Il faut que chacun suive sa vocation.

Je suis, etc.

RÉPONSE A L'AUTEUR

DE LA LETTRE

CONTRE *LES HÉRÉSIES IMAGINAIRES*

ET *LES VISIONNAIRES*[1].

Monsieur,

J'ai lu ce que vous répondez à l'auteur des *Hérésies imaginaires* et des *Visionnaires*. Vous déclarez d'abord que vous ne prenez point de parti entre lui et des Marets. Je vous déclare aussi que je n'y en prends point ; mais je ne veux pas dire, comme vous, que *je laisse à juger au monde quel des deux est le Visionnaire*. Je ne voudrois pas que le monde crût que je ne susse pas faire un jugement si aisé, et que voyant d'un côté l'auteur des *Lettres*, qui ne cite que les saints Pères, comme vous lui reprochez ; et de l'autre côté, des Marets, qui ne dit que des folies, je ne pusse pas discerner que c'est ce dernier qui est le visionnaire et le fanatique. Mais cela ne doit pas vous faire croire que je prends parti, puisque c'est au contraire une preuve que je n'en prends point, et que je suis seulement pour la vérité.

Je vous dirai donc, sans aucun intérêt particulier, que le monde rit de vous entendre parler si négligemment d'un ouvrage qui a été généralement approuvé, et qui ne pouvoit pas manquer de l'être, sous le nom de tant de saints Pères qui le remplissent de leurs plus beaux sentiments. « J'ai lu vos lettres, dites-vous, avec assez d'indifférence, quelquefois avec plaisir, quelquefois avec dégoût, selon qu'elles me sembloient bien ou mal écrites. » C'est à dire, selon que

---

1. Cette réponse (voyez ci-dessus, p. 263-265, 269 et 270) est celle que l'on attribue à Philippe Goibaud du Bois, traducteur de Cicéron et de saint Augustin, qui fut reçu à l'Académie française en 1693.

vous étiez de bonne ou de mauvaise humeur. Mais je ne m'arrête point à cela, et je crois que c'est seulement un préambule pour venir à votre but, qui est de venger la poésie d'un affront que vous prétendez qu'elle a reçu. *Le crime du poëte*, dites-vous à tout le Port-Royal, *vous a irrités contre la poésie*.

Mais, Monsieur, s'il se trouvoit qu'en effet on ne l'eût point offensée, n'auroit-on pas grand sujet de se moquer des efforts que vous faites pour la défendre? Voyez donc tout à loisir si on peut lui avoir fait quelque outrage, puisqu'on n'a pas seulement parlé d'elle. On n'a pas nommé la poésie dans toute la lettre; et tout ce qu'on y dit ne regardant que les poëtes de théâtre, si c'est une injure, elle ne peut offenser que la comédie seulement, et non pas la poésie. Croyez-vous que ce soit la même chose, et prenez-vous ainsi l'espèce pour le genre?

On voit bien dès là que vous êtes un poëte de théâtre, et que vous défendez votre propre cause; car vous auriez vu plus clair dans celle d'un autre, et vous n'auriez pas confondu deux choses qui sont aussi différentes que le bien et le mal. Mais enfin, puisqu'on a seulement parlé des poëtes de théâtre, qu'a-t-on dit contre eux qui puisse vous mettre si fort en colère? On les a appelés *empoisonneurs des âmes*. C'est ce qui vous offense, et je ne sais pourquoi; car jusqu'ici ces poëtes n'ont point accoutumé de s'en offenser. Peut-être avez-vous oublié, en écrivant votre lettre, que la comédie n'a point d'autre fin que d'inspirer des passions aux spectateurs; et que les passions, dans le sentiment même des philosophes païens, sont les maladies et les poisons des âmes.

Au moins apprenez-moi comme il faut agir avec vous; car je vois qu'on vous fâche quand on dit que les poëtes empoisonnent; et je crois qu'on vous fâcheroit encore davantage, si l'on vous disoit que vous n'empoisonnez point, que votre muse est une innocente, qu'elle n'est pas capable de faire aucun mal, qu'elle ne donne pas la moindre tentation, qu'elle ne touche pas seulement le cœur, et qu'elle le laisse dans le même état où elle le trouve.

Ce discours vous devroit flatter bien sensiblement, puisqu'il est tout contraire à celui qui vous a si rudement choqué. Mais, si je ne me trompe, il vous déplaît encore plus que tout ce qu'a pu dire l'auteur des *Lettres ;* et peut-être voudriez-vous à présent ne vous être pas piqué si mal à propos de ce qu'il a dit que les poëtes de théâtre sont des empoisonneurs d'âmes.

Je ne pense pas aussi que ces poëtes s'en offensent, et je crois qu'après vous il n'y en a point qui ne sachent que l'art du théâtre consiste principalement dans la composition de ces poisons spirituels. N'ont-ils pas toujours nommé la comédie *l'art de charmer*, et n'ont-ils pas cru, en lui donnant cette qualité, la mettre au-dessus de tous les arts? Ne voit-on pas que leurs ouvrages sont composés d'un mélange agréable d'intrigues, d'intérêts, de passions et de personnes, où ils ne considèrent point ce qui est véritable, mais seulement ce qui est propre pour toucher les spectateurs, et pour faire couler dans leurs cœurs des passions qui les empoisonnent de telle sorte qu'ils s'oublient eux-mêmes, et qu'ils prennent un intérêt sensible dans des aventures imaginaires?

Mais cet empoisonnement des cœurs, qui les rend ou gais, ou tristes, au gré des poëtes, est le plus puissant effet de la comédie; et les poëtes n'ont garde de s'offenser quand on leur dit qu'ils empoisonnent, puisque c'est leur dire qu'ils excellent dans l'art, et qu'ils font tout ce qu'ils veulent faire.

Pourquoi donc trouvez-vous si mauvais ce que tous les autres ne trouvent point désagréable? Et pourquoi n'avez-vous pu souffrir que l'auteur des *Lettres* ait dit, en passant, que les pièces de théâtre sont *horribles, étant considérées selon les principes de la religion chrétienne et les règles de l'Évangile?* Il me semble que la vérité et la politique devoient vous obliger de souffrir cela patiemment. Car enfin, puisque tout le monde sait que l'esprit du christianisme n'agit que pour éteindre les passions, et que l'esprit du théâtre ne travaille qu'à les allumer, quand il arrive que quelqu'un dit un peu rudement que ces deux esprits sont contraires, il est certain que le meilleur pour les poëtes c'est de ne point répondre, afin qu'on ne réplique pas, et de ne point nier, afin qu'on ne prouve pas plus fortement ce qu'on avoit seulement proposé.

Est-ce que vous croyez que l'auteur des *Lettres* ne puisse

prouver ce qu'il avance? Pensez-vous que dans l'*Évangile*, qui condamne jusques aux paroles oisives, il ne puisse trouver la condamnation de ces paroles enflammées, de ces accents passionnés, et de ces soupirs ardents, qui font le style de la comédie? Et doutez-vous qu'il ne soit bien aisé de faire voir que le christianisme a de l'horreur pour le théâtre, puisque d'ailleurs le théâtre a tant d'horreur pour le christianisme?

L'esprit de pénitence qui paroit dans l'*Évangile* ne fait-il pas peur à ces esprits enjoués qui aiment[1] la comédie? Les vertus des chrétiens, ne sont-ce pas les vices de vos héros? Et pourroit-on leur pardonner une patience et une humilité évangélique? La religion catholique, qui règle jusqu'aux désirs et aux pensées, ne condamne-t-elle pas ces vastes projets d'ambition, ces grands desseins de vengeance, et toutes ces aventures d'amour, qui forment les plus belles idées des poëtes? Ne semble-t-il pas aussi que l'on sorte du christianisme, quand on entre à la comédie? On n'y voit que la morale des païens, et l'on n'y entend que le nom des faux dieux.

Je ne veux pas pousser ces raisons plus loin, et ce que j'en ai dit est seulement pour vous faire connoître à quoi vous vous exposez d'écrire contre l'auteur des *Lettres*, qui peut bien en dire davantage, lui qui sait les Pères, et qui les cite si à propos.

Vous eussiez mieux fait, sans doute, de ne point relever ce qu'il a dit, et de laisser tout tomber sur des Marets, à qui on ne pouvoit parler moins fortement, puisqu'il est assez visionnaire pour dire lui-même qu'il a fait les aventures d'un roman avec l'esprit de la grâce, et pour s'imaginer qu'il peut traiter les mystères de la grâce avec une imagination de roman.

Vous deviez, ce me semble, penser à cela, et prendre garde aussi à qui vous aviez affaire, parce qu'il y a des gens de toute sorte. Ce que vous dites seroit bon de poëte à

---

1. « Qui aiment » est la leçon donnée dans les *OEuvres de Despréaux* (1722), dans les *OEuvres de Racine* (1728), et en général dans toutes les éditions de Racine. Le texte original et celui que Nicole a imprimé dans ses *Visionnaires* (1667) portent : « qui animent; » mais ce doit être une faute d'impression.

poëte; mais il n'est rien de moins judicieux que de le dire à l'auteur des *Lettres*, et à ceux que vous joignez avec lui.

Ce sont des *solitaires*, dites-vous, des *austères qui ont quitté le monde*; et parce qu'ils ont écrit cinq ou six mots contre la comédie, vous invectivez aussitôt contre eux, et vous irritez cette austérité chrétienne, qui pourroit vous dire des vérités dont vous seriez peu satisfait.

Je ne comprends point par quelle raison vous avez voulu leur répondre; et il me semble qu'un poëte un peu politique ne les auroit pas seulement entendus. Est-ce que vous ne voulez pas qu'il soit permis à qui que ce soit de parler mal de la comédie? Entreprendrez-vous tous ceux qui ne l'approuveront pas? Vous aurez donc bien des apologies à faire, puisque tous les jours les plus grands prédicateurs la condamnent publiquement aux yeux des chrétiens et à la face des autels.

Mais vous n'avez pas songé à tant de choses, et vous êtes venu dire tout d'un coup : « Qu'est-ce que les romans et les comédies peuvent avoir de commun avec le jansénisme? » Rien du tout, Monsieur; et c'est pourquoi vous ne devez pas trouver fort étrange si le jansénisme n'approuve pas la comédie. Ce n'est pas, après tout, que l'auteur des *Lettres* ait rien dit que vous ne disiez encore plus fortement; et vous prouvez positivement tout ce qu'il avance, quoique vous ayez le dessein de prouver le contraire. Il dit que les poëtes de théâtre ne travaillent pas selon les règles de l'*Évangile*; et vous soutenez qu'on leur a bâti des temples, dressé des autels, et élevé des statues : il faut donc conclure que les poëtes ont rendu les peuples idolâtres, et qu'eux-mêmes ont été les idoles. Peut-on dire plus fortement qu'ils sont des empoisonneurs publics, et que leurs ouvrages sont horribles, étant considérés selon les principes de la religion et les règles de l'*Évangile*?

Tout ce que vous dites ensuite, vos raisonnements, vos comparaisons, vos histoires et vos railleries, sont des preuves particulières de ce que l'auteur des *Lettres* n'a dit qu'en général; et il n'y a personne qui n'en pût dire bien davantage, s'il vouloit juger des autres poëtes par vous-même.

Que pensez-vous qu'on puisse croire de votre esprit, quand

on vous entend parler des saints Pères avec un mépris si outrageant, et quand vous dites à tout le Port-Royal : « Qu'est-ce que vous ne trouvez point dans les Pères? » Comme si des Pères étoient de faux témoins, et qu'ils fussent capables de dire toute chose. Ils ne disent pourtant pas que la comédie soit une occupation chrétienne, et vous ne trouverez pas non plus dans leurs livres cette manière méprisante dont vous traitez les saints que l'Église honore. Mais vous croyez avoir grande raison, et vous apportez l'exemple de saint Hiérosme, comme si ceux de Port-Royal avoient dessein de s'en servir pour justifier une prétendue contradiction dont vous accusez leur conduite. « Vous nous direz, leur dites-vous, que saint Hiérosme a loué Rufin comme le plus savant homme de son siècle, tant qu'il a été son ami ; et qu'il traita le même Rufin comme le plus ignorant homme de son siècle, depuis qu'il se fut jeté dans le parti d'Origène. » Vous devinez mal ; ils ne vous diront point cela : ce n'est point leur pensée, c'est la vôtre. Mais quand ils auroient voulu dire une si mauvaise raison et d'une manière si injurieuse à saint Hiérosme, vous deviez attendre qu'ils l'eussent dit ; et alors vous auriez eu raison de vous railler d'eux, au lieu qu'ils ont sujet de se moquer de vous.

Après ce raisonnement, vous en faites un autre pour justifier la comédie, et il y a plaisir de vous le voir pousser à votre mode. Vous croyez qu'il est invincible ; et parce que vous n'en voyez point la réponse, vous ne pouvez concevoir qu'il y en ait. Vous la demandez hardiment à l'auteur des *Lettres,* comme s'il ne pouvoit la donner, et comme s'il étoit impossible de savoir ce que vous ne savez pas. « Saint Augustin, dites-vous, s'accuse de s'être laissé attendrir à la comédie ; qu'est-ce que vous concluez de là ? Direz-vous qu'il ne faut point aller à la comédie ? Mais saint Augustin s'accuse aussi d'avoir pris trop de plaisir au chant de l'Église. Est-ce à dire qu'il ne faut point aller à l'église ? »

Ce raisonnement prouve invinciblement ce que vous dites six ou sept lignes plus haut, que vous n'êtes point théologien : on ne peut pas en douter après cela ; mais on doutera peut-être si vous êtes chrétien, puisque vous osez comparer le chant de l'Église avec les déclamations du théâtre.

Qui ne sait que la divine psalmodie est une chose si bonne d'elle-même qu'elle ne peut devenir mauvaise que par le même abus qui rend quelquefois les sacrements mauvais? Et qui ne sait au contraire que la comédie est naturellement si mauvaise qu'il n'y a point de détour d'intention qui puisse la rendre bonne?

Avec quel esprit avez-vous donc joint deux choses plus contraires que n'étoient l'arche d'alliance et l'idole de Dagon, et qui sont aussi éloignées que le ciel l'est de l'enfer? Quoi! vous comparez l'Église avec le théâtre? les divins cantiques avec les cris des bacchantes? les saintes Écritures avec des discours impudiques? les lumières des prophètes avec des imaginations de poëtes? l'esprit de Dieu avec le démon de la comédie? Ne rougissez-vous pas et ne tremblez-vous point d'un excès si horrible?

Non, vous n'êtes pas seulement ému, et votre muse n'a point peur de cette effroyable impiété, ni des effets malheureux qu'elle peut produire. « Nous ne trouvons pas étrange, dites-vous, que vous damniez les poëtes : ce qui nous surprend, c'est que vous voulez empêcher les hommes de les honorer. » C'est-à-dire que ce misérable honneur que vous cherchez parmi les hommes vous est plus précieux que votre salut : vous ne trouvez pas étrange qu'on vous damne, et vous ne pouvez souffrir qu'on ne vous estime pas ; vous renoncez à la communion des saints, et vous n'aspirez qu'au partage *des Sophocles et des Virgiles*. Qu'on dise de vous tout ce qu'on voudra, mais qu'on ne dise point que vous n'avez pas *quelques étincelles de ce feu qui échauffa autrefois ces grands génies de l'antiquité*. Vous ne craignez point de mourir comme eux, après avoir vécu comme eux ; et vous ne pensez pas au misérable état de ces malheureux génies que vous regardez avec tant d'envie et d'admiration : ils brûlent perpétuellement où ils sont, et on les loue seulement où ils ne sont pas.

C'est ainsi que les saints Pères en parlent ; mais il vous importe peu de ce qu'ils disent : ce ne sont point vos auteurs, et vous ne les citez que pour les accuser. Vous n'avez cité saint Hiérosme que pour faire voir qu'il avoit l'esprit inégal ; vous n'avez cité saint Augustin que pour montrer qu'il avoit le cœur trop sensible; et vous ne citez saint Grégoire de Nazianze que pour abuser de son autorité en faveur de la comédie. « Saint Grégoire de Nazianze, dites-vous, n'a pas fait de difficulté de mettre la Passion de Notre-Seigneur en tragédie. » Mais, quoi qu'il en soit, si vous prétendez vous servir de cet exemple, il faut vous résoudre à passer pour un poëte de la Passion, et à renoncer à toute l'antiquité païenne. Voyez donc ce que vous avez à faire. Voulez-vous quitter ces grands héros? Voulez-vous abandonner ces fameuses héroïnes? Si vous ne le faites, saint Grégoire de Nazianze ne fera rien pour vous, et vous l'aurez cité contre vous-même. Si vous ne suivez son exemple, vous ne pouvez employer son autorité, et vous ne sauriez dire que, parce qu'il a fait une tragédie sainte, il vous est permis d'en faire de profanes. Tout ce qu'on peut conclure de là, c'est que la poésie est bonne d'elle-même; qu'elle est capable de servir aux divins mystères, qu'elle peut chanter les louanges de Dieu, et qu'elle seroit très-innocente si les poëtes ne l'avoient point corrompue.

Cette seule raison détruit tous les faux raisonnements que vous faites, et que vous concluez en disant à tous les gens de Port-Royal que *le crime du poëte les a irrités contre la poésie*. On voit bien que vous avez voulu faire une pointe, mais vous l'avez faite de travers, et vous deviez dire, au contraire, que le crime commis contre la poésie[1] les a irrités contre le poëte; car ils n'ont parlé que des poëtes profanes, qui abusent de leur art, et ils n'ont rien dit qui pût offenser la poésie. Ils savent qu'elle n'est point mauvaise de sa nature, et qu'elle est sanctifiée par les prophètes, par les patriarches et par les Pères. David, Salomon, saint Prosper ont fait des poésies, et, à leur exemple, ceux de Port-Royal en ont fait aussi : ils ont mis en vers français les plus augustes mystères de la religion, les plus saintes maximes de la morale chrétienne, les hymnes, les proses, les cantiques

---

1. Dans les *OEuvres de Despréaux* (1722) : « que le crime contre la poésie. » Dans les éditions de 1768 et de 1807 : « que le crime de la poésie. »

de l'Église, et ils ont fait de saints concerts que les fidèles chantent, et que les anges peuvent chanter.

Il n'y a donc point de conséquence ni de proportion de ce qu'ils font avec ce qu'ils condamnent; et c'est vainement que vous tâchez d'y en trouver, et que vous comparez la conduite de M. le Maistre avec celle de des Marets. En vérité, vous ne pouviez rien faire de plus contraire à cette gloire que vous poursuivez si ardemment ; car quelle estime peut-on avoir pour vous, quand on voit que vous comparez si injustement deux personnes dont les actions sont autant opposées qu'elles le peuvent être ?

Tout le monde sait que M. le Maistre a fait des plaidoyers que les jurisconsultes admirent, où l'éloquence défend la justice, où l'Écriture instruit, où les Pères prononcent, où les conciles décident. Et vous comparez ces plaidoyers aux romans de des Marets, qu'on ne peut lire sans horreur, où les passions sont toutes nues, et où les vices paroissent effrontément et sans pudeur !

Pour qui pensez-vous passer, et quel jugement croyez-vous qu'on fasse de votre conduite, quand vous offensez tous les juges en comparant le Palais avec le théâtre, la jurisprudence avec la comédie, l'histoire avec la fable, et un très-célèbre avocat avec un très-mauvais poëte ?

Pouvez-vous dire que M. le Maistre a fait dans sa retraite *tant de traductions des Pères*, et le comparer avec des Marets, qui fait gloire de ne rien traduire, et qui ne produit que des visions chimériques ? Il faut pourtant que vous acheviez cette comparaison si odieuse à tout le monde ; et parce que des Marets avoue des crimes qu'il ne peut nier, vous en accusez aussi M. le Maistre ; vous abusez indignement de son humilité, qui lui a fait dire qu'il avoit été dans le déréglement, et vous ne prenez pas garde que ce qu'il appelle déréglement c'est ce que vous appelez souverain bien : c'est cet honneur du siècle que vous cherchez avec tant de passion, et qu'il a fui avec tant de force. Il s'est dérobé à la gloire du monde qui l'environnoit ; et il est vrai que, pour s'en éloigner davantage, il a fait toutes les actions qui lui sont le plus contraires.

Mais s'il a bêché la terre, comme vous dites, avec quel

esprit osez-vous en parler comme vous faites? Et quel sentiment pouvez-vous avoir des vertus chrétiennes, puisque vous raillez publiquement ceux qui les pratiquent? Vous parleriez sérieusement et avec éloge de ces anciens Romains qui savoient cultiver la terre et conquérir les provinces, que l'on voyoit à la tête d'une armée après les avoir vus à la queue d'une charrue; et vous vous moquez d'un chrétien qui a bêché la terre avec la même main dont il a écrit les Vies des saints et les traductions des Pères. Vous ne sauriez voir, sans rire, un homme véritablement chrétien, véritablement humble, et qui a cette véritable science qui n'enfle point, et qui n'empêchoit pas les apôtres de travailler aux ouvrages des mains et de prêcher l'*Évangile*[1].

Mais après que vous avez bien raillé d'une *longue et sérieuse pénitence*, vous dites, pour achever votre comparaison, que des Marets *a peut-être fait plus que tout cela*. Je voudrois de tout mon cœur le pouvoir dire, mais je me tromperois, et je le démentirois en le disant. Il n'a garde de se repentir d'avoir fait des romans, puisqu'il assure lui-même qu'il les a faits avec l'esprit de Dieu; il proteste, en parlant de son roman en vers[2], qui est rempli de fables impertinentes et de fictions impures, « que Dieu l'a si sensiblement assisté pour lui faire finir ce grand ouvrage, qu'il n'ose dire en combien peu de temps il l'a achevé. » Il attribue au Saint-Esprit tous les égarements de son imagination; il prend pour des grâces divines, les corruptions, les profanations, et les violements qu'il fait de la parole divine. Si on le veut croire, ce n'est plus lui qui parle, c'est Dieu qui parle en lui. Il est l'organe des vérités célestes et adorables; c'est un *David*, c'est un *prophète*, c'est un *Micahel*, c'est un *Éliachim*[3], c'est enfin tout ce qu'un fou s'imagine. Mais il

---

[1]. Dans *les Visionnaires* et dans les éditions suivantes, la fin de la phrase a été ainsi changée, après les mots *véritablement humble*: « et véritablement savant de cette science qui n'enfle point, qui n'empêchoit pas l'Apôtre de travailler de ses mains au même temps qu'il prêchoit l'*Évangile*. »

[2]. *Clovis ou la France chrétienne*, poëme héroïque en vingt-six chants (Paris, Courbé, 1657, in-4°).

[3]. Dans *les Visionnaires*: « un *Michaël*,... un *Éliacim*. »

ne se l'imagine pas seulement : il l'écrit, il l'imprime, il le publie, et on peut le voir dans les endroits de ses livres que l'auteur des *Lettres* a cités.

Si vous aviez fait réflexion sur toutes ces choses, je ne pense pas que vous eussiez pu comparer des Marets avec aucun des mortels; il est sans doute incomparable, il le dit lui-même; et s'élevant plus haut que l'Apôtre n'a jamais été, il parle bien plus hardiment que lui des choses divines; il ne s'écrie point : *ô altitudo!* rien ne l'épouvante, et il entre sans crainte dans les mystères incompréhensibles de l'*Apocalypse :* c'est son livre ; il se plaît à dissiper, par ses lumières, les ombres mystérieuses que Dieu a répandues sur ces saintes vérités ; et comme avec l'ombre et la lumière on fait toutes sortes de figures, aussi des Marets, avec le feu de son imagination et l'obscurité de l'*Apocalypse*, forme toutes sortes de visions et de fantômes.

C'est ainsi qu'il a fait cette grande armée *de cent quarante-quatre mille personnes*, dont il parle tant dans son *Avis du Saint-Esprit au Roi*[1]; et c'est ainsi qu'il a formé toutes ces conceptions chimériques et monstrueuses que l'auteur des *Lettres* a rapportées, et que vous témoignez avoir lues.

Mais, en vérité, pouvez-vous les avoir lues, et parler de des Marets comme vous faites, le défendre publiquement, et inventer pour lui tant de fausses raisons? Ne craignez-vous point qu'on dise que vous êtes un soldat de son armée, et qu'on mette dans le rang de ses visions la comparaison que vous faites de M. le Maistre avec lui? Je vois bien que tout vous est égal, la vérité et le mensonge, la sagesse et la folie, et qu'il n'y a rien de si contraire que vous n'ajustiez dans vos comparaisons.

Pour vos histoires, elles sont poétiques ; vous les avez accommodées au théâtre, et il n'y a personne qui ne sache que vous avez changé un cordelier en capucin. Mais cette fausseté, qui est publiquement reconnue, et qui ôte la vraisemblance à tout le reste, décrédite encore moins votre his-

1. M. Weiss dit dans la *Biographie universelle* de Michaud que ce pamphlet de des Marets n'a point été imprimé, ou du moins qu'il est devenu si rare qu'aucun bibliographe ne dit l'avoir vu.

toire que la conduite que vous attribuez à la Mère Angélique. On voit bien que ce n'est pas elle qui parle, et que cette sainte religieuse étoit bien éloignée de penser à ce que vous lui faites dire dans un conte si ridicule. Aussi n'empêcherez-vous jamais par de telles suppositions qu'il ne soit véritable que tous les religieux ont toujours été bien reçus à Port-Royal ; et l'on n'a que trop de témoins de la charité et de la générosité avec laquelle on y a reçu les jésuites mêmes, dans un temps où il sembloit qu'ils n'y étoient venus que pour voir les marques funestes des maux qu'ils y ont faits, et pour insulter à l'affliction de ces pauvres filles. On ne peut pas demander une plus grande preuve de l'hospitalité de Port-Royal, ni souhaiter une conviction plus forte de la fausseté de votre histoire. Je ne pense pas aussi que vous l'ayez dite pour la faire croire, mais seulement pour faire rire ; et vous n'avez été trompé qu'en ce que vous croyiez qu'on riroit de l'histoire, et qu'on ne rit que de l'auteur[1].

On jugera si vos reproches sont plus raisonnables : voici le plus grand que vous faites à ceux de Port-Royal, et par lequel vous prétendez les rendre coupables des mêmes choses qu'ils condamnent dans les poëtes de théâtre. « De quoi vous êtes-vous avisés, leur dites-vous, de mettre en françois les comédies de Térence ? » Ils se sont avisés, Monsieur, d'instruire la jeunesse dans la langue latine, qui est nécessaire pour les plus justes emplois des hommes, et de donner aux enfants une traduction pure et chaste d'un auteur qui excelle dans la pureté de cette langue. Mais vous-même, *de quoi vous êtes-vous avisé* de leur reprocher cette traduction plutôt que celle des autres livres de grammaire qu'ils ont donnés au public, puisqu'ils ont tous une même fin, qui est l'instruction des enfants, et qu'ils viennent tous d'un même principe, qui est la charité ?

Vous voulez abuser du mot de comédies, et confondre celui qui les fait pour le théâtre, avec celui qui les traduit seulement pour les écoles ; mais il y a tant de différence entre

---

1. « Que de celui qui l'a inventée » est la leçon des *Visionnaires* et des éditions suivantes.

eux, qu'on ne peut pas tirer de conséquence de l'un à l'autre. Le traducteur n'a dans l'esprit que des règles de grammaire, qui ne sont point mauvaises par elles-mêmes, et qu'un bon dessein peut rendre très-bonnes ; mais le poëte a bien d'autres idées dans l'imagination : il sent toutes les passions qu'il conçoit, et il s'efforce même de les sentir, afin de les mieux concevoir. Il s'échauffe, il s'emporte, il se flatte, il s'offense et se passionne jusqu'à sortir de lui-même pour entrer dans le sentiment des personnes qu'il représente. Il est quelquefois Turc, quelquefois Maure, tantôt homme, tantôt femme, et il ne quitte une passion que pour en prendre une autre ; de l'amour il tombe dans la haine, de la colère il passe à la vengeance, et toujours il veut faire sentir aux autres les mouvements qu'il souffre lui-même ; il est fâché quand il ne réussit pas dans ce malheureux dessein, et il s'attriste du mal qu'il n'a pas fait.

Quelquefois ses vers peuvent être assez innocents ; mais la volonté du poëte est toujours criminelle ; les vers n'ont pas toujours assez de charmes pour empoisonner, mais le poëte veut toujours qu'ils empoisonnent : il veut toujours que l'action soit passionnée, et qu'elle excite du trouble dans le cœur des spectateurs.

Quel rapport trouvez-vous donc entre un poëte de théâtre et le traducteur de Térence ? L'un traduit un auteur pour l'instruction des enfants, qui est un bien nécessaire ; l'autre fait des comédies, dont la meilleure qualité est d'être inutiles. L'un travaille à éclaircir la langue de l'Église, l'autre enseigne à parler le langage des fables et des idolâtres ; l'un ôte tout le poison que les païens ont mis dans leurs comédies, l'autre en compose de nouvelles, et tâche d'y mettre de nouveaux poisons ; l'un enfin fait un sacrifice à Dieu en travaillant utilement pour le bien de l'État et de l'Église, et l'autre fait un sacrifice au démon, comme dit saint Augustin, en lui donnant des armes pour perdre les âmes. Cependant vous égalez ces deux esprits, vous ne mettez point de différence entre leurs ouvrages, et vous obligez toutes les personnes justes de vous dire, avec saint Hiérosme, qu'il n'est rien de plus honteux que de confondre ce qui se fait pour le plaisir inutile des hommes avec ce qui se fait pour l'instruction des enfants, *et quod in pueris necessitatis est, crimen in se facere voluptatis.*

Reconnoissez donc, Monsieur, que la traduction de Térence est bien différente des comédies de des Marets, et qu'une traduction si pure, qui est une preuve de doctrine et un effet de charité, ne sauroit jamais être un fondement raisonnable du reproche que vous faites à ceux que vous attaquez.

Mais vous les accusez encore avec plus d'injustice et plus d'imprudence, quand vous leur dites : « En combien de façons avez-vous conté l'histoire du pape Honorius? » N'est-ce pas là un reproche bien judicieux? vous ne dites point que cette histoire soit fausse, vous ne dites point qu'ils la rapportent mal, et vous les accusez seulement de l'avoir souvent rapportée. Mais je vous demande qui est le plus coupable, ou celui qui prêche toujours la vérité, ou celui qui résiste toujours à la vérité? Et qui doit-on accuser, ou le Port-Royal, qui a dit tant de fois une histoire véritable, ou les ennemis de Port-Royal, qui n'ont jamais répondu à cette histoire, et qui bien souvent ont fait semblant de ne la pas entendre!

Est-ce point cette surdité politique que vous trouvez si admirable dans les jésuites, et qui vous fait dire : « J'admirois en secret la conduite de ces Pères, qui vous ont fait prendre le change, et qui ne sont plus maintenant que les spectateurs de vos querelles? » On ne peut pas vous répondre plus doucement qu'en disant qu'il est très-faux que les jésuites aient fait prendre le change à Port-Royal, et qu'au contraire le Port-Royal a toujours eu une constance invincible en défendant la vérité contre tous ceux qui l'attaquent. Que si depuis quelque temps les écrits ne s'adressent pas directement aux jésuites, et s'ils ne sont plus, comme vous dites, que les spectateurs du combat, c'est parce qu'on les a mis hors d'état de combattre. On a ruiné leur dessein ; on a renversé leurs prétentions ; on a découvert leur secret ; on a éclairci leurs équivoques ; on les a enfin réduits à ne plus répondre ; et assurément vous n'avez rien à reprocher au Port-Royal de ce côté-là.

Vous tournez d'un autre ; et vous dites à l'auteur des

Imaginaires qu'il a affecté le style des *Provinciales*. C'est par là que vous commencez et que vous finissez votre lettre. « Vous prétendiez, lui dites-vous, prendre la place de l'auteur des *Petites Lettres*. Je vois bien que vous voulez attraper ce genre d'écrire ; mais cet enjouement n'est point du tout votre caractère. » Je ne vous réponds pas ce que tout le monde sait, que les sujets sont bien différents, et qu'un enjouement perpétuel seroit peut-être un aussi grand défaut dans les *Imaginaires* comme il est une grande grâce dans les *Provinciales*. Je vous demande seulement : pourquoi jugez-vous des intentions d'un auteur, qui vous sont cachées, et pourquoi n'avez-vous pas voulu juger des actions et des livres de des Marets, qui sont visibles à tout le monde ? Ce ne peut être que par une raison fort mauvaise pour vous ; n'obligez personne à la découvrir, et ne dites point de vous-même que l'auteur des *Lettres* a voulu écrire comme M. Pascal. Il n'a voulu faire que ce qu'il a fait : il a voulu convaincre ses lecteurs de la fausseté d'une prétendue hérésie, et il les a convaincus d'une manière qui, sans comparaison, est forte, évidente, agréable et très-facile.

On peut en juger par les efforts que vous avez faits contre lui, puisque vous avez été chercher des railleries jusque dans l'Écriture sainte. « Jetez-vous sur les injures, lui dites-vous, vous êtes appelé à ce style, et il faut que chacun suive sa vocation. » Vous pensez donc que la vocation porte au mal et aux injures. La Sorbonne diroit assurément que c'est une erreur ; mais pour moi, je dis seulement que c'est une mauvaise raillerie, et peut-être que vous serez plus touché d'avoir fait un mensonge ridicule que d'avoir outragé la vérité.

Il paroît assez par la profession que vous faites, et par la manière dont vous écrivez, que vous craignez moins d'offenser Dieu que de ne plaire pas aux hommes ; puisque, pour flatter la passion de quelques-uns, vous vous moquez de l'Écriture, des conciles, des saints Pères, et des personnes qui tâchent d'imiter leurs vertus.

Pour justifier la comédie, qui est une source de corruption, vous raillez la pénitence, qui est le principe de la vie spirituelle ; vous riez de l'humilité, que saint Bernard appelle la vertu de Jésus-Christ ; et vous parlez avec une vanité de païen des actions les plus saintes et des ouvrages les plus chrétiens. Vous pensez qu'en nommant seulement les livres de Port-Royal, vous les avez entièrement détruits ; et vous croyez avoir suffisamment répondu à tous les anciens conciles en disant seulement qu'ils ne sont pas nouveaux.

Désabusez-vous, Monsieur, et ne vous imaginez point que le monde soit assez injuste pour juger selon votre passion : il n'y a personne, au contraire, qui n'ait horreur de voir que votre haine va déterrer les morts, et outrager lâchement la mémoire de M. le Maistre et de la Mère Angélique par des railleries méprisantes et des calomnies ridicules.

Mais quoi que vous disiez contre des personnes d'un mérite si connu dans le monde et dans l'Église, ce sera par leur vertu qu'on jugera de vos discours ; on joindra le mépris que vous avez pour elles, avec les abus que vous faites de l'Écriture et des saints Pères ; et l'on verra qu'il faut que vous soyez étrangement passionné, et que ceux contre qui vous écrivez soient bien innocents, puisque vous n'avez pu les accuser sans vous railler de ce qu'il y a de plus saint dans la religion et de plus inviolable parmi les hommes, et sans blesser à même temps la raison, la justice, l'innocence et la pitié.

Ce 22 mars 1666[1].

1. Cette date, donnée par *les Visionnaires* et par les éditions suivantes, n'est pas dans la première impression.

RÉPONSE A LA LETTRE

ADRESSÉE A L'AUTEUR

DES *HÉRÉSIES IMAGINAIRES*[1].

Monsieur,

Je ne sais si l'auteur des *Hérésies imaginaires* jugera à propos de vous faire réponse. Je connois des gens qui auroient sujet de se plaindre s'il le faisoit. Ils ont souffert avec patience qu'on ait répondu à M. des Marets, et je ne m'en étonne pas : un prophète mérite quelque préférence. Mais vous, Monsieur, qui n'avez pas encore prophétisé, il y auroit de l'injustice à vous traiter mieux qu'on ne les a traités. Pour moi, qui ne suis point de Port-Royal, et qui n'ai de part à tout ceci qu'autant que j'y en veux prendre, je crois que, sans vous faire d'affaire avec le P. du Bosc, ni avec M. de Marandé[2], je vous puis dire un mot sur le sujet de votre lettre. J'espère que cela ne sera pas inutile pour en faire connoître le prix. Le monde passe quelquefois trop légèrement sur les choses ; il est bon de les lui faire remarquer.

Vous avez grand soin, pour vous mettre bien dans l'esprit du lecteur, de l'avertir, avant toutes choses, que vous *ne prenez point le parti* de M. des Marets. C'est fort prudemment fait. Vous avez bien senti qu'il n'y a pas d'honneur à gagner. Il

---

1. Cette seconde réponse est attribuée à l'avocat Barbier d'Aucour, auteur de l'*Onguent pour la brûlure* (voyez ci-dessus, p. 264-265 et 269-270). Barbier d'Aucour fut reçu à l'Académie française en 1683.
2. Jacques du Bosc, cordelier, est auteur de plusieurs écrits contre les Jansénistes. L'abbé Léonard de Marandé, aumônier du Roi, les a pris également à partie dans de nombreux ouvrages de controverse religieuse. Il avait essayé une réfutation des *Provinciales*. Pour expliquer la phrase de Barbier d'Aucour, les éditeurs de 1807 disent qu'on n'avait pas fait de réponse à ces deux adversaires de Port-Royal.

commence à être connu dans le monde, et vous savez ce qu'on en a dit en assez bon lieu. Mais, sans mentir, cette prudence ne dure guère. Et comment peut-on dire, dans les trois premières lignes d'une lettre, qu'on ne se déclare point pour des Marets, et qu'on laisse à juger au monde lequel est le visionnaire de lui ou de l'auteur des *Hérésies imaginaires* ? En vérité, tout homme qui peut parler de cette sorte est bien déclaré.

Dites le vrai, Monsieur : l'envie de dire un bon mot vous a emporté, et vous n'en avez pas vu les conséquences. Vous avez cru qu'il n'y avoit qu'à prendre un tour de raillerie, et que par là on mettoit sûrement les rieurs de son côté. Cela n'est pas tout à fait ainsi : la raillerie échoue contre les vérités établies et reconnues dans le monde. Croyez-vous qu'il n'y ait qu'à dire des injures aux gens? Il y a un choix d'injures comme de louanges. Il faut que les unes et les autres conviennent, et il n'y a rien de si misérable que de les appliquer au hasard[1]. On a pu traiter des Marets de visionnaire, parce qu'il est reconnu pour tel, et qu'il a eu soin d'en donner d'assez belles marques. Ses amis voudroient bien se revancher ; mais il faut qu'ils prennent quelque autre voie ; car de répondre, comme un écho qui répète les mots qu'on lui dit, que c'est l'auteur des *Hérésies imaginaires* qui en est un, cela pourroit passer à la Chine, où l'on ne connoit ni l'un ni l'autre ; mais en France on sait à peu près à quoi l'on doit s'en tenir. On dira que[2] vous ne vous con-

---

1. Dans *les Visionnaires*, où l'auteur s'est corrigé ou bien a été corrigé, et dans les éditions suivantes, ce passage se lit ainsi, après les mots : *est bien déclaré* : « Cela n'étoit pas difficile à voir ; mais l'envie de dire un bon mot vous a emporté ; et cette manière de dire à celui que vous attaquez qu'il est un *visionnaire*, vous a paru si heureuse et si galante que vous n'avez su vous retenir. Mais, Monsieur, croyez-vous qu'il n'y ait qu'à dire des injures aux gens, et ne savez-vous pas qu'il y a un choix d'injures comme de louanges ; qu'il faut que les unes et les autres conviennent, et qu'il n'y a rien de si misérable que de les appliquer au hasard ? »

2. Après les mots : « d'assez belles marques », on lit dans le texte des *Visionnaires* : « Vous voudriez bien lui faire avoir sa revanche, mais la voie que vous prenez ne vous réussira pas. On dira que,... etc. »

noissez pas en visionnaires, et que si jamais vous le devenez, il y a sujet de craindre que vous ne le soyez longtemps avant que de vous en apercevoir. Tout le monde convient, jusques aux ennemis du Port-Royal, et aux jésuites mêmes, que l'auteur des *Hérésies imaginaires* n'a rien qui ressente la vision. On ne s'est encore guère avisé de l'attaquer sur cela; et ceux mêmes qui l'ont accusé d'hérésie se sont bien gardés de l'accuser d'extravagance; car, en matière d'hérésie, il est plus aisé d'en faire accroire, et surtout quand il s'agit d'une hérésie aussi mince et aussi difficile à apercevoir que celle qu'on reproche aux jansénistes. Il y a peu de gens capables de démêler les choses : on dispute, on embrouille; l'accusateur se sauve dans l'obscurité. Mais, en matière de folie, dès qu'il y a une accusation formée, il est sûr qu'il y aura quelqu'un de condamné. Le monde s'y connoît; il juge, il fait justice; mais il veut des preuves, et des preuves qui concluent : sinon, votre accusation sans preuve devient une preuve contre vous.

Vous voilà donc, Monsieur, réduit à la nécessité de prouver ce que vous avez avancé contre l'auteur des *Hérésies imaginaires* : autrement vous voyez bien où cela va, et vous n'en serez pas quitte pour dire que vous n'avez point jugé, que vous vous êtes contenté de laisser à juger aux autres, et que vous n'avez point appliqué les règles que vous voulez qu'on établisse. Le monde entend ce langage; et si vous n'avez que cela pour vous sauver, je vous tiens en grand danger.

Mais voyons si vous serez plus heureux dans le texte, et si ce que vous dites à l'auteur des *Hérésies imaginaires* sur le sujet de ses lettres vous réussira mieux. *Vous les avez lues*, dites-vous, *tantôt avec plaisir*[1], *tantôt avec dégoût, selon qu'elles vous sembloient bien ou mal écrites*. Je vois bien ce que vous voulez qu'on entende par là : c'est-à-dire que vous louez ce qu'il y a de bon, et que vous blâmez ce qu'il

---

[1]. Ce passage a été ainsi changé dans le texte des *Visionnaires* : « Mais ce n'est pas votre manière que d'entrer dans le détail, et de vous embarrasser à chercher des preuves, et cela est aisé à voir, quand vous dites à l'auteur des *Hérésies imaginaires* que vous avez lu ces lettres *tantôt avec plaisir*, etc. »

y a de mauvais. Cette sorte de critique est fort prudente : tant que vous parlerez comme cela, vous ne vous commettrez point. Toutefois vous prenez courage ; et pour faire voir que vous êtes homme de bon goût, et que vous vous y connoissez, vous vous avancerez jusqu'à dire qu'il y a grande différence entre *les Imaginaires* et les *Lettres au Provincial*. Voilà un grand effort de jugement, et qui vous a bien coûté. C'est dommage que vous ne vous étendiez davantage sur ce sujet. Mais vous avez vos raisons. Il y a quelquefois des inconvénients à entrer dans le détail : le plus sûr est de se tenir aux termes généraux, et de faire le dégoûté. Mais, Monsieur, à vous parler franchement, cela ne réussit pas toujours ; et pour quelques gens de bonne volonté qui se laissent persuader par là qu'on en pense bien plus que l'on en dit, il y en a beaucoup d'autres qui croient que qui ne dit rien n'a rien à dire. Vous dites pourtant quelque chose sur la fin de votre lettre ; car vous savez approfondir quand il vous plait[1]. Veut-on donc savoir ce qu'il y a de mauvais dans les lettres de *l'Hérésie imaginaire*? Le voici : « c'est que les bons mots (*des* Chamillardes) ne sont d'ordinaire que de basses allusions, comme quand on dit que le grand O de M. Chamillard n'est qu'un o en chiffre, et qu'il ne doit pas suivre le grand nombre, de peur d'être un docteur à la douzaine. » Il n'y a personne qui n'y fût attrapé, et on ne se seroit jamais avisé qu'on pût prouver qu'il y a trop de pointes dans les épigrammes de Catulle, parce que celles de Martial en sont pleines. Quoi donc, Monsieur ? — est-il possible que vous n'ayez pas connu la différence qu'il y a des *Imaginaires* aux *Chamillardes*? Et comment avez-vous pu croire qu'elles fussent du même auteur, et même que ces dernières vinssent de Port-Royal? Faut-il donc que

---

1. Après « et qui vous a bien coûté, » on lit dans le texte des *Visionnaires* : « Mais encore, Monsieur, ne nous direz-vous rien de plus précis, et ne marquerez-vous point ce que vous trouvez à redire dans *les Hérésies imaginaires*? Vous nous le faites attendre longtemps, et vous ne vous expliquez là-dessus que vers la fin de votre lettre. Mais enfin vous faites bien voir que vous savez approfondir quand il vous plaît. »

vous soyez si malheureux que tous les efforts que vous avez faits contre *les Imaginaires* se réduisent à faire voir que vous n'êtes pas capable de connoître une différence aussi visible et aussi marquée que celle-là? Je ne sais si cela ne feroit point entrer les gens en soupçon sur les louanges que vous donnez aux *Provinciales* : on croira que vous les louez sur la foi d'autrui, et que vous seriez peut-être aussi embarrassé à en marquer les beautés que vous avez été peu heureux à trouver les défauts des *Hérésies imaginaires*. Quiconque aura bien senti les grâces des premières aimera celles-ci, et verra bien que, s'il y a quelque chose qui se puisse soutenir auprès des *Provinciales*, ce sont *les Hérésies imaginaires*.

Il est certain que les *Petites Lettres* sont inimitables. Il y a des grâces, des finesses, des délicatesses qu'on ne sauroit assez admirer; mais il est vrai aussi qu'il n'y a jamais eu de sujet plus heureux que celui de M. Pascal. On n'en trouve pas toujours qui soient capables de ces sortes d'agréments; et quoique ce soit une extravagance insigne que de prétendre qu'on soit obligé à la créance intérieure du fait de Jansénius, et qu'on puisse traiter comme hérétiques ceux qui n'en sont pas persuadés, cela ne se fait pas sentir, et ne divertit pas comme les décisions des casuistes. C'est une grande faute de jugement que de demander partout le même caractère et le même air; et c'est avec beaucoup de raison que l'auteur des *Hérésies imaginaires*, bien *loin de vouloir attraper ce genre d'écrire*, comme vous le lui reprochez à perte de vue, a pris une manière plus grave et plus sérieuse. Cependant, lorsqu'il lui tombe quelque chose entre les mains qui mérite d'être joué, peut-on s'y prendre plus finement, et y donner un meilleur tour? Et quelque sujet qui se présente, peut-on démêler les choses embrouillées avec plus d'adresse et de netteté? Peut-on mieux mettre les vérités dans leur jour? Peut-on mieux pénétrer les replis du cœur humain, et en faire mieux connoître les ruses?

Je ne prétends pas marquer tout ce qu'il y a de beau dans les lettres de *l'Hérésie imaginaire* : cela seroit fort superflu pour les gens qui ont le goût bon, et fort peu utile pour les autres. Et pour vous, Monsieur, je ne sais si vous en profiteriez. C'est une mauvaise marque de finesse de sentiment que d'avoir confondu *les Chamillardes* avec *les Hérésies imaginaires*, et les *Enluminures* avec l'*Onguent à la brûlure* [1] ; et si vous avez eu si peu de discernement en cela, il est difficile que vous en ayez beaucoup en autre chose.

D'ailleurs je crois qu'on auroit de la peine à vous faire entendre raison sur le sujet de l'auteur des *Hérésies imaginaires :* il vous a touché par où vous étiez le plus sensible. Le moyen de souffrir que l'on maltraite ainsi impunément les faiseurs de romans et les poëtes de théâtre? Il est aisé à voir que vous plaidez votre propre cause, et que ce que vous dites sur ce sujet ne vous a guère coûté. Cette tirade d'éloquence, ou plutôt ce lieu commun de deux pages, représente parfaitement un poëte qui se fâche ; mais encore est-il bon de savoir pourquoi. Dites-nous donc, Monsieur, prétendez-vous que les faiseurs de romans et de comédies soient des gens de grande édification parmi les chrétiens? Croyez-vous que la lecture de leurs ouvrages soit fort propre à faire mourir en nous le vieil homme, à éteindre les passions, et à les soumettre à la raison? Il me semble qu'eux-mêmes s'en expliquent assez, et qu'ils font consister tout leur art et toute leur industrie à toucher l'âme, à l'attendrir, à imprimer dans le cœur de leurs lecteurs toutes les passions qu'ils peignent dans les personnes qu'ils représentent ; c'est-à-dire, à rendre semblables à leurs héros ceux qui doivent regarder Jésus-Christ comme leur modèle et se rendre semblables à lui Si ce n'est là tout le contraire de l'*Évangile*, j'avoue que je ne m'y connois pas ; et il faut entendre la religion comme M. des Marets entend l'*Apocalypse*, pour trouver mauvais qu'un chrétien et un théologien, étant obligé de parler sur cette matière, appelle ces gens-là des *empoisonneurs publics*, et tâche de donner aux chrétiens de l'horreur pour leurs ouvrages.

---

1. Ce passage, comme nous l'avons dit dans la *Notice*, p. 264, pourrait jeter quelques doutes sur l'attribution de la lettre à Barbier d'Aucour. Il a fait un acte bien étonnant d'humilité, si c'est lui qui a ainsi immolé à la gloire de Nicole et de Saci son *Onguent à la brûlure*, pour ne pas parler des *Chamillardes*, puisqu'on n'est peut-être pas fondé à les lui attribuer.

Mais bien loin que cela les offense, n'y trouvent-ils pas même quelque chose qui les flatte? Et n'est-ce pas les louer selon leur goût que de leur reprocher de faire ce qu'ils prétendent? Les injures n'offensent que lorsqu'elles nous exposent au mépris ou des autres, ou de nous-mêmes. Or, personne ne croit qu'on ait droit de le mépriser, ni ne se méprise soi-même[1] pour pécher contre des règles contraires à celles qu'il s'est proposé de suivre. Ainsi nous voyons que ceux qui cherchent à s'agrandir dans le monde ne s'offensent point des injures que leur disent les philosophes contemplatifs qui prêchent la vie retirée : ils les regardent dans un ordre dont ils ne sont pas, et où l'on juge autrement des choses.

Voilà donc les bons poëtes hors d'intérêt. Les autres devroient prendre peu de part à cette injure ; car ils n'*empoisonnent* guère : ils ne sont coupables que par l'intention. Cependant ils murmurent par un secret dépit de voir qu'ils n'ont part qu'à la malédiction du péché, et qu'ils n'en recueillent point le fruit[2]. On les reconnoît par là ; et je crois qu'on peut presque établir pour règle que dès qu'on en voit quelqu'un qui fait ces sortes de plaintes, on peut lire ses ouvrages en sûreté de conscience.

Que s'il y a quelque gloire à bien faire des comédies et des romans, comme il y en peut avoir en mettant le christianisme à part, et à ne considérer que cette malheureuse gloire que les hommes reçoivent les uns des autres, et qui est si contraire à l'esprit de la foi, selon les paroles de Jésus-Christ, l'auteur des *Hérésies imaginaires* ne veut point la ravir à ceux à qui elle est due, quoique, à dire vrai, cette gloire consiste plutôt à se connoître à ces choses et à

1. Plusieurs éditions, au lieu de « ni ne se méprise soi-même, » ont mis : « ni de se mépriser soi-même, » sans faire attention que ce membre de phrase avait été corrigé dans l'*Errata* de la première impression.

2. Il y a une ressemblance singulière entre cette pensée et celle que Racine a ainsi exprimée dans *Phèdre* (acte IV, scène vi, vers 1291 et 1292) :

    Hélas! du crime affreux dont la honte me suit
    Jamais mon triste cœur n'a recueilli le fruit.

être capable de les faire, qu'à les faire effectivement : elle ne mérite pas qu'on y emploie son temps et son travail ; et s'il étoit permis d'agir pour la gloire, ce n'est pas celle-là qu'il faudroit se proposer. La véritable gloire, s'il y en a parmi les hommes, est attachée à des occupations plus sérieuses et plus importantes ; car ils ont eu cette justice de régler les récompenses selon l'utilité des emplois, et ils savent bien faire la différence de ceux qui leur procurent des biens réels et solides, et de ceux qui ne contribuent qu'à leur divertissement. C'est ce qu'a voulu dire l'auteur des *Hérésies imaginaires*, quand il a dit que cette occupation étoit *peu honorable*, même devant les hommes.

Mais enfin il n'empêche pas qu'on ne connoisse ce qu'il y a de beau dans les ouvrages de Sophocle, d'Euripide, de Térence et de Corneille, et qu'on ne l'estime son prix : on peut même dire qu'il s'y connoît, et qu'il sait les règles par où il en faut juger. Il n'ignore pas que ce qu'il y a de plus fin dans l'éloquence, les grâces les plus naturelles, les manières les plus tendres et les plus capables de toucher, se trouvent dans ces sortes d'ouvrages ; mais c'est pour cela même qu'ils sont dangereux. Plus ceux qui les composent sont habiles, plus on a droit de les traiter d'empoisonneurs ; et plus vous vous efforcez de les louer, plus vous les rendez dignes de ce reproche.

Que voulez-vous donc dire, et que prétendez-vous par cette grande exagération, qui fait la moitié de votre lettre ? Que signifient tous ces beaux traits : « que les romans et les comédies n'ont rien de commun avec le jansénisme ; qu'on se doit contenter de donner les rangs en l'autre monde, sans régler les récompenses de celui-ci ; qu'on ne doit point envier à ceux qui s'amusent à ces bagatelles, de misérables honneurs auxquels on a renoncé ? » pour ne rien dire du reste ; car il faudroit tout copier. En vérité, le zèle de la poésie vous emporte : il est dangereux de s'y laisser aller ; on n'en revient pas comme on veut, cela n'aide pas à penser juste, et toute votre lettre se ressent de cette émotion qui vous a pris dès le commencement. Car, dites-moi, Monsieur, à quoi songez-vous, quand vous avancez que si l'on concluoit « qu'il ne faut pas aller à la comédie, parce que saint Augustin s'accuse de s'y être laissé attendrir, il faudroit aussi conclure, de ce que le même saint s'accuse d'avoir trop pris de plaisir aux chants de l'Église, qu'il ne faut plus aller à l'église? » Quoi? s'il faut quitter les choses qui sont mauvaises, et dont nous ne saurions faire un bon usage, faut-il aussi quitter les bonnes, parce que nous en pouvons faire un mauvais? Est-ce ainsi que vous raisonnez? Mais si cette fougue n'est pas heureuse pour le raisonnement, au moins elle sert à embellir les histoires, et il est aisé de connoître celles qui ont passé par les mains de ceux qui savent faire des desseins de romans.

On voit bien que vous avez travaillé sur celle des deux capucins. Mais ce n'est pas assez : il est juste que chacun profite de ce qui lui appartient, et que le monde sache ce qu'il y a de votre invention dans le récit de cette aventure. Je ne vous déroberai rien : ce qui n'est point de vous est fort peu de chose, et vous allez être fort bien partagé.

Il est vrai, car j'ai eu soin de m'en informer, que deux capucins, dont l'un étoit parent de M. de Bagnolx, vinrent un jour à Port-Royal demander l'hospitalité. On en donna avis à la Mère Angélique; et comme on lui demanda si l'on ne leur feroit point quelque réception extraordinaire, à cause de M. de Bagnolx, elle répondit qu'on ne devoit rien ajouter pour cela à la manière dont on avoit accoutumé de recevoir les religieux, et que M. de Bagnolx ne vouloit point qu'en sa considération on changeât, même dans les moindres choses, les pratiques du monastère.

Voilà, Monsieur, comment la chose se passa : de sorte que cette imagination que l'un de ces capucins fût le P. Maillart ou Mulart; cet empressement avec lequel la Mère Angélique court au parloir; ce cidre et ce pain des valets mis à la place du pain blanc et du vin des Messieurs; cette reconnoissance du prétendu P. Maillart en disant la messe : tout cela est de votre cru, sans compter l'application des proverbes et les autres gentillesses de la narration.

Cela ne va pas mal pour une petite histoire; et sur ce pied-là, du moindre sujet du monde vous feriez un fort gros roman. Ce que j'y trouve à redire, est que la vraisemblance n'est pas tout à fait bien gardée, et qu'il eût été difficile qu'à Port-Royal, où l'on étoit bien averti que c'étoit le P. Mulart, cordelier, qui avoit sollicité à Rome la constitution du Pape Innocent X contre les cinq Propositions, on eût pu prendre un capucin pour cet homme-là. Mais vous n'y regardez pas de si près, et d'ailleurs c'est là tout le nœud de l'affaire. Car si ce capucin ne passe tantôt pour le P. Mulart, et tantôt pour le parent de M. de Bagnolx ; et si, selon cela, on ne lui fait boire tantôt du cidre, et tantôt du vin des Messieurs, à quoi aboutira l'histoire? Il faut songer à tout. Vous aviez besoin de quelque chose qui prouvât « qu'on a vu de tout temps ceux de Port-Royal louer et blâmer le même homme, selon qu'ils étoient contents ou mal satisfaits de lui ; » car, en vérité, l'exemple de des Marets ne suffisoit pas. Et si vous prétendez qu'on l'ait loué pour une simple excuse de civilité que lui fait M. Pascal d'avoir cru qu'il étoit l'auteur des apologies des jésuites, vous n'êtes pas difficile en panégyriques.

Pour l'histoire du volume de *Clélie*, peut-être qu'en réduisant tous les solitaires à celui à qui on envoya ce livre de Paris, et le plaisir[1] que vous supposez qu'ils prirent à se voir *traiter d'illustres,* à la complaisance qu'il ne put se défendre d'avoir pour celui qui l'obligea de voir[2] l'endroit dont il s'agit : peut-être, dis-je, qu'elle approchoit de la vérité ; mais je ne vois pas qu'en cet état-là elle vous pût servir de grand'chose.

Que vous reste-t-il donc qui puisse servir de fondement au reproche que vous faites[3] à ceux de Port-Royal, de ne juger des choses que selon leur intérêt? « On a bien souffert, dites-vous, que M. le Maistre ait fait des traductions et des livres sur la matière de la grâce, et on trouve étrange que des Marets en fasse sur des matières de religion. » Sans mentir, la comparaison est bien choisie. M. le Maistre, après

---

1. Après les mots : « tous les solitaires, » il y a dans le texte des *Visionnaires* : « A un seul qui même n'étoit pas de ceux qu'on poûvoit appeler de ce nom-là, et le plaisir, etc. »

2. Dans le texte des *Visionnaires* : « pour un de ses amis qui lui envoya ce livre et qui l'obligea de voir... »

3. Dans le même texte : « qui puisse donner quelque couleur aux reproches que vous faites... »

avoir passé plusieurs années dans une grande retraite et dans la pratique de plusieurs exercices de pénitence et de piété chrétienne, et après avoir joint à ses talents naturels des connoissances qui le rendoient très-capable d'écrire sur les plus grandes vérités de la religion, ne s'en est pas toutefois jugé digne, par cette même humilité qui fait qu'il s'accuse de déréglement et de crime, quoique même avant sa retraite sa vie eût toujours été une vie fort réglée. Il n'a jamais écrit sur les matières de la grâce, et n'a rien entrepris que de simples traductions et des histoires pieuses. Et M. des Marets, après avoir passé sa vie à faire des romans et des comédies, a sauté tout d'un coup jusqu'au plus haut degré de la contemplation et de la spiritualité la plus fine. Et sur le témoignage qu'il a rendu de lui-même qu'il étoit envoyé pour donner aux hommes l'intelligence des mystères, il a commencé à se mettre en possession du titre et du ministère de prophète, à établir le nouvel ordre des victimes, à leur donner les règles de sa nouvelle théologie mystique, enfin à débiter cet amas et ce mélange horrible de profanations et d'extravagances qui paroissent dans ses ouvrages. Que dites-vous de ce parallèle ? Trouvez-vous que cette réserve et cette modestie si chrétienne de M. le Maistre soit fort propre pour autoriser les égarements de des Marets ? Je ne sais s'il vous saura bon gré de vous être avisé de cette comparaison. Il faut qu'il ait soin de se tenir toujours dans cette élévation de l'ordre prophétique, pour n'en pas sentir le mauvais effet ; et pour peu qu'il voulût revenir à la condition des autres hommes, il verroit que c'est un mauvais lustre pour lui que M. le Maistre.

Vous voyez donc, Monsieur, que vous ne faites rien moins que ce que vous prétendez, et je ne pense pas que personne demeure convaincu sur l'histoire des deux capucins, sur les louanges qu'on a données à M. des Marets, ni sur l'exemple de M. le Maistre, que ceux de Port-Royal ne jugent que selon leurs passions et leurs intérêts. Votre première saillie vous a mis en malheur. Quand on est échauffé, on s'éblouit soi-même de ce qu'on écrit, et l'on se persuade aisément que les choses sont bien prouvées, pourvu qu'elles soient soutenues d'amplifications et de lieux communs. Pour cela, vous vous en servez admirablement. Peut-on rien voir de mieux poussé que celui-ci ? « Qu'une femme fût dans le désordre, qu'un homme fût dans la débauche, s'ils se disoient de vos amis, vous espériez toujours de leur salut ; s'ils vous étoient peu favorables, quelque vertueux qu'ils fussent, vous appréhendiez toujours le jugement de Dieu pour eux. Ce n'étoit pas assez, pour être savant, d'avoir étudié toute sa vie, d'avoir lu tous les auteurs : il falloit avoir lu Jansénius, et n'y point avoir lu les Propositions. »

Il ne manque rien à cela que d'être vrai. Mais nous en parlons bien à notre aise, nous qui le regardons de sang-froid. Si nous étions piqués au jeu, et que nous nous sentissions enveloppés dans la disgrâce commune des poëtes de théâtre et des faiseurs de romans, cela nous paroîtroit vrai comme une démonstration de mathématique. L'imagination change terriblement les objets. Quand on est plein de la douleur d'une telle injure, il n'est pas aisé de s'en défaire. On a beau parler d'autre chose, on ne songe qu'à celle-là, et l'on y revient toujours. Y a-t-il rien de plus naturel que cette demande, qui sort de la plénitude de votre cœur : *Enfin que faut-il que nous lisions, si ces sortes d'ouvrages sont défendus ?* Il n'y a personne qui ne crût que c'est là la conclusion d'un discours qu'on auroit fait pour soutenir qu'il est permis de lire des romans et des comédies. Point du tout ; il ne s'agit point de cela. Mais c'est un cœur pressé qui se décharge, et qui fait tout venir à propos.

Cette question me fait souvenir de ce qu'un homme disoit à un évêque qui ne vouloit pas le recevoir aux ordres : « Que voulez-vous donc que je fasse, Monseigneur ? que j'aille voler sur les grands chemins ? » Cet homme ne connoissoit que deux conditions dans le monde : celle de prêtre et celle de voleur de grands chemins. Et vous, vous ne connoissez qu'une sorte de plaisir dans la vie : la lecture des romans et des comédies. Mon Dieu, Monsieur, qu'il me semble que vous auriez de choses à faire avant que de songer à lire des romans ! Mais vous avez pris votre parti, et il y a grande apparence que vous n'en reviendrez pas sitôt. Je vois à peu près ce qu'il vous faut, et je ne m'étonne pas si les Disquisitions et les Dissertations vous ennuient. Vous n'avez pas besoin d'une fort grande soumission pour vous rapporter de tout cela au pape et au clergé de France. Ce n'est pas ce qui vous intéresse. Vous trouverez bon tout ce que fera l'auteur des *Hérésies imaginaires* ; vous lui donnez tout pouvoir, et vous lui abandonnez même M. des Marets, pourvu *qu'il ne lui porte point de coups qui puissent retomber sur les autres* (car c'est là ce qui vous tient au cœur), et qu'il vous laisse jouir en paix de cette *petite étincelle du feu qui échauffa autrefois les grands génies de l'antiquité*, qui vous est tombée en partage.

Mais, Monsieur, il semble qu'un homme aussi tendre et aussi sensible que vous l'êtes ne devroit songer qu'à vivre doucement, et à éviter les rencontres fâcheuses. Et comment est-ce que vous n'avez pas mieux aimé dissimuler la part que vous auriez pu prendre à l'injure commune, que de vous mettre au hasard de vous attirer une querelle particulière ? Cependant vous ne vous contentez pas d'attaquer celui dont vous croyez avoir sujet de vous plaindre : vous étendez votre ressentiment contre tous ceux qui ont quelque liaison avec lui. Il semble qu'ils soient en communauté de péchés, et qu'en faisant le procès au premier qui se présente, on le fait à tous.

Voudriez-vous répondre comme cela pour tous vos confrères, et n'auriez-vous point assez de votre iniquité à porter ? Il est vrai que si vous ne vous étiez avisé de cet expédient, votre lettre auroit été un peu courte. Il a fallu mettre tous les jansénistes en un, et même avoir recours à des choses où ils n'ont point de part, pour trouver de quoi la grossir. Encore, avec tout cela, n'avez-vous pas eu grand'chose à dire ; et peut-être qu'après avoir bien tout considéré, on trouvera que vous n'avez rien dit. Vous voyez bien à quoi se réduit ce que nous avons vu de votre lettre jusqu'ici. Et croyez-vous encore dire quelque chose, quand vous alléguez la traduction de Térence ? N'est-ce pas un beau moyen pour repousser le reproche d'*empoisonneurs*, et pour rendre ceux de Port-Royal coupables du mal que ce livre peut faire, que de dire qu'ils ont tâché d'y apporter le remède, et qu'ils ont pris pour cela la meilleure voie qu'on pouvoit prendre ? Les comédies de Térence sont entre les mains de tout le monde, et particulièrement de ceux qui apprennent la langue latine. Il faut qu'ils passent par là : c'est une nécessité qu'on ne sauroit éviter. On l'a même reconnue au concile de Trente ; et dans l'Index des livres défendus, on a excepté expressément ceux que le besoin qu'on a d'apprendre le latin a rendus nécessaires. Que peut-on donc faire de mieux pour les jeunes gens qui ont ce livre entre les mains, et qui tâchent de l'entendre, que de leur donner une traduction qui le leur explique de telle sorte, qu'elle les fasse passer par-dessus les endroits qui seroient capables de les corrompre, qui leur ôte de devant les yeux tout ce qu'il y a de trop libre, et qui supprime à ce dessein des comédies toutes entières ? S'il y en a qui s'attachent à ce livre par le plaisir qu'ils y prennent, sans se mettre en peine du péril où ils s'exposent, on ne sauroit les en empêcher. Mais peut-on nier que cette traduction ne soit un excellent moyen pour conserver la pureté et l'innocence de ceux qui, ne cherchant dans cet ouvrage que ce qu'on y doit chercher, qui est d'y prendre une teinture de l'air et du style de cet auteur, et d'y apprendre la pureté de sa langue, se tiennent à ce que la traduction leur explique, et sont détournés de lire le reste, où le secours de cette traduction leur manque, par la peine qu'ils auroient à l'entendre ? Que peut-on donc dire de celui qui, pour avoir un prétexte de traiter d'empoisonneur l'auteur de cette traduction, et d'envelopper dans ce reproche tous ceux de Port-Royal, selon le nouveau privilége qu'il se donne, tâche lui-même d'empoisonner un dessein qui n'est pas seulement très-innocent, mais qui est encore très-louable et très-utile ?

Vous avez bien connu qu'il y avoit là un peu de mauvaise foi ; et c'est pour cela que vous avez voulu essayer de prévenir la réponse qu'on vous pourroit faire. Mais vous vous y prenez d'une manière qui mérite d'être remarquée. Vous vous êtes souvenu qu'on avoit dit quelque part que le soin qu'on prend de couvrir les passions d'un voile d'honnêteté ne sert qu'à les rendre plus dangereuses ; et sans savoir trop bien ce que cela signifie, vous avez cru que vous vous sauveriez par là, comme si, en retranchant les libertés des comédies de Térence, on avoit rendu les passions qui y sont représentées plus dangereuses en les couvrant d'un voile d'honnêteté.

C'est le plus grand hasard du monde quand on applique bien ce qu'on n'entend pas. Couvrir les passions d'un voile d'honnêteté, ce n'est pas ôter d'un livre ce qu'il y a d'impur et de déshonnête. Un même livre peut avoir des endroits trop libres et d'autres où les passions soient exprimées par des voies[1] qui ne blessent point la pudeur ni la bienséance, qui fassent beaucoup entendre en disant peu, et qui, sans rien perdre de ce qu'elles ont de doux et de capable de toucher, leur donnent encore l'agrément de la retenue et de la modestie. Ce ne sont pas ces endroits déshonnêtes qui empêchent le mal que ceux-ci peuvent faire : ce seroit un plaisant scrupule que de n'oser les ôter, de peur de rendre le livre plus dangereux ; et je ne connois que vous qui les y voulussiez remettre par principe de conscience.

Mais d'ailleurs ce n'est pas par ces passions couvertes et déguisées que Térence est dangereux, surtout dans les comédies qu'on a traduites : il a des délicatesses admirables, mais elles ne sont pas de ce genre-là ; et dès qu'on en a retranché ce qu'il y a de trop libre, il n'est plus capable de nuire.

Je pourrois ajoûter à cela, qu'encore que toutes les comédies soient dangereuses, et qu'il fût à souhaiter qu'on les pût supprimer toutes, celles des anciens le sont beaucoup moins que celles qu'on fait aujourd'hui. Ces dernières nous émeuvent d'ordinaire tout autrement, parce qu'elles sont prises sur notre air et sur notre tour ; que les personnes qu'elles nous représentent sont faites comme celles avec qui nous vivons, et que presque tout ce que nous y voyons, ou nous prépare à recevoir les impressions de quelque chose de semblable que nous trouverons bientôt, ou renouvelle celles que nous avons déjà reçues.

Mais nous retomberions insensiblement sur un sujet qui vous importune, et vous ne prenez pas plaisir qu'on parle

---

1. Dans *les Visionnaires* : « où les passions soient *couvertes d'un voile d'honnêteté*, c'est-à-dire, où elles soient exprimées par des voies, etc. »

contre les comédies et les romans. D'ailleurs je vois que vous n'aimez pas que l'on soit longtemps sur une même matière : c'est ce qui vous a dégoûté des écrits de Port-Royal, et qui fait que vous vous plaignez qu'ils ne disent plus rien de nouveau. Cela ne me surprend point ; je commence à connoître votre humeur : vous jugez à peu près de ces écrits comme des romans ; vous croyez qu'ils ne sont faits que pour divertir le monde, et que, comme il aime les choses nouvelles, on doit avoir soin de n'y rien dire que de nouveau. Il y a d'autres gens qui les lisent dans une disposition un peu différente de la vôtre : ils y cherchent l'éclaircissement des contestations ; ils tâchent à profiter des vérités dont on se sert pour soutenir la cause que l'on défend ; ils remarquent comme on démêle les difficultés et les équivoques ; ils sont surpris d'y voir que, tandis que ceux qui disent que les Propositions sont dans Jansénius demeurent sans preuve sur une chose dont les yeux sont juges, ceux qui nient qu'elles y soient, quoiqu'ils fussent déchargés de la preuve, selon la règle de droit, ont prouvé cent et cent fois cette négative d'une manière invincible ; enfin ils aiment à voir dissiper tout ce qu'on allègue pour la créance du fait de Jansénius, en le réduisant à l'espèce de celui d'Honorius ; et au lieu que la répétition de cette histoire vous ennuie, ils voient avec plaisir qu'il n'y a qu'à la répéter pour faire évanouir le fantôme de la nouvelle hérésie, toutes les fois qu'on le ramène. N'est-il pas vrai, Monsieur, que vous avez bien de la peine à comprendre comment il peut y avoir des gens de cette humeur-là ? Quoi ? on ne se lasse point de lire les écrits de théologie *pleins de longues et de doctes périodes* où l'on ne fait autre chose que *citer les Pères*, et où l'on *justifie sa conduite par leurs exemples* ? On peut souffrir des gens qui *trouvent dans les Pères* tout ce qu'ils veulent, qui *examinent chrétiennement les mœurs et les livres,* et qui vont chercher dans saint Bernard et dans saint Augustin des *règles* pour discerner ceux qui sont véritablement sages d'avec ceux qui ne le sont pas ?

Je crois, Monsieur, qu'il est bon de vous avertir que, si les meilleurs amis de ceux de Port-Royal les vouloient louer, ils ne diroient que ce que vous dites. Je vois bien que vous n'y prenez pas garde; et sous ombre qu'on ne loue point de cette sorte ni les romans ni ceux qui les font, vous croyez ne les point louer. Voilà ce que c'est que de vous être rempli la tête de ces belles idées. Vous ne concevez rien de grand que ces sortes d'ouvrages et leurs auteurs; et vous ne connoissez point d'autres louanges que celles qui leur conviennent. Cet entêtement pourroit bien vous jouer quelque mauvais tour, et vous ne feriez pas mal de vous en défaire. Mais au moins, tant qu'il durera, prenez bien garde qui vous louerez : autrement, en pensant louer quelque Père de l'Église, ou quelque théologien, vous courez risque de faire insensiblement l'éloge de la Calprenède[1]. Cela vaut la peine que vous y songiez.

Cependant, Monsieur, je crois que l'auteur des *Imaginaires* peut se tenir en repos, et qu'à moins qu'il ne se fasse en vous un changement aussi prompt et aussi extraordinaire que celui qui s'est fait dans M. des Marets, vous ne lui ferez pas grand mal, non plus qu'à tous les autres que vous intéressez dans la querelle que vous lui faites. Vous auriez pu chercher quelque autre voie *pour arriver à la gloire*; et quand vous y aurez bien pensé, vous trouverez sans doute que celle-ci n'est pas la plus aisée ni la plus sûre.

Ce 1 avril 1666.

1. Gauthier de Costes, seigneur de la Calprenède, mort en 1663. Ses romans et ses pièces de théâtre l'avaient rendu célèbre.

LETTRE A L'AUTEUR

DE LA RÉPONSE

AUX *HÉRÉSIES IMAGINAIRES*
ET AUX DEUX *VISIONNAIRES*[1].

Monsieur,

Je ne suis pas capable d'entrer dans les différends qui troublent aujourd'hui l'Église, mais j'ai toujours souhaité connoître de quel côté étoit le détachement et l'honneur ; et laissant à part ce qui est des dogmes et des faits, je ne me suis arrêté qu'aux choses qui regardent le monde.

Je vous avoue que cette recherche m'a toujours été fort inutile, le Port-Royal étant d'un tempérament difficile à connoître, et en possession de confondre les apparences avec la vérité.

Mais la lettre que vous venez de mettre au jour fait cesser les doutes, et tire ce rideau qui cachoit les déguisements d'une cabale artificieuse : je ne prétends pas néanmoins d'en faire l'éloge ; elle renferme tout ce que l'on puisse donner à une pièce achevée. Le style net et coupé qui en fait le corps, ces railleries si délicates, et ce tour si adroit qui donne tant de succès à toutes vos paroles ne sont pas des agréments fort ordinaires aux auteurs de notre langue : de manière que les exemples et les histoires que vous rapportez convaincroient néanmoins l'esprit, s'il n'étoit pris par l'excellence de votre expression.

Jamais pièce anonyme ne causa un empressement plus général d'en découvrir l'auteur que la vôtre : aucun n'est fâché d'en être soupçonné, beaucoup voudroient qu'il n'y eût qu'eux ; c'est à qui s'en fera honneur.

Un homme assez connu dans le monde a fait répandre le

---

[1]. Cette lettre est anonyme. Voyez ci-dessus la *Notice*, p. 272.

bruit par ses amis qu'elle venoit de lui, comme intéressé à soutenir l'honneur du théâtre, auquel il a dévoué sa plume et sa personne. Il s'en est éloigné par une foiblesse étudiée, lorsqu'il en a reçu des compliments ; et composant son extérieur avec l'artifice qui lui est ordinaire, a tâché de confirmer la pensée des simples. Il auroit même été plus loin, si les gens du bon goût ne l'eussent exempté de se défendre d'une chose de laquelle son incapacité en ces matières le met à couvert.

Ce n'est pas tout, il est bon que vous sachiez la consternation dans laquelle vous avez mis les jansénistes, qui s'étant toujours fait un sujet de gloire et de triomphe de tous les écrits qui ont paru contre eux, demeurent muets à la vue de celui-ci, lequel égale au moins l'éloquence de leur parti, comme il en découvre la politique et le faux zèle.

J'ai su que ces Messieurs contestent fort entre eux qui vous êtes : il n'y a point de bel esprit dans la personne duquel ils ne vous cherchent ; mais le docte que les uns soupçonnent manque de délicatesse, et le galant homme pour lequel les autres parient ne sait pas les secrets de leur parti. Ainsi il faut trouver quelqu'un qui excelle en tous les talents : cela les embarrasse.

Ils avoient considéré jusqu'alors tous les gens de lettres comme autant d'inférieurs à leur égard ; et bien loin d'appréhender d'être surpassés d'aucun, ils s'étoient mis en tête que tous ensemble ne pouvoient approcher d'eux : cependant votre lettre les désabuse ; ce coup d'une main invisible les terrasse ; et ne sachant à qui s'en prendre, tous s'accordent à reconnoître ingénument que l'on écrit bien ailleurs qu'au Port-Royal.

Que dites-vous, Monsieur, de cet aveu ? Ne vous surprend-il pas autant que s'ils signoient le Formulaire ? Pour moi, qui les ai toujours connus également échauffés à soutenir leur point d'honneur et leur doctrine, je ne désespère pas qu'ils ne jettent un jour Jansénius au feu, puisqu'ils se sont défaits de l'opinion d'être les plus éloquents du royaume.

Vous savez de quelle conséquence leur est ce titre : aussi beaucoup de choses les en ont rendus maîtres, malgré leur peu de rapport à cette prétention. Si le P. Labbe[1] traite les

1. Le P. Philippe Labbe, jésuite, auteur du livre intitulé : *les*

racines grecques d'une manière différente de la leur ; si Escobar et Tambourin[1] allongent les chaînes de la morale chrétienne, et si un jésuite espagnol enchérit sur le culte que l'on rend à la conception de la Vierge, les jansénistes en concluent que l'éloquence leur est dévolue, et que leur patriarche n'a jamais pensé aux cinq Propositions.

Ce caractère du Port-Royal, quoique véritable, est de beaucoup inférieur à la peinture que vous en faites : personne ne le représenta jamais si bien que vous ; et si quelque chose est à reprendre en votre pièce, c'est qu'une troupe si féconde en machines, et dont les acteurs jouent tant de rôles, s'y trouve censurée au moment que vous faites l'apologie du théâtre.

N'attendez pas de ces Messieurs une défense autant vigoureuse que votre attaque : ce n'est pas ici l'occasion de se signaler contre un visionnaire. Des Marets entend mieux que vous à leur donner matière de paroître ; aussi seroient-ils fâchés qu'il fût sage ; c'est l'ennemi qu'il leur faut ; et bien loin de garder le silence à son égard comme au vôtre, ils en sont déjà à la cinquième *Visionnaire,* peut-être la sixième est-elle faite : la seule appréhension qu'ils aient en ce combat, est que l'imprimerie leur manque.

Mais ce qui prouve que celui-ci est un fanatique ne peut insulter à votre lettre ; et les Pères de l'Église, auxquels ils ont recours pour le convaincre d'illusion, n'interviennent pas pour eux contre vous. Ce n'est donc point la même chose. Laissons des Marets.

Si vous faisiez en écrivant le moindre faux pas contre les règles de l'art, les jansénistes vous opposeroient celles dont ils sont les auteurs. Si vous ne gardiez pas de sincérité dans le récit de leurs histoires, ils en relèveroient la fraude avec emportement, et l'on verroit à chaque ligne de leur réfutation les notes d'*effroyable* et d'*horrible.* Vous deviendriez la proie de leur orgueil par la citation d'un passage mal en-

Étymologies de plusieurs mots françois. contre les abus de la secte des Hellénistes de Port-Royal. publié en 1661.

1. Tambourin était un jésuite sicilien de ce temps, souvent cité dans les notes de Guillaume Wendrock (Nicole) sur les *Provinciales.* — Escobar, que Pascal a fait assez connaître, vivait encore au temps de cette lettre : il est mort en 1669.

tendu, s'il vous arrivoit de vous y méprendre ; et ils vous déshonoreroient charitablement devant les hommes, si sachant qui vous êtes, votre conduite leur donnoit sujet d'en médire. Mais n'étant rien de tout ce qui mérite un reproche, comment tenir contre vous ?

En vérité, Monsieur, je ne vois pour eux qu'un réduit, dans lequel ils ne manqueront pas de se cantonner. Vous déclarez en vouloir moins croire à leur parole sur le sujet des cinq Propositions qu'au pape et aux évêques : vous voilà engagé dans la querelle du fait ; ils vous répondront ce qu'ils disent aux autres ; et quelque dégoût que vous témoigniez avoir de l'histoire d'Honorius, vous n'en pouvez encore éviter la redite.

Je les estimerois heureux si cette histoire pouvoit donner atteinte à celle des capucins, qui les met si fort en cervelle ; mais je ne crois pas qu'elle puisse aller là, non plus que d'absoudre les jansénistes d'avoir été admirateurs et passionnés du roman de Mlle de Scudéry. Je doute même que tous les Pères et l'histoire de l'Église leur puissent servir d'asile pour éviter le blâme dû à l'hypocrisie.

Peut-être qu'ils se récompenseront en soulevant contre vous les anachorètes pour soutenir la pénitence de feu M. le Maistre, et qu'ils vous feront voir par des raisons recherchées qu'il a dû quitter le barreau pour laver les écuelles.

Mais pourquoi se servir de ces exemples ? Si les misères que souffre des Marets vous donnent le même préjugé de conversion que les bassesses de M. le Maistre, est-ce à dire que vous blâmez M. le Maistre ? et en peut-on inférer autre chose, sinon que l'on ne doit pas disputer à des Marets la qualité de pénitent ?

De tout ceci, Monsieur, que conclure ? Si j'étois janséniste, je conseillerois mes confrères de passer condamnation de tous les endroits de leurs écrits qui choquent les faiseurs de romans et de comédies ; et sans vous obliger à faire honneur à leur traduction de Térence, et à tout ce que vous critiquez qui vient d'eux, je croirois beaucoup faire pour le parti, que d'obtenir de vous une neutralité qui vous fît taire.

Je suis, Monsieur, votre, etc.

Ce 30 avril 1666.

LETTRE AUX DEUX APOLOGISTES

DE L'AUTEUR

DES *HÉRÉSIES IMAGINAIRES*[1].

Je pourrois, Messieurs, vous faire le même compliment que vous me faites : je pourrois vous dire qu'on vous fait beaucoup d'honneur de vous répondre ; mais j'ai une plus haute idée de tout ce qui sort de Port-Royal, et je me tiens au contraire fort honoré d'entretenir quelque commerce avec ceux qui approchent de si grands hommes.... Toute la grâce que je vous demande, c'est qu'il me soit permis de vous répondre en même temps à tous deux ; car quoique vos lettres soient écrites d'une manière bien différente, il suffit que vous combattiez pour la même cause ; je n'ai point d'égard à l'inégalité de vos humeurs, et je ferois conscience de séparer deux jansénistes. Aussi bien je vois que vous me reprochez à peu près les mêmes crimes ; toute la différence qu'il y a, c'est que l'un me les reproche avec chagrin, et tâche partout d'émouvoir la pitié et l'indignation de ses lecteurs, au lieu que l'autre s'est chargé de les réjouir. Il est vrai que vous n'êtes pas venus à bout de votre dessein : le monde vous a laissés[2] rire et pleurer tous seuls. Mais le monde est d'une étrange humeur : il ne vous rend point justice. Pour moi, qui fais profession de vous la rendre, je vous puis assurer au moins que le mélancolique m'a fait rire, et que le plai-

---

1. Sur cette réplique de Racine, voyez ci-dessus, p. 270.
2. Il y a *laissé*, sans accord, dans le texte des *OEuvres de Despréaux* (1722), et dans celui des *Mémoires de Trévoux* (1724).

sant m'a fait pitié. Ce n'est pas que vous demeuriez toujours dans les bornes de votre partage : il prend quelquefois envie au plaisant de se fâcher, et au mélancolique de s'égayer ; car, sans compter la manière ingénieuse dont il nous peint ces Romains qu'on voyoit *à la tête d'une armée et à la queue d'une charrue*, il me dit assez galamment « que si je veux me servir de l'autorité de saint Grégoire en faveur de la tragédie, il faut me résoudre à être toute ma vie le poëte de la Passion. » Voyez à quoi l'on s'expose quand on force son naturel : il n'a pu rire sans abuser du plus saint de nos mystères ; et la seule plaisanterie qu'il fait est une impiété.

Mais vous vous accordez surtout dans la pensée que je suis un poëte de théâtre ; vous en êtes pleinement persuadés, et c'est le sujet de toutes vos réflexions sévères et enjouées. Où en seriez-vous, Messieurs, si l'on découvroit que je n'ai point fait de comédies[1] ? Voilà bien des lieux communs hasardés, et vous auriez pénétré inutilement tous les replis du cœur d'un poëte.

Par exemple, Messieurs, si je supposois que vous êtes deux grands docteurs ; si je prenois mes mesures là-dessus, et qu'ensuite (car il arrive des choses plus extraordinaires) on vînt à découvrir que vous n'êtes rien moins tous deux que de savants théologiens, que ne diriez-vous point de moi ? Vous ne manqueriez pas encore de vous écrier que je ne me connois point en auteurs, *que je confonds* les Chamillardes *avec* les Visionnaires, et que je prends des

1. M. Aimé-Martin explique cette phrase par une note singulière : « *Les Plaideurs* ne parurent qu'en 1668. » Le terme général de *comédies* s'appliquait alors à toutes les pièces de théâtre ; et l'on ne peut prêter à Racine le subterfuge que cette note ferait supposer. Il s'amusait à tenir ses adversaires dans l'incertitude sur le véritable auteur de la première lettre, et leur demandait s'ils étaient sûrs d'avoir affaire à un poëte de théâtre ; mais il ne résolvait pas le doute.

hommes fort communs pour de grands hommes : aussi ne prétendez pas que je vous donne cet avantage sur moi ; j'aime mieux croire sur votre parole que vous ne savez pas les Pères, et que vous n'êtes tout au plus que les très-humbles serviteurs de l'auteur des *Imaginaires*.

Je croirai même, si vous voulez, que vous n'êtes point de Port-Royal, comme le dit un de vous, quoiqu'à dire le vrai j'aie peine[1] à comprendre qu'il ait renoncé de gaieté de cœur à sa plus belle qualité. Combien de gens ont lu sa lettre, qui ne l'eussent pas regardée si le Port-Royal ne l'eût adoptée, si ces Messieurs ne l'eussent distribuée avec les mêmes éloges qu'un de leurs écrits. Il a voulu peut-être imiter M. Pascal, qui dit, dans quelqu'une de ses lettres[2], qu'il n'est point de Port-Royal. Mais, Messieurs, vous ne considérez pas que M. Pascal faisoit honneur à Port-Royal, et que Port-Royal vous fait beaucoup d'honneur à tous deux. Croyez-moi, si vous en êtes, ne faites point de difficulté de l'avouer, et si vous n'en êtes point faites tout ce que vous pourrez pour y être reçus : vous n'avez que cette voie pour vous distinguer. Le nombre de ceux qui condamnent Jansénius est trop grand : le moyen de se faire connoître dans la foule ? Jetez-vous dans le petit nombre de ses défenseurs ; commencez à faire les importants, mettez-vous dans la tête que l'on ne parle que de vous, et que l'on vous cherche partout pour vous arrêter ; délogez souvent, changez de nom, si vous ne l'avez déjà fait[3] ; ou plutôt

1. Dans les *Mémoires de Trévoux* : « j'ai peine. »
2. Dans la seizième. Il l'a répété en termes formels dans la dix-septième.
3. Dans l'édition des *Œuvres de Despréaux* et dans les *Mémoires de Trévoux*, une note sur ce passage avertit le lecteur qu' « ils en avoient effectivement changé ; car M. d'Aucourt se nommoit *Barbier*, et M. du Bois se nommoit *Goisbaut*. » Mais les éditeurs de 1807 disent que Barbier ne prit le nom de *d'Aucour* que dix ans après la

n'en changez point du tout ; vous ne sauriez être moins connus qu'avec le vôtre ; surtout louez vos Messieurs, et ne les louez pas avec retenue. Vous les placez justement après David et Salomon ; ce n'est pas assez : mettez-les devant, vous ferez un peu souffrir leur humilité ; mais ne craignez rien : ils sont accoutumés à bénir tous[1] ceux qui les font souffrir.

Aussi vous vous en acquittez assez bien : vous les voulez obliger à quelque prix que ce soit. C'est peu de les préférer à tous ceux qui ont jamais paru dans le monde, vous les préférez même à ceux qui se sont le plus signalés dans leur parti : vous rabaissez M. Pascal pour relever l'auteur des *Imaginaires ;* vous dites que M. Pascal n'a que l'avantage d'avoir eu des sujets plus heureux que lui. Mais, Monsieur, vous qui êtes plaisant, et qui croyez vous connoître en plaisanterie, croyez-vous que le pouvoir prochain et la grâce suffisante fussent des sujets plus divertissants que tout ce que vous appelez *les visions de des Marets ?* Cependant vous ne nous persuaderez pas que les dernières *Imaginaires* soient aussi agréables que les premières *Provinciales :* tout le monde lisoit les unes, et vos meilleurs amis peuvent à peine lire les autres.

Pensez-vous vous-même que je fasse une grande injustice à ce dernier[2] de lui attribuer une *Chamillarde ?* Savez-vous qu'il y a d'assez bonnes choses dans ces *Chamillardes ?* Cet homme[3] ne manque point de hardiesse,

---

date de cette lettre, ce qui rend impossible l'allusion supposée, et que Racine a voulu parler d'une manière générale des pseudonymes si fort en usage parmi les écrivains de Port-Royal.

1. Le mot *tous* manque dans le texte des *Mémoires de Trévoux.*
2. Quoique un peu éloigné de *l'auteur des* Imaginaires, nommé quelques lignes plus haut, *ce dernier* ne peut se rapporter qu'à lui.
3. C'est-à-dire l'auteur des *Chamillardes ;* il y a une ellipse. Ra-

il possède assez bien le caractère de Port-Royal, il traite le pape familièrement, il parle aux docteurs avec autorité. Que dis-je? Savez-vous qu'il a fait un grand écrit qui a mérité d'être brûlé? Mais cela seroit plaisant que je prisse contre vous le parti de tous vos auteurs : c'est bien assez d'avoir défendu M. Pascal. Il est vrai que j'ai eu quelque pitié de voir traiter l'auteur des *Chamillardes* avec tant d'inhumanité, et tout cela parce qu'on l'a convaincu de quelques fautes; il fera mieux une autre fois, il a bonne intention. Il s'est fait cent querelles pour vos amis. Voulez-vous qu'il soit mal avec tout le monde, et qu'il ne soit estimé des jésuites ni des jansénistes? Ne craignez-vous point que l'on vous fasse le même traitement? Car qui empêchera quelque autre de me répondre, et de me dire, en parlant de vous : « Quoi, Monsieur? vous avez pu croire que Messieurs de Port-Royal avoient adopté une lettre si peu digne d'eux? Ne voyez-vous point qu'elle rebat cent fois la même chose, qu'elle est obscure en beaucoup d'endroits, et froide partout? » Ils me diront ces raisons, et d'autres encore, et j'en serai fâché pour vous; car votre belle humeur tient à peu de chose : la moindre mortification la suspendra[1], et vous retomberez dans la mélancolie de votre confrère.

Mais il s'ennuieroit peut-être, si je le laissois plus longtemps sans l'entretenir : il faut revenir à lui, et faire tout ce que je pourrai pour le divertir. J'avoue que ce n'est pas une petite entreprise; car que dire à un homme

---

cine apparemment attribuait *les Chamillardes* au docteur Louis Gorin de Saint-Amour, car il parle d'un grand écrit qui a été brûlé; et l'on croit qu'il est question du *Journal de ce qui s'est passé à Rome dans l'affaire des cinq Propositions*, imprimé en 1662 in-folio. Ce journal avait été rédigé sur les *Mémoires* de Saint-Amour par Antoine Arnauld et Isaac le Maître de Saci. Un arrêt rendu le 4 janvier 1664 le condamna à être brûlé par la main du bourreau.

1. Dans le texte des *Mémoires de Trévoux*, il y a *surprendra*.

qui ne prend rien en raillerie, et qui trouve partout des sujets de se fâcher? Ce n'est pas que je condamne sa mauvaise humeur, il a ses raisons : c'est un homme qui s'intéresse sérieusement dans le succès de vos affaires ; il voit qu'elles vont de pis en pis, et qu'il n'est pas temps de se réjouir ; c'est sans doute ce qui fait qu'il s'emporte tant contre la comédie. Comment peut-on aller au théâtre[1], comment peut-on se divertir, lorsque la vérité est persécutée, lorsque la fin du monde s'approche, lorsque tout le monde a tantôt signé? Voilà ce qu'il pense, et c'est ce qu'allégua un jour fort à propos un de vos confrères ; car je ne dis rien de moi-même.

C'étoit chez une personne qui en ce temps-là étoit fort de vos amies ; elle avoit eu beaucoup d'envie d'entendre lire le *Tartuffe*[2] ; et l'on ne s'opposa point à sa curiosité. On vous avoit dit que les jésuites étoient joués dans cette comédie ; les jésuites, au contraire, se flattoient qu'on en vouloit aux jansénistes. Mais il n'importe : la compagnie étoit assemblée ; Molière alloit commencer, lorsqu'on vit arriver un homme fort échauffé, qui dit tout bas à cette personne : « Quoi, Madame? vous entendrez une comédie le jour que le mystère de l'iniquité s'accomplit? ce jour qu'on nous ôte nos Mères? » Cette raison parut convaincante : la compagnie fut congédiée ; Molière s'en retourna, bien étonné de l'empressement qu'on avoit eu pour le faire venir, et de celui qu'on avoit pour le renvoyer.... En effet, Messieurs, quand vous

1. Ce premier membre de phrase manque dans le texte des *Mémoires de Trévoux*.
2. J. B. Rousseau écrivait à Brossette, dans la lettre, déjà plusieurs fois citée, du 4 décembre 1718 : « Je crois avoir ouï dire à M. de Junquière que l'aventure de *Tartuffe* se passa chez la duchesse de Longueville ; mais je n'oserois vous l'assurer précisément. » — « Il serait bien plus vraisemblable, dit M. Sainte-Beuve (*Port-Royal*, tome III, p. 267, note 1), de la placer chez Mme de Sablé. »

raisonnez de la sorte, nous n'aurons rien à répondre, il faudra se rendre ; car de me demander, comme vous faites, si je crois la comédie une chose sainte, si je la crois propre à faire mourir le vieil homme, je dirai que non, mais je vous dirai en même temps qu'il y a des choses qui ne sont pas saintes, et qui sont pourtant innocentes. Je vous demanderai si la chasse, la musique, le plaisir de faire des sabots, et quelques autres plaisirs que vous ne vous refusez pas à vous-mêmes, sont fort propres à faire mourir le vieil homme ; s'il faut renoncer à tout ce qui divertit, s'il faut pleurer à toute heure? Hélas! oui, dira le mélancolique. Mais que dira le plaisant? Il voudra qu'il lui soit permis de rire quelquefois, quand ce ne seroit que d'un jésuite ; il vous prouvera, comme ont fait vos amis[1], que la raillerie est permise, que les Pères ont ri, que Dieu même a raillé. Et vous semble-t-il que les *Lettres provinciales* soient autre chose que des comédies? Dites-moi, Messieurs, qu'est-ce qui se passe dans les comédies? On y joue un valet fourbe, un bourgeois avare, un marquis extravagant, et tout ce qu'il y a dans le monde de plus digne de risée. J'avoue que le Provincial a mieux choisi ses personnages : il les a cherchés dans les couvents et dans la Sorbonne ; il introduit sur la scène tantôt des jacobins, tantôt des docteurs, et toujours des jésuites. Combien de rôles leur fait-il jouer! Tantôt il amène un jésuite bonhomme, tantôt un jésuite méchant, et toujours un jésuite ridicule. Le monde en a ri pendant quelque temps, et le plus austère janséniste auroit cru trahir la vérité que de n'en pas rire.

Reconnoissez donc, Monsieur, que puisque nos comédies ressemblent si fort aux vôtres, il faut bien qu'elles

[1] Pascal, dans la onzième *Provinciale*.

ne soient pas si criminelles que vous dites. Pour les Pères, c'est à vous de nous les citer ; c'est à vous, ou à vos amis, de nous convaincre, par une foule de passages, que l'Église nous interdit absolument la comédie, en l'état qu'elle est : alors nous cesserons d'y aller, et nous attendrons patiemment que le temps vienne de mettre les jésuites sur le théâtre.

J'en pourrois dire autant des romans, et il semble que vous ne les condamnez pas tout à fait. « Mon Dieu ! Monsieur, me dit l'un de vous, que vous avez de choses à faire avant que de lire les romans ! » Vous voyez qu'il ne défend pas de les lire ; mais il veut auparavant que je m'y prépare sérieusement. Pour moi, je n'en avois pas une idée si haute : je croyois que ces sortes d'ouvrages n'étoient bons que pour désennuyer l'esprit, pour l'accoutumer à la lecture, et pour le faire passer ensuite à des choses plus solides. En effet, quel moyen de retourner aux romans, quand on a lu une fois les voyages de Saint-Amour, Wendrock, Palafox[1], et tous vos auteurs? Sans mentir, ils ont toute une autre manière d'écrire que les faiseurs de romans ; ils ont toute une autre adresse pour embellir la vérité : ainsi vous avez grand tort quand vous m'accusez de les comparer avec les autres. Je n'ai point prétendu égaler des Marets à M. le Maistre ; il ne faut point pour cela que vous souleviez les juges et le palais contre moi ; je reconnois de bonne foi que les plaidoyers de ce dernier sont, sans

---

1. *Les voyages de Saint-Amour* ne sont autre chose que son *Journal*, dont nous avons parlé dans une note précédente (p. 337). — Nicole, sous le nom de *Guillaume Wendrock* (Willelmus Wendrockius), publia en 1657 une traduction latine des *Provinciales*, avec des notes très-étendues. — *Jean de Palafox*, évêque espagnol, mort en 1659, avait eu de vifs démêlés avec les jésuites. Les jansénistes l'ont beaucoup loué, sans qu'il fût toutefois un des leurs ; mais il avait les mêmes ennemis.

comparaison, plus dévots que les romans du premier ; je crois bien que si des Marets avoit revu ses romans depuis sa conversion, comme on dit que M. le Maistre a revu ses plaidoyers, il y auroit peut-être mis de la spiritualité ; mais il a cru qu'un pénitent devoit oublier tout ce qu'il a fait pour le monde. Quel pénitent, dites-vous, qui fait des livres de lui-même, au lieu que M. le Maistre n'a jamais osé faire que des traductions! Mais, Messieurs, il n'est pas que M. le Maistre n'ait fait des préfaces, et vos préfaces sont fort souvent de fort gros livres. Il faut bien se hasarder quelquefois : si les saints n'avoient fait que traduire, vous ne traduiriez que des traductions.

Vous vous étendez fort au long sur celle qu'on a faite de Térence ; vous dites que je n'en puis tirer aucun avantage, et que le traducteur a rendu un grand service à l'État et à l'Église, en expliquant un auteur nécessaire pour apprendre la langue latine. Je le veux bien ; mais pourquoi choisir Térence? Cicéron n'est pas moins nécessaire que lui ; il est plus en usage dans les colléges ; il est assurément moins dangereux ; car quand vous nous dites qu'on ne trouve point dans Térence ces passions couvertes que vous craignez tant, il faut bien que vous n'ayez jamais lu la première et la cinquième scène de l'Andrienne, et tant d'autres endroits des comédies que l'on a traduites : vous y auriez vu ces passions naïvement exprimées ; ou plutôt il faut que vous ne les ayez lues que dans le françois ; et, en ce cas, j'avoue que vous les avez pu lire sans danger.

Voilà, Messieurs, tout ce que je voulois vous dire ; car pour l'histoire des capucins, il paroît bien, par la manière dont vous la niez, que vous la croyez véritable. L'un de vous me reproche seulement d'avoir pris des capucins pour des cordeliers. L'autre me veut faire croire que j'ai voulu parler du P. Mulard. Non, Messieurs : je sais combien ce cordelier est décrié parmi vous ; on se plaignoit encore en ce temps-là d'un capucin ; et ce sont des capucins qui ont bu le cidre. Il se peut faire que celui qui m'a conté cette aventure, et qui y étoit présent, n'a[1] pas retenu exactement le nom du Père dont on se plaignoit ; mais cela ne fait pas que le reste ne soit véritable ; et pourquoi le nier ? Quel tort cela fait-il à la conduite de la Mère Angélique ? Cela ne doit point empêcher vos amis d'achever sa Vie, qu'ils ont commencée ; ils pourront même se servir de cette histoire, et ils en feront un chapitre particulier, qu'ils intituleront : *De l'esprit de discernement que Dieu avoit donné à la sainte Mère.*

Vous voyez bien que je ne cherche pas à faire de longues lettres : je ne manquerois pas de matières pour grossir celle-ci ; je pourrois vous rapporter cent de vos passages, comme vous rapportez presque tous les miens ; mais où ils seroient ennuyeux, et je ne veux pas que vous vous ennuyiez vous-mêmes ; ou ils seroient divertissants, et je ne veux pas qu'on me reproche, comme à vous, que je ne divertis que par les passages des autres. Je prévois même que je ne vous écrirai pas davantage. Je ne refuse point de lire vos *apologies*, ni d'être spectateur de vos disputes ; mais je ne veux point y être mêlé. Ce seroit une chose étrange que, pour un avis que j'ai donné en passant, je me fusse attiré sur les bras tous les disciples de saint Augustin. Ils n'y trouveroient pas leur compte : ils n'ont point accoutumé d'avoir affaire à des inconnus. Il leur faut des gens connus et des plus élevés en dignité ; je ne suis ni l'un ni l'autre, et par consé-

---

1. Les éditeurs modernes ont imprimé *n'ait* au lieu de *n'a*, qui est dans le texte des *Œuvres de Despréaux*, des *Mémoires de Trévoux*, et de l'édition de 1728 des *Œuvres de Racine*.

quent je crains peu ces vérités dont vous me menacez. Il se pourroit faire qu'en me voulant dire des injures, vous en diriez au meilleur de vos amis. Croyez-moi, retournez aux jésuites : ce sont vos ennemis naturels. Je suis, etc.

De Paris, ce 10 mai 1666.

DISCOURS

PRONONCÉS

A L'ACADÉMIE FRANÇAISE

NOTICE.

Il ne nous a été conservé que deux des harangues académiques de Racine. Le remerciment qu'il adressa à la Compagnie lorsqu'il y fut reçu le jeudi 12 janvier 1673 n'a jamais été imprimé, et il n'en est resté aucune copie manuscrite. D'Olivet (*Histoire de l'Académie françoise*, édition de 1729, tome II, p. 345) dit dans sa *Réponse à Valincour* : « Son discours à l'Académie est admirable ; » ce qu'il explique par cette note : « Je parle du discours qu'il fit (*en* 1685) à la réception de Thomas Corneille et de Bergeret ; car pour celui qu'il fit à la sienne, il n'a point paru. Fléchier, Gallois et Racine furent reçus le même jour. Fléchier parla le premier, et fut infiniment applaudi ; Racine parla le second, et gâta son discours par la trop grande timidité avec laquelle il le prononça, en sorte que son discours n'ayant pas réussi, il ne voulut point le donner à l'imprimeur. » Quelque peu de succès qu'ait eu le Remerciment de Racine, nous n'en devons pas moins regretter de l'avoir perdu. S'il n'a pas été prononcé assez distinctement et avec assez d'assurance, ce qui étonna de la part d'un récitateur tel que Racine, ce n'est pas une raison pour qu'en le supprimant l'auteur n'ait pas été trop sévère envers lui-même. Avec ce discours académique, dont les contemporains ne nous ont pas même laissé une analyse, d'Olivet n'en nomme qu'un autre, celui de 1685. C'était évidemment le seul qu'il connût, le seul en effet qui jusque-là (1729) eût pris place dans les *Œuvres de Racine*. En 1747, Louis Racine, à la suite des *Mémoires* sur la vie de son père, fit imprimer pour la première fois (car on ne l'avait pas inséré dans les recueils de l'Académie française) le discours prononcé en 1678 à la réception de l'abbé Colbert. Bien moins remarquable que celui où Racine eut à faire l'éloge du grand Corneille, il méritait cependant d'être recueilli ; et il l'a été dans les principales éditions de notre auteur, postérieures à 1747. Plusieurs de ces éditions, voulant mettre en même temps sous les yeux du lecteur toutes les œuvres oratoires de Racine, ont rapproché des deux discours académiques la harangue que l'abbé Colbert prononça le 21 juillet 1685 devant le Roi, au nom de l'assemblée du clergé, et que Louis Racine donne comme attribuée à son père. Elle sera mieux à sa place parmi les écrits auxquels Racine passe pour avoir prêté le secours de sa plume, mais qui étaient destinés à paraître sous un autre nom que le sien.

*Nous avons à dire dans quelles circonstances furent prononcés les deux discours académiques de Racine

Le premier en date est celui dont il se trouva chargé, comme directeur de l'Académie, à la réception de Jacques-Nicolas Colbert, second fils du grand ministre qui a immortalisé le nom de cette famille. L'abbé Colbert, né en 1654, n'avait que vingt-quatre ans lorsqu'il devint académicien. Il était alors docteur de Sorbonne ; ce fut seulement deux ans plus tard (1680) qu'il fut nommé coadjuteur de l'archevêque de Rouen, auquel il succéda quelques années après. La date de sa réception à l'Académie donne lieu à une petite difficulté. Dans le *Recueil des harangues prononcées par Messieurs de l'Académie françoise* (1 vol. in-4°, J. B. Coignard, M.DC.LXXXVIII), où ne se trouve pas la harangue de Racine, mais celle de l'abbé Colbert, il est dit (p. 328) qu'elle fut prononcée le 30 octobre 1678. C'est sans doute sur la foi de ce *Recueil* que la même date a été adoptée par Louis Racine dans l'édition qu'il a donnée du discours de son père, par d'Alembert (*Histoire des membres de l'Académie*, tome II, p. 369), par les éditeurs de 1768 et de 1807 et par M. Aimé-Martin. Cependant l'erreur n'est-elle pas probable, le 30 octobre 1678 ayant été un dimanche? La *Gazette de France* du 5 novembre 1678 dit que l'abbé Colbert fut reçu à l'Académie le 3 novembre. Quelle que soit l'autorité de ce journal, une faute a pu s'y glisser, et l'on doit plutôt en croire, ce nous semble, le rédacteur du *Mercure galant*, qui avait assisté à la séance académique, et qui la place au dernier jour d'octobre, c'està-dire au 31. Le récit qu'il a fait, dans son journal de novembre 1678, de la réception de l'abbé Colbert, doit être cité en partie : « Je vous ai parlé du choix que l'Académie françoise avoit fait de M. l'abbé Colbert pour remplir la place de feu M. Esprit (*l'abbé Jacques Esprit, qui avait été académicien depuis* 1639). Le voyage de Fontainebleau fut cause qu'il différa le temps de sa réception jusqu'au dernier jour de l'autre mois.... L'assemblée ne pouvoit être que très-nombreuse le jour où M. l'abbé Colbert fut reçu. L'envie de vous entretenir de ce qui s'y passa, comme témoin oculaire, m'y fit chercher place de fort bonne heure.... Celui qu'on reçoit est assis au bout d'en bas de la table, parce que n'ayant point encore eu de place dans l'Académie, il semble qu'il ne la doive prendre qu'après sa réception. Le directeur est vis-à-vis de lui à l'autre bout de la table, seul de toute l'Académie assis dans un fauteuil. Les officiers sont à ses côtés, et le reste des académiciens sur des chaises autour de la table.... M. l'archevêque de Paris, M. Colbert et M. l'abbé son fils étant entrés, ce dernier eut à peine pris sa place, que, sans se donner le temps de respirer après avoir traversé une grande foule, il commença son compliment. » Le *Mercure galant* donne une partie de son discours et l'analyse des passages qu'il ne cite pas textuellement ; puis il continue : « Je passe à ce que le directeur de l'Académie lui répondit de sa part. Le sort, qui décide tous les trois mois de l'élection des officiers, avoit rendu justice au mérite de M. Racine en le mettant dans ce poste glorieux, et plus glorieux encore ce jour-là par l'avantage qu'il eut de parler devant une si belle et si illustre assemblée. » Le discours de Racine est ensuite analysé par le *Mercure*, comme l'a été celui de l'abbé Colbert ; et le compte rendu de la séance s'achève ainsi : « Les applaudissements qu'on donna tout haut à ce discours furent grands, et firent voir que chacun ne connoissoit pas moins que M. Racine les vérités qu'il venoit de dire de la maison de M. Colbert. Le bruit que causa la joie que toute l'assemblée en ressentit étant cessé, le même M. Racine, comme directeur de l'Académie, demanda aux académiciens s'ils avoient quelque chose à lire. Cette demande se fait toujours dans leurs actions publiques. Il n'y a qu'eux qui aient ce droit de lecture. Ils la font assis, couverts, et le papier à la main. M. l'abbé Cotin commença par un discours de philosophie. Il le fit sur ce que M. l'abbé Colbert qu'on recevoit ce jour-là étoit un très-habile philosophe.... M. Quinault lut ensuite deux petits ouvrages de vers. Il y en avoit un sur la modestie de M. Colbert (*le ministre*).... Le second ouvrage de M. Quinault étoit tout entier à l'avantage de M. l'abbé Colbert, sur ce que dans le bel âge il avoit uni les belles-lettres au profond savoir. Après qu'il eut achevé, l'abbé Furetière fit entendre quelques vers sur plusieurs endroits de la vie du Roi.... Un dialogue de la Paix et de la Victoire fut lu par M. Boyer.... D'autres vers de M. Corneille l'aîné *sur la paix*[1], furent écoutés avec beaucoup de plaisir.... M. le Clerc lut après lui différents ouvrages de poésie[2] (*ils étaient aussi en partie à l'éloge de l'abbé Colbert*). » On voit que cette journée académique fut consacrée sans partage aux louanges du Roi et des Colbert. Seules elles servirent de texte au discours du directeur. C'était véritablement comme la fête du protectorat de l'Académie. Les lettres avaient de grandes obligations au ministre chargé de les encourager par des pensions ; et Racine particulièrement devait beaucoup de reconnaissance à une illustre maison où il était depuis longtemps en faveur. D'Alembert a été sévère pour un passage de la harangue de Racine : « Nous sommes fâché, dit-il dans son *Éloge de l'abbé Colbert*, que l'illustre orateur, dont le tact étoit d'ailleurs si fin sur les convenances, les ait oubliées dans un endroit de ce discours, et que l'auteur d'*Iphigénie* et de *Phèdre*, qui étoit alors au plus haut degré de son mérite et de sa réputation, parle au jeune Colbert, âgé de vingt-quatre ans, des *grâces* que l'Académie avoit *à lui rendre pour l'honneur qu'il lui faisoit* en y acceptant une place. » Rigoureusement, le reproche est juste ; mais d'Alembert

1. Voyez le tome X du *Corneille* de M. Marty-Laveaux, p. 326-330, poésie xc.
2. *Mercure galant* de novembre 1678, p. 145-180.

parlait ainsi dans un temps où les écrivains, bien qu'ils sussent encore flatter, se trouvaient plus affranchis de la tutelle des hommes puissants ; il faut tenir compte du ton qui régnait alors à l'Académie, et ne pas trop critiquer de simples formules, que personne ne prenait à la lettre, et dont l'hyperbole ne tirait pas plus à conséquence que celle des madrigaux galants de la même époque.

Racine eut une beaucoup plus belle occasion d'éloquence, et obtint aussi un succès incomparablement plus grand, le jour où la réception de Thomas Corneille, qui prenait la place de son illustre frère, lui donna pour sujet de discours l'éloge du grand poëte qui lui avait montré la route. Les témoignages contemporains, quelle que soit la banalité de leur complaisance pour toutes les harangues académiques, ont, lorsqu'il sagit de celle-ci, quelque chose de plus marqué. Il nous est d'autant plus facile de comprendre l'effet qu'elle produisit, qu'aujourd'hui encore il n'est pas moindre à la lecture. La *Gazette* du 6 janvier 1685 rend compte en ces termes de la séance où fut prononcé ce chef-d'œuvre d'éloquence, qui sera toujours admiré pour la noblesse et l'élégance parfaite du langage : « Le 2 de ce mois, le sieur Thomas Corneille fut reçu à l'Académie françoise, à la place du feu sieur Pierre Corneille, son frère aîné. Le même jour, le sieur Bergeret, secrétaire ordinaire de la chambre et du cabinet du Roi, premier commis du sieur Colbert de Croissy, ministre et secrétaire d'État, ci-devant avocat général au parlement de Métz, fut aussi reçu à l'Académie, à la place du feu sieur de Cordemoy. Ils firent chacun un très-beau discours ; et le sieur Racine, trésorier de France, directeur de la Compagnie, y répondit d'une manière qui lui mérita un applaudissement général. » Le *Mercure galant* de janvier 1685, après avoir donné des renseignements semblables à ceux de la *Gazette*, et avoir mis sous les yeux de ses lecteurs le Remerctment de Thomas Corneille et quelques parties de celui de Bergeret, arrive au discours du directeur : « M. Racine, dit-il, qui étoit alors directeur de l'Académie, répondit à ces deux nouveaux académiciens au nom de la Compagnie. Je tâcherois inutilement de vous exprimer combien cette réponse fut éloquente, et avec combien de grâce

352   ŒUVRES DIVERSES EN PROSE.

il la prononça. Elle fut interrompue par des applaudissements fréquemment réitérés ; et comme il en employa une partie à élever le mérite de M. de Corneille, il fut aisé de connoître qu'on voyoit avec plaisir dans la bouche d'un des plus grands maîtres du théâtre les louanges de celui qui a porté la scène françoise au degré de perfection où elle est. » Ici le *Mercure* analyse le discours, et ajoute : « Cette réponse de M. Racine fut suivie de tous les applaudissements qu'elle méritoit. Chacun à l'envi s'empressa à lui marquer le plaisir que l'assemblée en avoit reçu, et on demeura d'accord tout d'une voix que le sort qui l'avoit fait directeur n'avoit point été aveugle dans son choix, et qu'on ne pouvoit parler plus dignement au nom de l'illustre Compagnie qui recevoit dans son corps les deux nouveaux académiciens[1]. » Bayle, dans ses *Nouvelles de la République des Lettres*[2] (janvier 1685, à Amsterdam, M.DC.LXXXVI), a aussi parlé de la même séance académique. Il donne d'abord quelques détails sur M. de Cordemoy, auquel succédait Bergeret, et qui, dans un passage du discours de Racine, a reçu son tribut d'éloges : « Cet habile cartésien, dit Bayle, par une conduite assez extraordinaire, avoit quitté le personnage de philosophe pour prendre celui d'historien ; car encore que ses deux discours sur le mouvement local et sur la parole eussent extrêmement plu, il ne se laissa pas d'abandonner la philosophie, pour s'attacher entièrement à faire une histoire de France, qui devoit contenir plusieurs volumes. Il avoit déjà achevé l'histoire des rois de la première et de la seconde race, et il ne s'en falloit qu'une feuille que le premier tome ne fût achevé d'imprimer, lorsqu'il mourut. » Passant ensuite au grand Corneille, « qui mourut la nuit du dernier de septembre au premier d'octobre (1684), » un peu avant Cordemoy, Bayle raconte la contestation qui s'éleva entre l'abbé de Lavau et Racine, au sujet des honneurs funèbres à rendre au père de notre théâtre tragique ; puis le retard qu'éprouva l'élection de Thomas Corneille, parce que Racine avait de-

1. *Mercure galant* de janvier 1685, p. 129-200.
2. Pages 28 et suivantes.

mandé une surséance de quinze jours, afin de laisser à l'Académie le temps de s'assurer s'il ne lui seroit point permis, pour remplacer Pierre Corneille, de porter ses suffrages sur le duc du Maine, alors âgé de moins de quinze ans. « La grande jeunesse de ce prince, continue Bayle, a été cause que le Roi n'a pas jugé à propos qu'il occupât ce poste-là ; ainsi on y a mis M. Corneille le jeune. Il auroit pu être reçu plus tôt ; mais Monsieur le directeur de l'Académie a ménagé de telle sorte les choses, qu'on a différé cette réception jusques à ce que l'on eût choisi le successeur de M. de Cordemoy, afin que ces deux nouveaux académiciens pussent être reçus dans un même jour. Par ce moyen il s'est épargné la peine de composer une réponse. La cérémonie s'est faite le 3ᵉ de janvier, comme je l'ai déjà dit[1]. Il s'y trouva beaucoup plus d'académiciens que dans les assemblées ordinaires, et un grand nombre d'autres personnes.... On l'admira (*le directeur de l'Académie*) principalement dans l'éloge de feu M. Corneille, qui fut court et bien tourné. » La justice qu'ici le critique rend à Racine est mesurée d'une main un peu avare ; mais l'article tout entier ne paraissant pas être d'un ami trop prévenu, quelques mots d'approbation, arrachés par la seule force de la vérité, n'attestent que mieux le triomphe de l'orateur, dont on trouverait, s'il en était besoin, des preuves plus décisives encore dans le *Journal* de Dangeau. Nous y lisons sous la date du *mardi 2 janvier* 1685 : « Bergeret et le jeune Corneille furent reçus à l'Académie, et Racine, qui en étoit directeur, répondit à leurs harangues avec beaucoup d'éloquence et de grâces. » Et un peu plus loin : « *Vendredi 5 janvier* 1685, *à Versailles*. (*Le Roi*) se fit réciter par Racine la harangue qu'il avoit faite à l'Académie le jour de la réception de Bergeret et du jeune Corneille, et les courtisans trouvèrent la harangue aussi belle qu'elle avoit été trouvée à l'Académie. Racine la récita dans le cabinet du Roi. » — « *Mardi 23 janvier* 1685 *à Versailles*. Madame la Dauphine fit dire, dans son cabinet, à Racine la harangue qu'il fit à l'Académie.... » Aux éloges que la cour avoit

---

1. Bayle se trompe sur la date. Nous avons vu que la séance eut lieu le 2, et non le 3.

donnés à Racine, Arnauld joignit les siens, qui pour l'auteur devaient être d'un prix sans égal ; toutefois cet ami sincère y mêla une restriction très-naturelle de sa part. Il savait que le Roi, après avoir entendu la lecture du discours, avait dit à Racine : « Je vous louerois davantage, si vous ne m'aviez pas tant loué[1]. » Son jugement fut conforme à ces paroles du Roi, mais à ces paroles prises dans un sens que vraisemblablement Louis XIV n'avait pas voulu y donner. Il écrivit à Racine le 6 avril 1685 : « J'ai à vous remercier du discours qu'on m'a envoyé de votre part. Rien n'est assurément plus éloquent ; et le héros que vous y louez en est d'autant plus digne de vos louanges que l'on dit qu'il y a trouvé de l'excès. Mais il est bien difficile qu'il n'y en ait toujours un peu : les plus grands hommes sont hommes et se sentent toujours par quelque endroit de l'infirmité humaine. » Quelque évidente et banale que soit cette dernière vérité, Racine avait mérité qu'on la lui rappelât : elle condamne la phrase qui termine son éloquent discours, et qui, nous n'en sommes pas étonné, le gâtait quelque peu sans doute aux yeux d'Arnauld.

Les exagérations adulatrices des confrères de Racine ne sauraient nous fournir une excuse suffisante à alléguer en sa faveur. Il est juste cependant, tout au moins pour avoir un point de comparaison, de rappeler quelles étaient alors à l'Académie les habitudes oratoires quand il s'agissait d'en louer le protecteur, et nous prendrons nos exemples dans les deux discours des récipiendaires de cette séance. Dans celui de Bergeret nous lisons ce passage : « On peut dire seulement que tout ce qu'il fait voir au monde n'est rien en comparaison de ce qu'il lui cache ; que tant de victoires, de conquêtes et d'événements prodigieux qui étonnent toute la terre, n'ont rien de comparable à la sagesse incompréhensible qui en est la cause. Et il est vrai que lorsqu'on peut voir quelque chose des conseils de cette sagesse plus qu'hu-

---

[1]. Racine rapporte lui-même ce mot du Roi dans ses notes, dont l'autographe est conservé à la Bibliothèque nationale, et que Louis Racine a le premier publiées, à la suite des *Mémoires*, sous le titre de *Fragments historiques*.

maine, on se trouve, pour ainsi dire, dans une si haute région d'esprit, que l'on en perd la pensée, comme quand on est dans un air trop élevé et trop pur on perd la respiration. » Si Thomas Corneille n'a rien dans sa harangue qui égale le ridicule de cette amphigourique apothéose, il y a cependant dans sa flatterie quelque chose qui aujourd'hui nous choque plus encore, lorsque venant à l'éloge de Louis XIV, il dit : « Vous parlerez de sa vigilance exacte et toujours active pour ce qui regarde le bien de ses peuples, la gloire de ses États et la majesté du trône, de ce zèle ardent et infatigable, qui lui fait donner ses plus grands soins à détruire entièrement l'hérésie et à rétablir le culte de Dieu dans toute sa pureté. » La révocation de l'édit de Nantes, qui est de cette même année 1685, ne fut publiée que quelques mois plus tard; mais dès lors Louis XIV s'engageait de plus en plus sur la pente où quiconque le poussait était assuré de lui bien faire sa cour. Bergeret aussi parla d' « un zèle pour la religion qui fait chaque jour de si grands et de si heureux projets. » Racine n'imita pas les deux orateurs qui l'avaient précédé. Son silence sur ce point, que Thomas Corneille l'avait invité à ne pas omettre, lui fait honneur. Nous devions le faire remarquer.

Rollin a consacré plusieurs pages de son *Traité des études* (livre IV, chapitre III, article 1, § 4) au discours de Racine, qu'il propose comme un modèle achevé d'une éloquence « noble et sublime, et en même temps naturelle et sans affectation. »

Ce discours a été réuni de bonne heure aux *Œuvres* de notre poëte. Il y a pris place dès 1687; on le trouve dans l'édition de cette année, au tome II, p. 413-428[1]. Il avait été imprimé à part en 1685, avec les discours de Thomas Corneille et de Bergeret. C'est d'après cette première édition de la harangue de Racine que nous avons établi notre texte. Dans celui de l'édition de 1768 (de Luneau de Boisjermain) et des suivantes sans en excepter l'édition de M. Aimé-Martin, il s'était glissé des fautes, dont une à la fin du discours était grave et altérait le sens.

1. Dans l'édition de 1697, on l'a placé au tome I, p. 449-464.

Le recueil in-4° des trois discours prononcés à la séance du 2 janvier 1685 a pour titre :

DISCOURS PRONONCEZ
A
L'ACADÉMIE FRANÇOISE
Le 2 janvier 1685.
A Paris, de l'imprimerie de Pierre le Petit....
M.DC.LXXXV.
Avec Privilege de Sa Majesté.

En tête est cet avertissement imprimé en italique : *Monsieur de Corneille ayant esté élû par l'Académie françoise à la place de feu M. de Corneille son frere, et à quelques jours de là Monsieur de Bergeret secretaire du cabinet, premier commis de M. de Croissy ministre et secretaire d'Estat, ayant aussi esté élû à la place de feu M. de Cordemoy, ils vinrent tous deux prendre leur séance le 2 janvier 1685, et firent leurs remercimens à la Compagnie chacun selon le rang de leur reception.*

Le remerciment de Thomas Corneille commence à la page 5, celui de Bergeret à la page 17. De la page 27 à la page 37 on trouve la réponse de Racine, qui est précédée de ces lignes : *Apres que M. de Corneille et M. de Bergeret eurent ainsi remercié l'Académie, M. Racine, qui en estoit directeur, prit la parole et leur répondit en ces termes.*

Les trois discours ont été réimprimés dans le *Recueil des harangues* publié en 1698 par Coignard, et dont nous avons parlé ci-dessus. Le texte de la réponse de Racine y est donné exactement, aux pages 474-481. Ce recueil, nous l'avons dit, ne contient pas le discours prononcé à la réception de l'abbé Colbert; mais nous en trouvons le brouillon autographe parmi les manuscrits de Racine conservés à la Bibliothèque nationale (tome II, f°s 98-100). Nous l'avons comparé avec le texte donné en 1747 par Louis Racine, et qui est, ainsi que nous l'avons fait remarquer, la première impression de ce discours. Ce brouillon a quelques ratures et quelques corrections. Nous relevons dans les notes les premières leçons qu'on lit sous les ratures du manuscrit. — Nous avons vu dans la bibliothèque de M. Cousin une copie de ce discours qui, au premier aspect, semble, comme le brouillon, être de la main de Racine, mais dont, à nos yeux, l'authenticité est douteuse. Cette copie diffère de notre texte, dans l'éloge du Roi, par cette leçon : « Nous pensions que *les armes de ce conquérant avoient* porté *sa gloire*.... », au lieu de : « .... que *les armes eussent* porté *la gloire de ce prince*.... » (voyez ci-après, p. 362 et note 2); et plus loin par l'omission de *et* devant « cette ardente passion » (p. 363, ligne 5). Puis, et c'est là ce qui nous la rend suspecte, on y lit, sous des ratures comme dans le brouillon, les deux leçons indiquées dans les notes 5 et 7 de la page 363. Il peut paraître un peu surprenant que Racine, après les avoir effacées dans son brouillon, les ait reprises, pour les effacer de nouveau, dans une copie qui serait évidemment postérieure.

DISCOURS

PRONONCÉ A L'ACADÉMIE FRANÇOISE

A LA RÉCEPTION DE M. L'ABBÉ COLBERT.

Monsieur,

Il m'est sans doute très-honorable de me voir à la tête de cette célèbre Compagnie, et je dois beaucoup[1] au hasard de m'avoir mis dans une place où le mérite ne m'auroit jamais élevé. Mais cet honneur, si grand par lui-même, me devient, je l'avoue, encore plus considérable quand je songe que la première fonction que j'ai à faire dans la place où je suis, c'est de vous expliquer les sentiments que l'Académie a pour vous.

Vous croyez lui devoir des remerciements pour l'honneur que vous dites qu'elle vous a fait; mais elle a aussi des grâces[2] à vous rendre : elle vous est obligée, non-seulement de l'honneur que vous lui faites, mais encore[3] de celui que vous avez déjà fait à toute la république des lettres[4].

Oui, Monsieur, nous savons combien elles vous sont redevables. Il y a longtemps que l'Académie a les yeux sur vous; aucune de vos démarches ne lui a été inconnue; vous portez un nom que trop de raisons ont rendu sacré pour les gens de lettres : tout ce qui regarde

---

1. « Et je suis obligé. » (1re leçon.)
2. « Mais elle a des grâces aussi. » (1re leçon.)
3. « Mais même. » (1re leçon.)
4. « De celui que vous lui avez déjà fait. » (1re leçon.)

votre illustre maison ne leur sauroit plus être ni inconnu ni indifférent.

Nous avons considéré[1] avec attention les progrès que vous avez faits dans les sciences; mais si vous aviez excité d'abord notre curiosité, vous n'avez guère tardé à exciter notre admiration. Et quels applaudissements n'a-t-on point donnés à cette excellente philosophie que vous avez publiquement enseignée! Au lieu de quelques termes barbares, de quelques frivoles questions que l'on avoit accoutumé d'entendre dans les écoles, vous y avez fait entendre de solides vérités, les plus beaux secrets de la nature, les plus importants principes de la métaphysique. Non, Monsieur, vous ne vous êtes point borné à suivre une route ordinaire, vous ne vous êtes point contenté de l'écorce de la philosophie : vous en avez approfondi tous les secrets; vous avez rassemblé ce que les anciens et les modernes avoient de solide et d'ingénieux : vous avez parcouru tous les siècles, pour nous en rapporter les découvertes. L'oserai-je dire? vous avez fait connoître dans les écoles Aristote même, dont on n'y voit souvent que le fantôme.

Cependant cette savante philosophie n'a été[2] pour vous qu'un passage pour vous élever à une plus noble science, je veux dire, à la science de la religion. Et quel progrès n'avez-vous point fait[3] dans cette étude sacrée[4]? Avec quelles marques d'estime la plus fameuse[5] Faculté de l'univers vous a-t-elle adopté, vous a-t-elle associé dans son corps! L'Académie a pris part à tous vos hon-

1. « Nous avons suivi. » (1re leçon.)
2. « Cependant cette savante philosophie, cette profonde étude de la nature n'étoit. » (1re leçon.)
3. Dans le texte de Luneau de Boisjermain et des éditeurs suivants : « quels progrès n'avez-vous point faits, » au pluriel.
4. Le mot *sacrée* a été ajouté en interligne.
5. « La plus savante. » (1re leçon.)

neurs ; elle applaudissoit à vos célèbres actions[1] ; mais, Monsieur, depuis qu'elle vous a vu monter en chaire[2], qu'elle vous a entendu prêcher les vérités de l'Évangile, non-seulement avec toute la force de l'éloquence, mais même[3] avec toute la justesse et toute la politesse[4] de notre langue, alors l'Académie[5] ne s'est plus contentée de vous admirer, elle a jugé que vous lui étiez nécessaire. Elle vous a choisi, elle vous a nommé pour remplir la première place qu'elle a pu donner. Oui, Monsieur, elle vous a choisi ; car, nous voulons bien qu'on le sache, ce n'est point la brigue, ce ne sont point les sollicitations qui ouvrent les portes de l'Académie : elle va elle-même au-devant du mérite, elle lui épargne l'embarras de se venir offrir ; elle cherche les sujets qui lui sont propres. Et qui pouvoit lui être plus propre que vous[6] ? Qui pouvoit mieux nous seconder dans le dessein que nous nous sommes tous proposé de travailler à immortaliser les grandes actions[7] de notre auguste protecteur ? Qui pouvoit mieux[8] nous aider à célébrer ce prodigieux nombre d'exploits dont la grandeur[9] nous accable pour ainsi dire, et nous met dans l'impuissance de les exprimer ?

1. *Actions* est pris ici dans le sens de *discours publics*.
2. *En chaire* est dans l'interligne ; après *monter*, Racine avait répété *depuis*, qu'il a ensuite biffé.
3. « Mais encore. » (1re leçon.)
4. « Avec toute la justesse, toute la politesse. » (1re leçon.)
5. « Alors elle. » (1re leçon.)
6. « Et qui pouvoit mieux ou autant que vous nous aider à nous acquitter des immortelles obligations que nous avons à notre auguste protecteur ? » (1re leçon) Avant ces mots, que Racine a biffés, on lit ce commencement de phrase, également raturé : « Jamais élection ne fut ni plus uniforme, ni plus.... »
7. Au lieu de *les grandes actions*, Racine avait écrit d'abord *les victoires*, puis *la mémoire*.
8. « Mieux que vous. » (1re leçon.)
9. « Ses merveilleux exploits, dont le nombre. » (1re leçon.)

Il nous faut[1] des années entières pour écrire dignement une seule de ses actions.

Cependant chaque année, chaque mois, chaque journée même nous présente une foule de nouveaux miracles. Étonnés de tant de triomphes, nous pensions que les armes eussent porté la gloire de ce prince au plus haut point où elle pouvoit monter[2]. En effet, après tant de provinces si rapidement[3] conquises, tant de batailles gagnées, les villes[4] emportées d'assaut, les villes sauvées du pillage, et[5] toutes ces grandes actions dont vous nous avez fait une si vive peinture, auroit-on pu s'imaginer que cette gloire dût encore croître? La paix qu'il vient de donner à l'Europe est quelque chose de plus grand encore[6] que tout ce qu'il a fait dans la guerre. Je n'ai garde d'entreprendre ici de faire l'éloge de ce héros, après[7]

1. « Il nous faudroit. » (1re leçon.)
2. Le manuscrit donne à choisir entre la leçon que nous avons adoptée, et cette variante, qui n'a pas été non plus biffée : « Nous pensions (*ces deux mots sont effacés*) que la guerre eût porté *sa* (sic) gloire de ce prince (*corrigé en* conquérant) au plus haut point.... » La première leçon, qui se lit sous les ratures, était : « Cependant toutes les années, tous les mois, toutes les journées nous offrent de nouveaux sujets capables de nous épuiser. Nous pensions que tout ce qu'il a fait dans la guerre avoit porté.... » Racine avait encore essayé cette autre manière : « Et lorsque chargés de tant de matière, étonnés de tant de victoires, de tant de conquêtes, nous croyons sa gloire arrivée au plus haut point, la paix qu'il vient de donner à l'Europe.... » — Toute la phrase suivante, depuis : *En effet*, jusqu'à : *croître*, forme, dans le manuscrit, une addition écrite en renvoi.
3. « Si rapidement » est en interligne.
4. Les éditeurs ont remplacé *villes* par *places*.
5. Après *et*, on lit dans l'interligne ces mots biffés, qui sont évidemment des tâtonnements de l'auteur : « tant d'autres ».... « après, dis-je. »
6. « Nous présente encore quelque chose de plus grand. » (1re leçon.)
7. « Je ne me sens point assez de forces pour oser parler de ce héros, après.... » (1re leçon.)

l'éloquent discours que vous venez de nous faire entendre. Non-seulement nous y avons reconnu l'élévation de votre esprit, la sublimité[1] de vos pensées ; mais on y voit[2] briller surtout ce zèle[3] pour votre prince, et cette ardente passion pour sa gloire, qui est la marque si particulière à laquelle on reconnoît toute votre illustre famille. Tandis que le chef de la maison, rempli de ce noble zèle[4], ne donne point de relâche à son infatigable génie, tandis qu'il jette un œil pénétrant jusques dans les moindres besoins de l'État, avec quelle ardeur, quelle vigilance ses enfants, ses frères, ses neveux, tout ce qui lui appartient, s'empresse-t-il à le soulager, à le seconder ! L'un travaille heureusement à soutenir la gloire de la navigation[5] ; l'autre se signale[6] dans les premiers emplois de la guerre[7] ; l'autre donne tous ses soins à la paix, et renverse tous les obstacles[8] que quelques désespérés vouloient apporter à ce grand ouvrage[9]. Je ne finirois

1. Au lieu de *la sublimité*, Racine avait écrit d'abord : « la pureté et la justesse ; » puis « la délicatesse et la justesse. »
2. Il y a dans le manuscrit une première leçon : « Nous y avons vu ; » et une seconde : « on y a vu. »
3. Après *zèle* est le mot *ardent*, effacé. A la ligne suivante *et*, ainsi qu'*ardente*, ont été ajoutés en interligne, et de même, un peu plus loin, *illustre* devant *famille*, et *ses neveux* après *ses frères*.
4. Racine avait mis d'abord : « toujours occupé de ce noble objet, » puis « tout plein de ce noble zèle. »
5. « De la navigation, si longtemps ignorée de la France, et qui la rend maintenant le juste objet de la jalousie des étrangers. » (1re leçon.)
6. « L'autre se distingue. » (1re leçon.)
7. Après *de la guerre*, le brouillon porte ces mots effacés : « a part à tous les périls, à toutes les victoires de son maître. » Réglant sur cette addition le tour de la phrase, Racine avait mis d'abord, à la ligne précédente : *signalant*, au lieu de : *signale*.
8. « Et veille depuis quatre ans à renverser les obstacles. » (1re leçon.)
9. Jean-Baptiste Colbert, marquis de Seignelay, secrétaire d'État en survivance, chargé du détail de la marine. C'était le frère aîné

point si je vous mettois devant les yeux[1] tout ce qu'il y a d'illustre dans votre maison. Vous entrez, Monsieur, dans une compagnie que vous trouverez pleine de ce même esprit, de ce même zèle[2] ; car, je le répète encore, nous sommes tous rivaux dans la passion de contribuer quelque chose à la gloire[3] d'un si grand prince : chacun y emploie les différents talents[4] que la nature lui a donnés. Et ce travail même qui nous est commun[5], ce dictionnaire qui[6] de soi-même semble une occupation si sèche et si épineuse[7], nous y travaillons avec plaisir. Tous les mots de la langue, toutes les syllabes nous paroissent précieuses, parce que nous les regardons comme autant d'instruments qui doivent servir à la gloire de notre auguste protecteur[8].

du récipiendaire. — Édouard-François Colbert, comte de Maulevrier, lieutenant général des armées depuis 1676. — Charles Colbert, marquis de Croissy, l'un des plénipotentiaires pour la paix de Nimègue. Ces deux derniers étaient frères du ministre. (*Note de l'édition de* 1807.)

1. « Si je faisois passer devant vos yeux. » (1re leçon.)
2. « Inspirée du même esprit, du même zèle. » (1re leçon.)
3. « Dans la gloire. » (1re leçon.) — Geoffroy a fait ici au véritable texte cette correction : *Contribuer en quelque chose à la gloire.* « Toutes les éditions estimées, dit-il, portent *contribuer quelque chose*. C'est un solécisme que Racine n'a sûrement pas fait, et qu'il faut attribuer aux éditeurs. » Le manuscrit de Racine, et la variante que nous y avons signalée, suffiraient à prouver que Racine a écrit et a voulu écrire *contribuer quelque chose*, locution alors très-française, et dont le *Dictionnaire* de M. Littré donne des exemples tirés de Descartes, de Corneille, de Bossuet, de Mme de Sévigné.
4. « S'y emploie selon les différents talents.... » (1re leçon.)
5. On lit dans l'interligne : *à tous*, biffé.
6. Après *qui*, il y a *semble*, effacé, puis récrit au-dessous, et au-dessus il y a *seroit*, biffé. *Semble* est ensuite répété à la place où nous l'avons mis.
7. « Une occupation si épineuse, si aride. » (1re leçon.)
8. « Servir ou à l'éloge ou à l'histoire de notre.... » (1re leçon.)

DISCOURS

PRONONCÉ A L'ACADÉMIE FRANÇAISE

A LA RÉCEPTION DE MM. DE CORNEILLE ET DE BERGERET,

le 2 janvier[1] 1685.

Messieurs,

Il n'est pas besoin de dire ici combien l'Académie a été sensible aux deux pertes considérables qu'elle a faites presque en même temps, et dont elle seroit inconsolable si, par le choix qu'elle a fait de vous, elle ne les voyoit aujourd'hui heureusement réparées.

Elle a regardé la mort de M. de Corneille[2] comme un des plus rudes coups qui la pût frapper. Car bien que, depuis un an, une longue maladie nous eût privés de sa présence, et que nous eussions perdu en quelque sorte l'espérance de le revoir jamais dans nos assemblées, toutefois il vivoit, et l'Académie, dont il étoit le doyen, avoit au moins la consolation de voir dans la liste où sont les noms de tous ceux qui la composent, de voir, dis-je, immédiatement au-dessous du nom sacré de son auguste protecteur, le fameux nom de Corneille.

Et qui d'entre nous ne s'applaudissoit pas en lui-

---

1. Les éditions de 1687 et de 1697 ont l'une et l'autre *deuxième* en toutes lettres ; la première : « le *deuxième* de janvier ; » la seconde : « le *deuxième* janvier. »

2. Ici, et dans les autres passages du discours où il y a *M. de Corneille*, les éditions modernes, depuis celle de Luneau de Boisjermain (1768), ont supprimé le *de*. — L'édition de 1697 a *Corneille* sans *de* dans le titre, mais ailleurs : *de Corneille*.

même, et ne ressentoit[1] pas un secret plaisir d'avoir pour confrère un homme de ce mérite? Vous, Monsieur, qui non-seulement étiez son frère, mais qui avez couru long-temps une même carrière avec lui, vous savez les obligations que lui a notre poésie ; vous savez en quel état se trouvoit la scène françoise lorsqu'il commença à travailler. Quel désordre ! quelle irrégularité ! Nul goût, nulle connoissance des véritables beautés du théâtre ; les auteurs aussi ignorants que les spectateurs ; la plupart des sujets extravagants et dénués de vraisemblance ; point de mœurs, point de caractères ; la diction encore plus vicieuse que l'action, et dont les pointes et de misérables jeux de mots faisoient le principal ornement : en un mot toutes les règles de l'art, celles même de l'honnêteté et de la bienséance partout violées.

Dans cette enfance, ou, pour mieux dire, dans ce chaos du poëme dramatique parmi nous, votre illustre frère, après avoir quelque temps cherché le bon chemin et lutté, si j'ose ainsi dire[2], contre le mauvais goût de son siècle, enfin inspiré d'un génie extraordinaire, et aidé de la lecture des anciens, fit voir sur la scène la raison, mais la raison accompagnée de toute la pompe, de tous les ornements dont notre langue est capable, accorda heureusement le vraisemblable[3] et le merveilleux, et laissa bien loin derrière lui tout ce qu'il avoit de rivaux, dont la plupart, désespérant de l'atteindre, et n'osant plus entreprendre de lui disputer le prix, se bornèrent à combattre la voix publique déclarée pour lui, et essayè-

1. L'édition de 1768 et les suivantes ont substitué *s'applaudisoit* et *ressentiroit* à *s'applaudissoit* et à *ressentoit*.
2. A partir de l'édition de 1702, on a imprimé : « Si je l'ose ainsi dire. »
3. L'édition de 1768 et les suivantes ont remplacé *le vraisemblable* par *la vraisemblance*.

rent en vain par leurs discours et par leurs frivoles critiques de rabaisser un mérite qu'ils ne pouvoient égaler.

La scène retentit encore des acclamations qu'excitèrent à leur naissance *le Cid, Horace, Cinna, Pompée,* tous ces chefs-d'œuvre[1] représentés depuis sur tant de théâtres, traduits en tant de langues, et qui vivront à jamais dans la bouche des hommes. A dire le vrai, où trouvera-t-on un poëte qui ait possédé à la fois tant de grands talents, tant d'excellentes parties : l'art, la force, le jugement, l'esprit? Quelle noblesse, quelle économie dans les sujets! Quelle véhémence dans les passions! Quelle gravité dans les sentiments! Quelle dignité, et en même temps quelle prodigieuse variété dans les caractères! Combien de rois, de princes, de héros de toutes nations nous a-t-il représentés, toujours tels qu'ils doivent être, toujours uniformes avec eux-mêmes, et jamais ne se ressemblant les uns aux autres! Parmi tout cela, une magnificence d'expression proportionnée aux maîtres du monde qu'il fait souvent parler, capable néanmoins de s'abaisser, quand il veut, et de descendre jusqu'aux plus simples naïvetés du comique, où il est encore inimitable. Enfin, ce qui lui est surtout particulier, une certaine force, une certaine élévation qui surprend, qui enlève, et qui rend jusqu'à ses défauts, si on lui en peut reprocher quelques uns, plus estimables que les vertus des autres. Personnage véritablement né pour la gloire de son pays; comparable, je ne dis pas à tout ce que l'ancienne Rome a eu d'excellents tragiques[2],

1. L'édition originale a ici, et un peu plus loin (p. 368, lignes 13), *chef d'œuvres*. Cette orthographe s'est conservée jusque dans l'édition de 1736.
2. « D'excellents poëtes tragiques, » dans les éditions de 1768, de 1807, et de M. Aimé-Martin. Celle de Geoffroy (1808) a conservé la vraie leçon.

puisqu'elle confesse elle-même qu'en ce genre elle n'a pas été fort heureuse, mais aux Eschyles, aux Sophocles, aux Euripides, dont la fameuse Athènes ne s'honore pas moins que des Thémistocles, des Périclès, des Alcibiades, qui vivoient en même temps qu'eux.

Oui, Monsieur, que l'ignorance rabaisse tant qu'elle voudra l'éloquence et la poésie, et traite les habiles écrivains de gens inutiles dans les États, nous ne craindrons point de le dire à l'avantage des lettres et de ce corps fameux dont vous faites maintenant partie : du moment que des esprits sublimes, passant de bien loin les bornes communes, se distinguent, s'immortalisent par des chefs-d'œuvre, comme ceux de Monsieur votre frère, quelque étrange inégalité que durant leur vie la fortune mette entre eux et les plus grands héros, après leur mort cette différence cesse. La postérité, qui se plaît, qui s'instruit dans les ouvrages qu'ils lui ont laissés, ne fait point de difficulté de les égaler à tout ce qu'il y a de plus considérable parmi les hommes, fait marcher de pair l'excellent poëte et le grand capitaine. Le même siècle qui se glorifie aujourd'hui d'avoir produit Auguste, ne se glorifie guère moins d'avoir produit Horace et Virgile. Ainsi, lorsque dans les âges suivants on parlera avec étonnement des victoires prodigieuses et de toutes les grandes choses qui rendront notre siècle l'admiration de tous les siècles à venir, Corneille, n'en doutons point, Corneille tiendra sa place[1] parmi toutes ces merveilles. La France se souviendra avec plaisir, que sous le règne du plus grand de ses rois a fleuri le plus célèbre[2] de ses poëtes. On croira même ajouter quelque chose à

1. « Tiendra place. » (1702, 1713, 1722 et 1728.)
2. « Le plus grand de ses poëtes. » (1697.) — Ce changement, qui a peut-être été fait par Racine lui-même, a passé dans la plupart des éditions suivantes.

la gloire de notre auguste monarque lorsqu'on dira qu'il a estimé, qu'il a honoré de ses bienfaits cet excellent génie ; que même deux jours avant sa mort, et lorsqu'il ne lui restoit plus qu'un rayon de connoissance, il lui envoya encore des marques de sa libéralité[1] ; et qu'enfin les dernières paroles de Corneille ont été des remercîments pour Louis le Grand.

Voilà, Monsieur, comme la postérité parlera de votre illustre frère ; voilà une partie des excellentes qualités qui l'ont fait connoître à toute l'Europe. Il en avoit d'autres, qui bien que moins éclatantes aux yeux du public, ne sont peut-être pas moins dignes de nos louanges, je veux dire, homme de probité, de piété[2], bon père de famille, bon parent, bon ami ; vous le savez, vous qui avez toujours été uni avec lui d'une amitié qu'aucun intérêt, non pas même aucune émulation pour la gloire n'a pu altérer. Mais ce qui nous touche de plus près, c'est qu'il étoit encore un très-bon académicien. Il aimoit, il cultivoit nos exercices. Il y apportoit surtout cet esprit de douceur, d'égalité, de déférence même, si nécessaire pour entretenir l'union dans les Compagnies. L'a-t-on jamais vu se préférer à aucun de ses confrères ? L'a-t-on jamais vu vouloir tirer ici aucun avantage des applaudissements qu'il recevoit dans le public ? Au contraire, après avoir paru en maître, et, pour ainsi dire, régné sur la scène, il venoit, disciple docile, chercher à s'instruire dans nos assemblées, laissoit, pour me servir

---

1. Le grand Corneille, dans ses derniers moments, manquait absolument d'argent. Boileau en fut instruit, il en parla avec chaleur à Mme de Montespan, à Louvois, au Roi même, qui envoya sur-le-champ deux cents louis d'or au malade. Cet argent fut porté par Bessé de la Chapelle, inspecteur des beaux-arts, ami particulier de Boileau et de Racine. (*Note de l'édition de 1807.*)

2. « *Et* de piété, » dans l'édition de 1687 et dans les suivantes.

de ses propres termes, laissoit ses lauriers à la porte de l'Académie, toujours prêt à soumettre son opinion à l'avis d'autrui, et de tous tant que nous sommes le plus modeste à parler, à prononcer, je dis même sur des matières de poésie.

Vous auriez pu bien mieux que moi, Monsieur, lui rendre ici les justes honneurs qu'il mérite, si vous n'eussiez peut-être appréhendé avec raison qu'en faisant l'éloge d'un frère, avec qui vous avez d'ailleurs tant de conformité, il ne semblât que vous faisiez votre propre éloge. C'est cette conformité que nous avons tous eue[1] en vue lorsque tout d'une voix nous vous avons appelé pour remplir sa place, persuadés que nous sommes que nous retrouverons en vous, non-seulement son nom, son même esprit, son même enthousiasme, mais encore sa même modestie, sa même vertu, son même zèle pour l'Académie.

Je m'aperçois qu'en parlant de modestie, de vertu et des autres qualités propres pour l'Académie, tout le monde songe ici avec douleur à l'autre perte que nous avons faite, je veux dire à la mort du savant M. de Cordemoy, qui, avec tant d'autres talents, possédoit au souverain degré toutes les parties d'un véritable académicien : sage, exact, laborieux, et qui, si la mort ne l'eût point ravi au milieu de son travail, alloit peut-être porter l'histoire aussi loin que M. de Corneille a porté la tragédie. Mais après tout ce que vous avez dit sur son sujet, vous, Monsieur[2], qui par l'éloquent discours que vous venez de faire vous êtes montré si digne de lui succéder, je n'ai garde de vouloir entreprendre un éloge

---

1. *Eu*, sans accord, dans l'édition originale et dans celles de 1687, de 1697 et de 1702 ; mais il y a *eue* dans le *Recueil* de 1698.

2. L'édition originale donne en marge cette indication : « A M. de Bergeret ; » et le *Recueil* de 1698 : « M. de Bergeret. »

qui sans rien ajouter à sa louange ne feroit qu'affoiblir l'idée que vous avez donnée de son mérite.

Nous avons perdu en lui un homme qui, après avoir donné au barreau une partie de sa vie, s'étoit depuis appliqué tout entier à l'étude de notre ancienne histoire. Nous lui avons choisi pour successeur un homme qui, après avoir été assez longtemps l'organe d'un parlement célèbre[1], a été appelé à un des plus importants emplois de l'État[2], et qui, avec une connoissance exacte et de

1. Jean-Louis Bergeret avait été avocat général au parlement de Metz.
2. Choisy, dans ses *Mémoires* (p. 433 et 434), déprécie beaucoup Bergeret : « Personne, dit-il, n'écrivoit mieux (*que M. de Croissy*) ; et toutes ses dépêches.... étoient admirables. Bergeret, son premier commis, se donnoit là-dessus une vanité ridicule.... Lorsqu'on parloit des belles dépêches de M. de Croissy, et qu'on le flattoit d'y avoir quelque part, il se donnoit un air modeste qui laissoit entendre ce qui n'étoit pas.... J'ai moi-même été trompé comme les autres, jusqu'au jour où, à la honte de notre siècle, l'Académie françoise le préféra à M. Ménage. Alors il me consulta sur une harangue que M. d'Haucourt son ami lui avoit faite, et je connus son incapacité. » Racine cependant faisait plus de cas du bon jugement de Bergeret que de celui de l'abbé de Choisy. Lorsque celui-ci venait d'être élu à son tour par l'Académie française, Racine écrivait à Boileau le 4 août 1687 : « Il fera le jour de saint Louis sa harangue, qu'il m'a montrée. Il y a quelques endroits d'esprit, je lui ai fait ôter quelques fautes de jugement. M. Bergeret fera la réponse ; je crois qu'il y aura plus de jugement. » Choisy ne fut pas le seul qui en voulut à Bergeret pour avoir été préféré à Ménage. On lit dans l'*Histoire de l'Académie françoise* par d'Olivet, tome II, de l'édition de 1743, p. 312 et 313 : « Deux places vaquoient en même temps : celle de Corneille l'aîné, destinée au cadet, et celle de Cordemoy, destinée à Ménage.... Une puissante brigue fit tomber cette seconde place à M. Bergeret, par une préférence injuste,

> Dont la troupe de Ménage
> Appela comme d'abus
> Au tribunal de Phébus,

dit hardiment Benserade dans ses *Portraits des quarante académiciens*, lus en pleine Académie le jour même que M. Bergeret fut reçu. »

l'histoire, et de tous les bons livres, nous apporte encore quelque chose de bien plus utile et de bien plus considérable pour nous, je veux dire la connoissance parfaite de la merveilleuse histoire de notre protecteur.

Et qui pourra mieux que vous[1] nous aider à parler de tant de grands événements, dont les motifs et les principaux ressorts ont été si souvent confiés à votre fidélité, à votre sagesse? Qui sait mieux à fond tout ce qui s'est passé de mémorable dans les cours étrangères, les traités, les alliances, et enfin toutes les importantes négociations qui sous son règne ont donné le branle à toute l'Europe?

Toutefois, disons la vérité, Monsieur, la voie de la négociation est bien courte sous un prince qui, ayant toujours de son côté la puissance et la raison, n'a besoin pour faire exécuter ses volontés, que de les déclarer. Autrefois la France, trop facile à se laisser surprendre par les artifices de ses voisins, autant qu'elle étoit heureuse et redoutable dans la guerre, autant passoit-elle pour être[2] infortunée dans les accommodements. L'Espagne surtout, l'Espagne, son orgueilleuse ennemie, se vante de n'avoir jamais signé, même au plus fort de nos prospérités, que des traités avantageux, et de regagner souvent par un trait de plume ce qu'elle avoit perdu en plusieurs campagnes. Que lui sert maintenant cette adroite politique dont elle faisoit tant de vanité? Avec quel étonnement l'Europe a-t-elle vu, dès les premières démarches du Roi, cette superbe nation contrainte de venir jusques dans le Louvre reconnoître publiquement son infériorité[3], et nous abandonner depuis, par des

---

1. On lit ici, en note, dans les éditions de 1687 et de 1697 : « M. de Bergeret est premier commis de M. de Croissi, ministre et secrétaire d'État pour les affaires étrangères. »
2. *Être* a été omis dans l'édition de 1768 et dans les suivantes.
3. Le 24 mars 1662, dans une audience solennelle qui fut donnée

traités solennels, tant de places si fameuses, tant de grandes provinces, celles même dont ses rois empruntoient leurs plus glorieux titres[1] ! Comment s'est fait ce changement? Est-ce par une longue suite de négociations traînées? Est-ce par la dextérité de nos ministres dans les pays étrangers? Eux-mêmes confessent que le Roi fait tout, voit tout dans les cours où il les envoie, et qu'ils n'ont tout au plus que l'embarras d'y faire entendre avec dignité ce qu'il leur a dicté avec sagesse.

Qui l'eût dit au commencement de l'année dernière, et dans cette même saison où nous sommes, lorsqu'on voyoit de toutes parts tant de haines éclater, tant de ligues se former, et cet esprit de discorde et de défiance qui souffloit la guerre aux quatre coins de l'Europe; qui l'eût dit, qu'avant la fin du printemps tout seroit calme? Quelle apparence de pouvoir dissiper sitôt tant de ligues? Comment accorder tant d'intérêts si contraires? Comment calmer cette foule d'États et de princes, bien plus irrités de notre puissance que des mauvais traitements qu'ils prétendoient avoir reçus? N'eût-on pas cru que

au Louvre, le marquis de la Fuente, ambassadeur extraordinaire du roi d'Espagne, fit une *Déclaration pour la préséance des rois de France.* Louis XIV avait exigé cette réparation de l'insulte faite à Londres le 10 octobre 1661 au comte d'Estrades, son ambassadeur, par le baron de Batteville, envoyé de Philippe IV.

1. Les traités conclus entre la France et l'Espagne, auxquels il est fait allusion ici, sont celui d'Aix-la-Chapelle (2 mai 1668) et celui de Nimègue (17 septembre 1678). Par le premier, la France s'était fait adjuger Charleroi, Ath, Douai, Tournai, Oudenarde, Lille, Courtrai, etc. ; par le second, toute la Franche-Comté, et Valenciennes, Bouchain, Condé, Cambrai, Saint-Omer, Ypres, Cassel, Maubeuge, etc. Les rois d'Espagne parmi *leurs plus glorieux titres* portaient ceux de *Ducs de Bourgogne et de Brabant* et de *Comtes de Flandre.* Leurs possessions réelles ne répondaient plus à ces titres depuis qu'ils avaient cédé la Franche-Comté (*le comté de Bourgogne*), et *tant de places si fameuses* de la Flandre et du Hainaut.

vingt années de conférences ne suffisoient[1] pas pour terminer toutes ces querelles? La diète d'Allemagne, qui n'en devoit examiner qu'une partie, depuis trois ans qu'elle y étoit appliquée, n'en étoit encore qu'aux préliminaires. Le Roi cependant, pour le bien de la chrétienté, avoit résolu dans son cabinet qu'il n'y eût plus de guerre. La veille qu'il doit partir pour se mettre à la tête d'une de ses armées, il trace six lignes, et les envoie à son ambassadeur à la Haye. Là-dessus les Provinces délibèrent, les ministres des Hauts Alliés s'assemblent ; tout s'agite, tout se remue ; les uns ne veulent rien céder de ce qu'on leur demande ; les autres redemandent ce qu'on leur a pris ; mais[2] tous ont résolu de ne point poser les armes. Mais lui, qui sait bien ce qui en doit arriver, ne semble pas même prêter d'attention à leurs assemblées, et comme le Jupiter d'Homère, après avoir envoyé la Terreur parmi ses ennemis, tournant les yeux vers les autres endroits qui ont besoin de ses regards, d'un côté il fait prendre Luxembourg[3], de l'autre il s'avance lui-même aux portes de Mons[4] ; ici il envoie des généraux à ses alliés[5], là il fait foudroyer Gênes[6] ; il force Alger à lui demander pardon[7] ; il s'applique même à régler le dedans de son royaume, soulage ses peuples, et les fait jouir[8] par avance des fruits de la paix ; et enfin,

---

1. L'édition de 1768 et les suivantes ont substitué *suffiroient* à *suffisoient*.
2. Les mêmes éditions ont remplacé *mais* par *et*.
3. Luxembourg s'était rendu le 4 juin 1684.
4. L'orthographe de ce mot est *Monts*, dans l'édition originale.
5. A l'électeur de Cologne, pour l'aider à soumettre Liège (juillet-août 1684).
6. Du 18 au 28 mai 1684.
7. La paix fut faite avec Alger le 25 avril 1684.
8. Les éditions de 1768, de 1807, et celle de M. Aimé-Martin, au lieu de *soulage*, etc., ont mis : « à soulager ses peuples, à les

comme il l'avoit prévu, voit[1] ses ennemis, après bien des conférences, bien des projets, bien des plaintes inutiles, contraints d'accepter ces mêmes conditions qu'il leur a offertes, sans avoir pu en rien retrancher, y rien ajouter, ou pour mieux dire, sans avoir pu, avec tous leurs efforts, s'écarter d'un seul pas du cercle étroit qu'il lui avoit plu de leur tracer[2].

Quel avantage pour tous tant que nous sommes, Messieurs, qui, chacun selon nos différents talents, avons entrepris de célébrer tant de grandes choses ! Vous n'aurez point, pour les mettre en jour, à discuter avec des fatigues incroyables une foule d'intrigues difficiles à développer. Vous n'aurez pas même à fouiller dans le cabinet de ses ennemis. Leur mauvaise volonté, leur impuissance, leur douleur est publique à toute la terre. Vous n'aurez point à craindre enfin tous ces longs détails de chicanes ennuyeuses, qui sèchent l'esprit de l'écrivain, et qui jettent tant de langueur dans la plupart des histoires modernes, où le lecteur, qui cherchoit des faits, ne trouvant que des paroles, sent mourir à chaque pas son attention, et perd de vue le fil des événements. Dans l'histoire du Roi, tout vit, tout marche, tout est en action. Il ne faut que le suivre, si l'on peut, et le bien étudier lui seul. C'est un enchaînement continuel de faits merveilleux, que lui-même commence, que lui-même achève, aussi clairs, aussi intelligibles quand ils sont exécutés, qu'impénétrables avant l'exécution. En un mot, le

---

faire jouir.... » L'édition de Geoffroy (1808) n'a point fait au texte ce changement, ni celui dont il est parlé dans la note suivante.

1. « Il voit, » dans les éditions de 1768, de 1807 et de M. Aimé-Martin.

2. Il s'agit de la trêve de Ratisbonne, signée le 15 août 1684, et qui laissa la France en possession de Strasbourg, de Luxembourg, et de tout ce que lui avaient adjugé les arrêts des chambres de réunion.

miracle suit de près un autre miracle. L'attention est toujours vive, l'admiration toujours tendue ; et l'on n'est pas moins frappé de la grandeur et de la promptitude avec laquelle se fait la paix, que de la rapidité avec laquelle se font les conquêtes.

Heureux ceux qui, comme vous, Monsieur, ont l'honneur d'approcher de près ce grand prince, et qui, après l'avoir contemplé, avec le reste du monde, dans ces importantes occasions où il fait le destin de toute la terre, peuvent encore le contempler dans son particulier, et l'étudier dans les moindres actions de sa vie, non moins grand, non moins héros, non moins admirable, plein d'équité[1], plein d'humanité, toujours tranquille, toujours maître de lui, sans inégalité, sans foiblesse, et enfin le plus sage et le plus parfait de tous les hommes !

1. « *Que* plein d'équité, etc., » dans les éditions de 1768, de 1807, et dans celle de M. Aimé-Martin : ce qui dénature entièrement le sens de ce passage. L'édition de Geoffroy (1808) n'a pas cette faute.

ABRÉGÉ

DE

L'HISTOIRE DE PORT-ROYAL

NOTICE.

L'*Abrégé de l'histoire de Port-Royal* n'a été publié que longtemps après la mort de Racine. La *Première partie*, qu'on imprima seule d'abord, vit le jour à une époque où les fils mêmes de Racine ne connaissaient point cet ouvrage, et sachant seulement qu'il avait été écrit par leur père, ignoraient ce qu'il était devenu. Louis Racine dit dans ses *Mémoires*[1] : « Il écrivit l'*Histoire de Port-Royal*, dans l'espérance de rendre favorables à ces Religieuses les sentiments de leur archevêque, et sans intention, selon les apparences, de la rendre publique. Il remit cette histoire la veille de sa mort à un ami. J'ai eu plus d'une fois la curiosité d'en demander des nouvelles aux personnes capables de m'en donner : leurs réponses m'avoient fait croire qu'elle ne subsistoit plus, et je croyois l'ouvrage anéanti, lorsque j'appris, en 1742, qu'on en avoit imprimé la *Première partie*. J'ai cherché inutilement de quelles ténèbres sortoit cette *Première partie*, et par quelles mains elle en avoit été tirée quarante ans après la mort de l'auteur. Les personnes curieuses de savoir s'il a achevé cette histoire, c'est-à-dire s'il l'a conduite, comme on le prétend, jusqu'à la paix de Clément IX, n'en trouveront aucun éclaircissement dans la famille. » Jean-Baptiste Racine n'était pas mieux instruit, comme le prouve une lettre, que nous citerons tout à l'heure, écrite par lui à son frère Louis, à une date qui ne saurait être antérieure à l'année 1742. Il est étonnant que sur un tel sujet la famille de Racine ne sût point ce que savaient des étrangers. Dès l'année 1729, d'Olivet, dans sa *Réponse à M. de Valincour*, où

[1]. Voyez notre tome I, p. 355 et 356.

se trouve le plus ancien témoignage que nous ayons sur *l'Abrégé de l'histoire de Port-Royal*, parlait de cet ouvrage comme lui étant en partie connu : « Par reconnoissance, dit-il, pour l'éducation qu'il (*Racine*) avoit reçue à Port-Royal des Champs, il employa les dernières années de sa vie à écrire l'histoire de cette fameuse abbaye. Vous savez qu'à sa mort l'histoire dont je veux parler fut déposée par ses ordres entre les mains de gens intéressés à la conserver ; et sur l'échantillon que j'en ai vu de mes yeux, je m'assure que si jamais elle s'imprime, elle achèvera de lui donner, parmi ceux de nos auteurs qui ont le mieux écrit en prose, le même rang qu'il tient parmi nos poëtes[1]. » D'Olivet ajouta cette note dans son édition de 1743[2] : « Une partie de cette histoire parut l'année dernière sous ce titre : *Abrégé de l'histoire de Port-Royal*. On la croit imprimée dans Paris, mais furtivement. » Voici le titre complet de l'édition qui a donné lieu à cette note : *Abrégé de l'histoire de Port-Royal par feu M. Racine, de l'Académie françoise, à Cologne, aux dépens de la Compagnie, M.DCC.XLII* (1 vol. in-12). Elle ne renferme que la *Première partie*, depuis la fondation de l'abbaye jusqu'à la mort de Mazarin. En tête du volume est un *Avertissement*. On y lit : « Ce beau morceau d'histoire, qui est demeuré trop longtemps dans l'obscurité, est de feu M. Racine. C'est déjà en avoir fait l'éloge que d'avoir nommé son auteur. La grande réputation que cet ouvrage avoit acquise d'après le jugement des plus célèbres connoisseurs, le faisoit ardemment désirer, et avoit inspiré à diverses personnes le zèle de suivre toutes les traces qui pouvoient y conduire. Les recherches qu'on avoit faites inutilement dans la famille de l'auteur, parmi ses amis et dans tous les cabinets, donnoient lieu de craindre que ce ne fût un trésor perdu pour le public, lorsqu'enfin la Providence a fait tomber ce précieux dépôt entre les mains d'une personne amie des lettres et de la vérité. C'est ce double objet qu'on a en vue en publiant

---

1. *Histoire de l'Académie françoise depuis 1652 jusqu'à 1700, par M. l'abé d'Olivet* (1 vol. in-4°, Paris, chez J. B. Coignard, M.DCC.XXIX), p. 342.
2. Tome II, p. 364.

un écrit dont M. Boileau Despréaux disoit *que c'étoit le plus parfait morceau d'histoire que nous eussions dans notre langue* (voyez le *Supplément de Moréri*, au mot *Racine*, p. 163, colonne 1). »

Après avoir parlé de cette édition de 1742, qui ne contient que la *Première partie*, les éditeurs de 1807, dans l'*Avertissement* qu'ils ont placé en tête de l'*Abrégé de l'histoire de Port-Royal*[1], disent que la *Seconde partie* « fut imprimée peu de temps après. » Elle ne le fut cependant qu'en 1767 : il y eut entre les deux publications un intervalle de vingt-cinq ans. Mais sans doute ils avaient été induits en erreur par la lettre de Jean-Baptiste Racine à son frère, que nous avons déjà mentionnée, et que nous allons citer après eux. Quoique le fils aîné de Racine s'y montre moins bien informé qu'il n'aurait dû l'être sur une publication d'un si grand intérêt pour tous, et particulièrement pour lui-même, sa lettre donne quelques détails qui nous la rendent précieuse. Louis Racine lui avait apparemment écrit que la *Seconde partie* de l'*Abrégé* venait d'être imprimée, nouvelle fausse alors; Jean-Baptiste lui répondit : « Je ne suis pas moins surpris que vous de la nouvelle que vous me mandez. Je savois que la *Première partie* de l'ouvrage en question étoit imprimée; mais je ne savois pas que la seconde le fût, et je doutois même qu'elle existât. On m'apporta, il y a environ trois mois, une copie de la *Première partie*, pour savoir de moi si elle étoit de mon père. Je répondis que je ne pouvois rien assurer là-dessus, n'ayant jamais eu aucune connoissance de cet ouvrage; qu'il étoit vrai que j'en avois souvent entendu parler à M. Despréaux, qui le vantoit fort, comme un morceau parfaitement bien écrit; mais que c'étoit tout ce que j'en savois. J'étois extrêmement jeune quand je perdis mon père, et il ne m'a jamais lâché le moindre mot de cela. Il est vrai que deux jours avant que de mourir, M. Dodart étant au chevet de son lit, il me dit d'aller chercher dans son cabinet une petite cassette noire que j'ai encore, et qu'il en tira devant moi un manuscrit petit in-folio, qu'il remit entre les mains de M. Dodart. Je me retirai, et

1. Tome VI, p. 247.

ils furent longtemps à parler ensemble. M. Dodart emporta le manuscrit en lui disant qu'il espéroit le lui rendre. Voilà tout ce que j'entendis. On m'a dit depuis que ce même M. Dodart avoit remis le manuscrit entre les mains d'un de ses amis, qui avoit actuellement quatre-vingts ans, mais qu'il n'avoit jamais voulu le communiquer à personne. Mais de quoi ne viennent point à bout les jansénistes, et surtout les jansénistes imprimeurs? Ils disent que cet ouvrage est de mon père, je le veux bien croire; mais où en est la preuve? à moins qu'ils ne disent d'où et de qui ils le tiennent. Il est certain que mon père avoit eu dessein d'écrire cette histoire, et cela en faveur de M. le Cardinal de Noailles, qui le pria de vouloir bien le mettre au fait des affaires des Religieuses de Port-Royal, dont il étoit fort peu instruit. Et c'est ce qui fit qu'après la mort de Monsieur le Cardinal je m'adressai au maréchal de Noailles d'aujourdhui, et lui demandai si, parmi les papiers de Monsieur son oncle, il n'en avoit rien trouvé. Il me répondit que non. J'en fis de même à la mort de M. Dodart, et j'en demandai des nouvelles au premier médecin son fils, qui me dit qu'il n'en avoit jamais entendu parler à son père : si bien que j'ai toujours cru l'ouvrage perdu, et ne puis deviner par quelle voie il peut être tombé entre les mains des imprimeurs. Je m'en vais tâcher à voir cette *Seconde partie*, dont je suis fort curieux; car, entre nous, je doutois fort de son existence, et je croyois que ceux qui nous donnoient la première nous auroient sans doute donné la seconde, à moins que ce ne soit une finesse de libraires pour faire acheter deux fois l'ouvrage.... » Cette lettre est datée du 3 septembre, sans indication de l'année[1]. Elle a pu être écrite en 1742, l'année même où la *Première partie* avait paru. Ce qui est certain, c'est que l'on ne peut en chercher la date au delà de 1746,

---

1. La suscription est : *A Monsieur Monsieur Racine, directeur des fermes du Roi, à Soissons*. La copie de cette lettre nous a été communiquée par M. Auguste de Naurois. Nous n'en citons ici que ce qui a rapport à l'*Abrégé de l'histoire de Port-Royal*, ainsi que l'ont fait les éditeurs de 1807, qui en avoient donné le texte très-exactement.

Jean-Baptiste Racine étant mort au commencement de 1747. A l'époque où la lettre fut écrite, la *Seconde partie* n'avait pas été imprimée comme le croyait Jean-Baptiste Racine. C'est ce que bientôt après il constata lui-même dans une autre lettre à son frère, datée du 6 novembre (de la même année sans doute que la précédente). Voici les premières lignes de cette lettre : « Je ne sais par quelle fatalité j'ai été si longtemps sans vous faire réponse, ayant envie de le faire tous les jours ; mais le peu de matière, l'absence de tous mes amis, et la solitude où je suis en ont été cause. Je ne me suis rien trouvé à vous mander sur l'*Histoire* en question. Il me semble qu'on n'en parle plus ; et la seconde partie, qui ne paroît point, nous justifie assez[1]. » On voit par là que la publication de la *Seconde partie* avait été simplement annoncée, et qu'en la croyant déjà faite, Jean-Baptiste Racine s'était trompé. Ce fut seulement en 1767 qu'avec la *Première partie* réimprimée, parut la première fois la *Seconde partie*, en 1 vol. in-12, qui a pour titre : *Abrégé de l'histoire de Port-Royal, par M. Racine, de l'Académie françoise, ouvrage servant de supplément aux trois volumes des Œuvres de cet auteur. Imprimé à* Vienne, *et se trouve à* Paris *chez Lottin le jeune.... M.DCC.LXVII.* En tête du volume est une *Préface de l'éditeur*, où il dit (pages vii et viii) : « Racine mourut le 21-avril 1699. Depuis ce moment son ouvrage fut enseveli dans des ténèbres impénétrables même à la famille de l'auteur. Il n'en sortit qu'en 1742. Mais il ne parut pas alors tout entier. Ceux qui avoient procuré l'édition n'avoient que la *Première partie ;* et les recherches les plus exactes ne purent faire découvrir la seconde, que la prudence obligeoit de dérober au public. M. le cardinal de Fleury vivoit encore. Le crédit des jésuites, redoutables sous l'autorité du ministre qu'ils avoient trompé, alarma les personnes qui conservoient ce monument précieux. Feu M. l'abbé Racine, entre les mains duquel une copie de l'ouvrage étoit tombée, se contenta d'en donner des extraits dans son *Abrégé de l'histoire ecclésiastique.* C'est d'après cette même copie

---

[1]. On trouvera ci-après, au tome VII, cette lettre et la précédente, à la suite des *Lettres* de Racine.

qu'on a fait l'édition complète qui paroît aujourd'hui. Les obstacles qui en ont jusqu'ici retardé la publication ne subsistent plus depuis les arrêts qui ont proscrit une société ennemie de la France. » Cette édition, qui était annoncée et sans doute déjà toute prête au temps où Jean-Baptiste Racine écrivait les lettres citées plus haut, mais qui ne fut publiée que bien après celle de 1742, et à une époque où les fils de Racine, où ses contemporains n'existaient plus, put inspirer quelques doutes sur l'authenticité de la nouvelle partie qu'on y produisait. L'année suivante (1768), Luneau de Boisjermain, ayant réimprimé dans les *OEuvres de Racine* les deux parties de l'*Abrégé*, les fit précéder d'une *Préface des éditeurs*, dans laquelle, sans encore proposer expressément ces doutes, on se contentait de critiquer la *Seconde partie*, comme paraissant « moins être une suite de l'*Histoire de Port-Royal* qu'un récit détaché de tous les petits événements auxquels la distinction du droit et du fait et la signature du Formulaire ont donné lieu[1]. » Mais plus loin, sur un passage qui est à la fin de l'*Abrégé*, et dans lequel *les Imaginaires* de Nicole sont nommées parmi les « ouvrages solides et convaincants » écrits pour défendre la cause des Religieuses, on lit cette note[2] : « Nous croyons que Racine se seroit bien gardé de faire ici l'éloge des *Imaginaires*, s'il avoit réellement composé la *Seconde partie* de l'*Histoire de Port-Royal*. » Geoffroy a répondu[3] à cette faible objection. Il l'aurait réfutée par de meilleures raisons, s'il avait su que les dernières pages de la *Seconde partie*, où se lit le passage qu'on jugeait suspect, ne sont probablement pas de Racine, comme nous aurons occasion de le dire.

Aujourd'hui que l'on a la *Seconde partie* écrite de la main de Racine, on est dispensé d'examiner les doutes soulevés contre son authenticité.

Nous avions exprimé, dans notre première édition, le regret que celle de la *Première* ne fût pas établie sur une

1. Tome VI, p. 96.
2. Tome VI, p. 297.
3. Dans la *Préface du commentateur*, tome VI, p. 105 de l'édition de 1808.

preuve ausssi positive, sans que d'ailleurs elle nous parût pouvoir être sérieusement constestée ; nous disions seulement que l'on n'était pas assuré de l'exactitude du texte. Depuis, une ancienne copie de ce texte, qui fait autorité presque à l'égal d'un manuscrit autographe, a été mise sous nos yeux par M. Gazier. Dans une note qu'on a pu lire ci-dessus[1], nous avons parlé des importantes communications dont nous lui sommes redevable. C'est, comme il a été dit, dans une bibliothèque particulière qu'il a trouvé des pièces manuscrites, particulièrement précieuses pour un éditeur des œuvres de Racine. Le recueil de ces pièces forme un in-folio d'environ huit cents pages. Il paraît avoir appartenu autrefois à Mlle de Téméricourt, ancienne élève de Port-Royal, après elle à l'abbé d'Étemare, son cousin, puis à M. le Roy de Saint-Charles, acolyte d'Utrecht. La table des matières un peu incomplète, qui est écrite sur le premier feuillet du manuscrit, et qui a été dressée en 1790, est de la main de M. le Roy de Saint-Charles. La voici :

Ce volume contient :

Prière (de J. Racine) en vers latins pour Port-Royal.

L'Histoire de Port-Royal de Jean Racine (les deux parties).

Règlement sur les études.

Petit mémoire (de 1697) par J. Racine pour les Religieuses de P. R.

Épitaphe de Mlle de Vertus, par le même.

Diverses particularités concernant P. R., recueillies par J. Racine.

Mémoire de M. Arnauld sur P. R. (1694).

Lettres du même à J. Racine, etc.

Lettres du P. Quesnel, de M. Nicole, de M. Racine, de J. Racine, de Mr le Maître.

Mémoire de la Mère Angélique de Saint-Jean sur l'histoire de P. R., de 1679.

Abrégé de la vie de cinq ou six anciennes Religieuses (de Maubuisson).

Quelques particularités sur la vie de J. Racine.

Lettres de J. Racine et de Boileau.

1. Voyez à la note 3 de la page 268.

Remarques de J. Racine sur la traduction de Quinte-Curce par Vaugelas.

Autres sur Tite-Live, etc.

Au bas de la page, M. le Roy de Saint-Charles a écrit : « Quelques-unes de ces pièces ne sont point imprimées (1790); d'autres le sont défectueusement. »

Il y a deux écritures très-différentes dans le manuscrit. Un des deux copistes paraît peu attentif et assez ignorant ; l'autre est évidemment instruit. Ce dernier a corrigé, dans le volume, ce qui n'est pas de sa main ; et a transcrit lui-même, avec un grand soin, les deux parties de l'*Histoire de Port-Royal*, et les *Lettres*. Quelques notes qu'il a écrites en tête ou à la marge des copies avaient fait penser à M. Gazier qu'il n'était autre que le fils aîné de Racine. En tête des *Diverses particularités concernant Port-Royal*, on lit : « Recueillies par mon père de ses conversations avec M. Nicole. » Et les copies des lettres portent en différents endroits des avertissements tels que ceux-ci : « Lettres que mon père m'a écrites. — Les lettres suivantes m'ont été écrites depuis mon retour de Hollande dans différents petits voyages que je fis à Versailles. — Le reste (*de la lettre*) est de ma mère. » Ces notes sont de la même écriture que les copies. Nous avons comparé cette écriture avec celle de Jean-Baptiste Racine, telle que le lecteur pourra la voir dans le fac-similé d'une de ses lettres publié dans notre *Album* ; la différence est telle que, même au premier coup d'œil, il est impossible de ne pas reconnaître ici et là une tout autre main. Il nous paraît donc que le manuscrit a été copié sur une première copie faite par Jean-Baptiste Racine, dont on a pris soin de transcrire scrupuleusement les petites annotations. Cela doit sans doute ôter quelque prix au manuscrit, mais en lui laissant une grande autorité. Tout atteste le soin minutieux dont il a été l'objet, et ce sont très-probablement les papiers du fils même de Racine qu'il reproduit avec exactitude.

Ce qu'il nous a offert de plus intéressant, c'est la copie de la première partie de l'*Histoire de Port-Royal*. Elle est certainement due à quelqu'une de ces personnes « amies de la vérité » (on sait le sens de l'expression) entre les mains desquelles « la Providence, comme le dit l'*Avertissement* de l'édition de 1742, avait fait tomber ce précieux dépôt [1] » du manuscrit original.

Tout en différant assez de l'imprimé pour avoir une autorité très-distincte, cette copie cependant en confirme généralement la fidèle exactitude, à ce point même que les nouvelles leçons qu'elle offre n'ont, à bien peu d'exceptions près, rien d'important ; mais si elles n'ont pu servir à améliorer sensiblement notre texte, elles lui donnent du moins, par ce fait d'une conformité presque entière, une authenticité qui jusque-là lui manquait, et l'on comprend combien il est toujours désirable, quand on a affaire à un écrit de Racine, d'être assuré qu'on en possède le vrai texte jusque dans les moindres détails de la rédaction. D'où viennent les légères différences entre la copie *des amis de la vérité* et l'imprimé, et où faut-il penser que se trouvent les meilleures leçons, mettant à part les inadvertances évidentes qui se rencontrent tantôt ici, tantôt là, et qu'alternativement chacun des deux textes permet de corriger dans l'autre?

On pourrait hésiter. Le travail d'un simple copiste qui, se proposant seulement de conserver un ouvrage, ne s'amuse pas d'ordinaire à en modifier en quoi que ce soit la forme, inspire sans doute une confiance particulière. D'un autre côté, après comparaison des deux textes, il ne nous semble pas que ceux qui ont fait imprimer le livre se soient permis cette fois des remaniements dans le style de l'écrivain. Tout au moins, n'en ont-ils fait que de très-légers. Ce qui paraît probable, c'est que l'auteur avait plus d'une fois écrit ou fait transcrire son *Abregé*. Après lui, les copies, longtemps tenues secrètes, ont pu devenir plus nombreuses. Les éditeurs de 1767 disent avoir fait usage de celle qui était tombée entre les mains de l'abbé Racine. Peut-être notre copiste a-t-il eu à sa disposition quelque chose de mieux, le manuscrit que Racine mourant avait remis à M. Dodart, et que celui-ci confia plus tard à un de ses amis. Si l'on en était assuré, le texte que ce copiste nous a donné serait le texte définitif; car là devait être le travail mis au net.

1. Voyez ci-dessus, p. 380.

Quoi qu'il en soit, nous donnons ci-après les variantes de la *Première partie* tirées de la copie manuscrite[1].

Le manuscrit autographe de la *Seconde* partie nous a été conservé par Louis Racine. Dans une *Note* qu'il avait préparée pour le secrétaire de l'Académie des inscriptions, comme un document à consulter après sa mort, et qui est postérieure en date à ses *Mémoires*, il dit[2] : « J'ai toujours ignoré à qui fut remise, à la mort de mon père, la *Première partie* de l'*Histoire de Port-Royal*, et de quelles mains elle sortoit quand elle parut imprimée. A l'égard de la *Seconde partie* de la même histoire, je l'ai remise à MM. Sallier et Melot[3], pour être conservée à la Bibliothèque du Roi. » Ce manuscrit existe aujourd'hui encore à la même bibliothèque; il commence au feuillet 125 du tome II des manuscrits de Racine, et finit au feuillet 155. On trouve au feuillet 124, qui le précède, cette note écrite par Louis Racine : « Ce qui s'est trouvé de l'*Histoire de Port-Royal* dans les papiers de Jean Racine. Le tout est écrit de sa main, excepté les feuillets 1, 2, 3 et 4, qui sont écrits de la main de Boileau. Tout ce morceau est de la *Seconde partie*. On ne trouva rien dans ses papiers de la *Première partie* de cette histoire. » Les mots *Seconde partie* ont été écrits par Racine lui-même en tête du manuscrit; cette division n'est donc pas le fait des éditeurs. Ce que dit Louis Racine des feuillets qui sont de la main de Boileau mérite quelques observations. Ce sont, dit-il, les feuillets 1, 2, 3 et 4. Au lieu de quatre feuillets nous n'en trouvons aujourd'hui que trois; ils sont cotés 138, 139, 140, et ne portent plus les numéros indiqués par Louis Racine, qui les avait sans doute placés en tête du manuscrit, et non dans l'ordre véritable, pour les distinguer des feuillets écrits par son père. Geoffroy, à qui cela avait

---

1. Nous les désignons ainsi : *Var.* C. M.
2. Voyez les *Lettres inédites de Jean Racine*, publiées par l'abbé Adrien de la Roque, p. 212.
3. Ils étaient tous deux ses collègues à l'Académie des inscriptions. L'abbé Claude Sallier était depuis 1721 chargé de la garde des manuscrits de la Bibliothèque du Roi. Anicet Melot y fut nommé conservateur en 1741.

échappé, s'est imaginé que Boileau avait écrit le commencement de la *Seconde partie*; et de cette erreur il s'est fait un argument pour répondre à ceux qui ne voulaient pas croire Racine auteur de cette partie, sous prétexte qu'on y lit un passage sur la destruction de Port-Royal en 1709. « Le passage, dit-il, dans lequel il est question de la destruction de Port-Royal, se trouve dans le premier feuillet écrit de la main de Boileau, qui vécut encore deux ans après cet événement, et qui a fait à cette partie de l'ouvrage de son illustre ami les changements indiqués par les circonstances[1]. » M. Aimé-Martin, qui s'est approprié, sans le dire, la plus grande partie de la *Préface* de Geoffroy, a fidèlement reproduit sa méprise. Les pages écrites par Boileau, et que nous indiquons plus bas dans les notes, commencent au récit des circonstances qui firent échouer les conférences proposées en 1662 par le P. Ferrier à l'évêque de Comminges, et vont jusqu'à la première visite de M. de Péréfixe à Port-Royal. Quant à la difficulté soulevée par le passage sur la *destruction* de Port-Royal, elle peut sans peine être résolue d'une tout autre manière qu'elle ne l'a été par l'argument mal fondé de Geoffroy. On peut voir ci-dessus, p. 198, la remarque que nous avons faite au sujet des vers de Racine que le *Nécrologe* a intitulés : *Sur la destruction de Port-Royal;* elle aurait son application ici. Racine a pu écrire qu'*une maison si sainte avoit été détruite*, bien avant la grande et complète *destruction* de 1709, puisque dans les dernières années de sa vie il l'a vue véritablement ruinée par ses persécuteurs.

Le passage qui, dans le manuscrit, est de la main de Boileau, se lie intimement à ce qui le précède et à ce qui le suit. Quelques lignes (ce sont les premières) se trouvent écrites deux fois avec de légères différences, une fois par Racine, une fois par Boileau. Les traces d'une véritable collaboration semblent visibles, à moins qu'on ne suppose que Boileau ait simplement transcrit ce que Racine avait composé : supposition peu probable de toute façon, mais surtout lorsqu'on fait attention aux corrections et ratures nombreuses

---

1. Voyez au tome VI de l'édition de 1808, les pages 107-105 de la *Préface du commentateur.*

des pages écrites par Boileau. Peut-être cependant n'y a-t-il fait que polir et compléter une première rédaction ébauchée par Racine ; il est à croire en tout cas que la part à lui faire dans cette *Histoire*, qu'il vantait hautement comme étant l'œuvre de son ami, ne serait pas très-grande, et qu'il avait, suivant son habitude, fait surtout l'office d'Aristarque. Quelques-uns des feuillets du manuscrit paraissent être les premiers brouillons de certains passages, dont on trouve plusieurs rédactions. Un de ces brouillons, qui est, ainsi que les autres, de l'écriture de Racine, a plusieurs corrections de la main de Boileau.

Germain Garnier avait aussi recueilli quelques feuillets, où se trouvaient de semblables brouillons d'autres passages de l'ouvrage de Racine dans la *Seconde partie*. Il les avait réunis à d'autres pièces dans un volume que possédait la bibliothèque du Louvre, avant l'incendie de 1871[1]. Un de ces brouillons, qui se rapportait au passage commençant dans l'édition de Luneau de Boisjermain à la page 272, ligne 7, avait disparu du volume à l'époque où nous avons pu le voir. Sur deux feuillets qui restaient on trouvait un autre passage qui, dans la même édition, commence à la page 288, ligne 15. Nous en avons tiré quelques variantes.

Le texte que nous donnons de la *Seconde partie* ne pouvait être que le seul tout à fait authentique, celui du manuscrit autographe. Nous avons cependant recueilli les variantes que donne la copie découverte par M. Gazier, et même celles de l'édition de 1767 ; car il est possible que la copie reproduite par cette édition ait été faite sur une dernière révision de l'auteur. Il est remarquable qu'un grand nombre des différences qu'elle offre, quand on la compare au manuscrit, se trouvaient déjà dans le texte des extraits donnés antérieurement par l'abbé Racine, extraits men-

1. Entre autres pièces, on trouvait dans ce volume, acquis à la vente de Germain Garnier, et coté F. 428, des lettres autographes de Louis XIV et des princes de sa famille, une lettre de Boileau à Racine, une lettre de Racine à l'abbé le Vasseur, et aussi le brouillon, dont nous parlons plus loin, du *Mémoire* pour les Religieuses de Port-Royal.

tionnés, nous l'avons vu, par l'éditeur de 1767, et dont il est temps de dire quelques mots de plus.

Nous avons jusqu'ici considéré l'édition de 1767 comme la première de toutes pour le texte de la *Seconde partie*. Ce texte presque tout entier avait cependant déjà été imprimé treize ans auparavant, mais sans que l'auteur fût nommé. Dans un passage, cité ci-dessus, de la *Préface* de l'édition de 1767, il est dit que l'éditeur a fait usage de la même copie que l'abbé Racine avait eue entre les mains, et dont il s'était contenté de donner des extraits dans son *Abrégé de l'histoire ecclésiastique*. Cet *Abrégé* avait été publié en 13 volumes in-12 dans les années 1748-1756. Le procédé de l'abbé Racine paraît assez étrange. Dans les tomes X et XI de son ouvrage, imprimés tous deux en 1754, les emprunts à peu près textuels faits aux deux parties de l'*Abrégé* de son illustre homonyme sont si nombreux qu'il ne resta à l'éditeur de 1767 presque rien de nouveau à publier. Au tome X, article VIII, p. 472, commence l'*Histoire de Port-Royal depuis l'établissement de la réforme en 1608*. Dès les premières lignes de cette page, on a la reproduction exacte de notre *Première partie*, reproduction qui se continue jusqu'au bout, avec quelques changements parfois dans l'ordre, et quelques omissions ou additions. A la marge de la même page 472, on lit : *Abrégé de l'histoire de Port-Royal par M. Racine*. Il était impossible de dissimuler entièrement les emprunts faits à un livre imprimé depuis douze ans, et recommandé par le nom d'un si grand écrivain. Mais la petite indication à la marge était-elle suffisante, l'abbé Racine ne marquant nulle part jusqu'à quel point il copie littéralement et où s'arrêtent ses emprunts ? Pour ceux qu'il a faits à la *Seconde partie*, qu'alors on croyait perdue, rien ne pouvait les faire soupçonner. Comment expliquer son silence à ce sujet ? A-t-il donc ignoré à qui l'on attribuait la copie qui lui en avait été communiquée ? Même en ce cas, peu vraisemblable d'ailleurs, pourquoi n'avoir rien dit de l'auteur anonyme dont le premier il imprimait le travail ? Dans son tome XI, où il donne, aux pages 560-569, un article sur Jean Racine, il parle ainsi de son *Abrégé de l'histoire de Port-Royal* : « On voit quels étoient ses sentiments pour cette maison, par l'histoire qu'il en a faite, dont on a imprimé une partie qui fait soupirer après la suite.... M. Racine, deux jours avant sa mort, remit l'ouvrage entier entre les mains d'un ami. Jusqu'ici on n'en a vu qu'une portion; dont nous n'avons pas manqué de faire usage[1]. » Cette suite après laquelle l'abbé Racine soupirait comme tout le monde, elle était pourtant sous ses yeux, et il n'a pas plus *manqué d'en faire usage* que de la *Première partie*. Il a, dans son livre, entremêlé les deux parties. On trouve la fin de la première au tome XI, fin de l'article x, p. 143; et le commencement de la seconde au tome X, article x, p. 528 et suivantes presque jusqu'à la fin du volume. Tout le reste de cette même *Seconde partie* est, à peu de chose près, donné successivement dans divers passages du tome XI. Lorsque l'abbé Racine est arrivé (p. 186) à ce qui est la fin du manuscrit de la Bibliothèque nationale, il continue par quelques pages qui manquent à ce manuscrit, mais qui se trouvent dans l'édition de 1767. Dans une note qu'on lira plus loin, en son lieu, nous examinons s'il est probable que ces pages soient de Racine.

Pour conclure ce que nous venons de dire de l'insertion de l'ouvrage presque entier de Racine dans l'*Abrégé de l'histoire ecclésiastique*, la première publication de la *Seconde partie*, faite de cette manière en 1754, n'a pas dû être regardée par nous comme l'édition originale; car l'abbé Racine en a usé librement avec le texte de la copie dont il ne pouvait même fournir pour le nôtre des variantes ayant quelque autorité. Cette publication était seulement un fait curieux à constater.

Nous n'avions donc pour la *Seconde partie* que trois textes à comparer : celui des manuscrits de Racine et de Boileau, celui de la copie communiquée par M. Gazier, et celui de l'impression de 1767, qui est pour nous la première.

Le texte que nous donnons de la *Première partie* est celui de 1742, auquel du reste est conforme, à très-peu de chose près, la réimpression de 1767.

L'*Abrégé de l'histoire de Port-Royal* a été réimprimé

1. Page 568.

en 1770 ; c'est la reproduction pure et simple de l'édition de 1767. On y a seulement fait une addition (p. vii) à la fin de la *Préface*, pour citer le jugement qui avait été porté sur l'*Abrégé* dans l'*Année littéraire* de 1768 (p. 183).

L'*Histoire* écrite par Racine ne peut évidemment pas, telle que nous l'avons, paraître terminée. Une phrase qui est dans les dernières pages du manuscrit annonce expressément qu'il se proposait de la mener plus loin. On prétendait, suivant Louis Racine[1], qu'il l'avait conduite jusqu'à la paix de Clément IX. Si cela est, mais nous n'avons aucun moyen de le savoir, une assez grande partie de son travail s'est perdue : cette *paix de l'Église*, qui, disait-on, était la conclusion de son *Histoire*, est de l'année 1668.

Jean-Baptiste et Louis Racine, et après eux quelques éditeurs, ont voulu dire vers quel temps et en quelle occasion Racine composa son *Abrégé de l'histoire de Port-Royal*. Ce qu'ils ont avancé à ce sujet peut être discuté. « Il est certain, dit Jean-Baptiste Racine[2], que mon père avoit eu dessein d'écrire cette histoire, et cela en faveur de M. le cardinal de Noailles, qui le pria de vouloir bien le mettre au fait des affaires des Religieuses de Port-Royal, dont il étoit fort peu instruit. » Louis Racine n'a sans doute fait que développer à sa manière, et peut-être sans beaucoup de réflexion, cette assertion de son frère, lorsque, après avoir parlé du *Mémoire* que Racine érivit pour les Religieuses de Port-Royal des Champs, il a ajouté : « Monsieur l'archevêque de Paris ayant apparemment goûté le style de ce *Mémoire*, et voyant quelquefois mon père à la cour, lui dit que, puisqu'il avoit été élevé à Port-Royal, personne ne pouvoit mieux que lui le mettre au fait d'une maison dont il entendoit parler de plusieurs manières très-différentes, et qu'il lui demandoit un mémoire historique, qui l'instruisît de ce qui s'y étoit passé[3]. » Geoffroy renchérit sur Louis Racine. « L'ouvrage, dit-il[4], ne fut.... dans l'origine qu'un simple

1. Voyez ci-dessus, p. 379.
2. Voyez ci-dessus, p. 382.
3. *Mémoires* de Louis Racine, à la page 355 de notre tome I.
4. Tome VI, *Préface du commentateur*, p. 100 et 101.

mémoire qui ne contenoit qu'un état exact des revenus de l'abbaye de Port-Royal des Champs.... L'archevêque de Paris, très-satisfait de ce *Mémoire*, pria l'auteur d'étendre son travail ;... et c'est ainsi qu'un mémoire sur la recette et la dépense de Port-Royal des Champs devint une véritable histoire. » Personne ne croira qu'il y ait le moindre rapport entre le *Mémoire pour les Religieuses* et l'*Histoire de Port-Royal*. Il n'est même pas certain que la première pensée d'écrire cette *Histoire* ait été inspirée à Racine par l'archevêque de Paris. L'éditeur de 1742 dit à la fin de son *Avertissement* : « On n'a pu découvrir avec certitude en quel temps M. Racine travailloit à cette *Histoire* ; mais il y a lieu de conjecturer que c'étoit vers 1693. » Cette opinion a été adoptée par l'abbé Racine, par l'éditeur de 1767[1], et par ceux de 1807[2]. On l'appuie sur un passage de l'*Abrégé de l'histoire de Port-Royal*, dans la *Première partie*, où il est parlé d'un libelle « qui se débitoit, il y a près d'un an, » et qu'une note de l'édition de 1742 dit être une *Histoire de Jansénius et de Saint-Cyran par demandes et par réponses*, qui parut en 1692. Si Racine avait commencé d'écrire son *Abrégé* en 1693, c'était avant la nomination de M. de Noailles à l'archevêché de Paris, qui est de 1695. M. Aimé-Martin objecte un autre passage, où il est fait mention de Tillemont comme ne vivant plus à l'époque où l'historien écrit, et Tillemont est mort au commencement de 1698. Cela, peut-on répondre, prouverait seulement que Racine travailla aussi à son *Histoire* plusieurs années après la nomination de M. de Noailles. Il est toutefois à noter que le passage sur Tillemont précède l'autre dans le récit, et qu'il faudrait que Racine l'eût ajouté plus tard, en revoyant son travail ; ce qui d'ailleurs n'est pas impossible. En résumé, il y a beaucoup d'incertitude sur l'époque de la composition de l'*Abrégé* ; l'opinion la plus vraisemblable est peut-être que

---

1. *Préface de l'éditeur*, p. iv.
2. Fin de la *Préface*, tome VI, p. 250. — Dans la *Préface des éditeurs* de 1768 (tome VI, p. 63), on dit à tort que cette opinion est également celle de Louis Racine dans ses *Mémoires*. Le contraire s'y trouve implicitement.

Racine n'y a travaillé que vers la dernière année de sa vie [1].

Il est le plus ancien des historiens de Port-Royal. Thomas du Fossé écrivait ses *Mémoires pour servir à l'histoire de Port-Royal*, et Fontaine ses *Mémoires*, dont le titre est semblable, à peu près sans doute vers le même temps où Racine s'occupait de son *Abrégé*. Lancelot, mort en 1695, dut composer un peu plus tôt ses *Mémoires touchant la vie de M. de Saint-Cyran*[2]. Mais ce ne sont pas là des *Histoires* proprement dites ; et nul, avant Racine, n'avait entrepris de donner avec suite les annales de la célèbre abbaye. Ce fut seulement dans la seconde moitié du dix-huitième siècle, et quand la *Première partie* de l'ouvrage de Racine avait déjà été imprimée, que l'abbé Besoigne fit paraître son *Histoire de l'abbaye de Port-Royal* (6 vol. in-12, à Cologne, aux dépens de la Compagnie, M.DCC.LII) ; D. Clémencet, son *Histoire générale de Port-Roïal, depuis la réforme de l'abbaïe jusqu'à son entière destruction* (10 vol. in-12, à Amsterdam, chez Jean Vanduren, M.DCC.LV-M.DCC.LVII) ; Pierre Guilbert, ses *Mémoires historiques et chronologiques sur l'abbaye du Port-Royal des Champs* (9 vol. in-12, Utrecht, M.DCC.LV-M.DCC.LIX). Racine est donc, nous le répétons, le premier en date ; et les secours qu'ont tirés si abondamment de son ouvrage deux des historiens de Port-Royal que nous venons de nommer, prouvent que ces auteurs, qui avaient d'ailleurs étudié les sources, regardaient l'*Abrégé de l'histoire de Port-Royal* comme faisant autorité. Besoigne, dans sa *Préface* (p. vii), cite parmi les principales pièces manuscrites ou imprimées dont il a fait usage, « l'histoire imparfaite de Port-Royal, par M. Racine ; » mais s'il l'appelle *imparfaite*, c'est évidemment dans le sens d'*inachevée :* à la page 271 du tome I, citant Racine, comme il le fait souvent, en ne le nommant pas toujours, il donne à cette même histoire l'épithète de *belle*. D. Clémencet se flattait d'avoir écrit la première histoire suivie de Port-Royal. « Plusieurs, dit-il[3], se plaignent même de ce que

---

1. Une note de la copie manuscrite indique l'année 1697.

2. Ces livres n'ont été, de même que l'*Abrégé* de Racine, imprimés qu'en plein dix-huitième siècle.

3. *Préface* de l'*Histoire générale de Port-Roïal*, p. ii-v.

l'on a différé jusqu'à présent de leur donner un tel ouvrage.... Il est étonnant que parmi un si grand nombre d'amis de Port-Roïal, si attachés à cette sainte maison, il ne se soit jusqu'à présent trouvé personne qui nous ait donné une histoire aussi intéressante.... Nous ne pouvons cependant que gémir d'être privés d'un ouvrage si important, et qu'aucune main ne peut aujourd'hui exécuter comme il l'auroit été par quelques-uns de ces grands hommes qui ont eu l'avantage d'être liés avec cette sainte maison avant sa destruction. » Il est vrai que l'*Histoire* de Racine est seulement un *Abrégé*, qu'elle ne pouvait être menée aussi loin que celle de D. Clémencet, et qu'on n'en avait publié alors que la *Première partie*. D. Clémencet cependant aurait pu, ce semble, ne pas laisser échapper une occasion si naturelle de nommer son illustre devancier, qui avait bien quelque droit à être compté parmi ces grands hommes, amis de Port-Royal, auxquels le savant Bénédictin faisait allusion. Mais on trouve, sinon dans la *Preface* de D. Clémencet, du moins dans son *Histoire*, la preuve la moins équivoque de son estime pour le travail de Racine ; car il a copié textuellement tout ce qu'il en connaissait, y relevant bien peu de légères erreurs. Nous aurions trop multiplié les notes, si nous avions voulu y signaler les continuels emprunts de D. Clémencet. Nous nous contentons d'avertir ici que nous les avons constatés : ils montrent que l'auteur de l'*Histoire générale de Port-Roïal* avait confiance dans l'exactitude de Racine, et surtout qu'il ne croyait point aisé d'exprimer autrement que lui ce qu'il trouvait écrit déjà dans un style excellent.

C'est à ce dernier mérite, nous voulons dire à celui de l'écrivain, que nous sommes aujourd'hui le plus sensibles. Racine n'eut sans doute pas beaucoup de peine à être bien informé. Non-seulement il avait sous les yeux les nombreux livres de polémique publiés par ses amis, et dont quelques-uns contenaient beaucoup de détails historiques ; mais il avait communication des *Relations* manuscrites des Religieuses ; tous les documents que possédait l'abbaye lui étaient certainement fournis avec empressement. Son *Histoire*, écrite dans un temps où Port-Royal, quoique frappé, était encore debout, où vivait son esprit, où tous ses souvenirs étaient fidèlement gardés, aurait par cela seul une valeur toute particulière. C'est autrement toutefois qu'elle se recommande plus encore. D'Olivet disait beaucoup trop, quand il exprimait l'espoir qu'elle donnerait à Racine, parmi les prosateurs, le rang qu'il a parmi les poëtes. Mais l'élégante simplicité et la justesse du style, la sobriété des développements dans un abrégé sans sécheresse, le ton qui y est toujours en parfaite harmonie avec le sujet, en font une œuvre de maitre, et donnent une favorable idée de ce que, avec de telles qualités de narrateur, il eût, historien du règne de Louis XIV, su faire dans un plus grand sujet. Nous ne voulons pas dire que le sujet fût petit, indigne d'un tel génie. Nous n'avons garde de partager le sentiment de Chamfort : « C'est une chose curieuse, dit-il, que l'histoire de Port-Royal écrite par Racine. Il est plaisant de voir l'auteur de *Phèdre* parler des grands desseins de Dieu sur la mère Agnès[1]. » Ce sont là d'étranges légèretés d'un esprit prévenu. Aux yeux de qui sait mesurer les grandeurs de l'âme et l'élévation des vertus morales, les événements dont Port-Royal fut le théâtre ne sont pas si mesquins, et la sainte abbaye n'occupe pas si peu de place dans l'histoire du grand siècle. L'auteur de *Phèdre*, il vaudrait mieux dire ici l'auteur d'*Esther* et d'*Athalie*, n'avait pas choisi un sujet qui déshonorât sa plume. Ce sujet répondait d'ailleurs à tous les sentiments dont il était pénétré dans les dernières années de sa vie.

Dans l'édition de 1807 on avait cru devoir continuer l'*Abrégé de l'histoire de Port-Royal* par un *Supplément*, auquel on avait donné pour titre : « *Additions des éditeurs*, contenant le précis des événements qui ont suivi jusqu'à la destruction de Port-Royal en 1710[2]. » M. Aimé Martin a reproduit ce *Supplément*, en l'augmentant de fragments de lettres écrites par Racine à la Mère Agnès de Sainte-Thècle, sa tante. Nous n'avions pas à réimprimer à notre tour ces *Additions* à l'ouvrage de Racine. Quant aux lettres

1. *OEuvres complètes de Chamfort* (5 vol. in-8°, Paris, 1824), tome II, p. 146.
2. Tome VI, p. 459-470.

adressées à la Mère Agnès de Sainte-Thècle, nous les donnons au tome VII, à leur date dans la Correspondance.

A la suite de l'*Abrégé de l'histoire de Port-Royal* nous avons placé tout ce qui, dans les manuscrits de Racine, se rapporte à la même histoire, des *Notes* que les précédents éditeurs n'avaient pas recueillies, le *Mémoire pour les Religieuses de Port-Royal des Champs*, et l'écrit intitulé : *Diverses particularités concernant Port-Royal*. Nous ne faisons ici que mentionner ces divers opuscules, parce qu'on trouvera en tête de chacun d'eux une petite notice. Nous aurions pu sans doute y joindre l'*Épitaphe de Mlle de Vertus* : c'eût été suivre l'exemple donné par les éditeurs de 1807 et de 1808 et par M. Aimé Martin ; mais elle trouvera encore mieux sa place ailleurs, à côté de deux autres épitaphes qui ne regardent en rien Port-Royal.

ABREGE

DE

L'HISTOIRE DE PORT-ROYAL.

PREMIÈRE PARTIE[1].

L'abbaye de Port-Royal, près de Chevreuse, est une des plus anciennes abbayes de l'ordre de Cîteaux. Elle fut fondée, en l'année 1204, par un saint évêque de Paris, nommé Eudes de Sully[2], de la maison des comtes

---

1. Ce sous-titre : PREMIÈRE PARTIE n'est point dans l'édition de 1742, où la *Seconde partie* n'a pas été publiée. On le trouve pour la première fois dans l'édition de 1767, qui donne les deux parties.
2. *Eudes de Suilly* est l'orthographe de 1742. — Dans l'*Histoire générale de Port-Roïal* (par D. Clémencet), tome I, p. 2, note 1, on lit : « M. Racine, dans son *Histoire abrégée de Port-Roïal*, se trompe en attribuant à Eudes de Sully, évêque de Paris, la fondation de cette abbaye ; il conseilla de la faire, mais il n'y contribua par aucune donation. » Voici comment le même historien de Port Royal rapporte les faits (tome I, p. 1-3) : « Mathieu de Marli, premier du nom, cadet de la maison de Montmorenci, se disposant à partir pour l'expédition de la Terre-Sainte, laissa à Mathilde de Garlande, son épouse, une somme d'argent qu'il avoit destinée à des œuvres de piété.... Mathilde consulta sur ce sujet Eudes ou Odon de Sully, évêque de Paris, de la maison des comtes de Champagne, proche parent du roi Philippe-Auguste. Ce saint prélat lui conseilla de fonder un monastère de filles ; et Mathilde, pour suivre son avis, commença la fondation de celui-ci par la donation du fief de *Porrois* ou *Port-Roïal*, qu'elle acheta de Milon de Voisins.... Ce fut dans ce lieu, situé dans un vallon à six lieues de Paris, vers l'occident, qu'elle fit bâtir un monastère qui en porta le nom.... Dès le mois

de Champagne, proche parent de Philippe-Auguste. C'est lui dont on voit la tombe en cuivre, élevée de deux pieds, à l'entrée du chœur de Notre-Dame de Paris. La fondation n'étoit que pour douze Religieuses ; ainsi ce monastère ne possédoit pas[1] de fort grands biens. Ses principaux bienfaiteurs furent les seigneurs de Montmorency et les comtes de Montfort. Ils lui firent successivement plusieurs donations, dont les plus considérables ont été confirmées par le roi saint Louis, qui donna aux Religieuses sur son domaine une rente en forme d'aumône, dont elles jouissent encore aujourd'hui : si bien qu'elles reconnoissent avec raison[2] ce saint roi pour un de leurs fondateurs[3]. Le pape Honoré III accorda à cette abbaye de grands privilèges, comme, entre autres[4], celui d'y célébrer l'office divin, quand même tout le pays seroit en interdit. Il permettoit aussi aux Religieuses de donner retraite à des séculières qui, étant dégoûtées du monde, et pouvant disposer de leurs personnes, voudroient se réfugier dans leur couvent pour y faire pénitence, sans néanmoins se lier par des vœux. Cette bulle

d'août 1204, l'église portoit le nom de Notre-Dame de Port-Roïal. Mais on ne voit pas qu'il y ait eu des Religieuses avant l'an 1208. »

1. Ne possède pas. *Var.* C. M.
2. Que c'est avec raison qu'elles reconnoissent. *Var.* C. M.
3. Pour leur fondateur. *Var.* C. M. — « La nouvelle abbaye reçut bientôt de grands accroissements par les libéralités des rois de France, des seigneurs du voisinage.... On compte parmi les bienfaiteurs.... Louis le Jeune, saint Louis,... Jean comte de Montfort, fils d'Amauri VI, et petit-fils de Simon le Grand.... Après les seigneurs de Marli, qui se firent un mérite de marcher sur les traces de Mathilde de Garlande, il n'y en a point eu qui aient plus signalé leur générosité que les seigneurs de Chevreuse, de Monfort, de Trie et de Dreux. » (*Histoire générale de Port-Roïal*, tome I, p. 5 et 6.)
4. De grands priviléges, entre autres. *Var.* C. M.

est de l'année 1223[1], un peu après le quatrième concile général de Latran[2].

Sur la fin du dernier siècle, ce monastère, comme beaucoup d'autres, étoit tombé dans un grand relâchement : la règle de Saint-Benoît n'y étoit presque plus connue, la clôture même n'y étoit plus observée[3], et l'esprit du siècle en avoit entièrement banni la régularité. Marie-Angélique Arnauld, par un usage qui n'étoit que trop commun en ces temps-là, en fut faite abbesse[4], n'ayant pas encore onze ans accomplis. Elle n'en avoit que huit lorsqu'elle prit l'habit, et elle fit profession à neuf ans entre les mains du Général de Cîteaux, qui la bénit dix-huit mois après. Il y avoit peu d'apparence qu'une fille faite abbesse à cet âge, et d'une manière si peu régulière, eût été choisie de Dieu pour rétablir la règle dans cette abbaye. Cependant elle étoit à peine[5] dans sa dix-septième année, que Dieu, qui avoit de grands desseins sur elle, se servit, pour la toucher, d'une

---

1. Du 18 janvier 1223. Voyez l'*Histoire générale de Port-Roïal*, tome I, p. 6, et *Préface du Nécrologe de Port-Royal*, p. XVII.

2. Ce quatrième concile œcuménique de Latran est de l'année 1215, sous le pontificat d'Innocent III. On y ordonna la réforme de quelques monastères de l'ordre de Cîteaux ; c'est pour cela sans doute que Racine en rattache le souvenir à celui de la bulle qui fut accordée à l'abbaye de Port-Royal.

3. Point observée. *Var.* C. M.

4. En 1602 (*Note des éditions de 1742 et de 1767.*) — Jacqueline-Marie-Angélique Arnauld, fille d'Antoine Arnauld et de Catherine Marion, et sœur du grand Arnauld, était née le 8 septembre 1591. Elle fut pourvue à l'âge de huit ans de l'abbaye de Port-Royal, prit l'habit de Saint-Bernard le 2 septembre 1599 dans l'abbaye de Saint-Antoine, faubourg de Paris, fit profession à Maubuisson le 26 octobre 1600, et entra en possession de l'abbaye de Port-Royal le 15 juillet 1602, après la mort de Jeanne de Boulehart, dont elle avait été coadjutrice. Le 19 septembre de la même année l'abbé de Cîteaux la bénit abbesse.

5. Elle entroit à peine. *Var.* C. M.

voie assez extraordinaire. Un capucin, qui étoit sorti de son couvent par libertinage, et qui alloit se faire apostat dans les pays étrangers[1], passant par hasard à Port-Royal, fut prié par l'Abbesse et par les Religieuses de prêcher dans leur église. Il le fit; et ce misérable parla avec tant de force sur le bonheur de la vie religieuse, sur la beauté et sur la sainteté de la règle de Saint-Benoît, que la jeune Abbesse en fut vivement émue[2]. Elle forma dès lors la résolution non-seulement de pratiquer sa règle dans toute sa rigueur, mais d'employer même tous ses efforts pour la faire aussi observer à ses Religieuses. Elle commença par un renouvellement de ses vœux, et fit une seconde profession[3], n'étant pas satisfaite de la première. Elle réforma tout ce qu'il y avoit de mondain et de sensuel dans ses habits, ne porta plus qu'une chemise de serge, ne coucha plus que sur une simple paillasse, s'abstint de manger de la viande, et fit fermer de bonnes murailles son abbaye, qui ne l'étoit auparavant que d'une méchante clôture de terre, éboulée presque partout. Elle eut grand soin de ne point alarmer ses Religieuses par trop d'empressement à leur vouloir faire embrasser la règle. Elle se contentoit[4] de donner l'exemple, leur

1. Ce capucin était le P. Basile. « Dieu eut pitié de lui dans la suite, et il lui fit la grâce de rentrer dans le sein de l'Église. » (*Histoire générale de Port-Roïal*, tome I, p. 25, note 1.) — Dans le sermon qui toucha la jeune abbesse, le P. Basile « traita de l'Incarnation et des rabaissements du Fils de Dieu en sa naissance. » (*Relations sur la vie de la Révérende Mère Angélique.... ou Recueil de la Mère Angélique de Saint-Jean Arnauld d'Andilly* (1737), p. 16.)

2. 1608. (*Note des éditions de 1742 et de 1767.*) — « Ce moment heureux, marqué par la Providence, arriva dans le carême de l'année 1608. » (*Histoire générale de Port-Roïal*, tome I, p. 24.)

3. Le 7 mai 1610. Elle prononça ses vœux entre les mains de M l'Argentier, abbé de Clairvaux. Voyez l'*Histoire générale de Port-Roïal*, tome I, p. 51 et 52.

4. Elle se contenta. *Var.* C. M.

parlant peu, priant beaucoup pour elles, et accompagnant de torrents de larmes le peu d'exhortations qu'elle leur faisoit quelquefois. Dieu bénit si bien cette conduite, qu'elle les gagna toutes les unes après les autres, et qu'en moins de cinq ans la communauté de biens, le jeûne, l'abstinence de viande, le silence, la veille de la nuit, et enfin toutes les austérités de la règle de Saint-Benoît furent établies à Port-Royal de la même manière qu'elles le sont encore aujourd'hui[1].

Cette réforme est la première qui ait été introduite dans l'ordre de Cîteaux : aussi y fit-elle un fort grand bruit, et elle eut la destinée que les plus saintes choses ont toujours eue, c'est-à-dire qu'elle fut occasion de scandale aux uns, et d'édification aux autres. Elle fut extrêmement désapprouvée par un fort grand nombre de moines et d'abbés même, qui regardoient la bonne chère, l'oisiveté, la mollesse, et, en un mot, le libertinage, comme d'anciennes coutumes de l'ordre, où il n'étoit pas permis de toucher. Toutes ces sortes de gens déclamèrent avec beaucoup d'emportements[2] contre les Religieuses de Port-Royal, les traitant de folles, d'embéguinées, de novatrices, de schismatiques même, et ils parloient de les faire excommunier. Ils avoient pour eux l'assistant du Général, grand chasseur, et d'une si profonde ignorance, qu'il n'entendoit pas même le latin de son *Pater*. Mais heureusement le Général, nommé dom Boucherat, se trouva un homme très-sage et très-équitable, et ne se laissa point[3] entraîner à leurs sentiments.

Plusieurs maisons non-seulement admirèrent cette réforme, mais résolurent même de l'embrasser. Mais on

1. Qu'elles le sont aujourd'hui. *Var.* C. M.
2. Avec beaucoup d'emportement. *Var.* C. M.
3. Qui ne se laissa point. *Var.* C. M.

crut[1] partout qu'on ne pouvoit réussir dans une si sainte entreprise sans le secours de l'abbesse de Port-Royal. Elle eut ordre du Général de se transporter dans la plupart de ces maisons, et d'envoyer de ses Religieuses dans tous les couvents où elle ne pourroit aller elle-même. Elle alla à Maubuisson[2], au Lys[3], à Saint-Aubin[4], pendant que la mère Agnès Arnauld sa sœur[5], et d'autres de ses Religieuses, alloient à Saint-Cyr[6], à Gomer-Fontaine[7], à Tard[8], aux Iles d'Auxerre[9], et ailleurs. Toutes ces maisons regardoient l'abbesse et les Religieuses de Port-Royal comme des anges envoyés du ciel pour le rétablissement de la discipline. Plusieurs abbesses vinrent passer des années entières à Port-Royal, pour s'y instruire à loisir des saintes maximes qui s'y pratiquoient. Il y eut aussi un grand nombre d'abbayes d'hommes qui se réformèrent sur ce modèle. Ainsi l'on peut dire avec

1. Et l'on crut. *Var.* C. M.
2. Abbaye de Bernardines, fondée en 1240, près du village de Saint-Ouen (arrondissement de Pontoise), par la reine Blanche, qui y mourut à la fin de l'année 1252.
3. Près de Melun, au diocèse de Sens.
4. Dans le diocèse de Rouen.
5. Jeanne-Catherine-Agnès de Saint-Paul (Arnauld), née le 31 décembre 1593, morte le 19 février 1671. Elle prit l'habit à Saint-Cyr le jour de la Saint-Jean de l'année 1600, et à Port-Royal le 28 janvier 1611; elle fit profession dans cette dernière abbaye le 1er mai 1612.
6. Monastère de Bénédictines, qui remontait au septième siècle, au règne de Dagobert. Lorsque Mme de Maintenon cherchait à Saint-Cyr un lieu pour y établir la maison de Saint-Louis, on songea d'abord au monastère des Bénédictines; mais elles obtinrent qu'on respecterait une si ancienne fondation.
7. Près de Gisors, dans le grand vicariat de Pontoise, diocèse de Rouen.
8. L'abbaye de Tard-sur-Ouche était voisine de Dijon, où elle fut transférée en 1623.
9. Notre-Dame des Isles était une abbaye de Bernardines à Auxerre.

vérité que la maison de Port-Royal fut une source de bénédictions[1] pour tout l'ordre de Cîteaux, où l'on commença de voir revivre l'esprit de saint Benoît et de saint Bernard, qui y étoit presque entièrement éteint.

De tous les monastères que je viens de nommer, il n'y en eut point où la Mère Angélique trouvât plus à travailler que dans celui de Maubuisson, dont l'abbesse[2], sœur de Mme Gabrielle d'Estrées, après plusieurs années d'une vie toute scandaleuse, avoit été interdite, et renfermée à Paris dans les Filles pénitentes[3]. A peine la Mère Angélique commençoit à faire connoître Dieu dans cette maison, que Mme d'Estrées, s'étant échappée des Filles pénitentes, revint à Maubuisson avec une escorte de plusieurs jeunes gentilshommes[4], accoutumés à y venir passer leur temps ; et une des portes lui en fut ouverte[5] par une des anciennes Religieuses[6]. Aussitôt le confesseur de l'abbaye[7], qui étoit un moine[8], grand ennemi de la réforme, voulut persuader à la Mère Angélique de se retirer. Il y eut même un de ces gentilshommes qui lui appuya le pistolet sur la gorge pour la faire sortir. Mais

1. De bénédiction. *Var. C. M.*
2. Après avoir été d'abord abbesse de Bertaucourt, elle était entrée à l'abbaye de Maubuisson par la faveur de Henri IV. Voyez l'*Histoire de l'abbaye de Port-Royal* (par Jérôme Besoigne), tome I, p. 85 ; et les *Relations sur la vie de la Révérende Mère Angélique*, p. 91.
3. On l'emmena de Maubuisson le 3 février 1618. (*Histoire de l'abbaye de Port-Royal*, tome I, p. 87.)
4. Avec une escorte de jeunes gentilshommes. *Var. C. M.*
5. Lui fut ouverte. *Var. C. M.*
6. « Une des portes lui fut ouverte par Mme la Serre, l'une des anciennes Religieuses. » (*Histoire générale de Port-Roïal*, tome I, p. 99.)
7. D. Clémencet, au même endroit de son *Histoire générale de Port-Roïal*, nomme ce confesseur D. Sabbathier.
8. (C'étoit un moine). *Var. C. M.*

tout cela ne l'étonnant point, l'Abbesse, le confesseur, et ces jeunes gens[1], la prirent par force, et la mirent hors du couvent avec les Religieuses qu'elle y avoit amenées, et avec toutes les novices à qui elle avoit donné l'habit[2]. Cette troupe de Religieuses, destituée de tout secours, et ne sachant où se retirer, s'achemina en silence vers Pontoise, et en traversa[3] tout le faubourg et une partie de la ville, les mains jointes et leur voile sur le visage, jusqu'à ce qu'enfin quelques habitants du lieu, touchés de compassion, leur offrirent de leur donner retraite chez eux. Mais elles n'y furent pas longtemps ; car, au bout de deux ou trois jours, le Parlement, à la requête de l'abbé de Cîteaux, ayant donné un arrêt[4] pour renfermer de nouveau Mme d'Estrées, le prévôt de l'Isle[5] fut en-

1. Et les jeunes gens. *Var.* C. M.
2. Les éditeurs de 1807 ont dit ici par erreur : « Ceci se passa en septembre 1618. » Mme d'Estrées « s'échappa des Filles pénitentes, et revint à Maubuisson le 10 septembre (1619),... escortée par le comte de Sanzé (*son beau-frère*) et quelques autres gentilshommes accoutumés à y venir passer leur temps. » (*Histoire générale de Port-Roïal*, tome I, p. 99.) Voyez aussi les *Relations sur la vie de la Révérende Mère Angélique*, p. 134.
3. Vers Pontoise, en traversa. *Var.* C. M.
4. Cet arrêt fut obtenu par M. de Trie (Henri Arnauld), alors avocat. Il était le second fils d'Antoine Arnauld, et le frère du grand Arnauld et de la Mère Angélique. « M. de Trie.... obtint un arrêt pour enlever de nouveau Mme d'Estrées et rétablir la Mère Angélique. En même temps on eut un ordre qui commandoit à M. de Fontis, prévôt de l'Isle, de se transporter incontinent à Maubuisson avec ses archers. Il arriva le 11 septembre (1619), à cinq heures, avec deux cent cinquante hommes, et investit la maison de Maubuisson. » (*Histoire générale de Port-Roïal*, tome I, p. 103.)
5. Le prévôt de l'Ile de France, qu'on nommait par abréviation le *prévôt de l'Isle*, était le prévôt des maréchaux, qui avait pour district le pays appelé *l'Ile de France*. Dans le *Recueil des ordonnances et édits sur la Maréchaussée de France* (1 vol. in-4°, Paris, 1697) nous trouvons des *Lettres patentes* (du 20 février 1546) *pour l'établissement d'un Prévost général en l'Isle de France*, qui est dit « prévost de nos amés et féaux

voyé avec main-forte pour se saisir de l'Abbesse, du confesseur, et de la Religieuse ancienne qui étoit de leur cabale. L'abbesse s'enfuit de bonne heure par une porte du jardin ; la Religieuse fut trouvée dans une grande armoire pleine de hardes, où elle s'étoit cachée ; et le confesseur, ayant sauté par-dessus les murs, s'alla réfugier chez les jésuites de Pontoise. Ainsi la Mère Angélique demeura[1] paisible dans Maubuisson, et y continua sa sainte mission pendant cinq années.

Ce fut là qu'elle vit pour la première fois[2] saint François de Sales, et qu'il se lia entre eux une amitié qui a duré toute la vie du saint évêque, qui voulut même que la Mère de Chantail[3] fût associée à cette union. L'on

les maréchaux de France en notre dite Ville, Cité, Prévosté, Vicomté et Élection de Paris, et Élections de Senlis, Beauvais, Clermont-en-Beauvaisis, Mantes, Montfort-l'Amaury, et Estampes. »

1. La Mère Angélique demeura donc. *Var. C. M.*

2. Les éditions de 1742 et de 1767 ont ici une note qui place cette première entrevue en 1618. Mais D. Clémencet (*Histoire générale de Port-Roïal*, tome I, p. 73) donne la date exacte, qui est le 5 avril 1619. Il avait déjà dit plus haut (p. 82) que l'évêque de Genève était à Paris au commencement de 1619, que M. de Bonneuil, l'introducteur des ambassadeurs, l'amena à Maubuisson au mois d'avril, et que saint François de Sales y revint plusieurs fois cette même année. Il avait tiré ces détails des *Relations écrites par la Mère Angélique Arnauld* dans les *Mémoires et relations sur ce qui s'est passé à Port-Royal depuis le commencement de la réforme de l'abbaye* (1 vol. in-12, M.DCC.XVI), p. 52.

3. La Mère de Chantal (Chantail *dans l'édition de 1742, et plus loin dans le manuscrit même de Racine*) vit plusieurs fois la Mère Angélique, entre autres à son premier et à son dernier voyage à Paris. « Ce fut au premier voyage que la Mère de Chantal fit à Paris l'an 1620 pour l'établissement du premier monastère de Sainte-Marie, qu'elle vint à Maubuisson voir la Mère Angélique, qu'elle n'avoit encore vue qu'en esprit. » (*Histoire générale de Port-Roïal*, tome I, p. 97 et 98.) — « La Mère de Chantal.... étant revenue pour la quatrième fois à Paris l'an 1641, ne manqua pas de voir la Mère Angélique, comme elle avoit fait dès son premier voyage : et même

voit[1] dans les lettres de l'un et de l'autre la grande idée qu'ils avoient de cette merveilleuse fille. De son côté, la Mère Angélique procura aussi[2] à M. Arnauld, son père[3], et à toute sa famille, la connoissance de ce saint prélat. Il fit[4] un voyage à Port-Royal, pour y voir la Mère Agnès de Saint-Paul, sœur de cette abbesse[5]; il alloit voir très-souvent M. Arnauld, son père, et M. d'Andilly[6], son frère, et à Paris et à une maison qu'ils avoient à la campagne, charmé de se trouver dans une famille si pleine de vertu et de piété[7]. La dernière fois qu'il les vit, il donna sa bénédiction à tous leurs enfants, et entre autres au célèbre M. Arnauld, docteur de Sorbonne, qui n'avoit alors que six ans[8]. La bienheureuse Mère de Chantail vécut encore vingt ans depuis qu'elle eut connu la Mère Angélique. Elle ne faisoit point de voyage à Paris qu'elle ne vînt passer plusieurs jours de suite avec elle, versant dans son sein ses plus secrètes pensées, et desirant avec ardeur que les Filles de la Visitation et celles de Port-

peu de temps avant son départ de Paris, elle alla à Port-Roïal, et y demeura deux jours. Ce fut alors que pour la dernière fois ces deux grandes âmes s'entretinrent. » (*Ibidem*, 272.) Mme de Chantal mourut cette année 1641, le 13 décembre.

1. Et l'on voit. *Var*. C. M.
2. La Mère Angélique aussi de son côté procura. *Var*. C. M.
3. Voyez ci-dessus la note 4 de la page 401. L'illustre avocat Antoine Arnauld, père de la Mère Angélique, était né en 1560. Il mourut le 26 décembre 1619. Le *Nécrologe* (p. 493) dit qu'il avait alors cent trois ans, ce qui le ferait naître en 1516. Le plus célèbre de ses plaidoyers est celui qu'il prononça en 1594 pour défendre l'Université de Paris contre les Jésuites
4. De ce saint prélat, qui fit. *Var*. C. M.
5. Sœur de l'abbesse. *Var* C. M.
6. Robert Arnauld d'Andilly, né en 1588, était l'aîné des fils d'Antoine Arnauld.
7. Charmé de se trouver..., il alloit voir..... *Var*. C. M.
8. Il était né le 6 février 1612; il avait donc alors sept ans.

Royal fussent unies[1] du même lien d'amitié qui avoit si étroitement uni leurs deux Mères.

Après cinq ans de travail à Maubuisson, la Mère Angélique se trouvant déchargée du soin de cette abbaye par la nomination que le Roi avoit faite d'une autre abbesse[2] en la place de Mme d'Estrées, elle se résolut d'aller trouver[3] sa chère communauté de Port-Royal. Elle ne l'avoit pas laissée néanmoins orpheline[4], l'ayant mise, en partant, sous la conduite de la Mère Agnès dont j'ai parlé : elle étoit plus jeune de deux ans que la Mère Angélique, et avoit été faite abbesse aussi jeune qu'elle[5]; mais Dieu l'ayant aussi éclairée de fort bonne heure, elle avoit remis au Roi l'abbaye de Saint-Cyr, dont elle étoit pourvue, pour venir vivre[6] simple Religieuse dans le couvent de sa sœur. Mais la Mère Angélique, pleine d'admiration de sa vertu, avoit obtenu qu'on la fît sa coadjutrice[7]. C'est cette Mère Agnès qui a depuis dressé les Constitutions de Port-Royal, qui furent approuvées[8]

1. Fussent toujours unies. *Var.* C. M.
2. Charlotte de Bourbon Soissons, fille (*naturelle*) de Charles de Bourbon, comte de Soissons et de Dreux, pair et grand maître de France, fils puîné de Louis Ier, prince de Condé. (*Note des éditions de 1742 et de 1767.*) — Elle était Religieuse à Fontevrault lorsqu'elle fut nommée, en 1623, abbesse de Maubuisson.
3. D'aller retrouver. *Var.* C. M.
4. Néanmoins entièrement orpheline. *Var.* C. M.
5. Sur Jeanne-Catherine-Agnès de Saint-Paul Arnauld, voyez la note 5 de la page 404. — « M. Marion, avocat général, ayant obtenu, l'an 1599, du roi Henri IV, par un abus qui n'étoit que trop commun alors, les abbayes de Port-Royal et de Saint-Cyr pour Jacqueline (*la Mère Angélique*) et Jeanne (*la Mère Agnès*) ses petites-filles.... » (*Histoire générale de Port-Roïal*, tome I, p. 14.)
6. Pour vivre. *Var.* C. M.
7. 1620. (*Note des éditions de 1742 et de 1767.*) — Les bulles en furent expédiées au mois de septembre 1620. Voyez l'*Histoire générale de Port-Roïal*, tome I, p. 106.
8. Constitutions de Port-Royal, approuvées. *Var.* C. M.

par M. de Gondy, archevêque de Paris. On a aussi[1] d'elle plusieurs traités très-édifiants[2], et qui font connoître tout ensemble l'élévation et la solidité de son esprit.

Lorsque la Mère Angélique se préparoit à partir de Maubuisson, trente Religieuses qui y avoient fait profession entre ses mains se jetèrent à ses pieds, et la conjurèrent[3] de les emmener avec elle. L'abbaye de Port-Royal étoit fort pauvre, n'ayant été fondée, comme j'ai dit, que pour douze Religieuses. Le nombre en étoit[4] alors considérablement augmenté ; et ces trente Filles de Maubuisson n'avoient à elles toutes que cinq cents livres de pension viagère. Cependant la Mère Angélique ne balança pas un moment à leur accorder leur demande. Elle se contenta d'en écrire à la Mère Agnès ; et sur sa réponse, elle les fit même partir quelques jours devant elle[5]. Ces pauvres filles n'abordoient qu'en tremblant une maison qu'elles venoient, pour ainsi dire, affamer : mais elles y furent reçues avec une joie qui leur fit bien voir que la charité de la Mère s'étoit aussi communiquée[6] à toute la communauté.

Il étoit resté à Maubuisson quelques esprits qui n'avoient pu entièrement s'assujettir à la réforme. D'ailleurs Mme de Soissons, qui avoit succédé à Mme d'Estrées, n'avoit pas pris un fort grand soin d'y entretenir la régularité que la Mère Angélique y avoit établie : si

---

1. L'on a aussi. *Var.* C. M.
2. *Le chapelet du Saint-Sacrement* (1 vol. in-12, 1633), dont il sera parlé plus loin ; *l'Image d'une Religieuse parfaite et d'une imparfaite* (1 vol. in-12, Paris, Savreux, 1665).
3. Et la conjurèrent avec beaucoup de larmes. *Var.* C. M.
4. Le nombre étoit. *Var.* C. M.
5. Elles arrivèrent à Port-Royal le 3 mars 1623. La Mère Angélique ne s'y rendit que le 11 ou 12 du même mois. Voyez l'*Histoire générale de Port-Roïal*, tome I, p. 111 et 112.
6. S'étoit communiquée. *Var.* C. M.

bien que cette sainte fille ne cessoit de demander à Dieu qu'il regardât cette maison avec des yeux de miséricorde. Sa prière fut exaucée. Cette abbaye étant venue encore à vaquer au bout de quatre ans par la mort de Mme de Soissons[1], le roi Louis XIII fit demander à la Mère Angélique une de ses Religieuses pour l'en faire abbesse. Elle lui en proposa une qu'on appeloit sœur Marie des Anges[2], à qui le Roi donna aussitôt son brevet. La plupart des personnes qui connoissoient cette fille lui trouvoient, à la vérité, une grande douceur[3] et une profonde humilité; mais elles doutoient[4] qu'elle eût toute la fermeté nécessaire pour remplir une place de cette importance. Le succès fit voir combien la Mère Angélique avoit de discernement; car cette fille si humble et si douce sut réduire en très-peu de temps les esprits qui

1. Morte en octobre 1626. (*Note des éditions de* 1742 *et de* 1767.) — D'après l'*Histoire générale de Port-Roïal*, tome I, p. 133, Mme de Soissons mourut le 28 décembre 1626.

2. 1627. (*Note des éditions de* 1742 *et de* 1767.) — Ce fut en effet le 7 janvier 1627 que la Mère des Anges partit pour Maubuisson, accompagnée de la Mère Catherine-Agnès Arnauld, alors coadjutrice de Port-Royal, et de huit autres Religieuses que la Mère Angélique avait amenées de ce monastère lorsqu'elle en sortit pour revenir à Port-Royal. Voyez l'*Histoire générale de Port-Roïal*, tome I, p. 134. Marie des Anges Suireau avait été trois ans maîtresse des novices de l'abbaye du Lys. Mme de Longueville, première femme de Henri II duc de Longueville, ayant demandé à la Mère Angélique une de ses Religieuses pour être coadjutrice de sa sœur naturelle Mme de Soissons, la Mère Angélique lui donna Marie des Anges, qui venait de quitter l'abbaye du Lys pour rentrer à Port-Royal, vers la fin de 1626. Mme de Soissons mourut avant que la bulle de coadjutorerie fût arrivée. Mme de Longueville obtint alors de Louis XIII le brevet d'abbesse pour la Coadjutrice. Voyez *ibidem*, p. 131 et 133. Marie Suireau était destinée à devenir plus tard abbesse de Port-Royal. Elle fut élue le 26 novembre 1654, et continuée par une seconde élection le 1er décembre 1657. Elle mourut le 10 décembre 1658.

3. Une très grande douceur. *Var.* C. M.

4. Mais ils doutoient. *Var.* C. M.

étoient demeurés les plus rebelles, rangea les anciennes sous le même joug[1] que les jeunes, ne s'étonna point des persécutions de certains moines, et même de certains visiteurs de l'Ordre, accoutumés au faste et à la dépense, et qui ne pouvoient souffrir le saint usage qu'elle faisoit des revenus de cette abbaye.

Ce fut de son temps que deux fameuses Religieuses de Montdidier furent introduites à Maubuisson par un de ces visiteurs, pour y enseigner, disoit-il, les secrets de la plus sublime oraison. La Mère des Anges et la Mère Angélique n'étoient point assez intérieures au gré de ces Pères, et ils leur reprochoient souvent de ne connoître d'autre perfection que celle qui s'acquiert par la mortification des sens et par la pratique des bonnes œuvres. La Mère des Anges, qui avoit appris à Port-Royal à se défier de toute nouveauté, fit observer de près ces deux filles; et il se trouva que, sous un jargon de pur amour, d'anéantissement, et de parfaite nudité[2], elles cachoient toutes les illusions et toutes les horreurs que l'Église a condamnées de nos jours dans Molinos[3]. Elles étoient en effet de la secte de ces illuminés[4] de Roye, qu'on nommoit les *Guerinets*[5], dont le cardinal de Richelieu fit

1. Sous les mêmes lois. *Var.* C. M.
2. Dans ce passage, que D. Clémencet a copié à peu près textuellement, ainsi que beaucoup d'autres, nous l'avons dit, de l'*Histoire abrégée* de Racine, il a substitué à ces mots : « et de parfaite nudité, » omis dans l'édition de 1767, ceux-ci : « et de parfait dépouillement. » Voyez l'*Histoire générale de Port-Roïal*, tome III, p. 38.
3. Michel Molinos, prêtre et docteur espagnol, qui s'était fixé en Italie, y publia en 1675 *la Guide spirituelle*. Le pape Innocent XI en condamna soixante-huit propositions par sa bulle du 20 novembre 1687. Molinos mourut en prison le 29 décembre 1696.
4. Des illuminés. *Var.* C. M.
5. Le *Dictionnaire de Théologie* par l'abbé Bergier (Lille, 1844) parle ainsi des *Illuminés* et des *Guérinets* au mot ILLUMINÉS (tome II, p. 544) : « *Illuminés*, nom d'une secte d'hérétiques qui parurent en

faire une si exacte perquisition. La Mère des Anges ayant donné avis du péril où étoit son monastère, ces deux Religieuses furent enfermées très-étroitement par ordre de la cour ; et le visiteur qui les protégeoit eut bien de la peine lui-même à se tirer d'affaire. En un mot, la Mère des Anges, malgré toutes les traverses qu'on lui suscitoit, rétablit entièrement dans Maubuisson le véritable esprit de saint Bernard, qui s'y maintient encore aujourd'hui par les soins de l'illustre princesse que la Providence en a faite[1] abbesse[2] ; et après avoir gouverné pendant vingt-deux ans ce célèbre monastère avec une sainteté dont la mémoire s'y conservera éternellement, elle en donna sa démission au Roi[3], et vint reprendre à Port-Royal son rang de simple Religieuse. Elle demandoit même à y recommencer son noviciat, de peur, disoit-elle, qu'ayant

Espagne vers l'an 1575.... Cette secte fut renouvelée en France en 1634, et les *Guérinets*, disciples de Pierre Guérin, se joignirent à eux, mais Louis XIII les fit poursuivre si vivement qu'ils furent détruits en peu de temps. Ils prétendaient que Dieu avait révélé à l'un d'entre eux, nommé frère Antoine Bocquet, une pratique de foi et de vie suréminente, inconnue jusqu'alors dans toute la chrétienté.... »

1. Il y a *fait*, sans accord, dans les éditions de 1742 et de 1767.

2. Madame Louise-Marie-Hollandine, princesse palatine de Bavière, qui fut nommée abbesse de Maubuisson en 1664, et qui mourut en 1709. Voyez l'abrégé de sa vie à la fin des *Vies des saints* de M. Blondel. (*Note des éditions de 1742 et de 1667.*) — L'ouvrage cité dans cette note a pour titre : les *Vies des saints pour chaque jour de l'année.... à Paris, chez Guillaume Desprez.... et Jean Desessartz. M.DCC.XXII* (1 vol. in-folio). La vie de la Vénérable princesse électorale Louise, palatine de Bavière, s'y trouve aux pages 747-758. Louise-Marie-Hollandine, née le 28 avril 1622, morte le 11 février 1709, était fille de l'électeur palatin Frédéric V et d'Élisabeth Stuart, fille de Jacques Ier, roi d'Angleterre. Elle avait embrassé la religion catholique et fait son abjuration le 25 janvier 1658. Elle fit profession à Maubuisson le 19 septembre 1660, et prit possession de l'abbaye le 14 novembre 1664.

3. La Mère des Anges donna sa démission le 3 mai 1648, et retourna à Port-Royal au mois d'octobre de cette même année.

si longtemps commandé, elle n'eût appris à désobéir[1].

Cependant la communauté de Port-Royal s'étant[2] accrue jusqu'au nombre de quatre-vingts Religieuses, elles étoient fort serrées dans ce monastère, situé dans un lieu fort humide, et dont les bâtiments étoient extrêmement bas et enfoncés. Ainsi les maladies y devinrent[3] fort fréquentes, et le couvent ne fut bientôt plus qu'une infirmerie. Mais la Providence n'abandonna point la Mère Angélique dans ce besoin ; elle lui fit trouver des ressources dans sa propre famille. Mme Arnauld, sa mère, qui étoit fille du célèbre M. Marion, avocat général, étoit demeurée veuve depuis quelques années[4], et avoit conçu la résolution non-seulement de se retirer du monde, mais même, ce qui est assez particulier, de se faire Religieuse sous la conduite de sa fille. Comme elle sut l'extrémité où la communauté étoit réduite, elle acheta de son argent, au faubourg Saint-Jacques, une maison[5], et la donna pour en faire comme un hospice. On ne vouloit y transporter d'abord qu'une partie des Religieuses ; mais le monastère des champs devenant plus malsain de jour en jour, on fut obligé de l'abandonner entièrement[6], et de transférer à Paris toute la commu-

1. Elle n'eût désappris à obéir. *Var.* C. M.
2. S'étoit. *Var.* C. M.
3. Y devenoient. *Var.* C. M.
4. Depuis plusieurs années. *Var.* C. M.
5. Cette maison se trouvait dans un canton qu'on nommait Clagni, à l'extrémité du faubourg Saint-Jacques. Elle appartenait à un conseiller clerc. Mme Arnauld la paya vingt-quatre mille livres. Elle y fit exécuter des travaux qui durèrent jusqu'au 28 mai 1625, veille du Saint-Sacrement. Ce jour-là on transféra quinze Religieuses. La clôture fut établie le 16 juin. Voyez l'*Histoire générale de Port-Roïal*, tome I, p. 128, et l'*Histoire de l'abbaye de Port-Royal*, tome I, p. 133.
6. 1625. (*Note des éditions de 1742 et de 1767.*) Mais la translation ne fut achevée qu'en 1626. Les lettres patentes pour transférer toute la communauté à Paris furent données au mois de dé-

nauté, après en avoir obtenu le consentement du Roi et de l'Archevêque. On se logea comme on put dans cette nouvelle maison. L'on fit un dortoir d'une galerie ; on lambrissa les greniers pour y pratiquer des cellules, et la salle fut changée en une chapelle.

La réputation de la Mère Angélique, et les merveilles qu'on racontoit de la vie toute sainte de ses Religieuses, lui attirèrent bientôt l'amitié de beaucoup de personnes de piété. La reine Marie de Médicis les honora d'une bienveillance particulière ; et par des lettres patentes enregistrées[1] au Parlement, prit le titre de fondatrice et de bienfaitrice de ce nouveau monastère. Elle ne fut pas vraisemblablement en état[2] de leur donner des marques de sa libéralité, mais elle leur procura un bien qu'elles n'eussent jamais osé espérer sans une protection si puissante.

Plus la Mère Angélique avoit sujet de louer Dieu des bénédictions qu'il avoit répandues sur sa communauté, plus elle avoit lieu de craindre qu'après sa mort, et après celle de la Mère Agnès, sa coadjutrice, on n'introduisît en leur place quelque abbesse qui, n'ayant point été élevée dans la maison, détruiroit peut-être en six mois tout le bon ordre qu'elle avoit tant travaillé à y établir[3]. La reine Marie de Médicis entra avec bonté dans ses sentiments ; elle parla au Roi son fils, dans le temps qu'il revenoit triomphant après la prise de la Rochelle[4], et

---

cembre 1625. La Mère Angélique se rendit à Port-Royal des Champs au mois de mai 1626 pour amener les Religieuses, qui y étaient restées, dans la nouvelle maison du faubourg Saint-Jacques. Voyez l'*Histoire générale de Port-Roïal*, tome I, p. 129.

1. Registrées. *Var.* C. M.
2. Elle ne fut pas en état vraisemblablement. *Var.* C. M.
3. A y rétablir. *Var.* C. M.
4. Au mois de novembre 1628.

lui représentant tout ce qu'elle connoissoit de la sainteté de ces filles, elle toucha tellement sa piété, qu'il crut lui-même rendre un grand service à Dieu[1], en consentant que cette abbaye fût élective et triennale. La chose fut confirmée par le pape Urbain VIII. Aussitôt la Mère Angélique et la Mère Agnès se démirent, l'une de sa qualité d'abbesse, et l'autre de celle de coadjutrice; et la communauté élut pour trois ans une des Religieuses de la maison[2].

La Mère Angélique venoit d'obtenir du même pape une autre grâce qui ne lui parut pas moins considérable[3]. Elle avoit toujours eu au fond de son cœur un fort grand amour pour la hiérarchie ecclésiastique, et souhaitoit aussi ardemment d'être soumise à l'autorité épiscopale, que les autres abbesses desirent d'en être soustraites. Son souhait sur cela étoit d'autant plus raisonnable, que l'abbaye de Port-Royal, fondée par un évêque de Paris, avoit longtemps dépendu immédiatement de lui et de ses successeurs; mais dans la suite un de ces évêques avoit consenti qu'elle reconnût la juridiction de l'abbé de Cîteaux. Elle avoit donc fait[4] représenter ces raisons au Pape, qui, les ayant approuvées, remit en effet cette

1. D. Clémencet, en s'appropriant ce passage (*Histoire générale de Port-Roïal*, tome I, p. 170), a changé le membre de phrase « qu'il crut lui-même rendre un grand service à Dieu » en celui-ci : « qu'il crut lui-même servir Dieu. » Il ajoute au récit de Racine que le Roi fit expédier ses lettres patentes au mois de janvier 1629.

2. 1630. (*Note des éditions de 1642 et de 1767.*) — La Mère Angélique donna sa démission en juillet 1630. Le 23 de ce même mois la Mère Marie-Geneviève de Saint-Augustin le Tardif fut élue comme première abbesse triennale. Elle fut confirmée pour un second triennal le 10 septembre 1633 ; elle mourut simple Religieuse le 28 mars 1646. Voyez le *Nécrologe de Port-Royal*, p. 127.

3. Ne lui parut guère moins considérable. *Var.* C. M.

4. Elle avoit fait. *Var.* C. M.

abbaye[1] sous la juridiction de l'ordinaire[2], et l'affranchit entièrement de la dépendance de Cîteaux, en y conservant néanmoins tous les priviléges attachés aux maisons de cet ordre. M. de Gondy en prit donc en main le gouvernement, en examina et approuva les constitutions, et en fit faire la visite par M. ***[3], qui fut le premier supérieur qu'il donna à ce monastère..

Ce fut vers ce temps-là que Louise de Bourbon, première femme du duc de Longueville, princesse d'une éminente vertu, forma avec M. Zamet, évêque de Langres[4], le dessein d'instituer un ordre de Religieuses particulièrement consacrées à l'adoration du mystère de l'Eucharistie, et qui, par leur assistance continuelle devant le Saint-Sacrement, réparassent en quelque sorte les outrages que lui font tous les jours et les blasphèmes des protestants et les communions sacriléges des mauvais catholiques. Ils communiquèrent tous deux leur pensée à la Mère Angélique, et la prièrent non-seulement de les aider à former cet institut, mais d'en vouloir même accepter la direction, et de donner quelques-unes de ses Religieuses pour en commencer avec elle l'établissement. Cette proposition fut d'autant plus de son goût, qu'il y

1. Remit en 1627 cette abbaye. *Var.* C. M.
2. 1627. (*Note des éditions de* 1742 *et de* 1767.) — Le bref est du mois de juin 1627, et les lettres patentes du mois de juillet suivant. (*Note de l'édition de* 1807.)
3. Au lieu de *par M.****, qui est le texte des éditions de 1742 et de 1767, on lit dans des éditions plus récentes : « par M. Maugier. » Sur Étienne Maugier, abbé de la Charmoie, qui mourut le 24 août 1637, voyez le *Nécrologe de Port-Royal*, p. 347. L'abbé Racine, en copiant ce passage, a remplacé l'initiale *M.**** par le nom de *M. le Clerc*.
4. Sébastien Zamet, qui avait été aumônier de la reine Marie de Médicis, était fils du financier lucquois Zamet, qui, venu en France avec les Médicis, avait gagné par de honteuses complaisances la faveur de Henri IV. L'évêque de Langres mourut en 1655.

avoit déjà plus de quinze ans[1] que cette même assistance continuelle devant le Saint-Sacrement avoit été établie à Port Royal, d'abord pendant le jour seulement, et ensuite pendant la nuit même. Toutes les Religieuses de ce monastère, ayant appris un si louable dessein, furent touchées d'une sainte jalousie de ce qu'on fondoit pour cela un nouvel ordre au lieu de l'établir dans Port-Royal même. Elles demandèrent avec instance que, sans chercher d'autre maison que la leur, on leur permît d'ajouter les pratiques de cet institut aux autres pratiques[2] de leur règle, et de joindre en elles le nom glorieux des filles du Saint-Sacrement à celui de filles de Saint-Bernard. La princesse étoit d'avis de leur accorder leur demande ; mais l'évêque persista à vouloir un ordre et un habit particulier.

Ce prélat étoit un homme plein de bonnes intentions, et fort zélé, mais d'un esprit fort variable et fort borné[3]. Il avoit plusieurs fois changé le dessein de son institut. Il vouloit d'abord en faire un ordre de Religieux plus retirés et encore plus austères que les chartreux ; puis il jugea plus à propos que ce fût un ordre de filles. Sa première vue pour ces filles étoit qu'elles fussent extrêmement pauvres, et que, pour mieux honorer le profond abaissement de Jésus-Christ dans l'Eucharistie, elles por-

---

1. D. Clémencet, qui a copié ce passage (*Histoire générale de Port-Royal*, tome I, p. 145), substitue *deux ans* à *plus de quinze ans*, et avertit le lecteur par cette note : « M. Racine dit *quinze ans*, mais il se trompe. » Besoigne, au tome I, p. 147, de l'*Histoire de l'abbaye de Port-Royal*, est, à peu de chose près, d'accord avec D. Clémencet : « Dès 1624, dit-il, l'adoration perpétuelle du Saint-Sacrement étoit établie à Port-Royal. » Le projet du nouvel institut est de l'année 1627.

2. Aux pratiques. *Var.* C. M.

3. D'un esprit variable et très borné. *Var.* C. M. — Ce jugement sur l'évêque de Langres a été copié à peu près textuellement par D. Clémencet (tome I, p. 144) et par Besoigne (tome I, p. 149).

tassent sur leur habit toutes les marques d'une extrême pauvreté. Ensuite il imagina qu'il falloit attirer la vénération du peuple par un habit qui eût quelque chose d'auguste et de magnifique ; mais la Mère Angélique désira que tout se ressentît de la simplicité religieuse. Il avoit fait divers autres règlements, dont la plupart eurent besoin d'être rectifiés. La Mère Angélique, voyant ces incertitudes, eut un secret pressentiment que cet ordre ne seroit pas de longue durée. Mais la bulle étant arrivée, où elle étoit nommée supérieure, et où il étoit ordonné que ce seroit des Religieuses tirées de Port-Royal qui en commenceroient l'établissement, elle se mit en devoir d'obéir. La bulle nommoit aussi trois supérieurs, savoir : M. de Gondy, archevêque de Paris ; M. de Bellegarde, archevêque de Sens ; et l'évêque de Langres. Mais ce dernier, comme fondateur, et d'ailleurs étant grand directeur de Religieuses, eut la principale conduite de ce monastère. La Mère Angélique entra donc avec trois de ses Religieuses et quatre postulantes, dans la maison destinée pour cet institut[1]. Cette maison étoit

1. « Cette année (1630) on obtint, après trois ans de sollicitations, les lettres patentes pour l'institut du Saint-Sacrement.... M. de Gondi, archevêque de Paris,... refusa pendant trois ans son agrément. Enfin.... il consentit à l'achat d'une maison.... Cette maison étoit située dans la rue Coquillière, quartier du Louvre, au plus grand bruit de Paris, environnée de rues et de grandes maisons, sans aucun moyen de s'étendre.... Mais on vouloit le voisinage de la cour pour y attirer des filles de condition. » (*Histoire générale de Port-Roïal*, tome I, p. 175 et 176.) Ce fut en 1633 que la Mère Angélique entra dans cette maison : « La Mère Angélique étoit entrée la veille, 8 du mois (mai 1633), dans le monastère du Saint-Sacrement avec trois Religieuses de Port-Roïal : la sœur Marguerite de la Sainte-Trinité de Mauroy, sœur Agnès de la Mère de Dieu de Chouy, sœur Anne de Saint-Paul Arnauld ; et quatre postulantes : sœur Catherine de Sainte-Agnès Arnauld, Madeleine de Sainte-Agnès de Ligny, Anne de la Nativité Saisé, Anne de Jésus de Foissy, dite de Chamesson, et une sœur converse du

dans la rue Coquillière, qui est de la paroisse[1] de Saint-Eustache ; et le Saint-Sacrement y fut mis avec beaucoup de solennité. Bientôt après on y reçut des novices ; et ce fut l'archevêque de Paris qui leur donna le voile.

La nouveauté de cet institut donna beaucoup occasion au monde de parler ; et, dans ces commencements, la Mère Angélique eut à essuyer bien des peines et des contradictions. Son principal chagrin étoit de voir l'évêque de Langres presque toujours en différend avec l'archevêque de Sens, qui ne pouvoit compatir avec lui. Leur désunion éclata surtout à l'occasion du *Chapelet secret* du Saint-Sacrement. Comme cette affaire fit alors un fort grand bruit, et que les ennemis de Port-Royal s'en sont voulu prévaloir dans la suite contre ce monastère, il est bon d'expliquer en peu de mots ce que c'étoit que cette querelle.

Ce *Chapelet secret* étoit un petit écrit de trois ou quatre pages, contenant des pensées affectueuses sur le mystère de l'Eucharistie[2], ou, pour mieux dire, c'étoient comme des élans d'une âme toute pénétrée de l'amour de Dieu dans la contemplation de sa charité infinie pour les hommes dans ce mystère. La Mère Agnès, de qui étoient ces pensées, n'avoit guère songé à les rendre publiques ;

Tard. » (*Ibidem*, p. 179.) Voyez aussi au tome III des *Mémoires pour servir à l'Histoire du Port-Royal*, l'*Établissement du nouvel institut du Saint-Sacrement*, écrit par la Mère Magdelaine de Ligny.

1. La rue Coquillière, de la paroisse. *Var.* C. M.

2. « Ce *Chapelet secret* était une méditation en *seize* points, que la Mère Agnès avait imaginés en l'honneur des *seize* siècles écoulés depuis l'institution du Saint-Sacrement. Chaque point formait un attribut mystique : *Sainteté, Vérité, Suffisance, Satiété, Règne, Possession, Illimitation*, etc. ; à chaque article, elle cherchait à approfondir l'une des vertus de Jésus-Christ dans le Sacrement. » (*Port Royal*, par M. Sainte-Beuve, tome I, p. 330.)

DE PORT-ROYAL.   421

elle en avoit simplement[1] rendu compte au P. de Condren, son confesseur, depuis Général de l'Oratoire[2], qui, pour sa propre édification, lui avoit ordonné de les mettre par écrit. Il en tomba une copie entre les mains d'une sainte carmélite, nommée la Mère Marie de Jésus. Cette Mère[3] étant morte un mois après, on fit courir sous son nom cet écrit[4], qui avoit été trouvé sur elle ; mais on sut bientôt qu'il étoit de la Mère Agnès[5]. L'évêque de Langres le trouva merveilleux, et en parla avec de grands sentiments d'admiration. L'archevêque de Sens, qui en avoit été fort touché d'abord, commença tout à coup à s'en dégoûter ; il le donna même à examiner à M. Duval, supérieur des carmélites, et à quelques autres docteurs, à qui on ne dit point qui l'avoit composé. Ces docteurs[6], jugeant à la rigueur de certaines expressions[7] abstraites et relevées, telles que sont à peu près celles des mystiques, le condamnèrent[8]. D'autres docteurs, consultés par l'évêque de Langres, l'approuvèrent au contraire avec éloge[9] : tellement que les esprits venant à s'échauffer, et chacun écrivant pour soutenir son avis, la chose fut portée à Rome. Le Pape ne trouva dans l'écrit aucune proposition digne de censure ; mais, pour le bien de la paix, et parce que ces matières n'étoient pas de la

1. Elle en avoit seulement. *Var.* C. M.
2. Charles de Condren, né en 1588, mort le 7 janvier 1641. Après la mort du cardinal de Bérulle en 1629, il fut élu Général de l'Oratoire. — Son nom est écrit *de Gondren* dans les éditions de 1742 et de 1767, ainsi que dans les éditions plus récentes.
3. Et cette Mère. *Var.* C. M.
4. Un écrit. *Var.* C. M.
5. Il avait été écrit en 1628 ; il ne fut imprimé qu'en 1633.
6. Et ces docteurs. *Var.* C. M.
7. Jugeant à la rigueur certaines expressions. *Var.* C. M.
8. Par une censure datée du 18 juin 1633.
9. L'approuvèrent avec éloge. *Var.* C. M.

portée[1] de tout le monde, il jugea à propos de le supprimer ; et il le fut en effet[2].

Entre les théologiens qui avoient écrit pour le soutenir, Jean du Vergier de Hauranne, abbé de Saint-Cyran[3], avoit fait admirer la pénétration de son esprit et la profondeur de sa doctrine. Il ne connoissoit point alors la Mère Agnès, et avoit même[4] été préoccupé contre le *Chapelet secret*, à cause des différends qu'il avoit causés ; mais l'ayant trouvé très-bon, il avoit pris lui-même la plume[5] pour défendre la vérité, qui lui sembloit opprimée[6]. Il n'avoit point mis son nom à son ouvrage, non plus qu'à ses autres livres ; mais l'évêque de Langres ayant su que c'étoit de lui, l'alla chercher pour le remercier. A mesure qu'il le connut plus particulièrement, il fut épris de sa rare piété et de ses grandes lumières ; et comme il n'avoit rien plus à cœur que de porter les filles du Saint-Sacrement à la plus haute perfection, il jugea que personne au monde ne pouvoit[7] mieux l'aider dans ce dessein que ce grand serviteur de Dieu. Il le conjura donc de venir faire des exhortations à ces filles, et même de les vouloir confesser. L'Abbé lui résista assez

1. A a portée. *Var.* C. M.
2. L'abbé Racine, transcrivant ce passage, ajoute (*Abrégé de l'histoire ecclésiastique*, tome X, p. 488) : « Il faut avouer qu'il y avoit dans cet écrit des expressions peu exactes. Comme les quiétistes n'avoient point encore paru, les mystiques étoient moins sur leurs gardes, et ne voyoient rien que d'innocent dans certaines façons de parler, dont les quiétistes ont abusé. »
3. De Hauranne de Saint-Cyran. *Var.* C. M.
4. La Mère Agnès. Il avoit même. *Var.* C. M.
5. Il avoit pris la plume. *Var.* C. M.
6. M. de Saint-Cyran écrivit cette apologie du *Chapelet secret* en 1633 : « Elle se répandit d'abord manuscrite, mais elle fut imprimée l'année suivante (1634) avec le *Chapelet* et les remarques qui l'attaquoient. » (*Histoire générale de Port-Roïal*, tome I, p. 195.)
7. Que personne ne pouvoit. *Var.* C. M.

longtemps, fuyant naturellement ces sortes d'emplois, et se tenant le plus renfermé qu'il pouvoit dans son cabinet, où il passoit, pour ainsi dire, les jours et les nuits, partie dans la prière, et partie à composer des ouvrages qui pussent être utiles à l'Église. Enfin néanmoins les instances réitérées de l'Évêque lui paroissant comme un ordre de Dieu de servir ces filles, il s'y résolut[1].

Dès que la Mère Angélique l'eut entendu parler[2] des choses de Dieu, et qu'elle eut connu par quel chemin sûr il conduisoit les âmes, elle crut retrouver en lui le saint évêque de Genève, par qui elle avoit été autrefois conduite ; et les autres Religieuses prirent aussi en lui la même confiance. En effet, pour me servir ici du témoignage public que lui a rendu un prélat[3] non moins considérable par sa piété que par sa naissance, « ce savant homme n'avoit point d'autres sentiments que ceux qu'il avoit puisés dans l'Écriture sainte et dans la tradition de l'Église. Sa science n'étoit que celle des saints Pères[4]. Il ne parloit point d'autre langage que celui de la Parole de Dieu ; et bien loin de conduire les âmes par des voies particulières et écartées, il ne savoit point d'autre chemin pour les mener à Dieu[5] que celui de la pénitence et de la charité. » Toutes ces filles firent en peu de temps un tel progrès dans la perfection sous sa conduite, que l'évêque de Langres ne cessoit de remercier Dieu du confesseur qu'il lui avoit inspiré de leur donner.

Dans le ravissement où étoit ce prélat, il proposa plu-

1. En 1634.
2. Eut entendu parler M. de Saint-Cyran. *Var.* C. M.
3. Feu M. de Laval, évêque de la Rochelle. (*Notes des éditions de 1742 et de 1767.*) — Henri Marie de Laval de Bois-Dauphin, fils de Mme de Sablé, mourut évêque de la Rochelle en 1693.
4. Cette phrase manque dans la *Copie manuscrite.*
5. Il ne savoit point pour les mener à Dieu d'autre chemin. *Var.* C. M.

sieurs fois à l'Abbé de souffrir qu'il travaillât pour le faire nommer son coadjuteur à l'évêché de Langres ; et sur son refus, il le pressa au moins de vouloir[1] être son directeur. Mais l'Abbé le pria de l'en dispenser, lui faisant entendre qu'il y auroit peut-être plusieurs choses sur lesquelles ils ne seroient point d'accord ; et avec la sincérité qui lui étoit naturelle, il ne put s'empêcher de lui toucher quelque chose de la résidence et de l'obligation où il étoit de ne pas faire de si longs séjours hors de son diocèse. L'Évêque étoit de ces gens qui, bien qu'au fond ils aient de la piété, n'entendent pas volontiers des vérités qu'ils ne se sentent pas disposés à pratiquer. Cela commença un peu à le refroidir pour l'abbé de Saint-Cyran[2]. Bientôt après il crut s'apercevoir que les filles du Saint-Sacrement n'avoient point pour ses avis la même déférence qu'elles avoient pour cet abbé. Sa mauvaise humeur étoit encore fomentée par une certaine dame, sa pénitente, qu'il avoit fait entrer au Saint-Sacrement, et dont il faisoit lui seul un cas merveilleux[3]. En un mot, ayant, comme j'ai dit, l'esprit fort foible, il entra contre l'Abbé dans une si furieuse jalousie, qu'il ne le pouvoit plus souffrir. L'abbé de Saint-Cyran fit d'abord ce qu'il put pour le guérir de ses défiances ; et même, voyant qu'il s'aigrissoit de plus en plus, cessa[4] d'aller au monastère du Saint-Sacrement. Mais cette discrétion ne ser-

1. Il le pressa de vouloir au moins. *Var.* C. M.
2. Pour M. de Saint-Cyran. *Var.* C. M.
3. « La mauvaise humeur de Monsieur de Langres étoit encore fomentée par la sœur Anne de Jésus de Chamesson, sa pénitente. Elle lui marquoit un jour dans une lettre (que la Mère Angélique lut, contre sa coutume) que Mme de Longueville lui avoit dit avoir appris de Mme de Pontcarré qu'il (Monsieur de Langres) n'avoit plus de crédit dans la maison, et qu'il n'y étoit plus que le chapelain de Saint-Cyran. » (*Histoire générale de Port-Roïal*, tome I, p. 253.)
4. Que ce prélat s'aigrissoit de plus en plus, il cessa : *Var.* C. M.

vit qu'à irriter cet esprit malade, honteux qu'on se fût aperçu de sa foiblesse, tellement qu'il vint à se dégoûter même de son institut ; et non content[1] de rompre avec ces filles, il se ligua avec les ennemis de cet abbé[2], et ce qu'on aura peine à comprendre, donna même au cardinal de Richelieu des mémoires contre lui.

Ce ne fut pas là[3] la seule querelle que lui attira la jalousie de la direction. Le fameux P. Joseph étoit, comme on sait, fondateur des Religieuses du Calvaire[4]. Quoique plongé[5] fort avant dans les affaires du siècle, il se piquoit d'être un fort grand maître en la vie spirituelle, et ne vouloit point que ses Religieuses eussent d'autre directeur que lui. Un jour néanmoins, se voyant sur le point d'entreprendre un long voyage pour les affaires du Roi, il alla trouver l'abbé de Saint-Cyran, pour lui recommander ses chères filles du Calvaire, et obtint de lui qu'il les confesseroit en son absence. A son retour, il fut charmé du progrès qu'elles avoient fait dans la perfection ; mais il crut s'apercevoir bientôt qu'elles avoient senti l'extrême différence qu'il y a d'un directeur partagé entre Dieu et la cour, à un directeur uniquement occupé du salut des âmes. Il en conçut[6] contre l'Abbé un fort grand dépit, et ne lui pardonna, non plus que l'évêque de Langres,

1. A se dégoûter de son institut. Non content. *Var. C. M.*
2. De l'abbé. *Var. C. M.*
3. Ce ne fut point là. *Var. C. M.*
4. Le P. Joseph avait fondé en 1614 le nouvel ordre des Religieuses bénédictines du Calvaire. D. Clémencet, racontant après Racine ce qui est dit ici des filles du Calvaire confiées par le P. Joseph à la direction de Saint-Cyran, les nomme « les filles du Calvaire d'auprès du Luxembourg » (tome II, p. 106). Un monastère de cet ordre fut aussi établi vers ce temps-là dans la rue nommée maintenant « rue des Filles-du-Calvaire ; » on y transféra en 1637 douze Religieuses du couvent du Calvaire situé près du Luxembourg.
5. Et quoique plongé. *Var. C. M.*
6. Il conçut. *Var. C. M.*

cette diminution de son crédit sur l'esprit de ses pénitentes, tellement qu'il ne fut pas des moins ardents depuis ce temps-là[1] à lui rendre de mauvais offices auprès du premier ministre.

Le cardinal de Richelieu, lorsqu'il n'étoit qu'évêque de Luçon, avoit connu à Poitiers l'abbé de Saint-Cyran ; et ayant conçu pour ses grands talents et pour sa vertu l'estime que tous ceux qui le connoissoient ne pouvoient lui refuser[2], il ne fut pas plus tôt en faveur, qu'il songea à l'élever aux premières dignités de l'Église. Il le fit pressentir sur l'évêché de Bayonne, qu'il lui destinoit, et qui étoit le pays de sa naissance[3]. Mais son extrême humilité, et cette espèce de sainte horreur qu'il eut toute sa vie pour les sublimes fonctions[4] de l'épiscopat, l'empêchèrent d'accepter cette offre. Ce fut le premier sujet de mécontentement que ce ministre[5] eut contre lui.

Son second crime à son égard fut de passer pour n'approuver pas la doctrine que ce cardinal avoit enseignée dans son catéchisme de Luçon, touchant l'attrition, formée par la seule crainte des peines, qu'il prétendoit suffire pour la justification dans le Sacrement[6]. Ce n'est pas que l'abbé de Saint-Cyran fût jamais entré dans aucune discussion sur cette matière, mais il ne laissoit pas ignorer qu'il étoit persuadé que, sans aimer Dieu, le pécheur ne pouvoit être justifié. Outre que le Cardinal

1. Que depuis ce temps-là il ne fut pas un des moins ardents. *Var.* C. M.
2. Que ne pouvoient lui refuser tous ceux qui le connoissoient. *Var.* C. M.
3. « Jean du Vergier de Hauranne, abbé de Saint-Cyran, étoit né à Bayonne.... l'an 1581. » (*Histoire générale de Port-Roïal*, tome II, p. 213.)
4. Pour les fonctions sublimes. *Var.* C. M.
5. Que le Cardinal. *Var.* C. M.
6. Dans le sacrement de Pénitence. *Var.* C. M.

se piquoit encore plus d'être[1] grand théologien que grand politique, il étoit si dangereux de le contredire sur ce point particulier de l'attrition, que le P. Seguenot, de l'Oratoire, fut mis à la Bastille, pour avoir soutenu la nécessité de l'amour de Dieu dans la pénitence[2]; et que ce fut aussi, à ce qu'on prétend, pour le même sujet[3] que le P. Caussin, confesseur du Roi, fut disgracié.

Mais ce qui acheva de perdre l'abbé de Saint-Cyran dans l'esprit du Cardinal, ce fut une offense d'une autre nature que les deux premières, mais qui le touchoit beaucoup plus au vif. On sait avec quelle chaleur ce premier ministre avoit entrepris de faire casser le mariage du duc d'Orléans avec la princesse de Lorraine[4], sa seconde femme[5]. Pour s'autoriser dans ce dessein, et pour rassurer la conscience timorée de Louis XIII, il fit consulter l'assemblée générale du clergé, et tout ce qu'il y avoit de plus célèbres théologiens, tant réguliers que séculiers. L'assemblée, et presque tous ces théologiens,

1. Se piquoit d'être encore plus. *Var.* C. M.
2. Dans le livre qui a pour titre : *De la sainte Virginité, discours traduit de S. Augustin, avec quelques remarques pour la clarté de la doctrine, par Claude Seguenot, prestre de l'Oratoire, à Paris, chez Jean Camusat.... M.DC.XXXVIII* (in-8°). - Ce qui avait blessé Richelieu se trouve dans les *Remarques*, p. 113-136, où est commentée cette phrase, traduite de saint Augustin : « La crainte de l'enfer n'est pas un motif de charité parfaite. » On y lit à la page 128 : « S'il est ainsi qu'un acte de charité parfaite.... soit absolument nécessaire pour obtenir la grâce du sacrement de Pénitence. » Le P. Seguenot fut mis à la Bastille dans le même temps que Saint-Cyran, et n'en sortit, comme lui, qu'à la mort de Richelieu.
3. Et que ce fut aussi pour le même sujet, à ce qu'on prétend. *Var.* C. M.
4. Avec la princesse Marguerite de Lorraine. *Var.* C. M.
5. Le cardinal de Richelieu fit casser le mariage de Gaston d'Orléans avec Marguerite de Lorraine par un arrêt du Parlement qui fut rendu le 5 septembre 1634. Il voulut ensuite que l'assemblée du clergé de 1635 prononçât également la nullité du mariage.

jusqu'au P. Condren[1], général de l'Oratoire, et jusqu'au P. Vincent[2], supérieur des Missionnaires, furent d'avis de la nullité du mariage ; mais quand on vint à l'abbé de Saint-Cyran[3], il ne cacha point qu'il croyoit que le mariage ne pouvoit être cassé.

Venons maintenant à la querelle qu'il eut avec les jésuites : elle prit naissance en Angleterre. Les jésuites de ce pays-là n'ayant pu se résoudre à reconnoître la juridiction de l'évêque que le Pape y avoit envoyé, non-seulement obligèrent cet évêque à s'enfuir de ce royaume[4], mais écrivirent des livres fort injurieux contre l'autorité épiscopale, et contre la nécessité même du sa-

1. P. de Gondren. *Var.* C. M. Plus haut aussi *Gondren*, au lieu de *Condren*. Voyez ci-dessus, p. 421, note 2.
2. Et le P. Vincent. *Var.* C. M.
3. M Sainte-Beuve, dans son *Port-Royal*, tome I, p. 335, à la note, fait remarquer qu' « il n'est pas exact que M. de Saint-Cyran ait positivement refusé d'approuver ce divorce ; on ne l'avait pas formellement consulté à ce sujet. Lancelot dit simplement (*Mémoires*, tome I, p. 75) que le Cardinal *s'étoit persuadé* cela, *bien que M. de Saint-Cyran eût toujours évité de se déclarer là-dessus.* » M. Sainte-Beuve, après avoir cité le passage de Racine dont nous nous occupons, ajoute : « M. de Saint-Cyran n'était point de l'assemblée générale du clergé ; il n'était ni de la Sorbonne, ni d'aucune Faculté ; il n'eut point à se prononcer à son tour. Fut-il de la petite conférence de théologiens que l'on consulta devant Monsieur dans la chambre du P. Joseph ? Mais celui-ci probablement ne l'aurait pas introduit là sans l'avoir fait sonder au préalable. En *docteur libre*, il se contenta sans doute d'exprimer son avis dans l'intimité, et on doit convenir qu'il le fit trop peu discrètement, s'il lui échappa en effet de dire un jour à l'abbé de Prières.... « qu'il aimerait « mieux avoir tué dix hommes que d'avoir concouru à une résolu- « tion par laquelle on avait ruiné un sacrement de l'Église. »
4. Cet évêque est Richard Smith, évêque de Chalcédoine, vicaire apostolique en 1624, envoyé à ce titre en Angleterre par le pape Urbain VIII. Poursuivi par la haine des bénédictins et des jésuites, proscrit en 1628 par le gouvernement anglais, il fut obligé de s'enfuir et de chercher un refuge en France.

crement de la Confirmation. Le clergé d'Angleterre envoya ces livres en France, et ils y furent aussitôt censurés par l'archevêque de Paris, puis par la Sorbonne, et enfin par une grande assemblée d'archevêques et d'évêques[1]. Les jésuites de France n'abandonnèrent pas leurs confrères dans une cause que leur conduite dans tous les pays du monde fait bien voir qu'ils ont résolu de soutenir. Ils publièrent contre toutes ces censures des réponses, où ils croyoient avoir terrassé la Sorbonne et les évêques[2]. Tous les gens de bien frémissoient de voir ainsi fouler aux pieds la hiérarchie que Dieu a établie dans son Église, lorsqu'on vit paroître, sous le nom de *Petrus Aurelius,* un excellent livre[3] qui mettoit en poudre toutes les réponses des jésuites. Ce livre fut reçu avec un applaudissement incroyable. Le clergé de France le fit imprimer plusieurs fois à ses dépens, s'efforça de découvrir qui étoit le défenseur de l'épiscopat ; et ne pouvant percer l'obscurité où sa modestie le tenoit caché, fit composer en l'honneur de son livre, par le célèbre M. Godeau, évêque de Grasse, un éloge magnifique, qui fut imprimé à la tête du livre même.

1. D'archevêques et évêques. *Var.* C. M.
2. Et tous les évêques. *Var.* C. M.
3. Ce livre, intitulé : *Vindiciæ censuræ Facultatis theologiæ Parisiensis.... Autore* PETRO AURELIO *theologo. Parisiis, apud Carolum Morellum.... M.DC.XXXII* (1 vol. in-4º), parut pour la première fois en 1632 (et non en 1634, comme le disent les éditeurs de 1807). Il fut réimprimé en 1642 au tome II de l'ouvrage qui a pour titre : *Petri Aurelii opera, jussu et impensis cleri gallicani denuo in lucem edita. Parisiis, excudebat Antonius Vitray.... M.DC.XLII* (3 tomes en 1 vol. in-folio). — L'assemblée du clergé de 1645-1646 fit publier de nouveau les *OEuvres* de Petrus Aurelius avec le même titre et dans le même format (*Parisiis, excudebat Antonius Vitré, M.DC.XLVI*). A la tête du tome I est l'éloge de l'auteur par Godeau, évêque de Grasse. On trouve ce même éloge dans des exemplaires de 1642, mais il y a été inséré après coup. Godeau le prononça le 26 mars 1646.

Les jésuites n'étoient pas moins en peine que les évêques de savoir qui étoit cet inconnu ; et comme la vengeance a des yeux plus perçants que la reconnoissance, ils démêlèrent que si l'abbé de Saint-Cyran n'étoit l'auteur de cet ouvrage, il y avoit du moins la principale part[1]. On jugera sans peine jusqu'où alla contre lui leur ressentiment, par la colère qu'ils témoignèrent contre M. Godeau, pour avoir fait l'éloge que je viens de dire. Ils publièrent contre ce prélat si illustre[2] deux satires en latin, dont l'une avoit pour titre : *Godellus an poeta?* et c'étoit leur P. Vavasseur qui étoit auteur de ces satires. L'Abbé devint à leur égard, non-seulement un hérétique, mais un hérésiarque[3] abominable, qui vouloit faire une nouvelle Église, et renverser la religion de Jésus-Christ. C'est l'idée qu'ils s'efforcèrent alors de donner de lui, et qu'ils en veulent donner encore dans tous leurs livres.

Le cardinal de Richelieu, excité par leurs clameurs et par ses ressentiments particuliers[4], le fit arrêter et mettre

---

1. Il ne voulait pas cependant reconnaître qu'il y en eût eu une quelconque. Voyez l'*Histoire générale de Port-Roïal*, tome II, p. 227, et la note au bas de cette même page. M. de Barcos passait pour être un des principaux auteurs du *Vindiciæ*.

2. Contre cet illustre prélat. *Var.* C. M.

3. Ces trois mots : « mais un hérésiarque » ont été omis dans la copie manuscrite, évidemment par inadvertance.

4. Saint-Cyran, d'après l'*Histoire générale de Port-Roïal* (tome II, p. 97), « comptoit jusqu'à dix-sept causes de son emprisonnement, toutes aussi injustes les unes que les autres. » D. Clémencet croyait comme Racine à des *ressentiments particuliers*. Richelieu cependant n'expliquait que par des motifs d'utilité publique l'arrestation de Saint-Cyran. M. de Péréfixe, dans un entretien avec la sœur Angélique de Saint-Jean, lui disait avoir entendu de la bouche du Cardinal-ministre les paroles suivantes : « Quoi qu'on puisse dire de moi dans cette occasion, je suis persuadé que l'Église et l'État me doivent savoir gré de ce que j'ai fait, et que je leur ai rendu un grand service; car j'ai été bien averti que cet abbé a des opinions particulières et dangereuses, qui pourroient quelque jour exciter du bruit

au bois de Vincennes[1]. Il fit aussi saisir[2] tous ses papiers, dont il y avoit plusieurs coffres pleins. Mais comme on n'y trouva que des extraits des Pères et des conciles, et des matériaux d'un grand ouvrage qu'il préparoit pour défendre l'Eucharistie contre les ministres huguenots, tous ses papiers lui furent aussitôt renvoyés au bois de Vincennes. On abandonna aussi une procédure fort irrégulière que l'on avoit commencée contre lui ; mais la liberté ne lui fut rendue que cinq ans après, c'est-à-dire à la mort[3] du cardinal de Richelieu[4], Dieu ayant permis cette longue prison pour faire mieux connoître la piété extraordinaire de cet abbé, à laquelle le fameux Jean de Verth[5], qui, avec d'autres officiers étrangers, étoit aussi alors prisonnier au bois de Vincennes[6], rendit un témoignage très-particulier ; car le cardinal de Richelieu ayant[7] voulu qu'il fût spectateur d'un ballet fort magnifique qui étoit de sa composition[8], et ce général ayant vu à ce ballet un certain évêque qui s'empressoit pour en faire les honneurs, il dit publiquement[9] que le spectacle qui l'avoit le plus surpris en France, c'étoit *d'y voir les saints en prison, et les évêques à la comédie.*

et de la division dans l'Église. » Voyez *Port-Royal*, par M. Sainte-Beuve, tome IV, p. 190 et 191.

1. Ce fut le vendredi 14 mai 1638, le lendemain de l'Ascension.
2. Et fit aussi saisir. *Var.* C. M.
3. Cinq ans après, à la mort. *Var.* C. M.
4. Le cardinal de Richelieu mourut le 4 décembre 1642 ; Saint-Cyran sortit de prison le 6 février 1643.
5. Célèbre partisan, qui fut général dans l'armée bavaroise. Il fut retenu prisonnier en France de 1638 à 1642.
6 Jean de Verth, alors prisonnier au bois de Vincennes avec d'autres officiers étrangers. *Var.* C. M.
7. Car le Cardinal ayant. *Var.* C. M.
8. Ce ballet fut représenté le soir du 14 juillet 1641, au Palais-Cardinal.
9. Il dit tout publiquement. *Var.* C. M.

Ce fut aussi dans cette prison que l'abbé de Saint-Cyran écrivit ces belles *Lettres chrétiennes et spirituelles*[1] dont il s'est fait tant d'éditions avec l'approbation d'un fort grand nombre[2] de cardinaux, d'archevêques et d'évêques, qui les ont considérées comme l'ouvrage de nos jours qui donne la plus haute et la plus parfaite idée[3] de la vie chrétienne.

Il mourut le 11 octobre 1643[4], huit mois après qu'il fut sorti du bois de Vincennes; et ses funérailles furent honorées de la présence de tout ce qu'il y avoit alors à Paris de prélats plus considérables. A peine il eut[5] les yeux fermés, que les jésuites se débordèrent en une infinité de nouvelles invectives contre sa mémoire, faisant imprimer, entre autres, de prétendus interrogatoires qu'ils avoient tronqués et falsifiés. Et quoiqu'il eût reçu avec une extrême piété le viatique des mains du curé de Saint-Jacques du Haut-Pas, et que la *Gazette* même en eût informé tout le public[6], ils n'en furent pas moins hardis à publier qu'il étoit mort sans vouloir re-

1. Elles ont été imprimées en 1645 et 1647. (2. vol. in-4°. Paris, veuve Martin Durand.)
2. D'un grand nombre. *Var.* C. M.
3. Qui donne la plus parfaite idée. *Var.* C. M.
4. Cette date n'est pas dans la *Copie manuscrite*.
5. A peine eut-il. *Var.* C. M.
6. Dans un article du samedi 17 octobre 1643, où il est dit : « L'onzième de ce mois, l'abbé de Saint-Cyran, malade depuis quelques jours, mourut ici d'apoplexie, après avoir reçu le saint viatique avec une piété digne de son éminente vertu. » Les jésuites prétendirent que le gazetier avait été gagné. Voyez *Port-Royal*, par M. Sainte-Beuve, tome II, p. 204, note 1. D. Clémencet (tome II, p. 336, à la note 16) explique par quelles circonstances l'erreur des jésuites, qui niaient que Saint-Cyran eût reçu les derniers sacrements, avait pu d'abord être excusable. Mais il ajoute que, lorsqu'ils furent détrompés, ils débitèrent encore de mauvais propos, par exemple qu'il avait reçu le saint viatique sans avoir été confessé.

cevoir ses sacrements[1]. J'ai cru devoir rapporter tout de suite ces événements, pour faire mieux connoître ce grand personnage, contre qui[2] la calomnie s'est déchaînée avec tant de licence, et qui a tant contribué par ses instructions et par ses exemples à la sainteté du monastère de Port-Royal.

La rupture de l'évêque de Langres avec les filles du Saint-Sacrement, et l'emprisonnement de l'abbé de Saint-Cyran, ne furent pas les seules disgrâces dont elles furent alors affligées : elles perdirent aussi la duchesse de Longueville[3], leur fondatrice, qui mourut avant que d'avoir pu laisser aucun fonds pour leur subsistance : tellement que se voyant dénuées de toute protection, et d'ailleurs étant fort incommodées dans la maison où elles étoient, sans aucune espérance de s'y pouvoir agrandir, elles se retirèrent en 1638[4] à Port-Royal, où il y avoit déjà quelques années que la mère Angélique étoit retournée.

Ce fut alors[5] que les Religieuses de ce monastère renouvelèrent leurs instances, et demandèrent à relever

1. Les sacrements. *Var.* C. M.
2. « Contre lequel, » dans l'édition de 1767.
3. 1637. (*Notes des éditions de* 1742 *et de* 1767.) — Louise, fille de Charles de Bourbon-Soissons, dont il a été parlé ci-dessus, p. 417, mourut le 9 septembre 1637. Elle avait épousé Henri IIe du nom, duc de Longueville, qui se remaria en 1642 avec la sœur du grand Condé, la célèbre héroïne de la Fronde.
4. Le 19 mai.
5. Cela pourrait faire supposer que les Religieuses demandèrent à relever l'Institut dès 1638, époque où se retirèrent les filles du Saint-Sacrement. On va voir cependant qu'elles ne firent solliciter le pape Innocent X à ce sujet qu'au temps où Henri Arnauld était à Rome, et qu'elles ne prirent le nom de *filles du Saint-Sacrement* qu'en 1647. Ce fut cette année-là seulement que le Pape accorda la réunion de l'Institut du Saint-Sacrement à la maison de Port-Royal. La permission fut donnée par une supplique répondue, et non, comme il est dit plus bas, par un bref.

un institut qui étoit abandonné[1], et qu'il sembloit que Dieu même eût voulu leur réserver. Henry Arnauld, abbé de Saint-Nicolas, depuis évêque d'Angers[2], étoit alors à Rome pour les affaires du Roi : elles s'adressèrent à lui, et le prièrent de s'entremettre pour elles auprès du Pape, qui leur accorda volontiers par un bref le changement qu'elles demandoient. Mais l'affaire souffrit à Paris de grandes difficultés, à cause de quelques intérêts temporels qu'il falloit accommoder. Enfin le Parlement ayant terminé ces difficultés, le Roi donna ses lettres, et l'archevêque de Paris son consentement. Elles se dévouèrent donc avec une joie incroyable à l'adoration perpétuelle du mystère auguste de l'Eucharistie, et prirent le nom de filles du Saint-Sacrement : mais elles ne quittèrent pas[3] l'habit de Saint-Bernard : elles changèrent seulement leur scapulaire noir en un scapulaire blanc, où il y avoit une croix[4] d'écarlate attachée par devant, pour désigner par ces deux couleurs le pain et le vin, qui sont les voiles sous lesquels Jésus-Christ est caché dans ce mystère. M. du Saussay[5], leur supérieur, alors official de

1. Qui avoit été abandonné. *Var.* C. M.
2. Henri Arnauld, frère de la Mère Angélique. On l'appelait dans sa jeunesse *M. de Trie* (voyez la note 4 de la page 406). Il devint, en 1624, abbé de Saint-Nicolas d'Angers. Il refusa l'évêché de Toul, après avoir été élu en 1637 par le chapitre de cette ville. En 1645, l'abbé de Saint-Nicolas fut envoyé à Rome en qualité de chargé des affaires de France ; ce fut l'année suivante qu'il s'entremit pour les Religieuses de Port-Royal. Il fut fait évêque d'Angers en 1649, et sacré à Port-Royal le 29 juin 1650. Il mourut le 8 juin 1692, à l'âge de quatre-vingt-quinze ans.
3. Elles ne quittèrent point. *Var.* C. M.
4. Où étoit une croix. *Var.* C. M.
5. André du Saussay, curé de la paroisse de Saint-Leu, à Paris. L'archevêque de Paris, M. de Gondi, le nomma son grand vicaire, et ensuite official. Il fut promu à l'évêché de Toul en 1647, l'année même dont Racine parle ici ; mais il ne prit possession de ce siège qu'en 1657. Il mourut en 1675.

Paris, et, depuis, évêque de Toul, célébra cette cérémonie (en 1647[1]) avec un grand concours de peuple. L'année suivante[2], M. de Gondy bénit leur église, dont le bâtiment ne faisoit que d'être achevé, et la dédia aussi sous le nom du Saint-Sacrement.

Pendant cet état florissant de la maison de Paris, les Religieuses n'avoient pas perdu le souvenir de leur monastère des champs. On n'y avoit laissé qu'un chapelain, pour y dire la messe et y administrer les sacrements aux domestiques. Bientôt après, M. le Maître[3], neveu de la Mère Angélique[4], ayant à l'âge de vingt-neuf ans renoncé au barreau et à tous les avantages que sa grande éloquence lui pouvoit procurer, s'étoit retiré dans ce désert pour y achever sa vie dans le silence et dans la retraite. Il y fut suivi par un de ses frères, qui avoit été jusqu'alors[5] dans la profession des armes[6]. Quelque temps après, M. de Sacy[7], son autre frère, si célèbre par les livres de piété dont il a enrichi l'Église, s'y retira aussi avec eux pour se préparer dans la solitude à recevoir l'ordre de la prêtrise. Leur exemple y attira encore cinq

1. Le 24 octobre.
2. Et l'année suivante. *Var.* C. M.
3. Antoine le Maître, né le 2 mai 1608, mort le 4 novembre 1658. Il commença le 10 janvier 1638, jour de la fête de saint Paul, premier ermite, sa vie de retraite et de pénitence à Port-Royal.
4. Il était fils de Catherine Arnauld, sœur de la Mère Angélique.
5. Qui jusqu'alors avoit été. *Var.* C. M.
6. Simon le Maître de Séricourt, né en 1611, mort le 4 octobre 1650. Revenu de l'armée dans les commencements de la retraite d'Antoine le Maître, sa conversion suivit d'un mois celle de son frère.
7. Isaac-Louis le Maître (de Saci), né le 29 mars 1613, mort le 4 janvier 1684. Avant la retraite de ses deux frères, sa mère l'avait placé sous la direction de Saint-Cyran, qui lui avait fait prendre la soutane. Il ne reçut l'ordre de prêtrise qu'à l'âge de trente-cinq ans, et dit sa première messe à Port-Royal des Champs le 25 janvier 1650, jour de la Conversion de Saint-Paul.

ou six autres tant séculiers qu'ecclésiastiques, qui, étant comme eux dégoûtés du monde, se vinrent rendre[1] les compagnons de leur pénitence. Mais ce n'étoit point une pénitence oisive : pendant que les uns prenoient connoissance du temporel de cette abbaye, et travailloient à en rétablir les affaires, les autres ne dédaignoient pas de cultiver la terre comme de simples gens de journée ; ils réparèrent même une partie des bâtiments qui y tomboient en ruine, et rehaussant ceux qui étoient trop bas et trop enfoncés, rendirent[2] l'habitation de ce désert beaucoup plus saine[3] et plus commode qu'elle n'étoit. M. d'Andilly[4], frère aîné de la Mère Angélique, ne tarda guère à y suivre[5] ses neveux, et s'y consacra, comme eux, à des exercices de piété qui ont duré autant que sa vie.

Comme les Religieuses se trouvoient alors au nombre de plus de cent, la même raison qui les avoit obligées vingt-cinq ans auparavant de partager leur communauté, les obligeant encore de se partager, elles obtinrent de M. de Gondy la permission de renvoyer une partie des sœurs dans leur premier monastère[6], en telle sorte que les deux maisons ne formassent qu'une même abbaye et une même communauté, sous les ordres d'une même abbesse. La Mère Angélique, qui l'étoit alors par élection (en 1648), y alla en personne[7] avec un certain nombre

1. Vinrent se rendre. *Var.* C. M.
2. Et rehaussèrent ceux qui... ; ils se rendirent. *Var.* C. M.
3. L'habitation de ce désert plus saine. *Var.* C. M.
4. Robert Arnauld d'Andilly, né en 1588, mort le 27 septembre 1674. Il s'était retiré à Port-Royal en 1645 ou 1646. Voyez l'*Histoire générale de Port-Roïal*, tome I, p. 297 et 298.
5. A suivre. *Var.* C. M.
6. C'est-à-dire à Port-Royal des Champs. Voyez l'*Histoire de l'abbaye de Port-Royal*, tome I, p. 281.
7. Le 23 mai 1648. Elle mena avec elle sept Religieuses de chœur et deux converses. Voyez l'*Histoire de l'abbaye de Port-Royal*, tome I, p. 283.

de Religieuses, qu'elle y établit. M. Vialart, évêque de Châlons, en rebénit l'église, qui avoit été rehaussée de plus de six pieds[1], et y administra le sacrement de Confirmation[2] à quantité de gens des environs. Ce fut vers ce temps-là que la duchesse de Luynes[3], mère de M. le duc de Chevreuse, persuada au duc son mari de quitter la cour, et de choisir à la campagne une retraite où ils pussent ne s'occuper tous deux que du soin de leur salut. Ils firent bâtir pour cela un petit château dans le voisinage[4] et sur le fonds même de Port-Royal des Champs ; ils firent aussi bâtir à leurs dépens un fort beau dortoir pour les Religieuses. Mais la duchesse ne vit achever ni l'un ni l'autre de ces édifices, Dieu l'ayant appelée à lui dans une fort grande jeunesse[5].

Les Religieuses des champs étoient à peine établies, que la guerre civile s'étant allumée en France, et les soldats des deux partis courant et ravageant la campagne, elles furent obligées (en 1652[6]) de chercher leur sûreté dans leur maison de Paris. Plusieurs Religieuses de divers monastères de la campagne s'y venoient aussi réfugier tous les jours, et y étoient[7] toutes traitées avec le même soin que celles de la maison. Mais la guerre finie

1. De plus de dix pieds. *Var.* C. M.
2. De la confirmation. *Var.* C. M.
3. Marie-Louise Seguier, fille de Seguier, marquis d'O, cousin du chancelier ; elle fut la première des trois femmes qu'épousa successivement Louis-Charles d'Albert, duc de Luynes. Leur fils, le marquis de Luynes, célèbre depuis sous le nom de duc de Chevreuse, naquit le 7 octobre 1646.
4. Le château de Vaumurier, à cent pas de l'abbaye de Port-Royal.
5. Elle mourut le 13 septembre 1651, dans la vingt-septième année de son âge. Voyez le *Nécrologe de Port-Royal*, p. 374.
6. Au mois d'avril.
7. Réfugier, et y étoient. *Var.* C. M.

(en 1653[1]), on retourna dans le monastère des champs, qui n'a plus été abandonné depuis ce temps-là. Plusieurs personnes de qualité s'y venoient retirer de temps en temps pour y chercher[2] Dieu dans le repos de la solitude, et pour participer aux prières de ces saintes filles. De ce nombre étoient le duc et la duchesse de Liancourt[3], si célèbres par leur vertu et par leur grande charité envers les pauvres : ils contribuèrent même à faire bâtir dans la cour du dehors un corps de logis, qui est celui qu'on voit encore vis-à-vis de la porte de l'église[4]. La princesse de Guimené[5], la marquise de Sablé[6], et d'autres dames considérables par leur naissance et par leur mérite, firent aussi bâtir dans les dehors de la maison de Paris, résolues d'y passer leur vie dans la retraite, et attirées par la piété solide qu'elles voyoient pratiquer dans ce monastère.

En effet, il n'y avoit point de maison religieuse qui fût en meilleure odeur que Port-Royal. Tout ce qu'on en

1. Le 15 janvier.
2. Retirer pour y chercher. *Var.* C. M.
3. Roger du Plessis, duc de Liancourt et de la Roche-Guyon, avait épousé en 1620 Jeanne de Schomberg, fille du premier maréchal de Schomberg. La duchesse de Liancourt mourut le 14 juin 1674 ; le duc de Liancourt quelques semaines après elle, le 1er août de la même année.
4. Cette maison a été détruite, avec les autres bâtiments de l'église de Port-Royal des Champs, en 1710 et 1711. (*Note des éditions de 1742 et de 1767.*)
5. Anne de Rohan, qui avait épousé le prince de Guémené, duc de Montbazon. Elle mourut le 13 mars 1685. Dieu, suivant le *Nécrologe de Port-Royal* (p. 113), l'avait « touchée en 1639, n'étant encore âgée que de trente à trente-un ans. » La princesse de Guémené, qui mêlait la galanterie à la dévotion, fut une amie de Port-Royal, dont elle n'eut jamais cependant le véritable esprit. Le *Nécrologe*, à la page déjà citée, ne dissimule pas que « la suite de sa vie n'a pas répondu à ce qui avoit paru en elle dans les premiers commencements de sa conversion. »
6. Madeleine de Souvré, fille du maréchal de Souvré, gouverneur

voyoit au dehors inspiroit de la piété[1]. On admiroit la manière grave et touchante dont les louanges de Dieu y étoient chantées, la simplicité et en même temps[2] la propreté de leur église, la modestie des domestiques, la solitude des parloirs, le peu d'empressement des Religieuses à y soutenir la conversation, leur peu de curiosité pour savoir les choses du monde, et même les affaires de leurs proches ; en un mot, une entière indifférence pour tout ce qui ne regardoit point Dieu. Mais combien[3] les personnes qui connoissoient l'intérieur de ce monastère[4] y trouvoient-elles de nouveaux sujets d'édification ! Quelle paix ! quel silence ! quelle charité ! quel amour pour la pauvreté et pour la mortification[5] ! Un travail sans relâche, une prière continuelle, point d'ambition que pour les emplois les plus vils et les plus humiliants, aucune impatience dans les sœurs, nulle bizarrerie dans les Mères, l'obéissance toujours prompte, et le commandement toujours raisonnable.

Mais rien n'approchoit du parfait désintéressement qui régnoit dans cette maison. Pendant plus de soixante ans qu'on y a reçu des Religieuses, on n'y a jamais entendu parler ni de contrat ni de convention tacite pour la dot

de Louis XIII. Elle avait épousé Philippe de Laval, marquis de Sablé, et devint veuve en 1640. On doit la ranger, comme Mme de Guémené, parmi les amies de Port-Royal dont la conversion laissa toujours beaucoup à désirer. Elle est restée célèbre par son esprit. Le *Nécrologe de Port-Royal* (p. 34) la nomme « une amie très-particulière et bienfaitrice de notre maison de Paris, où elle s'étoit fait bâtir le corps de logis qui est au bout du chœur, et dont le chapitre fait partie. » C'est là qu'elle mourut le 16 janvier 1678, âgée de soixante-dix-neuf ans.

1. Inspiroit la piété. *Var.* C. M.
2. Y étoient chantées, la propreté. *Var.* C. M.
3. Point Dieu. Combien. *Var.* C. M.
4. L'intérieur du monastère. *Var.* C. M.
5. Pour la pauvreté et la mortification! *Var.* C. M.

de celle qu'on recevoit. On y éprouvoit les novices pendant deux ans. Si[1] on leur trouvoit une vocation véritable, les parents étoient avertis que leur fille étoit admise à la profession, et l'on convenoit avec eux du jour de la cérémonie. La profession faite, s'ils étoient riches, on recevoit comme une aumône ce qu'ils donnoient, et on mettoit toujours à part une portion de cette aumône pour en assister de pauvres familles, et surtout de pauvres communautés religieuses. Il y a eu telle de ces communautés[2] à qui on transporta tout à coup[3] une somme de vingt mille francs[4], qui avoit été léguée à la maison ; et ce qu'il y a de particulier, c'est que dans le même temps qu'on dressoit chez un notaire l'acte de cette donation, le pourvoyeur de Port-Royal, qui ne savoit rien de la chose, vint demander à ce même notaire de l'argent à emprunter pour les nécessités pressantes du monastère.

Jamais les grands biens ni l'extrême pauvreté d'une fille n'ont entré dans les motifs qui la faisoient ou admettre ou refuser. Une dame de grande qualité avoit donné à Port-Royal, comme bienfaitrice, une somme de quatre-vingt mille francs[5]. Cette somme fut aussitôt employée, partie en charités, partie à acquitter des dettes, et le reste à faire des bâtiments que cette dame elle-même avoit jugés nécessaires. Elle n'avoit eu d'abord d'autre dessein que de vivre le reste de ses jours dans la

1. Et si. *Var.* C. M.
2. On a omis, par erreur, les 9 mots précédents, depuis *religieuses*, dans la *Copie manuscrite*.
3. Tout d'un coup. *Var.* C. M.
4. Vingt mille livres. *Var.* C. M.
5. Cette dame ne nous paraît pouvoir être que Mme de Pontcarré Voyez l'*Histoire générale de Port-Roïal*, tome Ier, p. 160 et 161. D. Clémencet ne fait monter le don qu'on lui remboursa qu'à vingt-quatre mille livres. Il se peut que Racine, ou les copistes de son manuscrit, aient, par un *lapsus*, mis *quatre* avant *vingt*, et non après.

maison, sans faire de vœux ; ensuite elle souhaita d'y être Religieuse. On la mit donc au noviciat ; et on l'éprouva pendant deux ans avec la même exactitude que les autres novices. Ce temps expiré, elle pressa pour être reçue professe. On prévit tous les inconvénients où l'on s'exposeroit[1] en la refusant ; mais comme on ne lui trouvoit point assez de vocation, elle fut refusée tout d'une voix. Elle sortit du couvent, outrée de dépit, et songea aussitôt à revenir contre la donation qu'elle avoit faite. Les Religieuses avoient plus d'un moyen pour s'empêcher en justice de lui rien rendre ; mais elles ne voulurent point de procès. On vendit des rentes, on s'endetta ; en un mot, on trouva moyen de ramasser cette grosse somme, qui fut rendue à cette dame par un notaire en présence de M. le Nain[2], maître des requêtes, et de M. Palluau, conseiller au Parlement, aussi charmés tous deux du courage et du désintéressement de ces filles, que peu édifiés du procédé vindicatif et intéressé de la fausse bienfaitrice.

Un des plus grands soins[3] de la Mère Angélique, dans les urgentes nécessités où la maison se trouvoit quelquefois, c'étoit[4] de dérober la connoissance de ces nécessités à certaines personnes qui n'auroient pas mieux demandé que de l'assister. « Mes filles, disoit-elle souvent à ses Religieuses, nous avons fait vœu de pauvreté : est-ce être pauvres que d'avoir des amis toujours prêts à vous faire part de leurs richesses ? »

Il n'est pas croyable combien de pauvres familles, et[5] à Paris et à la campagne, subsistoient des charités que l'une et l'autre maison leur faisoient. Celle des champs a

1. Où l'on s'exposait. *Var.* C. M.
2. Jean le Nain, père du savant le Nain de Tillemont.
3. Un des grands soins. *Var.* C. M.
4. Quelquefois étoit. *Var.* C. M.
5. Ce premier *et* manque dans l'édition de 1767.

eu longtemps un médecin et un chirurgien, qui n'avoient presque d'autre occupation que de traiter les pauvres malades des environs, et d'aller dans tous les villages leur porter les remèdes et les autres soulagements nécessaires. Et depuis que ce monastère s'est vu hors d'état d'entretenir ni médecin ni chirurgien, les Religieuses ne laissent pas de fournir les mêmes remèdes. Il y a au dedans du couvent une espèce d'infirmerie où les pauvres femmes du voisinage sont saignées et traitées par des sœurs dressées à cet emploi, et qui s'en acquittent avec une adresse et une charité incroyables[1]. Au lieu de tous ces ouvrages frivoles, où l'industrie de la plupart des autres Religieuses s'occupe pour amuser la curiosité des personnes du siècle, on seroit surpris de voir avec quelle industrie les Religieuses de Port-Royal savent rassembler jusqu'aux plus petites rognures d'étoffes pour en revêtir des enfants et des femmes qui n'ont pas de quoi se couvrir, et en combien de manières leur charité les rend ingénieuses pour assister les pauvres, toutes pauvres qu'elles sont elles-mêmes. Dieu, qui les voit agir dans le secret, sait combien de fois elles ont donné, pour ainsi dire, de leur propre substance[2], et se sont ôté le pain des mains pour en fournir à ceux qui en manquoient ; et il sait aussi les ressources inespérées qu'elles ont plus d'une fois trouvées dans sa miséricorde, et qu'elles ont eu grand soin de tenir secrètes.

Une des choses qui rendoit cette maison plus recommandable, et qui peut-être aussi lui a attiré[3] plus de

1. Incroyable. *Var.* C. M.

2. On a, dans les éditions modernes, depuis celle de 1768, imprimé *subsistance*; mais *substance* est la leçon des éditions de 1742 et de 1767, et la seule bonne. C'est dans un autre sens que Racine a employé plus haut (p. 433, ligne 12) le mot *subsistance*.

3. Luneau de Boisjermain et les éditeurs suivants, sauf ceux de 1807, ont mis les deux verbes au pluriel : *rendoient*, et *ont attiré*. Nous suivons le texte de 1742 et de 1767.

jalousie, c'est l'excellente éducation qu'on y donnoit à la jeunesse. Il n'y eut jamais d'asile où l'innocence et la pureté fussent plus à couvert de l'air contagieux du siècle, ni d'école où les vérités du christianisme fussent plus solidement enseignées. Les leçons de piété qu'on y donnoit aux jeunes filles faisoient d'autant plus d'impression sur leur esprit, qu'elles les voyoient appuyées, non-seulement de l'exemple de leurs maîtresses, mais encore de l'exemple de toute une grande communauté, uniquement occupée à louer et à servir Dieu. Mais on ne se contentoit pas de les élever à la piété, on prenoit aussi un très-grand soin de leur former l'esprit et la raison ; et on travailloit à les rendre également capables d'être un jour ou de parfaites Religieuses, ou d'excellentes mères de familles[1]. On pourroit citer un grand nombre de filles élevées dans ce monastère, qui ont depuis édifié le monde par leur sagesse et par leur vertu. On sait avec quels sentiments d'admiration et de reconnoissance elles ont toujours parlé de l'éducation qu'elles y avoient reçue ; et il y en a encore qui conservent, au milieu du monde et de la cour, pour les restes de cette maison affligée, le même amour que les anciens Juifs conservoient, dans leur captivité, pour les ruines de Jérusalem. Cependant, quelque sainte que fût cette maison, une prospérité plus longue y auroit peut-être à la fin introduit le relâchement ; et Dieu, qui vouloit non-seulement l'affermir dans le bien, mais la porter encore à un plus haut degré[2] de sainteté, a permis qu'elle fût exercée par les plus grandes tribulations qui aient jamais exercé aucune maison religieuse. En voici l'origine.

Tout le monde sait cette espèce de guerre qu'il y a

1. « De famille, » dans l'édition de 1767.
2. Mais la porter même au plus haut degré. *Var.* C. M.

toujours eu entre l'Université de Paris et les jésuites. Dès la naissance de leur Compagnie, la Sorbonne condamna leur institut par une censure, où elle déclaroit, entre autres choses, que cette Société étoit bien plus née pour la destruction que pour l'édification. L'Université s'opposa de tout son pouvoir à son établissement en France ; et n'ayant pu l'empêcher, elle tint[1] toujours ferme à ne pas souffrir qu'ils fussent admis dans son corps. Il y eut même diverses occasions, dont on ne veut point rappeler ici[2] la mémoire, où elle demanda avec instance au Parlement qu'ils fussent chassés du royaume ; et ce fut dans une de ces occasions qu'elle prit pour son avocat Antoine Arnauld[3], père de la Mère Angélique, l'un des plus éloquents hommes de son siècle. Il étoit d'une famille[4] d'Auvergne, très-distinguée par le zèle ardent qu'elle avoit toujours montré pour la royauté pendant toutes les fureurs de la Ligue. Antoine Arnauld passoit aussi pour un des plus zélés royalistes qu'il y eût dans le Parlement ; et ce fut principalement pour cette raison que l'Université remit sa cause entre ses mains. Il plaida cette cause avec une véhémence et un éclat que les jésuites ne lui ont jamais pardonné. Quoiqu'il eût toujours été très bon catholique, né de parents très-catho-

1. L'empêcher, tint. *Var. G. M.*
2. Ici rappeler. *Var. G. M.*
3. « Le 12 juillet 1594, ce célèbre avocat fit contre la Société un plaidoyé plein de force, qui a été imprimé plusieurs fois. » (*Note des éditions de 1742 et de 1767.*) — Ce plaidoyer a pour titre : *Plaidoyé de M. Antoine Arnauld, advocat en Parlement, et cy-devant conseiller et procureur general de la defunte Royne mere des Roys, pour l'Université de Paris, demanderesse, contre les Jesuites, defendeurs. Des 12 et 13 juillet 1594. Paris, par M. Patisson*, M.DC.XCIV (in-8º). Il a été aussi imprimé la même année à Lyon, par T. Ancelin, dans le format in-12. — « La dernière édition, disent les éditeurs de 1807, est de 1717. »
4. D'une ancienne famille. *Var. G. M.*

liques, leurs écrivains n'ont pas laissé de le traiter de huguenot, descendu de huguenots[1].

Mais cette querelle ne fut que le prélude des grands démêlés que le célèbre Antoine Arnauld, son fils, docteur de Sorbonne[2], a eus[3] depuis avec cette puissante Compagnie. N'étant encore que[4] bachelier, il témoignoit un fort grand zèle contre les nouveautés que leurs auteurs[5] avoient introduites dans la doctrine de la grâce et dans la morale. Mais la querelle ne commença proprement qu'au sujet du livre *de la Fréquente communion*, que ce docteur avoit composé[6].

Le but de ce livre étoit d'établir par la tradition et par l'autorité des Pères et des conciles les dispositions que l'on doit apporter en approchant[7] du sacrement de l'Eucharistie, et de combattre les absolutions précipitées, qu'on ne donne que trop souvent à des pécheurs envieillis[8] dans le crime, sans les obliger à quitter leurs mauvaises habitudes, et sans les éprouver par une sérieuse pénitence. M. Arnauld n'étoit point l'agresseur dans cette dispute, et il ne faisoit que répondre à un écrit

1. D'hugenots. *Var.* C. M.
2. Il prit le bonnet de docteur le 19 décembre 1641.
3. Il y a *eu*, sans accord, dans les deux éditions (1742 et 1767).
4. Dès qu'il n'étoit que. *Var.* C. M.
5. Leurs docteurs. *Var.* C. M.
6. *De la Frequente communion, où les sentiments des Peres, des Papes et des Conciles, touchant l'usage des sacrements de Penitence et d'Eucharistie, sont fidelement exposés.* Paris, Antoine Vitré, 1643 (in-4°). « Cet ouvrage parut au mois d'août 1643.... Il paroît, par une lettre de M. de Saint-Cyran, que l'ouvrage *de la Fréquente communion* étoit déjà fait au mois de septembre 1641. » (*Histoire générale de Port-Roïal*, tome II, p. 381.)
7. En s'approchant. *Var.* C. M.
8. D. Clémencet, qui a copié tout ce passage où Racine parle du livre *de la Fréquente communion*, a remplacé *envieillis dans le crime* par *qui ont vieilli dans le crime*.

qu'on avoit fait pour décrier la conduite de quelques ecclésiastiques de ses amis, attachés aux véritables maximes de l'Église sur la pénitence.

Quoique les jésuites ne fussent point nommés dans ce livre, non pas même le jésuite[1] dont l'écrit y étoit refuté, on n'ose presque dire avec quel emportement ils s'élevèrent et contre l'ouvrage et contre l'auteur. Ils n'eurent aucun égard au jugement de seize tant archevêques qu'évêques, et de vingt-quatre des plus célèbres docteurs de la Faculté, dont les approbations étoient imprimées à la tête du livre : ils engagèrent leurs plus fameux écrivains à prendre la plume pour le réfuter, et ordonnèrent à leurs prédicateurs de le décrier dans tous leurs sermons. Les uns et les autres parloient du livre comme d'un ouvrage abominable, qui tendoit à renverser la Pénitence et l'Eucharistie ; et de l'auteur, comme d'un monstre qu'on ne pouvoit trop tôt étouffer, et dont ils demandoient le sang aux grands de la terre. Il y eut un de ces prédicateurs qui, en pleine chaire, osa même

---

[1]. Ce jésuite était le P. de Sesmaisons. « Mme la princesse de Guémené.... fut une fois sollicitée d'aller au bal le propre jour qu'elle avoit communié. En témoignant l'éloignement où elle étoit d'une telle conduite, elle fit connoître que cet éloignement avoit sa source dans les principes que M. de Saint-Cyran lui avoit inspirés. L'amie refusée (*Mme de Sablé*) rapporta cette conversation au P. Sesmaisons, qui en parla aux PP. Bauni et Rabardeau ses confrères, et ces trois jésuites de concert dressèrent un petit écrit pour rendre suspecte à Mme la princesse de Guémené la conduite de l'abbé de Saint-Cyran. On soutenoit dans cet écrit que *plus on est dénué de grâce, plus on doit hardiment approcher de Jésus-Christ dans l'Eucharistie, et que ceux qui sont remplis de l'amour d'eux-mêmes et si attachés au monde que de merveille font très bien de communier très-souvent*. M. l'abbé de Saint-Cyran engagea M. Arnauld.... à faire paroître en 1643 le livre *de la Fréquente communion*, qui répond à cet écrit. » (*Catéchisme historique et dogmatique sur les contestations qui divisent maintenant l'Église*, tome II, p. 56 et 57.)

prendre à partie les prélats approbateurs. Il s'emporta[1] contre eux à de tels excès, qu'il fut condamné par une assemblée d'évêques à leur en faire satisfaction à genoux ; et il fallut qu'il subît cette pénitence[2].

Les jésuites n'eurent pas sujet d'être plus contents de la démarche où ils avoient engagé la Reine mère, en obtenant de cette princesse un commandement à M. Arnauld d'aller à Rome pour y rendre compte de sa doctrine[3]. Un pareil ordre souleva contre eux tous les corps, pour ainsi dire, du royaume. Le Clergé, le Parlement, l'Université, la Faculté de théologie, et la Sorbonne en particulier, allèrent les uns après les autres trouver la Reine, pour lui faire là-dessus leurs très-humbles remontrances, et pour la supplier de révoquer ce commandement, non moins préjudiciable aux intérêts du Roi, qu'injurieux à la Sorbonne et à toute la nation.

Mais ce fut surtout à Rome où ces Pères se signalèrent contre le livre *de la Fréquente communion*, et remuèrent[4] toute sorte de machines pour l'y faire condamner. Ils y firent grand bruit d'un endroit de la

1. Et s'emporta. *Var.* C. M.
2. « Le P. Nouet, prêchant.... dans leur église de Saint-Louis (*l'église des Jésuites, rue Saint-Antoine*), déclara d'une manière surprenante contre ce livre (*la Fréquente communion*).... Ayant traité indignement les prélats approbateurs du livre, il fut obligé d'en demander pardon à genoux, accompagné de quatre de ses confrères, en présence de Messeigneurs les prélats qui tenoient pour lors leur assemblée à Paris. » (*Histoire générale de Port-Roïal*, tome II, p. 383, 385 et 386.) Le sermon avait été prêché le dernier dimanche d'août 1643. Le P. Nouet fit amende honorable le 28 novembre.
3. Cet ordre fut donné au carême de l'an 1644. Racine omet de dire qu'Arnauld, suivant l'exemple donné par le neveu de Saint-Cyran, M. de Barcos, qui était aussi envoyé à Rome, n'obéit pas au commandement de la Reine, et se tint caché.
4. Et ils remuèrent. *Var.* C. M.

préface¹ qui n'avoit aucun rapport avec le reste du livre, et où, en parlant de saint Pierre et de saint Paul, il est dit que ce sont deux chefs de l'Église qui n'en font qu'un. Ils songèrent² à profiter de l'alarme où l'on étoit encore en ce pays-là des prétendus desseins du cardinal de Richelieu, qu'on avoit accusé de vouloir établir un patriarche en France. Ils faisoient donc entendre que par cette proposition M. Arnauld vouloit attaquer la primauté du Saint-Siège, et admettre dans l'Église deux papes avec une autorité égale³. Mais malgré tous leurs efforts, la proposition ne fut point censurée en elle-même, ni telle qu'elle est dans la préface de M. Arnauld. L'Inquisition censura seulement la proposition générale, qui égaleroit de telle sorte ces deux apôtres, qu'il n'y eût aucune subordination de saint Paul à l'égard de saint Pierre dans le gouvernement de l'Église universelle⁴. Pour ce qui est du livre, il sortit de l'examen sans la moindre flétrissure ; et tout le crédit des jésuites ne put même le faire mettre à l'index. Un grand nombre d'évêques en France confirma par des approbations publiques le jugement qu'en avoient porté leurs confrères. Il fut reçu avec les mêmes éloges dans les royaumes les plus éloignés. On voit aussi, par des lettres du pape Alexandre VII, combien il en approuvoit la doc-

1. Cet endroit de la préface y avait été introduit par M. de Barcos.
2. Et songèrent. *Var.* C. M.
3. Avec autorité égale. *Var.* C. M.
4. Voici les termes du décret, qui est du 25 janvier 1647 : « Pro-
« positionem hanc.... ita explicatam ut ponat omnimodam æquali-
« tatem inter S. Petrum et S. Paulum sine subordinatione et sub-
« jectione S. Pauli ad. S. Petrum in potestate suprema et regimine
« universalis Ecclesiæ, hæreticam censuit et declaravit. » Voyez l'avertissement qui est à la tête de la *Relation de M. Bourgeois*, p. viii, ix et suivantes. (*Note des éditions de 1742 et de 1767.*)

trine[1]; et on peut dire, en un mot, qu'elle fut dès lors regardée, et qu'elle l'est encore aujourd'hui, comme la doctrine de l'Église même.

Les Religieuses de Port-Royal n'avoient eu aucune part[2] à toutes ces contestations. Quand même le livre *de la Fréquente communion* auroit été aussi plein de blasphèmes contre l'Eucharistie que les jésuites le publioient, elles n'en étoient pas moins prosternées jour et nuit devant le Saint-Sacrement. Mais M. Arnauld étoit frère de la Mère Angélique; il avoit sa mère, six de ses sœurs, et six de ses nièces, Religieuses à Port-Royal[3]; lui-même, lorsqu'il fut fait prêtre, avoit donné tout son

1. « Le pape Alexandre VII l'approuva positivement, avant que d'être élu pape, dans deux lettres écrites à M. d'Acquin. » (*Histoire générale de Port-Roïal*, tome II, p. 419.)

2. N'avoient aucune part. *Var.* C. M.

3. Besoigne dit également (*Histoire de l'abbaye de Port-Royal*, tome I, p. 271), dans un passage à peu près semblable à celui-ci : « Mme Arnauld la mère, Religieuse à Port-Royal; douze tant sœurs que nièces de M. Arnauld, aussi Religieuses à Port-Royal. » Mais D. Clémencet (tome II, p. 394) n'est pas d'accord avec Racine ni avec Besoigne sur le nombre des Religieuses, sœurs ou nièces d'Arnauld. « Madame sa mère, dit-il, étoit morte religieuse dans ce monastère, où il avoit encore cinq sœurs Religieuses, et autant de nièces. » Arnauld eut réellement six sœurs à Port-Royal : Catherine Arnauld (Mme le Maître), qui fit profession le 25 janvier 1644; la Mère Angélique Arnauld; la Mère Agnès Arnauld; Anne-Eugénie de l'Incarnation Arnauld, qui se fit Religieuse en 1618; Marie-Claire Arnauld, Religieuse en 1616; Madeleine-Sainte-Christine Arnauld, Religieuse en 1625. Mais sans doute D. Clémencet parle des cinq sœurs seulement qu'Arnauld avait *encore* à Port-Royal dans le temps des contestations sur le livre *de la Fréquente communion*, parce que Marie-Claire Arnauld était morte avant cette date, le 15 juin 1642. Quant aux nièces d'Arnauld, nous n'en trouvons que cinq Religieuses à Port-Royal; elles étaient filles d'Arnauld d'Andilly. C'étaient : Catherine de Sainte-Agnès, Angélique de Saint-Jean, Marie-Charlotte de Sainte-Claire, Marie-Angélique de Sainte-Thérèse, et Anne-Marie. Une sixième fille d'Arnauld d'Andilly, Élisabeth, mourut pensionnaire à Port-Royal de Paris, âgée de treize ans.

bien à ce monastère, ayant jugé qu'il devoit entrer pauvre dans l'état ecclésiastique ; il avoit aussi choisi sa retraite dans la solitude de Port-Royal des Champs, avec M. d'Andilly, son frère aîné, et avec ses deux neveux, M. le Maître et M. de Saci. C'est de là que sortoient tous ces excellents ouvrages, si édifiants pour l'Église, et qui faisoient tant de peine aux jésuites. C'en fut assez pour rendre cette maison horrible à leurs yeux. Ils s'accoutumèrent à confondre dans leur idée les noms d'Arnauld et de Port-Royal, et conçurent pour toutes les Religieuses de ce monastère la même haine qu'ils avoient pour la personne de ce docteur.

Ceux qui ne savent pas toute la suite de cette querelle, sont peut-être en peine de ce qu'on pouvoit objecter à ces filles dans ces commencements : car il ne s'agissoit point alors de formulaire ni de signature ; et la fameuse distinction du fait et du droit n'avoit point encore donné de prétexte aux jésuites pour les traiter de rebelles à l'Église. Cela n'embarrassa point le P. Brisacier, l'un de leurs plus emportés écrivains. C'est lui qu'ils avoient choisi pour aller solliciter à Rome la censure du livre *de la Fréquente communion*. Le mauvais succès de son voyage excitant vraisemblablement sa mauvaise humeur, il en vint jusqu'à cet excès d'impudence et de folie, que d'accuser ces Religieuses dans un livre public de ne point croire au Saint-Sacrement ; de ne jamais communier, non pas même à l'article de la mort ; de n'avoir ni eau bénite ni images dans leur église ; de ne prier ni la Vierge ni les Saints ; de ne point dire leur chapelet ; les appelant *asacrementaires*[1], des vierges folles, et passant

1. Dans l'édition de Geoffroy (1808), et dans celle de M. Aimé-Martin, on a imprimé *sacrementaires*, au lieu d'*asacrementaires*, qui est la leçon des éditions de 1742 et de 1767 et de la *Copie manuscrite* qui a « des asacramentaires » ; c'est d'ailleurs la seule

même jusqu'à cet excès[1] de vouloir insinuer des choses très-injurieuses à la pureté de ces filles.

Il ne falloit, pour connoître d'abord la fausseté de toutes ces[2] exécrables calomnies, qu'entrer seulement dans l'église de Port-Royal. Elle portoit, comme j'ai dit, par excellence le nom d'église du Saint-Sacrement. Le monastère, les Religieuses, tout étoit consacré à l'adoration perpétuelle du sacré mystère de l'Eucharistie. On n'y pouvoit entendre de messe conventuelle qu'on n'y vît communier un fort grand nombre de Religieuses. On y trouvoit de l'eau bénite à toutes les portes. Elles ne peuvent chanter leur office sans invoquer la Vierge et les Saints. Elles font tous les samedis[3] une procession en l'honneur de la Vierge, et ont pour elle une dévotion toute particulière, dignes filles en cela de leur père saint

bonne. D. Clémencet (tome III, p. 176 et 177) parle ainsi du P. Brisacier : « Il publia vers la fin de 1651 un livre intitulé : *le Jansenisme confondu*, qui fut affiché dans Paris, se vendant selon le titre, *dans le cloître des Jésuites*.... Il portoit dans ce libelle diffamatoire la calomnie et la folie jusqu'à traiter les Religieuses de Port-Royal de *vierges folles, d'impénitentes, d'asacramentaires* (sic) sans religion et sans mœurs; et il osoit assurer qu'une des règles de leurs constitutions portoit qu'il étoit bon de mourir sans sacrements, pour imiter le désespoir de Jésus-Christ. » La Mère Angélique, dans la lettre qu'elle écrivit à la Reine mère le 25 mai 1661, rapporte ainsi les paroles du P. Brisacier : « Suivant les règles prescrites aux filles du Saint-Sacrement, qu'elles seront tenues d'observer, l'on fera une nouvelle religion, où l'on appellera les filles impénitentes, les désespérées, les asacramentaires, les incommuniantes, les phantastiques, les vierges folles, et tout ce qu'il vous plaira, dont l'original en sera au Port-Royal. » Voyez l'*Histoire générale de Port-Roïal*, tome IV, p. 76. Pascal aussi a cité ce passage dans la *Onzième Provinciale*. Le libelle publié en 1651 par le P. Brisacier a pour titre : *le Jansenisme confondu dans l'avocat du Sr Callaghan, par le P. Brisacier, de la Compagnie de Jesus. Avec la defense de son sermon fait à Blois le 29 mars 1651*.

1. Même à cet excès. *Var.* C. M.
2. La fausseté de ces. *Var.* C. M.
3. Toutes les semaines. *Var.* C. M.

Bernard. Elles portent toutes un chapelet, et le récitent très-souvent; et ce qui surprendra les ennemis de ces Religieuses, c'est que M. Arnauld lui-même, qu'ils accusoient de leur en avoir inspiré le mépris, a toujours eu un chapelet sur lui, et qu'il n'a guère passé de jours en sa vie sans le réciter.

Le livre du P. Brisacier excita une grande indignation dans le public. M. de Gondy, archevêque de Paris, lança aussitôt contre ce livre une censure foudroyante[1], qu'il fit publier au prône dans toutes les paroisses. Il y prenoit hautement la défense des Religieuses de Port-Royal, et rendoit un témoignage authentique et de l'intégrité de leur foi et de la pureté de leurs mœurs. Tous les gens de bien s'attendoient que le P. Brisacier seroit désavoué par sa Compagnie, et que, pour ne pas adopter par son silence de si horribles calomnies, elle lui en feroit faire une rétractation publique, puis l'envoyeroit[2] dans quelque maison éloignée pour y faire pénitence. Mais bien loin de prendre ce parti, le P. Paulin, alors confesseur du Roi, à qui on parla de ce livre, dit qu'il l'avoit lu, et qu'il le trouvoit un livre très-modéré. On voit dans le catalogue qu'ils ont fait imprimer des ouvrages de leurs écrivains, ce même livre du P. Brisacier cité avec éloge. Pour lui, il fut fait alors recteur de leur collége de Rouen[3], et, à quelque temps de là, supérieur de leur maison professe de Paris. Ainsi, sans avoir fait aucune réparation de tant d'impostures si atroces, il continua le reste de sa

---

1. Cette censure est datée du 29 décembre 1651. Elle se trouve à la fin des *Mémoires de M. du Fossé*, p. 518. (*Note des éditions de 1742 et de 1767.*) D. Clémencet (tome III, p. 180-184) la rapporte également.

2. *Envoyeroit* dans l'édition de 1742; *envoieroit* dans celle de 1767.

3. Il fut fait alors recteur de leur collége de Blois, ensuite recteur de leur collége de Rouen. *Var.* C. M.

vie à dire ponctuellement la messe tous les jours, confessant et donnant des absolutions, et ayant sous sa direction les directeurs mêmes de la plus grande partie des consciences de Paris et de la cour. On n'ose pousser plus loin[1] ces réflexions, et on laisse aux Révérends Pères jésuites à les faire sérieusement devant Dieu.

Le mauvais succès de ces calomnies n'empêcha pas d'autres jésuites de les répéter en mille rencontres. Il y en eut un, appelé le P. Meynier, qui publia un livre avec ce titre : *Le P. R. d'intelligence avec Genève contre le Saint-Sacrement de l'autel, par le R. P. Meynier, de la Compagnie de Jésus*[2]. Le livre étoit aussi impudent que le titre, et enchérissoit encore sur les excès du P. Brisacier : on y renouveloit l'extravagante histoire du prétendu complot formé, en 1621[3], par M. Arnauld, par l'abbé de Saint-Cyran, et par trois autres, pour anéantir la religion de Jésus-Christ et pour établir le déisme, quoique M. Arnauld eût déjà invinciblement prouvé qu'il n'avoit que neuf ans l'année où l'on disoit qu'il avoit formé cette horrible conjuration. Le P. Meynier faisoit même entrer dans ce complot la Mère Agnès et les autres Religieuses de Port-Royal.

Quelque absurdes que fussent ces calomnies, à force néanmoins de les répéter, et toujours avec la même assurance, les jésuites les persuadoient à beaucoup de petits esprits, et surtout à leurs pénitents et à leurs pé-

---

1. Plus avant. *Var.* C. M.
2. Voyez la *Seizième Provinciale*, où Pascal parle aussi avec indignation de ce livre, qui a plus exactement pour titre : *Le Port-Royal et Geneve d'intelligence contre le tres-saint Sacrement de l'autel dans leurs livres, et particulierement dans les equivoques de l'article XV de la seconde lettre de M. Arnauld.... Par le R. P. Bernard Meynier* (Poitiers et Paris, J. Henault, 1656, in-4°).
3. D'un prétendu complot formé en l'année 1621. *Var.* C. M.

nitentes, la plupart personnes foibles, et qui ne pouvoient s'imaginer que leurs directeurs fussent capables d'avancer sans fondement de si effroyables[1] impostures. Ils les firent croire principalement dans les couvents qui étoient sous leur conduite : jusque-là qu'il s'en trouve encore aujourd'hui dans Paris, où les Religieuses, quoique d'une dévotion d'ailleurs très-édifiante, soutiennent aux personnes qui les vont voir qu'on ne communie point à Port-Royal, et qu'on n'y invoque ni la Vierge ni les Saints. Non-seulement[2] on trouve des maisons de Religieuses, mais des communautés entières d'ecclésiastiques, qui, pleines de cette erreur, s'effarouchent encore au nom de Port-Royal, et qui regardent cette maison comme un séminaire de toute sorte d'hérésies.

On aura peut-être de la peine à comprendre comment une Société aussi sainte dans son institution[3], et aussi pleine de gens de piété que l'est celle des jésuites, a pu avancer et soutenir de si étranges calomnies. Est-ce, dira-t-on, que l'esprit de religion s'est tout à coup éteint en eux? Non, sans doute ; et c'est même par principe de religion que la plupart les ont avancées. Voici comment : la plus grande partie d'entre eux est convaincue que leur Société ne peut être attaquée que par des hérétiques. Ils n'ont lu que les écrits de leurs Pères ; ceux de leurs adversaires sont chez eux des livres défendus. Ainsi, pour

1. De si étranges. *Var.* C. M.
2. Et non seulement. *Var.* C. M.
3. D. Clémencet, qui cite (tome III, p. 195) ce passage de Racine, dit ici en note : « La Faculté de théologie de Paris ne croyoit pas que la Société fût aussi *sainte dans son institution*, lorsqu'elle dit qu'elle étoit plus propre à détruire qu'à édifier, *magis ad destructionem quam ad ædificationem.* » Voyez ci-dessus, p. 444. — L'abbé Racine (tome X, p. 505) a remplacé les expressions que D. Clémencet jugeait trop indulgentes par celles-ci : « une Société de prêtres et de Religieux. »

savoir si un fait est vrai, le jésuite s'en rapporte au jésuite. De là vient que leurs écrivains ne font presque autre chose dans ces occasions que se copier les uns les autres, et qu'on leur voit[1] avancer comme certains et incontestables des faits dont il y a trente ans qu'on a démontré la fausseté. Combien y en a-t-il qui sont entrés tout jeunes dans la Compagnie, et qui sont passés d'abord du collége au noviciat ! Ils ont ouï dire à leurs régents que le Port-Royal est un lieu abominable ; ils le disent ensuite à leurs écoliers. D'ailleurs c'est le vice de la plupart des gens de communauté de croire qu'ils ne peuvent faire de mal en défendant l'honneur de leur corps. Cet honneur est une espèce d'idole, à qui ils se croient permis de sacrifier tout, justice, raison, vérité. On peut dire constamment des jésuites que ce défaut est plus commun parmi eux que dans aucun corps : jusque-là que quelques-uns de leurs casuistes ont avancé cette maxime horrible, qu'un Religieux peut en conscience calomnier et tuer même les personnes qu'il croit faire tort à sa Compagnie[2].

Ajoutez qu'à toutes ces querelles de religion il se joignoit encore entre les jésuites et les écrivains de Port-Royal une pique de gens de lettres. Les jésuites s'étoient vus longtemps en possession du premier rang dans les lettres, et on ne lisoit presque d'autres livres de dévotion que les leurs. Il leur étoit donc très-sensible de se voir déposséder de ce premier rang et de cette vogue par de

1. Et qu'on les voit. *Var.* C. M.
2. Cette doctrine a été enseignée en propres termes par une multitude d'auteurs de la Compagnie, tels que le P. Lamy, *Cours de théologie*, tome I, disp. 36, n. 118 (édition d'Anvers, 1649); Escobar, *Somme de la Théologie morale*, traité I, exam. 7, chap. III, n. 45 ; et elle a été défendue par leur P. Pirot, auteur de l'infâme *Apologie des casuistes*. (*Note des éditions de* 1742 *et de* 1767.)

nouveaux venus, devant lesquels il sembloit, pour ainsi dire, que tout leur génie et tout leur savoir se fussent évanouis. En effet, il est assez surprenant que depuis le commencement de ces disputes il ne soit sorti de chez eux aucun ouvrage digne de la réputation que leur Compagnie s'étoit acquise, comme si Dieu, pour me servir des termes de l'Écriture, leur avoit tout à coup ôté leurs prophètes : leur P. Petau même, si célèbre par son savoir, ayant échoué contre le livre *de la Fréquente communion*, et son livre[1] étant demeuré chez leur libraire avec tous leurs autres ouvrages, pendant que les ouvrages de Port-Royal étoient tout ensemble l'admiration des savants et la consolation de toutes les personnes de piété.

Les jésuites, au lieu d'attribuer cet heureux succès des livres de leurs adversaires à la bonté de la cause qu'ils soutenoient, et à la pureté de la doctrine qui y étoit enseignée, s'en prenoient à une certaine politesse de langage qu'ils leur ont reprochée longtemps comme une affectation contraire à l'austérité des vérités chrétiennes. Ils ont fait depuis une étude particulière de cette même politesse ; mais leurs livres, manquant d'onction et de solidité, n'en ont pas été mieux reçus du public pour être écrits avec une justesse grammaticale qui va jusqu'à l'affectation.

Ils eurent même peur, pendant[2] quelque temps, que le Port-Royal ne leur enlevât l'éducation de la jeunesse, c'est-à-dire ne tarît leur crédit dans sa source ; car quelques personnes de qualité, craignant pour leurs enfants la corruption qui n'est que trop ordinaire dans la plupart des colléges, et appréhendant aussi que, s'ils fai-

---

1. Ce livre du P. Petau a pour titre : *De la Penitence publique et de la preparation à la communion* (1644, in-4°).
2. Durant. *Var.* C. M.

soient étudier ces enfants seuls, ils ne manquassent de cette émulation qui est souvent le principal aiguillon pour faire avancer les jeunes gens dans l'étude, avoient résolu de les mettre plusieurs ensemble sous la conduite de gens choisis. Ils avoient pris là-dessus conseil de M. Arnauld et de quelques ecclésiastiques de ses amis ; et on leur avoit donné des maîtres tels qu'ils les pouvoient souhaiter. Ces maîtres n'étoient pas des hommes ordinaires. Il suffit de dire que l'un d'entre eux étoit le célèbre M. Nicole. Un autre étoit ce même M. Lancelot, à qui l'on doit les *Nouvelles Méthodes grecques et latines*, si connues sous le nom de *Méthodes de Port-Royal*. M. Arnauld ne dédaignoit pas de travailler lui-même à l'instruction de cette jeunesse par des ouvrages très-utiles, et c'est ce qui a donné naissance aux excellents livres de *la Logique*, de *la Géométrie*, et de *la Grammaire générale*[1]. On peut juger de l'utilité de ces écoles par les hommes de mérite qui s'y sont formés. De ce nombre ont été MM. Bignon, l'un conseiller d'État, et l'autre premier président du grand conseil[2] ; M. de Harlay[3] et M. de Bagnols[4], aussi conseillers d'État ; et le célèbre M. le

1. *La Logique ou l'art de penser*.... (1 vol. in-12, Paris, Savreux, 1664). La première édition de ce livre fut publiée sous le nom du sieur le Bon. On verra ci-après, à la fin des *Diverses particularités concernant Port-Royal*, quelle fut suivant Racine la part qu'eut Nicole à cette *Logique*, et celle qu'eut Arnauld. — Les *Nouveaux elements de Geometrie* (1 vol. in-4°, Paris, Savreux, 1667). — *Grammaire generale et raisonnée*, contenant les fondements de l'art de parler.... (1 vol. in-12, Paris, le Petit, 1660). Elle est de Lancelot et d'Antoine Arnauld ; on croit que Nicole y a eu quelque part.
2. Jérôme Bignon, IIe du nom, mort le 15 janvier 1697, et Thierri Bignon, mort le 19 janvier 1697. Ils étaient tous deux fils de Jérôme Bignon I, avocat général et conseiller d'État.
3. Harlay fut conseiller d'État, et premier ambassadeur plénipotentiaire à la paix de Ryswick. Il mourut en 1704.
4. Fils de ce Guillaume du Gué de Bagnols, de Lyon, qui fut un

Nain de Tillemont[1], qui a tant édifié l'Église et par la sainteté de sa vie et par son grand travail sur l'histoire ecclésiastique[2].

Cette instruction de la jeunesse fut, comme j'ai dit, une des principales raisons qui animèrent les jésuites à la destruction de Port-Royal ; et ils crurent devoir tenter toutes sortes de moyens pour y parvenir. Leurs entreprises contre le livre *de la Fréquente communion* ne leur ayant pas réussi, ils dressèrent contre leurs adversaires une autre batterie, et crurent que les disputes qu'ils avoient avec eux sur la grâce leur fourniroient un prétexte plus favorable pour les accabler. Ces disputes avoient commencé vers le temps même que *la Fréquente communion* parut, et ce fut au sujet de l'*Augustinus* de Jansénius, évêque d'Ypres. Dans ce livre, imprimé depuis sa mort[3], cet évêque, en voulant établir la doctrine de saint Augustin sur la grâce, y combattoit fortement l'opinion de Molina, jésuite, homme fort audacieux, et qui avoit parlé de ce grand docteur de l'Église avec un fort grand mépris. Les jésuites, intéressés à soutenir leur confrère sur une doctrine que toute leur école s'étoit avisée d'embrasser, s'étoient fort déchaînés contre l'ouvrage et contre la personne même de Jansénius, qu'ils traitoient de cal-

---

des amis les plus dévoués de Port-Royal. Voyez ci-dessus, p. 291, note 3, et plus bas, p. 470, note 1.

1. Sébastien-Louis le Nain de Tillemont, né le 30 novembre 1637, mort le 10 janvier 1698.

2. *Memoires pour servir à l'histoire ecclesiastique des six premiers siècles*, 16 vol. in-4°. Le premier tome avait paru en 1693.

3. Jansénius mourut le 6 mai 1638. Ce fut en 1640 que parut le livre intitulé : *Cornelii Jansenii, Episcopi Iprensis, Augustinus ; seu doctrina S. Augustini de humanæ naturæ sanitate, ægritudine, medicina, adversus Pelagianos et Massilienses*, Lovanii, Jac. Zegerus (1 vol. in-folio, divisé en trois tomes). Cet ouvrage fut réimprimé l'année suivante, 1641, à Paris, chez Michel Soly.

viniste et d'hérétique, comme ils traitent ordinairement tous leurs adversaires. Ils étoient d'autant plus mal fondés à le traiter d'hérétique, que lui-même par son testament[1], et dans plusieurs endroits de son livre, déclare qu'il soumet entièrement sa doctrine au jugement du Saint-Siége. Ainsi[2], quand même il auroit avancé quelque hérésie, on ne seroit pas en droit pour cela[3] de dire qu'il fût hérétique. M. Arnauld donc, persuadé que le livre de ce prélat ne contenoit que la doctrine de saint Augustin, pour laquelle il s'étoit hautement déclaré lui-même plusieurs années avant l'impression de ce livre[4], avoit pris la plume pour le défendre, et avoit composé ensuite plusieurs ouvrages sur la grâce, qui avoient eu un prodigieux succès. Cela avoit fort alarmé non-seulement les jésuites, mais même quelques professeurs de théologie et quelques autres vieux docteurs de la Faculté, qui étoient d'opinion contraire à saint Augustin, et qui craignoient que la doctrine de la grâce efficace par elle-même ne gagnât le dessus dans les écoles. Ils se réunirent donc tous ensemble pour la décrier, et pour en empêcher le progrès. M. Cornet[5], l'un d'entre eux, qui avoit été jésuite, et qui étoit alors (en 1649) syndic de la Faculté, s'avisa pour cela d'un moyen tout particulier. Il apporta à la Faculté[6] cinq

1. Dans son testament. *Var.* C. M.
2. Et ainsi. *Var.* C. M.
3. Pas pour cela en droit. *Var.* C. M.
4. Dans son acte de *Tentative*, thèse qu'il soutint en novembre 1635 pour devenir bachelier.
5. Et M. Cornet. *Var.* C. M. — Nicolas Cornet, né en 1592, mort le 12 avril 1663. Après avoir passé quelques années chez les jésuites, il prit le bonnet de docteur en 1626, devint grand maître du collége de Navarre, et syndic de la Faculté de théologie. D. Clémencet dit (tome III, p. 245) qu'en sortant de la Société de Jésus, « il n'en avoit quitté que l'habit. » Bossuet a prononcé son oraison funèbre.
6. Le 1er juillet 1649.

propositions sur la grâce pour y être examinées. Ces propositions étoient embarrassées de mots si captieux et si équivoques, que, bien qu'elles fussent en effet très-hérétiques, elles sembloient néanmoins ne dire sur la grâce que presque les mêmes choses que disoient les défenseurs de saint Augustin.

M. Cornet n'osa pas avancer qu'elles fussent extraites de Jansénius ; et il déclara même dans l'assemblée de la Faculté qu'il n'étoit pas question de Jansénius en cette occasion. Mais les docteurs attachés à la doctrine de saint Augustin, ayant reconnu l'artifice, se récrièrent que ce n'étoit point la coutume de la Faculté d'examiner des propositions vagues et sans nom d'auteur ; que celles-ci étoient des propositions captieuses, et fabriquées exprès pour en faire retomber la condamnation sur la grâce efficace. Et voyant qu'on ne laissoit pas de nommer des commissaires, soixante-dix d'entre eux appelèrent comme d'abus de tout ce qu'avoit fait le syndic. Le Parlement reçut leur appel, et imposa silence aux deux partis.

Mais les jésuites et leurs partisans ne s'en tinrent pas là : ils écrivirent (en 1650) une lettre au pape Innocent X, pour le prier de prononcer sur ces mêmes propositions[1]. Ils ne disoient pas qu'elles eussent été tirées de Jansénius, mais seulement qu'elles étoient soutenues en France par plusieurs docteurs, et insinuoient que le livre de cet évêque y avoit excité de fort grands troubles parmi les théologiens. Cette lettre[2] fut composée par M. Habert, évêque de Vabres, qui s'étoit des premiers signalé contre Jansénius, et contre lequel M. Arnauld avoit écrit avec beaucoup de force. Quoique l'assemblée générale du clergé se tînt alors à Paris, ils n'osèrent pas

---

1. Ces mêmes cinq propositions. *Var.* C. M.
2. Le texte en est cité par D. Clémencet (tome III, p. 247-250).

y parler de cette affaire, de peur que, la lettre venant à être examinée publiquement et avec un peu d'attention, elle ne révoltât tout ce qu'il y avoit de prélats jaloux de l'honneur de leur caractère, lesquels[1] trouveroient étrange que cette dispute étant née dans le royaume, elle ne fût pas jugée au moins en première instance par les évêques du royaume même. La chose fut donc conduite avec plus de secret, et cette lettre fut portée séparément par un jésuite, nommé le P. Dinet, à un fort grand nombre de prélats, tant à Paris que dans les provinces[2]. La plupart d'entre eux ont même depuis avoué qu'ils l'avoient signée sans savoir de quoi il s'agissoit, et par pure déférence pour la signature de leurs confrères.

Les défenseurs de saint Augustin, ayant appris cette démarche, se trouvèrent fort embarrassés. Les uns vouloient qu'on ne prît point d'intérêt dans l'affaire, et que, sans se donner aucun mouvement, on laissât condamner à Rome des propositions en effet très-condamnables, et qui, comme elles n'étoient d'aucun auteur, n'étoient aussi soutenues de personne. Les autres, au contraire, appréhendèrent assez mal à propos, comme la suite l'a justifié, que la véritable doctrine de la grâce ne se trouvât enveloppée dans cette condamnation[3], et furent d'avis d'envoyer au Pape pour lui présenter les artifices et les mauvaises intentions de leurs adversaires. Cet avis l'ayant emporté, M. de Gondrin, archevêque de Sens,

---

1. Qui. *Var.* C. M.

2. « Cette lettre, dictée par l'esprit de vengeance, fut signée, dit D. Clémencet (tome III, p. 251), par quatre-vingt-cinq évêques séparément et non assemblés. »

3. Les événements qui ont suivi cette première attaque livrée à la vérité, en manifestant les desseins des jésuites contre la doctrine de la grâce efficace, n'ont que trop justifié les alarmes de Messieurs de Port-Royal. (*Note des éditions de* 1742 *et de* 1767.)

Messieurs de Châlons[1], d'Orléans[2], de Cominges[3], de Beauvais[4], d'Angers[5], et huit ou dix autres prélats, zélés défenseurs de la doctrine de la grâce efficace, députèrent à Rome trois ou quatre des plus habiles théologiens attachés à cette doctrine. Ils les chargèrent[6] d'une lettre[7] pour le Pape, où, après s'être plaints à Sa Sainteté qu'on eût voulu l'engager à décider sur des propositions faites à plaisir, et qui, étant énoncées en des termes ambigus, ne pouvoient produire d'elles-mêmes que des disputes pleines de chaleur dans la diversité des interprétations qu'on leur peut donner, ils la supplioient de vouloir examiner à fond cette affaire, de bien distinguer les différents sens des Propositions, et d'observer, dans le jugement qu'elle en feroit, la forme légitime des jugements ecclésiastiques, qui consistoit principalement à entendre les défenses et les raisons des parties[8]. Ils ne dissimuloient pas même que dans les règles cette affaire avoit dû[9] être discutée par les évêques de France avant que d'être portée à Sa Sainteté. On s'imaginera aisément que cette lettre ne fut pas fort au goût de la cour de Rome, aussi éloignée de vouloir entrer dans les discussions qu'on lui demandoit, que prévenue qu'il n'appartient point aux évêques de faire des décisions sur la doctrine. En effet, leurs députés, pendant près de deux ans qu'ils demeurèrent à Rome, demandèrent inutilement d'être entendus en présence de leurs parties ;

---

1. Félix. — 2. A. d'Elbène. — 3. Gilbert de Choiseul.
4. Nicolas de Buzanval. — 5. Henri Arnauld.
6. Et les chargèrent. *Var.* C. M.
7. D. Clémencet (tome III, p. 253-259) cite le texte de cette lettre.
8. Des parties ; et ils lui citoient là-dessus l'exemple de la fameuse congrégation *de Auxiliis. Var.* C. M.
9. Auroit dû. *Var.* C. M.

ils demandèrent[1], avec aussi peu de succès, que les différents sens que pouvoient avoir les Propositions fussent distingués dans la censure qu'on en feroit. Le Pape donna sa Constitution[2], où il condamnoit les cinq Propositions sans aucune distinction de sens hérétique ni catholique, et se contenta d'assurer publiquement ces députés, lorsqu'ils prirent congé de lui, que cette condamnation ne regardoit ni la grâce efficace par elle-même, ni la doctrine de saint Augustin, « qui étoit, « dit-il[3], et qui seroit toujours la doctrine de l'Église. »

Si M. Arnauld et ses amis avoient eu un mauvais dessein en demandant l'éclaircissement de ces propositions, et s'ils avoient eu cet orgueil, qui est proprement le caractère des hérétiques, ils auroient pu appeler sur-le-champ de cette décision au concile, puisque cette décision ne s'étoit faite que dans une congrégation particulière, et que le Pape, selon la doctrine de France, n'est infaillible qu'à la tête d'un concile[4]. Mais comme ils n'avoient eu en vue que la vérité, et que jamais personne n'a eu plus d'horreur du schisme que M. Arnauld, lui et ses amis reçurent avec un profond respect la Constitution, et reconnurent sincèrement, comme ils avoient toujours fait, que ces Propositions étoient hérétiques. A la vérité, ils répétèrent ce qu'ils avoient dit plusieurs

---

1. Ils pressèrent. *Var.* C. M.
2. 31 mai 1653. (*Note des éditions de* 1742 *et de* 1767.) — C'est la bulle *Cum occasione*, imprimée sous ce titre : « S^{mi} in Christo Pa-
« tris ac D. N. D. Innocentii, divina Providentia Papæ X, Con-
« stitutio qua declarantur et definiuntur quinque propositiones in
« materia fidei (Pridie kal. junii 1653). »
3. Leur dit-il. *Var.* C. M.
4. Il serait plus exact de dire, d'après le clergé de France, que les décisions du Pape ne deviennent infaillibles que quand elles sont confirmées par le consentement de toute l'Église. (*Note des éditions de* 1742 *et de* 1767.)

fois avant la Constitution, qu'il ne leur paroissait pas que ces Propositions fussent dans le livre de Jansénius, où ils s'offroient même d'en faire voir de toutes contraires.

Une conduite si sage et si humble auroit dû faire un fort grand plaisir aux jésuites, si les jésuites avoient été des enfants de paix, et qu'ils n'eussent cherché que la vérité. En effet, les cinq Propositions étant si généralement condamnées, il n'y avoit plus de nouvelle hérésie à craindre. C'est ce qu'on peut voir clairement dans la lettre circulaire qui fut écrite alors par l'assemblée des évêques où la Constitution fut reçue[1]. « Nous voyons, disent-ils, par la grâce de Dieu, qu'en cette rencontre tous disent la même chose, et glorifient[2] le Père céleste d'une même bouche aussi bien que d'un même cœur. » Du reste, il importoit peu pour l'Église que ces Propositions fussent ou ne fussent pas dans le livre d'un évêque qui, comme j'ai dit, avoit vécu très-attaché à l'Église, et qui étoit mort dans une grande réputation de sainteté. Mais il parut bien, par le soin que les jésuites prirent[3] de perpétuer la querelle, et de troubler toute l'Église pour une question aussi frivole que celle-là, que c'étoit en effet aux personnes qu'ils en vouloient, et que leur vengeance ne seroit jamais satisfaite qu'ils n'eussent perdu M. Arnauld, et détruit une sainte maison contre laquelle ils avoient prononcé cet arrêt dans leur colère : *Exinanite, exinanite usque ad fundamentum in ea*[4].

---

1. « Une trentaine (*évêques*), qui faisoient leur résidence à Paris, tinrent, le 11 juillet 1653, une assemblée chez le cardinal Mazarin, dans laquelle ils résolurent de recevoir la bulle. » (*Histoire générale de Port-Roïal*, tome III, p. 273 et 274.)
2. Et glorifions. *Var.* C. M.
3. Mais il paroît bien dans le soin qu'ils prirent. *Var.* C. M.
4. « Anéantissez jusqu'à ses fondements. » (Ps. cxxxvi, verset 7.)

Ils publièrent donc que la soumission de leurs adversaires étoit une soumission forcée, et qu'ils étoient toujours hérétiques dans le cœur. Ils ne se contentoient pas de les traiter comme tels dans leurs écrits et dans leurs sermons : il n'y eut sorte d'inventions dont ils ne s'avisassent pour le persuader au peuple, et pour l'accoutumer à les regarder comme des gens frappés d'anathème. Ils firent graver une planche d'almanach, où l'on voyoit Jansénius en habit d'évêque avec des ailes de démon au dos, et le Pape qui le foudroyoit lui et tous ses sectateurs[1] ; ils firent jouer dans leur collége de Paris une farce, où ce même Jansénius étoit emporté par les diables ; et dans une procession publique qu'ils firent faire aux écoliers de leur collége de Mâcon, ils le représentèrent encore chargé de fers, et traîné en triomphe par un de ces écoliers, qui représentoit la Grâce suffisante[2]. Peu s'en falloit que saint Augustin ne fût traité lui-même comme cet évêque ; du moins le P. Adam et plusieurs autres de leurs auteurs[3], à l'exemple de Molina, le dégradoient[4] de sa qualité de docteur de la grâce, l'accusant d'être tombé en plusieurs excès dans ses écrits contre les pélagiens, et soutenant qu'il eût mieux valu qu'il n'eût jamais écrit sur ces matières.

Il arriva même, au sujet de ce saint, un assez grand

1. Cet almanach a pour titre : *La Deroute et la confusion des jansenistes* (pièce in-4°, s. l. n. d.). M. de Saci composa à cette occasion *les Enluminures du fameux Almanach des PP. jesuistes* (sic), intitulé : « La Deroute et la confusion des jansenistes, *ou* Triomphe de Molina, jesuite, sur S. Augustin » (1 vol. in-8°, s. l. n. d.). Elles ont été publiées en 1654.

2. Cette mascarade d'écoliers avait eu lieu deux ans avant la bulle, au carnaval de 1651.

3. Du moins plusieurs de leurs auteurs (*à la marge* : le P. Adam et autres). *Var.* C. M.

4. Le dégradèrent. *Var.* C. M.

scandale dans un acte de théologie qui se soutenoit chez eux (à Caen)¹, et où plusieurs évêques assistoient ; car un bachelier, dans la dispute, ayant opposé à leur répondant l'autorité de ce Père sur la doctrine de la grâce, le répondant eut l'insolence de dire : *Transeat Augustinus*², comme si, depuis la Constitution, l'autorité de saint Augustin devoit être comptée pour rien. Ils faisoient par une horrible impiété³ des vœux publics à la Vierge, pour lui demander que si les jansénistes continuoient à nier la grâce suffisante accordée à tous les hommes, elle obtînt par ses prières qu'ils fussent exclus eux seuls de la rédemption que Jésus-Christ avoit méritée par sa mort à tous les hommes.

Ils commettoient impunément tous ces excès, et en tiroient un grand avantage, qui étoit de rendre odieux tous ceux qu'ils appeloient jansénistes à toutes les personnes qui n'étoient pas instruites à fond sur ces matières. Les mots même de *grâce efficace* et de *prédestination* faisoient peur à toutes ces personnes. Ils regardoient⁴ comme suspects de l'hérésie des cinq Propositions tous les livres et tous les sermons où ces mots étoient employés : jusque-là qu'on raconte d'un prélat, ami des jésuites, homme fort peu éclairé, qu'étant entré dans le réfectoire d'une abbaye de son diocèse, et y ayant entendu lire ces paroles qui renfermoient en elles tout le sens de la grâce efficace : *C'est Dieu qui opère en nous le vouloir et le faire*⁵, il imposa silence au lecteur, et se fit

1. Les mots *à Caen* ne sont pas ici dans la *Copie manuscrite*.
2. « Ne nous arrêtons pas à saint Augustin. »
3. Ici les mots à Caen, à la marge, dans la *Copie manuscrite*.
4. Et ils regardoient. *Var. C. M.*
5. « Deus est enim qui operatur in vobis et velle et perficere, « pro bona voluntate. » (*Épître de Saint Paul aux Philippiens*, chapitre II, verset 13.)

apporter le livre pour l'examiner ; mais il fut assez surpris lorsqu'il trouva que c'étoient les *Épîtres* de saint Paul.

Les prétendus jansénistes avoient beau affirmer dans leurs écrits que Dieu ne commande point aux hommes des choses impossibles, que non-seulement on peut résister, mais qu'on résiste souvent à la grâce, que Jésus-Christ est mort pour les réprouvés aussi bien que pour les justes : les jésuites soutenoient toujours que c'étoient[1] des gens qui parloient contre leur pensée, et ils épuisoient leur subtilité pour trouver dans ces mêmes écrits quelque trace des cinq Propositions. C'est ainsi qu'ils firent un fort grand bruit contre les *Heures* qu'on appelle *de Port-Royal*[2], parce que, dans la version de deux endroits des hymnes, la rime ou la mesure du vers n'avoit[3] pas permis au traducteur de traduire à la lettre le *Christe Redemptor omnium*, quoiqu'en plusieurs endroits des *Heures* on eût énoncé en propres termes que Jésus-Christ étoit venu pour sauver tout le monde. Ils n'eurent point de repos qu'ils ne les eussent fait mettre par l'Inquisition à l'index, mais si inutilement pour le dessein qu'ils avoient de les décrier, que ces *Heures* depuis ce temps-là n'en ont pas été moins courues de tout le monde, et que c'est encore le livre que presque toutes les personnes de piété portent à l'église, n'y en ayant point dont il se soit fait tant d'éditions. On sait même qu'elles ne furent point mises à l'index pour cette omission que je viens de dire : autrement il y eût fallu

1. Que c'étoit. *Var.* C. M.
2. Voyez ci-dessus, p. 95 et p. 99, ce que nous avons dit des *Heures de Port-Royal*, de leurs diverses éditions, et des accusations théologiques dirigées contre elles, particulièrement par le P. Labbe.
3. N'avoient. *Var.* C. M.

mettre le bréviaire de la révision du pape Urbain VIII, qui, à cause de la quantité et de la mesure du vers, a aussi retranché des hymnes ce même *Christe redemptor omnium*[1]. Mais la cour de Rome, je ne sais pas trop pourquoi, avoit défendu la traduction de l'*Office de la Vierge* en langue vulgaire : de sorte que les *Heures de Port-Royal* y furent alors censurées à cause que l'*Office de la Vierge* y étoit traduit en françois, dans le même temps que les jésuites assuroient qu'à Port-Royal on ne prioit point la Vierge.

Mais pour reprendre le fil de mon discours, les jésuites ne se bornoient pas à décrier leurs adversaires sur la seule doctrine de la grâce. Il n'y avoit hérésie ni sorte d'impiété dont ils ne s'efforçassent de les faire croire coupables ; c'étoit tous les jours de nouvelles ac-

---

1. L'omission du *Christe redemptor omnium* avait été dénoncée dans trois des hymnes traduites en vers par M. de Saci pour les *Heures de Port-Royal* : dans l'hymne pour l'Avent à vêpres, dans l'hymne pour Noël à vêpres et à matines. Ces trois mêmes hymnes ont subi de nombreux changements dans la révision d'Urbain VIII, où toutefois l'on s'est contenté dans les deux premières de changer, à cause de la quantité, le vers *Christe redemptor omnium* en celui-ci : *Jesu redemptor omnium*. Ce que dit Racine ne peut s'appliquer avec exactitude qu'à la troisième, une de celles qui, dans la révision, ont été le plus complétement remaniées. Au lieu de la première stance :

> *Christe redemptor omnium,*
> *Conserva tuos famulos,*
> *Beatæ semper Virginis*
> *Placatus sanctis precibus.*

on y lit :

> *Placare, Christe, servulis,*
> *Quibus patris clementiam*
> *Tuæ ad tribunal gratiæ*
> *Patrona Virgo postulat.*

Voyez le livre intitulé : *Hymni Breviarii romani S*^mi *D. N. Urbani VIII jussu et sacræ rituum Congregationis approbatione emendati et editi. Romæ, typis Vaticanis.* M.DC.XXIX (1 vol. in-12), p. 24, 26 et 71.

cusations : on disoit qu'ils n'admettoient chez eux ni indulgences ni messes particulières ; qu'ils imposoient aux femmes des pénitences publiques pour les péchés les plus secrets, même pour de très-légères fautes ; qu'ils inspiroient le mépris de la sainte communion ; qu'ils ne croyoient l'absolution du prêtre que déclaratoire ; qu'ils rejetoient le concile de Trente ; qu'ils étoient ennemis du Pape ; qu'ils vouloient faire une nouvelle Église ; qu'ils nioient jusqu'à la divinité de Jésus-Christ, et une infinité d'autres extravagances, toutes plus horribles les unes que les autres, qui sont répandues dans les écrits des jésuites, et qu'on trouve ramassées tout nouvellement par un de ces Pères en un misérable libelle[1] en forme de catéchisme[2], qui se débitoit, il y a près d'un an[3], dans un couvent de Paris dont ils sont les directeurs. Aux accusations d'hérésie ils ajoutoient encore celles de crime d'État, voulant faire passer trois ou quatre prêtres, et une douzaine de solitaires qui ne songeoient qu'à prier Dieu et à se faire oublier de tout le monde, comme un parti de factieux qui se formoit dans le royaume. Ils imputoient à cabale les actions les plus saintes et les plus vertueuses. J'en rapporterai

1. Dans un misérable libelle. *Var.* C. M.
2. Il y a apparence que le libelle dont l'auteur parle est celui qui a pour titre : *Histoire de Jansenius et de Saint-Cyran par demandes et par reponses.* Il parut en 1692. Voyez ce qui en est dit dans le VIIIe tome de la *Morale pratique*, chapitre xiv. (*Note des éditions de 1742 et de 1767.*) — Si cette conjecture est vraie, il en résulte que Racine composa vers 1693 cette première partie de l'*Histoire de Port-Royal*. (*Note de l'édition de 1807.*) — Dans la première de ces *Notes*, l'ouvrage auquel on renvoie le lecteur est la *Morale pratique, des Jésuites*, imprimée à Cologne en 8 volumes in-12 (1669-1695). Les deux premiers tomes sont de M. de Pontchâteau, les suivants d'Antoine Arnauld. C'est aux pages 218 et suiv. du tome VIII qu'il est question du libelle auquel on a cru que Racine faisait allusion ici.
3. Il n'y a pas un an. *Var.* C. M.

ici un exemple par où on pourra juger de tout le reste.

Feu M. de Bagnols[1], et quelques autres amis de Port-Royal, ayant contribué jusqu'à[2] une somme de près de quatre cent mille francs pour secourir les pauvres de Champagne et de Picardie pendant la famine de l'année 1652, la chose ne se put faire si secrètement qu'il n'en vînt quelque vent aux oreilles des jésuites. Aussitôt l'un d'eux, nommé le P. d'Anjou, qui prêchoit dans la paroisse de Saint-Benoît, avança en pleine chaire qu'il savoit de science certaine que les jansénistes, sous prétexte d'assister les pauvres, amassoient de grandes sommes qu'ils employoient à faire des cabales contre l'État. Le curé de Saint-Benoît ne put souffrir une calomnie si atroce[3], et monta le lendemain en chaire pour en faire voir l'impudence et la fausseté. Mais l'affaire n'en demeura pas là : Mlle Viole, fille dévote et de qualité, entre les mains de laquelle on avoit remis cette somme, alla trouver le P. Vincent, supérieur de la Mission, et l'obligea de justifier par son registre comme quoi tout cet argent avoit été porté chez lui, et comme quoi on l'avoit aussi distribué[4] aux pauvres des deux provinces que je viens de dire. Mais une calomnie étoit à peine détruite, que les jésuites en inventoient une autre. Ils ne parloient d'autre chose que de la puissante faction des jansénistes. Ils mettoient M. Arnauld à la tête de ce parti, et peu s'en falloit qu'on ne lui donnât déjà des soldats et des officiers. Je parlerai ailleurs de ces accu-

1. Guillaume du Gué de Bagnols, maître des requêtes. Sa conversion et sa retraite sont de l'année 1737 ; il mourut le 15 mai 1657, âgé de quarante ans.
2. Jusques à. *Var.* C. M.
3. Aussi atroce. *Var.* C. M.
4. Dans l'édition de 1767 : « et comme on l'avoit ensuite distribué. »

sations de cabale, et j'en ferai voir plus à fond tout le ridicule.

Tous ces bruits pourtant, quoique si absurdes, ne laissoient pas que d'être écoutés par les gens du monde, et principalement à la cour, où l'on présume aisément le mal, surtout des personnes qui font profession d'une vie réglée et d'une morale un peu austère., Les jésuites y gouvernoient alors la plupart des consciences. Ils n'eurent donc pas de peine à prévenir l'esprit de la Reine mère, princesse d'une extrême piété, mais qui avoit été fort tourmentée durant sa régence par des factions qui s'élevèrent, et qu'elle craignoit toujours de voir renaître. Ils prirent surtout soin[1] de lui décrier les Religieuses de Port-Royal, et quoiqu'elles fussent encore moins instruites des disputes sur la grâce que des autres démêlés, ils ne laissoient pas de lui représenter ces saintes filles comme ayant part à toutes les factions, et comme entrant dans toutes les disputes.

M. Arnauld n'ignoroit pas tout ce déchaînement des jésuites, mais il ne se donnoit pas de grands mouvements pour le réprimer, persuadé que toutes ces calomnies si extravagantes se détruiroient d'elles-mêmes, et qu'il n'y avoit qu'à laisser parler la vérité. Il ne songeoit donc plus qu'à vivre en repos, et avoit résolu de consacrer désormais ses veilles à des ouvrages qui n'eussent pour but que l'édification de l'Église sans aucun mélange de ces contestations.

Les Jésuites cependant travailloient puissamment à établir la créance du fait, et profitoient de toutes les conjonctures qui pouvoient les favoriser dans ce dessein. Le cardinal Mazarin n'avoit pas été d'abord[2] fort

1. Ils prirent soin surtout. *Var.* C. M.
2. N'avoit pas d'abord été. *Var.* C. M.

porté pour eux, et il étoit même prévenu de beaucoup
d'estime pour le grand mérite de leurs adversaires.
D'ailleurs il voyoit avec assez d'indifférence toutes ces
contestations, et n'étoit pas trop fâché que les esprits
en France s'échauffassent pour de semblables disputes,
qui les empêchoient de se mêler d'affaires qui lui auroient paru plus graves et plus sérieuses. Il n'étoit pas
non plus fort porté à faire plaisir au pape Innocent X,
qui n'avoit jamais témoigné beaucoup de bonne volonté
pour lui, et à qui, de son côté, il avoit donné longtemps
tous les dégoûts qu'il avoit pu. Mais depuis l'emprisonnement du cardinal de Retz[1], qu'il regardoit comme son
ennemi capital, il avoit gardé plus de mesures avec ce
même pape, de peur qu'il ne voulût prendre connoissance de cette affaire, et qu'il n'en vînt à quelque déclaration qui auroit pu faire de l'embarras.

Là-dessus le P. Annat, nouvellement arrivé de Rome
pour être confesseur du Roi, fit entendre à ce premier
ministre que la chose du monde qui pouvoit plus gagner[2]
le Pape, c'étoit de faire en sorte que sa Constitution[3] fût
reçue par toute la France, sans aucune explication ni
distinction. Le Cardinal se résolut donc de faire au Saint-
Père un plaisir qui lui coûteroit si peu. Il assembla au
Louvre, en sa présence, trente-huit archevêques ou
évêques qui se trouvoient alors à Paris[4]. Quelques jours
auparavant, le nonce du Pape avoit fait au Roi de fort
grandes plaintes d'une lettre pastorale que l'archevêque
de Sens avoit publiée au sujet de la Constitution, et dont
la cour de Rome avoit été extrêmement piquée. Le Car-

1. Le cardinal de Retz avait été arrêté au Louvre, et emprisonné
à Vincennes le 19 décembre 1652.
2. Qui pouvoit le plus gagner. *Var.* C. M.
3. Que la Constitution. *Var.* C. M.
4. Le 9 mars 1654.

dinal ne fit aucune mention de cette lettre dans l'assemblée ; mais se plaignant aux prélats de ce qu'on éludoit la Constitution par *des subtilités*, disoit-il, *nouvellement inventées*, il les exhorta à chercher les moyens de finir ces divisions, et de donner une pleine satisfaction à Sa Sainteté. Quelques évêques lui voulurent représenter que tout le monde étant d'accord sur la doctrine, le reste ne valoit pas la peine d'être relevé, ni d'exciter de nouvelles contestations ; mais le gros de l'assemblée fut de l'avis du premier ministre, et jugea l'affaire très-importante. On nomma huit commissaires, du nombre desquels étoient Messieurs d'Embrun[1] et de Toulouse[2], pour examiner avec soin le livre de Jansénius, et pour en faire leur rapport dans huitaine.

Au bout de ce terme si court, le Cardinal donna à toute l'assemblée un festin fort magnifique, et au sortir de table on parla des affaires de l'Église. L'archevêque d'Embrun, portant la parole pour tous les commissaires, fit entendre à Messeigneurs par un discours des plus éloquents, à ce que dit la relation du clergé, non pas qu'ils eussent trouvé dans Jansénius les cinq Propositions en propres termes, mais qu'à juger d'un auteur par tout le contexte de sa doctrine, on ne pouvoit pas douter qu'elles n'y fussent, et qu'ils y en avoient trouvé même de plus dangereuses ; qu'au reste, il y avoit deux preuves incontestables que les cinq Propositions y étoient, et qu'il falloit s'en tenir à ces deux preuves. L'une étoit les termes mêmes de la bulle, qu'on ne pouvoit nier, à moins que d'être très-méchant grammairien, qui ne rapportassent ces propositions à Jansénius. L'autre étoit les lettres des évêques de France

---

1. Georges d'Aubusson de la Feuillade, archevêque d'Embrun.
2. Pierre de Marca, archevêque de Toulouse.

écrites à Sa Sainteté avant et après la Constitution, par lesquelles il paroissoit visiblement qu'ils avoient tous supposé que les cinq Propositions étoient en effet de Jansénius. Sur un tel fondement il fut arrêté, à la pluralité des voix, que l'assemblée déclaroit par un jugement définitif, que le Pape avoit condamné ces propositions comme étant de Jansénius et au sens de Jansénius, et qu'elle écriroit à Sa Sainteté et à tous les évêques de France, pour les informer de ce jugement. Quatre prélats de l'assemblée, savoir, l'archevêque de Sens, et les évêques de Cominges, de Beauvais, et de Valence[1], refusèrent de signer ces lettres, et ne souffrirent qu'on y mît leurs noms qu'après avoir protesté qu'ils n'y consentoient que pour conserver l'union avec leurs confrères.

La lettre au Pape lui fut rendue par l'évêque de Lodève[2], depuis évêque de Montpellier, qui étoit alors à Rome. La même relation porte que le Pape la baisa avec de grands transports de joie, confessant qu'il n'avoit point reçu un plus sensible plaisir[3] de tout son pontificat. Il y fit aussitôt réponse par un bref daté du 27 septembre 1654, et adressé[4] à l'assemblée générale du clergé qui se devoit tenir au premier jour. Ce bref étoit succinct[5], et il n'y étoit pas dit un mot de ce jugement rendu par les évêques. Le pape y témoignoit seulement sa joie de la soumission des prélats de France à sa Constitution, dans laquelle il avoit, disoit-il, condamné la doc-

1. Pour l'archevêque de Sens et les évêques de Cominges et de Beauvais, voyez ci-dessus, p. 461 et 462 et aux notes 3 et 4 de la page 462. L'évêque de Valence était Jacques de Lebron.
2. François Bosquet.
3. De plus sensible plaisir. *Var.* C. M.
4. Par un bref adressé (*à la marge :* 29 septembre 1654). *Var.* C. M.
5. Étoit fort succinct. *Var.* C. M.

trine de Jansénius. Ce bref étant arrivé en France avec la nouvelle de la mort du Pape[1], le cardinal Mazarin, sans attendre l'assemblée générale, convoqua encore une assemblée particulière de quinze prélats, en présence desquels le bref fut ouvert (le 10 mai 1655), et il fut résolu d'envoyer la Constitution et le bref à tous les évêques, qui furent exhortés à les faire souscrire par tous les ecclésiastiques et par toutes les communautés, tant régulières que séculières, de leurs diocèses. C'est la première fois qu'il a été parlé de signature dans cette affaire. Il est assez étrange[2] que quinze évêques aient voulu imposer à toute l'Église de France une loi que le Pape n'imposoit pas lui-même, et dont ni aucun pape ni aucun concile ne s'étoient jamais avisés.

La cour de Rome, devenue plus hardie par la conduite des prélats de France, fit mettre à l'index non-seulement la lettre pastorale de l'archevêque de Sens, mais encore celles de l'évêque de Beauvais et de l'évêque de Cominges[3], quoiqu'elle n'eût d'autre crime à reprocher à ces deux derniers que d'avoir dit que le Pape, par sa Constitution, n'avoit pas prétendu donner atteinte ni à la doctrine de saint Augustin, ni au droit qu'ont les évêques de juger au moins en première instance des causes majeures, et de prononcer sur des questions de foi et de doctrine, lorsque ces questions sont nées ou agitées dans leurs diocèses.

M. Arnauld garda un profond silence sur tout ce qui s'étoit passé dans ces assemblées[4], et se contentoit de

1. Innocent X mourut le 7 janvier 1655.
2. Et il est assez étrange. *Var.* C. M.
3. La *lettre pastorale* de l'archevêque de Sens avait été publiée le 23 septembre 1653, l'ordonnance de l'évêque de Cominges le 10 octobre, et celle de l'évêque de Beauvais le 12 novembre de la même année.
4. Dans ces deux assemblées. *Var.* C. M.

gémir en secret des plaies que cette malheureuse querelle faisoit à l'épiscopat et à l'Église. Ce fut vers ce temps-là que lui et ses neveux commencèrent la traduction du *Nouveau Testament de Mons*[1], qui n'a été achevée que longtemps depuis. Ils travailloient aussi à des nouvelles *Vie des Saints*, et préparoient des matériaux pour le grand ouvrage de *la Perpétuité*[2]. Les Religieuses de Port-Royal donnèrent occasion à la naissance de cet ouvrage, en priant M. Arnauld de faire un recueil des plus considérables passages des Pères sur l'Eucharistie, et de partager ces passages en plusieurs leçons pour les matines de tous les jeudis de l'année. Ce recueil est ce qu'on appelle *Office du Saint-Sacrement*[3]. M. le duc de Luynes, qui depuis sa retraite avoit fort étudié les Pères de l'Église, et qui avoit un très-beau génie pour la traduction, s'employa aussi à ce travail : c'est à quoi il s'appliquoit dans sa solitude, et non pas à ces occupa-

1. *Nouveau Testament, traduit sur la Vulgate, avec les differences du grec* (2 vol. in-8°, Mons, Migeot, 1667). Malgré cette rubrique, ce fut à Amsterdam, chez Elzevir, qu'il fut imprimé. Dans les *Notes manuscrites de Racine sur Port-Royal* que nous donnons ci-après, cette traduction est attribuée à cinq personnes : M. de Saci, M. Arnauld, M. le Maître, M. Nicole et M. le duc de Luynes. De Saci et Antoine le Maître étaient neveux d'Arnauld.

2. *La perpetuité de la foi de l'Église catholique touchant l'Eucharistie, defendue contre le livre du sieur Claude, ministre de Charenton*, 3 vol. in-4°, Paris, Ch. Savreux, 1669, 1672 et 1674. Cet ouvrage est presque tout entier de Nicole, qui y avait préludé par un livre qui a le même titre, et qui est connu sous le nom de *la petite Perpétuité* (1664, 1 vol. in-12). Nicole voulut qu'Arnauld passât pour être l'auteur de *la Perpétuité de la foi*.

3. *L'Office du Saint-Sacrement, traduit en françois, avec 312 leçons tirées des saints Peres et autres auteurs ecclesiastiques pour tous les jeudis de l'année*, Paris, 1639, 2 vol. in-4° et in-8°. Ce recueil a été composé par le Maître ; le duc de Luynes fit la traduction ; Arnauld et M. de Saci rédigèrent la table chronologique et historique qu'on trouve à la fin du tome II.

tions basses et serviles que les courtisans lui attribuoient faussement, pour tourner en ridicule une vie très-noble et très-chrétienne qu'ils ne se sentoient pas capables d'imiter.

Ce fut aussi en ce même temps que l'illustre M. Pascal[1] connut Port-Royal et M. Arnauld. Cette connoissance se fit par le moyen de Mlle Pascal[2], sa sœur, Religieuse dans ce monastère. Cette vertueuse fille avoit fait beaucoup d'éclat dans le monde par la beauté de son esprit et par un talent singulier qu'elle avoit pour la poésie ; mais elle avoit renoncé de bonne heure aux vains amusements du siècle, et étoit une des plus humbles Religieuses de la maison. Lorsqu'elle y entra, elle avoit voulu donner tout son bien au couvent ; mais la Mère Angélique et les autres Mères ne voulurent pas le recevoir, et obtinrent d'elle qu'elle n'apporteroit qu'une dot assez médiocre. Un procédé si peu ordinaire à des Religieuses excita la curiosité de M. Pascal, et il voulut connoître plus particulièrement une maison où l'on étoit si fort au-dessus de l'intérêt. Il étoit déjà dans de grands sentiments de piété, et il y avoit même deux ou trois ans que, malgré l'inclination et le génie prodigieux qu'il avoit pour les mathématiques, il s'étoit dégoûté de ses spéculations[3] pour ne plus s'appliquer qu'à l'étude de l'Écriture et des grandes vérités de la religion. La connoissance de Port-Royal et des grands exemples de piété qu'il y trouva le frappèrent extrêmement. Il résolut de

1. Nos deux éditions du dix-huitième siècle écrivent constamment *Paschal*.

2. Jacqueline Pascal, Religieuse à Port-Royal sous le nom de sœur Sainte-Euphémie. Elle y fit profession en 1653. Elle mourut le 4 octobre 1661, âgée de trente-six ans. — Au sujet de son talent pour la poésie, voyez au tome X du *Corneille* de M. Marty-Laveaux, p. 81.

3. De ces spéculations. *Var.* C. M.

ne plus penser uniquement qu'à son salut. Il rompit dès lors tout commerce avec les gens du monde ; il renonça même à un mariage très-avantageux qu'il étoit sur le point de conclure, et embrassa une vie très-austère et très-mortifiée, qu'il a continuée jusqu'à la mort. Il étoit fort touché du grand mérite de M. Arnauld, et avoit conçu pour lui une estime qu'il trouva bientôt occasion de signaler.

Le silence que ce docteur s'étoit imposé sur les disputes de la grâce ne fut pas de longue durée, et il fut obligé indispensablement de le rompre par une occasion assez extraordinaire. Un prêtre de la communauté de Saint-Sulpice s'avisa de refuser l'absolution à M. le duc de Liancourt[1], et lui déclara qu'il lui refuseroit aussi la communion s'il se présentoit à l'autel. Le sujet[2] qu'il allégua d'un refus si injurieux, c'est que ce seigneur retiroit chez lui un ecclésiastique ami de Port-Royal, et que Mlle de la Rocheguyon[3], sa petite-fille, étoit pensionnaire dans ce monastère. On n'auroit peut-être pas fait beaucoup d'attention à l'entreprise téméraire de ce confesseur ; mais ce qui rendit l'affaire plus considérable, c'est qu'il fut avoué par le curé et par les autres supérieurs de ce séminaire, gens très-dévots, mais fort prévenus contre Port-Royal. M. Arnauld écrivit là-dessus une lettre sans nom d'auteur[4] ; elle fit beaucoup de

1. Le 31 janvier 1655. Ce prêtre était M. Picoté. D. Clémencet le nomme à la page 314 de son tome III.
2. Et le sujet. *Var.* C. M.
3. Jeanne-Charlotte, fille d'Henri Roger du Plessis, comte de la Roche-Guyon, lequel était fils du duc de Liancourt. Mlle de la Roche-Guyon épousa en 1659 le prince de Marsillac, fils du duc de la Rochefoucauld, l'auteur des *Maximes*.
4. *Lettre d'un docteur de Sorbonne à une personne de condition sur ce qui est arrivé depuis peu dans une paroisse de Paris à un seigneur de la cour.* — Elle est datée du 24 février 1655.

bruit. Il se crut[1] obligé d'en écrire une seconde beaucoup plus ample[2], où il mit son nom, et où il justifioit à fond la pureté de sa foi[3] et l'innocence des Religieuses de Port-Royal.

Il y avoit déjà du temps que ses ennemis attendoient avec impatience quelque ouvrage avoué de lui, où ils pussent, soit à droit, soit à tort, trouver une matière de censure. Cette lettre vint très à propos pour eux, et ils prétendirent qu'il y avoit deux propositions erronées. Dans l'une, qui regardoit le fait de Jansénius, M. Arnauld disoit qu'ayant lu exactement le livre de cet évêque, il n'y avoit point trouvé les cinq Propositions, étant prêt du reste de les condamner partout où elles seroient, et dans le livre même de Jansénius, si elles s'y trouvoient. L'autre, qui regardoit le dogme, étoit une proposition composée des propres termes de saint Chrysostome et de saint Augustin, et portoit que les Pères nous montrent en la personne de saint Pierre un juste à qui la grâce, sans laquelle on ne peut rien, avoit manqué. Ces propositions[4] furent déférées à la Faculté par des docteurs du parti des jésuites ; et ceux-ci firent si bien par leurs intrigues, et en Sorbonne et surtout à la cour, qu'ils vinrent à bout de faire censurer la première de ces propositions comme téméraire, et la seconde comme hérétique.

Il n'y eut jamais de jugement moins juridique, et tous les statuts de la Faculté de théologie y furent violés.

1. Et il se crut. *Var.* C. M.
2. *Seconde lettre de M. Arnauld, docteur de Sorbonne, à un duc et pair de France* (au duc de Luynes), *pour servir de reponse à plusieurs écrits qui ont été publiés contre sa première lettre, etc.* — Elle est datée de Port-Royal des Champs, 10 juillet 1655.
3. Et la pureté de sa foi. *Var.* C. M.
4. Ces deux propositions. *Var.* C. M.

On donna pour commissaires à M. Arnauld ses ennemis déclarés, et l'on n'eut égard ni à ses récusations ni à ses défenses. On lui refusa même de venir en personne dire ses raisons. Quoique, par les statuts, les moines ne dussent pas se trouver dans les assemblées au nombre de plus de huit, il s'y en trouva toujours plus de quarante. Et pour empêcher ceux du parti de M. Arnauld de dire tout ce qu'ils avoient préparé pour sa défense, le temps que chaque docteur devoit dire son avis fut limité à une demi-heure. On mit pour cela sur la table une clepsydre, c'est-à-dire une horloge de sable, qui étoit la mesure de ce temps : invention non moins odieuse en de pareilles occasions, que honteuse dans son origine, et qui, au rapport du cardinal Palavicin, ayant été proposée au concile de Trente par quelques gens, fut rejetée avec détestation par tout le concile. Enfin, dans le dessein d'ôter entièrement la liberté des suffrages, le chancelier Seguier, malgré son grand âge et ses incommodités, eut ordre d'assister à toutes ces assemblées[1]. Près de quatre-vingts des plus célèbres docteurs, voyant une procédure si irrégulière, résolurent de s'absenter, et aimèrent mieux sortir de la Faculté que de souscrire à la censure. M. de Launoy[2] même, si fameux par sa grande érudition, quoiqu'il fît profession publique d'être sur la grâce d'autre sentiment que saint Augustin, sortit aussi comme les autres, et écrivit contre la censure une

1. Il y assista à partir du 20 décembre 1655.
2. Jean de Launoy, prêtre du diocèse de Coutances, docteur de Sorbonne depuis l'an 1634. Il avait appartenu à la maison de Navarre. Bossuet disait de lui : « qu'il avoit trouvé le moyen d'être tout ensemble semi-pélagien et janséniste. » Son refus de souscrire à la censure d'Arnauld fit rayer son nom du catalogue des docteurs. La sévérité avec laquelle il examina les erreurs qui avaient pu se glisser dans le Martyrologe l'avait fait surnommer *le dénicheur de saints*. Il mourut le 10 mars 1678, âgé de soixante-quatorze ans.

lettre[1] où il se plaignoit, avec beaucoup de force, du renversement de tous les priviléges de la Faculté.

Le jour que cette censure fut signée (en février 1656[2]) parut aux jésuites un grand jour pour leur Compagnie. Non-seulement ils s'imaginoient triompher par là de M. Arnauld et de tous les docteurs attachés à la grâce efficace, mais ils croyoient triompher de la Sorbonne même, et s'être vengés de toutes les censures dont elle avoit flétri les Garasses, les Santarels, les Baunis, et plusieurs autres de leurs Pères, puisqu'ils l'avoient obligée de censurer, en censurant M. Arnauld, deux Pères de l'Église dont sa seconde proposition[3] étoit tirée, et de se faire à elle-même une plaie incurable par la nécessité où ils la mirent de retrancher de son corps ses plus illustres membres. D'ailleurs ils donnoient aussi par là une grande idée de leur pouvoir et du crédit qu'ils avoient à la cour. Ils confirmoient le Roi et la Reine mère dans toutes les préventions qu'ils leur avoient inspirées contre leurs adversaires.

Mais ils songèrent à tirer des fruits plus solides de leur victoire. Ils obtinrent un ordre pour casser ces petits[4] établissements que j'ai dit qu'on avoit faits pour

1. Cette *Lettre* du docteur de Launoy *à un de ses amis* est analysée par D. Clémencet, tome III, p. 330-332. De Launoy combattit la censure d'Arnauld par des remarques intitulées : *Notationes in censuram duarum Arnaldi propositionum.*

2. « Le 14 de janvier (1656).... on compta les suffrages, et il s'en trouva cent vingt.... qui furent d'avis de déclarer la proposition de M. Arnauld, qui regardoit le fait, *téméraire, scandaleuse, injurieuse au Pape*.... Le 29 du même mois... la seconde proposition fut déclarée *impie, blasphématoire, frappée d'anathème et hérétique* par trois évêques et cent vingt-sept docteurs. La censure fut lue et confirmée dans l'assemblée du 1er février, et signée le 18. » (*Histoire générale de Port-Roïal*, tome III, p. 324 et 326.)

3. Dont la seconde proposition. *Var.* C. M.

4. Tous ces petits. *Var.* C. M.

l'instruction de la jeunesse, et qu'ils appeloient des écoles de jansénisme. Le lieutenant civil[1] alla à Port-Royal des Champs pour en faire sortir les écoliers et les précepteurs, avec tous les solitaires qui s'y étoient retirés. M. Arnauld fut obligé de se cacher; et il y avoit même déjà un ordre signé pour ôter aux Religieuses des deux maisons leurs novices et leurs pensionnaires. En un mot, le Port-Royal[2] étoit dans la consternation, et les jésuites au comble de leur joie, lorsque le miracle de la sainte épine arriva.

On a donné au public plusieurs relations de ce miracle; entre autres, feu Monsieur l'évêque de Tournay, non moins illustre par sa piété et par sa doctrine que par sa naissance, l'a raconté fort au long dans un livre qu'il a composé contre les athées[3], et s'en est servi comme d'une preuve éclatante de la vérité de la religion. Mais on pourroit s'en servir aussi comme d'une preuve étonnante de l'indifférence de la plupart des hommes de ce siècle sur la religion, puisqu'une merveille si extraordinaire,

---

1. Le lieutenant civil d'Aubrai se rendit à Port-Royal des Champs le 30 mars 1656.
2. Dans l'édition de 1767 : « Port-Royal, » sans article.
3. Ce livre de M. Choiseul (*Gilbert de Choiseul Praslin, évêque de Cominges, puis de Tournay*) a pour titre : *Mémoires sur la Religion;* il a été imprimé chez Billaine en 1680. « L'innocence de l'enfant, la sincérité, la suffisance et le nombre des témoins, dit cet illustre prélat, page 83, m'assurent tellement de la vérité de ce miracle que non-seulement ce seroit en moi une opiniâtreté, mais une extravagance et une espèce de folie d'en douter.... J'entendis dire à Dalencé (p. 82), en présence d'un grand prince, que cette guérison si prompte ne lui paroissoit pas un moindre miracle que la résurrection d'un mort, parce que les remèdes les plus efficaces du monde n'auroient pu rien opérer en si peu de temps, etc. » (*Note des éditions de 1742 et de 1767.*) — Le véritable titre du livre de l'évêque de Tournai, dont le nom est écrit *Choiseuil* dans l'édition de 1742, est : *Mémoires touchant la Religion* (3 vol. in-12, 1681).

et qui fit alors tant d'éclat, est presque entièrement effacée de leur souvenir. C'est ce qui m'oblige à en rapporter ici jusqu'aux plus petites circonstances, d'autant plus qu'elles contribueront à faire mieux connoître tout ensemble et la grandeur du miracle, et l'esprit et la sainteté du monastère où il est arrivé.

Il y avoit à Port-Royal de Paris une jeune pensionnaire[1] de dix à onze ans, nommée Mlle Perrier, fille de M. Perrier, conseiller à la cour des aides de Clermont, et nièce de M. Pascal. Elle étoit affligée depuis trois ans et demi d'une fistule lacrymale au coin de l'œil gauche. Cette fistule, qui étoit fort grosse au dehors, avoit fait un fort grand ravage en dedans. Elle avoit entièrement carié l'os du nez, et percé le palais, en telle sorte que la matière qui en sortoit à tout moment, lui couloit le long des joues et par les narines, et lui tomboit même dans la gorge. Son œil s'étoit considérablement apetissé; et toutes les parties voisines étoient tellement abreuvées et altérées par la fluxion, qu'on ne pouvoit lui toucher ce côté de la tête sans lui faire beaucoup de douleur. On ne pouvoit la regarder sans une espèce d'horreur; et la matière qui sortoit de cet ulcère étoit d'une puanteur si insupportable que de l'avis même des chirurgiens on avoit été obligé de la séparer des autres pensionnaires, et de la mettre dans une chambre avec[2] une de ses compagnes beaucoup plus âgée qu'elle, en qui on trouva assez de charité pour vouloir bien lui tenir compagnie. On l'avoit fait voir à tout ce qu'il y avoit d'oculistes, de chirurgiens, et même d'opérateurs[3] plus fameux; mais

1. Une pensionnaire. *Var.* C. M.
2. Dans une chambre à part avec. *Var.* C. M.
3. *D'opérateurs*, d'empiriques, non chirurgiens ni médecins, — « Plus fameux, » qui vient après, est ici dans le sens de : « les plus fameux. »

les remèdes ne faisant qu'irriter le mal, comme on craignoit que l'ulcère ne s'étendît enfin sur tout le visage, trois des plus habiles chirurgiens de Paris, Cressé, Guillard et Dalencé, furent d'avis d'y appliquer au plus tôt le feu. Leur avis fut envoyé à M. Perrier, qui se mit aussitôt en chemin pour être présent à l'opération; et on attendoit de jour à autre qu'il arrivât.

Cela se passa dans le temps que l'orage dont j'ai parlé étoit tout prêt d'éclater contre le monastère de Port-Royal. Les Religieuses y étoient dans de continuelles prières; et l'Abbesse d'alors, qui étoit cette même Marie des Anges qui l'avoit été de Maubuisson, l'Abbesse, dis-je, étoit dans une espèce de retraite, où elle ne faisoit autre chose jour et nuit que lever les mains au ciel, ne lui restant plus aucune espérance de secours de la part des hommes.

Dans ce même temps il y avoit à Paris un ecclésiastique de condition et de piété, nommé M. de la Potterie[1], qui, entre plusieurs saintes reliques qu'il avoit recueillies avec grand soin, prétendoit avoir une des épines de la couronne de Notre-Seigneur. Plusieurs couvents avoient eu une sainte curiosité de voir cette relique. Il l'avoit prêtée, entre autres, aux carmélites du faubourg Saint-Jacques, qui l'avoient portée en procession dans leur maison. Les Religieuses de Port-Royal, touchées de la même dévotion, avoient aussi demandé à la voir, et elle leur fut portée le 24ᵉ de mars 1656, qui se trouvoit alors le vendredi de la troisième semaine de carême, jour auquel l'Église chante à l'introït de la messe ces paroles tirées du psaume LXXXV[2] : *Fac mecum*

---

1. Pierre Leroi de la Potterie, mort à Paris le 10 septembre 1670. Son corps fut porté à Port-Royal des Champs.
2. Verset 17. Voici le verset tout entier : *Fac mecum signum in*

signum in bonum, etc. « Seigneur, faites éclater un prodige en ma faveur, afin que mes ennemis le voient et soient confondus. Qu'ils voient, mon Dieu, que vous m'avez secouru et que vous m'avez consolé. »

Les Religieuses ayant donc reçu cette sainte épine, la posèrent au dedans de leur chœur sur une espèce de petit autel contre la grille ; et la communauté fut avertie de se trouver à une procession qu'on devoit faire après vêpres en son honneur. Vêpres finies, on chanta les hymnes et les prières convenables à la sainte couronne d'épines et au mystère douloureux de la Passion ; après quoi elles allèrent, chacune en leur rang, baiser la relique, les Religieuses professes les premières, ensuite les novices, et les pensionnaires après. Quand ce fut le tour de la petite Perrier, la maîtresse des pensionnaires [1], qui s'étoit tenue debout auprès de la grille pour voir passer tout ce petit peuple, l'ayant aperçue, ne put la voir, défigurée comme elle étoit, sans une espèce de frissonnement mêlé de compassion, et elle lui dit : « Recommandez-vous à Dieu, ma fille, et faites toucher votre œil malade à la sainte épine. » La petite fille fit ce qu'on lui dit, et elle a depuis déclaré qu'elle ne douta point, sur la parole de sa maîtresse, que la sainte épine ne la guérît.

Après cette cérémonie, toutes les autres pensionnaires se retirèrent dans leur chambre. Elle n'y fut pas [2] plus tôt qu'elle dit à sa compagne : « Ma sœur, je n'ai plus de mal, la sainte épine m'a guérie. » En effet, sa compagne l'ayant regardée avec attention, trouva son œil

bonum ut videant qui oderunt me, et confundantur, quoniam tu, Domine, adjuvisti me, et consolatus es me.

1. La sœur Flavie, maîtresse des novices.
2. Dans leur chambre, et elle dans la sienne. Elle n'y fut pas. *Var.* C. M.

gauche tout aussi sain que l'autre, sans tumeur, sans matière et même sans cicatrice. On peut juger combien, dans toute autre maison que Port-Royal, une aventure si surprenante ferait de mouvement, et avec quel empressement on iroit en avertir toute la communauté. Cependant, parce que c'étoit l'heure du silence, et que ce silence s'observe encore plus exactement le carême que dans les autres temps, que d'ailleurs[1] toute la maison étoit dans un plus grand recueillement qu'à l'ordinaire, ces deux jeunes filles se tinrent dans leur chambre, et se couchèrent sans dire un seul mot à personne.

Le lendemain matin, une des Religieuses, employée auprès des pensionnaires, vint pour peigner la petite Perrier; et comme elle appréhendoit de lui faire du mal[2], elle évitoit, comme à son ordinaire, d'appuyer sur le côté gauche de la tête; mais la jeune fille lui dit: « Ma sœur, la sainte épine m'a guérie. — Comment, ma sœur, vous êtes guérie? — Regardez et voyez, » lui répondit-elle. En effet, la Religieuse regarda, et vit qu'elle étoit entièrement guérie. Elle alla en donner avis à la Mère Abbesse, qui vint, et qui remercia Dieu de ce merveilleux effet de sa puissance; mais elle jugea à propos de ne le point divulguer au dehors, persuadée que, dans la mauvaise disposition où les esprits étoient alors contre leur maison, elles devoient éviter sur toutes choses de faire parler le monde. En effet, le silence est si grand dans ce monastère, que, plus de six jours après ce miracle, il y avoit des sœurs[3] qui n'en avoient point entendu parler.

Mais Dieu, qui ne vouloit pas qu'il demeurât caché,

1. Et que d'ailleurs. *Var. C. M.*
2. De lui faire mal. *Var. C. M.*
3. Il y avait encore des sœurs. *Var. C. M.*

permit qu'au bout de trois ou quatre jours[1], Dalencé, l'un des trois chirurgiens qui avoient fait la consultation que j'ai dite, vînt dans la maison pour une autre malade. Après sa visite, il demanda aussi à voir la petite fille qui avoit la fistule. On la lui amena; mais ne la reconnoissant point, il répéta encore une fois qu'il demandoit la petite fille qui avoit une fistule. On lui dit tout simplement que c'étoit celle qu'il voyoit devant lui. Dalencé fut étonné[2], regarda la Religieuse qui lui parloit, et s'alla imaginer qu'on avoit fait venir quelque charlatan[3], qui, avec un palliatif, avoit suspendu le mal. Il examina donc sa malade avec une attention extraordinaire, lui pressa plusieurs fois l'œil[4] pour en faire sortir de la matière, lui regarda dans le nez et dans le palais, et enfin, tout hors de lui, demanda ce que cela vouloit dire. On lui avoua ingénument comme la chose s'étoit passée ; et lui courut aussitôt tout transporté chez ses deux confrères, Guillard et Cressé. Les ayant[5] ramenés avec lui, ils furent tous trois saisis d'un égal étonnement ; et après avoir confessé que Dieu seul avoit pu faire une guérison si subite et si parfaite, ils allèrent[6] remplir tout Paris de la réputation de ce miracle. Bientôt M. de la Potterie, à qui on avoit rendu sa relique, se vit accablé d'une foule de gens qui venoient lui demander à la voir. Mais il en fit présent aux Religieuses de Port-Royal, croyant qu'elle ne pouvoit pas être mieux révérée que dans la même

---

1. Six ou sept jours après la guérison, d'après D. Clémencet (tome III, p. 379). Il dit au même passage que ce fut le 11 mars ; il faut sans doute lire : « le 31. »
2. Fut fort étonné. *Var.* C. M.
3. Qu'on avoit fait venir peut-être quelque charlatan. *Var.* C. M.
4. Plusieurs fois le coin de l'œil. *Var.* C. M.
5. Et les ayant. *Var.* C. M.
6. Et si parfaite, allèrent. *Var.* C. M.

église où Dieu avoit fait par elle un si grand miracle. Ce fut donc pendant plusieurs jours un flot continuel de peuple qui abordait dans cette église, et qui venoit pour y adorer et pour y baiser la sainte épine ; et on ne parloit d'autre chose dans Paris.

Le bruit de ce miracle étant venu à Compiègne, où étoit alors la cour, la Reine mère se trouva fort embarrassée. Elle avoit peine à croire que Dieu eût si particulièrement favorisé une maison qu'on lui dépeignoit depuis si longtemps[1] comme infectée d'hérésie, et que ce miracle, dont on faisoit tant de récit, eût même été opéré en la personne d'une des pensionnaires de cette maison, comme si Dieu eût voulu approuver par là l'éducation que l'on y donnoit à la jeunesse. Elle ne s'en fia ni[2] aux lettres que plusieurs personnes de piété lui en écrivoient, ni au bruit public, ni même aux attestations des chirurgiens de Paris. Elle y envoya M. Félix[3], premier chirurgien du Roi, estimé généralement pour sa grande habileté dans son art et pour sa probité singulière ; et le chargea de lui rendre un compte fidèle de tout ce qui lui paroîtroit de ce miracle. M. Félix s'acquitta de sa commission avec une fort grande exactitude. Il interrogea les Religieuses et les chirurgiens, se fit raconter la naissance, le progrès et la fin de la maladie, examina attentivement la pensionnaire, et enfin déclara que la nature ni les remèdes n'avoient eu aucune part à cette guérison, et qu'elle ne pouvoit être que l'ouvrage de Dieu seul.

Les grands vicaires de Paris, excités par la voix

1. Depuis longtemps. *Var.* C. M.
2. Elle ne s'en fia pas ni. *Var.* C. M.
3. Père du chirurgien qui fit en 1686 à Louis XIV l'opération de la fistule. Le fils avait succédé au père, en 1676, dans la charge de premier chirurgien du Roi.

publique, furent obligés d'en faire aussi une exacte information. Après[1] avoir rassemblé les certificats d'un grand nombre des plus habiles chirurgiens et de plusieurs médecins, du nombre desquels étoit M. Bouvard, premier médecin du Roi[2], et pris l'avis des plus considérables docteurs de Sorbonne, ils donnèrent[3] une sentence[4], qu'ils firent publier, par laquelle ils certifioient la vérité du miracle, exhortoient les peuples à en rendre à Dieu des actions de grâces, et ordonnoient qu'à l'avenir, tous les vendredis, la relique de la sainte épine seroit exposée dans l'église de Port-Royal à la vénération des fidèles. En exécution de cette sentence, M. de Hodenck, grand vicaire[5], célébra la messe dans l'église[6] avec beaucoup de solennité[7], et donna à baiser la sainte relique à toute la foule du peuple qui y étoit accourue.

Pendant que l'Église rendoit à Dieu ces actions de grâces, et se réjouissoit du grand avantage que ce miracle lui donnoit sur les athées et sur les hérétiques, les ennemis de Port-Royal, bien loin de participer à cette joie, demeuroient tristes et confondus, selon l'expression du psaume[8]. Il n'y eut point d'efforts qu'ils ne fissent pour détruire dans le public la créance de ce miracle. Tantôt ils accusoient les Religieuses de fourberie, prétendant qu'au lieu de la petite Perrier elles montroient

---

1. Et après. *Var.* C. M.
2. Charles-Michel Bouvard, premier médecin de Louis XIII, ayant conservé sous Louis XIV ce titre de premier médecin du Roi, et surintendant du Jardin des Plantes, à l'établissement duquel il avait contribué. Il mourut en 1658.
3. Docteurs de Sorbonne, donnèrent. *Var.* C. M.
4. Le 22 octobre 1656.
5. Grand vicaire et official, curé et archiprêtre de Saint-Séverin.
6. Dans cette église. *Var.* C. M.
7. Le vendredi 27 octobre 1656.
8. Voyez ci-dessus, p. 484, et à la note 2 de cette même page.

une sœur qu'elle avoit, et qui étoit aussi pensionnaire dans cette maison. Tantôt ils assuroient que ce n'avoit été qu'une guérison imparfaite, et que le mal étoit revenu plus violent que jamais ; tantôt que la fluxion étoit tombée sur les parties nobles, et que la petite fille en étoit à l'extrémité. Je ne sais point positivement si M. Félix eut ordre[1] de la cour de s'informer de ce qui en étoit ; mais il paroît par une seconde attestation signée de sa main, qu'il retourna encore à Port-Royal, et qu'il certifia de nouveau et la vérité du miracle, et la parfaite santé où il avoit trouvé cette demoiselle.

Enfin il parut un écrit, et personne ne douta que ce ne fût du P. Annat, avec ce titre ridicule : *Le Rabat-joie des jansénistes, ou Observations sur le miracle qu'on dit être arrivé à Port-Royal, composé par un docteur de l'Église catholique*[2]. L'auteur faisoit judicieusement d'avertir[3] qu'il étoit catholique, n'y ayant personne qui, à la seule inspection de ce titre, et plus encore à la lecture du livre, ne l'eût pris pour un protestant très-envenimé contre l'Église. Il avoit assez de peine à convenir de la vérité du miracle ; mais enfin, voulant bien le supposer vrai, il en tiroit la conséquence du monde la plus étrange, savoir, que Dieu voyant les Religieuses infectées de l'hérésie des cinq Propositions, il avoit opéré ce miracle dans leur maison pour leur prouver que Jésus-Christ étoit mort pour tous les hommes. Il faisoit là-dessus un grand nombre de raisonnements, tous plus extravagants les uns que les autres, par où il ôtoit à la véritable religion l'une de ses plus grandes preuves, qui est celle

1. Eut de nouveaux ordres. *Var.* C. M.
2. Voici le titre exact : *Rabat-joie des jansénistes ou Observations nécessaires sur ce qu'on dit être arrivé à Port-Royal au sujet de la sainte épine. Par un docteur de l'Église catholique* (s. l. n. d., in-4°).
3. D'attester. *Var.* C. M.

des miracles. Pour conclusion, il exhortoit les fidèles à se bien donner de garde d'aller invoquer Dieu dans l'église de Port-Royal, de peur qu'en y cherchant la santé du corps, ils n'y trouvassent la perte de leurs âmes[1].

Mais il ne parut pas que ces exhortations eussent fait une grande impression sur le public. La foule croissoit de jour en jour à Port-Royal, et Dieu même sembloit prendre plaisir à autoriser la dévotion des peuples par la quantité de nouveaux miracles qui se firent en cette église. Non-seulement tout Paris avoit recours à la sainte épine et aux prières des Religieuses, mais de tous les endroits du royaume on leur demandoit des linges qui eussent touché à cette relique ; et ces linges, à ce qu'on raconte, opéroient plusieurs guérisons miraculeuses.

Vraisemblablement la piété de la Reine mère fut touchée de la protection visible de Dieu sur ces Religieuses. Cette sage princesse commença à juger plus favorablement de leur innocence. On ne parla plus de leur ôter leurs novices ni leurs pensionnaires, et on leur laissa la liberté d'en recevoir tout autant qu'elles voudroient. M. Arnauld même recommença à se montrer, ou, pour mieux dire, s'alla replonger dans son désert avec M. d'Andilly son frère, ses deux neveux[2], et M. Nicole, qui depuis deux ans ne le quittoit plus, et qui étoit devenu le compagnon inséparable de ses travaux. Les autres solitaires y revinrent aussi peu à peu, et y recommencèrent leurs mêmes exercices de pénitence.

On songeoit si peu alors à inquiéter les Religieuses de Port-Royal, que le cardinal de Retz leur ayant accordé

---

1. De leur âme. *Var.* C. M.
2. Antoine le Maître et le Maître de Saci.

un autre supérieur en la place de M. du Saussay, qu'il avoit destitué de tout emploi dans le diocèse de Paris[1], on ne leur fit aucune peine là-dessus, quoique M. Singlin[2], qui étoit ce nouveau supérieur, ne fût pas fort au goût de la cour, où les jésuites avoient pris un fort grand soin de le décrier. Il y avoit déjà plusieurs années qu'il étoit confesseur de la maison de Paris; et ses sermons y attiroient quantité de monde, bien moins par la politesse de langage que par les grandes et solides vérités qu'il prêchoit. On les a depuis donnés au public sous le nom d'*Instructions chrétiennes*[3]; et ce n'est pas un des livres les moins édifiants qui soient sortis de Port-Royal. Mais le talent où il excelloit le plus, c'étoit dans la conduite des âmes. Son bon sens joint à une piété et à une charité extraordinaires imprimoient[4] un tel respect, que bien qu'il n'eût pas la même étendue de génie et de science que M. Arnauld, non-seulement les Religieuses, mais M. Arnauld lui-même, M. Pascal, M. le Maître et tous ces autres esprits si sublimes, avoient pour lui une docilité d'enfant[5], et se conduisoient en toutes choses par ses avis.

Dieu s'étoit servi de lui pour convertir et attirer à la piété plusieurs personnes de la première qualité; et comme il les conduisoit par des voies très-opposées à

1. Quoique nommé à l'évêché de Toul en 1647 (voyez p. 434, note 5), M. du Saussay avait conservé le titre de vicaire général. Mais le cardinal de Retz, qu'il avait mécontenté, parce qu'il désapprouvait ses intrigues politiques, l'avait révoqué.

2. Antoine Singlin, né à Paris, vers 1607, mort le 17 avril 1664.

3. *Instructions chrétiennes sur les mystères de Notre Seigneur Jésus-Christ et sur les dimanches et les principales fêtes de l'année* (5 vol. in-8º.) La première édition est de 1671.

4. Les éditions de 1742 et de 1767 donnent ainsi *imprimoient*, au pluriel.

5. Une docilité d'enfants. *Var.* C. M.

celles du siècle, il ne tarda guère à être accusé de maximes outrées sur la pénitence. M. de Gondy, qui s'étoit d'abord laissé surprendre à ses ennemis, lui avoit interdit la chaire¹ ; mais ayant bientôt reconnu son innocence, il le rétablit trois mois après, et vint lui-même grossir la foule de ses auditeurs². Il vécut toujours dans une pauvreté évangélique, jusque-là qu'après sa mort on ne lui trouva pas de quoi faire les frais pour l'enterrer, et qu'il fallut que les Religieuses assistassent de leurs charités quelques-uns de ses plus proches parents, qui étoient aussi pauvres que lui. Les jésuites néanmoins passèrent jusqu'à cet excès de fureur que de lui reprocher dans plusieurs libelles de s'être enrichi aux dépens de ses pénitents, et de s'être approprié plus de huit cent mille francs sur les grandes restitutions qu'il avoit fait faire à quelques-uns d'entre eux ; et il n'y a pas eu plus de réparation des outrages faits au confesseur que des faussetés avancées contre les Religieuses. Le cardinal de Retz ne pouvoit donc faire à ces filles un meilleur présent que de leur donner un supérieur de ce mérite, ni mieux marquer qu'il avoit hérité de toute³ la bonne volonté de son prédécesseur⁴.

Comme c'est cette bonne volonté dont on a fait le plus grand crime aux prétendus jansénistes, il est bon de dire ici jusqu'à quel point a été leur liaison avec ce cardinal⁵. On ne prétend point le justifier de tous les dé-

1. Au mois de septembre 1649. Voyez l'*Histoire générale de Port-Roïal*, tome III, p. 84. Le sermon pour lequel M. Singlin avait été dénoncé à l'archevêque de Paris avait été prononcé le 28 août 1649.
2. Le premier jour de l'année 1650.
3. Qu'il avoit hérité pour elles de toute. *Var.* C. M.
4. Il avait succédé à son oncle Jean-François de Gondy, premier archevêque de Paris, mort le 24 mars 1654.
5. Avant de citer le passage qui suit, D. Clémencet (tome III, p. 484) dit : « M. Racine traite cet article avec tant de justesse et de

fauts qu'une violente ambition entraîne d'ordinaire avec elle ; mais tout le monde convient qu'il avoit de très excellentes qualités, entre autres une considération singulière pour les gens de mérite, et un fort grand desir de les avoir pour amis. Il regardoit M. Arnauld comme un des premiers théologiens de son siècle, étant lui-même un théologien fort habile, et il lui a conservé jusqu'à[1] la mort cette estime qu'il avoit conçue pour lui dès qu'ils[2] étoient ensemble sur les bancs : jusque-là qu'après son retour en France, il a mieux aimé se laisser rayer du nombre des docteurs de la Faculté, que de souscrire à la censure dont nous venons de parler, et qui lui parut toujours l'ouvrage d'une cabale.

La vérité est pourtant que, tandis qu'il fut coadjuteur, c'est-à-dire dans le temps qu'il étoit[3] à la tête de *la Fronde*, Messieurs du Port-Royal eurent très-peu de commerce avec lui, et qu'il ne s'amusoit guère alors à[4] leur communiquer ni les secrets de sa conscience, ni les ressorts de sa politique. Et comment les leur auroit-il pu communiquer ? Il n'ignoroit pas, et personne dès lors ne l'ignoroit, que c'étoit la doctrine de Port-Royal qu'un sujet, pour quelque occasion que ce soit, ne peut se révolter en conscience contre son légitime prince ; que quand même il en seroit injustement opprimé, il doit souffrir l'oppression, et n'en demander justice qu'à Dieu, qui seul a droit de faire rendre compte aux rois de leurs

précision que nous ne pouvons rien faire de mieux que de transcrire ce qu'il dit sur ce sujet. »

1. Et lui a conservé jusques à. *Var.* C. M.
2. Telle est la leçon des éditions de 1742 et de 1767. Les éditeurs plus modernes ont substitué *lorsqu'ils* à *dès qu'ils*. La Copie manuscrite a *dès le temps qu'ils*.
3. Qu'il fut. *Var.* C. M.
4. Alors de. *Var.* C. M.

actions. C'est ce qui a toujours été enseigné à Port-Royal, et c'est ce que M. Arnauld a fortement maintenu dans ses livres et particulièrement dans son *Apologie pour les catholiques*[1], où il a traité la question à fond. Mais non-seulement Messieurs de Port-Royal ont soutenu cette doctrine, ils l'ont pratiquée à la rigueur. C'est une chose connue d'une infinité de gens, que pendant les guerres de Paris, lorsque les plus fameux directeurs de conscience donnoient indifféremment l'absolution à tous les gens engagés dans les deux partis, les ecclésiastiques de Port-Royal tinrent toujours ferme à la refuser à ceux qui étoient dans le parti contraire à celui du Roi. On sait les rudes pénitences qu'ils ont imposées et[2] au prince de Conti[3] et à la duchesse de Longueville, pour avoir eu part aux troubles dont nous parlons, et les sommes immenses qu'il en a coûté à ce prince[4] pour réparer, autant qu'il étoit possible, les désordres dont il avoit pu être cause pendant ces malheureux temps. Les jésuites ont eu peut-être[5] plus d'une occasion de procurer à l'Église de pareils exemples ; mais ou ils n'étoient pas persuadés des mêmes maximes qu'on suivoit là-dessus à Port-Royal, ou ils n'ont pas eu la même vigueur pour les faire pratiquer.

Quelle apparence donc que le cardinal de Retz ait pu faire entrer dans une faction contre le Roi des gens remplis de ces maximes, et prévenus de ce grand prin-

1. *Apologie pour les catholiques contre les faussetés du livre intitulé* la Politique du Clergé de France (Liége, 1681, 2 vol. in-12).
2. L'édition de 1767 omet cet *et*.
3. Armand de Bourbon, prince de Conti, frère du grand Condé et de la duchesse de Longueville. Sa conversion eut lieu en 1654. Il se plaça alors sous la direction de l'évêque d'Aleth, Nicolas Pavillon, qui exigea de lui d'importantes restitutions.
4. Au prince. *Var.* C. M.
5. Ont peut-être eu. *Var.* C. M.

cipe de saint Paul et de saint Augustin, qu'il n'est pas
permis de faire même un petit mal, afin qu'il en arrive
un grand bien[1]? On veut pourtant bien avouer que lorsqu'il fut archevêque, après la mort de son oncle, les
Religieuses de Port-Royal le reconnurent pour leur légitime pasteur, et firent des prières pour sa délivrance[2].
Elles s'adressèrent aussi à lui pour les affaires spirituelles
de leur monastère, du moment qu'elles surent qu'il
étoit en liberté. On ne nie pas même qu'ayant su l'extrême nécessité où il étoit après qu'il eut disparu de
Rome, elles et leurs amis ne lui aient prêté quelque
argent pour subsister, ne s'imaginant pas qu'il fût défendu, ni à des ecclésiastiques, ni à des Religieuses,
d'empêcher leur archevêque de mourir de faim. C'est de
là aussi que leurs ennemis prirent occasion de les noircir
dans l'esprit du cardinal Mazarin, en persuadant à ce
ministre qu'il n'avoit point de plus grands ennemis que
les jansénistes; que le cardinal de Retz n'étoit parti de
Rome que pour se venir jeter entre leurs bras; qu'il
étoit même caché à Port-Royal; que c'étoit là que se
faisoient tous les manifestes qu'on publioit pour sa
défense; qu'ils lui avoient déjà fait trouver tout l'argent
nécessaire pour une guerre civile, et qu'il ne désespé-
roit pas, par leur moyen, de se rétablir à force ouverte
dans son siége. On a bien vu dans la suite l'impertinence
de ces calomnies; mais pour en faire mieux voir le ridi-

---

1. *Et non (sicut blasphemamur, et sicut aiunt quidam nos dicere)
faciamus mala ut veniant bona : quorum damnatio justa est.* (*Épître de
saint Paul aux Romains*, chapitre III, verset 8.) Voyez aussi saint
Augustin, *Contra mendacium ad Consentium*, chapitres I et XVIII, dans
l'édition des bénédictins de Saint-Maur, tome IV, p. 448 et 456.
2. Voyez ci-dessus, p. 472, note 1. Transféré de Vincennes à Nantes,
après la mort de l'archevêque son oncle, Retz s'en évada le 8 août 1654,
et passa à Rome, d'où il disparut tout à coup dans l'été de 1656.

cule, il est bon d'expliquer ici ce que c'étoit que M. Arnauld, qu'on faisoit l'auteur et le chef de toute la cabale.

Tout le monde sait que c'étoit un génie admirable pour les lettres, et sans bornes dans l'étendue de ses connoissances ; mais tout le monde ne sait pas, ce qui est pourtant très-véritable, que cet homme si merveilleux étoit aussi l'homme le plus simple, le plus incapable de finesse et de dissimulation, et le moins propre, en un mot, à former ni à conduire[1] un parti ; qu'il n'avoit en vue que la vérité, et qu'il ne gardoit sur cela aucunes mesures, prêt à contredire ses amis lorsqu'ils avoient tort, et à défendre ses ennemis, s'il lui paroissoit qu'ils eussent raison ; qu'au reste, jamais théologien n'eut des opinions si saines et si pures sur la soumission qu'on doit au Roi et aux puissances[2] ; que non-seulement il étoit persuadé, comme nous l'avons déjà dit, qu'un sujet, pour quelque occasion que ce soit, ne peut s'élever contre son prince, mais qu'il ne croyait pas même que dans la persécution il pût murmurer.

Toute la conduite de sa vie a bien fait voir qu'il étoit dans ces sentiments. En effet, pendant plus de quarante ans qu'on a abusé, pour le perdre, du nom et de l'autorité du Roi, a-t-il manqué une occasion de faire éclater et son amour pour sa personne, et son admiration pour les grandes qualités qu'il reconnoissoit en lui ? Obligé de se retirer dans les pays étrangers pour se soustraire à la haine implacable de ses ennemis, à peine y fut-il arrivé[3], qu'il publia son *Apologie pour les catholiques* ; et l'on sait qu'une partie de ce livre est employée à justifier la conduite du Roi à l'égard des huguenots, et à justifier

---

1. A former et à conduire. *Var.* C. M.
2. Et aux puissances légitimes. *Var.* C. M.
3. A peine il y fut arrivé. *Var.* C. M.

les jésuites mêmes. M. le marquis de Grana ayant su qu'il étoit caché dans Bruxelles, le fit assurer de sa protection ; mais il témoigna en même temps un fort grand desir de voir ce docteur, dont la réputation avoit rempli toute l'Europe. M. Arnauld ne refusa point sa protection ; mais il le fit prier de le laisser dans son obscurité, et de ne point l'obliger à voir un gouverneur des Pays-Bas espagnols, pendant que l'Espagne étoit en guerre avec la France ; et M. de Grana fut assez galant homme pour approuver la délicatesse de son scrupule.

Lorsque le prince d'Orange se fut rendu maître de l'Angleterre, les jésuites, qu'on regardoit partout comme les principales causes des malheurs du roi Jacques, ne furent pas, à ce qu'on prétend, les derniers à vouloir se rendre favorable le nouveau roi. Mais M. Arnauld, qui avoit tant d'intérêt à ne pas s'attirer son indignation, ne put retenir son zèle : il prit la plume, et écrivit avec tant de force[1] pour défendre les droits du roi Jacques, et pour exhorter tous les princes catholiques à imiter la générosité avec laquelle le Roi l'avoit recueilli en France, que le prince d'Orange exigea de tous ses alliés, et surtout des Espagnols, de chasser ce docteur de toutes les terres de leur domination. Ce fut alors qu'il se trouva dans la plus grande extrémité où il se fût trouvé de sa vie, la France lui étant fermée[2] par les jésuites, et tous les autres pays par les ennemis de la France.

On a su de quelques amis qui ne le quittèrent point dans cette extrémité, qu'un de leurs plus grands embarras étoit d'empêcher que, dans tous les lieux où il

---

1. Il s'agit du pamphlet in-4°, publié en 1689, et qui a pour titre : *Le véritable Portrait de Guillaume-Henry de Nassau, nouvel Absalom, nouvel Hérode, nouveau Cromwel, nouveau Néron.* Voyez notre tome I, p. 308, et note 3 de cette même page.

2. La France lui étoit fermée. *Var.* C. M.

cherchoit à se cacher, son trop grand zèle pour le Roi ne le fît découvrir. Il étoit si persuadé que ce prince ne pouvoit manquer dans la conduite de ses entreprises, que sur cela il entreprenoit tout le monde : jusque-là que, sur la fin de ses jours, étant sujet à tomber dans [1] un assoupissement que l'on croyoit dangereux pour sa vie, ces mêmes amis ne savoient point de meilleur moyen pour l'en tirer que de lui crier, ou que les François avoient été battus, ou que le Roi avoit levé le siége de quelque place ; et il reprenoit toute sa vivacité naturelle pour disputer contre eux, et leur soutenir que la nouvelle ne pouvoit pas être vraie. Il n'y a qu'à lire son testament[2] où il déclare à Dieu le fond de son cœur. On y verra avec quelle tendresse, bien loin d'imputer au Roi toutes les traverses que lui ou ses amis ont essuyées, il plaide, pour ainsi dire, devant Dieu la cause de ce prince, et justifie la pureté de ses intentions.

Oserai-je parler ici des épreuves extraordinaires où l'on a mis son amour inébranlable pour la vérité? De grands cardinaux, très-instruits des intentions de la cour de Rome, n'ont point caché qu'il n'a tenu qu'à lui d'être revêtu de la pourpre de cardinal[3], et que pour parvenir à une dignité qui auroit si glorieusement lavé tous les reproches d'hérésie que ses ennemis lui ont osé faire, il ne lui en auroit coûté que d'écrire contre les Propositions du clergé de France touchant l'autorité du Pape[4]. Bien loin d'accepter ces offres, il écrivit même contre un docteur flamand, qui avoit traité d'hérétiques ces

1. Étant tombé dans. *Var. C. M.*
2. Il a été imprimé au tome II, p. 421 et suivantes, de la *Vie de Messire Antoine Arnauld (à Paris et se vend à Lausanne M.DCC.LXXXII*, 2 vol. in-8°).
3. Dans l'édition de 1767 : « de la pourpre romaine. »
4. Les quatres célèbres articles de 1682. (*Note de l'édition de 1767.*)

propositions[1]. Un des ministres du Roi, qui lut cet écrit, charmé de la force de ses raisonnements, proposa de le faire imprimer au Louvre ; mais la jalousie des ennemis de M. Arnauld l'emporta et sur la fidélité du ministre et sur l'intérêt du Roi même. Voilà quel étoit cet homme qu'on a toujours dépeint comme si dangereux pour l'État, et contre lequel les jésuites, peu de temps avant sa mort, firent imprimer un livre avec cet infâme titre : *Antoine Arnauld fugitif pour se dérober à la justice du Roi.*

Je ne saurois mieux finir cette longue digression que par les propres paroles que le cardinal de Retz dit à quelques-uns de ses plus intimes amis, qui, en lui parlant de ses aventures passées, lui demandoient si en effet en ces temps-là il avoit reçu quelques secours de la cabale des jansénistes. « Je me connois, leur répondit-il, en cabale ; et pour mon malheur, je ne m'en suis que trop mêlé. J'avois autrefois quelque habitude avec les gens dont vous parlez, et je voulus les sonder pour voir si je les pourrois mettre à quelque usage ; mais, vous pouvez vous en fier à ma parole, je ne vis jamais de gens[2] qui, par inclination et par incapacité, fussent plus éloignés de tout ce qui s'appelle cabale. » Ce même cardinal leur avoua aussi qu'il avoit auprès de lui, pendant sa disgrâce, deux théologiens réputés jansénistes, qui ne purent jamais souffrir que, dans l'extrême besoin où il étoit, il prît de l'argent que les Espagnols lui

---

1. *Éclaircissements sur l'autorité des Conciles généraux et des Papes, contre la dissertation de M. de Schelstrate, garde de la Bibliothèque du Vatican....* Ouvrage posthume de M. D., docteur de la maison et société de Sorbonne (1 vol. in-8°, Amsterdam, 1711). Cet ouvrage fut publié alors pour la première fois par Petitpied, avec un *Avertissement* de l'éditeur.

2. Je ne vis jamais des gens. *Var.* C. M.

faisoient offrir, et qu'il se vit par là obligé à en emprunter de ses amis. Quelques-uns de ceux à qui il tint ce discours vivent encore, et ils sont dans une telle réputation de probité, que je suis bien sûr qu'on ne récuseroit pas[1] leur témoignage.

Mais pour reprendre le fil de notre narration, le miracle de la sainte épine ne fut pas la seule mortification qu'eurent alors les jésuites ; car ce fut dans ce temps-là même que parurent les fameuses *Lettres provinciales*[2], c'est-à-dire l'ouvrage qui a le plus contribué à les décrier. M. Pascal, l'auteur de ces *Lettres*, avoit fait les trois premières pendant qu'on examinoit en Sorbonne la lettre de M. Arnauld. Il y avoit expliqué les questions sur la grâce avec tant d'art et de netteté, qu'il les avoit rendues non-seulement intelligibles, mais agréables à tout le monde. M. Arnauld y étoit pleinement justifié de l'erreur dont on l'accusoit, et les ennemis mêmes de Port-Royal avouoient que jamais ouvrage n'avoit été composé avec plus d'esprit et de justesse. M. Pascal se crut donc obligé d'employer ce même esprit à combattre un des plus grands abus qui se soit jamais glissé dans l'Église, c'est à savoir la morale relâchée de quantité de casuistes, et dont les jésuites faisoient le plus grand nombre, qui, sous prétexte d'éclaircir les cas de conscience, avoient avancé dans leurs livres une multitude infinie de maximes abominables, qui tendoient[3] à ruiner toute la morale de Jésus-Christ.

On avoit déjà fait plusieurs écrits contre ces maximes, et l'Université avoit présenté plusieurs requêtes au Parlement, pour intéresser la puissance séculière à réprimer

---

1. Qu'on ne se récuseroit point. *Var.* C. M.
2. Les premières parurent en 1656, les deux dernières en 1657.
3. Abominables, et qui tendoient. *Var.* C. M.

l'audace de ces nouveaux docteurs. Cela n'avoit pas néanmoins produit un fort grand effet ; car ces écrits, quoique très solides, étant fort secs, n'avoient été lus que par très-peu de personnes. On les avoit regardés comme des traités de scolastique, dont il falloit laisser la connoissance aux théologiens ; et les jésuites, par leur crédit, avoient empêché toutes les requêtes d'être répondues. Mais M. Pascal venant à traiter cette manière avec sa vivacité merveilleuse et[1] cet heureux agrément que Dieu lui avoit donné, fit un éclat prodigieux, et rendit bientôt ces misérables casuistes l'horreur et la risée de tous les honnêtes gens.

On peut juger de la consternation où ces lettres jetèrent les jésuites, par l'aveu sincère qu'ils en font eux-mêmes. Ils confessent, dans une de leurs réponses, que les exils, les emprisonnements et tous les plus affreux supplices n'approchent point de la douleur qu'ils eurent de se voir moqués et abandonnés de tout le monde : en quoi ils font connoître tout ensemble, et combien ils craignent d'être méprisés des hommes et combien ils sont attachés à soutenir leurs méchants auteurs. En effet, pour regagner cette estime du public, à laquelle ils sont si sensibles, ils n'avoient qu'à désavouer de bonne foi ces mêmes auteurs, et à remercier l'auteur des *Lettres* de l'ignominie salutaire qu'il leur avoit procurée. Bien loin de cela, il n'y a point d'invectives à quoi ils ne s'emportassent contre sa personne, quoiqu'elle leur fût alors entièrement inconnue. Le P. Annat disoit que, pour toute réponse à ses quinze[2] premières lettres, il n'y avoit qu'à lui dire quinze fois qu'il étoit un janséniste[3] ; et l'on sait ce que veut dire un janséniste

1. L'édition de 1767 omet la conjonction.
2. A ces quinze. *Var.* C. M.
3. Pascal, vers le commencement de sa dix-septième lettre, qui

au langage des jésuites. Ils voulurent même l'accuser de mauvaise foi dans la citation des passages de leurs casuistes ; mais il les réduisit au silence par ses réponses. D'ailleurs il n'y avoit qu'à lire leurs livres pour être convaincu de son exacte fidélité ; et malheureusement pour eux, beaucoup de gens eurent alors la curiosité de les lire : jusque-là que pour satisfaire l'empressement du public, il se fit une nouvelle édition de la *Théologie morale* d'Escobar[1], laquelle est comme le précis de toutes les abominations des casuistes ; et cette édition fut débitée avec une rapidité étonnante.

Dans ce temps-là même il arriva une chose qui acheva de mettre la vérité dans tout son jour. Un des principaux curés de Rouen[2], qui avoit lu les *Petites Lettres*, fit, en présence de son archevêque[3], en un synode de plus de huit cents curés, un discours fort pathétique sur

---

est adressée au P. Annat, rappelle aussi en quels termes ce jésuite avait parlé de ses *Provinciales* : « Vous dites *que pour toute réponse à mes quinze lettres, il suffit de dire quinze fois que je suis hérétique ;* et qu'étant déclaré tel, je ne mérite aucune créance. »

1. *Liber Theologiæ moralis....* quem R. P. *Antonius de Escobar et Mendoza Vallisoletanus e Societate Jesu theologus in examen confessariorum digessit, addidit, illustravit* (1. vol. in-8°, Paris, 1656 ; — le même, Lyon, 1656). — Dans cette édition de 1656, publiée à Paris et à Lyon, on trouve en tête du volume, après les *Approbations* et le *Sommaire des chapitres*, l'*Advis* suivant : « Les citations faites du livre du R. P. Escobar jésuite dans les lettres écrites au Provincial se trouvent facilement en l'édition de 1656, et par cet ordre. » Suivent, dans leur ordre, les renvois aux pages où peut être constatée l'exactitude des citations. On voit par là dans quelle intention le *Livre de la Théologie morale* fut alors réimprimé. « Le livre d'Escobar, dit Nicole, ayant été imprimé trente-neuf fois comme un bon livre, fut imprimé la quarantième fois comme le plus méchant de tous es livres. » (*Imaginaires*, p. 87.)

2. Le curé de Saint-Maclou.

3. François de Harlay de Champvallon. Racine le nomme un peu plus bas.

la corruption qui s'étoit depuis peu introduite dans la morale. Quoique les jésuites n'eussent point été nommés dans ce discours, le P. Brisacier, qui étoit alors recteur du collége des jésuites à Rouen, n'en eut pas plus tôt avis que sa bile se réchauffa. Il prit la plume, et fit un libelle en forme de requête, où il déchiroit ce vertueux ecclésiastique avec la même fureur qu'il avoit déchiré les Religieuses de Port-Royal.

Les autres curés, touchés du traitement indigne qu'on faisoit à leur confrère, eurent soin, avant toutes choses, de s'instruire à fond du sujet de leur querelle. Ils prirent d'un côté les *Lettres provinciales*, et de l'autre les livres des casuistes : résolus de poursuivre, ou la condamnation de ces *Lettres* si les casuistes y étoient cités à faux, ou la condamnation des casuistes si ces citations étoient véritables. Ils y trouvèrent non-seulement tous les passages qui étoient rapportés, mais encore un grand nombre de beaucoup plus horribles, que M. Pascal avoit fait scrupule de citer. Ils dressèrent un extrait de tous ces passages, et le présentèrent avec une requête[1] à M. de Harlay, alors leur archevêque, qui a été depuis archevêque de Paris. Mais lui, jugeant que cette affaire regardoit toute l'Église, les renvoya à l'assemblée générale du clergé, et y députa même un de ses grands vicaires, avec ordre d'y présenter et l'extrait et la requête[2].

Les curés de Rouen écrivirent aussitôt à ceux de Paris, pour les prier de les aider de leurs lumières et de leur crédit, et même de se joindre à eux dans une cause qui étoit, disoient-ils, la cause de l'Évangile. Les curés de Paris n'avoient pas attendu cette lettre pour s'élever contre la morale des nouveaux casuistes. Ils s'étoient

1. Le 28 août 1656. Cette requête était signée de vingt-huit curés.
2. Dans l'édition de 1767 : « d'y présenter l'extrait et la requête. »

déjà assemblés plusieurs fois sur ce sujet, tellement qu'ils n'eurent pas de peine à se joindre avec leurs confrères. Ils dressèrent aussi de leur côté un extrait de plus de quarante propositions de ces casuistes, et le présentèrent à l'assemblée du clergé[1] pour en demander la condamnation, en même temps que la requête des curés de Rouen y fut présentée.

Comme c'est principalement aux évêques à maintenir dans l'Église la saine doctrine, tout le monde s'attendoit que le zèle des prélats éclateroit encore plus fortement que celui de tous ces curés. En effet, quelle apparence que ces mêmes évêques, qui se donnoient alors tant de mouvement pour faire condamner dans Jansénius cinq propositions équivoques qu'on doutoit qui s'y trouvassent, pussent hésiter à condamner dans les livres des casuistes un si grand nombre de propositions, toutes plus abominables les unes que les autres, qui y étoient énoncées en propres termes, et qui tendoient au renversement entier de la morale de Jésus-Christ? A la vérité, il paroît, par les témoignages publics de quelques prélats députés à l'assemblée dont nous parlons, qu'ils ne purent entendre sans horreur la lecture de ces propositions des casuistes, et qu'ils furent sur le point de se boucher les oreilles, comme firent les Pères du concile de Nicée[2], lorsqu'ils entendirent les propositions d'Arius[3]. Mais les égards qu'on avoit pour les jésuites prévalurent sur cette horreur. L'assemblée se contenta de faire dire aux curés par les commissaires qu'elle avoit nommés pour examiner

1. Voyez l'*Adresse de l'Assemblée des curés de Paris* (en date du 24 novembre 1656) à *l'Assemblée générale du clergé, pour demander la condamnation de la morale des jésuites* : signée Rousse, curé de Saint-Roch, syndic, et du Puys, curé des Saints-Innocents, syndic.
2. Les Pères au concile de Nicée. *Var.* C. M.
3. Les propositions impies d'Arius. *Var.* C. M.

leur requête, qu'étant sur le point de se séparer, et l'affaire qu'ils lui proposoient étant d'une grande discussion, elle n'avoit plus assez de temps pour y travailler. Du reste, elle ordonna aux agents du clergé de faire imprimer les *Instructions de saint Charles sur la pénitence*[1] et de les envoyer dans tous les diocèses, « afin que cet excellent ouvrage servît comme de barrière pour arrêter le cours des nouvelles opinions sur la morale. »

Quoique les jésuites n'eussent pas lieu de se plaindre de la sévérité des prélats, ils furent néanmoins très-mortifiés de la publication de ce livre, sur lequel ils n'ignoroient pas que toute la doctrine du livre *de la Fréquente communion* étoit fondée ; mais ils se plaignirent surtout de l'abbé de Ciron[2] qu'ils accusèrent d'avoir composé la lettre circulaire des évêques qui accompagnoit ce même livre. Et plût à Dieu que leur animosité contre cet abbé se fût arrêtée à sa personne, et ne se fût pas étendue sur un saint établissement de filles (les *filles de l'Enfance*) dont il avoit dressé les constitutions, et qu'ils ont eu le crédit de[3] faire détruire, au grand regret de la province

---

1. *Instructions de saint Charles Boromée, cardinal du titre de Sainte-Praxede, archevesque de Milan, aux confesseurs de sa ville et de son diocese, traduites d'italien en françois. Imprimées par le commandement de l'Assemblée générale du clergé de France.* A Paris, chez Antoine Vitré (1 vol. in-12. M.DC.LVII). En tête du volume est la circulaire de l'Assemblée générale du clergé aux évêques de France; et à la suite, un *Extrait du Procès-verbal de l'Assemblée générale du clergé de France, tenue au grand couvent des Augustins ès années* 1655, 1656 et 1657. On y voit que le jeudi 1er février 1657 l'Assemblée pria l'abbé de Ciron de faire imprimer ce livre *traduit en français par feu M. l'Archevêque de Toulouse* (Charles de Montchal).

2. Gabriel de Ciron, chancelier de l'Église et de l'Université de Toulouse. C'était lui qui dans l'Assemblée de 1656 avait proposé de faire imprimer aux dépens du clergé les *Instructions de saint Charles Borromée.* Voyez la note précédente.

3. Le secret de. *Var.* C. M.

de Languedoc et de toute l'Église même, qui en recevoit autant d'utilité que d'édification [1] !

Comme tous ces extraits des curés avoient achevé de convaincre tout le monde de la fidélité des citations de M. Pascal, les jésuites prirent un parti tout contraire à celui qu'ils avoient pris jusqu'alors. Ils entreprirent de défendre ouvertement la doctrine de leurs auteurs. C'est ce qui leur fit[2] publier le livre de l'*Apologie des casuistes* composé par le P. Pirot, ami du P. Annat[3], et qui enseignoit la théologie au collége de Clermont[4]. Comme ils n'avoient pu obtenir de privilége pour l'imprimer, on n'y voyoit ni nom d'auteur ni nom d'imprimeur ; mais ils le débitèrent publiquement dans leur collége. Ils en distribuèrent eux-mêmes plusieurs exemplaires aux amis de la Société, tant à Paris que dans les provinces. Le P. Brisacier le fit lire en plein réfectoire dans le collége de Rouen : il avoit plus de raison qu'un autre de soutenir ce bel ouvrage, puisqu'on y renouveloit contre les Religieuses de Port-Royal et contre leurs directeurs les mêmes impostures dont il pouvoit se dire l'inventeur.

Mais sa Compagnie n'eut pas longtemps sujet de s'applaudir de la publication de ce livre : jamais ouvrage n'a excité un si grand soulèvement dans l'Église. Les curés de Paris dressèrent d'abord deux requêtes, pour les présenter, l'une au Parlement, l'autre aux grands vicaires. Le P. Annat, pour parer ce coup, obtint qu'ils

1. Cet institut, fondé en 1662, et qui devait son existence à l'abbé de Ciron et à Mme de Mondonville, fut aboli par un arrêt du conseil, le 12 mai 1686.
2. Et c'est ce qui fit. *Var.* C. M.
3. Ami intime du P. Annat. *Var.* C. M.
4. L'*Apologie des casuistes contre les calomnies des jansenistes.,.. par un théologien et professeur en droit canon* (le P. Pirot) fut publiée en 1657.

fussent mandés au Louvre, pour rendre raison de leur conduite. Mais cela ne fit que hâter la condamnation de cet exécrable livre. En effet, le cardinal Mazarin ayant demandé aux curés, en présence du Roi et des principaux ministres de son conseil, pourquoi ils vouloient s'adresser au Parlement au sujet d'un livre de théologie, ils répondirent avec une fermeté respectueuse qu'il ne s'agissoit point dans ce livre de simples questions de théologie, mais que la doctrine qu'il contenoit ne tendoit pas moins qu'à autoriser les plus grands crimes, tels que le vol, l'usure, le duel, l'adultère[1] et l'homicide ; et que la sûreté des sujets du Roi et celle de Sa Majesté même étant intéressée à sa condamnation, ils s'étoient crus[2] en droit de porter leurs plaintes aux mêmes tribunaux qui avoient autrefois condamné les Santarels, les Mariana, et les autres dangereux auteurs de cette même Société. On n'eut pas la moindre réponse à leur faire. Le chancelier, qui étoit présent, déclara qu'il avoit refusé le privilége de ce livre. Enfin le Roi, après avoir exigé des curés qu'ils se contenteroient de s'adresser aux juges ecclésiastiques, leur promit d'envoyer ses ordres en Sorbonne pour y examiner l'*Apologie*. Le Roi tint parole ; et toutes les brigues des jésuites et des docteurs de leur parti ne purent empêcher que la Faculté ne fît une censure[3], et que cette censure ne fût publiée. Les grands vicaires de Paris en publièrent aussi une de leur côté ; et presque en même temps plus de trente archevêques et évêques, quelques-uns même de ceux que les jésuites croyoient le plus dans leur dépendance, foudroyèrent à l'envi et l'*Apologie* et la méchante morale des casuistes.

1. L'adultère, le duel. *Var.* C. M.
2. *Cru*, sans accord, dans les deux éditions de 1742 et de 1767.
3. En juillet 1658.

Les jésuites perdoient patience pendant ce soulèvement si universel ; mais ils ne purent jamais se résoudre à désavouer l'*Apologie*. Le P. Annat fit plusieurs écrits contre les curés, et il les traita avec la même hauteur que les jésuites traitent ordinairement leurs adversaires. Mais ceux-ci le réfutèrent courageusement, et le couvrirent de confusion sur tous les points dont on les vouloit accuser[1]. D'autres jésuites s'attaquèrent aux évêques mêmes, et écrivirent contre leurs censures : ils publioient hautement que ce n'étoit point aux évêques à prononcer sur de telles matières, et que c'étoient des causes majeures qui devoient être renvoyées à Rome, comme on y avoit renvoyé les cinq Propositions. Ils furent fort mortifiés, lorsqu'au bout de six mois[2] ils virent leur livre condamné par un décret de l'Inquisition[3]. Ils trouvoient néanmoins encore des raisons de se flatter, disant que l'Inquisition n'avoit supprimé l'*Apologie* que pour des considérations de police. Enfin le pape Alexandre VII, auprès duquel ils avoient toujours été en si grande faveur, frappa d'anathème quarante-cinq propositions de leurs casuistes. Quelques années après, il condamna encore le livre d'un P. Moya[4], jésuite espagnol, qui, sous le nom d'Amadæus Guimeneus, enseignoit la même doctrine que l'*Apologie*[5], et censura de

1. Dont il les vouloit accuser. *Var.* C. M.
2. Au bout de deux mois. *Var.* C. M.
3. Le pape Alexandre VII donna un décret contre l'*Apologie des casuistes* le 21 août 1659.
4. Du P. Moya. *Var.* C. M.
5. Mathieu Moya, né à Moral, dans le diocèse de Tolède, avait publié en 1664 le livre dont parle Racine, et qui a pour titre : *Amadæi Guimenii Moraliensis opusculum singularia universæ fere theologiæ moralis complectens, adversus quorumdam expostulationes contra nonnullas Jesuitarum opiniones morales*. La Sorbonne censura ce livre en 1665. Alexandre VII, qui avait d'abord annulé cette censure par

même le fameux Caramuel, grand défenseur de toutes les méchantes maximes des casuistes[1]. Pour achever de purger l'Église de cette pernicieuse doctrine, le pape Innocent XI, en l'année 1668[2], fit un décret où il condamnoit à la fois soixante-cinq[3] propositions aussi tirées des casuistes, avec excommunication encourue *ipso facto* par ceux qui, directement ou indirectement, auront[4] la hardiesse de les soutenir.

Qui n'eût cru qu'une Compagnie qui fait un vœu particulier d'obéissance et de soumission aveugle au Saint-Siège, garderoit du moins le silence sur une doctrine si solennellement condamnée, et feroit désormais enseigner dans ses écoles une morale plus conforme et à[5] l'Évangile et aux décisions des papes? Mais le faux honneur de la Société l'a emporté encore en cette occasion sur toutes les raisons de religion et de politique, et même sur les constitutions fondamentales de la Société. Il ne s'est presque point passé d'années depuis ce temps-là que les jésuites, soit par de nouveaux livres, soit par les thèses publiques, n'aient soutenu les mêmes méchantes[6]

---

une bulle, condamna le 10 avril 1666 plusieurs des erreurs anathématisées par la Sorbonne.

1. Jean Caramuel, évêque de Vigevano. Pascal cite, en plusieurs endroits de ses *Provinciales*, la *Théologie fondamentale* (*Theologia fundamentalis*) de Caramuel.

2. Tel est le texte des éditions de 1642 et de 1767; mais il faut lire : « en l'année 1679. » Cette faute a déjà été signalée et corrigée par les éditeurs de 1807. Elle est aussi dans la *Copie manuscrite*, avec cette légère variante : « en l'année 1668, a fait. » Innocent XI n'avait été élu pape que le 10 septembre 1676. Le décret par lequel il condamna les casuistes est en date du 3 mars 1679.

3. Soixante et cinq. *Var.* C. M.

4. Auroient. *Var.* C. M.

5. Dans ses écrits une morale plus conforme à. *Var.* C. M. — L'édition de 1767 omet aussi le premier *et*.

6. L'édition de 1767 a *pernicieuses*, au lieu de *méchantes*.

maximes. On sait avec combien d'évêques ils se brouillent encore tous les jours sur ce sujet. Peu s'en est fallu enfin qu'ils n'aient déposé leur propre Général, pour avoir fait imprimer, avec l'approbation du Pape, un livre contre la probabilité, laquelle est regardée à bon droit comme la source de toute cette horrible morale.

Mais pendant que les jésuites soutenoient avec cette opiniâtreté les erreurs de leurs casuistes, et ne se rendoient, ni sur le fait, ni sur le droit, aux censures des papes et des évêques, ils n'en poursuivoient pas[1] avec moins d'audace la condamnation de leurs adversaires. Ce ne fut pas assez pour le P. Annat d'avoir fait juger dans l'assemblée du Louvre que les Propositions étoient dans Jansénius, et d'avoir ensuite fait ordonner, dans l'assemblée des quinze évêques, que la Constitution et le bref seroient signés par tout le royaume : il entreprit encore d'établir un formulaire ou profession de foi, qui comprît également la créance du fait et du droit, et d'en faire ordonner la souscription sous les peines portées contre les hérétiques. C'est ce fameux Formulaire qui a tant causé de troubles dans l'Église, et dont les jésuites ont tiré un si grand usage pour se venger de toutes les personnes qu'ils haïssoient. Tout le monde convient que ce fut M. de Marca qui dressa ce formulaire avec le P. Annat, et qui le fit recevoir dans l'assemblée générale de 1655[2].

Ce prélat étoit un homme de beaucoup d'esprit, très-habile dans le droit canon, et dans tout ce qui s'appelle la police extérieure de l'Église, sur laquelle il avoit même

---

1. Dans le texte de 1767 et dans celui de M. Aimé-Martin : « Ils ne poursuivoient pas. »

2. Ceci encore est une erreur de date des éditions de 1742 et de 1767, comme de la *Copie manuscrite*. Ce fut dans l'assemblée de 1656 que ce formulaire fut décrété ainsi qu'il sera dit un peu plus bas, dans cette *Histoire* même. M. de Marca l'avait dressé en 1655.

fait des livres très-savants et fort opposés aux prétentions de la cour de Rome[1]. Mais il savoit fort peu de théologie, ne s'étant destiné que fort tard à l'état ecclésiastique, et ayant passé plus de la moitié de sa vie dans des emplois séculiers, d'abord président au parlement de Pau, puis intendant en Catalogne, d'où il avoit été élevé à l'évêché de Couserans[2], et ensuite à l'archevêché de Toulouse[3]. Sa grande habileté, jointe à l'extrême passion qu'il témoignoit contre les jansénistes, lui donnoit un grand crédit dans les assemblées du clergé : il en dressoit tous les actes, et en formoit, pour ainsi dire, toutes les décisions.

M. de Marca et le P. Annat[4] convenoient dans le dessein de faire déclarer hérétiques les défenseurs de Jansénius, mais ils ne convenoient pas dans la manière de tourner la chose. Le P. Annat prétendoit que les papes étant infaillibles aussi bien sur le fait que sur le droit, on ne pouvoit nier sans hérésie un fait que le Pape avoit décidé. Mais cela n'accommodoit pas Monsieur de Toulouse, qui avoit soutenu très-fortement l'opinion contraire dans ses livres, et cela, fondé sur l'autorité de tout ce qu'il y a de plus habiles écrivains, de ceux mêmes qui sont le plus attachés à la cour de Rome, tels que les cardinaux Baronius, Bellarmin, Palavicin, le P. Petau, et plusieurs autres savants jésuites, qui tous ont enseigné que l'Église n'exige point la créance des faits non révélés, et qui n'ont

---

1. Racine, dans ses notes, qu'on a publiées sous le nom de *Fragments historiques*, dit que plusieurs endroits du livre de M. de Marca *de Concordia sacerdotii et imperii*, publié en 1641, avaient choqué la cour de Rome.

2. Ssint-Lizier de Couserans ou Conserans, aujourd'hui dans le département de l'Ariége.

3. Il y avait été transféré en 1652.

4. Lui et le P. Annat. *Var.* C. M.

point fait difficulté de contester des frais très-importants, décidés dans des conciles généraux. Les censeurs mêmes de la seconde lettre de M. Arnauld, quelque animés qu'ils fussent contre sa personne[1], n'avoient qualifié que de téméraire la proposition de ce docteur, où il disoit qu'il n'avoit point trouvé dans Jansénius les Propositions condamnées. Les jansénistes donc ne pouvoient, même selon leurs ennemis, être traités tout au plus que de téméraires ; et le P. Annat vouloit qu'ils fussent déclarés hérétiques.

Dans cet embarras, M. de Marca s'avisa d'un expédient dont il s'applaudit fort : il prétendit que le fait de Jansénius étoit un fait certain, d'une nature particulière, et qui étoit tellement lié avec le droit, qu'ils ne pouvoient être séparés. « Le Pape, disoit ce prélat, déclare qu'il a condamné comme hérétique la doctrine de Jansénius : or les jansénistes soutiennent la doctrine de Jansénius : donc les jansénistes soutiennent une doctrine hérétique. » C'étoit un des plus ridicules sophismes qui se pût faire, puisque le Pape n'expliquant point ce qu'il entendoit par la doctrine de Jansénius, la même question de fait subsistoit toujours entre ses adversaires et ses défenseurs, dont les uns croyoient voir dans cette doctrine tout le venin des cinq Propositions, et les autres n'y croyaient voir que la doctrine de saint Augustin. Il n'est pas croyable néanmoins combien de gens se laissèrent éblouir à ce faux argument. Le P. Annat le répétoit à chaque bout de champ dans ses livres ; et ce ne fut qu'après un nombre infini de réfutations qu'il fut obligé de l'abandonner.

Cependant lui et Monsieur de Toulouse ayant préparé tous les matériaux pour faire accepter leur formulaire dans l'Assemblée générale, deux prélats envoyés par le Roi y

1. Contre la personne. *Var.* C. M.

vinrent exhorter les évêques, de la part de Sa Majesté, à chercher les moyens d'extirper l'hérésie du jansénisme. En même temps tous les prélats qui se trouvoient alors à Paris (en 1656) eurent aussi ordre de se rendre dans la grande salle des Augustins. Alors Monsieur de Toulouse présenta à l'Assemblée une ample relation, qu'il avoit composée à sa mode, de toute l'affaire de Jansénius. Cette relation étant lue, on fit aussi lecture de la Constitution et du bref, des déclarations du Roi, et de toutes les lettres des assemblées précédentes. M. de Marca fit un grand discours sur l'autorité de la présente assemblée, qu'il égaloit à un concile national. Tout cela, comme on peut penser, fut fort long, et occupa presque toutes[1] les deux séances dans lesquelles cette grande affaire fut terminée, en telle sorte que ceux qui y étoient présents n'eurent autre chose à faire qu'à écouter et à signer[2]. Il n'y eut, pour ainsi dire, ni examen ni délibération : ceux qui n'étoient pas de l'avis du Formulaire furent entraînés par le grand nombre. On confirma les délibérations des assemblées précédentes ; le Formulaire fut approuvé, et on résolut qu'il seroit envoyé à tous les évêques absents, avec ordre à eux d'exécuter les résolutions de l'Assemblée, sous peine d'être exclus de toute assemblée du clergé, soit générale, soit particulière, et même des assemblées provinciales. Tout cela se fit le premier et le deuxième jour de septembre.

En même temps l'Assemblée écrivit au nouveau pape, pour lui rendre compte de tout ce qu'elle avoit fait contre les jansénistes. Ce pape, qui s'appeloit auparavant Fabio

1. Tel est le texte des éditions de 1742 et de 1767 et de la *Copie manuscrite*. Dans la plupart des éditions plus modernes, on a remplacé *occupa* par *tint*, et *toutes* par *entièrement*. Celle de 1807 a notre leçon.

2. Qu'à écouter et signer. *Var.* C. M.

Chigi, avoit pris le nom d'Alexandre VII[1]. Je ne puis m'empêcher de rapporter à son sujet une chose assez particulière, que le cardinal de Retz raconte dans l'histoire qu'il a composée du conclave où ce même pape fut élu. Il dit que le cardinal François Barberin, dont le parti étoit fort puissant dans le conclave, fut longtemps sans se pouvoir résoudre de donner sa voix à Chigi, craignant que son étroite liaison avec les jésuites ne l'engageât, quand il seroit pape, à donner quelque atteinte à la doctrine de saint Augustin, pour laquelle Barberin avoit toujours eu un fort grand respect. Chigi, ajoute le cardinal de Retz, n'ignora pas ce scrupule. Quelques jours après[2], s'étant trouvé à une conversation où le cardinal Albizzi, passionné partisan des jésuites, parloit de saint Augustin avec beaucoup de mépris, il prit avec beaucoup de chaleur la défense de ce saint docteur, et parla de telle sorte, que non-seulement le cardinal Barberin fut entièrement rassuré, mais qu'on se flatta même que Chigi seroit homme à donner la paix à l'Église.

Il est évident[3] que jamais les jésuites ne furent plus puissants à Rome que sous son pontificat. Il ne tarda guère à publier une constitution[4], où, non content de confirmer la bulle d'Innocent X contre les cinq Propositions, il traitoit d'enfants d'iniquité tous ceux qui osoient dire que ces propositions n'avoient point été extraites de Jansénius, ni condamnées au sens de cet évêque : assurant qu'il avoit assisté lui-même au jugement de toute cette affaire, et que l'intention de son prédécesseur avoit été de condamner la doctrine de Jansénius. Il y a de l'appa-

1. Il avait été élu le 7 avril 1655.
2. Et quelques jours après. *Var.* C. M.
3. Il est est constant. *Var.* C. M.
4. C'est la bulle *Ad sacram B. Petri sedem*, datée du 17 novembre 1656.

rence qu'il disoit vrai. Cependant l'assemblée du clergé rapporte dans son procès-verbal une chose assez surprenante : c'est que Monsieur l'évêque de Lodève[1], dans le compte qu'il rendit à Messeigneurs d'un entretien qu'il avoit eu avec Innocent X, leur dit que ce pape l'avoit assuré de sa propre bouche que son intention n'avoit point été de toucher ni à la personne, ni à la mémoire de Jansénius, ni même précisément à la question de fait.

Mais l'Assemblée ne se mit pas fort en peine d'accorder ces contrariétés ; elle ne se plaignit pas même de certains termes de la nouvelle bulle qui étoient très-injurieux à l'épiscopat, et se contenta de les adoucir le mieux qu'elle put dans la version françoise qu'elle en fit faire. Du reste, elle reçut avec de grands témoignages de respect la Constitution, en fit faire mention dans le Formulaire, où il ne fut plus parlé du bref d'Innocent X, et résolut de supplier le Roi de la faire enregistrer dans son Parlement. On appréhenda que le Parlement ne rejetât cette bulle pour plusieurs raisons, et entre autres, pour les mêmes causes qui avoient empêché qu'on n'y présentât[2] la bulle d'Innocent X, je veux dire parce qu'elle étoit faite par le Pape seul, sans aucun concile, sans avoir pris même l'avis des cardinaux, et, comme on dit, *motu proprio :* ce qu'on ne reconnoît point en France. Mais le Roi l'ayant lui-même portée au Parlement[3], sa présence empêcha toutes les oppositions qu'on auroit pu faire. Tous les évêques la firent publier dans leurs diocèses ; mais pour le Formulaire, ils en firent eux-mêmes si peu de cas, qu'il ne paroît point qu'aucun d'eux en ait exigé la souscription, non pas même l'archevêque de Toulouse, qu'on en regardoit

---

1. Voyez ci-dessus, p. 474, note 2.
2. Qu'on y présentât (*sans la négation*). Var. C. M.
3. Le 19 novembre 1657.

comme l'inventeur. Ainsi les choses demeurèrent au même état où elles se trouvoient avant l'Assemblée, tout le monde étant d'accord sur le dogme, et ceux qui doutoient du fait ne se croyant pas obligés de reconnoître plus d'infaillibilité sur ce fait dans Alexandre VII que dans son prédécesseur. Le cardinal Mazarin lui-même, soit que les grandes affaires de l'État l'occupassent alors tout entier, soit qu'il ne fût pas toujours d'humeur à accorder aux jésuites tout ce qu'ils lui demandoient, ne donna aucun ordre pour exécuter[1] les décisions de l'Assemblée, et parut être retombé pour cette querelle dans la même indifférence où il avoit été dans les commencements.

Les choses demeurèrent en cet état jusque vers la fin de décembre de l'année 1660, auquel temps l'Assemblée générale, dont l'ouverture s'étoit faite au commencement de cette même année, eut ordre de remettre sur le tapis l'affaire du jansénisme. Aussitôt tous les prélats de dehors furent mandés pour y travailler, et entre autres l'archevêque de Toulouse, qui n'étoit point de cette assemblée, mais qui y vint plaider avec beaucoup de chaleur la cause de son formulaire. Il fit surtout de grandes plaintes d'un écrit qu'on avoit fait contre ce formulaire, dont on avoit renversé tous les principes par les propres principes que Monsieur de Toulouse avoit autrefois enseignés dans ses livres. Cet écrit[2] étoit du même M. de Launoy dont nous avons déjà parlé, qui ne prenoit, comme j'ai dit, aucun intérêt à la doctrine de saint Augustin, mais qui, par la même raison qu'il n'avoit pu souffrir de voir renversés[3] par la censure de Sorbonne tous les priviléges de la Fa-

---

1. Pour faire exécuter. *Var.* C. M.
2. Il avait pour titre : *Observations sur le Formulaire.*
3. De voir renverser. *Var.* C. M.

culté, n'avoit pu digérer aussi de voir toutes les libertés de l'Église gallicane et toute l'ancienne doctrine de la France renversées par le Formulaire du clergé.

Celui qui présidoit à l'assemblée de 1660 étoit M. de Harlay, archevêque de Rouen. On peut juger qu'il ne négligea pas cette grande occasion de se signaler. Il eut plusieurs prises avec les plus illustres députés du premier et du second ordre, qui lui sembloient trop favorables aux jansénistes, fit sonner fort haut dans tous ces avis la volonté du Roi et les intentions de M. le cardinal Mazarin. Tout cela n'empêcha pas Monsieur l'évêque de Laon, depuis cardinal d'Estrées, M. de Bassompierre, évêque de Xaintes, et d'autres évêques des plus considérables, de s'élever avec beaucoup de fermeté contre le nouveau joug qu'on vouloit imposer aux fidèles, en leur prescrivant la même créance pour les faits non révélés que pour les dogmes. La brigue contraire l'emporta néanmoins sur toutes leurs raisons ; et le plus grand nombre fut, à l'ordinaire, de l'avis du président, c'est-à-dire de l'avis de la cour. On enchérit encore sur les résolutions des dernières assemblées. On ordonna de nouvelles peines contre ceux qui refuseroient de se soumettre ; on comprit dans le nombre de ceux qui seroient obligés de signer le Formulaire, non-seulement les Religieuses[1], mais même les régents et les maîtres d'école : chose jusqu'alors inouïe dans l'Église catholique, et qui n'avoit été pratiquée que par les protestants d'Allemagne.

Le cardinal Mazarin mourut quinze jours après ces délibérations[2]. Les défenseurs de Jansénius s'étoient d'abord flattés que cette mort apporteroit quelque changement favorable à leurs affaires ; mais lorsqu'ils virent de quelles

1. Les Religieux. *Var.* C. M.
2. Dans la nuit du 8 au 9 mars 1661.

personnes le Roi avoit composé son conseil de conscience, et que c'étoit M. de Marca et le P. Annat qui y avoient la principale autorité, ils jugèrent bien qu'ils ne devoient plus mettre leur confiance qu'en Dieu seul, et que toutes les autres voies pour faire connoître leur innocence leur étoient fermées.

SECONDE PARTIE[1].

Nous avons vu jusqu'ici la calomnie employer tous ses efforts pour décrier le monastère de Port-Royal. Nous allons voir maintenant tomber sur cette maison l'orage qui se formoit depuis tant d'années, et la passion des jésuites armée pour la perdre non plus simplement de l'autorité du premier ministre, mais de toute la puissance royale. Je ne doute pas que la postérité, qui verra un jour, d'un côté, les grandes choses que le Roi a faites pour l'avancement de la religion catholique, et de l'autre, les grands services que M. Arnauld a rendus à l'Église, et la vertu extraordinaire qui a éclaté dans la maison dont nous parlons, n'ait peine à comprendre comment il s'est pu faire que, sous un roi si plein de piété et de justice, une maison si sainte ait été détruite, et que ce même M. Arnauld ait été obligé d'aller finir sa vie dans les pays étrangers. Mais ce n'est pas la première fois que Dieu a permis que de fort grands saints aient été traités en coupables par des princes très-vertueux. L'histoire ecclésiastique est pleine de pareils exemples; et il faut avouer que jamais prévention n'a été fondée sur des raisons plus apparentes que celle du Roi contre tout ce qui s'appelle jansénisme.

Car bien que les défenseurs de la grâce n'eussent[2]

1. Nous suivons, pour cette *Seconde partie*, le texte du manuscrit autographe. Voyez ci-dessus, p. 390.
2. L'édition de 1767 et la *Copie manuscrite* donnent *n'aient*, au lieu de *n'eussent*.

jamais soutenu les cinq Propositions en elles-mêmes, ni avoué qu'elles fussent d'aucun auteur, bien qu'ils n'eussent, comme j'ai dit[1], envoyé leurs docteurs à Rome que pour exhorter Sa Sainteté à prendre bien garde, en prononçant sur ces propositions chimériques, de ne point donner d'atteinte à la véritable doctrine de la grâce, le Pape néanmoins les ayant condamnées sans aucune explication comme extraites de Jansénius, il sembloit que les prétendus jansénistes eussent entièrement perdu leur cause; et la plupart du monde, qui ne savoit point le nœud de la question, croyoit que c'étoit en effet leur opinion que le Pape avoit condamnée. La distinction même du fait et du droit qu'ils alléguoient, paroissoit une adresse imaginée après coup pour ne se point soumettre. Il n'est donc pas surprenant que le Roi, à qui ses grands emplois ne laissoient pas le temps de lire leurs nombreuses justifications, crût, sur tant de circonstances si vraisemblables et si peu vraies, qu'ils étoient dans l'erreur. D'ailleurs, quelques grands principes qu'on eût à Port-Royal sur la fidélité et sur l'obéissance qu'on doit aux puissances légitimes, quelque persuadé qu'on y fût qu'un sujet ne peut jamais avoir de juste raison de s'élever contre son prince, le Roi étoit prévenu que les jansénistes n'étoient point bien intentionnés pour sa personne et pour son État; et ils avoient eux-mêmes, sans y penser, donné occasion à lui inspirer ces sentiments par le commerce, quoique innocent, qu'ils avoient eu, ainsi que nous avons dit[2], avec le cardinal de Retz, et par leur facilité plus chrétienne que judicieuse à recevoir beaucoup de personnes, ou dégoûtées de la cour, ou tombées dans

---

1. Dans l'édition de 1767 : « comme j'ai déjà dit. »
2. L'édition de 1767 et la *Copie manuscrite* n'ont pas ce membre de phrase.

la disgrâce, qui venoient chez eux chercher des consolations, quelquefois même se jeter dans la pénitence. Joignez à cela qu'encore que les principaux d'entre eux fussent fort réservés à parler et à se plaindre, ils avoient des amis zélés et indiscrets[1], qui tenoient quelquefois[2] des discours très-peu excusables. Ces discours, quoique avancés souvent par un seul particulier, étoient réputés des discours de tout le corps. Leurs adversaires prenoient grand soin qu'ils fussent rapportés ou au premier ministre ou au Roi même.

On sait que Sa Majesté a toujours un jésuite pour confesseur. Le P. Annat, qui l'a été fort longtemps[3], outre l'intérêt général de sa Compagnie, avoit encore un intérêt particulier qui l'animoit contre les gens dont nous parlons. Il se piquoit d'être grand théologien et grand écrivain ; il entassoit volume sur volume, et ne pouvoit digérer de voir ses livres, malgré tous les mouvements que sa Compagnie se donnoit pour les faire valoir, méprisés du public, et ceux de ses adversaires dans une estime générale. Tous ceux qui ont connu ce Père, savent qu'étant assez raisonnable dans les autres choses, il ne connoissoit plus ni raison ni équité quand il était question des jansénistes. Tout ce qui s'approchoit[4] du Roi, mais surtout les gens d'Église, n'osoient guère lui parler sur ce chapitre que dans les sentiments de son confesseur. Il ne se tenoit point d'assemblée d'évêques où l'on ne fît des délibérations contre la prétendue nouvelle hérésie ; et ils comparoient dans leurs harangues quelques déclarations qu'on avoit obtenues de Sa Majesté contre les jansénistes, à tout

1. Dans l'édition de 1767 : « des amis moins réservés, et indiscrets. »
2. Il y avait d'abord dans le manuscrit : *assez souvent*. Ces mots ont été biffés, *quelquefois* a été écrit dans l'interligne.
3. Pendant seize ans, de 1654 à 1670.
4. Tout ce qui approchoit. *Var*. C. M.

ce que les Constantins et les Théodoses ont fait[1] de plus considérable pour l'Église. Les papes mêmes, dans leurs brefs, excitoient son zèle à exterminer une secte si pernicieuse. C'étoient tous les jours de nouvelles accusations. On lui présentoit des livres où l'on assuroit que, pendant les guerres de Paris, les ecclésiastiques de Port-Royal avoient offert au duc d'Orléans de lever et d'entretenir douze mille hommes à leurs dépens, et qu'on en donneroit la preuve dès que Sa Majesté en voudroit être informée. On eut l'impudence d'avancer, dans un de ces livres, que M. de Gondrin, archevêque de Sens, qu'on appeloit l'un des apôtres du jansénisme, avoit chargé, l'épée à la main, et taillé en pièces, dans une ville de son diocèse, un régiment d'Irlandois qui étoit au service de Sa Majesté. Tous ces ouvrages se débitoient avec privilége, et les réponses où l'on couvroit de confusion de si ridicules calomniateurs étoient supprimées par autorité publique, et quelquefois même brûlées par la main du bourreau.

Quel moyen donc que la vérité pût parvenir aux oreilles du Roi? Le peu de gens qui auroient pu avoir assez de fermeté pour la lui dire, étoient ou retirés de la cour, ou décriés eux-mêmes comme jansénistes. Et qui est-ce qui auroit pu être à couvert d'une pareille diffamation, puisqu'on a vu un pape, pour avoir fait écrire une lettre un peu obligeante à M. Arnauld[2], diffamé lui-même publiquement comme fauteur de jansénistes[3].

Ainsi une des premières choses à quoi Sa Majesté se

1. Dans l'édition de 1767 et dans la *Copie manuscrite :* « avoient fait. »
2. Clément X, qui fut pape de 1670 à 1676, avait adressé cette lettre à Arnauld, pour le remercier de l'envoi qu'il lui avait fait de ses ouvrages.
3. Dans l'édition de 1767 : « des jansénistes. »

crut obligée, prenant l'administration de ses affaires après la mort du cardinal Mazarin, ce fut de délivrer son État de cette prétendue secte[1]. Il fit donner un arrêt dans son conseil d'État[2], pour faire exécuter les résolutions de la dernière assemblée[3], et écrivit à tous les archevêques et évêques de France à ce qu'ils eussent à s'y conformer, avec ordre à chacun d'eux de lui rendre compte de sa soumission deux mois après qu'ils auroient reçu sa lettre. Mais les jésuites n'eurent rien plus à cœur que de lui faire ruiner la maison de Port-Royal. Il y avoit longtemps qu'ils la lui représentoient comme le centre et la principale école de la nouvelle hérésie. On ne se donna pas même le temps de faire examiner la foi des Religieuses : le lieutenant civil et le procureur du Roi eurent ordre de s'y transporter[4] pour en chasser toutes les pensionnaires et les postulantes, avec défense d'en plus recevoir à l'avenir ; et un commissaire du Châtelet alla faire la même chose[5] au monastère des Champs. L'Abbesse, qui étoit alors la Mère Agnès, sœur de la Mère Angélique, reçut avec un profond respect les ordres du Roi, et sans faire la moindre plainte de ce qu'on les condamnoit ainsi avant que de les entendre, demanda seulement au lieutenant civil si elle ne pourroit pas donner le voile à sept de ces postulantes qui étoient déjà au noviciat, et que la communauté avoit admises à la vêture. Il n'en fit point de difficulté ; et sur la parole de ce magistrat, quatre de ces

1. Il y avait d'abord *dangereuse secte*. *Dangereuse* a été effacé, et *prétendue* écrit au-dessus. Cette correction paraît être de la main de Boileau.
2. Le 13 avril 1661, qui, cette année, était le mercredi saint.
3. Dans l'édition de 1767 : « de l'assemblée du clergé. »
4. Le lieutenant civil d'Aubray, accompagné du procureur du Roi au Châtelet, vint au monastère de Paris le 23 avril 1661.
5. Le 24 avril.

filles prirent l'habit le lendemain, qui étoit le jour de la *Quasimodo;* et les trois autres le prirent aussi le jour suivant, fête de saint Marc[1]. Cette affaire fut rapportée au Roi d'une manière si odieuse, qu'il renvoya sur-le-champ[2] le lieutenant civil, avec une lettre de cachet, pour faire ôter l'habit à ces novices. L'Abbesse se trouva dans un fort grand embarras, ne croyant pas qu'ayant donné à des filles le saint habit à la face de l'Église, il lui fût permis de le leur ôter, sans qu'elles se fussent attiré ce traitement par quelque faute. Elle écrivit au Roi une lettre[3] très-respectueuse pour lui expliquer ses raisons, et pour le supplier aussi de vouloir considérer si Sa Majesté, sans aucun jugement canonique, pouvoit en conscience, en leur défendant de recevoir des novices, supprimer et éteindre un monastère et un institut légitimement établi pour donner des servantes à Jésus-Christ dans la suite de tous les siècles. Mais cette lettre ne produisit d'autre fruit que d'attirer une seconde lettre de cachet, par laquelle le Roi réitéroit ses ordres à l'Abbesse d'ôter l'habit aux sept novices, et de les renvoyer dans vingt-quatre heures, sous peine de désobéissance et d'encourir son indignation. Du reste, il lui déclaroit qu'il n'avoit point prétendu supprimer son monastère par une défense absolue d'y recevoir des novices à l'avenir, mais seulement jusqu'à[4] nouvel ordre, lequel seroit donné par autorité ecclésiastique, « lorsqu'il aura été pourvu à votre couvent (ce sont les termes de la lettre) d'un supérieur et

---

1. Dans l'édition de 1767 : « le lendemain, qui étoit le jour de saint Marc. »
2. Le 4 mai.
3. On trouve dans l'*Histoire générale de Port-Roïal*, tome IV, p. 43-46, une analyse et la citation des principaux passages de cette lettre, qui était datée du 6 mai 1661.
4. Jusques à. *Var.* C. M.

directeur d'une capacité et piété reconnue, et duquel la doctrine ne sera point soupçonnée de jansénisme : à l'établissement duquel nous entendons qu'il soit procédé incessamment par les vicaires généraux de l'archevêque de Paris. »

Après une telle lettre, on n'osa plus garder les sept novices, et on les rendit à leurs parents[1] ; mais on ne put jamais les faire résoudre à quitter l'habit : elles le gardèrent pendant plus de trois ans, attendant toujours qu'il plût à Dieu de rouvrir les portes d'une maison où elles voyoient que leur salut étoit attaché. L'une de ces novices étoit cette Mlle Perrier qui avoit été guérie par la sainte épine ; et Dieu a permis qu'elle soit restée dans le siècle, afin que plus de personnes pussent apprendre de sa bouche ce miracle si étonnant. Elle est encore vivante au moment que j'écris ceci[2] ; et sa piété exemplaire, très-digne d'une vierge chrétienne, ne contribue pas peu à confirmer le témoignage qu'elle rend à la vérité.

Les pensionnaires et les postulantes chassées, on chassa aussi le supérieur et les confesseurs[3]. Alors M. de Contes, doyen de Notre-Dame, l'un des grands vicaires, amena aux Religieuses, par ordre du Roi, M. Bail, curé de Montmartre, et sous-pénitencier, pour être leur supérieur et leur confesseur. Et celui-ci nomma deux prêtres de Saint-Nicolas du Chardonnet pour être leurs confesseurs sous lui[4]. On ne pouvoit guère choisir des gens plus prévenus contre les jansénistes. M. Bail surtout leur étoit fort

---

1. Elles sortirent le 14 mai.
2. Marguerite Perrier ne mourut qu'en avril 1733, à l'âge de quatre-vingt-sept ans.
3. M. Singlin, qui s'était retiré le 8 mai, et MM. de Rebours, d'Allençon, et Akakia du Mont.
4. Les confesseurs nommés par M. Bail étaient MM. le Juge et Parat pour la maison de Paris, M. Paulon pour celle des Champs.

opposé. Ses cheveux se hérissoient au seul nom de Port-Royal, et il avoit toute sa vie ajouté une foi entière à tout ce que les jésuites publioient contre cette maison : très-dévot d'ailleurs, et qui avoit fort étudié les casuistes. Six semaines après qu'il eut été établi supérieur, M. de Contes et lui eurent ordre de faire la visite des deux maisons[1], et ils commencèrent par la maison de Paris. Ils y trouvèrent la célèbre Mère Angélique, qui étoit dangereusement malade, et qui mourut même pendant le cours de cette visite. Mais comme cette sainte fille a eu tant de part à tout le bien que Dieu a opéré dans ce monastère, je crois qu'il ne sera pas hors de propos de raconter ici avec quelle fermeté héroïque elle soutint cette désolation de sa maison, et de toucher quelques-unes des principales circonstances de sa mort.

Elle avoit passé tout l'hiver à Port-Royal des Champs, avec une santé fort foible et fort languissante, ne s'étant point bien rétablie d'une grande maladie qu'elle avoit eue l'été précédent. Il y avoit déjà du temps qu'elle exhortoit ses Religieuses à se préparer par beaucoup de prières aux tribulations qu'elle prévoyoit qui leur devoient arriver. On lui avoit pourtant écrit de Paris qu'on avoit avis[2] que les affaires s'adoucissoient ; mais elle n'en avoit rien cru, et disoit toujours que le temps de la souffrance étoit arrivé. En effet elle apprit dans la semaine de Pâques les résolutions qui avoient été prises contre ce monastère. Malgré ses grandes infirmités et l'amour qu'elle avoit pour son désert, elle manda à la Mère Abbesse que si l'on jugeoit à Paris sa présence nécessaire dans une conjoncture si importante, elle s'y feroit porter, et le fit en

---

1. Cette visite fut commencée le 12 juillet 1661, et dura jusqu'au 2 septembre.

2. Ce membre de phrase : *qu'on avoit avis*, a été omis dans l'édition de 1767.

effet, sur ce qu'on lui écrivit qu'il étoit à propos qu'elle vînt. Elle apprit en chemin que ce jour-là même le lieutenant civil étoit venu dans la maison de Paris, et les ordres qu'il y avoit apportés. Elle se mit aussitôt à réciter[1] le *Te Deum* avec les sœurs qui l'accompagnoient dans le carrosse, leur disant qu'il falloit remercier Dieu de tout et en tout temps. Elle arriva avec cette tranquillité dans la maison ; et comme elle vit des Religieuses qui pleuroient : « Quoi ? dit-elle, mes filles, je pense qu'on pleure ici. Et où est votre foi ? » Cette grande fermeté néanmoins n'empêcha pas que les jours suivants ses entrailles ne fussent émues lorsqu'elle vit sortir toutes ces pauvres filles qu'on venoit enlever les unes après les autres, et qui, comme d'innocents agneaux, perçoient le ciel de leurs cris en venant prendre congé d'elle, et lui demander sa bénédiction. Il y en eut trois, entre autres, pour qui elle se sentit[2] particulièrement attendrir : c'étoient Mlles de Luynes[3] et Mlle de Bagnols[4]. Elle les avoit élevées toutes trois presque au sortir de berceau, et ne pouvoit oublier avec quels sentiments de piété leurs parents, qui avoient fait beaucoup de bien à la maison, les lui avoient autrefois recommandées pour en faire des offrandes dignes d'être consacrées à Dieu dans son monastère. Elles étoient sur le point d'y prendre l'habit, et attendoient ce jour avec beaucoup d'impatience. L'heure

---

1. Il y avait d'abord dans le manuscrit : *à chanter*.
2. Dans l'édition de 1767 : « elle se sentoit. »
3. L'une d'elles, l'aînée, était appelée *Mme de Luynes*; l'autre, *Mme d'Albert*. Elles devinrent toutes deux religieuses dans l'abbaye de Jouarre. Il y avait aussi alors à Port-Royal une troisième fille du duc de Luynes, *Mlle de Chars*, qui se maria.
4. Gabrielle de Bagnols, qui avait été confiée à la Mère Angélique dès l'âge de cinq ans. Elle était fille de Guillaume du Gué de Bagnols. Elle mourut en 1686, âgée de quarante-quatre ans, et fut enterrée à Port-Royal des Champs.

étant venue qu'il falloit qu'elles sortissent, la Mère Angélique, qui sentit son cœur se déchirer à cette séparation, et que sa fermeté commençoit à s'ébranler, tout à coup s'adressa à Dieu pour le prier de la soutenir, et prit la résolution de les mener elle-même à la porte, où leurs parents les attendoient. Elle les leur remit entre les mains avec tant de marques de constance, que Mme de Chevreuse, qui venoit querir Mlles de Luynes, ne put s'empêcher de lui faire compliment sur son grand courage. « Madame, lui dit la Mère[1] d'un ton qui acheva de la remplir d'admiration, tandis que Dieu sera Dieu, j'espérerai en lui, et je ne perdrai point[2] courage[3]. » Ensuite, s'adressant à Mlle de Luynes l'aînée, qui fondoit en larmes : « Allez, ma fille, lui dit-elle, espérez en Dieu, et mettez en lui votre confiance. Nous nous reverrons ailleurs, où il ne sera plus au pouvoir des hommes de nous séparer. »

Mais dans tous ces combats de la foi et de la nature, à mesure que la foi prenoit le dessus, à mesure aussi la nature tomboit dans l'accablement ; et l'on s'aperçut bientôt que sa santé dépérissoit à vue d'œil. Ajoutez à tous ces déchirements de cœur le mouvement continuel qu'il falloit qu'elle se donnât dans ce temps de trouble et d'agitation, étant obligée à toute heure, tantôt d'aller au parloir, tantôt d'écrire des lettres, soit pour demander conseil, soit pour en donner. Il n'y avoit point de jour qu'elle ne reçut des lettres des Religieuses des Champs, chez qui il se passoit les mêmes choses qu'à Paris, et qui n'avoient recours qu'à elle dans tout ce qui leur arrivoit.

1. Dans l'édition de 1767 : « la Mère Angélique. »
2. Et ne perdrai point. *Var.* C. M.
3. Ces paroles sont ainsi rapportées par D. Clémencet (tome IV, p. 48) : « Madame, quand il n'y aura plus de Dieu, je perdrai courage ; mais tant que Dieu sera Dieu, j'espérerai en lui. »

Elle étoit de toutes les processions qu'on faisoit alors pour implorer la miséricorde de Dieu. La dernière où elle assista, ce fut à celle que l'on fit[1] pour les sept novices, afin qu'il plût à Dieu d'exaucer les prières qu'elles lui faisoient pour demeurer dans la maison. On lui donna à porter une relique de la vraie croix, et elle y alla nupieds, comme toutes les Religieuses[2]. Elle se traîna, comme elle put, le long des cloîtres dont on faisoit le tour ; mais en rentrant dans le chœur[3], elle tomba en foiblesse, et il fallut la reporter dans sa chambre et dans son lit, d'où elle ne se releva plus. Il lui prit une fort grande oppression, accompagnée de fièvre ; et cette oppression, qui étoit continuelle, avoit des accès si violents, qu'on croyoit à tout moment qu'elle alloit mourir : en telle sorte que, dans l'espace de deux mois, on fut obligé de lui apporter trois fois le saint viatique.

Mais la plus rude de toutes les épreuves, tant pour elle que pour toute la communauté, ce fut l'éloignement de M. Singlin et des autres confesseurs, du nombre desquels étoient M. de Sacy et M. de Sainte-Marthe[4], deux des plus saints prêtres qui fussent alors dans l'Église. Il y avoit plus de vingt ans que la Mère Angélique se confessoit à M. Singlin[5], et l'on peut dire qu'après Dieu elle avoit mis[6] en lui toute l'espérance de son salut. On peut juger combien il lui fut sensible d'être privée de ses lu-

1. Les mots *que l'on fit* manquent dans l'édition de 1767.
2. Dans l'édition de 1767 et dans la *Copie manuscrite* : « comme toutes les autres Religieuses. »
3. Dans l'édition de 1767 : « en rentrant du cloître dans le chœur. »
4. Claude de Sainte-Marthe, mort le 11 octobre 1690, à l'âge de soixante-dix ans.
5. L'édition de 1767 donne ici : « M. de Singlin, » bien qu'elle ait, quatre lignes plus haut : « M. Singlin. »
6. Dans l'édition de 1767 et dans la *Copie manuscrite* : *remis*, au lieu de *mis*.

mières et de ses consolations, dans un temps où elles lui étoient si nécessaires, surtout sentant approcher l'heure de sa mort. Cependant elle supporta cette privation si douloureuse avec la même résignation que tout le reste ; et voyant ses Religieuses qui s'affligeoient de n'avoir plus personne pour les conduire, et qui se regardoient comme des brebis sans pasteur : « Il ne s'agit pas, leur disoit-elle, de pleurer la perte que vous avez faite en la personne de ces vertueux ecclésiastiques, mais de mettre en œuvre les saintes instructions qu'ils vous ont données. Croyez-moi, mes filles, nous avions besoin de toutes les humiliations que Dieu nous envoie. Il n'y avoit point de maison en France plus comblée des biens spirituels que la nôtre, ni où il y eût plus de connoissance de la vérité. Mais il eût été dangereux pour nous de demeurer plus longtemps dans notre abondance ; et si Dieu ne nous eût abaissées, nous serions peut-être tombées. Les hommes ne savent pas pourquoi ils font les choses ; mais Dieu, qui se sert d'eux, sait ce qu'il nous faut[1]. »

Mais tous ces sentiments, dont son cœur étoit si[2] rempli, paroîtront encore mieux[3] dans une lettre qu'elle écrivit alors à un des amis de la maison[4], très-vivement touché de tout ce qui se passoit. Voici cette lettre :

« Enfin, Monsieur, Dieu nous a dépouillées de pères,

---

1. D. Clémencet (tome IV, p. 83 et 84) rapporte aussi ces paroles ; elles auraient été, selon lui, adressées non aux Religieuses, mais à une dame qu'il ne nomme pas.
2. *Si* est omis dans l'édition de 1767.
3. Mieux encore. *Var.* C. M.
4. D. Clémencet (tome IV, p. 65) dit qu'elle était écrite à M. de Sévigné, « qui, depuis environ un an, avoit embrassé la pénitence. » Il en cite une partie ; son texte s'écarte par quelques légères différences de celui de Racine. M. Sainte-Beuve (*Port-Royal*, tome IV, p. 156 et 157) a aussi donné la lettre de la Mère Angélique à Renaud de Sévigné. Il avertit qu'il en a revu le texte sur les manuscrits.

de sœurs et d'enfants : son saint nom soit béni. La douleur est céans, mais la paix y est aussi dans une soumission entière à sa divine volonté. Nous sommes persuadées que cette visite est une grande miséricorde de Dieu sur nous, et qu'elle nous étoit absolument nécessaire pour nous purifier et nous disposer à faire un saint usage de ses grâces, que nous avons reçues avec tant d'abondance. Car, croyez-moi, si Dieu daigne avoir sur nous de plus grands desseins de miséricorde, la persécution ira plus avant. Humilions-nous de tout notre cœur pour nous rendre dignes de ces faveurs si véritables et si inconnues aux hommes. Pour vous, je vous supplie d'être le plus solitaire que vous pourrez, et de parler fort peu, surtout de nous. Ne racontez point ce qui se passe, si l'on ne vous en parle; écoutez, et répondez le moins que vous pourrez. Souvenez-vous de cette excellente remarque de M. de Saint-Cyran, que l'Évangile et la Passion de Jésus-Christ est écrite dans une très-grande simplicité et sans aucune exagération. L'orgueil, la vanité, l'amour-propre se mêlent partout ; et puisque Dieu nous a unis par sa sainte charité, il faut que nous le servions dans l'humilité. Le plus grand fruit de la persécution, c'est l'humiliation ; et l'humilité se conserve dans le silence. Gardons-le[1] donc aux pieds de Notre-Seigneur et attendons de sa bonté notre force et notre soutien. »

C'est dans ce même esprit qu'elle répondit un jour à quelques sœurs, qui lui demandoient ce qu'elle pensoit qu'elles deviendroient toutes, et si on ne leur rendroit point leurs novices et leurs pensionnaires : « Mes filles, ne vous tourmentez point de tout cela : je ne suis pas en peine si on vous rendra vos novices et vos pensionnaires ; mais je suis en peine si l'esprit de la retraite, de la simplicité

1. Dans l'édition de 1767 : « Gardons-la. »

et de la pauvreté se conservera parmi vous. Pourvu que ces choses subsistent, moquez-vous de tout le reste. »

Il n'y avoit presque point de jour qu'on ne lui vînt annoncer quelque nouvelle affligeante : tantôt on lui disoit que le lieutenant civil étoit dans la clôture avec des maçons pour faire murer jusqu'aux portes par où entroient les charrois pour les nécessités du jardin et de la maison ; tantôt que ce même magistrat[1] faisoit, avec des archers, des perquisitions dans les maisons voisines, pour voir si quelques-uns des confesseurs n'y seroient point cachés ; une autre fois, qu'on viendroit enlever et disperser toutes les Religieuses. Mais elle demeuroit toujours dans le calme, ne permettant jamais qu'on se plaignît, même des jésuites, et disant toujours : « Prions Dieu pour eux et pour nous. » Cependant, comme il étoit aisé de juger par tous ces traitements si[2] extraordinaires qu'il falloit qu'on eût étrangement prévenu l'esprit du Roi contre la maison, on crut devoir faire un dernier effort pour détromper Sa Majesté. Toute la communauté s'adressa donc à la Mère Angélique, et on l'obligea d'écrire à la Reine mère, dont elle étoit plus connue [que] du Roi, et qui avoit toujours conservé beaucoup de bonté pour M. d'Andilly, son frère. Comme cette lettre a été imprimée[3], je n'en rapporterai ici que la substance. Elle y représentoit une partie des bénédictions que Dieu avoit répandues sur son monastère[4], et entre autres le bonheur qu'elle avoit eu d'avoir

---

1. Dans l'édition de 1767 : « que ce magistrat. »
2. *Si* est omis dans l'édition de 1767.
3. D. Clémencet en donne le texte (tome IV, p. 66-79). Elle est datée : « Du monastère de Port-Royal, le 25 mai 1661. » — « Nous ne savons, dit D. Clémencet dans une note de la page 79, sur quel fondement l'auteur de la *Vie de M. Nicole* l'attribue à ce théologien et à M. Arnauld. »
4. Dans l'édition de 1767 et dans la *Copie manuscrite* : « sur elle et

saint François de Sales pour directeur, et la bienheureuse Mère de Chantail pour intime amie. Elle rappeloit ensuite toutes les calomnies dont on l'avoit déchirée et ses Religieuses ; la protection que leur innocence avoit trouvée auprès de feu M. de Gondy, leur archevêque et leur supérieur, et les censures dont il avoit [flétri[1]] les infâmes libelles de leurs accusateurs, qui n'avoient pas laissé de continuer leurs impostures. Elle rapportoit les témoignages que ce prélat, et tous les supérieurs qu'il leur avoit donnés, avoient rendus de la pureté de leur foi, de leur soumission au Pape et à l'Église, et de l'entière ignorance où on les avoit toujours entretenues touchant les matières contestées, jusque-là qu'on ne leur laissoit pas lire le livre *de la Fréquente communion* même[2], à cause des disputes auxquelles il avoit donné occasion. Elle faisoit souvenir la Reine de la manière miraculeuse dont Dieu s'étoit déclaré pour elles, et la supplioit enfin de leur accorder la même protection que Philippe second, roi d'Espagne, son aïeul, avoit accordée à sainte Thérèse, qui, malgré son éminente sainteté, s'étoit vue[3] calomniée aussi bien que les Pères de son ordre, et noircie auprès du Pape par les mêmes accusations d'hérésie dont on chargeoit les Religieuses de Port-Royal et leurs directeurs.

La Mère Angélique dicta cette lettre à plusieurs reprises, étant interrompue presque à chaque ligne par des syncopes et des convulsions violentes que lui causoit sa maladie. La lettre étant écrite, elle ne voulut plus en-

---

sur son monastère. » Les mots *sur elle et* étaient d'abord dans le manuscrit autographe ; mais ils ont été biffés.

1. Le mot *flétri* est donné par l'édition de 1767 et par la *Copie manuscrite*. Il a été omis dans le manuscrit autographe.

2. Le mot *même* manque dans l'édition de 1767 et dans la *Copie manuscrite*.

3. Il y a *vu* sans accord, dans le manuscrit autographe.

tendre parler d'aucune affaire, et ne songea plus qu'à l'éternité. Bien qu'elle eût passé sa vie dans des exercices continuels de pénitence, et n'eût jamais fait autre chose que de travailler à son salut et à celui des autres, elle étoit si pénétrée de la sainteté infinie de Dieu, et de sa propre indignité, qu'elle ne pouvoit penser sans frayeur au moment terrible où elle comparoîtroit devant lui. La sainte confiance qu'elle avoit en sa miséricorde gagna pourtant[1] enfin le dessus. Son extrême humilité la rendit fort attentive, dans ces derniers jours de sa vie, à ne rien dire et à ne rien faire de trop remarquable, ni qui donnât occasion de parler d'elle avec estime après sa mort. Et sur ce qu'on lui représentoit un jour[2] que la Mère Marie des Anges, qu'elle estimoit, et qui étoit morte il y avoit trois ans, avoit dit, avant que de mourir, beaucoup de choses dont on se souvenoit avec édification, elle répondit brusquement : « Cette Mère étoit fort simple et fort humble, et je ne la suis pas[3]. »

Quelques[4] cinq semaines[5] avant sa mort, ses oppressions diminuèrent tout à coup[6], et on la crut presque hors de péril. Mais bientôt les jambes lui enflèrent, et ensuite tout le corps ; et tous ses maux se changèrent en une hydropisie qui fut jugée sans remède.

Dans ce temps-là même M. de Contes[7] et M. Bail, qui commençoient leur visite, étant entrés dans sa chambre,

1. Le mot *pourtant* manque dans l'édition de 1767 et dans la *Copie manuscrite*.
2. Au lieu des mots : « un jour, » il y avait d'abord dans le manuscrit : « quelquefois. »
3. Dans l'édition de 1767 : « et moi je ne la suis pas. »
4. Il y a ainsi *Quelques*, au pluriel, dans le manuscrit.
5. Dans l'édition de 1767 : « Quelques semaines. »
6. *Beaucoup*, au lieu de *tout à coup*, dans l'édition de 1767.
7. Dans la même édition : « Dans ce temps, le même M. de Contes. »

et M. de Contes lui ayant demandé comment elle se trouvoit, elle lui répondit d'un fort grand sens froid : « Comme une fille, Monsieur, qui va mourir. — Hé quoi ? ma Mère, s'écria M. de Contes, vous dites cela comme une chose indifférente. La mort ne vous étonne-t-elle point ? — Monsieur, lui dit-elle[1], je suis venue ici pour m'y préparer à mourir. Mais je n'y étois pas venue pour y voir ce que j'y vois. » M. de Contes, à ces mots, haussant les épaules sans rien répliquer : « Monsieur, lui dit la Mère, je vous entends. Voici le jour de l'homme ; mais le jour de Dieu viendra, qui découvrira bien des choses. »

Il est incroyable combien ses souffrances augmentèrent dans les trois dernières semaines de sa maladie, tant par les douleurs de son enflure que parce que son corps s'écorcha en plusieurs endroits. Ajoutez à cela un si extrême dégoût, que la nourriture lui étoit devenue un supplice. Elle enduroit tous ces maux avec une paix et une douceur étonnante, et ne témoigna jamais d'impatience que du trop grand soin qu'on prenoit de chercher des moyens pour la mettre plus à son aise. « Saint Benoît nous ordonne, disoit-elle, de traiter les malades comme Jésus-Christ même ; mais cela s'entend des soulagements nécessaires, et non pas des raffinements pour flatter la sensualité. » On la voyoit dans un recueillement continuel, toujours les yeux levés vers le ciel, et n'ouvrant la bouche que pour adresser à Dieu des paroles courtes et enflammées, la plupart tirées des Psaumes et des autres livres de l'Écriture.

La veille de sa mort, les médecins jugeant qu'elle ne pouvoit plus aller guère loin, on lui apporta, pour la troisième fois, comme j'ai dit[2], le saint viatique. Bien loin

---

1. « Moi ? lui dit-elle. » (*Édition de* 1767.)
2. Ci-dessus, p. 530. — L'édition de 1767 répète cette phrase

de se plaindre de n'être pas secourue en cette occasion par les ecclésiastiques en qui elle avoit eu tant de confiance, elle remercia Dieu de ce qu'elle mouroit pauvre de tout point, et également privée des secours spirituels et des temporels. Elle reçut le viatique[1] avec tant de marques de paix, de ferveur[2] et d'anéantissement, que, longtemps après sa mort, les Religieuses disoient que pour s'exciter à communier dignement, elles n'avoient qu'à se bien représenter[3] la manière édifiante dont leur sainte Mère avoit communié devant elles. Bientôt après elle entra dans l'agonie, qui fut d'abord très-douloureuse; mais enfin toutes ses souffrances se terminèrent en une espèce de léthargie, pendant laquelle elle s'endormit du sommeil des justes, le soir du sixième d'août[4], jour de la Transfiguration, âgée de soixante et dix ans moins deux jours : fille véritablement illustre, et digne, par son ardente charité envers Dieu et envers le prochain, par son extrême amour pour la pauvreté et la pénitence, et enfin par les grands talents de son esprit, d'être comparée aux plus saintes fondatrices.

Le bruit de sa mort s'étant répandu, et son corps ayant été le lendemain, vers le soir, exposé à la grille, selon la[5] coutume, l'église fut en un moment pleine d'une foule de peuple, qui venoit bien moins en intention de prier[6] pour elle que de se recommander à ses prières. Ils de-

incidente : « comme j'ai dit, » à la ligne suivante, après les mots : « Bien loin de se plaindre. »

1. Dans l'édition de 1767 : « le saint viatique. »
2. Dans la même édition et dans la *Copie manuscrite* : « de fermeté. »
3. Dans l'édition de 1767 et dans la *Copie manuscrite* : « qu'à se représenter. »
4. 1661.
5. Le manuscrit a, par un *lapsus*, « sa », au lieu de « la ».
6. Dans l'édition de 1767 : « de prier Dieu. »

mandoient tous avec instance qu'on fît toucher à cette Mère, les uns leur chapelet et leurs médailles, les autres leurs *Heures*, quelques-uns même leurs mouchoirs, qu'ils présentoient tout trempés de leurs larmes. On en fit d'abord quelque difficulté ; mais ne pouvant résister à leur empressement, deux sœurs ne firent autre chose tout ce soir, et le lendemain depuis le point du jour jusqu'à son enterrement, que de recevoir et de rendre ce qu'on passoit ; et on voyoit tout[1] ce peuple baiser avec transport les choses qu'on leur rendoit, l'appelant, les uns leur bonne mère, les autres la mère des pauvres. Il n'y eut pas jusqu'aux ecclésiastiques qui entrèrent pour l'enterrer, qui ne purent s'empêcher, quoiqu'ils ne fussent point de la maison, de lui baiser les mains comme celles d'une sainte. Dieu a bien voulu confirmer cette sainteté[2] par plusieurs miracles[3] ; et on en pourroit rapporter un grand nombre sans le soin particulier que les Religieuses de Port-Royal ont toujours eu, non-seulement de cacher le plus qu'elles peuvent leur vie austère et pénitente aux yeux des hommes, mais de leur dérober même la connoissance des merveilles que Dieu a opérées de temps en temps dans leur monastère.

Revenons maintenant à la visite. Elle dura près de deux mois, et pendant tout ce temps, M. de Contes et M. Bail visitèrent exactement les deux maisons, et interrogèrent toutes les Religieuses les unes après les autres, même les converses. M. Bail surtout y apportoit une application extraordinaire, fort étonné de trouver les choses si différentes de ce qu'il s'étoit imaginé. Il tendoit même des piéges à la plupart de ces filles dans les questions

---

1. *Tout* est omis dans l'édition de 1767.
2. Dans l'édition de 1767 : « sa sainteté. »
3. D. Clémencet (tome IV, p. 114-127) en rapporte quelques-uns.

qu'il leur faisoit, comme s'il eût été bien aise de les trouver dans quelque opinion qui eût quelque apparence[1] d'hérésie. Il y en eut à qui il demanda, puisqu'elles croyoient que Jésus-Christ étoit mort pour tous les hommes, si elles ne croyoient pas aussi qu'il fût mort pour le diable. Enfin, ne pouvant résister à la vérité, il leur rendit justice, et signa, avec M. de Contes, la carte de visite, dont j'ai cru devoir rapporter cet article tout entier : « Ayant trouvé, par la visite, cette maison en un état régulier, bien ordonné, une exacte observance des règles et des constitutions, une grande union et charité entre les sœurs, et la fréquentation des sacrements digne d'appprobation, avec une soumission due à notre saint-père le Pape et à tous ses décrets, par une foi orthodoxe et une obéissance légitime, n'ayant rien trouvé ni reconnu en l'un et en l'autre monastère qui soit contraire à ladite foi orthodoxe et à la doctrine de l'Église catholique, apostolique et romaine, ni aux bonnes mœurs, mais plutôt une grande simplicité, sans curiosité dans les questions controversées, dont elles ne s'entretiennent point, les Supérieurs ayant eu soin de les en empêcher : Nous les exhortons toutes, par les entrailles de Jésus-Christ, d'y persévérer constamment, et la Mère Abbesse d'y tenir la main. »

Voilà, en peu de mots, l'apologie des Religieuses de Port-Royal ; les voilà reconnues très-pures[2] dans leur foi et dans leurs mœurs, très-soumises à l'Église, et très-ignorantes des matières contestées ; et voilà par conséquent les jésuites déclarés de très-grands calomniateurs par l'homme même que les jésuites avoient fait nommer pour examiner ces filles. Vraisemblablement on se garda

1. Dans l'édition de 1767 : « qui eût l'apparence. »
2. Dans l'édition de 1767 et dans la *Copie manuscrite* : « pour très-pures. »

bien de montrer au Roi cette carte de visite, qui auroit été capable de lui donner contre les persécuteurs de ces Religieuses toute l'indignation qu'ils lui avoient inspirée contre elles. Je ne sais point si M. Bail prit, pour les justifier, les soins que sa conscience l'obligeoit de prendre. La vérité est que depuis ce temps-là il les traita assez doucement : il faisoit même assez volontiers ce qu'il pouvoit[1] pour les consoler dans l'affliction où il les voyoit ; et pour cela il leur apportoit quelquefois des cantiques spirituels dont il avoit fait les airs et les paroles, et vouloit les leur faire chanter à la grille.

Cependant le Formulaire commençoit à exciter beaucoup de troubles. Plusieurs évêques refusèrent de le faire signer dans leurs diocèses, et écrivirent au Roi pour se plaindre des entreprises de l'Assemblée du clergé[2], qui, méritant à peine le nom de simple synode, prétendoit s'ériger en concile national, prescrivoit des formules de foi, et décernoit des peines contre les prélats qui refuseroient de se soumettre à ses décisions. Le premier qui écrivit fut messire Nicolas Pavillon, évêque d'Aleth[3], qui étoit alors regardé comme le saint Charles de l'Église de France. Il y avoit vingt-deux ans[4] qu'il étoit évêque, et depuis ce temps-là il n'étoit jamais sorti de son diocèse que pour assister aux états de la province. Ce grand amour[5] pour la résidence, joint à la sainteté extraordinaire

1. L'édition de 1767 : a placé les mots : « ce qu'il pouvoit, » après « où il les voyoit. »

2. Des entreprises du Clergé. *Var.* C. M. L'omisssion des mots *de l'Assemblée* ne peut être qu'un *lapsus*.

3. *Lettre écrite au Roi par Monseigneur l'évêque d'Alet touchant la signature du Formulaire* (22 juin 1661), in-4°. Il avait aussi écrit le 22 mai 1661 une lettre sur le même sujet à l'évêque de Châlons. Nicolas Pavillon avait été sacré évêque d'Aleth en 1639.

4. Racine avait d'abord écrit : « vingt-trois ans. »

5. Dans l'édition de 1767 : « Le grand amour. »

de sa vie et à un zèle ardent pour la discipline, le faisoit dès lors traiter de janséniste. Il avoit été néanmoins au commencement[1] dans l'opinion qu'on devoit aux Constitutions une soumission pleine et entière, sans aucune distinction du fait et du droit. Mais il rapporte lui-même, dans une lettre qu'il écrivit à M. de Péréfixe, qu'ayant examiné à fond la matière, et demandé à Dieu par beaucoup de prières qu'il voulût l'éclairer, il avoit reconnu qu'il s'étoit trompé, et que le fait de Jansénius étoit d'une telle nature qu'on n'en pouvoit exiger par autorité ni la créance ni la souscription. Ce fut donc dans ce même sens qu'il écrivit au Roi et aux prélats de l'Assemblée[2]. Son exemple fut suivi par les évêques de Beauvais, de Cominges[3], d'Angers et de Vence[4]. Ce dernier représentoit au Roi, avec de grands sentiments de douleur[5], qu'on avoit surpris la piété de Sa Majesté, en lui faisant croire qu'il y avoit dans son royaume une nouvelle hérésie : ajoutant que le Formulaire avoit été regardé par la plupart des prélats, même de l'Assemblée, comme une semence malheureuse de troubles et de divisions. Tous ces évêques que je viens de nommer écrivirent aussi au Pape, pour lui faire les mêmes plaintes contre

1. « Au commencement » manque dans l'édition de 1767 et dans la *Copie manuscrite*.

2. Nous avons dit ci-desus, p. 540, note 3, que la lettre au Roi était datée du 22 juin 1661. Le même jour Nicolas Pavillon écrivit une *Lettre à Messeigneurs de l'assemblée du clergé touchant la signature du Formulaire*.

3. Ce nom est écrit ici *Comenge* dans le manuscrit de Racine ; ailleurs, *Comenges* dans le même manuscrit. Boileau l'écrit *Cominges*.

4. Nous avons déjà nommé les trois premiers de ces évêques : Gilbert de Choiseul, Nicolas Choart de Buzanval et Henri Arnauld. Voyez ci-dessus, p. 462, notes 3, 4 et 5. L'évêque (de Grasse et) de Vence était Antoine Godeau.

5. Dans l'édition de 1767 : « représentoit avec beaucoup de douleur. »

le Formulaire, et pour lui demander la conduite qu'ils devoient tenir en cette rencontre.

Mais rien ne fit mieux connoître combien tout le monde étoit soumis sur la doctrine, que les applaudissements[1] qu'on donna au mandement des grands vicaires de Paris[2], où la distinction du droit et du fait[3] étoit établie. On couroit en foule le signer. Déjà même plusieurs prélats de l'Assemblée déclaroient tout haut qu'ils n'avoient jamais prétendu exiger d'autre signature. Les jésuites virent avec douleur cette soumission universelle, et que dans deux mois, si le mandement subsistoit, il n'y auroit plus de janséniste[4] dans le royaume. Le P. Annat alla trouver ses bons amis, M. de Marca, auteur du Formulaire, et Monsieur l'archevêque de Rouen[5], président de l'Assemblée. Ceux-ci firent aussitôt parler les agents du clergé. On fit entendre au Roi que le mandement des grands vicaires avoit excité un fort grand scandale, qu'il éludoit le sens des Constitutions, et rendoit inutiles toutes les délibérations des prélats et les arrêts de Sa Majesté. Là-dessus les grands vicaires sont mandés à Fontainebleau, où étoit la cour, et où étoient aussi en grand nombre Messieurs les prélats. M. de Marca, toujours fort entêté de sa prétendue insé-

1. Dans l'édition de 1767 : « que tous les applaudissements. »
2. *Ordonnance de Messieurs les vicaires généraux de Monseigneur l'Éminentissime et Révérendissime Cardinal de Retz, Archevêque de Paris, pour la signature du Formulaire de foi dressé en exécution des Constitutions de nos SS. Pères les papes Innocent X et Alexandre VII* (8 juin 1661). — D. Clémencet (tome IV, p. 154) dit que ce mandement avait été concerté avec les amis de Port-Royal, et « dressé par M. Pascal. »
3. Dans l'édition de 1767 : « la distinction du fait et du droit, » et à la ligne suivante : « signer le Formulaire selon la distinction de ce mandement. »
4. Dans l'édition de 1767 et dans la *Copie manuscrite* : « il n'y avoit plus de jansénistes. »
5. François de Harlai, depuis archevêque de Paris.

parabilité du fait et du droit, fit un long discours[1] pour persuader aux grands vicaires qu'ils n'avoient point dû séparer ces deux questions. Après qu'il eut fini, ils lui demandèrent par grâce qu'il voulût mettre ses raisons par écrit, afin qu'ils les pussent examiner plus à loisir. M. de Marca, de concert avec le P. Annat, fit l'écrit qu'on lui demandoit; et le lendemain les grands vicaires lui apportèrent leurs observations, où toutes ses raisons étoient détruites de fond en comble. Il voulut leur répliquer par un autre écrit; mais en moins de vingt-quatre heures cet écrit fut encore réfuté par de nouvelles observations plus foudroyantes que les premières.

Alors Messieurs les prélats, reconnoissant qu'ils ne pouvoient l'emporter par la raison, eurent recours à la force. Ils firent casser et déclarer nul, par un arrêt du conseil, le mandement des grands vicaires, avec défense à tout le monde de le signer[2]. En même temps le mandement fut envoyé à Rome, et le Roi écrivit au Pape pour le faire révoquer. Les grands vicaires, de leur côté, écrivirent au Pape une grande lettre[3], où ils lui rendoient compte de leur mandement, « qui, en faisant rendre, disoient-ils, aux Constitutions tout le respect qui leur étoit dû, auroit mis le calme dans l'Église, s'il n'avoit été traversé par des gens ennemis de la paix, et par des évêques trop amoureux de leur formule de foi, qu'ils s'étoient avisés de proposer à tout le royaume, et dans

---

1. Dans l'édition de 1767 et dans la *Copie manuscrite* : « un grand discours. »

2. *Arrêt du conseil d'État portant que le commandement de Messieurs les grands vicaires de l'archevêché de Paris du huitième du mois de juin dernier.... demeurera révoqué et comme non fait.* Du 9 juillet 1661.

3. *Epistola vicariorum generalium Illustr. ac Reverend. Archiep. Paris. ad Summum Pontif. Alex. VII* (5 augusti 1661). — Cette lettre est signée : DE CONTES, DE HODENCQ.

laquelle ils avoient ajouté aux Constitutions des choses qui n'y étoient pas. » Cette lettre étoit accompagnée d'un acte signé par tous les curés de Paris[1], qui déclaroient que le mandement, bien loin d'avoir excité du scandale, avoit été d'une fort grande édification pour tout le diocèse, et étoit regardé de tous les gens de bien comme l'unique moyen de pacifier l'Église. On peut dire que la politique de la cour de Rome[2] ne parut jamais mieux qu'en cette occasion. Elle étoit bien éloignée d'approuver que des évêques s'ingérassent des professions de foi[3], pour les faire signer à tous leurs confrères; mais elle étoit aussi [trop] éclairée sur ses intérêts pour ne pas appuyer[4] la conduite de ces évêques, qui donnoient par là au Pape une infaillibilité sans bornes. Sa Sainteté écrivit aux grands vicaires un bref extrêmement sévère, les traitant d'enfants de Bélial, mais sans dire un mot ni du Formulaire, ni des décisions de l'Assemblée. Il les exhortoit, en termes généraux, à revenir à résipiscence, et à imiter l'obéissance des évêques et la piété du Roi; après quoi il leur donnoit sa bénédiction. Il ne fit réponse ni à l'évêque d'Angers, ni aux autres prélats qui s'étoient adressés à lui pour le consulter. Il se contenta de faire écrire au Nonce par le cardinal Chigi; et ce nonce avoit ordre de renvoyer tous ces évêques au bref que Sa Sainteté avoit écrit aux grands vicaires de Paris, et de leur dire de s'y conformer. Ces prélats de-

---

1. Du 20 juillet 1661. (*Note de l'édition de 1767.*)

2. Dans l'édition de 1767 et dans la *Copie manuscrite* : « de l'Église de Rome. »

3. Dans l'édition de 1767 : « s'ingérassent de faire des professions de foi. » Dans le manuscrit, les mots *de faire* ont été ajoutés au crayon en interligne.

4. Dans la même édition et dans la *Copie manuscrite* : « pour ne pas approuver. »

meurèrent fermes dans la résolution qu'ils avoient prise de ne point déférer aux décisions de l'Assemblée¹. Mais les grands vicaires firent un autre mandement², par lequel ils révoquoient le premier, et ordonnoient la signature pure et simple du Formulaire. En même temps³ ils eurent ordre de le faire signer aux Religieuses de Port-Royal.

Le premier mandement avoit déjà causé beaucoup de trouble parmi ces filles, qui appréhendoient, en le signant, de blesser la vérité. Mais comme c'est cette crainte, et, si l'on veut, ce scrupule, qui leur a dans la suite attiré tant de persécutions, et qui a, en quelque sorte, causé la ruine de leur maison, il est bon de dire ici d'où venoit en elles une si grande délicatesse de conscience. Les Religieuses de Port-Royal, comme j'ai dit, et comme il paroît par la carte de visite que j'ai rapportée, n'avoient originairement aucune connoissance des matières contestées. Leurs directeurs ne les en entretenoient point, et ne leur en avoient appris que ce qui étoit absolument nécessaire pour leur salut. Mais en récompense ils les avoient instruites à fond des devoirs de leur profession⁴ et des maximes de l'Évangile. On leur avoit imprimé fortement⁵ dans l'esprit ces grands principes de saint Paul et de saint Augustin, « qu'il n'est

---

1. Il y avait d'abord dans le manuscrit : « de ne point faire signer le Formulaire. »

2. Ce second mandement est du 31 octobre 1661. Il a pour titre : *Mandement de MM. les vicaires généraux de Monseigneur l'Éminentissime Cardinal de Retz, Archevêque de Paris, pour la signature des deux Constitutions de nos SS. Pères les papes Innocent X et Alexandre VII, en usant de la formule y apposée.*

3. Dans l'édition de 1767 : « et en même temps. »

4. Il y avait d'abord dans le manuscrit : « de leur Institut. » Ce dernier mot a été effacé, et *profession* écrit dans l'interligne.

5. Fortement imprimé. *Var.* C. M.

point permis de pécher pour quelque occasion que ce soit; qu'il vaudroit mieux s'exposer à tous les plus grands supplices que de faire un léger mensonge; que Dieu et la vérité n'étant qu'un, on ne sauroit la blesser sans le blesser lui-même; qu'on ne [peut] point déposer d'un fait[1] dont on n'est point instruit; et que d'attester qu'on croit ce qu'on ne croit pas, est un crime horrible devant Dieu et devant les hommes. » Surtout on leur avoit inspiré une extrême horreur pour toutes ces restrictions mentales, et pour toutes ces fausses adresses inventées par les casuistes modernes, dans la vue de pallier le mensonge et d'éluder la vérité. Cela étant, on peut aisément concevoir d'où venoit la répugnance de ces filles à signer le Formulaire. La nécessité où on les réduisoit les avoit enfin obligées, malgré elles, de s'instruire de la contestation qui faisoit tant de bruit dans l'Église, et qui les jetoit dans de si grands embarras. Elles avoient appris que deux papes, à la sollicitation des jésuites et de plusieurs évêques, avoient condamné, comme extraites de Jansénius, évêque d'Ypres, cinq propositions très-abominables; que tout le monde avouoit que ces propositions étoient bien condamnées; mais qu'un grand nombre de docteurs distingués par leur piété et par leur mérite, au nombre[2] desquels étoient les directeurs de leur maison, soutenoient qu'elles n'étoient point dans le livre de cet évêque, où ils offroient même d'en faire voir de toutes contraires; qu'il s'étoit fait sur cela de part et d'autre quantité de livres, où ceux-ci paroissoient avoir eu tout l'avantage. Il y avoit donc lieu de douter, et elles doutoient effectivement, que ces pro-

1. Dans l'édition de 1767 : « qu'on ne peut point déposer pour un fait; » et à la ligne suivante : « c'est un crime. »
2. Dans l'édition de 1767 et dans la *Copie manuscrite* : « du nombre. »

positions fussent dans le livre de cet évêque mort en odeur de sainteté, et qui, dans son ouvrage même, paroissoit soumis jusqu'à l'excès au Saint-Siége. Ainsi, soit qu'elles se trompassent ou non, pouvoient-elles en sûreté de conscience signer le Formulaire? N'étoit-ce pas attester qu'elles croyoient le contraire de ce qu'en effet elles pensoient? On répondoit qu'elles devoient s'en fier[1] à la décision des deux papes. Mais elles avoient appris de toute l'Église que les papes, ni même les conciles, ne sont point infaillibles sur des faits non révélés. Et y a-t-il quelqu'un, si ce n'est les jésuites, qui le puisse soutenir? Le contraire n'est-il pas aujourd'hui avoué de toute la terre? Et n'étoit-il pas alors aussi vrai qu'il l'est maintenant? Il est donc constant que ces filles ne refusoient de signer que parce qu'elles craignoient de faire un mensonge. Mais leur délicatesse sur cela étoit si grande, que, quelque tour que les grands vicaires eussent donné à leur premier mandement, plusieurs Religieuses néanmoins, sur la seule peur d'être obligées de le signer, tombèrent malades; et il prit à la sœur de M. Pascal[2] une fièvre dont elle mourut. Les autres ne consentirent à signer qu'après avoir mis à la tête de leurs souscriptions deux ou trois lignes qui portoient qu'elles embrassoient absolument et sans réserve la foi de l'Église catholique, qu'elles condamnoient toutes les erreurs qu'elle condamne, et que leur signature étoit un témoignage de cette disposition.

On peut juger par là de l'effet que fit sur elles le

1. Dans l'édition de 1767 : « se fier; » et, deux lignes plus bas : « ni même des conciles. »

2. Dans la même édition, après les mots : « à la sœur de M. Pascal, » on a ajouté : « qui s'appeloit en religion sœur Euphémie et qui étoit alors sous-prieure à Port-Royal des Champs. » La sœur Sainte-Euphémie mourut le 4 octobre 1661, âgée de trente-six ans.

second mandement. « Que veut-on de nous davantage ? disoient-elles aux grands vicaires. N'avons-nous pas rendu un témoignage sincère de notre soumission pour le Saint-Siége ? Veut-on que nous portions témoignage d'un livre que nous n'entendons point, et que nous ne pouvons entendre ? » Là-dessus elles prenoient à témoin M. de Contes de la pureté de leur foi, et de l'ignorance où il les avoit trouvées sur toutes ces contestations. Les grands vicaires étoient fort fâchés de les voir dans cette agitation, et de leur persévérance dans un refus qui alloit vraisemblablement attirer la ruine de l'une des plus saintes communautés qui fût[1] dans l'Église. Ils épuisoient[2] leur esprit à chercher des tempéraments qui pussent sauver ces filles ; ils les conjuroient de s'aider un peu elles-mêmes, et de faire quelque chose qui leur donnât occasion de les servir. A la fin elles s'offrirent de signer avec cette espèce de préambule : « Nous, Abbesse, Prieures et Religieuses des deux monastères de Port-Royal[3] de Paris et des Champs, etc., considérant que, dans l'ignorance où nous sommes de toutes les choses qui sont au-dessus de notre profession et de notre sexe, tout ce que nous pouvons faire est de rendre témoignage de la pureté[4] de notre foi, nous déclarons très-volontiers par notre signature qu'étant soumises avec un très-profond respect à notre saint-père le Pape, et n'ayant rien de si précieux que la foi, nous embrassons sincèrement et de cœur tout ce que Sa Sainteté[5] et le pape Inno-

1. Dans l'édition de 1767 : « qu'il y eût. »

2. Dans la même édition : « ils épuisèrent ; » et deux lignes plus bas : « ils les conjurèrent. »

3. L'édition de 1767 et la *Copie manuscrite* n'ont pas les mots : « de Port-Royal. »

4. L'édition de 1767 et la *Copie manuscrite* n'ont pas les mots : « de la pureté. »

5. Le pape Alexandre VII.

cent X⁰ en ont déjà décidé; et rejetons toutes les erreurs qu'ils ont jugé y être contraires. »

Les grands vicaires portèrent à la cour cette déclaration et employèrent tous leurs efforts pour l'y faire approuver. Ils y portèrent en même temps[1] une déclaration à peu près semblable, que les Religieuses du Val-de-Grâce et celles de quelques autres[2] couvents leur avoient aussi présentée, et sans laquelle elles refusoient de signer. On ne leur parla point de ces autres Religieuses; mais ils eurent ordre de ne point admettre l'explication de celles de Port-Royal, et d'exiger d'elles une souscription pure et simple. Mais sur ces entrefaites, le cardinal de Retz ayant donné sa démission de l'archevêché de Paris[3], et le Roi ayant nommé un autre archevêque[4], il ne fut plus question du mandement de ces grands vicaires.

Cependant les jésuites, pour autoriser toutes ces violences, s'opiniâtroient de plus en plus à vouloir faire du fait de Jansénius un dogme de foi. Comme ils virent[5] avec quelle facilité leurs adversaires avoient ruiné toutes les frivoles raisons sur lesquelles M. de Marca avait voulu fonder ce nouveau dogme, ils crurent que tout le mal venoit de ce que ce prélat biaisoit trop, et ne parloit pas assez nettement. Pour y remédier, ils firent soutenir publiquement, dans leur collége de Clermont, une thèse[6]

1. Il y avait d'abord dans le manuscrit : *aussi*, au lieu de : *en même temps*.
2. Dans l'édition de 1767 : « de plusieurs autres. »
3. En février 1662.
4. Pierre de Marca, archevêque de Toulouse.
5. Dans l'édition de 1767 : « Comme ils voyoient. »
6. Ce fut le 12 décembre 1661 que cette thèse parut sous le titre d'*Assertion catholique de l'Incarnation contre les principales hérésies de tous les siècles*. Chaque position de cette thèse répondait à chacun des seize siècles qui se sont écoulés depuis la naissance de Jésus-Christ. La dernière, dont il s'agit ici, était conçue en ces termes :

où ils avancèrent en propres termes cette proposition : « Que Jésus-Christ, en montant au ciel, avoit donné à saint Pierre et à ses successeurs la même infaillibilité et dans le fait et dans le droit qu'il avoit lui-même. » D'où ils concluoient très-naturellement « que le Pape ayant décidé que les cinq Propositions étoient dans Jansénius, on ne pouvoit nier sans hérésie qu'elles n'y fussent. » C'est ainsi que ces pères, dans la passion de rendre hérétiques leurs adversaires, se rendoient eux-mêmes coupables d'une très-dangereuse hérésie, et non-seulement d'une hérésie, mais d'une impiété manifeste, en égalant à Dieu la créature, et voulant qu'on rendît à la simple parole d'un homme mortel le même culte qu'on doit rendre à la parole éternelle. Mais ils n'étoient pas moins criminels envers le Roi et envers l'État par les avantages que la cour de Rome pouvoit tirer de cette thèse, plus préjudiciable à la souveraineté des rois que toutes[1] les opinions des Mariana et des Santarels, tant condamnées par le clergé de France, par le Parlement et par la Sorbonne. Aussi excita-t-elle un fort grand scandale. Voici ce que le célèbre M. Godeau, évêque de Vence, en écrivoit[2] à un de ses amis : « Où est l'ancienne Sorbonne, qui a fou-

« Ce fut en ce siècle que le schisme de Photius, se fortifiant, sépara les Grecs du chef de l'Église. Pour nous, nous reconnoissons que Jésus-Christ en est tellement le chef, qu'il en a laissé le gouvernement, premièrement à saint Pierre, et puis à ses successeurs, et qu'il leur a accordé, toutes les fois qu'ils parleraient, la même infaillibilité qu'il avoit lui-même. Il y a donc en l'Église romaine un juge infaillible des controverses de la foi, même hors le concile général, tant dans les questions de droit que de fait : c'est pourquoi, depuis les Constitutions d'Innocent X et d'Alexandre VII, on peut croire de foi divine que le livre qui a pour titre *l'Augustin de Jansénius* est hérétique, et que les cinq Propositions tirées de ce livre sont de Jansénius, et condamnées en ce sens. » (*Note de l'édition de* 1807.)

1. *Toutes* manque dans l'édition de 1767.
2. En écrivit. *Var.* C. M.

droyé par avance cette proposition? Où sont les Servins, les Marions et les Harlais[1]? Où sont les évêques de l'assemblée de Melun[2]? Où est enfin notre honneur et notre conscience de nous taire quand il y a un si grand sujet de parler? Qu'il est fâcheux de vivre en un si mauvais temps! Et à quoi, mon Dieu, nous réservez-vous? Mais espérons en celui qui mortifie et qui vivifie : il laisse aujourd'hui prévaloir les ténèbres; mais il saura en tirer la lumière. »

Cependant, le pourra-t-on croire? les évêques, la Sorbonne et le Parlement gardèrent sur cette thèse un profond silence; les jansénistes seuls se remuèrent, et il n'y eut que ces prétendus ennemis de l'Église et de l'État qui, joints aux curés de Paris, eurent assez de courage pour défendre alors l'État et l'Église. Ils dénoncèrent la thèse à tous les évêques; ils s'adressèrent au Parlement même, et découvrirent, par un excellent écrit[3], les conséquences de cette pernicieuse doctrine. Encore le crédit des jésuites fut-il assez grand pour faire brûler cet écrit par la main du bourreau.

Ils eurent dans ce temps-là même[4] un nouveau sujet de triomphe par la nomination que le Roi fit de M. de Marca

1. Louis Servin, avocat général sous les règnes d'Henri IV et de Louis XIII. Il plaida contre les jésuites. — Simon Marion, avocat général au parlement de Paris, sous le règne d'Henri IV. Il était l'aïeul maternel du docteur Arnauld. — Achille de Harlai, premier président au temps d'Henri III et d'Henri IV.

2. Le clergé de France, assemblé à Melun en 1579, par permission du Roi (Henri III), lui adressa des plaintes et remontrances sur lesquelles fut rendu le célèbre *Édit de Melun*, du mois de février 1580. (*Note de l'édition de 1807.*)

3. *Défense des libertés de l'Église gallicane contre les thèses des jésuites, soutenues à Paris, dans le collége de Clermont, le* XII *décembre MDCXLI. Adressée à tous les Parlements de France.* — Cet écrit était d'Antoine Arnauld.

4. L'édition de 1767 a omis le mot *même*.

à l'archevêché de Paris[1]. Pouvoit-on douter qu'étant, comme nous avons vu[2], le principal auteur du Formulaire, il n'en exigeât avec toute la rigueur imaginable la signature[3]? Déjà même les nouveaux grands vicaires que le chapitre avoit nommés comme pendant la vacance, s'empressant à lui faire leur cour, avoient publié un troisième mandement, qui jetoit la terreur dans tout le diocèse de Paris. Ils y réformoient tout ce qui leur sembloit de trop modéré dans les précédents, réputoient nulles toutes les signatures faites avec restriction ou explication, et déclaroient suspens et interdits *ipso facto* tous les ecclésiastiques qui dans quinze jours n'auroient pas signé leur ordonnance. Mais ce zèle précipité n'eut aucune suite. On leur prouva leur incompétence par de bonnes raisons, et leur mandement tomba de lui-même[4]. Si l'on en croit de fort grands prélats, qui ont très-particulièrement connu M. de Marca, cet archevêque étoit fort changé sur le sujet de son formulaire. Ils prétendent même qu'il étoit sérieusement touché du trouble que cette affaire avoit excité, et qu'il n'attendoit que ses bulles pour essayer tous les moyens de terminer les choses par la douceur. Quelles que fussent ses intentions, Dieu ne lui permit pas de les exécuter, et il mourut le jour même que ses bulles arrivèrent[5].

Sa mort fut suivie de près de celle de l'illustre

1. A la fin de février 1661.
2. Dans l'édition de 1767 et dans la *Copie manuscrite* : « comme nous l'avons vu. »
3. Dans l'édition de 1767 : « il n'en exigeât la signature avec toute la rigueur imaginable. »
4. Il y avait d'abord dans le manuscrit : « et leur conduite fut désapprouvée de tout le monde. » Ce membre de phrase a été biffé, et remplacé par celui-ci : « et leur mandement tomba de lui-même. »
5. Le 29 juin 1662. Le Roi nomma le lendemain à l'archevêché de Paris Hardouin de Beaumont de Péréfixe, évêque de Rhodez.

M. Pascal[1]. Il n'étoit âgé que de trente-neuf ans. Mais, quoique encore jeune, ses grandes austérités et son application continuelle aux choses les plus relevées l'avoient tellement épuisé, qu'on peut dire qu'il mourut de vieillesse. Il laissa[2] imparfait un grand ouvrage qu'il avoit entrepris contre les athées. Les fragments qu'on en trouva dispersés dans ses papiers, et qui ont été donnés au public sous le nom de *Pensées de M. Pascal*, peuvent faire juger et du mérite qu'auroit eu tout l'ouvrage, s'il eût eu le temps de l'achever, et de l'impression vive que les grandes vérités de la religion avoient faite sur son esprit. On publia que sur la fin de sa vie il avoit rompu tout commerce avec Messieurs de Port-Royal, parce qu'il ne les trouvoit pas, disoit-on, assez soumis aux Constitutions ; et on citoit là-dessus le témoignage du curé de Saint-Étienne du Mont[3], qui lui avoit administré dans sa maladie les derniers sacrements. La vérité est qu'un peu avant sa mort, M. Pascal eut quelque dispute avec M. Arnauld sur le sujet des Constitutions. Mais bien loin de prétendre qu'on se devoit soumettre aveuglément aux Constitutions, il trouvoit au contraire qu'on s'y soumettoit trop ; car appréhendant, comme on le peut voir dans les *Provinciales*, que les jésuites n'abusassent un jour contre la doctrine de saint Augustin de la condamnation des cinq Propositions, il vouloit non-seulement qu'en signant le Formulaire on fît la distinction du fait et du droit, mais qu'on déclarât qu'on ne prétendoit en aucune sorte donner atteinte à la grâce efficace par elle-même, parce qu'à son avis, plutôt que de laisser flétrir une si sainte doctrine, il fallait souffrir tous les

---

1. Le 19 août 1662.
2. Dans l'édition de 1767 : « et laissa. »
3. M. Beurier.

plus mauvais traitements, et même l'excommunication. M. Arnauld soutenoit au contraire que c'étoit faire injure à la véritable doctrine de la grâce, de témoigner quelque défiance qu'elle eût pu être condamnée, et qu'elle étoit assez à couvert[1] et par la déclaration d'Innocent X°, et par le consentement de toute l'Église ; que du reste[2] le schisme étoit le plus grand de tous les maux ; que l'ombre même en étoit horrible, et qu'il falloit sur toutes choses éviter d'y donner occasion. Ces deux grands hommes écrivirent sur cela l'un et l'autre, mais sans sortir des bornes de la charité, et sans blesser le moins du monde l'estime mutuelle dont ils étoient liés, et qu'ils ont conservée jusqu'au dernier soupir. M. Pascal mourut entre les bras de M. de Sainte-Marthe, ami intime de M. Arnauld, et l'un des plus zélés défenseurs des Religieuses de Port-Royal. Mais voici ce qui a donné lieu à croire le contraire de ce que nous disons. M. Pascal, dans quelque entretien[3] qu'il eut avec le curé de Saint-Étienne, lui toucha quelque chose de cette dispute, sans lui particulariser de quoi il s'agissoit : de sorte que ce bon curé, qui ne supposoit pas que M. Arnauld eût pu pécher par trop de déférence aux Constitutions, s'imagina que c'étoit tout le contraire. Non-seulement il le dit ainsi à quelques-uns de ses amis, mais il l'attesta même par écrit. Mais les parents de M. Pascal, touchés du tort que ce bruit faisoit à la vérité, allèrent trouver ce bon homme, lui montrèrent les écrits qui s'étoient faits sur cette dispute, et le convainquirent si bien de sa méprise, qu'il rétracta aussitôt sa

1. Dans l'édition de 1767 on a imprimé par erreur : « à découvert. »
2. Qu'au reste. *Var.* C. M.
3. L'édition de 1767 porte : « dans quelques entretiens, » au pluriel.

déposition par des lettres qu'il leur permit de rendre publiques[1].

Après la mort de M. de Marca, il se passa près de dix-huit mois pendant lesquels on ne pressa point pour la signature[2]. On crut même un temps que les affaires alloient changer de face. Car la cour de Rome, pendant qu'on élevoit si haut[3] en France son autorité, outragea le Roi en la personne du duc de Créqui, son ambassadeur[4]. Le Roi ressentit vivement cette offense, et résolut d'en tirer raison. Comme la querelle pouvoit aller loin par l'opiniâtreté du Pape à soutenir les auteurs de cet attentat, le Parlement et les ministres du Roi commencèrent à ouvrir les yeux sur le trop grand cours qu'ils avoient laissé prendre à tout ce qu'on appelle en France les opinions des ultramontains[5]. On ne dit pourtant rien aux jésuites ; mais sur l'avis que l'on eut d'une thèse qu'un bachelier breton se préparoit à soutenir, où il y avoit des propositions moins exorbitantes, à la vérité, que celle du collége de Clermont, mais qui étoient contraires aux libertés de l'Église gallicane, et qui, en donnant au Pape une autorité souveraine sur l'Église, établissoient son

1. On a imprimé dans le *Supplément* du *Nécrologe de Port-Royal*, p. 280, la *Déclaration faite à M. de Péréfixe, archevêque de Paris, par le Révérend Père Beurier, chanoine régulier, curé de Saint-Étienne du Mont, au sujet de la mort de M. Pascal*. Cette lettre est datée du 7 janvier 1665. Aux pages 281 et 282 du même *Supplément* on trouve aussi : 1° *Lettre* (datée du 2 juin 1671) *du Père Beurier à Mme Perier, sœur de M. Pascal, au sujet de la précédente déclaration ;* 2° *autre Lettre du même Père Beurier à M. Perier, neveu de M. Pascal, sur le même sujet* (datée du 27 novembre 1673).
2. Dans l'édition de 1767 : « on ne pressa point la signature. »
3. Les mots « si haut » ont été omis dans l'édition de 1767 et dans la *Copie manuscrite*.
4. Le 20 août 1662.
5. Dans l'édition de 1767 : « à ce qu'on appelle en France les opinions ultramontaines. »

infaillibilité, et détruiroient[1] la nécessité des conciles, le Parlement prit cette occasion d'agir. Il manda le syndic de la Faculté qui avoit signé la thèse, le bachelier qui la devoit soutenir, et le docteur qui y devoit présider ; et après leur avoir fait les réprimandes qu'ils méritoient, donna un arrêt par lequel la thèse étoit supprimée, avec défense d'enseigner, lire et soutenir dans les écoles et ailleurs aucune proposition de cette nature ; et il étoit ordonné que cet arrêt seroit lu en pleine assemblée de la Faculté, et inséré dans ses registres. A peine il[2] venoit d'être rendu, qu'on eut avis d'une autre thèse à peu près semblable, qui avoit été soutenue au collége des Bernardins[3], signée encore du même syndic de la Faculté. Le Parlement donna un second arrêt plus sévère que le premier contre le répondant et contre le président[4] ; et par cet arrêt le syndic fut suspendu pour six mois des fonctions de son syndicat. Ce syndic étoit le docteur Grandin[5], fameux moliniste, et qui avoit eu la principale part à tout ce qui s'étoit fait en Sorbonne contre M. Arnauld. Lui et les autres partisans des jésuites souffrirent beaucoup de voir ainsi attaquer la doctrine de l'infaillibilité, qui étoit leur doctrine favorite. Ils firent même, quoique inutilement, plusieurs efforts pour empêcher la Faculté d'enregistrer ces arrêts. Mais la plus saine partie des docteurs saisit cette occasion de laver la Faculté du reproche qu'on lui faisoit publiquement d'avoir abandonné son ancienne doctrine. Ils travaillèrent avec tant

1. Dans l'édition de 1767 et dans la *Copie manuscrite* : « détruisoient. »
2. Dans l'édition de 1767 : « A peine cet arrêt. »
3. A Paris. Il était situé dans l'ancien clos du Chardonnet.
4. Dans l'édition de 1767 : « contre le répondant et le président. »
5. Martin Grandin, mort en 1691. Il eut une des chaires de Sorbonne en 1638, et l'occupa pendant plus de cinquante ans.

de succès, que la Faculté dressa la fameuse Déclaration de ses sentiments[1], contenus en six articles, dans lesquels elle exposoit combien elle étoit éloignée d'enseigner, ni que le Pape eût aucune autorité sur le temporel des rois, ni qu'il fût infaillible et supérieur au Concile. Elle présenta elle-même ces six articles au Roi, et ensuite au Parlement, qui la félicita d'être rentrée dans ses véritables maximes, et de s'être assurée contre toutes ces nouveautés dangereuses, que la cabale des moines et de quelques particuliers, liés d'intérêt avec eux, avoient depuis vingt ans introduites dans les écoles[2]. Presque en même temps il y eut un autre arrêt pour réduire, selon l'ancien usage, le nombre des docteurs mendiants à deux de chaque ordre dans les assemblées de théologie. Quelques moines voulurent protester contre cet arrêt, et l'un d'entre eux[3] eut l'audace de reprocher à la Faculté que sans leur grand nombre on ne seroit jamais venu à bout de condamner les jansénistes. Le Roi publia une Déclaration par laquelle il ordonnoit que les six articles seroient enregistrés dans tous les parlements et dans toutes les Universités du royaume, avec défense d'enseigner d'autre doctrine que celle qui y étoit contenue. Ils le furent sans aucune opposition. Il y eut seulement un jésuite à Bordeaux, nommé le P. Camin, qui se démena fort pour empêcher l'Université de cette ville de les recevoir. Quelque remontrance que le recteur lui pût faire, il persista toujours dans son opposition ; et il est marqué au bas de

1. *Déclaration de la Faculté de théologie de Paris, faite au Roi par ses députés au sujet des thèses touchant l'infaillibilité du Pape.* Le 8 mai 1663 (in-4°, s. l. n. d.). — On trouve, en date du 30 mai de la même année, un « Arrêt de la cour du Parlement, portant que les Déclarations de la Faculté de Paris touchant l'autorité du Pape seront enregistrées au greffe de ladite Cour. »
2. Racine avait écrit d'abord : « dans la Faculté. »
3. Dans l'édition de 1767 : « et l'un d'eux. »

l'acte d'enregistrement, que le P. Camin a refusé de le signer[1].

Ce jésuite ne faisoit que suivre en cela[2] l'esprit de sa Compagnie. Car dans le même temps que l'on prenoit en France ces précautions contre les entreprises des ultramontains, les jésuites du collége de Clermont, à l'occasion d'une thèse de mathématique, soutinrent publiquement une proposition où ils donnoient en quelque sorte au tribunal de l'Inquisition la même infaillibilité qu'ils avoient donnée au Pape dans leur thèse du.... décembre 1661[3]; et ce qu'il y eut de singulier, c'est qu'ils firent soutenir cette dernière thèse par le fils de M. de Lamoignon, premier président. La proposition fut aussitôt déférée à la Faculté, qui se préparoit à la condamner ; mais le premier président, pour ne pas vraisemblablement voir flétrir une thèse que son fils avoit soutenue, empêcha la censure, et fit donner, sur la requête du syndic, un arrêt qui imposoit silence à la Faculté.

Pendant que ces choses se passoient, il y avoit eu un projet d'accommodement pour terminer la querelle[4] du jansénisme. Les premières propositions en furent jetées

---

1. On peut, sur le P. Camin, voir la quatrième *Imaginaire* de Nicole, p. 124-135 (édition in-12 des *Imaginaires*, 1667). Il y est dit à la page 134 : « Il prit fantaisie à l'Université de Bordeaux de faire signer, il y a quelque temps, à tous les membres qui la composent, entre lesquels est le P. Camin, les articles de la Sorbonne, envoyés par le Roi à tous les parlements de France.... On les présenta donc au P. Camin, mais il refusa généreusement de les signer, et les choses en demeurèrent là, quelque plainte qu'en ait faite l'Université. »

2. Dans l'édition de 1767 : « ne faisoit en cela que suivre. »

3. La même édition porte : « dans leur thèse du mois de décembre 1661 ; » et un peu plus loin : « c'est qu'ils la firent soutenir par le fils, etc. »

4. Dans l'édition de 1767 : « l'affaire et la querelle. »

par le P. Ferrier, jésuite de Toulouse[1]. Ce jésuite, homme très-fin, et qui songeoit à se faire connoître à la cour, crut n'y pouvoir mieux réussir[2] qu'en se mêlant d'une querelle si célèbre. Il le fit trouver bon au P. Annat, qui avoit une grande idée de lui, et qui ne croyoit pas que la cause des jésuites pût péricliter en de si bonnes mains. Le P. Ferrier donc s'adressa[3] à M. de Choiseul, évêque de Cominges, et s'offrit d'entrer en conférence avec les défenseurs de Jansénius sur les moyens de donner la paix à l'Église. Ce prélat en écrivit aussitôt à M. Arnauld. Quelque défiance que ce docteur et les autres théologiens qui étoient dans la même cause eussent de la bonne foi de ces Pères, dans l'envie néanmoins d'assurer la paix de l'Église, ils offrirent de conférer, à condition qu'il ne seroit point fait mention du Formulaire, et qu'on n'exigeroit rien d'eux dont leur conscience pût être blessée. Le P. Ferrier parut approuver cette condition; et bientôt après Monsieur de Cominges reçut ordre du Roi de se transporter à Paris, où le P. Ferrier s'étoit déjà rendu. La Lane et Girard[4], deux célèbres docteurs, se trouvèrent aux conférences, au nom des défenseurs de Jansénius, et le P. Ferrier au nom des jésuites. Ces deux docteurs présentèrent cinq

1. Jean Ferrier, qui devint confesseur du Roi en 1670, et mourut en 1674. (*Note de l'édition de 1807.*)
2. Dans l'édition de 1767 : « ne pouvoir mieux y réussir. »
3. Dans la même édition : « Le P. Ferrier s'adressa donc. »
4. Dans la même édition : « MM. la Lane et Girard. » — L'abbé de la Lane était docteur, et Claude Girard licencié de la Faculté de Paris. « Leur déclaration (dit une note de l'édition de 1807), présentée au roi par l'évêque de Cominges, est du 24 septembre 1663. » Ils avaient été, dans ces conférences entre les deux partis, les représentants d'Arnauld, de Singlin, de M. de Barcos, qui n'avaient pas voulu profiter de la permission d'y paraître eux-mêmes, et de sortir de la retraite où ils se trouvaient alors cachés.

articles, qui contenoient toute leur doctrine sur la matière des cinq Propositions. Ce sont ces mêmes articles que les docteurs de Louvain ont encore, depuis quelques années, présentés au Pape, et qui ont eu l'approbation de toute l'Église. Le P. Ferrier n'osa pas nier qu'ils ne fussent très-catholiques, bien que très-opposés à la doctrine de Molina, disant qu'il importoit peu à l'Église que ses enfants fussent de[1] l'opinion des thomistes[2] ou de celle des jésuites. Il y eut seulement un endroit de l'un de ces articles où il souhaita quelque adoucissement, qui lui fut aussitôt accordé. Ainsi[3] tout le monde convenant sur la doctrine[4], l'évêque de Cominges jugea l'affaire terminée[5], et il le fit ainsi entendre au Roi. Mais le P. Ferrier, qui, comme nous avons dit, ne pensoit à rien moins qu'à un accommodement[6], trouva bientôt moyen de le rompre, et, contre la parole donnée, déclara qu'il falloit encore convenir que la doctrine condamnée dans les cinq Propositions étoit celle de Jansénius[7]. On eut

1. Il y avait d'abord dans le manuscrit *dans*, et non *de*.
2. Les thomistes était ceux qui, en matière de grâce, suivaient la doctrine de saint Thomas.
3. Ici commencent les trois feuillets écrits de la main de Boileau, qui se trouvent insérés dans le manuscrit de Racine que possède la Bibliothèque nationale. Toutefois, depuis les mots : « Ainsi tout le monde, » jusqu'à ceux-ci : « avec beaucoup d'injures » (ci-après, p. 561, ligne 8), le texte est à la fois dans ces feuillets écrits par Boileau, et dans ceux qui sont de la main de Racine. Pour ces quelques phrases, nous suivons le texte de Racine, et nous indiquons les variantes qu'offre celui de Boileau. Nous marquerons ci-après dans une note où s'arrête ce dernier texte.
4. « Étant d'accord sur la doctrine. » (*Manuscrit de Boileau.*) — C'est aussi la leçon de l'édition de 1767.
5. Boileau avait d'abord écrit : « accommodée. »
6. « Qui ne pensoit, comme nous avons dit, à rien moins qu'à un accommodement. » (*Manuscrit de Boileau.*) — Boileau avait mis d'abord : « qui avoit, comme nous avons dit, d'autres vues. »
7. « Déclara qu'en vain on s'étoit éclairci sur la doctrine des cinq

beau se récrier[1] qu'on avoit stipulé[2], avant toutes choses, qu'on ne parleroit point de cet article. Il soutint hardiment que cela n'étoit point véritable[3] : de sorte que ces conférences n'aboutirent qu'à un nouveau démêlé avec ce jésuite. Il écrivit, et[4] on fit contre lui quantité d'ouvrages pleins de raisons très-convaincantes, auxquelles il répondit sur le ton ordinaire de sa Société[5], c'est-à-dire avec beaucoup d'injures.

L'évêque de Cominges, fort irrité de la tromperie qu'on lui avoit faite[6], songea néanmoins à accommoder l'affaire par une autre voie. Il se fit mettre entre les mains un écrit signé des principaux défenseurs[7] de Jansénius, par lequel ils lui donnoient plein pouvoir d'envoyer en leur nom au Pape les cinq articles dont nous avons parlé, déclarant qu'ils les soumettoient de bonne foi à son jugement ; qu'au reste ils prioient[8] très-humblement Sa Sainteté de croire qu'ils avoient une véritable

---

Propositions, si en même temps on ne convenoit que la doctrine condamnée étoit celle de Jansénius. » (*Manuscrit de Boileau.*) — Le mot *éclairci* a été effacé par Boileau, qui au-dessus a écrit *convenu*. Mais il a sans doute oublié de changer les mots *on s'étoit*, qui deviennent ainsi incorrects.

1. Dans l'édition de 1767 : « s'écrier. »
2. « On eut beau lui reprocher qu'il avoit été stipulé. » (*Manuscrit de Boileau.*) — Au-dessus de *reprocher*, Boileau a écrit *représenter*. Au lieu de : « qu'il avoit été stipulé, avant toutes choses, » il avait d'abord écrit : « qu'il étoit convenu lui-même. »
3. Boileau avait mis d'abord : « Il soutint positivement qu'il n'avoit rien promis. »
4. Les mots : « Il écrivit, et » ne sont pas dans le manuscrit de Boileau.
5. « De la Société. » (*Manuscrit de Boileau.*)
6. Au lieu de : « la tromperie qu'on lui avoit faite, » Boileau avait d'abord écrit : « la mauvaise foi de ce jésuite. »
7. Dans l'édition de 1767 et dans la *Copie manuscrite* : « par les principaux défenseurs. »
8. Dans l'édition de 1767 : « ils supplioient. »

douleur de toutes ces fâcheuses et importunes disputes qui troubloient depuis si longtemps l'Église ; qu'ils n'avoient jamais eu la moindre pensée de blesser en rien l'autorité du Saint-Siége, pour lequel ils avoient toujours eu et auroient toute leur vie un entier dévouement ; que bien loin de s'opposer aux deux dernières Constitutions, ils étoient prêts à y déférer avec tout le respect et toute la soumission[1] que demandoit Sa Majesté et la souveraine autorité du Saint-Siége apostolique ; enfin, que si Sa Sainteté vouloit encore exiger d'eux une plus grande preuve de la sincérité avec laquelle ils adhéroient à la foi établie par ces Constitutions, ils consentoient de la lui donner. Les principaux défenseurs de Jansénius avoient eu assez de peine à souscrire à ce dernier article[2], qui mettoit le Pape en droit, pour ainsi dire, de leur imposer telle loi qu'il voudroit. Cependant l'évêque de Cominges ne laissa pas d'envoyer cet écrit à Sa Sainteté[3], avec une lettre très-respectueuse qu'il lui écrivoit sur ce sujet. Il y avoit apparence que cela seroit agréablement reçu[4] à Rome.

En effet, que pouvoit-on exiger de plus précis des défenseurs de Jansénius, qu'une explication si orthodoxe de leur doctrine, et une soumission si sincère aux Constitutions du Saint-Siége ? Il arriva néanmoins tout le contraire de ce qu'on espéroit ; car dans ce temps-là même[5] le P. Ferrier ayant aussi envoyé à Rome une re-

1. Dans l'édition de 1767 et dans la *Copie manuscrite* : « d'y déférer avec tout le respect et la soumission. »
2. Arnauld, malgré les instances de ces amis, refusa d'y souscrire.
3. Boileau avait d'abord écrit : « au Pape ; » deux lignes plus loin : « cette demande, » au lieu de : « cela ; » et encore à la quatrième ligne de l'alinéa suivant : « du Pape, » qu'il a remplacé ensuite par « du Saint-Siége. »
4. Dans l'édition de 1767 : « seroit reçu très-agréablement. »
5. Boileau avait mis d'abord : « car dans le temps que cet écrit fut porté à Rome. »

lation fausse et très-odieuse[1] de tout ce qui s'étoit passé dans les conférences, le Pape, prévenu contre l'évêque de Cominges, qu'il regardoit comme un des chefs du jansénisme, crut que toutes ces soumissions n'avoient en effet rien de sincère. Au lieu donc de faire réponse à ce prélat, il se contenta d'écrire un bref aux évêques de France en général, où, sans leur parler du Formulaire[2], il les louoit fort de leur zèle à faire exécuter en France les Constitutions du Saint-Siége, reconnoissant que c'étoit par leurs soins et par[3] leur bonne conduite que les principaux d'entre les jansénistes, revenus enfin à une plus saine doctrine, avoient tout nouvellement offert de se soumettre à tout ce que le Saint-Siége voudroit leur prescrire. Il les exhortoit donc à poursuivre un ouvrage si bien commencé, et à chercher les moyens les plus propres pour obliger les fidèles à exécuter de bonne foi les deux dernières Constitutions.

L'évêque de Cominges fut fort piqué du mépris que le Pape lui avoit témoigné en ne daignant pas lui faire réponse. Pour justifier donc et sa conduite dans toute cette affaire et le procédé des défenseurs de Jansénius, il apporta au Roi un nouvel acte signé d'eux, qui contenoit des protestations encore plus humbles et plus soumises que celles qu'ils avoient envoyées au Pape ; car ils déclaroient par cet acte qu'ils condamnoient sincèrement les cinq Propositions, et qu'ils ne les soutiendroient jamais, sous prétexte de quelque sens et de quelque interprétation que ce fût[4] ; qu'ils n'avoient point d'autres

1. Au lieu de : « fausse et très-odieuse, » Boileau avait écrit d'abord : « fort odieuse. » Deux lignes plus loin, il y a devant *chefs* l'adjectif *principaux*, effacé.
2. Dans l'édition de 1767 et dans la *Copie manuscrite* : « de Formulaire. »
3. Ce second *par* est omis dans l'édition de 1767.
4. Boileau avait mis d'abord : « sous quelque pretexte que ce fût. »

sentiments sur ces propositions que ceux qui étoient exprimés dans les cinq articles qu'ils avoient soumis à Sa Sainteté, et dont, par son bref, elle témoignoit n'être pas mécontente ; qu'à l'égard des décisions de fait, comprises dans la Constitution d'Alexandre VII, ils auroient toujours pour ces définitions[1] toute la déférence que l'Église exige des fidèles en de pareilles rencontres : avouant[2] de bonne foi qu'il n'appartenoit pas à des théologiens particuliers de s'élever contre les décisions du Saint-Siége, de les combattre ou d'y résister ; enfin qu'ils étoient dans une ferme résolution de ne jamais contribuer à renouveler ces sortes de disputes, dont ils voyoient avec regret l'Église agitée depuis si longtemps. Le Roi fut assez satisfait de cette déclaration, mais ne voulant rien[3] ordonner de son chef sur une matière purement ecclésiastique, il renvoya tout à l'assemblée du clergé qui se tenoit alors à Paris : c'étoit tout ce que demandoit le P. Annat. En effet, comme cette assemblée étoit toute composée[4] de personnes entièrement opposées à Jansénius, le bref y fut reçu avec un applaudissement général, et regardé comme une tacite approbation du Formulaire. Au contraire, la déclaration des défenseurs de Jansénius fut jugée captieuse, conçue en des termes pleins d'artifices, et cachant, sous l'apparence d'une soumission en paroles, tout le venin de l'hérésie. Il fut donc arrêté que, suivant les exhortations du Saint-Père, on cherche-

1. Dans l'édition de 1767 : « pour ces décisions. »
2. Il y avait d'abord dans le manuscrit de Boileau : « avouant même. »
3. Dans l'édition de 1767 et dans la *Copie manuscrite* : « mais ne voulut rien. »
4. Dans l'édition de 1767 : « étoit composée. » — A la ligne suivante, après *Jansénius*, Boileau avait d'abord ajouté en interligne : « et dévouées au P. Annat. »

roit les voies les plus propres pour extirper entièrement cette hérésie ; et n'y en ayant point de plus courte que la signature du Formulaire, il fut résolu qu'on la poursuivroit tout de nouveau[1] plus fortement que l'on n'avoit encore fait jusqu'alors. On écrivit pour cela une nouvelle lettre circulaire à tous les évêques de France, et le Roi fut très-humblement supplié de convertir les arrêts de son conseil qui ordonnoient cette signature, en une Déclaration authentique. En effet, peu de jours après, le Roi apporta lui-même au Parlement cette Déclaration : on la fit publier dans toutes les provinces du royaume ; mais on songea surtout à la faire exécuter dans le diocèse de Paris. Hardouin de Péréfixe[2] avoit tout nouvellement reçu ses bulles[3], et venoit d'y être installé archevêque. C'étoit un prélat beaucoup plus instruit des affaires de la cour que des matières ecclésiastiques[4], mais au fond très-bon homme, fort ami de la paix, et qui eût bien voulu, en contentant les jésuites, ne point s'attirer les défenseurs de Jansénius sur les bras. Il chercha donc des biais pour satisfaire les uns et les autres, et entra même sur cela[5] en quelque pourparler avec ces derniers. La dispute, comme nous avons dit, avoit alors changé de face ; l'opinion de M. de Marca sur l'inséparabilité du fait et du droit avoit été en quelque sorte abandonnée, et on convenoit que c'étoit un fait dont il étoit question ; mais les ennemis de Jansénius persistoient à soutenir que l'Église, en quelques occasions, pouvoit

---

1. Dans l'édition de 1767 et dans la *Copie manuscrite* : « qu'on la poursuivoit de nouveau. »
2. Dans l'édition de 1767 : « Messire Hardouin de Péréfixe. »
3. Le jeudi saint 10 avril 1664.
4. Dans l'édition de 1767 et dans la *Copie manuscrite* : « que des affaires ecclésiastiques. »
5. Dans l'édition de 1767 : « pour cela. »

ordonner la créance des faits même non révélés, et obliger les fidèles, non-seulement à condamner les erreurs enseignées par les hérétiques, mais à reconnoître que ces hérétiques les avoient enseignées ; quelques-uns même ósoient[1] encore avancer qu'on devoit croire, de foi intérieure et divine, les faits décidés par les papes, à qui, disoient-ils, l'inspiration du Saint-Esprit ne manquoit jamais. Mais[2] cette opinion n'étant pas soutenable, les plus sensés se contentoient de dire qu'à la vérité on devoit une foi à ces décisions, mais une foi simplement humaine et naturelle, fondée sur la vraisemblance de la chose. Cette distinction plaisoit merveilleusement au nouvel archevêque ; il se flatta qn'en la bien établissant il accommoderoit sans peine toutes choses, et engageroit tout le monde à signer. Il fit donc un mandement[3], par lequel il ordonnoit de nouveau[4] à tous doyens, etc., de souscrire dans un mois le Formulaire de foi mis au bas de son ordonnance, etc., à faute de quoi, etc. Mais dans ce même mandement il déclaroit qu'à l'égard du fait, non-seulement il n'exigeoit point[5] une foi divine, mais qu'à moins d'être ignorant ou malicieux, on ne pouloit dire que ni les Constitutions du Pape, ni le Formulaire des évêques l'eussent jamais exigée, demandant seulement une foi humaine et ecclésiastique, qui obligeoit à soumettre son jugement à celui de ses supérieurs. C'étoient ses termes.

1. Boileau avait d'abord écrit : « quelques jésuites osoient. »
2. Boileau avait d'abord ainsi commencé cette phrase : « Mais les plus sensés d'entre.... »
3. Ce mandement fut publié le dimanche 8 juin 1664, jour de la Trinité. L'Archevêque l'envoya signifier à l'abbesse de Port-Royal le jour même de sa publication.
4. Boileau avait d'abord écrit : « tout de nouveau. »
5. Il n'exigeoit pas. *Var.* C. M.

Les défenseurs de Jansénius triomphèrent[1] fort de cette ordonnance, qui établissoit si nettement la distinction du fait et du droit, et traitoit d'ignorante et de malicieuse une doctrine tant de fois avancée[2] par leurs adversaires, et que les jésuites avoient soutenue dans des thèses publiques. Mais en même temps ils firent paroître quantité d'écrits[3], où ils montroient[4] invinciblement que l'Église ni les Papes n'étant point infaillibles sur les faits non[5] révélés, on n'étoit pas plus obligé de croire ces faits de foi divine que de foi humaine[6] ; et qu'en un mot, personne n'étant obligé de croire de foi humaine que les cinq Propositions fussent dans Jansénius, ceux qui n'étoient pas persuadés qu'elles y fussent, ne pouvoient, sans blesser leur conscience et sans rendre un faux témoignage, reconnoître qu'elles y étoient, c'est-à-dire signer le Formulaire.

Et à dire vrai, si les défenseurs de la grâce s'étoient un peu moins attachés aux règles étroites de leur dialectique, et à la sévérité de leur morale, il étoit aisé de voir que, par cette foi humaine, l'Archevêque n'exigeoit guère autre chose d'eux que cette même soumission de respect et de discipline qu'ils avoient tant de fois offerte. Mais ils vouloient qu'il le dît en termes précis ; et ni l'Archevêque ne vouloit entièrement s'expliquer là-dessus, ni les défenseurs de Jansénius entièrement l'entendre. Celles pour qui l'ordonnance avoit été faite, et qui s'accommo-

1. Dans l'édition de 1767 : « triomphoient. »
2. Boileau avait mis d'abord : *soutenue*, que nous retrouvons à la ligne suivante.
3. Parmi ces écrits il faut compter la quatrième *Imaginaire* de Nicole, datée du 19 juin 1664, et le *Traité de la foi humaine*, que le même Nicole composa peu après avec Arnauld.
4. Boileau avait d'abord écrit : « pour montrer. »
5. Après *non*, il y a dans le manuscrit : *seulement*, effacé.
6. Dans l'édition de 1767 : « de foi humaine que de foi divine. »

doient le moins de ces distinctions, c'étoit[1] les Religieuses de Port-Royal, persuadées qu'il ne falloit point biaiser avec Dieu, et qu'on ne pouvoit trop nettement dire sa pensée. L'Archevêque se flattoit pourtant de les réduire. Aussitôt[2] après la publication de son ordonnance, il s'étoit transporté lui-même chez elles[3], et n'avoit rien oublié[4], tant que dura sa visite, pour les engager à se soumettre à son mandement sur le Formulaire.

Sa première entrée[5] dans cette maison fut fort pacifique[6]. Il en admira la régularité ; et non content d'en témoigner sa satisfaction de vive voix, il le fit même par un acte signé de sa main. En un mot, il déclara aux Religieuses qu'il ne trouvoit à redire en elles que le refus

1. Boileau avait d'abord écrit : « et qui y paroissoient le plus opposées, c'étoit même.... » — Dans l'édition de 1767 : *étoient*, au lieu de : *c'étoit*.

2. L'édition de 1767 n'a pas de ponctuation avant « aussitôt. »

3. Le 9 juin 1664.

4. Après les mots : « et n'avoit rien oublié, » le manuscrit de Boileau s'arrête. Celui de Racine et semblablement la *Copie manuscrite* ne reprennent que deux lignes plus bas, aux mots : « Sa première entrée. » Il y a donc une petite lacune qui n'est remplie que par le texte de l'édition de 1767. Ceci est une preuve, entre plusieurs autres, que cette édition n'a pas été faite d'après le manuscrit autographe que possède la Bibliothèque nationale.

5. Tout le passage suivant, depuis « Sa première entrée », jusqu'à la ligne 74 de la page 572, est rédigé un peu autrement dans un feuillet écrit de la main de Racine, qui appartient à une collection particulière et que l'on nous a communiqué avec beaucoup de bienveillance. Ce n'est évidemment qu'un des premiers brouillons de l'auteur. Il a été coupé par le milieu, de telle sorte que la seconde moitié des deux pages manque. Quelque mutilé que soit ce fragment, nous croyons qu'il doit être placé sous les yeux du lecteur ; mais sa longueur ne permettant pas de le mettre en note, au bas de la page, nous renvoyons au *Complément des variantes*, imprimé à la suite de cet *Abrégé de l'Histoire de Port-Royal*. Voyez dans ce *Complément*, p. 599, la variante I.

6. Première leçon du manuscrit : « toute pacifique. »

qu'elles faisoient de signer le Formulaire ; et sur ce qu'elles lui représentèrent que ce refus n'étoit fondé que sur la crainte qu'elles avoient de mentir à Dieu et à l'Église, en attestant un fait dont elles n'avoient aucune connoissance, il leur répéta[1] plusieurs fois une chose qu'il s'est bien repenti de leur avoir dite : c'est à savoir[2] qu'elles feroient un fort grand péché de signer ce fait, si elles ne le croyoient point ; mais qu'elles étoient obligées d'en avoir la créance humaine qu'il exigeoit par son mandement. Là-dessus il les quitta, en leur disant qu'il leur accordoit un mois pour faire leurs réflexions, et pour profiter des avis de deux savants ecclésiastiques qu'il leur donnoit pour les instruire.

Ces deux ecclésiastiques étoient M. Chamillard[3], vicaire de Saint-Nicolas du Chardonnet, qu'il leur donna même pour être leur confesseur, et le P. Esprit, prêtre de l'Oratoire[4]. Il ne pouvoit guère choisir deux hommes moins propres à travailler de concert dans cette affaire[5] ; car M. Chamillard, convaincu que le Pape ne peut jamais errer sur quelque matière que ce soit, étoit si attaché[6] à cette doctrine de l'infaillibilité, qu'il en fut même le martyr dix-huit ans après, ayant mieux aimé se faire exiler que de consentir en Sorbonne à l'enregistrement

1. Première leçon : « il leur dit et leur répéta. »
2. Il y avait d'abord : « qui est. » Racine a écrit au-dessus de ces mots : « c'est à savoir, » sans effacer *qui est*.
3. Il était docteur en Sorbonne. C'est à lui qu'ont été adressées les lettres intitulées *les Chamillardes*.
4. C'était le frère aîné de Jacques Esprit, de l'Académie française, qui avait passé lui-même par le séminaire de l'Oratoire.
5. Racine avait d'abord écrit : « moins propres à travailler de concert pour persuader la signature aux Religieuses, ni qui s'accordassent moins dans leurs principes sur toute cette affaire. »
6. Première leçon du manuscrit autographe : « si dévoué. » Racine n'a point biffé le mot *dévoué*, mais a écrit au-dessus, dans l'interligne, *attaché*.

des propositions de l'assemblée de 1682. Le P. Esprit étoit au contraire là-dessus dans les sentiments où a toujours été l'Église de France ; mais comme c'étoit un bon homme, plein d'une extrême vénération pour ces filles, il[1] eût bien voulu qu'elles se fussent un peu accommodées au temps, et qu'elles eussent signé par déférence pour leur archevêque[2]. Cette diversité de sentiments étoit cause que ces deux Messieurs se contredisoient assez souvent l'un l'autre en parlant aux Religieuses. Enfin, après plusieurs conférences, ils se réduisirent à leur proposer de signer avec certaines expressions générales, qui, sans blesser, disoient-ils, leur conscience, pourroient contenter Monsieur l'Archevêque, et ôter à leurs ennemis tout moyen[3] de leur nuire. Mais elles persistèrent toujours à ne vouloir point tromper l'Église par des termes où il pourroit y avoir de l'équivoque, et de quelque grand péril qu'on les menaçât, ne purent jamais[4] se résoudre à offrir à Monsieur l'Archevêque que la même signature à peu près qu'elles avoient offerte aux grands vicaires du cardinal de Retz, c'est-à-dire un entier acquiescement sur le droit ; et pour ce qui regardoit le fait[5], un respect et un silence convenable à leur ignorance et à leur état.

L'Archevêque[6], fort surpris de la fermeté de ces filles, vit bien qu'il s'étoit engagé dans une affaire assez fâcheuse, et d'autant plus fâcheuse, que les monastères de Religieuses[7] n'ayant point été compris dans la dernière Décla-

1. *Il* a été substitué à *qui*, la phrase devant d'abord commencer ainsi : « mais c'étoit », avec suppression de *comme*.
2. La phrase finissait d'abord ainsi : « et pour empêcher la ruine de leur monastère. »
3. Dans l'édition de 1767 : « tous moyens. »
4. Dans la même édition : « elles ne purent. »
5. Il y avait d'abord dans le manuscrit : « et quant au fait. »
6. Dans l'édition de 1767 : « M. l'Archevêque. »
7. Dans la même édition : « des Religieuses. »

ration du Roi sur le Formulaire, il n'étoit pas en droit de les forcer à signer ; mais excité par les instances continuelles du P. Annat, qui ne cessoit de lui reprocher sa trop grande indulgence, et d'ailleurs justement rempli de la haute idée qu'il avoit de sa dignité, il crut qu'il y alloit de son honneur de n'avoir pas le démenti. Il résolut donc d'en venir[1] à tout ce que l'autorité peut avoir[2] de plus terrible. Il se rendit à Port-Royal[3], et ayant fait venir à la grille toute la communauté, comme il vit leur résolution[4] à ne rien changer à la signature qu'elles lui avoient fait offrir, il ne garda plus aucunes mesures[5] ; il les traita de rebelles et d'opiniâtres, et leur dit cette parole, qu'il a depuis répétée en tant de rencontres : « Qu'à la vérité elles étoient pures comme des anges, mais qu'elles étoient orgueilleuses comme des démons[6] ; » et sa colère s'échauffant à mesure qu'on lui alléguoit des raisons[7], il descendit jusqu'aux injures les plus basses et les moins séantes à un archevêque, et finit

1. Le commencement de ce paragraphe depuis les mots : « L'Archevêque, fort surpris..., » avait d'abord été ainsi rédigé : « Ce prélat par lui-même n'auroit pas mieux demandé que de s'en contenter. Il savoit de plus qu'il n'étoit point en droit de leur faire aucune peine pour la signature, les monastères de Religieuses n'ayant point été compris dans la dernière Déclaration du Roi sur le Formulaire. Mais il avoit éternellement sur les bras le P. Annat, qui ne cessoit de lui reprocher sa trop grande indulgence pour ces filles. Ainsi, après avoir tenté inutilement la voie de la négociation, il résolut d'en venir, etc. »
2. Racine a mis d'abord : « avoit ; » puis, sans effacer ce mot, il a écrit au-dessus : « peut avoir. »
3. Le jeudi 21 août 1664.
4. Au lieu de : « leur résolution » la première rédaction était : « leur fermeté. »
5. Il y avait d'abord : « aucun ménagement. »
6. Dans la première rédaction : « orgueilleuses comme Lucifer. »
7. Dans l'édition de 1767 : « quelques raisons. » — Racine avait d'abord écrit : « à mesure qu'on lui vouloit dire des raisons. »

en[1] leur défendant d'approcher des sacrements : après quoi il sortit brusquement[2], en leur faisant entendre qu'elles auroient bientôt de ses nouvelles.

Il leur tint parole ; et huit jours après[3] il revint, accompagné du lieutenant civil, du prévôt de l'Ile[4], du chevalier[5] du guet, de plusieurs, tant exempts que commissaires, et de plus de deux cents archers, dont une partie investit la maison, et l'autre se rangea, le mousquet sur l'épaule, dans la cour. En cet équipage, il se fit ouvrir la porte du monastère, et alla droit au chapitre, où il avoit fait venir toutes les Religieuses. Là, après leur avoir tout de nouveau reproché leur désobéissance, il tira de sa poche et lut tout haut une liste de douze des principales Religieuses[6], au nombre desquelles étoit l'Abbesse[7], qu'il avoit résolu de disperser en différentes maisons[8]. Il leur commanda[9] de sortir sur-le-champ de leur monas-

1. Première leçon du manuscrit : « les moins séantes à un homme de son caractère, et finit cet entretien en, etc. »
2. Dans l'édition de 1767 et dans la *Copie manuscrite*, après : « il sortit brusquement, » on trouve ce membre de phrase : « pour n'être pas témoin de leurs larmes et de leurs gémissements. » Il se lit aussi, sous les ratures, dans la première rédaction de ce passage, qui était : « il sortit avec précipitation, pour n'être pas témoin de leurs larmes et de leurs gémissements, leur faisant pourtant concevoir qu'elles auroient bientôt de ses nouvelles. »
3. Le 26 août 1664, jour de saint Bernard.
4. Voyez ci-dessus, p. 406, note 5.
5. Les mots : « du chevalier, » ne sont ni dans l'édition de 1767, ni dans la *Copie manuscrite*.
6. D. Clémencet (tome IV, p. 447 et 448) en donne les noms. On y remarque surtout : la Mère Madeleine de Sainte-Agnès (de Ligny), abbesse ; la Mère Catherine-Agnès de Saint-Paul (Arnauld), la sœur Angélique-Thérèse (Arnauld), la sœur Marie de Sainte-Claire (Arnauld), la sœur Angélique de Saint-Jean (Arnauld).
7. Racine avait mis d'abord : « douze des principales d'entre elles, y compris l'Abbesse. »
8. Dans l'édition de 1767 : « en différents monastères. »
9. Première leçon du manuscrit : « Il leur ordonna. »

tère, et d'entrer dans les carrosses qui les attendoient pour les mener dans les couvents où elles devoient être renfermées¹. Ces douze victimes obéirent², sans qu'il leur échappât la moindre plainte, et firent seulement leurs protestations contre la violence qui les arrachoit de leur couvent³ ; et tout le reste de la communauté fit les mêmes protestations. Il n'y a point de termes qui puissent exprimer l'extrême douleur de celles qui demeuroient⁴ : les unes se jetoient aux pieds de l'Archevêque, les autres se jetoient au cou de leurs Mères⁵. Elles s'attendrissoient surtout à la vue de la Mère Agnès de Saint-Paul, qu'on enlevoit ainsi à l'âge de soixante et treize ans⁶, accablée d'infir-

1. Racine avait d'abord écrit : *enfermées.*

2. On lit en marge du manuscrit cette autre leçon : « Elles obéirent sur-le-champ sans pousser aucune plainte, et firent seulement leurs protestations, ainsi que tout le reste de la communauté. » La première rédaction, que Racine a biffée, était : « Ces douze obéirent sans faire la moindre plainte. Seulement, la Mère Abbesse se crut obligée de protester contre tout ce qui se faisoit. Mais le reste de la communauté ne garda pas le même silence que ces douze Mères. »

3. Dans l'édition de 1767 et dans la *Copie manuscrite :* « de leur monastère. »

4. Il y avait d'abord : « qui puisse exprimer leur désolation. Les unes se jetoient aux pieds de Monsieur l'Archevêque, criant miséricorde et le suppliant de ne les point séparer de (*ou* de ne leur point ôter) tout ce qu'elles avoient de plus cher au monde. Les autres se jetoient au cou de leurs Mères, et toutes ensemble protestoient contre la violence, citant Monsieur l'Archevêque au tribunal du souverain juge. » La fin de cette dernière phrase, depuis : « et toutes ensemble » est dans la *Copie manuscrite.*

5. Après les mots : « au cou de leurs Mères, » l'édition de 1767 et la *Copie manuscrite* ajoutent : « et toutes ensemble citoient Monsieur l'Archevêque au tribunal du souverain juge, puisque tous les autres tribunaux leur étoient fermés. » Le dernier membre de phrase manque entièrement dans le manuscrit autographe ; le reste, ainsi qu'on le voit dans la note précédente, s'y trouve, mais comme une première rédaction qui a été biffée.

6. Elle était dans sa soixante et onzième année, étant née à la fin de 1593.

mités, et qui avoit eu tout nouvellement trois attaques d'apoplexie. Tout ce qu'il y avoit là de gens qui étoient venus avec l'Archevêque[1] ne pouvoient eux-mêmes retenir leurs larmes[2]. Mais l'objet, à mon avis, le plus digne de compassion, c'étoit[3] l'Archevêque lui-même qui, sans avoir aucun sujet de mécontentement contre ces filles[4], et seulement pour contenter la passion d'autrui, faisoit en cette occasion un personnage si peu honorable pour lui, et même[5] si opposé à sa bonté naturelle.

Quelques-uns de ces ecclésiastiques le sentirent, et ne purent même s'en taire à des Religieuses qu'ils voyoient fondre en larmes auprès d'eux[6]. Pour lui, il étoit au milieu de cette troupe de Religieuses en larmes[7], comme un homme entièrement hors de lui ; il ne pouvoit se tenir en place, et se promenoit à grands pas, caressant hors de propos les unes, rudoyant les autres sans sujet, et de la plus grande douceur passant tout à coup[8] au

1. Il y avait d'abord : « qui avoient suivi M. l'Archevêque. »
2. Après les mots : « leurs larmes, » la première rédaction était : « et avoient également pitié et des filles qu'on faisoit sortir et de celles qui demeuroient. Mais ce qui leur sembloit le plus digne de compassion, etc. »
3. Dans l'édition de 1767 : *étoit*, au lieu de *c'étoit*.
4. Il y avait d'abord : « contre ces pauvres filles. »
5. Les mots : « si peu honorable pour lui, et même, » ont été ajoutés en interligne par Racine. A la ligne suivante, « le sentirent, et » est ajouté en marge.
6. Dans une première rédaction du manuscrit, Racine avait ajouté ici : « *Consolez-vous, mes bonnes sœurs, leur disoient-ils ; tout ceci finira. Monseigneur est bon. C'est bien malgré lui qu'il vous traite de la sorte, et il a le cœur plus déchiré que vous ne l'avez. Ayez soin seulement de ne rien lui dire qui le puisse fâcher.* »
7. Au lieu de : « cette troupe de Religieuses, » Racine avait écrit d'abord : « ces Religieuses ; » *en larmes* a été ajouté en interligne ; de même que, trois lignes plus bas, *hors de propos*, et *sans sujet* ; et, deux phrases plus loin, *en un instant*, et *chacune*.
8. Il y avait d'abord : « en un moment ; » puis Racine avait

plus violent emportement. Au milieu de tout ce trouble[1], il arriva une chose qui fit bien voir[2] l'amour que ces filles avoient pour la régularité. Elles entendirent sonner None, et en un instant, comme si leur maison eût été dans le plus grand calme, elles disparurent toutes du chapitre[3], et allèrent à l'église, où elles prirent chacune leur place, et chantèrent l'office à leur ordinaire[4].

Au sortir de None, elles furent fort surprises de voir entrer dans leur monastère six Religieuses de la Visitation, que Monsieur l'Archevêque avoit fait venir pour remettre entre leurs mains la conduite de Port-Royal. La principale d'entre elles étoit une Mère Eugénie[5], qui étant une des plus anciennes de son ordre, avoit été témoin de l'étroite liaison qu'il y avoit eu entre la Mère Angélique et la Mère de Chantail. Mais les jésuites, à la direction de qui cette Mère Eugénie s'étoit depuis abandonnée, avoient pris grand soin d'effacer de son esprit toutes ces idées, et lui avoient inspiré, à elle[6] et à tout son couvent, qui étoit celui de la rue Saint-Antoine, autant d'éloignement pour Port-Royal que leur saint fondateur et leur bienheureuse Mère avoient eu d'estime pour cette

---

mis : « en un clin d'œil. » L'édition de 1767 a : « tout d'un coup. »

1. Première leçon du manuscrit : « Pendant qu'il étoit dans cette agitation. »
2. La première rédaction était : « qui lui fit bien voir. »
3. Il y avait d'abord : « .... dans le plus grand calme du monde, elles disparurent tout à coup du chapitre. »
4. Après les mots : « à leur ordinaire, » la phrase finissait ainsi, dans une première rédaction : « excepté que leur chant, comme on peut penser, fut entrecoupé de beaucoup de larmes et de sanglots. »
5. « Cette Religieuse s'appelait Louise-Eugénie de Fontaine. Ayant été convertie du calvinisme, elle fit profession dans le couvent de la Visitation de Paris, où elle fut élue supérieure en 1641.... Elle mourut à Paris le 29 septembre 1694. » (*Histoire générale de Port-Roïal*, tome IV, p. 464, note 6.)
6. Les mots : « à elle, » manquent dans l'édition de 1767.

maison. Les Religieuses de Port-Royal[1] ne les virent pas plus tôt, qu'elles se crurent obligées de recommencer[2] leurs protestations, représentant[3] que c'étoit à elles à se nommer des supérieures, et que ces Religieuses, étant des étrangères et d'un autre institut que le leur, n'étoient point capables de les gouverner. Mais Monsieur l'Archevêque se moqua encore de leurs protestations. Ensuite il fit la visite des cloîtres et des jardins, accompagné du chevalier du guet, et de tous ces autres officiers de justice qu'il avoit amenés. Comme il étoit sur le point de sortir, les Religieuses se jetèrent de nouveau à ses pieds, pour le conjurer de permettre au moins qu'elles cherchassent dans la participation des sacrements la seule consolation qu'elles pouvoient trouver sur la terre[4]. Mais il fit réponse[5] qu'avant toutes choses il falloit signer, leur donnant à entendre que, jusqu'à ce qu'elles l'eussent fait, elles étoient excommuniées. Cependant, comme si Dieu l'eût voulu démentir par sa propre bouche, en les quittant il se recommanda avec instance à leurs prières[6].

1. Racine a écrit en marge : *Elles*, pour remplacer : « Les Religieuses de Port-Royal. »
2. Il y avait d'abord : « qu'elles recommencèrent. »
3. Première leçon : *déclarant*, qui n'a pas été biffé ; *représentant* a été écrit au-dessus. A la ligne suivante, *Religieuses* a été substitué à *Mères*.
4. La première rédaction était : « pour lui demander de permettre au moins qu'elles cherchassent leur consolation dans la participation des sacrements. »
5. « Mais il leur fit réponse. » (*Édition de* 1767 *et Copie manuscrite.*)
6. Immédiatement après les mots « il falloit signer, » il y avait, dans une première rédaction qui a été biffée : « Et cependant la force de sa conscience l'emportant sur tous ses autres mouvements, dans le temps même qu'il les traitoit ainsi d'excommuniées, il ne put s'empêcher, en les quittant, de se recommander avec instance à leurs prières. »

Quoique les Religieuses ne fussent guère en état d'espérer aucune justice de la part des hommes, elles se crurent néanmoins obligées, pour leur propre réputation[1], et pour empêcher, autant qu'elles pourroient, la ruine de leur monastère, d'appeler comme d'abus de toute la procédure de Monsieur l'Archevêque[2]. A la vérité, il n'y en eut jamais de moins régulière ni de plus insoutenable. Il interdisoit les sacrements à des filles dont il reconnoissoit lui-même que la foi et les mœurs étoient très-pures ; il leur enlevoit leur abbesse et leurs principales Mères, introduisoit dans leur maison des Religieuses étrangères ; sans parler de tout le scandale[3] que causoit cette troupe d'archers et d'officiers séculiers dont il se faisoit accompagner, comme s'il se fût agi[4] de détruire quelque maison diffamée par les plus grands désordres et par les plus énormes excès : tout cela sans avoir fait aucun examen juridique[5], sans plainte et sans réquisition de son official, et sans avoir prononcé aucune sentence. Et le crime pour lequel il les traitoit si rudement[6], étoit de n'avoir point[7] la créance humaine que des propositions étoient dans un livre qu'elles n'avoient point lu et qu'elles n'étoient point capables de lire, et qu'il n'avoit vraisemblablement jamais lu lui-même. Elles dressèrent donc dès le lendemain de l'enlèvement de leurs Mères un procès-verbal fort exact de tout ce qui s'étoit passé dans cette ac-

1. « Pour leur propre justification. » (*Édition de* 1767.)
2. « De leur archevêque. » (*Ibidem.*)
3. « Sans parler du scandale. » (*Ibidem et Copie manuscrite.*)
4. Il y avait d'abord : « comme s'il s'agissoit. »
5. « Tout cela sans aucun examen juridique. » (*Édition de* 1767.) C'est aussi ce que Racine avait d'abord écrit. Les mots *avoir fait* ont été ajoutés en interligne.
6. « Si durement. » (*Édition de* 1767.)
7. De n'avoir pas. *Var.* C. M.

tion[1]. Elles en avoient déjà dressé un autre de la visite où Monsieur l'Archevêque leur avoit interdit les sacrements. Elles signèrent ensuite une procuration pour obtenir en leur nom un relief d'appel[2] comme d'abus. Elles l'obtinrent en effet, et le firent signifier à Monsieur l'Archevêque, qui fut assigné à comparoître[3] au Parlement. Il ne fut pas difficile à ce prélat, comme on peut penser[4], d'évoquer toute cette affaire au Conseil, où il les fit assigner elles-mêmes. Mais comment auroient-elles pu s'y défendre[5]? Il y avoit des ordres très-sévères pour leur interdire[6] toute communication avec les personnes du dehors,

1. Il fut dressé le 27 août (1664) par la sœur Christine Briquet et par la sœur Eustoquie de Brégy, mis au net, et signé par cinquante-quatre Religieuses. Il fut ensuite publié sous ce titre : *Procès-verbal des Religieuses de Port-Royal de ce qui s'est passé le 26 août dans l'enlèvement violent et scandaleux, par voie de fait et sans aucune sentence, de douze d'entre elles, et de l'intrusion de six autres Religieuses de la Visitation, avec protestation et appel de tout ce procédé.* Voyez l'*Histoire générale de Port-Roïal*, tome IV, p. 470.

2. Le *relief d'appel*, ce sont les lettres de chancellerie dont il est parlé dans la note suivante.

3. Dans l'édition de 1767 : « à comparoir. » — « Les Religieuses persécutées demandèrent et obtinrent, le 10 de septembre, des lettres de chancellerie, par lesquelles il leur étoit permis de faire assigner Monsieur de Paris et tous ceux qu'elles jugeroient à propos, pour répondre au parlement de Paris pour toutes les violences qui leur avoient été faites. Ces lettres furent signifiées à Monsieur l'Archevêque, à M. Chamillard et aux Religieuses intruses, le 15 du même mois, avec assignation au Parlement. » (*Histoire générale de Port-Roïal*, tome V, p. 51.)

4. « Comme on peut penser » a été ajouté par Racine en interligne.

5. « Se défendre. » (*Édition de 1767.*)

6. Racine a substitué « leur interdire » à « les empêcher. » — A la ligne suivante, il y avait d'abord : « un très-homme de bien. » Les mots *honnête homme* ont été écrits en interligne, au-dessus d'*homme de bien*, qui n'a pas été effacé. — Il s'agit d'un des frères Akakia. Voyez dans les *Divers Actes, Lettres et Relations des Religieuses de Port-Royal*, la lettre de *Ma sœur Élisabeth-Agnès à la Mère Prieure de Port-Royal des Champs*, p. 53 et 54.

et on mit même à la Bastille un très-honnête homme, qui, depuis plusieurs années, prenoit soin, par pure charité, de leurs affaires temporelles. Ainsi il ne leur restoit d'autre parti que celui de souffrir et de prier Dieu. Il arriva néanmoins que, sans leur participation, quelques copies de leurs procès-verbaux tombèrent entre les mains de quelques personnes, et bientôt furent rendues publiques[1]. Ce fut une très-sensible mortification pour Monsieur l'Archevêque[2] : en effet, rien ne lui pouvoit être plus désagréable que de voir ainsi révéler tout ce qui s'étoit passé en[3] ces occasions. Comme il n'y eut jamais d'homme moins maître de lui quand il étoit une fois en colère[4], et que d'ailleurs il n'avoit pas cru devoir être beaucoup sur ses gardes en traitant avec de pauvres Religieuses qui étoient à sa merci, et qu'il pouvoit écraser pour ainsi dire d'un mot, il lui étoit échappé, dans ces deux visites, beaucoup de paroles très-basses et très-peu convenables à la dignité d'un archevêque, et même très-puériles, dont il ne s'étoit pas souvenu[5] une heure après : tellement qu'il fut fort surpris, et en même temps fort honteux de se voir dans ces procès-verbaux, jouant, pour ainsi dire, le personnage[6] d'une petite femmelette, pendant que les Religieuses, toujours maîtresses d'elles-mêmes, lui par-

---

1. Racine avait d'abord écrit : « et bientôt après passèrent dans les mains de tout le monde. »
2. Ici Racine a effacé ces mots : « et on prétend même que le chagrin qu'il en conçut contribua beaucoup à avancer la fin de sa vie. »
3. Première leçon : *dans*.
4. Il y avait d'abord : « quand sa colère étoit une fois allumée. »
5. La première rédaction était : « il lui étoit échappé de dire et de faire dans ces deux visites beaucoup de choses très-indécentes et même très-puériles, dont il ne se souvenoit pas, etc. »
6. Racine avait d'abord écrit : « de voir dans ces procès-verbaux combien il s'étoit emporté mal à propos dans une affaire si grave et si sérieuse, jusqu'à y jouer pour ainsi dire le personnage.... »

loient avec une force et une dignité toute édifiante[1]. Il fit partout des plaintes amères contre ces deux *Actes*, qu'il traitoit de libelles pleins de mensonges[2], et en parla au Roi avec un ressentiment qui fit contre ces filles, dans l'esprit de Sa Majesté, une profonde impression, qui n'est pas encore effacée. Il se flatta néanmoins qu'elles n'auroient jamais la hardiesse de lui soutenir en face les faits avancés dans ces pièces, et il ne douta pas[3] qu'il ne leur en fît faire une rétractation authentique. Il les fit venir à la grille[4], et leur tint tous les discours qu'il jugea les plus capables de les effrayer. Mais pour toute réponse, elles se jetèrent toutes à ses pieds[5], et avec une fermeté accompagnée d'une humilité profonde, lui dirent qu'il ne leur étoit pas possible de reconnoître[6] pour fausses des choses qu'elles avoient vues de leurs yeux et entendues de leurs oreilles[7]. Cette réponse si peu attendue lui causa[8]

1. La phrase finissait d'abord ainsi : « avec toute la dignité qu'un archevêque auroit pu faire. »
2. Dans l'édition de 1767, il y a : *mensonge*, au singulier.
3. Il y avait d'abord : « et il ne douta aucunement. »
4. Le 12 septembre 1664.
5. La première rédaction de ce passage était : « Mais il les trouva aussi inébranlables sur cet article qu'il les avoit trouvées sur celui de la signature. Elles se jetèrent toutes à ses pieds, etc. »
6. Il y avait d'abord : « de rétracter ni de reconnoître. »
7. Toute la partie de ce récit qui commence aux mots : « les Religieuses se jetèrent de nouveau à ses pieds » (p. 576, ligne 11), jusqu'à ceux-ci : « vues de leurs yeux et entendues de leurs oreilles, » est autrement rédigée au feuillet 144 du manuscrit autographe. Nous donnons cette longue variante au *Complément des variantes*, p. 600, variante II. Quelques-uns des faits qui y sont rapportés se retrouvent, avec des différences de rédaction, dans les variantes que le même *Complément* contient à la suite de celle-ci. Elles semblent être des essais antérieurs ; car les feuillets où nous les avons recueillies ont beaucoup de ratures, tandis que le feuillet 144 en a fort peu.
8. Racine avait d'abord écrit : « Ce sens froid et cette réponse si peu attendue lui causèrent. »

une telle émotion, qu'il lui prit un saignement de nez, ou plutôt une espèce d'hémorragie si grande[1], qu'en très-peu de temps il remplit de sang jusqu'à trois serviettes qu'on lui passa l'une sur l'autre. Les Religieuses de leur côté étoient plus mortes que vives[2]; et même il y en eut une, nommée sœur Jeanne de la Croix[3], qui mourut presque subitement de l'agitation que toute cette affaire[4] lui avoit causée. Elles ne furent pas longtemps sans recevoir de nouvelles marques du ressentiment de Monsieur l'Archevêque; et dès l'après-dînée du jour dont nous parlons, il fit ôter le voile aux novices qui restoient dans la maison, et les fit mettre à la porte. Il destitua toutes les officières qui avoient été nommées par l'Abbesse, et mit de son autorité dans les charges toutes celles qui avoient commencé à se laisser gagner par M. Chamillard, et fit encore enlever cinq ou six Religieuses qu'il croyoit les plus capables de fortifier les autres[5].

De toutes les afflictions qu'eurent alors les Religieuses, il n'y en eut point qui leur causa un plus grand déchirement de cœur que celle de se voir abandonnées par cinq ou six de leurs sœurs, qui commencèrent, comme je

1. Au lieu de « si grande, » il y avait d'abord : « en telle sorte. »
2. La phrase continuait d'abord ainsi : « de le voir si fort animé contre elles. »
3. « La sœur Jeanne de la Croix Morin, qui mourut d'une attaque d'apoplexie. Cette bonne Religieuse avoit demandé à Dieu le jour de Sainte-Croix (14 septembre) de lui faire la grâce de mourir plutôt que de rien faire contre sa conscience : sa prière fut exaucée, et elle mourut quatre jours après, le 18 septembre. » (*Histoire générale de Port-Roïal*, tome V, 62.)
4. « Que cette affaire. » (*Édition de 1767 et Copie manuscrite.*)
5. On trouve au feuillet 155 du manuscrit de la Bibliothèque nationale une autre rédaction de ce passage, depuis les mots : « Il ne fut pas difficile à ce prélat » (p. 578, lignes 6 et 7). Voyez dans le *Complément des variantes*, p. 602, la variante III.

viens [de[1]] dire, à se séparer du reste de la communauté, et à rompre cette heureuse union que Dieu y entretenoit depuis tant d'années. Elles furent surtout étonnées au [dernier] point de la défection de la sœur Flavie[2]. Cette fille, qui autrefois [avoit] été Religieuse dans un autre couvent, avoit désiré avec une extrême ardeur d'entrer à Port-Royal, et y avoit été reçue avec une fort grande charité. Comme elle étoit d'un esprit fort insinuant, et qu'elle témoignoit un fort grand zèle pour la régularité, elle avoit trouvé moyen de se rendre très-considérable dans la maison. Il n'y en avoit point qui parût plus opposée à la signature, jusque-là qu'elle ne pouvoit souffrir[3] qu'on se soumît pour le droit, sans faire quelque restriction qui marquât qu'on ne vouloit point donner atteinte[4] à la grâce efficace. Là-dessus elle citoit les écrits que nous avons dit que M. Pascal avoit faits pour combattre le sentiment de M. Arnauld, et elle citoit même de prétendues révélations, où elle assuroit que l'évêque d'Ypres lui étoit apparu. Ce zèle si immodéré, et ces révélations, auxquelles on n'ajoutoit pas beaucoup de foi, commencèrent à ouvrir les yeux aux Mères, qui reconnoissant beaucoup de légèreté dans cet esprit, l'éloignèrent peu à peu de leur confiance. Ce fut pour elle une injure qui lui parut insupportable, et voyant qu'elle n'avoit plus la même considération dans la maison, elle songea à [se] rendre considérable à M. Chamillard[5]. Non-seulement

1. *De* n'est pas dans le manuscrit. Il en est de même de tous les mots que nous plaçons entre crochets. Ces mots omis dans le manuscrit sont donnés dans l'édition de 1767.

2. Catherine de Sainte-Flavie Passard. Elle avait été quinze ans maîtresse des novices.

3. Il y avait d'abord : « jusque-là qu'elle traitoit de relâchement. »

4. Donner d'atteinte. *Var.* C. M.

5. Ce passage, depuis les mots : « Ce fut une très-sensible mortification pour Monsieur l'Archevêque » (p. 579, ligne 8) est autrement

elle prit le parti de signer ; mais elle se joignit même à ce docteur et à la Mère Eugénie pour leur aider à persécuter ses sœurs, dont elle se rendit l'accusatrice, donnant des mémoires contre elles, et leur reprochant, entre autres, certaines dévotions qui étoient très-innocentes dans le fond, et à la plupart desquelles elle-même avoit donné occasion[1]. Nous verrons dans la suite l'usage que les ennemis des Religieuses voulurent faire de ces mémoires, et la confusion dont ils furent couverts, aussi bien que la sœur Flavie. Revenons maintenant aux Religieuses qui avoient été enlevées.

[Dans le moment de l'enlèvement[2], M. d'Andilly, qui étoit dans l'église, s'approcha de la Mère Agnès, qui pouvoit à peine marcher, et lui fit ses adieux. Il vit aussi ses trois filles, les sœurs Angélique de Saint-Jean, Marie-Thérèse, et Marie de Sainte-Claire, qui sortirent l'une après l'autre. Elles se jetèrent à ses pieds, et lui demandèrent sa bénédiction, qu'il leur donna avec la tendresse d'un bon père et la constance d'un chrétien plein de foi ; il les aida à monter en carrosse. L'Archevêque voulut lui en faire un crime auprès du Roi, l'accusant d'avoir voulu exciter une sédition ; mais la Reine mère assura que M. d'Andilly n'en étoit pas capable. En

rédigé dans deux feuillets (153 et 154) du manuscrit de la Bibliothèque nationale. Voyez ci-après (p. 603) la variante IV dans le *Complément des variantes*. Ces deux feuillets ont beaucoup de ratures et des corrections, dont la plupart sont de la main de Boileau.

1. Dans l'édition de 1767 : « avoit donné lieu. » — Le feuillet 145 du manuscrit offre une rédaction de ce morceau un peu différente, depuis les mots : « Cette réponse si peu attendue » (p. 580, ligne dernière). Voyez ci-après (p. 607) la variante V.

2. Tout ce passage que nous avons renfermé entre des crochets, depuis : « Dans le moment de l'enlèvement, » jusqu'à : « de toute communication, » est donné par l'édition de 1767, mais ne se trouve aujourd'hui ni dans l'autographe, ni dans la *Copie manuscrite*. Il pourrait bien être une interpolation des éditeurs de 1767.

dispersant ainsi ces Religieuses, il espéroit les affoiblir, en les tenant dans une dure captivité, privées de tout conseil et de toute communication.]

Pendant qu'on tourmentoit ainsi les Religieuses de Port-Royal de Paris pour la signature, on fut trois mois entiers sans rien dire à celles des Champs, quoiqu'elles eussent déclaré par divers *Actes* qu'elles étoient dans les mêmes sentiments que leurs sœurs, et qu'elles eussent même appelé aussi[1] comme d'abus de tout le traitement qu'on avoit fait à leurs Mères. Quelques personnes crurent que l'Archevêque les ménageoit à cause du cardinal de Retz, dont la nièce[2] étoit supérieure de ce monastère; mais il y a plus d'apparence que, comme elles n'avoient point eu de part aux procès-verbaux, ce prélat, à qui tout le reste étoit assez indifférent[3], ne se pressoit pas de leur faire de la peine. A la fin pourtant[4] il leur fit signifier une sentence[5] par laquelle il les déclaroit désobéissantes, et comme telles les privoit des

1. Le mot *aussi* est omis dans l'édition de 1767.
2. Henriette d'Angennes du Fargis, dite la Mère Marie de Sainte-Magdelaine, morte le 3 juin 1691. Elle étoit fille de Charles d'Angennes du Fargis, et de Magdelaine de Silly, comtesse de la Rochepot, laquelle étoit sœur de Françoise-Marguerite de Silly, dame de Commerci, femme de Philippe-Emmanuel de Gondi, et mère du cardinal de Retz. Ainsi la mère du Fargis, supérieure du monastère des Champs en 1664, étoit cousine germaine, et non pas nièce, du cardinal de Retz. (*Note de l'édition de* 1807.) — La Mère du Fargis, prieure depuis 1660, fut élue abbesse le 23 juillet 1669, et continuée jusqu'au 30 juillet 1678. Après la mort de la Mère Angélique de Saint-Jean, qui lui avait succédé, elle fut de nouveau élue abbesse le 2 février 1684.
3. Dans l'édition de 1767 et dans la *Copie manuscrite* : « étoit indifférent. »
4. « A la fin cependant. » (*Édition de* 1767.)
5. D. Clémencet (tome V, p. 141-146) donne le texte de cette sentence, datée du 17 novembre 1664. L'Archevêque avait été à Port-Royal des Champs l'avant-veille 15 novembre.

sacrements, et de toute voix active et passive dans les élections. Sur cette sentence elles se crurent obligées de lui présenter une requête¹, pour le supplier de leur vouloir expliquer en quoi consistoit la désobéissance qu'il leur reprochoit, et qu'il punissoit si sévèrement. Car si, en exigeant la signature, il exigeoit la créance intérieure² du fait, elles le prioient de se souvenir qu'il leur avoit fait entendre lui-même qu'elles feroient un fort grand crime de signer ce fait sans le croire; et il étoit à souhaiter pour elles que toute l'Église sût que la seule raison pour laquelle on leur interdisoit les sacrements, c'étoit pour avoir obéi à leur archevêque, en ne voulant pas faire un mensonge. Si au contraire, comme il l'avoit déclaré depuis peu à plusieurs personnes, et comme il l'avoit même dit expressément dans sa lettre à l'évêque d'Angers, il ne demandoit par la signature que le silence et le respect sur le fait, elles étoient toutes prêtes³ de signer en ce sens, pourvu qu'il eût la bonté de leur marquer qu'il n'avoit point d'autre intention que celle-là.

Cette requête fut fort embarrassante pour l'Archevêque, qui en effet ne tenoit pas⁴ toujours un langage fort uniforme sur la signature, disant aux uns qu'il en falloit croire la décision du Pape, et aux autres, qu'il savoit bien que l'Église n'avoit jamais exigé la décision des faits non révélés. Il y eut même quelques-unes des Religieuses de Paris qui ne s'engagèrent à signer que parce

1. D. Clémencet (tome V, p. 219-231) donne aussi le texte de cette requête, qui fut présentée à l'Archevêque le 6 décembre 1664.
2. « La créance antérieure. » (*Édition de 1767.*) C'est une faute évidente.
3. Racine avait d'abord écrit : « elles le conjuroient. » Mais il n'a pas continué la phrase dans le sens qu'il avait d'abord en vue.
4. Dans l'édition de 1767 : « Cette requête étoit fort embarrassante pour l'Archevêque, qui, dans le fond, ne tenoit pas, etc. »

qu'il leur déclara qu'il leur permettoit de demeurer dans leur doute, et qu'il ne leur demandoit leur souscription que comme une marque de la déférence et du respect qu'elles avoient pour l'autorité de leur supérieur. L'Archevêque, dans cet embarras, crut devoir prendre le parti[1] de ne point répondre à cette requête, et il fit semblant qu'il ne l'avoit pas reçue[2]. Mais les Religieuses des Champs n'en demeurèrent pas là ; et ne pouvant supporter sans une extrême peine d'être privées des sacrements, surtout à la fête de Noël qui étoit proche, elles lui écrivirent lettre sur lettre[3], pour le conjurer de les mettre en état de lui obéir. Enfin il leur écrivit[4] ; mais au lieu de leur donner l'explication qu'elles lui demandoient, il se contenta de leur reprocher en termes généraux leur orgueil et leur opiniâtreté, les traitant de demi-savantes qui avoient l'insolence de demander à leur archevêque des explications sur des choses si faciles à entendre, et qu'elles entendoient aussi bien que lui. Mais cette réponse ne le[5] tira point encore d'affaire. Elles lui présentèrent une seconde requête[6], plus pressante que la première, le conjurant au nom de Jésus-Christ de ne les point séparer des sacrements sans leur expliquer le crime pour lequel on les en séparoit[7]. Ces requêtes firent

1. Il y avait d'abord : « prit le parti. »
2. Point reçue. *Var.* C. M.
3. Dans l'édition de 1767 : « lettres sur lettres. »
4. Sa lettre, datée du 24 décembre 1664, était adressée à la Mère prieure. D. Clémencet la donne dans son *Histoire*, aux pages 234-236 du tome V.
5. Dans l'édition de 1767, il y a *les*, au lieu de *le*.
6. Elle était accompagnée d'une lettre datée du 30 décembre 1664. D. Clémencet (tome V, p. 241-254) donne la lettre des Religieuses et leur seconde requête.
7. Racine avait d'abord écrit : « pour un crime qu'on ne vouloit point leur expliquer. »

grand bruit[1] ; et l'Archevêque, qui vit que la demande des Religieuses paroissoit raisonnable[2] à tout le monde, conçut bien qu'il ne lui étoit pas[3] permis de demeurer plus longtemps dans le silence. Il écrivit donc aux Religieuses qu'il étoit juste de les satisfaire sur les difficultés qu'elles lui proposoient, et qu'il y satisferoit dès que les grandes affaires de son diocèse[4] lui en donneroient[5] le loisir. Mais cet éclaircissement ne vint point, non plus que les réponses qu'il avoit promis de faire à l'évêque d'Aleth et à d'autres prélats qui lui avoient écrit sur la même affaire ; et cependant les Religieuses des Champs demeurèrent séparées des sacrements, aussi bien que leurs sœurs de Paris.

L'Archevêque sentoit bien, par toutes les raisons qu'on objectoit tous les jours contre son mandement[6], et par la nécessité où il étoit de se contredire lui-même[7] en mille rencontres, que sa foi humaine n'étoit pas aussi claire[8] qu'il s'étoit imaginé, et il eut le déplaisir de la voir en peu de temps aussi décriée[9] que la foi divine de M. de

1. Il y avait d'abord : « firent grand bruit dans le monde, et l'on trouvoit fort étrange. » Ce dernier membre de phrase n'a pas été continué.
2. Dans l'édition de 1767 : « que la requête et la demande des Religieuses paroissoient raisonnables.... »
3. Il y a *plus*, au lieu de *pas*, dans l'édition de 1767.
4. Dans la même édition : « les grandes affaires des Religieuses de Paris. »
5. Il y avait d'abord : « lui en laisseroient. »
6. La première rédaction était : « Il voyoit bien par toutes les raisons qu'on lui objectoit contre sa foi humaine. »
7. Il y avait d'abord : « de se contrarier lui-même. »
8. Dans l'édition de 1767 et dans la *Copie manuscrite* : « que la foi humaine n'étoit pas si claire. »
9. Après « en mille rencontres, » il y avait d'abord : « qu'il n'avoit pas trop su ce qu'il demandoit en l'exigeant par son mandement, et [qu'il] n'y avoit pas un seul évêque qui se fût avisé de suivre son exemple, et il voyoit bien que cette foi humaine étoit encore plus décriée, etc. »

Marca, son prédécesseur. Pas un évêque en France ne s'avisa de la demander[1]; ou pour mieux dire, il n'y avoit guère que dans[2] le diocèse de Paris où l'on fût inquiété pour le Formulaire[3]. Le P. Annat crut enfin que tout le mal venoit de ce qu'on ne vouloit point reconnoître l'autorité des assemblées qui en avoient ordonné la souscription, et jugea qu'il falloit s'adresser[4] au Pape pour lui demander ou qu'il confirmât le Formulaire, ou qu'il en fît un autre[5] qui contînt les mêmes choses.

Le Roi fit donc prier[6] le Pape par son ambassadeur, qu'il lui plût d'envoyer un formulaire qui contînt le fait et le droit comme celui de l'Assemblée, et d'obliger tous les ecclésiastiques du royaume, tant séculiers que réguliers, même les religieuses et les maîtres d'école, de le signer, sous les peines que les canons ordonnent contre les hérétiques. Nous avons déjà dit que le Pape n'avoit jamais approuvé que les évêques s'ingérassent de dresser des formules de foi[7], ni d'en exiger la souscription, et que dans tous les brefs qu'il avoit écrits aux assemblées du clergé, pour les louer du grand zèle qu'ils appor-

1. La souscription. — Il y avait d'abord ici : « Les jésuites de leur côté n'étoient pas moins affligés que lui. »
2. L'édition de 1767 omet *dans*.
3. Il y avait d'abord : « pour la signature. »
4. Racine avait d'abord écrit « demander, » au lieu de « s'adresser. »
5. *Autre* manque dans l'édition de 1767.
6. Ce passage, depuis : « Le Roi fit donc prier, » jusqu'à : « *une véritable soumission par laquelle on acquiesce* (p. 592, lignes 11 et 12), se trouve non-seulement dans le manuscrit de la Bibliothèque nationale (f⁰ˢ 149 et 150), mais aussi dans celui du Louvre, dont nous avons parlé ci-dessus (p. 390). Nous suivons ici de préférence ce dernier manuscrit, parce qu'il s'écarte moins du texte de 1767 que le manuscrit de la Bibliothèque nationale (dont on trouvera ci-après le texte à la variante VII, dans le *Complément des variantes*, p. 609), et parce qu'il paraît seul être une rédaction définitive.
7. Dans l'édition de 1767 : « de signer des formules de foi. »

toient[1] à faire exécuter sa constitution et celle de son prédécesseur, il s'étoit bien gardé de leur dire un mot de leur formulaire. Ce fut donc pour lui un fort grand sujet de joie, que regardant comme inutile cet ouvrage qui avoit occupé tant d'assemblées[2], on eût enfin recours à l'autorité du Saint-Siége. La cour de Rome ne pouvoit surtout se lasser d'admirer qu'après tout l'éclat qu'on venoit de faire en France contre l'infaillibilité du Pape, même dans les choses de foi, après qu'on avoit fait enregistrer dans tous les parlements et dans toutes les universités les articles de la Sorbonne sur cette matière, on en vînt à supplier le Pape d'établir cette même infaillibilité dans les faits même[3] non révélés, et d'obliger toute la France à reconnoître cette doctrine, sous peine d'hérésie. Le Pape envoya le Formulaire[4], tel qu'on lui demandoit[5], c'est-à-dire tout semblable à celui des évêques, excepté que, pour en rendre la signature plus authentique, il y ajouta un serment par lequel ceux qui signoient prenoient Dieu et les Évangiles à témoins[6] de la sincérité de leur souscription ; et ce formulaire fut inséré dans un bref que Sa Sainteté adressoit au Roi. Mais ce bref étant arrivé, on s'avisa tout à coup qu'on n'en pouvoit faire aucun usage, à cause que le Parlement, où on le vouloit faire enregistrer, ne reconnoît d'autres expéditions de Rome que ce qu'on appelle des *Constitutions plombées*. Il fallut donc renvoyer le bref, et prier le Pape de le changer en une bulle[7]. Le Roi porta lui-même cette

1. Dans la même édition : « qu'elles apportoient. »
2. Il y avait d'abord dans le manuscrit du Louvre : « comme inutile tout ce qu'avoient fait ces assemblées. »
3. *Même* n'est point dans l'édition de 1767.
4. Il y avait d'abord dans le manuscrit : « le bref. »
5. Dans l'édition de 1767 : « tel qu'on le lui demandoit. »
6. Dans l'édition de 1767 : « prenoient Dieu à témoin. »
7. Voici comment D. Clémencet (tome V, p. 279) parle de cette

bulle au Parlement, et y joignit une déclaration, la plus foudroyante que l'on pût faire, pour obliger tout le monde à la signature. Cette déclaration enchérissoit beaucoup sur la bulle : on y défendoit toute sorte d'explications et de restrictions, sous les mêmes peines qui étoient portées contre ceux qui refuseroient de souscrire. Tous les ecclésiastiques y étoient obligés par la privation de leurs bénéfices, et les évêques par la saisie de leur temporel ; et personne ne pouvoit plus être reçu au sous-diaconat sans avoir signé.

Cependant toutes ces précautions n'empêchèrent pas qu'il n'y eût beaucoup de diversité dans la manière dont les évêques exigeoient les signatures dans leurs diocèses. Plusieurs d'entre eux reçurent les restrictions et les explications sur le fait. Il y en eut un grand nombre[1] qui déclaroient[2] de bouche à leurs ecclésiastiques que l'Église

---

bulle : « Le pape Alexandre VII donna, le 15 février (1665), une bulle terrible.... Il ordonna que tous les ecclésiastiques, même les religieuses, et jusqu'aux maîtres d'école, signeroient le formulaire suivant, qu'il avoit inséré dans sa bulle : « Je, soussigné, me sou-
« mets à la Constitution apostolique d'Innocent X, souverain pon-
« tife, donnée le 31. jour de mai 1653, et à celle d'Alexandre VII, son
« successeur, donnée le 16 octobre 1656, et rejette et condamne
« sincèrement les v Propositions extraites du livre de Cornelius
« Jansenius intitulé *Augustinus*, dans le propre sens du même
« auteur, comme le Siége apostolique les a condamnées par les
« mêmes constitutions ; je le jure ainsi. Ainsi Dieu me soit en aide,
« et ses saints Évangiles. » — Le passage qui commence à ces mots :
« Nous avons déjà dit que le Pape » (p. 588, ligne 16), et finit par
« ceux-ci : « et prier le Pape de le changer en une bulle, » a, dans le feuillet 151 du manuscrit de la Bibliothèque nationale, une rédaction différente de celle que nous donnons ici. Voyez (p. 608) la variante VI. La variante VII n'a de ce passage que la partie qui correspond aux dernières lignes.

1. Entre autres l'évêque de Châlons, Félix Vialart.
2. Dans l'édition de 1767 et dans la *Copie manuscrite* : « qui déclarèrent. »

ne demandant sur les faits que le simple respect, on ne s'obligeoit point à autre chose par les souscriptions. Il y en eut même qui insérèrent[1] ces déclarations dans des procès-verbaux qui demeuroient[2] dans leurs greffes ; et enfin quatre évêques, les plus célèbres qui fussent alors[3] en France pour leur piété, je veux dire les évêques d'Aleth, de Beauvais, d'Angers et de Pamiers[4], firent ces déclarations par des mandements qu'ils firent publier dans leurs diocèses. L'évêque de Noyon[5] fit aussi[6] la même chose. Nous verrons dans la suite l'effet que produisirent ces mandements[7]. L'archevêque de Paris ne fut pas peu em-

1. Il y avait d'abord dans le manuscrit : « inséroient. »
2. L'édition de 1767 porte : « dans les procès-verbaux qui demeurèrent. »
3. *Alors* manque dans la même édition.
4. « Nicolas Pavillon, évêque d'Alet, publia, le 1ᵉʳ juin 1665, un mandement dans lequel il déclara expressément : 1° que l'Église demandoit un acquiescement de foi divine pour la doctrine, et un respect de discipline pour les faits contenus dans les bulles des papes Innocent X et Alexandre VII ; 2° que la censure des v Propositions n'avoit donné aucune atteinte aux sentiments de saint Augustin et de saint Thomas sur la nécessité de la grâce efficace.... Nicolas Choart de Buzanval, évêque de Beauvais, trouva le mandement de Monsieur d'Alet si juste et si exact, qu'il l'adopta et le publia en son nom, le 23 juin.... Henri Arnauld, évêque d'Angers, publia, le 8 juillet, son mandement (*il était dans le même sens*).... Les trois prélats eurent bientôt la consolation de voir Monsieur de Pamiers (*Étienne-François de Caulet*) se joindre à eux par une ordonnance datée du 31 juillet dans laquelle il tenoit le même langage qu'ils avoient tenu sur le droit et le fait, et sur la doctrine de saint Augustin. » (*Histoire générale de Port-Roïal*, tome VI, p. 320-323.)
5. « François de Clermont, évêque de Noyon, déclara positivement dans son ordonnance que l'Église demandoit une soumission de foi au dogme, et une déférence respectueuse pour les faits non révélés. Mais les partisans de la signature pure et simple lui ayant fait des affaires en cour, il eut la foiblesse de faire une nouvelle ordonnance. » (*Histoire générale de Port-Roïal*, tome VI, p. 320.)
6. Racine avait d'abord écrit : « se joignit aussi. »
7. L'auteur n'a pas mené cette histoire aussi loin qu'il se le pro-

barrassé sur la manière dont il tourneroit le sien. Il n'avoit garde d'exiger la même créance sur le fait que sur le droit, après avoir accusé d'extravagance ou de malice[1] ceux qui confondoient ces deux choses ; il n'osoit pas non plus reparler de sa foi humaine, qu'il voyoit abandonnée de tout le monde. Voici l'expédient[2] qu'il prit pour essayer de se tirer d'affaire : il distingua le fait et le droit de son ordonnance[3] ; mais il se servit pour cela de termes si obscurs qu'on ne savoit précisément ce qu'il demandoit, disant qu'il falloit une soumission de foi divine pour les dogmes, et quant au fait, *une véritable soumission par laquelle on acquiesce.*

L'obscurité de cette ordonnance, et le serment dont j'ai parlé, rendirent aux Religieuses de Port-Royal[4] la signature de ce second formulaire bien plus difficile que celle du premier. Mais avant que de passer plus loin, il est bon de dire ici en quel état étoient ces filles quand la nouvelle bulle arriva en France.

Nous avons vu que l'Archevêque en avoit fait enlever jusques au nombre de dix-huit, qu'il avoit dispersées en divers couvents. L'Abbesse fut conduite à Meaux par l'évêque de Meaux son frère[5], à qui on l'avoit confiée,

---

posoit, à moins qu'il n'ait été, ce qui n'est pas probable, au delà de ce qui nous est resté dans le manuscrit de sa *Seconde partie*, et que nous ne supposions que la fin s'est perdue.

1. Dans l'édition de 1767 : « d'extravagance et de malice. »
2. Il y avait d'abord dans le manuscrit : « Voici comment. »
3. Cette seconde ordonnance de l'archevêque de Paris fut donnée le 13 mai 1665, et publiée le 17 mai, qui était le dimanche dans l'octave de l'Ascension.
4. Les mots : « aux Religieuses de Port-Royal, » ont été ajoutés par Racine en interligne.
5. L'Abbesse (Madeleine de Sainte-Agnès de Ligny) fut d'abord conduite aux Ursulines du faubourg Saint-Jacques, mais pour quelques jours seulement ; on devait la transférer dans un couvent

et qui la mit dans le couvent de la Visitation qui est dans cette ville. La Mère Agnès fut renfermée à la Visitation[1] du faubourg Saint-Jacques, avec une de ses nièces[2], qu'on voulut bien laisser auprès d'elle pour la servir. Les autres furent séparées en différents monastères, tant à Paris qu'à Saint-Denis, et principalement dans des couvents[3] d'Ursulines, de Célestes ou Filles-Bleues, et de la Visitation. On en avoit voulu loger dans d'autres maisons, et[4] entre autres chez les Carmélites ; mais comme on savoit l'intention de l'Archevêque, qui étoit de tenir ces filles dans une très-rude captivité, on avoit fait de grandes difficultés dans la plupart de ces maisons[5] de les recevoir, et de contribuer aux mauvais traitements qu'on leur vouloit faire. Il y eut entre autres une abbesse à qui on en voulut donner une ; mais elle déclara, en la recevant, qu'elle prétendoit lui donner la même liberté qu'elle auroit pu avoir à Port-Royal, et la traiter comme une de ses filles. Elle tint parole, et fit tant d'honneurs à cette Religieuse, que l'Archevêque la lui ôta au bout de deux jours. On [ne] peut aussi s'empêcher de rendre justice à la Mère de la Fayette[6], supérieure de Chaillot, qui ayant été obligée de recevoir une de ces Religieuses,

---

de Sainte-Marie, du diocèse de son frère (Dominique de Ligny, évêque de Meaux).

1. L'édition de 1767 et la *Copie manuscrite* portent : « dans le couvent de la Visitation. »

2. La sœur Marie-Angélique de Sainte-Thérèse, fille d'Arnauld d'Andilly. Celle-ci se laissa engager à signer le Formulaire.

3. L'édition de 1767 porte : « dans les couvents ; » et à la ligne suivante : « On les avoit voulu loger. »

4. *Et* manque dans l'édition de 1767.

5. Racine avait voulu d'abord tourner autrement cette phrase. Les mots : « on avoit fait de grandes difficultés dans, » sont en interligne ; après *maisons*, il a effacé : *avoient fait*.

6. Louise Motier de la Fayette, qui avait été aimée de Louis XIII. Elle mourut au couvent de Chaillot en 1665.

la traita avec une charité extraordinaire tout le temps qu'elle fut dans son monastère. Il n'en fut pas de même des autres maisons où ces Religieuses furent enfermées. On peut voir dans la relation de la sœur Angélique Arnauld[1] la manière dont elle fut traitée chez les Filles-Bleues de Paris. La plupart des autres le furent à peu près de la même sorte[2].

1. Cette *Relation de la captivité de la Mère Angélique de Saint-Jean, Religieuse de Port-Royal des Champs*, se trouve dans le volume in-4° qui a pour titre : *Divers Actes, Lettres et Relations des Religieuses de Port-Royal du Saint-Sacrement*. Elle a 112 pages sur deux colonnes, et est ainsi datée et signée à la fin : « Fait à Port-Royal des Champs, le 28 novembre 1665. Signé, Sœur Angélique de Saint-Jean. »

2. Au lieu de cette dernière phrase, il y avait d'abord, après les mots *chez les Filles-Bleues de Paris :* « et juger par là du traitement que l'on fit à la plupart des autres. »

La signature[1] de ce second formulaire fut même à quelques-unes qui avoient signé une occasion de comprendre la faute qu'elles avoient faite, et de la réparer. Ainsi, tout ce que fit l'Archevêque pour engager ces saintes filles à signer son nouveau mandement, et le Formulaire d'Alexandre VII, fut inutile.

[1]. Le manuscrit de la Bibliothèque nationale, ainsi que la *Copie manuscrite*, ne continuent pas la *Seconde partie* au delà de la phrase après laquelle nous nous sommes arrêté à la page précédente. Ce que nous ajoutons ici est donné par l'édition de 1767 et par les diverses éditions des *Œuvres*, comme étant de Racine, mais à tort, nous le croyons. M. de la Chapelle, dont nous avons eu déjà occasion de parler (voyez ci-dessus, p. 225), avait remarqué que cette fin, dont il n'y a pas trace dans le manuscrit, se trouve, à quelques variantes près, dans le *Cathéchisme historique et dogmatique sur les contestations qui divisent maintenant l'Eglise* (1729). C'est ce que nous lisons dans une lettre qu'il adressait à M. Jacobé de Naurois. La remarque est exacte, ainsi que nous l'avons constaté en lisant les pages 335-338 du tome I du *Catéchisme* janséniste dont il parlait. Il ne serait sans doute pas impossible que les pages qui manquent aujourd'hui au manuscrit de Racine eussent été tirées par les éditeurs de 1767 de ce même manuscrit, alors plus complet, ou d'une ancienne copie ; mais si l'on pense, comme M. de la Chapelle, qu'ils les ont plutôt empruntées à quelque ouvrage d'un autre auteur, ce n'est point au *Catéchisme historique et dogmatique*, mais au tome XI de l'*Abrégé de l'histoire ecclésiastique*, par l'abbé Racine (1754) ; car c'est là (p. 186-190) qu'on les rencontre telles qu'ils les ont données, ou du moins avec des différences presque insignifiantes, et bien plus légères que celles du *Catéchisme*. L'abbé Racine, nous l'avons dit ci-dessus dans la *Notice*[*], s'est approprié dans ce tome XI de nombreux passages de l'*Abrégé de l'histoire de Port-Royal*, non encore publiés ; a-t-il continué de suivre dans ces dernières pages la copie qu'il avait sous les yeux ? ou, quand le travail de notre historien lui a manqué, a-t-il cherché un nouveau secours dans le *Catéchisme historique et dogmatique* ? Cette dernière supposition est, à notre avis, la plus vraisemblable. Si on ne l'admet pas, si l'abbé Racine a emprunté à l'*Abrégé de l'histoire de Port-Royal* les pages qui ne sont plus dans le manuscrit de cet *Abrégé*, les auteurs du *Catéchisme* ont puisé avant lui à la même source ; mais on s'explique difficilement qu'ils ne l'aient fait que là ; il n'y a trace nulle part ailleurs dans leur livre d'un emprunt fait à l'ouvrage de Racine : qu'ils ne l'aient copié que dans l'endroit justement où le manuscrit fait aujourd'hui défaut, ce serait un singulier hasard. Ajoutons que ces dernières pages de l'édition de 1767 ne s'adaptent pas très-bien à la narration de Racine ; qu'en plus d'un passage elles répéteraient inutilement ce qui avait déjà été dit ; et qu'elles présentent un résumé rapide d'événements nouveaux, dont le récit aurait demandé plus de développement, pour que les proportions fussent gardées. Ces considérations nous ont décidé, non

[*] Pages 391-392.

Le très-grand nombre, tant de celles qui furent dispersées, que de celles qui demeurèrent dans leur monastère, se soutint au milieu de cette violence et de cette séduction. La sagesse et le courage que montrèrent ces Religieuses est un miracle de la main du Tout-Puissant qui a peu d'exemples dans l'histoire de l'Église. Elles avoient dressé diverses relations[1] de ce qui se passa dans cette persécution ; on y voit les attaques qu'elles ont eu à soutenir, les situations étranges où se sont trouvées celles qui étoient captives dans différents couvents, les sentiments et les lumières par lesquelles Dieu les soutenoit dans leur affliction. C'étoit par obéissance à leurs supérieures qu'elles avoient dressé ces relations, qui contiennent un portrait bien naturel de leur esprit et de leur cœur. On y trouve, avec une simplicité et une candeur inimitable, une sublimité de vues, une générosité, une sagesse, une piété, une lumière, qui feroient presque douter que ce fût l'ouvrage de ces filles, à ceux qui ne connoîtroient pas l'esprit de Port-Royal, et qui ne feroient pas réflexion que Dieu se plaît souvent à faire éclater la force de sa grâce dans ce qu'il y a de plus foible. Une société d'hommes superbes osoit disputer à Dieu sa toute-puissance sur les cœurs ; il étoit digne de Dieu d'en donner une preuve éclatante, en remplissant de simples filles, persuadées de leur néant, et qui attendoient tout de la grâce, d'une sagesse et d'une magnanimité qui fait encore le sujet de l'admiration et de la confusion des hommes les plus forts et les plus éclairés. Ce que nous venons de dire ne paroîtra pas exagéré à quiconque lira les relations de Port-Royal, ou seulement celle de la Mère Angélique de Saint-Jean, fille de M. d'Andilly.

Dieu soutenoit et conduisoit par lui-même ces admirables vierges. Les grands hommes qui auroient pu les éclairer et les encourager étoient eux-mêmes obligés de se cacher pour éviter les violences que l'on vouloit exercer contre eux. Ainsi ils ne pouvoient que rarement, et avec une extrême difficulté, faire parvenir leurs avis jusques à ces Religieuses ; et ils ne le pouvoient en aucune sorte à l'égard de celles qui étoient captives en différents couvents. Dans le

---

pas à supprimer une fin d'une authenticité plus que douteuse, mais à nous contenter de l'imprimer ici en petit texte.

1. On a donné au public ces relations en 1724. (*Note de l'édition de 1767.*) — Elles se trouvent dans le volume in-4°, que nous avons déjà cité, et qui a pour titre : *Divers Actes, Lettres et Relations des Religieuses du Port-Royal du Saint-Sacrement.*

peu de commerce qu'ils avoient avec les deux monastères de Port-Royal, ils étoient plus occupés à modérer leur courage qu'à leur en inspirer. Elles avoient en effet une peine infinie à entrer dans les condescendances et les tempéraments que ces théologiens croyoient permis. On peut voir dans l'*Apologie de Port-Royal*[1] quelle peine elles eurent de signer le premier mandement des grands vicaires du cardinal de Retz : tant elles craignoient tout ce qui sembloit leur faire prendre part à l'espèce de conspiration formée contre la vérité.

Quelques-unes cédèrent : on ne doit point en être surpris. Ce qui est étonnant, c'est qu'il y en ait eu si peu qui aient succombé à une si terrible tentation. Parmi quatre-vingts Religieuses de chœur qui étoient dans les deux maisons quand la persécution commença en 1661, il étoit difficile qu'il ne s'en trouvât quelqu'une, ou qui n'eût pas une vertu solide, ou qui ne l'eût pas à l'épreuve d'une telle tempête. Dans la privation totale de tout conseil, quelques-unes des captives se déterminèrent à signer, parce qu'on s'étudia à embrouiller cette affaire par des subtilités qu'elles ne pouvoient démêler, et qui leur cachoient le véritable état des choses. L'Archevêque même, pour les porter à la signature, leur déclaroit verbalement qu'il ne demandoit pas d'elles la créance du fait. Mais quelque pardonnable que fût leur faute, elles en conçurent une vive douleur dès qu'elles connurent l'état des choses, et que le trouble où elles s'étoient trouvées se fut dissipé. Il y en eut deux dans la maison de Paris, les sœurs Flavie et Dorothée[2], dont la chute est bien plus funeste, parce que l'ambition en fut le principe. Elles signèrent le Formulaire, et contribuèrent à séduire huit ou dix de leurs sœurs, qui étoient des esprits foibles, et dont il y en avoit deux imbéciles. Elles agirent ensuite de concert avec Monsieur l'Archevêque et les filles de la Visitation, pour tourmenter celles qui demeuroient fidèles à leurs devoirs et à leur conscience. Cependant la cause de ces saintes Religieuses, ou plutôt celle de l'Église, étoit défendue par des écrits lumineux. M. Arnauld, aidé de M. Nicole, entreprit de faire connoître leur innocence. L'*Apologie de Port-Royal*[3], les *Imaginaires*[4], et tant d'autres

1. Voyez plus bas la note 3, tirée de l'édition de 1807.
2. Flavie Passart, et Dorothée Perdreau.
3. *Apologie pour les Religieuses de Port-Royal, contre les injustices dont on a usé envers ce monastère* (1665). Ce livre est divisé en quatre parties, qui ont paru successivement. Nicole, Arnauld et Claude de Sainte-Marthe ont fait cet ouvrage en commun. (*Note de l'édition de 1806.*)
4. Les *Imaginaires* ou *Lettres sur l'hérésie imaginaire*, 1664, 1665 et

ouvrages solides et convaincants, manifestoient à toute la terre l'injustice de cette persécution. Mais comme on ne pouvoit montrer l'innocence des Religieuses sans dévoiler la turpitude de leurs persécuteurs, ces mêmes écrits, qui justifioient les Religieuses opprimées, mettoient en fureur leurs ennemis, qui les persécutoient avec encore plus de chaleur.

Au reste, M. de Péréfixe lui-même faisoit leur apologie, en avouant qu'il n'avoit rien trouvé que de régulier et d'édifiant dans la visite qu'il avoit faite. Il publioit souvent, dans le temps même qu'il les traitoit avec la plus grande rigueur, « que ces filles étoient pures comme des anges; » mais il ajoutoit « qu'elles étoient orgueilleuses comme des démons, » parce qu'il lui plaisoit de traiter d'orgueil insupportable le refus d'obéir à un commandement qu'il n'auroit pas dû leur faire, qui, quand il auroit été juste, n'étoit d'aucune utilité, et auquel elles ne pouvoient se soumettre sans blesser la sincérité. D'ailleurs il avouoit qu'elles n'étoient attachées à aucune erreur, et se trouvoit quelquefois embarrassé quand elles le pressoient d'expliquer nettement ce qu'il leur demandoit. C'est ce que nous avons vu en parlant des requêtes que lui présentèrent les Religieuses du monastère des Champs.

1666. Ce livre de Nicole a été l'occasion des deux Lettres de Racine. (*Note de l'édition de 1807.*)

COMPLÉMENT DES VARIANTES[1].

Variante I (Voyez p. 568, note 5).

« [1]Sa première entrée dans cette maison fut toute pacifique. Il en admira le bon ordre et la régularité, et non content d'en témoigner[2] sa satisfaction de vive voix, il le fit même par un acte signé de sa main, déclarant aux Religieuses qu'il ne trouvoit rien à redire en elles que le refus qu'elles faisoient de signer le *Formulaire*[3]. Et sur ce qu'elles lui représentèrent que ce refus n'étoit fondé que sur l'appréhension qu'elles avoient de mentir à Dieu et à l'Église en attestant un fait dont elles n'avoient nulle connoissance, il leur dit et leur répéta plusieurs fois une chose qu'il s'est bien repenti de leur avoir dite, qui étoit qu'elles feroient un fort grand péché[4] de signer ce fait, si elles n'en étoient point convaincues[5] ; mais qu'elles étoient obligées à en avoir la créance humaine, qu'il exigeoit par son mandement. La-dessus il les quitta, en leur disant qu'il leur accordoit un mois pour faire leurs réflexions et pour prendre conseil de deux ecclésiastiques fort savants qu'il leur donnoit pour les instruire. L'un de ces ecclésiastiques étoit M. Chamillard, docteur de Sorbonne.... »

« ....[6] ennemis tous les moyens de leur nuire. Mais les religieuses persistèrent toujours à ne vouloir point tromper l'Église par des expressions où il pourroit y avoir de l'équivoque, et[7], de quelque péril qu'on les menaçât, ne purent jamais se résoudre à offrir à Monsieur l'Archevêque que les mêmes choses à peu près qu'elles avoient offertes aux grands vicaires du cardinal de Retz, c'est-à-dire un entier acquiescement sur le droit ; et quant au fait, un respect et un silence convenable à leur ignorance et à leur état.

1. Au recto du feuillet manuscrit.
2. Il y avait d'abord : « et en témoigna. »
3. Racine avait d'abord écrit : « son mandement. »
4. Première rédaction : « un fort grand mal. »
5. Première rédaction : « persuadées. »
6. Au verso.
7. Racine avait d'abord écrit, après *et* : « ne purent jamais. »

Ce prélat par lui-même n'auroit pas mieux demandé que de s'en contenter ; mais il avoit à répondre de sa conduite au P. Annat[1], qui lui reprochoit à toute heure sa trop grande indulgence pour ces filles. Ainsi, après avoir tenté inutilement les voies de la négociation, il résolut d'en venir à tout ce que l'autorité a de plus terrible. Il se rendit à Port-Royal, et ayant fait assembler à la grille la communauté, comme il vit lui fermeté à ne rien ajouter à la signature qu'elles lui avoient fait offrir[2], il entra contre elles dans un emportement le plus.... »

« [3]C'étoit le mettre en fureur que de le contredire, il leur ferma aussitôt.... ramassées pour ainsi dire dans la lie du peuple. La fin de cette.... et leur défendit d'en approcher. Il sortit ensuite avec précipit[ation].... sanglots, leur faisant concevoir qu'elles n'étoient p[oint].... »

Variante II (voyez p. 580, note 7).

Les Religieuses se jetèrent de nouveau à ses pieds pour lui demander qu'il leur permît au moins de chercher dans la participation des sacrements la seule consolation qui leur restoit sur la terre. Mais il répondit qu'elles ne communiroient point qu'elles n'eussent signé ; et cependant, dans le temps même qu'il les traitoit en excommuniées, la force de sa conscience l'emportant sur tous ses autres mouvements, il ne put s'empêcher, en leur disant adieu, de se recommander très-instamment à leurs prières.

Quoique les Religieuses de Port-Royal ne fussent guère en état d'espérer aucune justice de la part des hommes, elles se crurent néanmoins obligées de poursuivre, comme elles pourroient, leur appel comme d'abus d'une procédure si violente et si peu régulière. Quand tous leurs efforts ne leur serviroient de rien, au moins il paroîtroit qu'elles ne renonçoient point à leur droit, et elles feroient voir au public quel étoit le crime pour lequel on les traitoit avec tant de scandale et avec une dureté qu'on n'auroit pas pour les maisons les plus diffamées par leurs désordres. Elles dressèrent donc dès le lendemain un procès-verbal très-exact de tout ce qui s'étoit passé dans l'enlèvement de leurs Mères et dans l'intrusion des Religieuses de Sainte-Marie. Elles avoient déjà dressé une autre

---

1. Première rédaction : « mais il avoit sur les bras le P. Annat. »
2. Première rédaction : « à ne point donner la signature pure et simple qu'il leur demandoit. »
3. A la marge du verso. — Les phrases suivantes, écrites en travers, sont incomplètes, le feuillet, comme nous l'avons dit (p. 568, note 5) ayant été coupé par moitié.

relation de ce qui s'étoit passé le jour qu'on leur interdit les sacrements. Ensuite elles signèrent une procuration pour obtenir un relief d'appel comme d'abus. Ce relief leur fut accordé et elles le firent signifier à Monsieur l'Archevêque, à qui elles donnoient assignation[1] pour comparoître au Parlement. Il ne fut pas difficile à ce prélat d'évoquer au Conseil toute cette affaire et de les réduire au silence. Il fit avec la même facilité mettre à la Bastille un très-homme de bien qui par pure charité prenoit soin de leurs affaires temporelles. Mais malheureusement, et sans la participation des Religieuses, il échappa quelques copies des deux relations dont j'ai parlé, et comme tout ce qui regardoit cette affaire excitoit fort la curiosité du public, ces deux pièces furent, en peu de temps, entre les mains de tout le monde. Jamais mortification ne fut pareille à celle qu'en eut Monsieur l'Archevêque, et on prétend qu'elle contribua beaucoup à avancer la fin de sa vie. En effet comme dans ces visites il n'avoit pas songé le moins du monde à concerter ses paroles et ses actions et à se précautionner contre son impétuosité naturelle, n'ayant affaire qu'à de pauvres Religieuses qui étoient à sa merci et sur lesquelles il se voyoit une autorité souveraine, il lui étoit échappé de dire et de faire beaucoup de choses très-indécentes[2] dont il ne se souvenoit pas lui-même. Tellement qu'il fut fort honteux, lorsqu'en lisant ces procès-verbaux, il reconnut que dans une occasion si grave et si sérieuse, lui archevêque avoit joué[3], pour ainsi dire, le personnage d'une petite femmelette, pendant que les Religieuses s'étoient comportées et avoient parlé[4] avec toute la dignité qu'un archevêque pourroit faire. Il fit partout des plaintes amères contre ces relations, qu'il traita de libelles pleins de calomnies, et il en parla même au Roi avec un ressentiment qui fit sur ce grand prince contre ces filles une profonde impression, qui n'est pas encore effacée. Il se flatta néanmoins que s'il parloit à ces filles, elles ne pourroient jamais lui soutenir en face les faits énoncés dans ces deux actes, et qu'il leur en feroit faire ou un désaveu ou une rétractation authentique. Il les fit venir toutes à la grille, et leur parla avec une telle chaleur et une telle émotion qu'il lui en prit

1. Il y a très-lisiblement dans le manuscrit autographe : *assistation*. C'est apparemment un *lapsus*.
2. « Très-indécentes » est ajouté en interligne. — A la ligne suivante, « fort honteux » a été substitué par Racine à : « étonné au dernier point. »
3. Il y avait d'abord : « il vit que dans des occasions si graves et si sérieuses, il avoit joué. »
4. « Et avoient parlé » est ajouté en interligne. Dans la suite de cette variante il y a plusieurs autres additions faites ainsi après coup : à la ligne suivante, *partout;* plus loin, *contre ces filles;* puis, *en face;* puis deux fois *telle*.

une espèce d'hémorragie, en telle sorte qu'en un moment il emplit de sang trois serviettes qui lui furent passées l'une sur l'autre. Mais il les trouva aussi inébranlables sur cet article qu'il les avoit trouvées sur la signature. Elles se jetèrent[1] toutes à ses pieds, et avec une fermeté respectueuse lui déclarèrent qu'il ne leur étoit pas possible de rétracter et de reconnoître pour fausses des choses qu'elles avoient vues de leurs yeux et entendues de leurs oreilles.

Variante III (voyez, p. 581, note 5).

On jugera aisément qu'il ne fut pas difficile au prélat d'interdire au Parlement la connoissance de cette affaire, qu'il fit évoquer au Conseil. Mais malheureusement il échappa quelques copies[2] du procès-verbal, qui furent aussitôt dans les mains de tout le monde. Jamais mortification ne fut égale à la sienne, et on prétend même que le déplaisir qu'il en conçut avança beaucoup la fin de sa vie. En effet, comme dans cette visite il n'avoit pas songé le moins du monde à concerter ses paroles et ses actions, et que n'y ayant en tête que de pauvres Religieuses sur lesquelles il avoit une autorité absolue et qu'il pouvoit écraser d'un mot, il s'étoit abandonné tout entier aux mouvements de sa colère, dont j'ai déjà dit qu'il n'étoit pas maître, dans cet état[3] il avoit fait et dit plusieurs choses très-peu séantes non-seulement à un homme de son caractère, mais même à un homme qui auroit quelque teinture de politesse : tellement qu'il fut fort surpris[4], en lisant ce procès-verbal, de trouver qu'il avoit joué dans toute cette action le personnage, pour ainsi dire, d'une simple femmelette, pendant que[5] les Religieuses lui parloient avec tout le sens froid et la gravité dont un archevêque auroit dû parler. Il fit partout des plaintes amères de ce procès-verbal, qu'il traitoit de satire pleine de mensonges, et il en parla au Roi même avec un ressentiment qui fit contre ces filles dans l'esprit de Sa Majesté de profondes impressions, qui ne sont pas encore effacées. Mais il crut même que par les menaces il pourroit

1. Il y avait d'abord : « Elles tombèrent, » et dans la même phrase : « lui répondirent, » au lieu de « lui déclarèrent. »
2. Il y avait d'abord : « Mais il ne put empêcher qu'il ne courût des copies. »
3. Le manuscrit porte : « et dans cet état. » Cet *et* est de trop.
4. Après ces mots, Racine avait d'abord écrit : « de voir dans ce procès-verbal. »
5. Première rédaction : « d'y jouer un personnage si peu digne d'un archevêque, pendant que, etc. »

COMPLÉMENT DES VARIANTES.

les obliger à rétracter tout ce qui étoit dans cet acte. Il vint lui-même les trouver au parloir, et leur dit tout ce qui étoit capable de les effrayer. Mais il trouva des filles qui, sans s'émouvoir, lui dirent avec une fermeté très-respectueuse qu'elles ne pouvoient pas rétracter ni traiter de fausses des choses [qu'elles] avoient vues[1] de leurs yeux et entendues de leurs oreilles ; que du reste Dieu étoit témoin de la douleur dont elles étoient pénétrées d'avoir été contraintes de rendre compte de la vérité[2], pour ne pas abandonner entièrement le soin de leur innocence et la défense de leur maison. Monsieur l'Archevêque demeura [près[3]] de deux heures à disputer contre elles; et il s'échauffa de telle sorte dans cet entretien qu'il lui prit une espèce d'hémorragie qui lui fit perdre presque tout son sang. Il se vengea de ces filles en ordonnant à ce qui restoit de novices de sortir. Il fit sortir encore cinq ou six des principales Religieuses, et changea toutes les officières qui avoient été nommées par les Mères, et en nomma d'autres en leur place, redoublant les défenses sévères qu'il leur avoit faites d'avoir aucun commerce avec personne.

Variante IV (voyez p. 582, note 5).

L'Archevêque les quitta l'amertume dans le cœur[4], et on prétend que le chagrin qu'il conçut de toute cette affaire[5] a beaucoup contribué à avancer la fin de sa vie. Les Religieuses de leur côté furent aussi fort affligées de la publication de ces pièces. Jusque-là leurs affaires n'étoient point tout à fait désespérées, et l'Archevêque, qui au fond sentoit bien qu'elles n'étoient point coupables, sembloit[6] s'adoucir de jour en jour[7]. Il avoit déjà consenti qu'on leur rendît les sacrements, sans exiger d'elles autre chose qu'une espèce d'in-

---

1. Il y a ici dans le manuscrit divers tâtonnements : « qu'elles ne pouvoient pas rétracter des choses qu'elles, etc.... » — « qu'elles ne pouvoient pas dire que ces choses fussent fausses après qu'elles les avoient vues. »
2. Il y avait d'abord : « de recourir à ce moyen. »
3. Il y a ici un mot sauté. Faut-il suppléer *près*, comme nous avons fait, ou *plus*?
4. Racine avait écrit : « le poignard dans le cœur ; » *l'amertume* est une correction de Boileau.
5. Il y avait d'abord : « qu'il conçut alors ; » *de toute cette affaire* est encore une correction de Boileau.
6. Racine avait écrit : « qui dans le fond ne les croyoit pas fort coupables, content de leur avoir fait sentir son autorité par l'enlèvement de leurs Mères, sembloit, etc. ; » c'est Boileau qui a changé la phrase.
7. Après ces mots, il y avait d'abord : « à leur égard, » qui a été effacé.

différence sur la signature, c'est-à-dire une disposition à se laisser instruire, avec permission de suivre[1] après cela le mouvement de leur conscience. C'étoit un grand acheminement à la paix[2]. Mais depuis les procès-verbaux, il[3] les regarda en quelque sorte comme ses ennemies[4]. Les sacrements leur furent interdits avec plus de sévérité que jamais. Il fit ôter le voile aux novices qui restoient dans la maison et les mit[5] à la porte. Il déposa les officières que l'Abbesse avoit nommées, établit à leur place[6] celles qu'il plut à M. Chamillard de nommer, et livra entièrement la communauté[7] à la domination de ce docteur et de la Mère Eugénie. Cette Mère étoit la principale des six Religieuses de Sainte-Marie, qui avoient été, comme nous avons dit, commises au gouvernement de cette maison[8]. Comme elle étoit l'une des plus anciennes de son ordre, elle avoit été autrefois témoin de l'étroite liaison qu'il y avoit eu entre la Mère Angélique et la mère de Chantail. Mais les jésuites, à la conduite desquels[9] elle s'étoit depuis abandonnée, avoient pris grand soin d'effacer toutes ces idées de son esprit, et lui avoient inspiré aussi bien qu'à toutes les filles du couvent de la rue Saint-Antoine, dont elle étoit abbesse[10], autant d'aversion contre Port-Royal que leur bienheureuse Mère et leur saint fondateur avoient eu de tendresse pour ce monastère. M. Chamillard avoit été d'abord un peu ébranlé par la grande vertu des Religieuses[11]. Et il y a lieu de croire que si elles eussent voulu accepter

---

1. Racine avait écrit : « sans exiger d'elles d'autre condition que de promettre qu'elles seroient dans l'indifférence sur la signature, c'est-à-dire d'être dans la disposition de se laisser instruire et de suivre, etc. » Les changements sont de Boileau.

2. « A la paix » est une correction de Boileau. Il y avait : « à un accord. »

3. Au lieu de il, Racine avait d'abord écrit : « l'Archevêque. »

4. La phrase finissait d'abord ainsi : « et de leur juge qu'il étoit, sembla être devenu leur partie. »

5. Racine avait écrit : « les fit mettre ; » les mit est une correction de Boileau.

6. Il y avait d'abord : « et en mit d'autres en leur place ; » la correction est de la main de Boileau.

7. Première rédaction : « et en un mot soumit cette communauté. »

8. Boileau a ainsi rédigé la phrase, qui était d'abord : « qu'on avoit établies pour commissaires dans cette maison. »

9. Racine avait écrit : « de qui. » Desquels est un changement fait par Boileau.

10. Racine avait mis simplement : « où elle étoit ; » le changement est de Boileau.

11. Boileau a abrégé cette phrase, que Racine avait écrite ainsi : « M. Chamillard, de son côté, n'étoit pas naturellement moins prévenu qu'elle contre

COMPLÉMENT DES VARIANTES. 605

quelqu'un des expédients qu'il leur avoit proposés pour contenter l'Archevêque, il auroit été fort aise de les servir. Mais enfin, irrité du peu d'égard qu'elles avoient témoigné pour ses lumières, et prévenu de la doctrine de l'infaillibilité du Pape même sur les faits, il devint tout à coup leur plus violent persécuteur[1]. Non content de les tenir dans une captivité fort rude, il ne leur disoit jamais que des choses qu'il croyoit les plus capables de les affliger, parlant de leurs Mères avec un fort grand mépris, et traitant leurs plus fameux directeurs d'hérétiques abominables[2]. La Mère Eugénie le secondoit merveilleusement dans ce dessein. Ils firent si bien l'un et l'autre par leurs intrigues qu'enfin ils réduisirent sept ou huit Religieuses à signer. Entre ces Religieuses celle qui fit le plus d'éclat, c'en fut une qu'on appeloit la sœur Flavie. Elle avoit été autrefois reçue dans la maison avec une extrême charité, et on l'y avoit même traitée[3] fort longtemps avec une distinction particulière[4]. Elle avoit été d'abord professe dans un autre monastère, où elle avoit fort entendu parler des querelles de la grâce[5]; car, comme nous avons vu, il n'en étoit pas fait mention dans le Port-Royal.

Elle témoignoit un zèle extraordinaire pour ceux qu'on appeloit les défenseurs de saint Augustin, et surtout pour ceux qui étoient morts, prétendant même avoir été miraculeusement guérie[6] de di-

tout ce qu'on appeloit *jansénistes* ; mais la grande vertu des Religieuses l'avoit d'abord un peu ébranlé. »

1. Racine avait écrit : « mais soit qu'il fût offensé du peu d'égard qu'elles avoient témoigné pour ses lumières, soit qu'en effet il ne crût point qu'il ne pouvoit y avoir (*sic*) de véritable piété dans cette obéissance aveugle qu'il vouloit qu'on eût pour toutes les décisions du Pape, elles n'eurent point dans la suite de plus violent persécuteur que lui, et il parut du moins aussi animé contre elles que les jésuites mêmes. » La phrase a été changée par Boileau.

2. Racine avait écrit : « parlant de leurs Mères avec un mépris qui leur étoit insupportable, et de leurs plus saints directeurs comme d'hérétiques abominables. » Les changements sont de Boileau.

3. Ce passage, depuis les mots : « Ils firent si bien, » a été refait par Boileau. Racine l'avait écrit ainsi : « Mais rien ne fut plus sensible aux Religieuses que de voir de leurs propres sœurs [quelques-unes, *en interligne*] se joindre à eux pour les tourmenter. Il y avoit dans la maison une sœur Flavie qui y avoit été autrefois reçue avec une extrême charité, et qu'on y avoit même traitée, etc. »

4. Racine avait mis d'abord : « très-particulière, jusqu'à lui avoir confié les plus importants emplois du couvent. »

5. Il y avait d'abord : « et y avoit fort entendu parler des querelles de la pénitence et de la grâce. »

6. La rédaction de ce passage, depuis : « car, comme nous avons vu »,

verses grandes maladies par les intercessions tantôt de l'abbé de Saint-Cyran, tantôt de M. le Maître, une autre fois par celle de la Mère Angélique ou de la Mère Marie des Anges. Mais elle se signala principalement[1] dans l'affaire de la signature. Bien loin d'approuver qu'on se rendît sur le fait, elle ne vouloit pas même qu'on acquiesçât au droit sans faire des restrictions qui missent, disoit-elle, à couvert la véritable doctrine de la grâce. Elle citoit là-dessus les écrits que j'ai dit[2] que M. Pascal avoit faits avant sa mort sur cette matière. Elle alla jusqu'à cet excès d'extravagance d'assurer qu'elle avoit eu sur cela des révélations particulières, et que l'évêque d'Ypres lui étoit apparu en personne[3]. Les autres Mères avoient été fort scandalisées de ce zèle indiscret et lui en avoient fait des réprimandes publiques[4]. C'en fut assez pour aigrir cet esprit hautain. Elle conçut dès lors[5] un dessein secret de s'en venger, et se jeta entièrement dans le parti de M. Chamillard.

Toutes celles qui avoient signé furent aussitôt admises aux sacrements et élevées aux premières charges de la maison[6]. La sœur

appartient à Boileau. Racine avait écrit : « Elle témoignoit un zèle extraordinaire pour la doctrine de saint Augustin, et pour tous ceux (ou pour toute personne) qui en étoient regardés comme les défenseurs. Même elle prétendoit avoir été miraculeusement guérie. »

1. Il y avait d'abord : « surtout. »
2. Dans le manuscrit, *dits*, avec accord.
3. Racine avait écrit, après les mots *sur cette matière* : « et citoit même de prétendues révélations, où elle assuroit que l'évêque d'Ypres lui étoit apparu en personne. » C'est Boileau qui a refait ce passage.
4. Racine avait écrit : « Les autres Mères, bien loin de lui savoir gré de ce zèle incommode, lui en avoient fait des réprimandes publiques, et s'apercevant, quoiqu'un peu tard, de la légèreté de son esprit, l'avoient entièrement éloignée de leur confiance. » Puis il avait ainsi corrigé la fin de la phrase : « avait beaucoup perdu de la considération qu'on avoit pour elle. » Boileau a fait les changements qui ont passé dans notre texte.
5. Première rédaction de Racine : « Ce refroidissement la mortifia au dernier point, et elle conçut dès lors.... »
6. Avant d'avoir été retouché par Boileau, ce passage était ainsi rédigé : « Ce fut elle qui dressa la liste des Mères qui furent enlevées et qui la donna à M. Chamillard, dont elle avoit entièrement gagné la confiance. Depuis cela, elle travailla de concert avec ce docteur à engager dans la signature celles des Religieuses qu'elle voyoit les plus chancelantes et les plus combattues de scrupules. Il y en eut jusqu'au nombre de sept ou huit qui se laissèrent ainsi gagner et qui étoient aussitôt admises aux sacrements, et élevées dans les charges de la maison. » On trouve aussi au même endroit plusieurs phrases commencées, puis abandonnées, mais qui ont été reprises un peu plus bas avec de légères modifications.

Flavie fut faite sous-prieure ; et elle se servit aussitôt de son autorité pour achever d'accabler ses sœurs. Ce fut par son conseil qu'on enleva encore cinq ou six Religieuses qu'elle fit passer pour les plus dangereuses de celles qui restoient[1]. Et enfin[2] Dieu l'abandonna à ce point d'aveuglement qu'elle travailla à décrier de tout son pouvoir et la conduite de ces mêmes Mères qui avoient eu pour elle tant de charité, et la mémoire de ces mêmes directeurs[3] qu'elle avoit autrefois invoqués, contre qui elle fournit alors des instructions toutes pleines de faussetés, donnant par là une preuve invincible ou qu'elle avoit fait autrefois un mensonge abominable en se disant guérie par leur intercession, ou qu'elle commettoit alors un crime horrible en flétrissant ceux par l'intercession desquels elle avoit été guérie.

Variante V (voyez p. 583, note 1).

Ce sens froid et cette réponse lui causèrent une telle émotion qu'il lui prit dans le parloir même une espèce d'hémorragie, en telle sorte qu'en fort peu de temps[4] il remplit de sang jusqu'à trois serviettes qui lui furent passées l'une sur l'autre. Les Religieuses étoient plus mortes que vives de le voir en cet état ; et même il y en eut une, nommée sœur Jeanne, qui mourut peu de jours après de l'agitation que toute cette affaire lui avoit causée. Monsieur l'Archevêque ne tarda guère à leur donner de nouvelles marques de son ressentiment. Dès l'après-dînée du jour dont nous parlons, il fit ôter le voile à toutes les novices qui restoient dans la maison, et les fit mettre à la porte. Il déposséda toutes les officières nommées par l'Abbesse, et substitua en leur place d'autres Religieuses qui avoient commencé à se laisser gagner par M. Chamillard, et quelques jours après en fit encore enlever cinq ou six, qu'il jugeoit les plus capables[5] d'avoir eu part à la composition des procès-verbaux.

1. Avant les corrections de Boileau, il y avait : « La sœur Flavie eut pour elle la qualité de sous-prieure, dont elle se servit pour appesantir d'autant plus le joug où elle avoit contribué à réduire celles qui n'étoient pas dans ses sentiments. Elle fut cause même qu'on en enleva encore cinq ou six autres, qu'elle dépeignit à Monsieur l'Archevêque comme les plus dangereuses de celles qui restoient. »

2. Après les mots : « Et enfin, » Racine avait d'abord mis ceux-ci, tirés du *Psaume* xli, verset 8 : « comme un abîme en attire un autre. »

3. Après ces mots, ce passage finissait ainsi : « à qui elle avoit attribué tant de guérisons miraculeuses, contre qui elle donna des mémoires tout pleins de faussetés et de calomnies. » Tout ce qui a été changé et ajouté est de Boileau.

4. Première rédaction : « que dans le parloir même. »

5. Il y avait d'abord dans le manuscrit : « les plus considérables de cette.... »

De toutes les afflictions qui arrivèrent alors aux Religieuses il n'y en eut point qu'elles ressentirent plus vivement que celle de l'affoiblissement[1] de six ou sept de leurs sœurs, qui s'étant, comme je viens de dire, laissé gagner par M. Chamillard, rompirent cette parfaite union de cœur et d'esprit que Dieu avoit entretenue depuis tant d'années dans Port-Royal. Mais celle dont la défection les surprit le plus, ce fut une sœur Flavie, qui jusqu'alors avoit paru la plus opposée à tout ce qui s'appeloit signature. Elle avoit été autrefois Religieuse, et ayant demandé d'entrer à Port-Royal, elle y avoit été reçue avec une extrême charité, et même elle avoit été honorée de plusieurs emplois considérables dans la maison. C'étoit une fille qui prétendoit avoir été souvent guérie miraculeusement de diverses incommodités[2], tantôt par l'intercession de M. de Saint-Cyran, tantôt par celle de M. le Maître ou de la Mère Angélique. Elle prétendoit tout de même avoir de temps en temps des revélations. Et dans toutes ces révélations [Dieu] lui défendoit toujours de signer le Formulaire. Elle en vint jusque-là que de trouver mauvais même qu'on se soumît pour le droit et qu'on signât sans restriction[3]. Et elle en fit tant que les Mères, reconnoissant quelque légèreté dans son esprit, l'avoient peu à peu éloignée de leur confiance. Elle s'aperçut bientôt de ce refroidissement, et ce fut une des principales raisons qui la portèrent à se tourner du côté de M. Chamillard. Et plût à Dieu qu'elle se fût contentée de signer! Mais comme un abîme en attire un autre[4], elle fut la première à persécuter ses sœurs, et en vint jusqu'à se rendre leur dénonciatrice et à donner des mémoires contre ses Mères, leur reprochant entre autres de certaines dévotions qui au fond étoient très-innocentes et dont la plupart avoient été inspirées aux sœurs par cette même sœur Flavie.

Variante VI (voyez p. 589, note 7).

Nous avons déjà vu que le Pape n'avoit jamais approuvé que les évêques s'ingérassent de faire des formules de foi et d'en exiger la souscription, et que quelque satisfaction qu'il eût témoignée du grand zèle avec lequel les assemblées du clergé s'étoient empressées à faire exécuter sa Constitution et celle de son prédécesseur, il s'étoit bien

---

1. « De l'affoiblissement » a été substitué à « du changement. »
2. Il y avait d'abord : « qui prétendoit que Dieu avoit fait plusieurs miracles en sa faveur. »
3. Racine avait d'abord écrit : « de trouver mauvais même qu'on signât le droit sans restriction. »
4. Voyez ci-dessus, p. 607, note 2.

gardé dans tous les brefs qu'il leur avoit écrits[1] de leur dire un seul mot de leur formulaire. Ce fut donc pour lui un fort grand sujet de joie que ce formulaire eût été regardé comme inutile, et qu'on eût été enfin obligé de lui en demander un. Il l'envoya tel qu'on le vouloit, et tout semblable à celui des évêques, excepté qu'il y avoit ajouté un serment pour en rendre la signature plus authentique. Voici comme étoit conçu ce formulaire : « Je me soumets à la Constitution apostolique d'Innocent Xeme, souverain pontife, donnée le 31 mai 1653[2], et à celle d'Alexandre VIIeme, son successeur, donnée le 16 octobre 1656. Et je rejette et condamne sincèrement les cinq Propositions extraites du livre de C. Jansénius, intitulé *Augustinus*, dans le propre sens du même auteur, comme le Siége apostolique les a condamnées par les mêmes Constitutions. Je le jure ainsi : ainsi Dieu me soit en aide et ses saints Évangiles[3]. » Du reste le bref qui contenoit ce formulaire[4] comprenoit généralement tous les archevêques et évêques, tous les ecclésiastiques, tant réguliers que séculiers, les religieuses, les régents et les maîtres d'école, et en ordonnoit dans trois mois la souscription sous les peines portées par les Constitutions canoniques et par les décrets des conciles. Lorsque ce bref fut arrivé, on s'avisa tout à coup qu'il seroit inutile, à cause que le Parlement n'enregistre point ces sortes d'expéditions qui ne sont point plombées, et ne reconnoît que les bulles[5]. Il fallut donc le renvoyer à Rome, où il fut aussitôt réformé, et changé en une bulle, qui fut datée du 15 février 1665.

Variante VII (voyez p. 588, note 6).

Le Roi fit donc prier le Pape par son ambassadeur d'envoyer en France un formulaire qui contînt également le fait et le droit comme celui de [l'assemblée du] clergé, et d'ordonner contre tous ceux qui refuseroient de le signer les mêmes peines qui sont décernées par les canons contre les hérétiques. J'ai déjà dit que le Pape n'avoit jamais approuvé que les évêques s'ingérassent de dresser des formules de foi ni d'en exiger la souscription, et que dans tous les brefs qu'il avoit écrits aux assemblées du clergé, quelque satisfaction qu'il y témoignât de leur grand zèle à faire exécuter sa Constitution et celle

---

1. Dans le manuscrit, ce participe est sans *s*.
2. Racine, par distraction, a écrit 1656.
3. Nous avons déjà cité ce formulaire à la note 7 de la page 589.
4. Il y avait d'abord : « qui ordonnoit la souscription de ce formulaire. »
5. Après les mots : « qu'il seroit inutile, » il y avait d'abord : « à moins qu'il ne fût changé en une bulle, le Parlement ne reconnoissant d'autres expéditions de Rome que celles qui sont plombées. »

de son prédécesseur, il s'étoit bien gardé de leur dire un mot de leur formulaire. Ce fut donc pour lui un très-grand sujet de joie de voir rejeter comme inutile cette pièce, qui avoit occupé tant d'assemblées, et qu'on fût enfin obligé d'avoir recours au Saint-Siége, à qui seul il prétendoit qu'étoit réservé de pouvoir exiger de pareilles souscriptions. Mais la cour de Rome ne pouvoit surtout se lasser d'admirer qu'après tout l'éclat qu'on venoit de faire en France contre l'infaillibilité du Pape, même dans les choses de foi, après les défenses sévères qu'on y avoit faites d'enseigner sur cela d'autre doctrine que celle qui étoit contenue dans les articles de la Sorbonne qui avoient été enregistrés dans tous les parlements et dans toutes les universités du royaume, on en fût venu tout à coup à supplier le Pape d'obliger, sous peine d'hérésie, tous les évêques et tous les ecclésiastiques du royaume, tant séculiers que réguliers, même les religieuses et les maîtres d'école, à le reconnoître infaillible dans les faits même non révélés. Le Pape envoya fort vite un bref où étoit attaché le formulaire qu'on lui demandoit, et il le fit tout conforme à celui du clergé, excepté que pour en rendre la souscription plus authentique, il y ajouta un serment par lequel tous ceux qui signoient prenoient Dieu et les Évangiles à témoins de la sincérité de leur signature. Le bref étant arrivé, on s'avisa qu'on n'en pouvoit faire aucun usage, le Parlement, où on le vouloit faire enregistrer, ne reconnoissant d'autres expéditions de Rome que ce qu'on appelle des Constitutions plombées. On renvoya donc le bref au Pape, qui le réforma sur-le-champ et le convertit en une bulle.

Le Roi la porta en personne au Parlement, avec[1] une déclaration plus forte encore que la bulle même[2]. On y défendoit à ceux qui signoient de se servir d'aucune restriction, ni explication, sous les mêmes peines que s'ils refusoient absolument de signer. Mais cette défense[3] n'eut pas tout le succès que le P. Annat s'étoit imaginé. Il n'y eut presque point de diocèses où ces sortes d'explications ne fus-

1. Première rédaction : « et y fit enregistrer cette bulle avec.... »
2. Racine avait d'abord écrit après les mots *la bulle même :* « On y obligeoit les évêques à signer dans trois mois.... »
3. Tout ce passage était d'abord ainsi rédigé : « Le Roi le porta lui-même au Parlement, avec une déclaration qu'il y avoit jointe, et qui étoit la plus forte qu'on se puisse imaginer. On y enchérissoit beaucoup sur la bulle. Non-seulement tous les évêques et ecclésiastiques étoient obligés de signer trois mois.... » Après quelques corrections, qui ont passé presque toutes dans le texte de la variante telle que nous la donnons, cette première rédaction finissait ainsi : « et on y défendoit à ceux qui signoient toute sorte de restriction et de distinction du fait et du droit, sous les mêmes peines qui étoient portées contre ceux qui refuseroient absolument de signer. Cette précaution.... »

sent reçues[1]. Plusieurs prélats, pour ne point gêner les consciences[2], declarèrent de bouche à leurs ecclésiastiques que l'Église n'exigeant point la créance des faits non révélés, on ne s'obligeoit point aussi à cette créance par la signature[3]. Il y en eut même un assez grand nombre qui firent cette déclaration par écrit, et qui l'insérèrent dans des procès-verbaux qui demeuroient dans leur greffes. Et enfin[4] il y en eut quatre qui la firent publiquement[5] dans leurs mandements. Ces quatre étoient les évêques d'Aleth, d'Angers, de Beauvais et de Pamiers, c'est-à-dire ce qu'il y avoit alors de plus considérable dans l'Église de France par la piété[6]. L'évêque de Noyon fit aussi la même chose que ces quatre évêques. Nous verrons dans la suite l'effet que produisirent ces mandements. L'archevêque de Paris ne fut pas peu embarrassé sur la manière dont il tourneroit le sien. Il avoit trop publiquement déclamé contre ceux qui avoient confondu le fait et le droit, pour tomber dans la même faute qu'il leur avoit reprochée. Il voyoit aussi sa foi humaine trop décriée pour oser la proposer de nouveau. Voici donc comme il essaya de se tirer d'affaire. Il distingua nettement, dans son ordonnance, le fait et le droit, et déclara[7] que les fidèles devoient une soumission de foi pour le dogme. Mais n'osant pas expliquer avec la même netteté quelle sorte de soumission étoit due aux faits, il se servit de termes obscurs et embarrassés, qui laissoient ignorer plus que jamais ce qu'il demandoit par la signature[8].

1. Il y avait d'abord : « où la distinction du fait et du droit ne fût reçue. »
2. Les mots : « pour ne point gêner les consciences, » sont ajoutés en interligne.
3. Ces deux derniers membres de phrase ont été substitués à ces mots : « qu'ils ne prétendoient point les obliger à la créance du fait. »
4. « Et enfin » est ajouté en interligne, de même que, deux lignes plus haut, *assez*, et trois lignes plus bas, *alors*.
5. *Publiquement* a été substitué à *même*.
6. Il y avait d'abord : « de plus distingué en France par la piété et par la vertu. »
7. Au lieu de : « et déclara, » Racine avait d'abord mis : « déclarant ; » et trois lignes plus loin : « se contenta, » au lieu de : « se servit. »
8. Racine avait d'abord écrit : « qui pouvoient peut-être satisfaire des gens...; » puis, laissant cette phrase inachevée : « qui bien loin de rassurer les consciences un peu timides, n'étoient capables que de les jeter dans de nouveaux troubles. »

NOTES

RELATIVES A PORT-ROYAL,

TIRÉES DES MANUSCRITS DE RACINE.

Ces notes, que nous tirons du tome II (feuillets 116 et 117, 119-122) des manuscrits de Racine conservés à la Bibliothèque nationale, paraissent avoir été prises par l'auteur de l'*Abrégé de l'Histoire de Port-Royal* lorsqu'il rassemblait les matériaux de son travail. Les premiers éditeurs de Racine ne les avaient pas publiées ; ceux de 1807 n'ont guère fait que les mettre en ordre et les rédiger dans les premières pages du supplément qu'ils ont joint à l'*Histoire de Racine*, sous le titre d'*Additions des éditeurs*. (Voyez leur tome VI, p. 459-462.) Nous ne suivons pas l'ordre du manuscrit ; les *Notes* que nous avons placées les premières sont celles qui se trouvent aux feuillets 120-122. Nous les faisons suivre de l'*Extrait des registres du Conseil d'État*, tiré des feuillets 116 et 117. Au feuillet 119 est une copie de la *Procuration en forme de lettre adressée* (par toute la communauté) *à la sœur Madeleine de Sainte-Gertrude*. De ce que cette pièce s'est trouvée parmi les papiers de Racine, nous ne croyons nullement qu'il s'ensuive qu'elle ait été rédigée par lui : il l'avait sans doute conservée à titre de document. Nous ne la donnons point ici.

Visite exacte faite par Monsieur l'Archevêque lui-même le 14° juin [1664].

Ordonnance du 15 en suite de la visite, « qu'il n'avoit eu sujet que d'exhorter à maintenir la régularité qu'il avoit trouvée, et rien à ordonner que de signer le Formulaire selon son mandement du 7° juin. »

21° août. Privation des sacrements.

26° août. Enlèvement.

9° septembre. Appel comme d'abus de l'enlèvement par celles des Champs.

24° juillet 1664. Transport de trente-quatre à Port-Royal des Champs. Protestations et appels à Paris et aux Champs. Un chapelain et confesseur qui n'avoit pas encore dit sa première messe[1]. Une demie heure après, un exempt des gardes, avec quatre gardes. L'exempt dit : « Je viens exécuter les ordres du Roi. C'est de prendre les clefs de toutes les portes. » Et il les prit, même les clefs de clôture. Défense de voir personne. Défense aux domestiques de rendre des lettres, ou pendus à Saint-Germain dans vingt-quatre heures. Veillent les nuits dans le jardin sous les fenêtres, fouillent tous les ouvriers et les déchaussent. Sœur Catherine de Saint-Paul, paralytique et âgée de quatre-vingts ans, obtient d'être amenée aux Champs. On y envoie six converses de Paris, qui protestent aussi avec d'autres du chœur. La Mère Prieure de Paris et cinq des exilées aussi. Trois carrossées. On chasse le chapelain et le sacristain des Champs. Biort[2] y vient. Le lieutenant civil y arrive avec architectes et maçons pour visiter la clôture. La fontaine est dans le jardin. Fruits, herbes, etc. Lieutenant civil obtient que les gardes sortent du jardin, quand les sœurs y entreront. Mais ils font la ronde à cheval, et menacent les jardiniers de les faire pendre, si on les voit parler aux sœurs. Tourière envoyée par Chamillard, quoique partie[3]. Ordre de Monsieur de Paris du 12e juillet pour recevoir la tourière. Autre ordre de Monsieur de Paris pour la tourière. Il approuve ce que font les gardes, et maintient le chapelain du Sauget[4] donné par Chamillard. Le 23 juillet encore deux sœurs du chœur et deux converses de Paris. Plusieurs infidélités de la sœur Flavie à Paris. Grand bruit d'un trou de cheville dans un mur. Elle vouloit faire trouver du mal à tout. Six retenues à Paris et cinq converses, qui protestent contre tout ce qui se fait. La Mère Abbesse n'est pas encore venue (Monsieur l'Archevêque avoit visité P. R. des Champs en novembre 1664). Protestation et appel contre

1. Il s'agit de du Saugey, « homme sans expérience, et âgé seulement de trente ans, qui n'avoit pas même encore dit sa première messe. » (*Histoire générale de Port-Roïal*, tome V, p. 411 et 412.)

2. Biort était un ecclésiastique, âgé de vingt-huit ans, qu'on avait imposé aux Religieuses quelques jours après du Saugey. Tous deux étaient Savoyards.

3. Cette phrase et le mot *partie* sont expliqués par le passage suivant, que nous empruntons aux *Journaux de ce qui s'est passé à Port-Royal* (p. 11 et p. 12) dans le recueil intitulé : *Divers Actes, Lettres et relations des Religieuses de Port-Royal* : « Le pourvoyeur amena, en venant de Paris, une femme que nous ne connoissions point... M. du Saugey prit la parole, et dit qu'il venoit de recevoir une lettre de M. de Chamillard, qui le prioit de faire accepter la tourière qu'il envoyoit de la part de Monsieur l'Archevêque. La Mère lui répondit qu'elle s'étonnoit comment M. Chamillard avoit bien voulu prendre cette commission, lui qui savoit bien qu'étant notre partie déclarée, nous ne pouvions rien recevoir par son entremise. »

4. Ce nom plus bas est écrit *du Saugeay*. C'est le personnage dont nous avons parlé ci-dessus, note 1.

toutes ces violences, contre toutes élections qui se feront et contre la domination tyrannique de Chamillard. 24 juillet 1665.

Protestation de l'Abbesse, du 25 juillet 1665, contre tout ce qui s'est fait, contre Monsieur l'Archevêque, qui lui dénie le titre d'abbesse. Fait à Paris en arrivant de Meaux pour aller aux Champs. Arrivée de la Mère Abbesse. Monsieur l'Archevêque l'appelle ci-devant abbesse. 31° juillet.

L'exempt s'appeloit Saint-Laurent.

« A juger des autres par nous-mêmes, après avoir fait l'expérience de combien de calomnies on nous a noircies depuis tant d'années, nous devons être instruites que ce n'est pas une chose nouvelle d'accuser d'hérésies des personnes et des auteurs très-catholiques, etc. » 16 août 1665.

26 août. Quatre du chœur et deux converses encore transportées aux Champs. On en a retenu deux du chœur anciennes, qui vouloient venir. On va au Roi pour un médecin. Le Roi renvoye à l'Archevêque. Celui-ci en envoie un, après avoir tiré parole qu'il ne dira un mot et ne rendra aucune lettre, et que la tourière l'accompagnera toujours. Il envoie aussi pour [une] malade[1] un confesseur qu'on demande, à qui il donne copie de son mandement, mais nul pouvoir d'administrer, pas même l'Extrême-Onction, sans signer purement et simplement. Elles écrivent pour représenter l'extrémité de la malade et que le temps de l'ordonnance n'est pas expiré. Point de réponse : 1° parce qu'elles se disent abbesse, prieures, etc. ; 2° parce qu'elles parlent de la malade comme d'une demie sainte, quoique impénitente ; 3° parce qu'elles donnent des instructions à lui archevêque. Le Madre aumônier[2] répond qu'aucune n'aura la sépulture ecclésiastique. Canons de l'Église violés par le violement de la clôture. Retour de M. Hamon retiré depuis neuf mois (il y avoit seize ans qu'il servoit la maison), en promettant qu'il ne rendra ni lettre ni billet, et qu'il n'entrera qu'avec la tourière.

29 septembre. Arrivée de l'Archevêque aux Champs. Il parle un quart d'heure pour [la] signature, sans parler du Formulaire de Rome ; et, l'après-dînée, fait signifier à la grille du chœur, par son secrétaire, une sentence par laquelle il les déclare contumaces, désobéissantes, et comme telles incapables de participer aux sacrements, les prive de voix actives et passives dans les élections, incapables de former aucun corps de communauté à l'effet de recevoir des novices et prendre la qualité d'abbesse, etc. ; défend de chanter l'office divin à haute voix ni publiquement, sous peine d'excommunication *ipso*

1. La sœur Marguerite de la Passion.
2. Il était aumônier de l'Archevêque.

facto. Appel au tribunal de Jésus-Christ et à tous les tribunaux de la terre où leurs voix pourront être entendues. L'Archevêque, en leur parlant, leur avoit dit lui-même qu'on ne les pouvoit accuser d'hérésie, puisqu'elles condamnoient les Propositions, et ne refusoient de souscrire qu'un fait par principe de conscience.

12 septembre. Du Saugeay pris à partie. Il outroit les ordres de l'Archevêque, défendoit de sonner même l'*Angelus*, quoique on ait droit de paroisse pour les domestiques. Biort suspect à l'Archevêque. N'ose entrer sans la tourière. Autre sentence qui défend de psalmodier ni de former un chœur, sous excommunication.

24 décembre 1665. Acte contre l'élection d'abbesse à Paris, où il n'y avoit que neuf Religieuses. Dorothée élue en présence de l'Archevêque, qui y a présidé. Elle reçoit des filles à l'épreuve, veut partager les biens et ne laisser qu'une pension. On écrit à l'Archevêque par un garde, à qui il dit « qu'il ne veut plus entendre parler d'elles. » On lui envoyoit l'acte du 18 septembre, et on l'envoyoit aussi à la Mère Dorothée. Mais le garde dit qu'on a tout jeté au feu. Continuation des insolences du sieur du Saugeay.

Acte du 30 mars 1666. Il y est parlé d'un arrêt du Conseil (12 février 1666) pour défendre à tous tribunaux de reconnoître de la cause des Religieuses. Il est fait mention dans cet arrêt de l'acte d'opposition à l'intrusion de Dorothée. Nouvelle tourière, l'autre étant devenue suspecte. Refus de recevoir la nouvelle, comme venant de Dorothée, et c'étoit une sœur d'une signeuse. Enfin ordre verbal par Hilaire[1] de la recevoir. Pouvoir donné à Hilaire de donner quittances. La pension étoit de vingt francs. Mort d'un vieux gentilhomme. Enterré sans chant et sans cloche par du Saugeay. Protestation contre tout cela. L'arrêt du Conseil signifié par un huissier, qui dit avoir ordre de ne point recevoir de réponse. Menace d'excommunication, et elles sont traitées comme excommuniées. Acte du 31 juillet 1666. Mort de sœur Madeleine de Sainte-Gertrude. Le sieur Poupiche refusa de l'assister à l'extrémité. Elle dit qu'il étoit juste qu'elle fût la première abandonnée ainsi, puisqu'elle avoit signé. Prières autour de son lit : le *Credo*, les sept Psaumes, et prières de l'Église. On lui demande si elle ne pardonne pas à tous ceux qui l'ont si maltraitée : « Je voudrais leur donner mon cœur. » Les prêtres refusent de prier et de dire messe. On envoie à Fontainebleau, à l'Archevêque. On la met dans un cercueil, on la porte au chapitre. Réponse à du Saugeay de l'Archevêque, qui permet de l'ensevelir entre nous, sans chanter. Appel au tribunal de Jésus-Christ, Saugeay ne voulant montrer le billet de l'Archevêque. Procuration à la défunte pour se plaindre à ce

1. On l'avait chargé du soin des affaires de la maison.

tribunal, et on lui met [sic] dans les mains. Belle procuration : « Dites à Jésus-Christ : *Seigneur, il est temps que vous agissiez. Ils ont dissipé votre loi*[1]. » On chante à son enterrement tous les répons, et on l'enterre dans le cimetière.

On veut demander la communion pour Pâques. L'exempt ne veut point laisser parler de lettre. Enfin Hilaire est chargé d'aller parler. On ne bénit point les rameaux. Elles en portent dans les cloîtres. On ne chante ni ce jour, ni le vendredi saint. On ne leur donne point la croix à adorer. Elles vont adorer au chapitre, et y chantent tout. Quoiqu'il soit permis aux personnes même interdites de chanter aux fêtes annuelles, du Saugeay ne les veut [laisser] chanter le samedi saint. Elles les vont chanter au chapitre. Elles chantent tout le jour de Pâques, excepté Complies, que du Saugeay ne veut point qu'on chante. Il ne fait point les processions le jour du saint sacrement, ne chante point les oraisons à la bénédiction, et resserre le saint sacrement après la seconde messe. Il traitoit ces chants de satisfaction sensuelle. La seconde tourière chassée comme suspecte. Troisième tourière.

Acte du 28 octobre 1666. Mort de sœur Françoise de Sainte-Lutgarde. Le sieur Poupiche[2] refuse l'absolution, si elle ne signe ; déclare que ce n'est pas pour le refus de la signature, demeurant d'accord que nous ne le devons pas faire, dans la disposition où nous sommes de ne pouvoir admettre la créance d'un fait contesté, mais qu'il demande seulement qu'on change de disposition pour nous rapporter au jugement du Pape et des évêques, et qu'il a reçu cet ordre par un des gardes du Roi. La malade dit qu'en signant elle commettroit trois péchés mortels. A l'agonie toutes à genoux et à prières (litanies des saints, de la sainte Vierge, etc.) ; lui point, se contentant d'avoir crié : « Ne voulez pas signer ? » Nulle autre exhortation, ni bénédiction, ni présenter la croix, comme un vrai ministre de Charenton. Refuse de lire la Passion. On lui dit : « Nous croyons que Jésus-Christ est mort pour tous les hommes. Il semble que vous croyez le contraire. » On lit aussi la profession du Concile de Trente. Ces prières durèrent pendant cinq heures, jusqu'à ce qu'elle expira. Le sieur Poupiche comme une statue ; et il s'assoupissoit. Il leur dit : « Voilà votre exemple ; vous mourrez toutes comme cela. » Appel à Jésus-Christ. Billet de l'Archevêque à Poupiche : « On ne peut être plus satisfait que je suis de votre conduite. Vous avez agi

1. « Tempus faciendi, Domine : dissipaverunt legem tuam. » (*Psaume* cxviii, verset 126.)

2. M. Poupiche était un des prêtres que l'Archevêque avait mis à Port-Royal. Il avait remplacé M. Biort, qu'on avait retiré parce qu'il avait marqué par quelques paroles de la compassion pour les Religieuses.

comme un bon catholique. » On l'enterre le 8ᵉ septembre. On chante à cause de la fête. Saugeay et Poupiche refusent de prier pour elle. Mort d'une converse, qui ne s'étoit point confessée, il y avoit six mois, faute de confesseur de confiance. Réduite à se confesser à Poupiche. Après la confession, il la laissa là, disant qu'elle n'avoit point de confiance en lui. On interrogea la malade. Elle dit qu'elle avoit tout dit : lui, soutenant que cela ne pouvoit être, et qu'il n'y avoit point matière d'absolution, et qu'il feroit un sacrilége, même de la communion. On s'écria : « Il faut donc des péchés mortels pour mériter la communion. Nous sommes heureuses qu'on nous la refuse aussi. Elle croit ses péchés très grands. » Enfin il lui donna les sacrements.

Hérésies qu'il fit en apportant le viatique. « Ce pain que je tiens est véritablement Notre Seigneur, sa vraie âme et son corps, comme il est descendu du ciel dans le ventre de la Vierge, qui a vécu trente-trois ans, etc. » Ainsi Monsieur l'Archevêque avoit revêtu de son autorité un homme qui, en présence du saint sacrement, et en parlant à une mourante pour lui faire sa dernière profession de foi, disoit de Jésus-Christ que son corps et son âme sont descendus du ciel, et qu'il n'a pas pris notre nature au sein de la Vierge. Le vicaire de Saint-Médard arrive pour les converses malades. Mais la Brunetière, qui l'envoie, mande à l'exempt Saint-Laurent qu'il ne puisse entrer qu'avec un des ecclésiastiques de la maison, ni même confesser qu'en leur présence. Le vicaire s'en retourne.

Acte du 26 décembre. Mort de sœur Antoinette de Saint-Augustin, Religieuse depuis quarante ans; très-sainte. Grande fermeté, en mourant, sur la signature. Paix et tranquillité. « Je reconnois, dit-elle, plus que jamais que je ne pourrois signer sans un grand péché. » Enterrée comme les autres. On enterre aussi une converse avec toutes les cérémonies, chant et cloches. Messes basses à Noël. Du Saugeay vient en aube et en étole chasser tous ceux qui étoient dans le chœur, quand on ouvrit la grille pour la sœur Antoinette, et gronda un garde qui prioit Dieu comme les autres.

Acte du 30 juin 1667. Autre mort de sœur Catherine de Saint-Paul, âgée de quatre-vingt-deux ans. Professe depuis soixante ans. On l'avoit surprise et engagée à signer à Paris. Elle s'en repentit, demanda à se faire amener aux Champs, signa sa rétractation, et mourut fort tranquille. L'exempt des gardes et les quatre gardes rappelés pour suivre le Roi en Flandres. On met en leur place un exempt du grand Prévôt et quatre archers. Dans l'entre-temps les Religieuses avoient muré leur porte de clôture. L'exempt la débouche avec ses archers.

EXTRAIT

DES REGISTRES DU CONSEIL D'ÉTAT.

L'abbaye étoit à vie depuis 300 ans.
La réforme en 1608.
Marie de Médicis desira de fonder la maison de Paris, parce que le lieu des Champs étoit incommode et malsain.
Les lettres patentes en furent dressées en 1610.
La translation fut faite en 1625. L'Archevêque de Paris y donna son consentement, et le général abbé de Cîteaux donna aussi le sien pour céder la juridiction à l'Archevêque.
Bref d'Urbain VIII en 1627. Réquisition de Marie-Angélique Arnauld pour rendre l'abbaye élective.
Lettres patentes de 20 février 1629, portant qu'en considération de la réforme établie depuis 22 ans, S. M. renonçoit à tout droit de nomination.
Démission pure et simple de Marie-Angélique Arnauld pour ses infirmités et maladies, 28 juillet 1630, et comme procuratrice de Catherine-Agnès Arnauld, coadjutrice tant que la réforme subsistera. Élection, en présence de le Blanc, de sœur Marie-Geneviève-Catherine, 23 juillet, enregistrée au grand conseil, 27ᵉ mai 1631.
Rétablissement de P. R. des Champs, 23 juillet 1647, par permission de l'archevêque de Paris, et les deux maisons sous une même abbesse triennale.
L'Archevêque de Paris donne pouvoir aux signeuses au nombre de huit.
Marie-Dorothée Perdreaux élue abbesse par les Religieuses qui avoient signé, et cette élection en février 1666. Les autres Religieuses déboutées de leur opposition 8ᵉ mai 1667, et arrêt du conseil, le Roi y étant présent, qui permet de recevoir postulantes, novices et professes.
Permission ou plutôt ordre non sollicité, ni demandé, ni agréé de l'archevêque Péréfixe, à une partie au nombre de 72, sans compter les converses professes, et il donne (pour les 72, qui faisoient en tout 86[1]) 20 000 ₶ par an pour subsistance.

1. Ces mots mis entre parenthèses sont écrits en interligne.

Le Roi rentre en sa nomination, mai 1668, pour les considérations énoncées dans sa Déclaration. Brevet en suite de la démission volontaire de Marie-Dorothée, 28 mai 1668. Les bulles sont du 7 juin 1668. Prise de possession le 6 novembre 1668.

« D'autant que les Religieuses des Champs veulent continuer l'observation de leurs vœux conformément aux lettres patentes de janvier 1629, S. M. craignant qu'une si longue séparation n'eût mis de la froideur, et que les Religieuses des Champs n'eussent de la répugnance à se soumettre à ladite Dorothée, vu leur grand nombre et les revenus suffisants, les partageant également et à proportion du nombre des Religieuses et de la quantité des charges, vu les mémoires..., ouï le rapport du Sr Pussort, commissaire député, ordonne que patentes de mai 1668 et provision exécutées, et néanmoins, pour bonnes considérations, que P. R. des Champs, annexes, etc. Séparé et indépendant de Paris, du consentement du Sr Archevêque et de Mère Dorothée Perdreaux, pour être établi à perpétuité en titre d'abbaye élective et triennale, et afin qu'à l'avenir il n'y ait aucune contestation.

« 2. Lesdits revenus et charges, un tiers à Paris, les deux tiers aux Champs.

« Ce faisant à perpétuité distinguées, séparées, indépendantes, sans qu'à l'avenir aucune puisse rien prétendre sur ce qui sera attribué à l'autre sous quelque cause ou prétexte que ce soit.

« Attendu titre de fondation royale.

« Chaque maison aura reliques, pierreries, et argenterie à la maison où elles sont, excepté une croix de diamants, qui sera vendue et partagée par tiers ou deux tiers.

« Tous les arrérages dus à P. R. attribués à Paris, à la charge de payer tous arrérages dus jusqu'au jour de l'arrêt et ce que l'on doit de reste des 20 000 francs annuels délégués aux Champs par l'Archevêque sur l'ordonnance du 7 février 1666 et arrêt du Conseil du 12. Plus frais dus aux procureurs et toutes dettes faites par Dorothée depuis le 22 septembre 1664, même les gages dus dès lors de l'ordonnance de 1666, même réparations des maisons et fermes et les charges annuelles, même 14^{tt} pour reste joint à petit P. R., et ce qui reste jusqu'à 1 000^{tt} joints à Changarnier et environ 150 à Gouin pour écuries à Paris. Décimes, Paris le tiers, et les Champs les deux tiers, sans que les décimes puissent être augmentées. Pensions viagères suivront les Religieuses.

« Les deux maisons réciproquement quittes de toute recherche, actions et prétentions. Les Religieuses de Paris de 11 000 tant de livres sur Piere Singlin, marchand. Le surplus de cette dette, s'il est payé, partagé par le tiers et les deux tiers.

« Paris tiendra compte au fermier de Montigny sur ce qu'il lui doit pour arrérages des labours et semences qui lui sont dues par les Champs.

« Nulle garantie contre les deux abbayes.

« Si aucune inquiétée pour le fait de l'autre, l'autre sera tenue de l'indemniser.

« De deux lits aux Incurables, celui pour le faubourg Saint-Jacques à Paris, celui des Champs aux Champs.

« Et pour l'effet tant de l'établissement que séparation, bulles nécessaires seront obtenues de Sa Sainteté, à l'instance de Sa Majesté.

« Fait au conseil d'État du Roi, Sa Majesté y étant, à Saint-Germain en Laye, le 13ᵉ mai 1669. »

Commission pour commandement, significations, sommations, contrainte, et autres actes et exploits, date susdite.

Signification du 7 juin 1669 par ordre exprès du Roi par la Rue, huissier audiencier du Conseil, à sœur Madeleine de Sainte-Agathe, abbesse, à la Grille, et pour les Religieuses à sœur Marie de Sainte-Dorothée de l'Incarnation, ci-devant prieure à P. R., à Sœur Angélique de Saint-Jean, à la Grille, à ce qu'elles aient à obéir.

DIVERSES PARTICULARITÉS
CONCERNANT PORT-ROYAL.

Ce petit écrit se trouve dans les manuscrits de Racine qui sont à la Bibliothèque nationale (tome II, fos 110-115). Il a été imprimé pour la première fois, dans l'édition de 1807 (tome VI, p. 477-487), sous le titre de *Notice sur quelques écrits sortis de Port-Royal et sur leurs auteurs*. Il est sans titre dans le manuscrit. Geoffroy et M. Aimé-Martin l'ont intitulé *Fragments sur Port-Royal*. Le titre que nous avons préféré se trouve dans une copie qui est à la bibliothèque de Troyes. Le voici tout entier : « Diverses particularités concernant P. R., recueillies par mon père de ses conversations avec Monsieur Nicole. » A la marge on lit cette note, avec un renvoi aux mots *mon père* : « Le grand Racine. C'est d'après un manuscrit de son fils que moy le Roy de Saint-Charles (aujourd'huy avocat au parlement de Paris, et acolyte d'Utrecht) ay copié vers 1756. » Les éditeurs de 1807 ont, comme son fils, fait remarquer que cet écrit paraît être le résultat d'entretiens particuliers avec Nicole, Racine ayant mis à la marge des premières lignes du manuscrit : M. Nicole[1] (voyez aussi p. 623, note 3).

En tête du manuscrit se trouve cette note qui n'est point, comme nous l'avions d'abord cru, de l'écriture du fils de Racine : « Postérieurement à 1679, le 12 avril, époque de la mort de Madame Anne-Geneviève de Bourbon, veuve de Henri de Longueville, princesse qui pendant longtemps avoit joué un grand rôle en France. » Les feuillets du manuscrit ne sont pas aujourd'hui dans l'ordre où ils devroient être. Nous n'avons rien changé à celui qui a été suivi par les éditeurs de 1807, et qui est évidemment le véritable. C'est d'ailleurs celui de la copie de Troyes. Cette copie, comparée à l'autographe, n'offre, à l'exception d'une phrase omise, que nous signalons dans les notes, que des différences insignifiantes, qu'il étoit

---

1. Sur un des feuillets du même autographe, on lit encore ces mots raturés *Campagne de M. de Luxembourg*.

inutile de relever; car ce ne sont évidemment que des erreurs du premier copiste, ou peut-être de la transcription qui nous a été communiquée.

Les *Constitutions de Port-Royal* sont de la Mère Agnès, excepté l'*Institution des novices*, qui étoit de la sœur Gertrude[1]. M. de Pontchâteau[2] les fit imprimer en Flandres.

Les deux volumes de *Traités de piété*[3] sont de M. Hamon, excepté le *Traité de la charité*, qui est à la tête du premier volume. M. Fontaine[4] prit soin de l'impression de ce premier volume, et M. Nicole du second, qui est beaucoup plus exact.

La Religieuse parfaite[5] a été recueillie par la sœur

1. Marguerite de Sainte-Gertrude du Pré, une des Religieuses qui signèrent le Formulaire et s'en repentirent. Elle mourut, privée des sacrements, le 5 juillet 1666.

2. Sébastien-Joseph du Cambout de Pontchâteau, né le 20 janvier 1634. Il était oncle du duc de Coislin et du cardinal de Coislin, évêque d'Orléans. Sa conversion avait eu lieu en 1662. Il mourut le 27 juin 1690, âgé de cinquante-sept ans.

3. *Recueil de divers traités de piété*, 2 vol. in-12. Paris, G. Desprez, 1672, et aussi 1675 et 1687. Ce livre a eu en 1689 une suite en 2 vol. in-8°. — L'auteur de ces traités, Jean Hamon, docteur de la Faculté de Paris, fut médecin à Port-Royal depuis l'année 1650. Il fut en même temps un des pieux solitaires de ce monastère. Il mourut le 22 février 1687, âgé de soixante-neuf ans.

4. Nicolas Fontaine commença en 1644 à s'attacher aux solitaires de Port-Royal. Il fut longtemps secrétaire de M. de Saci, et partagea sa captivité à la Bastille de 1666 à 1668. Parmi ses nombreux écrits, les plus connus aujourd'hui sont les *Figures de la Bible par le sieur de Royaumont* (Paris, 1674, in-4°), qui furent attribuées à M. de Saci ; et les *Mémoires pour servir à l'histoire de Port-Royal*, qu'il composa à plus de soixante-douze ans, et qui ont été imprimés en 1736, à Utrecht (2 vol. in-12). Il mourut à l'âge de quatre-vingt-quatre ans, le 28 janvier 1709, retiré à Melun.

5. *L'Image d'une Religieuse parfaite et d'une imparfaite*, attribuée à la Mère Agnès. Voyez ci-dessus, p. 410, note 2.

Euphémie[1] sous la Mère Agnès, lorsque celle-ci étoit maîtresse des novices.

M. Nicole a fait toutes les préfaces des *Apologies des Religieuses de Port-Royal*[2], et, de plus, en commun, la 1re et la 2de partie. M. Arnauld a fait la 3e, c'est-à-dire les *Lettres de Monsieur d'Angers*, et toute la 4e, hormis les deux chapitres où est l'histoire de Théodoret[3], etc.

M. Nicole a fait les trois volumes de la *Perpétuité*[4], hormis un chapitre dans la 1ere partie, qu'y fourra M. Arnauld, et qui donna le plus de peine à défendre. M. Arnauld ne lut pas même le 2. volume : il étoit occupé alors à faire des mémoires pour les évêques.

Monsieur d'Alet[5] lui demanda un *Rituel* ; mais M. Arnauld n'étant pas assez préparé sur cette matière, M. Nicole persuada à Monsieur [d'Alet] de s'adresser à Monsieur de Saint-Cyran[6], et de lui écrire pour cela une lettre pleine d'estime. Monsieur de Saint-Cyran prit cette

1. Sur la sœur Jacqueline de Sainte-Euphémie Pascal, voyez ci-dessus, p. 477, et à la note de 2 de la même page.

2. *Apologie pour les Religieuses de Port-Royal contre les injustices dont on a usé envers ce monastère* (1 vol. in-4°, 1665). On attribuait ce livre à Sainte-Marthe, à Nicole et à Arnauld.

3. Racine a écrit ici à la marge : « Il faut encore interroger là-dessus M. Nicole. » — Les mots *l'histoire de* sont soulignés dans l'autographe. Nous ne les avons cependant pas imprimés en italiques ; voici pourquoi : au chapitre IV de la 4e partie de l'*Apologie* (1er et 2e points), l'*Histoire ecclésiastique* de Théodoret est citée. Mais ce n'est pas de cela que Racine a pu vouloir parler. Il doit avoir eu en vue les chapitres XXIII et XXIV de la même 4e partie, où l'on trouve « l'histoire de ce qui se passa dans la huitième action du concile de Chalcédoine, à l'égard de Théodoret. »

4. *La Perpétuité de la foi de l'Église catholique touchant l'Eucharistie....* Voyez ci-dessus, p. 476, note 2.

5. Nicolas Pavillon. Voyez ci-dessus, p. 540 et 541.

6. Martin de Barcos, qui devint abbé de Saint-Cyran après la mort de l'illustre Jean du Vergier de Hauranne, son oncle maternel. Il mourut le 22 août 1678.

lettre pour une vocation, et fit le livre. M. Arnauld le revit avec M. Nicole, et adoucit plusieurs choses qui auraient paru excessives : entre autres Monsieur de Saint-Cyran avoit écrit un peu librement sur l'abstinence de la viande pendant le carême, et prétendoit que l'Église ne pouvoit pas faire des règles qui obligeassent sous peine de péché mortel.

Le Nouveau Testament de Mons[1] a été l'ouvrage de cinq personnes : M. de Sacy, M. Arnauld, M. le Maistre, M. Nicole et M. le duc de Luynes. M. de Sacy faisoit le canevas, et ne le reportoit presque jamais tel qu'il l'avoit fait ; mais il avoit lui-même la principale part aux changements, étant assez fertile en expressions. M. Arnauld étoit celui qui déterminoit presque toujours le sens. M. Nicole avoit devant lui saint Chrysostome et Bèze[2], ce dernier afin de l'éviter : ce qu'on a fait tout le plus qu'on a pu.

M. de Sacy a fait les préfaces, aidé par des vues et par des avis que lui avoit (*sic*) donnés M. Arnauld et M. Nicole[3].

Depuis peu, quelqu'un a fait des *Remarques* sur cette traduction[4], et M. Arnauld en a pris ce qu'il croyoit le meilleur, ce qu'il a toujours fait très-volontiers. M. de

---

1. Voyez ci-dessus, p. 476, note 1.
2. Théodore de Bèze, disciple de Calvin, né en 1519, mort en 1605. Il publia en 1556 sa version du *Nouveau Testament*.
3. Cette phrase manque dans le manuscrit de Troyes.
4. Il semble bien qu'il s'agisse ici des critiques sur quelques passages du *Nouveau Testament de Mons* qu'on trouve dans la *Suite des Remarques nouvelles* du P. Bouhours. Mais alors pourquoi Racine dit-il *quelqu'un*, au lieu de nommer Bouhours qui avait signé l'*Epistre à Monsieur l'abbé Regnier*, secrétaire de l'*Académie françoise*, dont cet ouvrage est précédé ? Lui-même d'ailleurs le nomme quelques lignes plus bas, comme l'auteur des *Remarques nouvelles*. Si cette difficulté paraît trop grande, on pourrait penser, quoique avec moins de vrai-

Sacy étoit moins souple : témoin sa roideur sur les *Remarques* du P. Bouhours[1], dont il n'a jamais voulu suivre aucune. M. Nicole, au contraire, a profité, dans ses *Essais de morale*, de celles qui lui ont paru bonnes.

Il n'a plus osé écrire contre M. Jurieu, depuis qu'il a vu Monsieur de Meaux aux mains avec lui[2], ne voulant pas donner d'ombrage à ce prélat. M. de Sacy n'avoit de déférence au monde que pour M. Singlin, homme en effet merveilleux pour le droit sens et le bon esprit. Celui-ci avoit de grands égards pour Monsieur de Saint-Cyran Barcos, qui étoit son directeur, homme pur dans sa vie et d'un grand savoir, mais qui avoit souvent des opinions très-particulières, et toujours très-attaché à ses opinions.

Un jour, entre autres, il vouloit opiniâtrément que pour défendre Jansénius, on avançât que cet auteur ayant suivi pied à pied saint Augustin, et n'étant que l'historien de sa doctrine, il lui avoit été impossible de s'en écarter. M. Arnauld fit un écrit où il renversoit entièrement cette opinion, c'est-à-dire montrant que cette défense auroit été tournée en ridicule, n'étant pas impossible que Jansénius n'eût pris un sens pour l'autre, et ne se fût trompé, comme le prétendoient le Pape et les

---

semblance, selon nous, à un autre ouvrage où les observations de Bouhours sur la traduction sortie de Port-Royal sont renforcées de quelques autres, et que Nicolas Toinard avait publié sous ce titre : *Discussion de la suite des Remarques nouvelles du P. Bouhours,... par de Villafranc* (1 vol. in-8°, 1693).

1. *Remarques nouvelles sur la langue françoise*, 1675 (1 vol. in-4° et in-12). En 1692, c'est-à-dire après la mort de M. de Saci, le P. Bouhours publia la *Suite des Remarques nouvelles* (voyez la note précédente). En 1674 avaient paru ses *Doutes sur la langue françoise*.

2. Jurieu avait attaqué violemment Bossuet au sujet de l'*Histoire des variations des Églises protestantes*, publiée en 1688. Bossuet fit paraître en 1689-1691 ses *Avertissements aux protestants*.

évêques. Monsieur de Saint-Cyran fit une réponse, où il traitoit ces démonstrations de simples difficultés, qui ne devoient pas empêcher qu'on ne se soumît à son avis. M. Pascal[1] leva l'embarras : il prit le *Mémoire* de Monsieur de Saint-Cyran, alla trouver M. Singlin, et lui dit que jamais il ne rendroit ce *Mémoire*, qu'il traita de ridicule.

M. Pascal étoit respecté parce qu'il parloit fortement, et M. Singlin se rendoit dès qu'on lui parloit avec force.

La Mère Angélique de Saint-Jean faisoit en quelque sorte sa cour à M. Pascal, et vouloit se servir de lui pour mettre de la division entre M. Arnauld et M. Nicole ; car ni elle, ni beaucoup d'autres ne pouvoient souffrir cette liaison, ni que M. Nicole gouvernât M. Arnauld.

Ils furent tous deux cachés pendant cinq ans à l'hôtel de Longueville[2], et, excepté les six premiers mois, y vécurent toujours à leurs dépens. Mme de Longueville étoit alors occupée de ses restitutions, et peut-être n'eût pas été bien aise de cette nouvelle dépense. Ils l'entretenoient tous les jours des cinq ou six heures. M. Arnauld s'endormoit souvent, après avoir roulé ses jarretières devant elle ; ce qui la faisoit un peu souffrir. M. Nicole étoit le plus poli des deux, et étoit plus à son goût. Mme de Longueville se dégoûtoit fort aisément ; et d'une grande envie de voir les gens passoit tout à coup à une fort grande peine de les voir.

M. Nicole fut toujours bien avec elle ; elle trouvoit qu'il avoit raison dans toutes les disputes. Il dit qu'à sa mort il perdit beaucoup de considération : « J'y perdis

---

1. Il y a partout *Paschal* dans le manuscrit autographe. Voyez ci-dessus, p. 477, note 1.

2. Cet hôtel était dans la rue Saint-Thomas-du-Louvre. Arnauld et Nicole y trouvèrent une retraite en 1664.

même, dit-il, mon abbaye ; car on ne m'appeloit plus M. l'abbé Nicole, mais M. Nicole tout simplement. »

Elle étoit quelquefois jalouse de Mlle de Vertus[1], qui étoit plus égale, et plus attirante.

Grand différend contre M. Pascal. Il vouloit qu'on défendît toujours les Propositions par le bon sens qu'elles avoient, et qu'on n'en signât point la condamnation. M. Arnauld et M. Nicole étoient d'avis contraire. M. Arnauld, entre autres, fit un écrit où il terrassoit M. Pascal, qui étoit petit devant lui. C'est ce qui a donné lieu au bruit qui se répandit que M. Pascal avoit abjuré le jansénisme, celui-ci, dans sa dernière maladie, ayant lâché quelques mots de ce différend au curé de Saint-Étienne, qui comprit que puisque M. Pascal avoit été de contraire avis avec ces Messieurs, il avoit été d'avis de l'entière soumission au Formulaire. Feu Monsieur de Paris en tira avantage, fit signer cette déposition par le curé, qui ayant été depuis convaincu du contraire, voulut en vain revenir contre sa signature[2]. Monsieur l'Archevêque se moqua de lui.

M. Nicole appelle tout cela les guerres civiles de Port-Royal.

La Mère Angélique de Saint-Jean étoit entêtée aussi qu'elles ne devoient signer en aucune sorte ; et quand l'accommodement fut fait, elle persistoit toujours dans son opinion. Monsieur d'Aleth[3] lui écrivit, M. Arnauld, M. de Sacy : tout cela inutilement. M. Nicole eut ordre

---

1. Catherine-Françoise de Bretagne, demoiselle de Vertus. Racine a écrit son *Épitaphe*, que nous donnerons dans le tome suivant, Mlle de Vertus demeuroit avec Mme de Longueville dans les premiers temps de leur commune conversion.

2. Voyez ci-dessus, p. 553-555.

3. Racine, dans ce passage, écrit ainsi ce nom, que plus haut (p. 623) il a écrit *Alet*.

de faire un écrit pour la convaincre. Enfin elle se rendit, il ne sait comment, en disant qu'elle n'étoit nullement convaincue.

Il estime qu'elle avoit plus d'esprit même que M. Arnauld[1], très-exacte à ses devoirs, très-sainte, mais naturellement un peu scientifique, et qui n'aimoit pas à être contredite. Mme de Longueville ne l'aimoit pas, et pourtant convenoit de toutes ses bonnes qualités. Elle avoit plus de goût pour la Mère du Fargis, qui savoit beaucoup mieux vivre.

Deux partis dans la maison : l'un, la Mère Angélique, la sœur Briquet[2] et M. de Sacy ; l'autre, la Mère du Fargis, M. de Sainte-Marthe et M. Nicole. Ces derniers avoient toujours raison ; mais pour l'union, M. de Sainte-Marthe cédoit toujours.

M. Nicole dit que c'est le plus saint homme qu'il ait vu à Port-Royal. Il sautoit par-dessus les murs pour aller porter la communion aux Religieuses malades, et cela de l'avis de Monsieur d'Aleth : en sorte qu'il n'en est pas mort une sans sacrements. Cependant la Mère Angélique de Saint-Jean n'avoit nul goût pour lui ; et quoiqu'il le sût, il n'en étoit pas moins prêt à se sacrifier pour la maison.

M. Arnauld le plus souvent n'avoit nulle voix en chapitre. On le croyoit trop bon ; et c'étoit assez qu'il dît du bien d'une Religieuse, pour que l'on n'en fît plus de cas.

1. « C'étoit, dit Mme de Sévigné, la chère fille de M. d'Andilly, et dont il me disoit : « Comptez que tous mes frères, et tous mes « enfants, et moi, nous sommes des sots en comparaison d'An- « gélique. » Voyez dans les *Lettres de Mme de Sévigné*, tome VI, p. 104, la lettre du 29 novembre 1679.

2. Madeleine de Sainte-Christine Briquet, la même que Racine, un peu plus bas, désigne sous le nom de la *sœur Christine* ; elle était fille d'Étienne Briquet, avocat général au Parlement, et petite-fille de Jérôme Bignon, également avocat général ; elle mourut en 1689.

CONCERNANT PORT-ROYAL.

Ainsi il prônoit fort la sœur Gertrude, et la Mère Angélique de Saint-Jean se retiroit d'elle.

Cette Mère Angélique, à force de se confier à la sœur Christine[1], et de la vouloir former aux grandes choses, comme une abbesse future, lui inspira un peu trop de mépris pour les autres Mères : en telle sorte qu'elle étoit en grande froideur pour la Mère du Fargis, et mourut sans lui en demander pardon. Mme de Fontpertuis[2] contribuait un peu à tout cela : bonne femme, bonne amie, mais un peu portée à l'intrigue, et ne haïssant pas à se faire de fête, surtout avec les grands seigneurs.

M. de Pompone demandoit un jour à M. Nicole : « Tout de bon, croyez-vous que ma sœur[3] ait autant d'esprit que Mme du Plessis Guénégaud[4] ? » M. Nicole traita d'un grand mépris une pareille question.

On subsistoit comme on pouvoit des livres et des écrits qu'on faisoit. Les *Apologies des Religieuses* valurent cinq mille francs ; les *Imaginaires*, cinq cents écus. Bien des gens croyoient que M. Nicole, en tirant quelque profit de la *Perpétuité*, s'enrichissoit du travail de M. Arnauld, et il souffroit tout cela. On tira des *Traités de piété* seize cents francs. M. Nicole les fit donner à

1. Voyez la note précédente.
2. Elle était veuve d'Angran de Fontpertuis, conseiller au parlement de Metz. Louis XIV l'appela un jour « cette janséniste, cette folle, qui a couru M. Arnauld partout. » Voyez les *Mémoires* de Saint-Simon, tome VI, p. 181. Elle reçut des legs de Nicole et d'Arnauld.
3. La Mère Angélique.
4. Élisabeth de Choiseul, fille du maréchal de Choiseul Praslin. Elle avait épousé Henri de Guénégaud, seigneur du Plessis et de Fresnes. Pompone était ami de Mme du Plessis Guénégaud, et se plaisait dans la société brillante et spirituelle qu'elle réunissait tantôt à Fresnes, tantôt à Paris, dans son hôtel de Nevers. Mme de Sévigné a dit d'elle qu'elle « avoit un grand esprit. » Voyez les *Lettres de Mme de Sévigné*, tome V, p. 279, lettre du 18 août 1677.

M. Guelphe[1]; et celui-ci, y ayant joint quelques trois ou quatre mille francs de M. Arnauld, les prêta à un nommé Martin, qui leur a fait banqueroute.

Lorsque les Religieuses étoient renfermées au Port-Royal de Paris, elles trouvoient moyen de faire tenir tous les jours de leurs nouvelles à M. Arnauld, et d'en recevoir. M. Nicole dit que c'étoit des lettres merveilleuses, et toutes pleines d'esprit. La sœur Briquet y avoit la principale part. La sœur de Brégy[2] vouloit aussi s'en mêler. Elle avoit quelque vivacité, mais son tour d'esprit étoit faux, et n'avoit rien de solide.

Elles confièrent deux ou trois coffres de papier (*sic*) à M. Arnauld, lorsqu'elles furent dispersées. C'est par ce moyen qu'on a eu les *Constitutions de Port-Royal*, et d'autres traités qu'on a imprimés.

M. Nicole a travaillé seul aux préfaces de la *Logique* et à toutes les additions. Le 1er, le 2^d et le 3e [3] ont été composés en commun. M. Arnauld a fait tout le 4ème.

---

1. François Guelphe, secrétaire d'Arnauld, dont il fut le compagnon dans sa retraite aux Pays-Bas. Arnauld, dans ses lettres, l'appelait *le petit Frère*.

2. Anne-Marie de Sainte-Eustoquie de Brégy, fille de la comtesse de Brégy, dame d'honneur de la reine Anne d'Autriche. Elle mourut le 1er avril 1684, âgée de cinquante et un ans.

3. Les éditeurs de 1807 et les suivants ont mis : « La première, la seconde (Geoffroy et Aimé-Martin : la *deuxième*) et la troisième partie, » et plus bas : « toute la quatrième. » Le texte du manuscrit autographe et de la copie de Troyes est tel que nous le donnons.

MÉMOIRE

POUR LES

RELIGIEUSES DE PORT-ROYAL DES CHAMPS

NOTICE.

Les éditeurs de 1807, qui donnent de ce *Mémoire* le même texte que nous donnons nous-même ici, y joignent cette note, à la page 471 de leur tome VI : « Le brouillon de ce *Mémoire*, écrit de la main de Racine, avec beaucoup de ratures chargées de corrections de la même main, existe à la Bibliothèque impériale. » Cela est exact ; mais non, si l'on entend, comme la note paraît le signifier, que ce brouillon est le texte qu'ils mettent sous les yeux du lecteur. Ce dernier texte (le nôtre, nous venons de le dire, aussi bien que le leur) se trouve aussi parmi les manuscrits de Racine que possède la Bibliothèque nationale, feuillets 208 et 209 (ce devrait être feuillets 108 et 109 ; mais on a oublié de changer, comme on l'a fait aux feuillets précédents, l'ancien chiffre de la pagination). Il est d'une belle écriture du temps, mais non de celle de Racine. C'est une rédaction mise au net, et qui est sans ratures. Le brouillon qui a, au contraire, les ratures nombreuses dont parlent les éditeurs de 1807, et qui est de la main de Racine, est parmi les mêmes manuscrits, feuillets 106 et 107. Il existe un autre brouillon du même *Mémoire* à la bibliothèque du Louvre, dans le manuscrit dont nous avons parlé ci-dessus, p. 390. On lit au feuillet 116 de ce manuscrit du Louvre la note que voici : « Brouillon du *Mémoire pour les Religieuses de Port-Royal*, envoyé par Racine au cardinal de Noailles, archevêque de Paris, en 1697. » Le brouillon est aux feuillets suivants. Il était, avant les corrections qui y ont été faites, presque semblable au brouillon de la Bibliothèque nationale, et ces corrections l'ont rendu conforme au texte que nous avons suivi, ce qui donne à ce dernier texte une incontestable authenticité. Nous notons les variantes des deux brouillons, en désignant ainsi le brouillon de la Bibliothèque nationale : *brouillon n° 1*, et celui de la bibliothèque du Louvre : *brouillon n° 2*. Il y a aussi à la bibliothèque de Troyes une ancienne copie du *Mémoire pour les Religieuses de Port-Royal*. M. le Brun Dalbanne a bien voulu la faire transcrire pour nous, et nous l'envoyer. Le texte reproduit celui du brouillon du Louvre, tel qu'il est après les corrections. Il eût donc été superflu de le mentionner dans les *variantes*. On y lit, en tête du *Mémoire* : « Mémoire en forme de requête présenté, selon toutes les apparences, à Monseigneur le cardinal de Noailles, par les Religieuses de Port-Royal des Champs, lorsque celles de Paris, ruinées par les folles dépenses de leur abbesse, demandèrent à rentrer en possession des biens qu'elles avoient cédés à la maison des Champs, quand on fit la division et le partage des deux maisons. — C'est M. Racine qui en est l'auteur, ces pauvres filles s'étant adressées à lui en cette occasion, comme elles ont fait sur la fin de sa vie dans la plupart de toutes les affaires qui leur ont été suscitées. » Les faits sont exactement présentés dans cette *note*. Les éditeurs de 1807 ont, au contraire, été mal informés lorsqu'ils ont dit dans leurs additions[1] : « Il (*Racine*) engage les Religieuses à réclamer contre le partage injuste de 1669. Elles présentent au Roi une requête à cet effet, qui est renvoyée à l'Archevêque, et c'est à cette occasion que Racine rédige un *Mémoire*. L'Archevêque nomme ses deux grands vicaires pour examiner l'état des revenus et des charges des deux maisons ; mais quand le tout est reporté au Conseil du Roi, le crédit de l'abbesse de Port-Royal de Paris et la prévention contre les Religieuses des Champs l'emportent aisément sur la justice de leur cause. » Il y a là plusieurs erreurs. Ce ne furent pas les Religieuses des Champs, quoique Louis Racine aussi le donne à entendre dans ses *Mémoires*[2], ce furent les Religieuses de Paris, qui, n'étant point contentes du partage de 1669, en réclamèrent un nouveau en 1696.

1. Tome VI, p. 464.
2. Voyez notre tome I, p. 354.

Leur demande fut rejetée ; et grâce au *Mémoire* composé par Racine, les Religieuses des Champs eurent gain de cause. Toute cette affaire est racontée en détail par Besoigne dans son *Histoire de l'abbaye de Port-Royal*, tome II, p. 599-602. Le passage mérite d'être cité, parce qu'on y fait une analyse du *Mémoire pour les Religieuses des Champs*, et que cette analyse non-seulement se rapporte aux textes que nous avons, mais aussi en suppose un plus complet, auquel peut-être quelque homme de loi avait fait des additions, et dont Besoigne aura eu une copie sous les yeux : « Cette même année (1696), les Religieuses de Port-Royal de Paris dressèrent une nouvelle batterie contre celles des Champs. Elles présentèrent une requête au Roi pour revenir contre le partage des biens des deux maisons, qui avoit été fait en 1666 et 1669, et depuis autorisé par la cour de Rome en 1671. Ces filles n'avoient assurément aucun droit de demander un nouveau partage, parce que le premier étoit une chose fixée à perpétuité, tant de la part de la cour de Rome que de la part de celle de France. Elles n'avoient non plus aucun prétexte plausible de faire une telle démarche, puisque bien loin d'avoir été lésées par ce premier partage, il étoit au contraire tout à leur avantage. C'est ce que disent les Religieuses des Champs dans un *Mémoire* qu'elles présentèrent en cour, pour contredire celui des sœurs de Paris.

« Elles rendent compte d'abord historiquement du changement qui se fit en 1666, lorsque le Roi, supprimant l'élection et rétablissant le titre de l'abbaye perpétuelle, fit distraction des revenus de l'abbaye, qui se montoient à vingt-neuf mille livres, en assigna dix mille livres pour Port-Royal de Paris et dix-neuf mille pour la maison des Champs. Elles observent que pour assurer ce partage et le fixer à perpétuité, il intervint un arrêt du Conseil, rendu sur le rapport d'un commissaire, et homologué au Parlement, une ordonnance de l'archevêque de Paris, et une bulle du pape confirmative tant de l'érection de l'abbaye perpétuelle que du partage fait entre les deux maisons. Ensuite, après quelques observations sur l'état actuel des deux maisons, elles opposent aux Religieuses de Paris plusieurs fins de non-recevoir. La première est que l'arrêt porte que le partage a été fait avec une pleine connoissance de cause sur les Mémoires présentés par les Religieuses des deux maisons, et sur le rapport fait à Sa Majesté par un commissaire du Conseil, connu par son intelligence et sa probité. 2°. L'arrêt annonce cette clause : *sans qu'à l'avenir l'un des deux monastères puisse prendre sur ce qui sera attribué à l'autre, sous quelque prétexte que ce soit.* 3°. L'arrêt a eu son exécution volontaire et paisible durant vingt-sept années, depuis 1669 jusqu'en 1696. Or il est statué par les ordonnances qu'après dix ans la validité d'un partage ne peut plus être contestée, quelque omission de formalité qu'on puisse prétexter. 4°. Il n'y auroit que le privilège des mineurs que les Religieuses de Paris pourroient opposer à cette loi décisive, prétendant que les communautés jouissent de ce droit. Mais d'abord le privilège des mineurs n'a point lieu lorsque c'est le Prince lui-même qui a réglé les choses en bonne forme : c'est encore un principe et une maxime de la jurisprudence. D'ailleurs les mineurs ne peuvent user de leur droit que dans le cas d'une lésion réelle qu'ils auroient soufferte. Mais c'est de quoi il n'est pas possible d'alléguer, d'imaginer même la plus légère apparence. Lors du partage, les Religieuses de Paris n'étoient que dix : sept de chœur et trois converses ; celles des Champs étoient au nombre de quatre-vingt-dix-neuf : soixante-neuf de chœur et trente converses. Ainsi la part des premières devoit être seulement un dixième des revenus. Au lieu d'un dixième, l'arrêt leur a adjugé un tiers, non compris l'argent de la sacristie, tous les meubles de la vaste maison de Paris, cinq logis dans la cour de Port-Royal produisant des loyers, enfin un dépôt de quinze mille livres que les sœurs de Paris se sont fait rendre par un notaire, et qu'elles se sont attribué en entier. De plus tous les fonds qui forment le lot de la maison de Paris étoient les meilleurs de tous, les plus fructueux : fonds d'ailleurs bien et dûment amortis depuis longtemps. Il n'en étoit pas de même de ceux qui étoient échus à la maison des Champs, pour lesquels, entre autres, on avoit été obligé d'emprunter quarante mille livres pour l'amortissement qui en étoit dû. Enfin le *Mémoire* observe que la liberté que les Religieuses ont eue de prendre des pensionnaires et de recevoir des novices doit être mise en ligne de compte, pour montrer par cet endroit combien la condition de cette maison a été plus favorable que celle de la maison des Champs, à qui, depuis 1679, ce bénéfice a été ôté. Une dernière fin de non-recevoir, c'est que le nouveau partage des revenus primitifs de l'abbaye que demandent les sœurs de Paris n'est plus praticable, parce que plusieurs des fonds compris dans leur lot ne subsistent plus, ayant été aliénés par les Religieuses. Pour conclusion, on dit que les Religieuses, n'ayant souffert aucune lésion du partage, ne sont point recevables dans leur demande, et que quand même elles en souffriroient à présent, ce seroit un manque d'économie de leur part qui en seroit la cause, et dont les Religieuses des Champs ne sont point responsables.

« Pour cette fois les Religieuses des Champs furent écoutées. Sa Majesté avoit chargé l'archevêque de Paris de nommer des commissaires pour examiner les revenus et les charges des deux abbayes. Le prélat nomma à cet effet le supérieur de Port-Royal des Champs, l'abbé Roynette, et le supérieur de Port-Royal de Paris, dom Loo, bénédictin, prieur de l'abbaye de Saint-Germain, tous deux grands vicaires de l'Archevêché. Ils firent conjointement la visite des deux maisons, dressèrent leurs procès-verbaux, les présentèrent à l'Archevêque. Celui-ci fit son rapport au Roi, qui jugea les prétentions des Religieuses de Paris mal fondées, et n'y eut aucun égard. »

Le monastère de Port-Royal des Champs et celui de Port-Royal de Paris ne faisoient originairement[1] qu'une seule communauté, dont tous les revenus et les intérêts

1. Dans le *brouillon* n° 1 : « ne faisoient autrefois. » Dans le *brouillon* n° 2, *autrefois* a été biffé, et remplacé par *originairement*.

étoient unis et confondus, et qui étoit gouvernée par une même abbesse[1], laquelle étoit élective et triennale. Mais la division s'y étant mise[2] pour les raisons[3] qui sont connues de tout le monde, et la plus grande partie des Religieuses ayant été transférée et renfermée dans le Port-Royal des Champs, celles qui étoient restées à Paris, quoiqu'elles ne fussent que sept du chœur et trois converses[4], élurent entre elles[5] une abbesse, nommée sœur Marie-Dorothée[6] ; et cette élection fut autorisée[7] par M. de Péréfixe, alors[8] archevêque de Paris, et par un arrêt du Conseil[9] qui débouta les Religieuses des

1. Dans le *brouillon* n° 1 : « qu'une seule communauté, gouvernée par le même esprit, subsistant des mêmes revenus, et soumise à une même abbesse. » Tel était aussi d'abord le texte du *brouillon* n° 2 ; il a été effacé, et remplacé par celui que nous donnons, à l'exception des mots : « et confondus, » qui ne se trouvent pas dans le *brouillon* n° 2.

2. 1664. — Cette date est à la marge, ainsi que les suivantes, dans le manuscrit dont nous donnons le texte. Le *brouillon* n° 2 a également à la marge quelques-unes des mêmes dates. — Au lieu de « s'y étant mise, » il y a dans le *brouillon* n° 1 : « s'étant mise dans ces deux maisons, » leçon qui était d'abord dans le *brouillon* n° 2, et y a été remplacée par la correction : « s'y étant mise. »

3. La première leçon du *brouillon* n° 1 était : « par les raisons. »

4. Dans le *brouillon* n° 1, après « connues de tout le monde, » il y a : « les Religieuses restées à Paris, qui n'étoient que dix en tout, savoir sept du chœur et trois converses. » Dans le *brouillon* n° 2 : « et la plus grande partie des Religieuses ayant été transférées et renfermées dans la maison des Champs, celles qui étoient restées à Paris, au nombre de sept professes du chœur et de trois converses (février 1666). »

5. 1666.

6. Dans le *brouillon* n° 1 : « qui se nommoit Marie-Dorothée. »

7. Dans les deux *brouillons* : « confirmée. »

8. *Alors* manque dans le brouillon n° 1.

9. 1667. Dans le *brouillon* n° 2 : « mai 1667. » — Après « par un arrêt du Conseil, » il y avait d'abord dans le *brouillon* n° 1 : « nonobstant les oppositions des Religieuses des Champs, lesquelles

DE PORT-ROYAL DES CHAMPS.   639

Champs des oppositions[1] qu'elles crurent devoir faire[2] à cette nouveauté. M. de Péréfixe rendit même[3] celles de Paris entièrement maîtresses de tous les biens des deux monastères[4], à condition qu'elles donneroient vingt mille livres par an[5] pour la subsistance de ce grand nombre de Religieuses qu'il tenoit, comme nous avons dit, renfermées dans la maison des Champs[6]. Toutefois les Religieuses de Paris[7] ne jouirent pas longtemps de leur prétendu droit d'élection; car le Roi ayant cru devoir rentrer[8] dans son droit de nomination à l'égard de leur maison[9], sœur Marie-Dorothée lui remit entre les mains sa démission, au moyen de quoi elle fut continuée par la nomination de Sa Majesté, qui obtint des bulles[10] du Pape pour cette nouvelle abbesse[11].

se trouvoient alors destituées de tout appui, et privées même de l'usage des sacrements. »

1. Dans les deux *brouillons* : « de toutes les oppositions. »
2. Dans le *brouillon* n° 2 : « qu'elles avoient cru devoir faire. »
3. « Rendit aussi. » (*Brouillon* n° 2.)
4. Dans le *brouillon* n° 1 : « voulut même que celles de Paris fussent entièrement maîtresses de tous les revenus des deux monastères. » Il y a aussi *revenus*, au lieu de *biens*, dans le *brouillon* n° 2.
5. Dans le *brouillon* n° 1 : « qu'elles payeroient vingt mille francs par an. » Dans le *brouillon* n° 2 : « qu'elles payeroient par an vingt mille francs. »
6. Dans le *brouillon* n° 1 : « qu'il avoit renfermées dans celui des Champs. » Dans le *brouillon* n° 2 : « qu'il avoit, comme nous avons dit, transférées dans le monastère des Champs. »
7. Dans le *brouillon* n° 2 : « Toutefois celles de Paris. » Cette leçon était aussi d'abord celle du brouillon n° 1, mais elle y a été effacée.
8. Dans le *brouillon* n° 2 : « ayant jugé à propos de rentrer. »
9. Dans le *brouillon* n° 1 : « et le roi ayant jugé à propos de rentrer dans son droit de nomination à l'égard de leur maison de Paris. » Racine, après ce membre de phrase, avait d'abord écrit : « cette nouvelle élection fut cassée. »
10. 1668.
11. Dans le *brouillon* n° 1 : sœur Marie-Dorothée fut (*d'abord :* se trouva) obligée au bout de deux ans de donner sa démission,

Enfin les Religieuses des Champs ayant été comprises dans la paix de l'Église, et rétablies dans leur liberté et dans leurs droits, sans que leur archevêque leur demandât autre chose que ce qu'elles lui avoient tant de fois offert, le Roi, jugeant à propos que les deux maisons demeurassent séparées comme elles étoient, ordonna qu'on fît[1] la distraction des revenus qu'elles avoient possédés[2] en commun[3], et nomma pour cela des commis-

moyennant quoi elle fut continuée par Sa Majesté, qui obtint du Pape des bulles pour cette nouvelle abbesse. » La phrase finissait d'abord ainsi : « continuée abbesse par la nomination de Sa Majesté, qui même obtint des bulles, etc. » A la suite on lisait cette phrase, qui a été biffée : « Pendant ce temps-là, M. de Péréfixe avoit rendu les Religieuses de Port-Royal entièrement maîtresses des revenus des deux maisons, à condition qu'elles payeroient vingt mille francs par an pour la subsistance de tout ce grand nombre de Religieuses renfermées dans la maison des Champs. » Mais, comme nous l'avons vu, Racine a ensuite placé plus haut la seconde partie de cette phrase depuis les mots : « à condition qu'elles, etc. » On la trouve ajoutée à la marge. — Dans le *brouillon* n° 2 : « sœur Marie-Dorothée donna sa démission, au moyen de quoi Sa Majesté la continua et obtint de Rome (7 juin 1668) des bulles pour cette nouvelle abbesse. » Il y avait d'abord : « au moyen de quoi elle fut continuée abbesse par Sa Majesté, qui obtint pour elle des bulles en cour de Rome. »

1. Dans le *brouillon* n° 2 : « qu'on feroit. »
2. *Possédé*, sans accord, dans les trois manuscrits.
3. Dans le *brouillon* n° 1 : « Enfin, comme on vit que ces deux maisons ne pouvoient plus être réunies, le Roi jugea à propos de faire une distraction de tous les biens qu'elles avoient possédés en commun; » ou bien : « Au mois de mai de l'année 1668, c'est-à-dire six mois avant que les querelles de la grâce fussent terminées, et que les Religieuses de Port-Royal des Champs *fût rétabli* [sic], le Roi jugeant bien que ces deux maisons ne pourroient jamais être réunies, comme elles avoient été, voulut qu'on fît la distraction, etc. » Ces deux rédactions sont, l'une comme l'autre, en partie effacées, en partie maintenues. — Ce même passage est ainsi rédigé dans le *brouillon* n° 2 : « Enfin les Religieuses de Port-Royal des Champs, après avoir été près de cinq ans comme prisonnières et même comme excommuniées, ayant été comprises dans l'accommodement qu'on appeloit *la paix*

saires, du nombre desquels étoit M. Pussort, qui[1] fut chargé de faire son rapport au Conseil de tout[2] ce qui se passeroit dans cette affaire[3].

Les revenus des deux monastères montoient alors à vingt-neuf mille cinq cents livres[4], sur quoi il falloit déduire environ sept mille livres qu'ils étoient chargés de payer tous les ans.

Les Religieuses de Paris n'étoient que dix, comme nous avons dit, en comptant trois converses ; et celles des Champs étoient au nombre de soixante et neuf professes du chœur, et de vingt-cinq ou trente converses,

---

de l'Église, et rétablies dans leur liberté et dans l'usage des sacrements (*il y avait d'abord :* « et rétablies par le même M. de Péréfixe dans l'usage des sacrements ») sans qu'on leur demandât autre chose que la même signature qu'elles avoient tant de fois offerte, le Roi, jugeant à propos de laisser les deux maisons séparées comme elles étoient, ordonna qu'on feroit la distraction, etc. » La phrase finissait d'abord ainsi : « le Roi continuant à donner sa protection à la maison de Paris, ordonna, etc. ; » ou encore : « comme on vit peu d'apparence de remettre les deux maisons au même état où elles étoient avant ces troubles, le Roi ordonna, etc. » — Après les mots *en commun*, au lieu de : « et nomma pour cela, » dans les deux *brouillons* : « et nomma pour faire ce partage. »

1. Dans le *brouillon* n° 2, il y avait d'abord : « qui même. »
2. Dans le *brouillon* n° 2 : « de rapporter au Conseil tout.... »
3. Dans le *brouillon* n° 1 : « M. Pussort, qui faisoit son rapport au Conseil de ce qui [se] passoit dans cette affaire, et qui étant vivant, pourra dire laquelle des deux maisons fut alors favorisée. » Cette phrase finissait d'abord ainsi : « Ce magistrat est encore vivant, et pourra dire, etc. »
4. Le *brouillon* n° 2 ajoute ici : « tant en fonds de terre qu'en rentes et pensions, » et après « sept mille livres » il finit ainsi la phrase : « de rente dont ils étoient chargés. » — Voici la rédaction de tout ce passage dans le *brouillon* n° 1 : « Tous les revenus des deux monastères montoient à vingt-neuf mille cinq cents livres, tant en fonds de terre qu'en rentes et en pensions. Les charges qu'ils étoient obligés de payer, tant pour arrérages de dettes que pour pensions, montoient à quelques (*sic*) sept mille francs. » Au lieu de « quelques sept mille francs, » il y avait d'abord : « à environ sept mille francs. »

tant professes que postulantes. Cependant on donna aux Religieuses de Paris dix mille livres de rente, tant en fonds de terre qu'en rentes et en pensions, c'est-à-dire plus du tiers des revenus, sans compter tous ces grands corps de logis bâtis dans le dehors de leur maison[1], et dont elles furent bientôt en état de tirer de grands loyers, par la mort ou par la retraite des personnes qui les avoient fait bâtir[2]. On leur laissa aussi[3] toute l'argenterie de la sacristie[4], et elles retinrent plus des deux tiers des meubles, quoique l'arrêt de partage ne leur en eût attribué que le tiers. Les dix-neuf mille cinq cents livres restant furent données aux Religieuses des Champs, et les charges furent partagées à proportion des revenus[5].

1. Dans le *brouillon* n° 2 : « Quoique les Religieuses de Paris ne fussent, comme nous avons dit, que sept du chœur et trois converses, et que celles des Champs se trouvassent au nombre de soixante-neuf du chœur et de plus de vingt converses (*il y avait d'abord* : « et d'environ vingt-huit converses, tant professes que postulantes »), on donna un peu plus du tiers à la maison de Paris, c'est-à-dire qu'elles eurent pour leur part, tant en fonds qu'en rentes et en pensions, dix mille livres de rente, sans compter tous ces grands corps de logis qui ont été bâtis dans le dehors de leur monastère. » Après « un peu plus du tiers à la maison de Paris, » il y avait d'abord : « et le reste à la maison des Champs. »

2. Ce même passage est ainsi dans le *brouillon* n° 1 : « Les Religieuses de Paris, qui n'étoient, comme nous avons dit, que sept du chœur et trois converses, eurent pour leur part dix mille livres de rente, sans compter de grands corps de logis bâtis dans le dehors de leur monastère, dont elles ont pu tirer de fort grands loyers. »

3. Dans le *brouillon* n° 1 : « On leur abandonna aussi. »

4. Dans le *brouillon* n° 2 : « toute l'argenterie de leur (*d'abord* : de la) sacristie, qui montoit à de grosses sommes. »

5. Au lieu de cette dernière phrase tout entière on lit dans le *brouillon* n° 2 : « Les charges furent partagées entre elles à proportion des revenus; » et dans le *brouillon* n° 1 : « On ne parle point de la sainte épine, qui leur fut laissée et qui attiroit alors, comme on sait, un grand concours de peuple dans ce monastère. Sur ces dix mille livres de rente, elles furent chargées d'en payer deux mille cent

L'arrêt portoit¹ que, moyennant ce partage, les deux maisons demeureroient à perpétuité divisées², séparées, indépendantes l'une de l'autre, sans qu'à l'avenir aucune pût³ rien prétendre sur ce qui seroit attribué à l'autre, sous quelque cause ou prétexte que ce fût ; et cette clause fut insérée principalement⁴ pour prévenir les justes plaintes que les Religieuses des Champs pourroient faire⁵ contre la lésion qu'elles souffroient dans un partage si inégal. L'arrêt leur fut signifié⁶ par ordre exprès du Roi, et elles n'eurent d'autre parti à prendre que celui de la soumission et du silence⁷. Le tout fut enregistré au Parlement, et Sa Majesté se chargea de le faire approuver à Rome⁸.

On ne sait pas en quel état sont maintenant les revenus de la maison de Paris : ce qu'on peut dire, c'est qu'ayant toujours eu la liberté de recevoir des pension-

quatre-vingt-huit. Mais dans cette somme il y avoit pour treize cent quatre-vingt-sept livres de pensions viagères, lesquelles vraisemblablement sont éteintes à l'heure qu'il est. Les Religieuses des Champs étoient au nombre de soixante-neuf professes du chœur, quatorze converses professes et autant de converses postulantes. On leur donna dix-neuf mille cinq cents livres de rentes, sur quoi il faut déduire aussi leur part des charges, qui se montoient à près de sept mille livres par an. »

1. Dans le *brouillon* n° 2 il y avait d'abord, après *portoit* : « entre autres choses. » Ces mots ont été biffés.

2. Dans le *brouillon* n° 2 : *distinguées*, au lieu de *divisées*.

3. Dans le même *brouillon* il y avait d'abord *puisse*, au lieu de *pût* ; et à la ligne suivante : « que ce soit, » au lieu de « que ce fût. »

4. *Principalement* est omis dans le *brouillon* n° 2. A la même ligne, ce brouillon avait d'abord *arrêter*, au lieu de *prévenir*.

5. Dans le *brouillon* n° 2 : « auroient pu faire. »

6. 7 juin 1669.

7. Dans le *brouillon* n° 2 : « du silence et de la soumission. »

8. Dans le même *brouillon* : « de le faire aussi confirmer en cour de Rome. » — A cet alinéa, qui commence aux mots : « L'arrêt portoit, » et finit à ceux-ci : « de le faire approuver à Rome, » rien ne correspond dans le *brouillon* n° 1.

naires et des novices, les biens de cette maison auroient dû considérablement augmenter[1].

Il n'en est pas de même des Religieuses des Champs. Il y a dix-sept ans qu'on leur donna ordre de renvoyer leurs novices et leurs pensionnaires, et qu'on leur fit défense de recevoir des novices, jusqu'à ce qu'elles fussent réduites à cinquante professes du chœur. Ainsi, leur communauté n'ayant reçu aucun nouveau secours depuis ce temps-là, il n'est pas étrange que leurs revenus soient diminués, comme ils le sont en effet, d'autant plus qu'il leur a fallu emprunter plus de quarante mille livres pour les seuls amortissements qu'elles ont été obligées de payer[2].

1. Ce passage est ainsi rédigé dans le *brouillon* n° 1 : « La maison de Paris ayant été maintenue depuis ce temps-là dans la liberté de recevoir des novices et des pensionnaires, si leurs biens, au lieu d'augmenter considérablement, comme ils auroient dû faire, ont dépéri, à qui peuvent [-elles] s'en prendre (*il y avait d'abord* : « elles ne doivent s'en prendre ») qu'à elles-mêmes et aux excessives dépenses qu'elles firent d'abord en de grands bâtiments qui leur étoient absolument inutiles ? » Dans le *brouillon* n° 2 : « Depuis ce temps-là, les Religieuses de Paris ayant toujours été maintenues dans la liberté de recevoir des pensionnaires et des novices, si leurs revenus, au lieu d'augmenter considérablement, comme ils auroient dû faire, sont dépéris, à qui peuvent-elles s'en prendre qu'à elles-mêmes, et surtout aux excessives dépenses qu'elles firent d'abord à construire de grands bâtiments qui leur étoient inutiles ? »

2. Dans le *brouillon* n° 1, immédiatement après « qui leur étoient inutiles » (voyez la fin de la note précédente) : « Il y a dix-huit ans que les Religieuses des Champs eurent ordre de renvoyer leurs pensionnaires et leurs novices ; et leur communauté ne s'étant point renouvelée depuis ce temps-là, on peut juger que leurs revenus n'ont pas été aussi en état d'augmenter. Ils se trouvent, au contraire, diminués de plus du tiers, les fonds de terre, en quoi consiste leur principal revenu, étant fort diminués, comme chacun sait, et d'ailleurs ayant été obligées d'emprunter pour les amortissements plus de cinquante mille livres. » Après les mots : « de plus du tiers, » la phrase finissait d'abord ainsi : « à cause principalement des grandes sommes qu'il leur a fallu emprunter pour l'amortissement, dont elles ont payé plus de cinquante mille livres. » — Voici le passage

Quoi qu'il en soit, il est aisé de justifier qu'en déduisant les charges à quoi elles sont tenues, leur revenu ne monte pas présentement à plus de neuf mille cinq cents livres, sans y comprendre deux fermes qu'elles font valoir par leurs mains, et qui coûtent autant que le produit qui en revient, à cause de la mauvaise qualité[1] des terres.

Sur cette somme il faut qu'elles vivent, et elles sont encore quarante Religieuses du chœur et quatorze converses ; il leur faut de plus nourrir et entretenir quantité de filles qu'elles sont obligées de prendre pour leur aider à faire les ouvrages nécessaires de la maison[2]. Comme

correspondant dans le *brouillon* n° 2 : « Celles des Champs, au contraire, ayant eu ordre, il y a dix-huit ans (1679), de renvoyer leurs pensionnaires et leurs novices, et leur communauté ne s'étant point renouvelée pendant un si long temps (*d'abord :* « depuis ce temps-là »), il n'est pas étonnant que leurs revenus soient diminués, comme ils le sont en effet, de plus d'un tiers, d'autant plus qu'elles ont été obligées d'emprunter plus de cinquante mille francs, qu'il a fallu qu'elles payassent au Roi pour les droits d'amortissements (*sic*). » Après « de plus d'un tiers, » il y avoit d'abord : « ce qu'on doit principalement imputer aux grandes sommes qu'elles ont été obligées d'emprunter pour les droits d'amortissement, dont elles ont payé près de cinquante mille francs. »

1. Au lieu de : « la mauvaise qualité, » il y avait d'abord : « la méchanceté. »

2. Au lieu de ce passage commençant aux mots : « Quoi qu'il en soit, » et finissant par ceux-ci : « de la maison, » on lit ce qui suit dans le *brouillon* n° 1, qui ne va pas au delà : « Voici en abrégé l'état au juste du bien qui leur reste :

En fonds de terre.............	5 700
En rentes....................	5 298
En pensions de Religieuses.........	4 700
Total............	15 698
Sur quoi elles doivent, tant pour arrérages de dettes que pour pensions dont elles sont chargées, la somme de six mille cent livres................	6 100 ₶
Partant, il leur reste en tout.........	9 598 ₶

(*Racine a écrit par erreur* 9498 ₶.)

elles sont la plupart âgées et infirmes, elles ne peuvent plus guère faire autre chose que de vaquer à l'office du chœur, qu'elles n'ont point encore interrompu, non plus que les veilles devant le saint sacrement. Au lieu qu'autrefois les ecclésiastiques, les médecins, et les autres personnes qui desservoient leur maison, bien loin de leur être à charge, leur payoient même pension la plupart, il faut qu'elles payent aujourd'hui tous ceux qui les servent. Il y a plus de cinq ans qu'elles n'ont chez elles ni médecin ni chirurgien, se contentant d'envoyer chercher du secours, ou à Paris ou ailleurs, le plus rarement qu'elles peuvent, et dans leurs plus pressantes nécessités. Ajoutez à cela le grand nombre de bâtiments et fermes qu'elles sont obligées d'entretenir, et ceux qu'elles ont été obligées de faire construire au dedans de leur maison, qui ne suffisoit pas pour loger un si grand nombre de Religieuses[1].

Elles sont encore au nombre de quarante Religieuses de chœur et d'environ vingt converses, sans compter quantité de servantes qu'elles ont été obligées de prendre pour les servir, et auxquelles elles payent des gages, le grand âge et les infirmités de ces pauvres Religieuses les mettant hors d'état de faire elles-mêmes, comme autrefois, les ouvrages de la maison. »

1. Cet alinéa et le précédent sont ainsi rédigés dans le *brouillon* n° 2 : « En un mot, il est aisé de justifier que, toutes charges déduites, leur revenu ne monte pas présentement à plus de neuf mille cinq cents livres (*d'abord* : « n'est présentement que de 9598 ₶ »), sur quoi il faut qu'elles vivent (elles sont encore quarante Religieuses de chœur et environ vingt-cinq converses), et qu'elles entretiennent un très-grand nombre de personnes qu'elles ont été obligées de prendre pour les servir. Leur condition même est bien différente de ce qu'elle étoit (*d'abord* : « de ce qu'elles étoient ») autrefois. Elles sont toutes très-âgées et très-infirmes, et par conséquent incapables de faire la plupart des ouvrages de la maison. Au lieu que les ecclésiastiques, les médecins et les autres personnes qui les servoient le faisoient volontairement et par pure charité, et bien souvent même leur payoient des pensions, maintenant il faut qu'elles nourrissent et qu'elles payent

C'est à Monseigneur l'Archevêque[1] à juger si étant chargées de tant de dépenses inévitables, on peut rien retrancher sur un revenu si modique sans les réduire à la dernière nécessité. Elles ont eu lieu d'espérer que s'il n'est pas en état de leur faire le bien que sa charité voudroit peut-être leur faire, du moins il ne voudra pas achever de les accabler[2] : *Arundinem quassatam non confringet, et linum fumigans non extinguet*[3].

tous ceux qui les servent. Il y a plus de six ans qu'elles ont été obligées de renvoyer leur médecin, à cause des gros gages qu'il lui falloit donner, et elles se contentent d'envoyer chercher du secours, ou à Paris ou à Montlhéry, dans leurs plus pressantes nécessités. Ajoutez à cela le grand nombre de bâtiments qui leur sont demeurés sur les bras, et qui n'étant point habités, tomberoient bientôt en ruine si elles ne prenoient le soin de les entretenir. »

1. Dans le *brouillon* n° 2 : « C'est à Monseigneur de Paris. »
2. Dans le même *brouillon* : « Elles ont lieu d'espérer qu'étant persuadé, comme il est, de leur innocence et de leur bonne conduite, s'il n'est pas en état de leur faire tout le bien que sa charité voudroit leur faire, du moins il ne voudra pas contribuer à les accabler. »
3. « Il ne brisera pas le roseau battu des vents, et n'éteindra pas la mèche qui fume encore. » C'est une citation d'*Isaïe*, chapitre XLII, verset 3. Le texte de la *Vulgate* est : *Calamum quassatum non conteret, et linum fumigans non extinguet.*

On trouve parmi les manuscrits de Racine conservés à la Bibliothèque nationale (tome II, f° 118) la note suivante qui paraît se rapporter, ainsi qu'une grande partie de l'*Extrait des registres du conseil d'État* (voyez ci-dessus, p. 618-620), au *Mémoire* que nous venons de donner :

REVENU PRÉSENT DE P. R. DES CHAMPS.

En fonds de terre................	5 700
En rentes.....................	5 298
En pensions de Religieuses............	4 700
Total.........	15 698 ₶
On doit de rente................	6 100

La dépense monte ordinairement à 23 ou 24 000 ₶.

En 1669.

Les Religieuses de P. R. des Champs étoient au nombre de................;	69 professes du chœur.
et........................	14 converses professes.
A Paris il n'y avoit que dix tant du chœur que converses.	
Présentement il y a aux Champs......	40 professes du chœur.
	14 professes converses.
	11 postulantes converses.
Et.......................	20 tant cornettes que séculières et blanches.

On donna à la maison de Paris, tant en fonds, rentes, maison et pension, dix mille livres de rente, sur quoi il falloit réduire les charges, dont il y avoit pour cette maison, par an, deux mille cent quatre-vingt-huit livres, desquelles il y en avoit 1 387 ₶ qui n'étoient que viagères.

Et à la maison des Champs, dix-neuf mille cinq cents livres de rente, sur quoi il faut déduire aussi leur part des charges, faisant quatre mille sept cent quinze livres par an.

Le partage des meubles fut fait si iniquement par celles de Paris, qu'elles gardèrent pour elles plus des deux tiers.

TABLE DES MATIÈRES

CONTENUS DANS LE QUATRIÈME VOLUME.

PLAN DU PREMIER ACTE D'*IPHIGÉNIE EN TAURIDE*..	1
Notice	3
Plan.	9
POÉSIES DIVERSES...	15
Notice..	17
PREMIÈRE PARTIE. — ODES, HYMNES ET CANTIQUES.	19
I. Le Paysage ou les Promenades de Port-Royal des Champs.	19
Ode première. Louange de Port-Royal en général.	22
Ode II. Le paysage en gros.	24
Ode III. Description des bois.	27
Ode IV. De l'étang.	30
Ode V. Des prairies.	33
Ode VI. Des troupeaux, et d'un combat de taureaux.	36
Ode VII. Des jardins.	39
II. Stances a Parthénice.	44
III. La nymphe de la Seine a la Reine. Ode.	49
IV. Ode sur la convalescence du Roi.	65
V. La Renommée aux Muses.	71
VI. Idylle sur la paix.	79
VII. Hymnes traduites du Bréviaire romain.	90
VIII. Ode tirée du psaume XVII.	138
IX. Cantiques spirituels.	145

CANTIQUE PREMIER. A la louange de la charité. 148
CANTIQUE II. Sur le bonheur des justes et sur le malheur des réprouvés. 152
CANTIQUE III. Plainte d'un chrétien, sur les contrariétés qu'il éprouve au dedans de lui-même. 156
CANTIQUE IV. Sur les vaines occupations des gens du siècle. 157

SECONDE PARTIE. — ÉPIGRAMMES ET AUTRES PETITES PIÈCES. 161

Notice 163

I. Épigramme sur la signature du formulaire du clergé de France. 177
II. Sur les critiques qu'essuya la tragédie d'*Andromaque*. 179
III. Sur le même sujet. 181
IV. Sur l'*Iphigénie* de le Clerc. 182
V. Sur l'*Aspar* de M. de Fontenelle. L'origine des sifflets. 185
VI. Sur l'assemblée des évêques, convoquée à Paris par ordre du Roi. 188
VII. Sur le *Germanicus* de Pradon. 190
VIII. Sur la *Judith* de Boyer. 191
IX. Sur le *Sésostris* de Longepierre. 193
X. Pour le portrait de M. Arnauld. 194
XI. Épitaphe de M. Arnauld. 196
XII. Sur le Port-Royal. 198

PREMIER APPENDICE AUX POÉSIES DIVERSES. — PETITES PIÈCES EN VERS DE LA PREMIÈRE JEUNESSE DE RACINE. 201

I. Billet en vers à Antoine Vitart. 201
II. Autre billet à Antoine Vitart 204
III. Sonnet pour célébrer la naissance d'un enfant de Nicolas Vitart. 206
IV. Madrigal. 207
V. Chanson. 208
VI. Chanson. 208
VII. Chanson. 209
VIII. Réponse à un poulet. 209
IX. *Ad Christum* 210

TABLE DES MATIÈRES. 651

x.	Urbis et ruris differentia..................	213
	Réponse aux vers précédents...............	215
xi.	Joannes Racine cognato suo carissimo Vitart........	217
xii.	Laus hiemis.......................	219
xiii.	In avaritiam......................	221
xiv.	In avarum.......................	222
xv.	De morte Henrici Montmorancii.............	224

SECOND APPENDICE AUX POÉSIES DIVERSES. — ÉPIGRAMMES ET AUTRES PETITES PIÈCES ATTRIBUÉES A RACINE. 225

i.	Vers sur la signature du Formulaire...........	225
ii.	Contre Chapelain....................	237
iii.	Contre Richelieu, détracteur d'*Iphigénie*.........	238
iv.	Madrigal composé pour le duc du Maine. L'auteur aux beaux esprits.....................	239
v.	Sur *la Troade*, tragédie de Pradon............	241
vi.	Sonnet sur la même tragédie..............	242
vii.	Sonnet sur la tragédie de *Genséric*, de Mme Deshoulières........................	243
viii.	Chanson [contre Fontenelle]...............	244
ix.	Sur les compliments qui furent faits au Roi à l'occasion de sa convalescence.................	245
x.	Couplets sur la réception de Fontenelle à l'Académie françoise......................	247
xi.	Contre Boyer......................	250
xii.	Sur les démêlés de Bossuet et de Fénelon dans l'affaire du quiétisme.....................	251
xiii.	Stance à la louange de la charité............	252
xiv.	Sur *l'Art de prêcher* et sur le poëme *de l'Amitié* de M. l'abbé de Villiers..................	253

ŒUVRES DIVERSES EN PROSE............. 255

LETTRE A L'AUTEUR DES *HÉRÉSIES IMAGINAIRES* ET DES *DEUX VISIONNAIRES*, ET LETTRE AUX DEUX APOLOGISTES DE PORT-ROYAL....... 257

Notice....................... 259

Préface pour une édition des deux lettres à l'auteur des Imaginaires, etc...................... 277

LETTRE A L'AUTEUR DES *HÉRÉSIES IMAGINAIRES* ET DES *DEUX VISIONNAIRES*................ 283

Réponse à l'auteur de la lettre contre *les Hérésies imaginaires* et *les Visionnaires*............... 296

Réponse à la lettre adressée à l'auteur des *Hérésies imaginaires*.......................... 312

Lettre à l'auteur de la réponse aux *Hérésies imaginaires* et aux *deux Visionnaires*.............. 329

LETTRE AUX DEUX APOLOGISTES DE L'AUTEUR DES *HÉRÉSIES IMAGINAIRES*.................. 333

DISCOURS PRONONCÉS A L'ACADÉMIE FRANÇOISE. 345

Notice................................ 347

DISCOURS PRONONCÉ A L'ACADÉMIE FRANÇOISE A LA RÉCEPTION DE M. L'ABBÉ COLBERT......... 359

DISCOURS PRONONCÉ A L'ACADÉMIE FRANÇOISE A LA RÉCEPTION DE MM. DE CORNEILLE ET DE BERGERET.... 365

ABRÉGÉ DE L'HISTOIRE DE PORT-ROYAL..... 377

Notice................................ 379

ABRÉGÉ DE L'HISTOIRE DE PORT-ROYAL. PREMIÈRE PARTIE. 399

SECONDE PARTIE....................... 520

Complément des variantes............... 599

Notes relatives à l'histoire de Port-Royal, tirées des manuscrits de Racine................ 612

Diverses particularités concernant Port-Royal.... 621

MÉMOIRE POUR LES RELIGIEUSES DE PORT-ROYAL DES CHAMPS........................ 631

Notice................................ 633

Mémoire.............................. 637

FIN DE LA TABLE DES MATIÈRES.

IMP. BUTTNER-THIERRY
SAINT-OUEN (SEINE)

www.ingramcontent.com/pod-product-compliance
Lightning Source LLC
Chambersburg PA
CBHW050326240426
43673CB00042B/1550